◆ 希汉对照 ◆
柏拉图全集
III. 4

斐德若

溥林 译

商務印書館
The Commercial Press
创于1897

Platon

PHAEDRVS

(ΦΑΙΔΡΟΣ)

本书依据牛津古典文本（Oxford Classical Texts）中
由约翰·伯内特（John Burnet）所编辑和校勘的
《柏拉图全集》（*Platonis Opera*）第 Ⅱ 卷译出

前　言

商务印书馆 120 余年来一直致力于移译世界各国学术名著，除了皇皇的"汉译世界学术名著丛书"之外，更是组织翻译了不少伟大思想家的全集。柏拉图是严格意义上的西方哲学的奠基人，其思想不仅在西方哲学的整个历史中起着继往开来的作用，也远远超出了哲学领域而在文学、教育学、政治学等领域产生着巨大的影响。从 19 世纪开始，德语世界、英语世界、法语世界等着手系统整理柏拉图的古希腊文原文，并将之译为相应的现代语言，出版了大量的单行本和全集本，至今不衰；鉴于柏拉图著作的经典地位和历史地位，也出版了古希腊文-拉丁文、古希腊文-德文、古希腊文-英文、古希腊文-法文等对照本。

商务印书馆既是汉语世界柏拉图著作翻译出版的奠基者，也一直有心系统组织翻译柏拉图的全部作品。近 20 年来，汉语学界对柏拉图的研究兴趣和热情有增无减，除了商务印书馆之外，国内其他出版社也出版了一系列柏拉图著作的翻译和研究著作；无论是从语文学上，还是从思想理解上，都取得了长足的进步。有鉴于此，我们希望在汲取西方世界和汉语世界既有成就的基础上，从古希腊文完整地翻译出柏拉图的全部著作，并以古希腊文-汉文对照的形式出版。现就与翻译相关的问题做以下说明。

1. 翻译所依据的古希腊文本是牛津古典文本（Oxford Classical Texts）中由约翰·伯内特（John Burnet）所编辑和校勘的《柏拉图全集》（*Platonis Opera*）；同时参照法国布德本（Budé）希腊文《柏拉图全集》（*Platon: Œuvres complètes*），以及牛津古典文本中 1995 年出版的第 I 卷最新校勘本等。

2. 公元前后，亚历山大的忒拉叙洛斯（Θράσυλλος, Thrasyllus）按照古希腊悲剧"四联剧"（τετραλογία, Tetralogia）的演出方式编订柏拉图的全部著作，每卷四部，共九卷，一共 36 部作品（13 封书信整体被视为一部作品）；伯内特编辑的《柏拉图全集》所遵循的就是这种编订方式，但除了 36 部作品之外，外加 7 篇"伪作"。中文翻译严格按照该全集所编订的顺序进行。

3. 希腊文正文前面的 SIGLA 中的内容，乃是编辑校勘者所依据的各种抄本的缩写。希腊文正文下面的校勘文字，原样保留，但不做翻译。译文中〈 〉所标示的，乃是为了意思通顺和完整，由译者加上的补足语。翻译中的注释以古希腊文法和文史方面的知识为主，至于义理方面的，交给读者和研究者本人。

4. 除了"苏格拉底""高尔吉亚"等这些少数约定俗成的译名之外，希腊文专名（人名、地名等）后面的"斯"一般都译出。

译者给自己确定的翻译原则是在坚持"信"的基础上再兼及"达"和"雅"。在翻译时，译者在自己能力所及的范围内，对拉丁文、德文、英文以及中文的重要译本（包括注释、评注等）均认真研读，一一看过，但它们都仅服务于译者对希腊原文的理解。

译者的古希腊文启蒙老师是北京大学哲学系的靳希平教授，谨将此译作献给他，以示感激和敬意。

鉴于译者学养和能力有限，译文中必定有不少疏漏和错讹，敬请读者不吝批评指正。

溥林

2018 年 10 月 22 日于成都

SIGLA

B = cod. Bodleianus, MS. E. D. Clarke 39 = Bekkeri 𝔄

T = cod. Venetus Append. Class. 4, cod. 1 = Bekkeri t

W = cod. Vindobonensis 54, suppl. phil. Gr. 7 = Stallbaumii
Vind. 1

C = cod. Crusianus sive Tubingensis = Stallbaumii 𝔗

D = cod. Venetus 185 = Bekkeri Π

G = cod. Venetus Append. Class. 4, cod. 54 = Bekkeri Λ

V = cod. Vindobonensis 109 = Bekkeri Φ

Arm. = Versio Armeniaca

Ars. = Papyrus Arsinoitica a Flinders
Petrie reperta

Berol. = Papyrus Berolinensis 9782 (ed.
Diels et Schubart 1905)

Recentiores manus librorum B T W litteris b t w significantur

Codicis W lectiones cum T consentientes commemoravi, lectiones cum B consentientes silentio fere praeterii

目　　录

斐德若

［或论爱］[1]

1　忒拉叙洛斯（Θράσυλλος, Thrasyllus）给该对话加的副标题是"或论爱"（ἢ περὶ ἔρωτος）；按照希腊化时期人们对柏拉图对话风格的分类,《斐德若》属于"伦理性的"（ἠθικός）。后来人们又将该对话的副标题改为"或论美"（ἢ περὶ καλοῦ）, 费奇诺（Ficinus）的拉丁文译本, 给该对话加的副标题即"或论美"（sive de Pulchro）; 在某种意义上, 该对话与《会饮》构成姊妹篇, 后者直接谈论"爱", 而前者为了"美"而谈论"爱", 因为爱是对美的一种渴望或欲求。

ΦΑΙΔΡΟΣ

ΣΩΚΡΑΤΗΣ   ΦΑΙΔΡΟΣ

ΣΩ. Ὦ φίλε Φαῖδρε, ποῖ δὴ καὶ πόθεν;   a

ΦΑΙ. Παρὰ Λυσίου, ὦ Σώκρατες, τοῦ Κεφάλου, πορεύ-
ομαι δὲ πρὸς περίπατον ἔξω τείχους· συχνὸν γὰρ ἐκεῖ
διέτριψα χρόνον καθήμενος ἐξ ἑωθινοῦ. τῷ δὲ σῷ καὶ
ἐμῷ ἑταίρῳ πειθόμενος Ἀκουμενῷ κατὰ τὰς ὁδοὺς ποιοῦμαι 5
τοὺς περιπάτους· φησὶ γὰρ ἀκοπωτέρους εἶναι τῶν ἐν τοῖς
δρόμοις.   b

ΣΩ. Καλῶς γάρ, ὦ ἑταῖρε, λέγει. ἀτὰρ Λυσίας ἦν, ὡς
ἔοικεν, ἐν ἄστει.

ΦΑΙ. Ναί, παρ' Ἐπικράτει, ἐν τῇδε τῇ πλησίον τοῦ
Ὀλυμπίου οἰκίᾳ τῇ Μορυχίᾳ.   5

ΣΩ. Τίς οὖν δὴ ἦν ἡ διατριβή; ἢ δῆλον ὅτι τῶν λόγων
ὑμᾶς Λυσίας εἱστία;

ΦΑΙ. Πεύσῃ, εἴ σοι σχολὴ προϊόντι ἀκούειν.

ΣΩ. Τί δέ; οὐκ ἂν οἴει με κατὰ Πίνδαρον " καὶ ἀσχο-
λίας ὑπέρτερον " πρᾶγμα ποιήσασθαι τὸ τεήν τε καὶ 10
Λυσίου διατριβὴν ἀκοῦσαι;

ΦΑΙ. Πρόαγε δή.   c

ΣΩ. Λέγοις ἄν.

ΦΑΙ. Καὶ μήν, ὦ Σώκρατες, προσήκουσα γέ σοι ἡ ἀκοή·

斐德若

苏格拉底　斐德若

苏格拉底：亲爱的斐德若啊[1]，你究竟到哪儿去，并且从哪儿来？　227a1

斐德若：从吕西阿斯那儿来，苏格拉底，他是克法洛斯的儿子[2]，不过，我正为了散步而前往城墙的外面；因为从清晨起[3]我就一直坐着，在吕西阿斯那儿消磨了很长的时间。而当我听从你和我两人的伙伴阿库　227a5
墨诺斯〈的建议〉之后[4]，我准备沿着〈城墙外的〉这些道路散散步[5]；因为他说，在那里的散步要比在跑场上的散步是更为有助于恢复精神的[6]。　227b1

苏格拉底：他的确说得好，朋友！那么，如看起来的那样，吕西阿斯那时是在城里喽[7]。

斐德若：是的，他和厄庇克剌忒斯在一起[8]，在摩儒科斯[9]曾经住过的那座房子里，它靠近奥林匹斯山上的宙斯的神庙[10]。　227b5

苏格拉底：那么，你们在那里的消磨时间[11]究竟是怎么一个样子呢？或者这是显而易见的吗，即吕西阿斯用一些言辞设宴款待了你们？

斐德若：你会了解到的，如果你同我一起往前走走，有空闲听的话[12]。

苏格拉底：怎么回事？难道你不相信，依照品达，我会把这当作一　227b10
件"甚至胜过〈一切〉忙碌"[13]的大事，即听你和吕西阿斯是如何消磨时间的[14]？

斐德若：那就请你带路吧！　227c1

苏格拉底：你只管说[15]！

斐德若：的确[16]，苏格拉底啊，你肯定适合听〈它〉[17]；因为我们

ὁ γάρ τοι λόγος ἦν, περὶ ὃν διετρίβομεν, οὐκ οἶδ' ὅντινα
5 τρόπον ἐρωτικός. γέγραφε γὰρ δὴ ὁ Λυσίας πειρώμενόν
τινα τῶν καλῶν, οὐχ ὑπ' ἐραστοῦ δέ, ἀλλ' αὐτὸ δὴ τοῦτο
καὶ κεκόμψευται· λέγει γὰρ ὡς χαριστέον μὴ ἐρῶντι μᾶλλον
ἢ ἐρῶντι.

ΣΩ. Ὦ γενναῖος. εἴθε γράψειεν ὡς χρὴ πένητι μᾶλ-
10 λον ἢ πλουσίῳ, καὶ πρεσβυτέρῳ ἢ νεωτέρῳ, καὶ ὅσα ἄλλα
d ἐμοί τε πρόσεστι καὶ τοῖς πολλοῖς ἡμῶν· ἦ γὰρ ἂν ἀστεῖοι
καὶ δημωφελεῖς εἶεν οἱ λόγοι. ἔγωγ' οὖν οὕτως ἐπιτεθύ-
μηκα ἀκοῦσαι, ὥστ' ἐὰν βαδίζων ποιῇ τὸν περίπατον Μέ-
γαράδε καὶ κατὰ Ἡρόδικον προσβὰς τῷ τείχει πάλιν ἀπίῃς,
5 οὐ μή σου ἀπολειφθῶ.

ΦΑΙ. Πῶς λέγεις, ὦ βέλτιστε Σώκρατες; οἴει με, ἃ
228 Λυσίας ἐν πολλῷ χρόνῳ κατὰ σχολὴν συνέθηκε, δεινότατος
ὢν τῶν νῦν γράφειν, ταῦτα ἰδιώτην ὄντα ἀπομνημονεύσειν
ἀξίως ἐκείνου; πολλοῦ γε δέω· καίτοι ἐβουλόμην γ' ἂν
μᾶλλον ἤ μοι πολὺ χρυσίον γενέσθαι.

5 ΣΩ. Ὦ Φαῖδρε, εἰ ἐγὼ Φαῖδρον ἀγνοῶ, καὶ ἐμαυτοῦ
ἐπιλέλησμαι. ἀλλὰ γὰρ οὐδέτερά ἐστι τούτων· εὖ οἶδα ὅτι
Λυσίου λόγον ἀκούων ἐκεῖνος οὐ μόνον ἅπαξ ἤκουσεν, ἀλλὰ
πολλάκις ἐπαναλαμβάνων ἐκέλευέν οἱ λέγειν, ὁ δὲ ἐπείθετο
b προθύμως. τῷ δὲ οὐδὲ ταῦτα ἦν ἱκανά, ἀλλὰ τελευτῶν
παραλαβὼν τὸ βιβλίον ἃ μάλιστα ἐπεθύμει ἐπεσκόπει, καὶ
τοῦτο δρῶν ἐξ ἑωθινοῦ καθήμενος ἀπειπὼν εἰς περίπατον
ᾔει, ὡς μὲν ἐγὼ οἶμαι, νὴ τὸν κύνα, ἐξεπιστάμενος τὸν
5 λόγον, εἰ μὴ πάνυ τι ἦν μακρός. ἐπορεύετο δ' ἐκτὸς τεί-
χους ἵνα μελετῴη. ἀπαντήσας δὲ τῷ νοσοῦντι περὶ λόγων
ἀκοήν, ἰδὼν μέν, ἰδών, ἥσθη ὅτι ἕξοι τὸν συγκορυβαντιῶντα,
c καὶ προάγειν ἐκέλευε. δεομένου δὲ λέγειν τοῦ τῶν λόγων
ἐραστοῦ, ἐθρύπτετο ὡς δὴ οὐκ ἐπιθυμῶν λέγειν· τελευτῶν

---

c 9 ὦ W : ὦ T : ὦ B   a 4 πολὺ B : πολὺν T   a 6 εὖ B : εὖ
δ' T   b 5 πάνυ τι Schanz : πάνυ τις BT   b 6 τῷ] τῳ ci. Stephanus
b 7 ἰδὼν μὲν ἰδὼν BT : ἰδὼν μὲν ἰὼν G : ἰδὼν μὲν ἰόντα vulg. : alterum
ἰδὼν del. t Hermann : om. Schanz

围绕着它而消磨时间的那篇讲辞，真的 [18]，我不知道究竟为何 [19] 它是
一篇关乎爱的讲辞。显然 [20]，吕西阿斯已经描绘了一位俊美的年轻人该 227c5
如何被引诱，但又不是被他的一位爱慕者所引诱 [21]，而正是这点 [22]，恰
恰已经被精心构思了；因为他说，一个人必须使之满意的，是那不爱
〈他〉的人，而不是那爱〈他〉的人。

　　苏格拉底：〈他真是〉一位出身高贵的人啊 [23]！但愿他已经描绘了
必须〈使之满意的〉[24] 是一个穷人，而不是一位富人，是一位老人，而 227c10
不是一个年轻人，以及描绘了所有其他那些既属于我也属于我们中的 227d1
多数人的事情 [25]。因为〈那样一来〉，〈他的那些〉言说就会是文质彬彬
的 [26] 和有益于公众的。因此，我的确如此地渴望听听，以至于即使你散
步一路逛到墨伽拉 [27]，并按照赫洛狄科斯 [28] 的吩咐走到城墙边后再返回
来，我都决不会离开你 [29]。227d5

　　斐德若：你为何这么说呢，最好的苏格拉底啊？难道你认为，对于 228a1
吕西阿斯花了很长时间 [30] 从容地 [31] 构思出来的那些——他是现今这些人
中最擅长写的 [32]——，像我这种普通人 [33]，竟然将以配得上他的方式 [34]
而靠记忆把它们复述出来 [35]？我其实差得远；尽管我肯定愿意能够成为
那个样子，远甚于我得到许多的金子。

　　苏格拉底：斐德若啊，如果我不识得斐德若，那我甚至就已经忘 228a5
记了我自己是谁 [36]。但其实 [37] 这两者中没有一个是那么回事 [38]；我很清
楚，〈斐德若〉那人 [39]，当他听吕西阿斯的讲辞时，他不只是听了一遍，
而是多次反反复复地要求〈吕西阿斯〉对他 [40] 朗读〈它〉，而吕西阿斯
则热情地服从。但对〈斐德若〉那人来说，这仍然是不够的，而最后 [41] 228b1
他干脆把稿子拿过来，仔细检查他最为热衷的那些；并且在这样做时，
他由于从清晨就坐在那里而感到疲倦 [42]，于是出去散散步，而且如我相
信的那样——以狗起誓 [43]——，他也已经把该讲辞烂熟于心 [44]，除非它 228b5
确实是有点太长了 [45]。不过，他之所以去城墙的外面，其实是为了练习
〈那篇讲辞〉。然而，他却遇见了那位对于言辞之倾听有着一种病态的渴
望的人 [46]，而当他看见〈那人〉后，他一看见〈那人〉[47]，他就感到高
兴——因为他会有一位分享〈其〉迷狂的伙伴 [48]——，并且吩咐那人带 228c1
路。但是，当那位言辞的热爱者要求他说时，他却忸怩作态假装正经起

δὲ ἔμελλε καὶ εἰ μή τις ἑκὼν ἀκούοι βίᾳ ἐρεῖν. σὺ οὖν, ὦ Φαῖδρε, αὐτοῦ δεήθητι ὅπερ τάχα πάντως ποιήσει νῦν ἤδη ποιεῖν.

ΦΑΙ. Ἐμοὶ ὡς ἀληθῶς πολὺ κράτιστόν ἐστιν οὕτως ὅπως δύναμαι λέγειν, ὥς μοι δοκεῖς σὺ οὐδαμῶς με ἀφήσειν πρὶν ἂν εἴπω ἀμῶς γέ πως.

ΣΩ. Πάνυ γάρ σοι ἀληθῆ δοκῶ.

ΦΑΙ. Οὑτωσὶ τοίνυν ποιήσω. τῷ ὄντι γάρ, ὦ Σώ- d κρατες, παντὸς μᾶλλον τά γε ῥήματα οὐκ ἐξέμαθον· τὴν μέντοι διάνοιαν σχεδὸν ἀπάντων, οἷς ἔφη διαφέρειν τὰ τοῦ ἐρῶντος ἢ τὰ τοῦ μή, ἐν κεφαλαίοις ἕκαστον ἐφεξῆς δίειμι, ἀρξάμενος ἀπὸ τοῦ πρώτου.

ΣΩ. Δείξας γε πρῶτον, ὦ φιλότης, τί ἄρα ἐν τῇ ἀριστερᾷ ἔχεις ὑπὸ τῷ ἱματίῳ· τοπάζω γάρ σε ἔχειν τὸν λόγον αὐτόν. εἰ δὲ τοῦτό ἐστιν, οὑτωσὶ διανοοῦ περὶ ἐμοῦ, ὡς ἐγώ σε πάνυ μὲν φιλῶ, παρόντος δὲ καὶ Λυσίου, ἐμαυτόν σοι e ἐμμελετᾶν παρέχειν οὐ πάνυ δέδοκται. ἀλλ᾽ ἴθι, δείκνυε.

ΦΑΙ. Παῦε. ἐκκέκρουκάς με ἐλπίδος, ὦ Σώκρατες, ἥν εἶχον ἐν σοὶ ὡς ἐγγυμνασόμενος. ἀλλὰ ποῦ δὴ βούλει καθιζόμενοι ἀναγνῶμεν;

ΣΩ. Δεῦρ᾽ ἐκτραπόμενοι κατὰ τὸν Ἰλισὸν ἴωμεν, εἶτα 229 ὅπου ἂν δόξῃ ἐν ἡσυχίᾳ καθιζησόμεθα.

ΦΑΙ. Εἰς καιρόν, ὡς ἔοικεν, ἀνυπόδητος ὢν ἔτυχον· σὺ μὲν γὰρ δὴ ἀεί. ῥᾷστον οὖν ἡμῖν κατὰ τὸ ὑδάτιον βρέχουσι τοὺς πόδας ἰέναι, καὶ οὐκ ἀηδές, ἄλλως τε καὶ τήνδε τὴν ὥραν τοῦ ἔτους τε καὶ τῆς ἡμέρας.

ΣΩ. Πρόαγε δή, καὶ σκόπει ἅμα ὅπου καθιζησόμεθα.

ΦΑΙ. Ὁρᾷς οὖν ἐκείνην τὴν ὑψηλοτάτην πλάτανον;

ΣΩ. Τί μήν;

d 4 ἕκαστον T W : om. B   d 6 ἐν B : ὅ ἐν T   e 1 δὲ καὶ λυσίου B : δὲ λυσίου T : δ᾽ ἐκείνου Badham   e 2 δείκνυ Hirschig e 5 καθιζόμενοι B T : καθεζόμενοι Vind. 89 Stallbaum   a 2 καθιζησόμεθα B T W Bekk. Anecd. i. 101 : καθιζώμεθα Stephanus

来 [49]，装着好像其实没有欲望说似的。但最终他注定要说 [50]，并且假如某个人不情愿听，那他甚至会强迫〈他听〉。因此，你，斐德若啊，请 228c5 你要求他此时此地 [51] 就做他无论如何都很快 [52] 将做的那件事吧！

斐德若：对我来说，真的，目前最好的情况就是 [53]，以我所能的那种方式来说一说，因为在我看来你根本就不会放过我，直到我以某种方式 [54] 说点什么为止。

苏格拉底：你对我的看法确实非常真 [55]。

斐德若：那好，我将〈按你要求的〉那样做。其实 [56]，苏格拉底 228d1 啊，我无论如何都必定 [57] 没有把那些字眼都了然于胸 [58]；然而，差不多所有的〈要点〉——由于它们，吕西阿斯说一个陷入爱中的人之情况不同于一个没有陷入爱中的人之情况 [59] ——的意图，我现在概况性地 [60] 依次把每个要点都叙述一遍，我从第一点开始。   228d5

苏格拉底：但你无论如何都得首先展示，我亲爱的朋友啊 [61]，你究竟用左手在袍子下面拿着什么；因为我猜测你就拿着那篇讲辞。但如果这就是实情，那么，对于我就请你这样来进行考虑，那就是，虽然我非 228e1 常非常地爱你，但既然吕西阿斯〈本人〉也在场，那就根本不要指望我本人会允许你在我身上进行练习。那就来吧，请你展示一下！

斐德若：打住！你已经打破了我曾怀有的那种希望，苏格拉底啊，那就是在你身上进行一番练习。但你究竟愿意我们在哪儿坐下来读一读呢？ 228e5

苏格拉底：从这儿拐弯，让我们沿着伊利索斯河 [62] 走，然后哪儿看 229a1 起来安静，我们就在哪儿坐下 [63]。

斐德若：恰逢其时，如看起来的那样，〈今天〉我刚好赤着脚 [64]；当然，你无论如何都总是这个样子。这样一来，我们就很容易沿着小河用脚蹚着水 [65] 走，并且不会不舒服，尤其是 [66] 在一年的这个季节，以及 229a5 一天的这个时候 [67]。

苏格拉底：那就请你带路吧，与此同时也 [68] 请你看看我们将在哪儿坐下。

斐德若：那好，你看到那棵最高的梧桐了吗 [69]？

苏格拉底：为何没有呢？

b ΦΑΙ. Ἐκεῖ σκιά τ' ἐστὶν καὶ πνεῦμα μέτριον, καὶ πόα καθίζεσθαι ἢ ἂν βουλώμεθα κατακλινῆναι.

ΣΩ. Προάγοις ἄν.

ΦΑΙ. Εἰπέ μοι, ὦ Σώκρατες, οὐκ ἐνθένδε μέντοι ποθὲν
5 ἀπὸ τοῦ Ἰλισοῦ λέγεται ὁ Βορέας τὴν Ὠρείθυιαν ἁρπάσαι;

ΣΩ. Λέγεται γάρ.

ΦΑΙ. Ἆρ' οὖν ἐνθένδε; χαρίεντα γοῦν καὶ καθαρὰ καὶ διαφανῆ τὰ ὑδάτια φαίνεται, καὶ ἐπιτήδεια κόραις παίζειν παρ' αὐτά.

c ΣΩ. Οὔκ, ἀλλὰ κάτωθεν ὅσον δύ' ἢ τρία στάδια, ᾗ πρὸς τὸ ἐν Ἄγρας διαβαίνομεν· καὶ πού τίς ἐστι βωμὸς αὐτόθι Βορέου.

ΦΑΙ. Οὐ πάνυ νενόηκα· ἀλλ' εἰπὲ πρὸς Διός, ὦ Σώ-
5 κρατες, σὺ τοῦτο τὸ μυθολόγημα πείθῃ ἀληθὲς εἶναι;

ΣΩ. Ἀλλ' εἰ ἀπιστοίην, ὥσπερ οἱ σοφοί, οὐκ ἂν ἄτοπος εἴην, εἶτα σοφιζόμενος φαίην αὐτὴν πνεῦμα Βορέου κατὰ τῶν πλησίον πετρῶν σὺν Φαρμακείᾳ παίζουσαν ὦσαι, καὶ οὕτω δὴ τελευτήσασαν λεχθῆναι ὑπὸ τοῦ Βορέου ἀνάρπαστον
d γεγονέναι—ἢ ἐξ Ἀρείου πάγου· λέγεται γὰρ αὖ καὶ οὗτος ὁ λόγος, ὡς ἐκεῖθεν ἀλλ' οὐκ ἐνθένδε ἡρπάσθη. ἐγὼ δέ, ὦ Φαῖδρε, ἄλλως μὲν τὰ τοιαῦτα χαρίεντα ἡγοῦμαι, λίαν δὲ δεινοῦ καὶ ἐπιπόνου καὶ οὐ πάνυ εὐτυχοῦς ἀνδρός, κατ' ἄλλο
5 μὲν οὐδέν, ὅτι δ' αὐτῷ ἀνάγκη μετὰ τοῦτο τὸ τῶν Ἱπποκεν-ταύρων εἶδος ἐπανορθοῦσθαι, καὶ αὖθις τὸ τῆς Χιμαίρας, καὶ ἐπιρρεῖ δὲ ὄχλος τοιούτων Γοργόνων καὶ Πηγάσων καὶ
e ἄλλων ἀμηχάνων πλήθη τε καὶ ἀτοπίαι τερατολόγων τινῶν φύσεων· αἷς εἴ τις ἀπιστῶν προσβιβᾷ κατὰ τὸ εἰκὸς ἕκαστον, ἅτε ἀγροίκῳ τινὶ σοφίᾳ χρώμενος, πολλῆς αὐτῷ σχολῆς δεήσει. ἐμοὶ δὲ πρὸς αὐτὰ οὐδαμῶς ἐστι σχολή· τὸ δὲ

b 2 ἢ ἄν] ἢ ἐὰν W : ᾗ ἄν B : ᾗ ἐὰν T   βουλώμεθα T W : βουλό-μεθα B   κατακλιθῆναι B T W   c 2 τὸ ἐν Ἄγρας scripsi (τὰ ἐν Ἄγρας Bratuscheck) : τὸ τῆς ἄγρας B T W : τὸ τῆς ἀγραίας rec. b Eustathius   τίς T : τί B   c 7 ⟨ἂν⟩ αὐτὴν Ast   d 1 ἢ ἐξ... ἡρπάσθη secl. Bast   e 1 πλήθη... ἀτοπίαι B T W : πλήθει... ἀτοπίᾳ Athenaeus vulg.   e 4 αὐτὰ B W : ταῦτα T

斐德若：那儿既绿荫如盖，也和风徐徐，还有草地〈供人〉就坐或 229b1
者躺下——如果我们愿意那样的话——。

苏格拉底：你带路吧！

斐德若：请你告诉我，苏格拉底啊，岂不就是从这儿的某个地方，
据说玻瑞阿斯[70]从伊利索斯河畔掳走了俄瑞堤亚[71]？ 229b5

苏格拉底：的确是这么说的。

斐德若：那么就是从这儿吗？这河水也确实显得讨人喜欢，纯净而
清澈见底，也正适合女孩们在它边上玩耍。

苏格拉底：不是，而是从下游将近[72]两里或三里[73]地那里，在那 229c1
儿我们〈雅典人〉跨过〈伊利索斯河〉前往在阿格剌里的神庙[74]；甚
至在那儿的某个地方还有着玻瑞阿斯的一个祭坛。

斐德若：我完全未曾注意到〈它〉过；但请你说说，以宙斯的名
义，苏格拉底啊，你相信这个神话故事是真的吗？ 229c5

苏格拉底：即使我不相信，就像那些智慧的人一样，那我也并
不就是离经叛道的[75]；〈只不过〉接下来我会通过运用智慧〈而这样〉
说[76]：当〈俄瑞堤亚〉同法耳马刻亚[77]一起玩耍时，玻瑞阿斯的一阵风
把她从附近的岩石上推了下去，由于她竟然以这样一种方式死掉了[78]，
于是就被说成了是被玻瑞阿斯掳走的——或者从阿瑞斯山上[79]〈推了 229d1
下去〉，因为这个说法其实也在流传，即她从那儿而不是从这儿被掳走
了[80]——。而我，斐德若啊，一方面，无论如何我都认为诸如此类的解
释是讨人喜欢的，另一方面，它们又属于一个虽然十分聪明、勤奋却并
不非常走运的人，〈我之所以这样说〉没有其他的理由，只是因为[81]他 229d5
必然在此之后得修正希波肯陶洛斯[82]的形象，然后是喀迈拉[83]的形象，
而且还会涌现出一大群诸如此类的〈生物〉，如那些戈耳戈们[84]、珀伽
索斯们[85]，以及其他大量的怪物[86]和关于一些令人惊异的生物的各种古 229e1
怪[87]。如果有人因不相信这些而要坚持按可能性来解释它们每个[88]——
鉴于他使用土里土气的[89]某种智慧——，那么他将需要许多的闲暇[90]。

αἴτιον, ὦ φίλε, τούτου τόδε. οὐ δύναμαί πω κατὰ τὸ Δελ- 5
φικὸν γράμμα γνῶναι ἐμαυτόν· γελοῖον δή μοι φαίνεται
τοῦτο ἔτι ἀγνοοῦντα τὰ ἀλλότρια σκοπεῖν. ὅθεν δὴ χαίρειν 230
ἐάσας ταῦτα, πειθόμενος δὲ τῷ νομιζομένῳ περὶ αὐτῶν, ὃ
νυνδὴ ἔλεγον, σκοπῶ οὐ ταῦτα ἀλλ' ἐμαυτόν, εἴτε τι θηρίον
ὂν τυγχάνω Τυφῶνος πολυπλοκώτερον καὶ μᾶλλον ἐπιτεθυμ-
μένον, εἴτε ἡμερώτερόν τε καὶ ἁπλούστερον ζῷον, θείας τινὸς 5
καὶ ἀτύφου μοίρας φύσει μετέχον. ἀτάρ, ὦ ἑταῖρε, μεταξὺ
τῶν λόγων, ἆρ' οὐ τόδε ἦν τὸ δένδρον ἐφ' ὅπερ ἦγες ἡμᾶς;
ΦΑΙ. Τοῦτο μὲν οὖν αὐτό. b
ΣΩ. Νὴ τὴν Ἥραν, καλή γε ἡ καταγωγή. ἥ τε γὰρ
πλάτανος αὕτη μάλ' ἀμφιλαφής τε καὶ ὑψηλή, τοῦ τε ἄγνου
τὸ ὕψος καὶ τὸ σύσκιον πάγκαλον, καὶ ὡς ἀκμὴν ἔχει τῆς
ἄνθης, ὡς ἂν εὐωδέστατον παρέχοι τὸν τόπον· ἥ τε αὖ 5
πηγὴ χαριεστάτη ὑπὸ τῆς πλατάνου ῥεῖ μάλα ψυχροῦ ὕδατος,
ὥστε γε τῷ ποδὶ τεκμήρασθαι. Νυμφῶν τέ τινων καὶ Ἀχε-
λῴου ἱερὸν ἀπὸ τῶν κορῶν τε καὶ ἀγαλμάτων ἔοικεν εἶναι.
εἰ δ' αὖ βούλει, τὸ εὔπνουν τοῦ τόπου ὡς ἀγαπητὸν καὶ c
σφόδρα ἡδύ· θερινόν τε καὶ λιγυρὸν ὑπηχεῖ τῷ τῶν τεττίγων
χορῷ. πάντων δὲ κομψότατον τὸ τῆς πόας, ὅτι ἐν ἠρέμα
προσάντει ἱκανὴ πέφυκε κατακλινέντι τὴν κεφαλὴν παγκάλως
ἔχειν. ὥστε ἄριστά σοι ἐξενάγηται, ὦ φίλε Φαῖδρε. 5
ΦΑΙ. Σὺ δέ γε, ὦ θαυμάσιε, ἀτοπώτατός τις φαίνῃ.
ἀτεχνῶς γάρ, ὃ λέγεις, ξεναγουμένῳ τινὶ καὶ οὐκ ἐπιχωρίῳ
ἔοικας· οὕτως ἐκ τοῦ ἄστεος οὔτ' εἰς τὴν ὑπερορίαν ἀπο- d
δημεῖς, οὔτ' ἔξω τείχους ἔμοιγε δοκεῖς τὸ παράπαν ἐξιέναι.
ΣΩ. Συγγίγνωσκέ μοι, ὦ ἄριστε. φιλομαθὴς γάρ εἰμι·
τὰ μὲν οὖν χωρία καὶ τὰ δένδρα οὐδέν μ' ἐθέλει διδάσκειν,

e 6 δὴ B T W Proclus (in Alc. p. 289, 5) : δέ Vind. 80   a 4 ὄν
T W : om. B : ὢν vulg.   ἐπιτεθυμμένον B T W (sed μ prius in ras.
B) : ἔτι τεθυμμένον ci. Ruhnken   b 4 καὶ ὡς B T W : καὶ οὕτως ci.
Heindorf : καὶ Schanz   b 7 ὥστε γε B T W : ὥς γε Aristaenetus
vulg.   c 2 ἡδύ T W : ἤδη B   ὑπηχεῖ τῷ T W : ὑπηχεῖτο B
c 4 προσάντει T W : προσαντε B   c 6 σὺ W : οὐ B T

不过我对此却根本没有闲暇；而原因，朋友啊，就在于下面这点，那就 229e5
是：按照德尔斐〈神庙〉的碑文，我尚不能够认识我自己[91]；而这对我
实实在在地显得是可笑的，只要我在那方面还有所不知就去考察那些不 230a1
属于我的东西[92]。因此，我肯定不理会这些[93]，而是相信关于它们那惯
常被承认的，就像我刚才所说的那样，不考察这些，而是考察我自己，
看看我实际上是比堤丰[94]还要较为复杂难缠和更加狂野暴躁的[95]某种野
兽呢，还是一头更加温驯和简单的动物——它在本性上就分得了一份神 230a5
圣的和不傲慢的定命[96]——。然而，朋友啊，请允许我打断一下谈话[97]，
这岂不就是你要带我们来的那棵树吗？

斐德若：确实，这就是那棵树。 230b1

苏格拉底：赫拉在上，的确是一个好的休息处[98]！因为不仅这颗梧
桐是非常枝繁叶茂的和高大挺拔的，而且那棵贞树的高度和树荫也是恰
到好处[99]——并且由于它正如此地繁花盛开[100]，因此会使得四处尽可能 230b5
地芬芳馥郁[101]——。还有，在梧桐下面的那口泉在流淌，它充满了非
常清凉的水，只要用脚试试即知。从一些献给〈女孩〉的玩偶[102]和一
些小雕像来看，它似乎也是某些仙女[103]和阿刻罗俄斯[104]的圣地。此外，230c1
如果你愿意〈听的话〉，〈我还要说〉此处新鲜的空气[105]是何等的怡人，
并且非常清新；而它也在以夏日的方式刺耳地应和蝉的合唱[106]。而一切
中最美妙的是这茵茵草地[107]，因为它〈铺展〉在这缓缓的斜坡上而令人
满意[108]，它天生就让一个躺下的人把头舒舒服服地枕在它上面。因此，
你作为一个向导的工作已经做得极为出色[109]，亲爱的斐德若啊。 230c5

斐德若：而你，令人惊异的人啊，确实显得是一个最奇特的人。因
为，恰如你自己说的那样，你完完全全[110]就像某个被引路的异乡人，
而不是一个本地人。因此，你既没有出过城，也没有离家外出到过边界 230d1
以外的地方[111]，甚至在我看来你压根就没有走出过这城墙[112]。

苏格拉底：请你原谅我，最好的人啊！因为我是一个好学的人。当

5 οἱ δ' ἐν τῷ ἄστει ἄνθρωποι. σὺ μέντοι δοκεῖς μοι τῆς
ἐμῆς ἐξόδου τὸ φάρμακον ηὑρηκέναι. ὥσπερ γὰρ οἱ τὰ
πεινῶντα θρέμματα θαλλὸν ἤ τινα καρπὸν προσείοντες
ἄγουσιν, σὺ ἐμοὶ λόγους οὕτω προτείνων ἐν βιβλίοις τήν τε
e Ἀττικὴν φαίνῃ περιάξειν ἅπασαν καὶ ὅποι ἂν ἄλλοσε βούλῃ.
νῦν δ' οὖν ἐν τῷ παρόντι δεῦρ' ἀφικόμενος ἐγὼ μέν μοι
δοκῶ κατακείσεσθαι, σὺ δ' ἐν ὁποίῳ σχήματι οἴει ῥᾷστα
ἀναγνώσεσθαι, τοῦθ' ἑλόμενος ἀναγίγνωσκε.
5 ΦΑΙ. Ἄκουε δή.

Περὶ μὲν τῶν ἐμῶν πραγμάτων ἐπίστασαι, καὶ ὡς νομίζω
συμφέρειν ἡμῖν γενομένων τούτων ἀκήκοας· ἀξιῶ δὲ μὴ διὰ
231 τοῦτο ἀτυχῆσαι ὧν δέομαι, ὅτι οὐκ ἐραστὴς ὢν σου τυγ-
χάνω. ὡς ἐκείνοις μὲν τότε μεταμέλει ὧν ἂν εὖ ποιήσωσιν,
ἐπειδὰν τῆς ἐπιθυμίας παύσωνται· τοῖς δὲ οὐκ ἔστι χρόνος
ἐν ᾧ μεταγνῶναι προσήκει. οὐ γὰρ ὑπ' ἀνάγκης ἀλλ'
5 ἑκόντες, ὡς ἂν ἄριστα περὶ τῶν οἰκείων βουλεύσαιντο, πρὸς
τὴν δύναμιν τὴν αὑτῶν εὖ ποιοῦσιν. ἔτι δὲ οἱ μὲν ἐρῶντες
σκοποῦσιν ἅ τε κακῶς διέθεντο τῶν αὑτῶν διὰ τὸν ἔρωτα
καὶ ἃ πεποιήκασιν εὖ, καὶ ὃν εἶχον πόνον προστιθέντες
b ἡγοῦνται πάλαι τὴν ἀξίαν ἀποδεδωκέναι χάριν τοῖς ἐρω-
μένοις· τοῖς δὲ μὴ ἐρῶσιν οὔτε τὴν τῶν οἰκείων ἀμέλειαν
διὰ τοῦτο ἔστιν προφασίζεσθαι, οὔτε τοὺς παρεληλυθότας
πόνους ὑπολογίζεσθαι, οὔτε τὰς πρὸς τοὺς προσήκοντας
5 διαφορὰς αἰτιάσασθαι· ὥστε περιῃρημένων τοσούτων κακῶν
οὐδὲν ὑπολείπεται ἀλλ' ἢ ποιεῖν προθύμως ὅτι ἂν αὐτοῖς
οἴωνται πράξαντες χαριεῖσθαι. ἔτι δὲ εἰ διὰ τοῦτο ἄξιον
c τοὺς ἐρῶντας περὶ πολλοῦ ποιεῖσθαι, ὅτι τούτους μάλιστά
φασιν φιλεῖν ὧν ἂν ἐρῶσιν, καὶ ἕτοιμοί εἰσι καὶ ἐκ τῶν λόγων

d 5 σὺ recc.: οὐ B: οὔ T   δοκεῖς T: δοκεῖ B   d 6 ἐμῆς TW:
om. B   d 7 προσείοντες t recc.: προσιόντες BTW   e 2 δ' οὖν
T: οὖν B   e 3 κατακείσεσθαι T: κατακεῖσθαι (sic) B   e 7 γενο-
μένων τούτων B: τούτων γενομένων T   a 2 μεταμέλει ὧν T:
μεταμελειῶν B   b 5 αἰτιάσασθαι] αἰτιᾶσθαι Cobet   c 1 τοὺς
T: τοῦ pr. B   c 2 ἕτοιμοί εἰσι καὶ TW et in marg. b: om. B

然，田地和树木不愿意教我任何东西，而在城里的那些人则愿意 [113]。不 230d5
过对我来说，你似乎已经找到了〈引〉我外出的药方 [114]。因为，就像一
些人通过挥舞嫩枝或者某种果实来引领那些饥肠辘辘的动物一样，你对
我显得也在这样做，即你能够通过在我面前拿出稿子里的一些言辞来而
领着我在整个阿提卡转悠，以及前往你愿意〈带我前往〉的其他任何地 230e1
方 [115]。但无论如何 [116]，既然我目前 [117] 已经到了这儿，那我就决定要躺
下来 [118]，至于你嘛，你认为以哪种姿势最适合进行读，那就请你那样选
择来进行读。

斐德若：那你就只管听吧！ 230e5

关于我的情况 [119]，你虽然知晓，并且我认为它对我俩都有好
处 [120]——如果它真的发生了了的话 [121]——，这你也已经听说了，但我仍 231a1
然指望我不会由此而不能得到我所要求的 [122]，就因为我恰好不是你的爱
慕者 [123]。因为，一方面，那些〈爱慕者〉那时 [124] 会后悔他们已经〈对
你〉行的那些好事 [125]，一旦他们终止了欲望 [126]；另一方面，其他人 [127]
则没有于其间适合来改变主意的时间——既然他们不是出于被迫，而是
心甘情愿的，那么，由此对于他们自己的各种事情，他们就会以最好的 231a5
方式来自己做出决定，他们〈也总是〉按照他们自己的能力 [128] 来行好
事——。此外，那些陷入爱中的人，就他们自己的事情他们既会考虑他
们由于爱而遭受的各种坏事 [129]，也会考虑他们已经行的那些好事，并
且通过加上他们已经付出的辛苦，他们认为他们早就已经对那些被〈他
们所〉爱的人付还了合适的酬谢 [130]；而对于那些没有陷入爱中的人来 231b1
说，他们既不可能由于这 [131] 而诡称对他们自己的事情漠不关心，也不
可能计算那些已经过去了的辛苦，也不可能责怪那些〈由此导致的〉同
其亲属们的不和 [132]。因此，当如此大的这些恶都被移走之后，除了下 231b5
面这点之外就没有任何其他的剩下，那就是热切地做他们相信当他们做
了他们就会讨得对方 [133] 欢喜的任何事情。还有，如果由于下面这点那 231c1
些陷入爱中的人值得珍惜 [134]，那就是，他们说，他们尤其喜欢他们所

καὶ ἐκ τῶν ἔργων τοῖς ἄλλοις ἀπεχθανόμενοι τοῖς ἐρωμένοις
χαρίζεσθαι, ῥᾴδιον γνῶναι, εἰ ἀληθῆ λέγουσιν, ὅτι ὅσων ἂν
ὕστερον ἐρασθῶσιν, ἐκείνους αὐτῶν περὶ πλείενος ποιήσονται, 5
καὶ δῆλον ὅτι, ἐὰν ἐκείνοις δοκῇ, καὶ τούτους κακῶς ποιή-
σουσιν. καίτοι πῶς εἰκός ἐστι τοιοῦτον πρᾶγμα προέσθαι
τοιαύτην ἔχοντι συμφοράν, ἣν οὐδ' ἂν ἐπιχειρήσειεν οὐδεὶς d
ἔμπειρος ὢν ἀποτρέπειν; καὶ γὰρ αὐτοὶ ὁμολογοῦσι νοσεῖν
μᾶλλον ἢ σωφρονεῖν, καὶ εἰδέναι ὅτι κακῶς φρονοῦσιν, ἀλλ'
οὐ δύνασθαι αὐτῶν κρατεῖν· ὥστε πῶς ἂν εὖ φρονήσαντες
ταῦτα καλῶς ἔχειν ἡγήσαιντο περὶ ὧν οὕτω διακείμενοι 5
βουλεύονται; καὶ μὲν δὴ εἰ μὲν ἐκ τῶν ἐρώντων τὸν βέλ-
τιστον αἱροῖο, ἐξ ὀλίγων ἄν σοι ἡ ἔκλεξις εἴη· εἰ δ' ἐκ τῶν
ἄλλων τὸν σαυτῷ ἐπιτηδειότατον, ἐκ πολλῶν· ὥστε πολὺ
πλείων ἐλπὶς ἐν τοῖς πολλοῖς ὄντα τυχεῖν τὸν ἄξιον τῆς σῆς e
φιλίας.

Εἰ τοίνυν τὸν νόμον τὸν καθεστηκότα δέδοικας, μὴ
πυθομένων τῶν ἀνθρώπων ὄνειδός σοι γένηται, εἰκός ἐστι
τοὺς μὲν ἐρῶντας, οὕτως ἂν οἰομένους καὶ ὑπὸ τῶν ἄλλων 232
ζηλοῦσθαι ὥσπερ αὐτοὺς ὑφ' αὑτῶν, ἐπαρθῆναι τῷ λέγειν
καὶ φιλοτιμουμένους ἐπιδείκνυσθαι πρὸς ἅπαντας ὅτι οὐκ
ἄλλως αὐτοῖς πεπόνηται· τοὺς δὲ μὴ ἐρῶντας, κρείττους
αὑτῶν ὄντας, τὸ βέλτιστον ἀντὶ τῆς δόξης τῆς παρὰ τῶν 5
ἀνθρώπων αἱρεῖσθαι. ἔτι δὲ τοὺς μὲν ἐρῶντας πολλοὺς
ἀνάγκη πυθέσθαι καὶ ἰδεῖν ἀκολουθοῦντας τοῖς ἐρωμένοις
καὶ ἔργον τοῦτο ποιουμένους, ὥστε ὅταν ὀφθῶσι διαλεγό-
μενοι ἀλλήλοις, τότε αὐτοὺς οἴονται ἢ γεγενημένης ἢ μελ- b
λούσης ἔσεσθαι τῆς ἐπιθυμίας συνεῖναι· τοὺς δὲ μὴ ἐρῶντας
οὐδ' αἰτιᾶσθαι διὰ τὴν συνουσίαν ἐπιχειροῦσιν, εἰδότες ὅτι
ἀναγκαῖόν ἐστιν ἢ διὰ φιλίαν τῳ διαλέγεσθαι ἢ δι' ἄλλην

c 4 ὅτι ὅσων TW : ὁπόσον B : οἵ γ' ὅσων Hermann   c 5 ποιήσονται
B : ποιήσωνται T   d 5 οὕτω rec. b : οὗτοι BT   d 6 βουλεύονται
Stephanus : βούλονται BTW : βεβούλευνται Heindorf   d 7 αἱροῖο
T : αἱροῖτο B   a 2 τῷ λέγειν BT : τῳ λέγειν t : τὸ λέγειν D :
τῷ ἔχειν Badham : alii alia   a 3 οὐκ ἄλλως TW : οὐ καλῶς B
a 5 ἀντὶ T : ἂν B   b 4 τῳ bt : τῷ BT

爱的那些人，并且为了讨那些被其所爱的人的欢喜而随时准备因一些言语以及由于一些行为而被其他人所仇恨，那么，〈其实很〉容易认识到他们是否在说真话，因为就他们后来爱上的所有那些新欢，他们将珍惜231c5那些人远胜于〈珍惜从前的〉那些旧爱，并且显而易见的是，只要那些新欢们认为合适，他们甚至会伤害那些旧爱。然而，这怎么可能是合理的呢，即把如此这般〈弥足珍贵的〉东西[135]送给那有着如此这般的不231d1幸[136]的人——至于该不幸，没有哪个对之是有经验的人甚至会尝试去避开它——？因为，甚至连他们自己都承认自己在生病，而非神志清醒，并且也知道自己心怀恶意，但就是不能够控制自己[137]。因此，当这些人正确地进行了思考之后[138]，他们又怎么会认为，处于这个样子的他231d5们[139]所决定的那些事情是良好的呢[140]？而事实上[141]，如果你从那些爱〈你〉的人中选择那最优秀的，那么，对你而言，选择就会是基于少数几个人〈而做出〉；而如果〈你〉从其他那些〈不爱你的〉人中〈选择〉那最为适合于你本人的，那么，〈你的选择就会是〉基于许多人〈而做出〉。所以，希望是大得多得多的[142]，在许多人中遇到那位配得上你的231e1这份友爱的人。

更进一步，如果你因恐惧那已经成为定规的习俗[143]，免得当人们了解到此事之后一种责骂会降临到你身上，那么，下面这些就是合情合理的，那就是：一方面，那些陷入爱中的人，由于他们相信他们同样会232a1被其他人视为幸运[144]，就像被他们自己〈视为幸运〉一样，于是他们就自吹自擂[145]，并且满心虚荣地渴望向所有人显示[146]他们并未徒劳地辛苦了一番；另一方面，那些没有陷入爱中的人，由于他们是能够控制住232a5他们自己的[147]，因而他们宁愿选择最好的，而不选择那种来自众人的名声。此外，一方面，那些陷入爱中的人，众人必然会听闻和看到[148]他们在跟着被〈他们所〉爱的那些人走，并且他们也只做这件事，以至于每当看到他们互相交谈，那时就认为，他们由于欲望要么刚刚已经在一232b1起过了，要么将要在一起[149]；另一方面，那些没有陷入爱中的人，众人则不会由于〈他们的〉交往[150]而试图指责他们，因为他们知道〈与人〉交谈是必然的，要么因为友爱，要么由于其他的某种快乐。而事实232b5

5 τινὰ ἡδονήν. καὶ μὲν δὴ εἴ σοι δέος παρέστηκεν ἡγουμένῳ
χαλεπὸν εἶναι φιλίαν συμμένειν, καὶ ἄλλῳ μὲν τρόπῳ δια-
φορᾶς γενομένης κοινὴν ⟨ἂν⟩ ἀμφοτέροις καταστῆναι τὴν
c συμφοράν, προεμένου δέ σου ἃ περὶ πλείστου ποιῇ μεγάλην
ἄν σοι βλάβην ἂν γενέσθαι, εἰκότως ἂν τοὺς ἐρῶντας μᾶλ-
λον ἂν φοβοῖο· πολλὰ γὰρ αὐτούς ἐστι τὰ λυποῦντα, καὶ
πάντ' ἐπὶ τῇ αὑτῶν βλάβῃ νομίζουσι γίγνεσθαι. διόπερ
5 καὶ τὰς πρὸς τοὺς ἄλλους τῶν ἐρωμένων συνουσίας ἀποτρέ-
πουσιν, φοβούμενοι τοὺς μὲν οὐσίαν κεκτημένους μὴ χρή-
μασιν αὐτοὺς ὑπερβάλωνται, τοὺς δὲ πεπαιδευμένους μὴ
συνέσει κρείττους γένωνται· τῶν δὲ ἄλλο τι κεκτημένων
d ἀγαθὸν τὴν δύναμιν ἑκάστου φυλάττονται. πείσαντες μὲν
οὖν ἀπεχθέσθαι σε τούτοις εἰς ἐρημίαν φίλων καθιστᾶσιν,
ἐὰν δὲ τὸ σεαυτοῦ σκοπῶν ἄμεινον ἐκείνων φρονῇς, ἥξεις
αὐτοῖς εἰς διαφοράν· ὅσοι δὲ μὴ ἐρῶντες ἔτυχον, ἀλλὰ δι'
5 ἀρετὴν ἔπραξαν ὧν ἐδέοντο, οὐκ ἂν τοῖς συνοῦσι φθονοῖεν,
ἀλλὰ τοὺς μὴ ἐθέλοντας μισοῖεν, ἡγούμενοι ὑπ' ἐκείνων μὲν
ὑπερορᾶσθαι, ὑπὸ τῶν συνόντων δὲ ὠφελεῖσθαι, ὥστε πολὺ
e πλείων ἐλπὶς φιλίαν αὐτοῖς ἐκ τοῦ πράγματος ἢ ἔχθραν
γενέσθαι.

Καὶ μὲν δὴ τῶν μὲν ἐρώντων πολλοὶ πρότερον τοῦ σώ-
ματος ἐπεθύμησαν ἢ τὸν τρόπον ἔγνωσαν καὶ τῶν ἄλλων
5 οἰκείων ἔμπειροι ἐγένοντο, ὥστε ἄδηλον αὐτοῖς εἰ ἔτι τότε
βουλήσονται φίλοι εἶναι, ἐπειδὰν τῆς ἐπιθυμίας παύσωνται·
233 τοῖς δὲ μὴ ἐρῶσιν, οἳ καὶ πρότερον ἀλλήλοις φίλοι ὄντες
ταῦτα ἔπραξαν, οὐκ ἐξ ὧν ἂν εὖ πάθωσι ταῦτα εἰκὸς ἐλάττω
τὴν φιλίαν αὐτοῖς ποιῆσαι, ἀλλὰ ταῦτα μνημεῖα καταλει-

b 8 ἂν add. Hirschig   c 2 ἂν σοι BT : δή σοι Schanz   ἂν
γενέσθαι Β : γενέσθαι Τ   εἰκότως ἂν ΒΤ : εἰκότως δὴ Schanz
μᾶλλον ἂν Β : μᾶλλον Τ   c 5 τὰς ΒΤW : τῆς corr. Ven. 184·   τῶν
ἐρωμένων] τὸν ἐρώμενον Heindorf   d 2 ἀπεχθέσθαι . . . τούτοις]
ἀπέχθεσθαι . . . τούτοις ΒΤW : ἀπέχεσθαι . . . τούτοις vulg. : ἀπέχεσθαι
. . . τούτων al. Stallbaum   d 6 ὑπ'] σ' ὑπ' Schanz auctore Heindorf
e 2 γενέσθαι Τ : γενήσεσθαι Β   e 5 αὐτοῖς εἰ ἔτι Β : εἰ ἔτι αὐτοῖς Τ :
εἰ ἔτι Hermann   τότε Τ : om. Β   a 3 μνημεῖα] σημεῖα ci.
Heindorf

上，如果一种恐惧已经降临到了你身上——由于你认为友爱是难以持续的[151]，并且一则当在其他方面[152]一种不和发生后，不幸就对双方来说成为了共同的[153]，一则当你把你最为珍惜的东西交付出去后，巨大的伤害就会发生在你自己身上——，那么，合理的就是，你应更为害怕那些爱〈你〉的人。因为，让他们感到痛苦的事情是许许多多的，并且每件事，他们都认为是为了伤害他们而发生出来的[154]。所以，他们阻止被〈他们所〉爱的人同其他人交往，因为，他们一则害怕那些已经取得了产业的人凭借钱财胜过他们[155]，一则担心那些已经受过教育的人在睿智方面[156]表现得〈比他们〉更强；而那些已经取得了其他任何长处的人，其每个人的能力，他们都加以提防。因此，一方面，他们通过劝你厌恶那些人而把你[157]置于缺少朋友的境地[158]；另一方面，一旦你在考虑你自己的事情时比他们思考得更好，那你就将同他们分道扬镳[159]。而所有那些碰巧没有爱〈上你〉的人——但是他们通过德性而获得了他们所要求的——，他们不会嫉妒那些〈与你〉在一起的人，而是会仇恨那些不愿意〈与你在一起的人〉，因为他们认为他们会被那些〈不愿意与你在一起的〉人所藐视，而被那些〈与你〉在一起的人所助益，因此，希望是大得多得多的，友爱而不是敌意将从这种事情中[160]对他们产生出来。

其实，一方面，就那些陷入爱中的人来说，其中许多人或者〈仅仅〉渴望〈对方的〉身体，或者既不了解〈对方的〉性情[161]，也不熟悉〈对方的〉其他那些私人情况，以至于对他们来说下面这点是不清楚的，那就是，那时他们是否仍然愿意是〈他的〉朋友，一旦他们终止了欲望；另一方面，那些没有陷入爱中的人，他们由于事先甚至就彼此是朋友才做这些事情，因而他们从中得到享受的那些事情不可能会降低他们

右侧行号标注：232c1，232c5，232d1，232d5，232e1，232e5，233a1

φθῆναι τῶν μελλόντων ἔσεσθαι. καὶ μὲν δὴ βελτίονί σοι
προσήκει γενέσθαι ἐμοὶ πειθομένῳ ἢ ἐραστῇ. ἐκεῖνοι μὲν 5
γὰρ καὶ παρὰ τὸ βέλτιστον τά τε λεγόμενα καὶ τὰ πρατ-
τόμενα ἐπαινοῦσιν, τὰ μὲν δεδιότες μὴ ἀπέχθωνται, τὰ δὲ
καὶ αὐτοὶ χεῖρον διὰ τὴν ἐπιθυμίαν γιγνώσκοντες. τοιαῦτα b
γὰρ ὁ ἔρως ἐπιδείκνυται· δυστυχοῦντας μέν, ἃ μὴ λύπην
τοῖς ἄλλοις παρέχει, ἀνιαρὰ ποιεῖ νομίζειν· εὐτυχοῦντας δὲ
καὶ τὰ μὴ ἡδονῆς ἄξια παρ᾽ ἐκείνων ἐπαίνου ἀναγκάζει
τυγχάνειν· ὥστε πολὺ μᾶλλον ἐλεεῖν τοῖς ἐρωμένοις ἢ 5
ζηλοῦν αὐτοὺς προσήκει. ἐὰν δέ μοι πείθῃ, πρῶτον μὲν οὐ
τὴν παροῦσαν ἡδονὴν θεραπεύων συνέσομαί σοι, ἀλλὰ καὶ
τὴν μέλλουσαν ὠφελίαν ἔσεσθαι, οὐχ ὑπ᾽ ἔρωτος ἡττώμενος c
ἀλλ᾽ ἐμαυτοῦ κρατῶν, οὐδὲ διὰ σμικρὰ ἰσχυρὰν ἔχθραν ἀναι-
ρούμενος ἀλλὰ διὰ μεγάλα βραδέως ὀλίγην ὀργὴν ποιού-
μενος, τῶν μὲν ἀκουσίων συγγνώμην ἔχων, τὰ δὲ ἑκούσια
πειρώμενος ἀποτρέπειν· ταῦτα γάρ ἐστι φιλίας πολὺν χρό- 5
νον ἐσομένης τεκμήρια. εἰ δ᾽ ἄρα σοι τοῦτο παρέστηκεν, ὡς
οὐχ οἷόν τε ἰσχυρὰν φιλίαν γενέσθαι ἐὰν μή τις ἐρῶν τυγχάνῃ,
ἐνθυμεῖσθαι χρὴ ὅτι οὔτ᾽ ἂν τοὺς υἱεῖς περὶ πολλοῦ ἐποιού- d
μεθα οὔτ᾽ ἂν τοὺς πατέρας καὶ τὰς μητέρας, οὔτ᾽ ἂν πιστοὺς
φίλους ἐκεκτήμεθα, οἳ οὐκ ἐξ ἐπιθυμίας τοιαύτης γεγόνασιν
ἀλλ᾽ ἐξ ἑτέρων ἐπιτηδευμάτων.

Ἔτι δὲ εἰ χρὴ τοῖς δεομένοις μάλιστα χαρίζεσθαι, 5
προσήκει καὶ τοῖς ἄλλοις μὴ τοὺς βελτίστους ἀλλὰ τοὺς
ἀπορωτάτους εὖ ποιεῖν· μεγίστων γὰρ ἀπαλλαγέντες κακῶν
πλείστην χάριν αὐτοῖς εἴσονται. καὶ μὲν δὴ καὶ ἐν ταῖς
ἰδίαις δαπάναις οὐ τοὺς φίλους ἄξιον παρακαλεῖν, ἀλλὰ e
τοὺς προσαιτοῦντας καὶ τοὺς δεομένους πλησμονῆς· ἐκεῖνοι
γὰρ καὶ ἀγαπήσουσιν καὶ ἀκολουθήσουσιν καὶ ἐπὶ τὰς θύρας
ἥξουσι καὶ μάλιστα ἡσθήσονται καὶ οὐκ ἐλαχίστην χάριν

b 5 τοῖς ἐρωμένοις B T Stobaeus : τοὺς ἐρωμένους vulg. b 6 αὐ-
τοὺς B Stobaeus : αὐτοῖς T δέ μοι B T : δ᾽ ἐμοὶ Ven. 184 d 6 καὶ
τοῖς ἄλλοις B T : καὶ τῶν ἄλλων Aldina : κἂν τοῖς ἄλλοις Badham
e 2 πρυσαιτοῦντας B T : προσαιροῦντας G

的友爱，相反，它们将作为对以后那些还将发生的事情的提醒而保留下来[162]。而事实上，这适合于你成为一个更好的人，如果你听从我，而不 233a5
是听从一个〈你的〉爱慕者。因为，甚至〈明明〉背离了最好的东西，
那些人也〈一味〉赞美〈你〉所说的和所做的，一方面因为他们害怕被
〈你〉怀恨在心，一方面则因为他们自己在进行认识时由于欲望而变得 233b1
很差。因为以下诸如此类的情形就是爱所展示的：如果他们不走运，那
么，那些并未引起其他人痛苦的东西，它使得[163]他们将之视为一些令
人不快的事情；而如果他们一切顺遂，那么，甚至那些根本不值得快乐
的东西，它也迫使它们从他们那里得到赞美[164]。因此，更加适合于那 233b5
些陷入爱中的人的，是怜悯他们，而不是嫉妒他们。但是，如果你听从
我，那么，首先，我不仅是为了沉湎于眼前的快乐而将与你在一起，而 233c1
且也是为了将来的益处[165]；我不会屈服于爱，而是成为我自己的主人；
不会由于一些小事就开始表现出强烈的敌意[166]，相反，即使因为一些
大事我也只会慢慢地感到轻微的愤怒；各种无心的〈差错〉，我都加以
原谅[167]，而那些有意的〈过失〉，我则尝试进行阻止。因为这些就是一 233c5
种长久友爱的证据。但是，如果你到底还是怀有了下面这种想法[168]，那
就是，一种强烈的友爱[169]不可能出现[170]，除非一个人恰好陷入了爱中，
那么，你就必须寻思，那样一来，我们既不会珍惜〈我们的〉儿子，也 233d1
不会重视〈我们的〉父亲和母亲，也不会拥有一些值得信赖的朋友，因
为他们都不产生自这样一种欲望，而是来自一些其他的生活方式[171]。

其次，如果必须尤其要让那些有着强烈要求的人满意，那么，在其 233d5
他方面[172]合适的做法也不是对那些最一帆风顺的人[173]，而是对那些最
为走投无路的人[174]行好事。因为，当他们摆脱了那些最大的恶后，他
们将最大地感激那些〈对他们行过好事的〉人[175]。其实，甚至在那些私 233e1
人的宴请上[176]，值得邀请的也不是朋友们，而是那些乞讨者和那些需
要一顿饱餐的人；因为这些人将爱戴〈那些那么做的人〉、将追随〈他
们〉、将来到〈他们〉的门前，并且他们也将尤其感到高兴，以及将对

5 εἴσονται καὶ πολλὰ ἀγαθὰ αὐτοῖς εὔξονται. ἀλλ' ἴσως
προσήκει οὐ τοῖς σφόδρα δεομένοις χαρίζεσθαι, ἀλλὰ τοῖς
μάλιστα ἀποδοῦναι χάριν δυναμένοις· οὐδὲ τοῖς προσαιτοῦσι
234 μόνον, ἀλλὰ τοῖς τοῦ πράγματος ἀξίοις· οὐδὲ ὅσοι τῆς σῆς
ὥρας ἀπολαύσονται, ἀλλ' οἵτινες πρεσβυτέρῳ γενομένῳ τῶν
σφετέρων ἀγαθῶν μεταδώσουσιν· οὐδὲ οἳ διαπραξάμενοι
πρὸς τοὺς ἄλλους φιλοτιμήσονται, ἀλλ' οἵτινες αἰσχυνό-
5 μενοι πρὸς ἅπαντας σιωπήσονται· οὐδὲ τοῖς ὀλίγον χρόνον
σπουδάζουσιν, ἀλλὰ τοῖς ὁμοίως διὰ παντὸς τοῦ βίου φίλοις
ἐσομένοις· οὐδὲ οἵτινες παυόμενοι τῆς ἐπιθυμίας ἔχθρας
πρόφασιν ζητήσουσιν, ἀλλ' οἳ παυσαμένου τῆς ὥρας τότε
b τὴν αὑτῶν ἀρετὴν ἐπιδείξονται. σὺ οὖν τῶν τε εἰρημένων
μέμνησο καὶ ἐκεῖνο ἐνθυμοῦ, ὅτι τοὺς μὲν ἐρῶντας οἱ φίλοι
νουθετοῦσιν ὡς ὄντος κακοῦ τοῦ ἐπιτηδεύματος, τοῖς δὲ μὴ
ἐρῶσιν οὐδεὶς πώποτε τῶν οἰκείων ἐμέμψατο ὡς διὰ τοῦτο
5 κακῶς βουλευομένοις περὶ ἑαυτῶν.

Ἴσως ἂν οὖν ἔροιό με εἰ ἅπασίν σοι παραινῶ τοῖς μὴ
ἐρῶσι χαρίζεσθαι. ἐγὼ μὲν οἶμαι οὐδ' ἂν τὸν ἐρῶντα
πρὸς ἅπαντάς σε κελεύειν τοὺς ἐρῶντας ταύτην ἔχειν τὴν
c διάνοιαν. οὔτε γὰρ τῷ λαμβάνοντι χάριτος ἴσης ἄξιον,
οὔτε σοὶ βουλομένῳ τοὺς ἄλλους λανθάνειν ὁμοίως δυνατόν·
δεῖ δὲ βλάβην μὲν ἀπ' αὐτοῦ μηδεμίαν, ὠφελίαν δὲ ἀμφοῖν
γίγνεσθαι. ἐγὼ μὲν οὖν ἱκανά μοι νομίζω τὰ εἰρημένα·
5 εἰ δ' ἔτι ⟨τι⟩ σὺ ποθεῖς, ἡγούμενος παραλελεῖφθαι, ἐρώτα.

ΦΑΙ. Τί σοι φαίνεται, ὦ Σώκρατες, ὁ λόγος; οὐχ
ὑπερφυῶς τά τε ἄλλα καὶ τοῖς ὀνόμασιν εἰρῆσθαι;

e 8 προσαιτοῦσι Ast : προσερῶσι B : ἐρῶσι T W   a 2 γενομένῳ T :
γενόμενοι B   a 6 σπουδάζουσιν] σπουδάσουσιν ci. Stephanus (colent
Ficinus)   a 8 παυσαμένου G. Hermann : παυσάμενοι BT : παυομένης
Laur. 2643 : παυσαμένοις Winckelmann : alii alia   b 6 ἂν οὖν T :
μὲν οὖν B   b 7 μὲν T : δὲ B   c 1 τῷ T : τῷ λόγῳ B W   ἴσης
T : οισης (sic) B : οἴσεις W   c 3 δεῖ T : αἰεὶ B   ἀπ' B : ἐπ' T
c 5 δ' ἔτι τι Heindorf : δέ τι BT   σὺ ποθεῖς Ven. 189 : σὺ ὑποθεις
T : σὺ ὑποθῇς B   ἐρώτα T : ἔρωτα B

〈他们〉感激不尽[177]，为他们祈祷许多美好的事情。但或许合适的做法 233e5
是，要使之满意的，不是那些有着强烈要求的人，而是那些最有能力进
行感恩图报的人；不是那些仅仅爱上〈你〉的人[178]，而是那些配得上那 234a1
件事[179]的人；不是那些将享受你那〈转瞬即逝的〉青春的人，而是那
些当你变得更老了，也将〈愿意与你〉分享他们的各种好处的人；不是
那些达成了目的就将在他人面前炫耀的人，而是那些由于感到害羞而将
对所有人都守口如瓶的人；不是那些在短时间内将对〈你〉热切[180]的 234a5
人，而是那些终其一生都将始终如一地是〈你的〉朋友的人；不是那些
终止了欲望就将寻求为敌意开脱的人，而是那些当你已经青春不在，那 234b1
时依然向你展示他们自己的德性的人。因此，请你记住〈刚才〉已经说
的这些，并且也请你掂量一下这点，那就是：那些陷入爱中的人，〈其〉
朋友们会由于〈其〉所作所为是坏的而斥责他们；而那些没有陷入爱中
的人[181]，〈其〉亲属中没有任何人曾因为下面这件事而对他们不满过，
即他们由于这而对他们自己的事情糟糕地做出了决定。 234b5

那么，也许你会问我，是否我在建议你让所有那些不爱〈你〉的人
满意。一方面，我肯定认为，即使那爱〈你〉的人也不会吩咐你对所有
那些爱〈你〉的人怀有这种想法。因为那样一来，就获得〈满意〉的人
而言，〈他认为你〉不值得同等的感激[182]；而就你来说，也不可能以同 234c1
样的方式逃避他人的注意[183]，即使你打算〈那么做〉。另一方面，从这
件事中不应当产生出任何的伤害，而只有对双方的一种益处。我认为我
所说的无疑是够充分的了；而如果你还渴望〈听〉点什么[184]——因为 234c5
你认为它已经被遗漏了——，那么，你只管问吧[185]！

斐德若：这篇讲辞，苏格拉底啊，对你显得如何？尤其[186]在表达
方面岂不说得很奇妙[187]？

ΦΑΙΔΡΟΣ   **234 d**

ΣΩ. Δαιμονίως μὲν οὖν, ὦ ἑταῖρε, ὥστε με ἐκπλαγῆναι. d
καὶ τοῦτο ἐγὼ ἔπαθον διὰ σέ, ὦ Φαῖδρε, πρὸς σὲ ἀπο-
βλέπων, ὅτι ἐμοὶ ἐδόκεις γάνυσθαι ὑπὸ τοῦ λόγου μεταξὺ
ἀναγιγνώσκων· ἡγούμενος γὰρ σὲ μᾶλλον ἢ ἐμὲ ἐπαΐειν
περὶ τῶν τοιούτων σοὶ εἱπόμην, καὶ ἑπόμενος συνεβάκχευσα 5
μετὰ σοῦ τῆς θείας κεφαλῆς.
ΦΑΙ. Εἶεν· οὕτω δὴ δοκεῖ παίζειν;
ΣΩ. Δοκῶ γάρ σοι παίζειν καὶ οὐχὶ ἐσπουδακέναι;
ΦΑΙ. Μηδαμῶς, ὦ Σώκρατες, ἀλλ᾽ ὡς ἀληθῶς εἰπὲ e
πρὸς Διὸς φιλίου, οἴει ἄν τινα ἔχειν εἰπεῖν ἄλλον τῶν
Ἑλλήνων ἕτερα τούτων μείζω καὶ πλείω περὶ τοῦ αὐτοῦ
πράγματος;
ΣΩ. Τί δέ; καὶ ταύτῃ δεῖ ὑπ᾽ ἐμοῦ τε καὶ σοῦ τὸν 5
λόγον ἐπαινεθῆναι, ὡς τὰ δέοντα εἰρηκότος τοῦ ποιητοῦ,
ἀλλ᾽ οὐκ ἐκείνῃ μόνον, ὅτι σαφῆ καὶ στρογγύλα, καὶ ἀκρι-
βῶς ἕκαστα τῶν ὀνομάτων ἀποτετόρνευται; εἰ γὰρ δεῖ,
συγχωρητέον χάριν σήν, ἐπεὶ ἐμέ γε ἔλαθεν ὑπὸ τῆς ἐμῆς
οὐδενίας· τῷ γὰρ ῥητορικῷ αὐτοῦ μόνῳ τὸν νοῦν προσ- 235
εῖχον, τοῦτο δὲ οὐδ᾽ ⟨ἂν⟩ αὐτὸν ᾤμην Λυσίαν οἴεσθαι ἱκανὸν
εἶναι. καὶ οὖν μοι ἔδοξεν, ὦ Φαῖδρε, εἰ μή τι σὺ ἄλλο
λέγεις, δὶς καὶ τρὶς τὰ αὐτὰ εἰρηκέναι, ὡς οὐ πάνυ εὐπορῶν
τοῦ πολλὰ λέγειν περὶ τοῦ αὐτοῦ, ἢ ἴσως οὐδὲν αὐτῷ μέλον 5
τοῦ τοιούτου· καὶ ἐφαίνετο δή μοι νεανιεύεσθαι ἐπιδεικνύ-
μενος ὡς οἷός τε ὢν ταὐτὰ ἑτέρως τε καὶ ἑτέρως λέγων
ἀμφοτέρως εἰπεῖν ἄριστα.
ΦΑΙ. Οὐδὲν λέγεις, ὦ Σώκρατες· αὐτὸ γὰρ τοῦτο καὶ b
μάλιστα ὁ λόγος ἔχει. τῶν γὰρ ἐνόντων ἀξίως ῥηθῆναι

d3 ἐδόκεις T : δοκεῖς B   d7 δὴ δοκεῖ TW : δὴ B : δεῖ Schanz
e3 τούτων μείζω B : μείζω τούτων T   e7 καὶ ἀκριβῶς fort. non
legerunt Plutarchus Hermias   e8 ἀποτετόρνευται B : ἀποτετόρνωται
T   a1 μόνῳ BT : μόνον W   a2 ἂν ante αὐτὸν addidi : ante
ᾤμην add. Thompson : post οἴεσθαι add. Ast   a3 καὶ οὖν Her-
mann : καὶ δὴ οὖν Stephanus : δικαιοῦν B : δίκαιον οὖν TW   a4 λέγεις
T : λέγῃς B   a7 ταὐτὰ Heindorf : ταῦτα BT   b2 ἀξίως]
ἀξίων Madvig

苏格拉底：〈岂止是奇妙，〉简直是神意使然[188]，朋友！以至于把我 234d1
惊呆了。并且正是由于你，我才感受到了这点，斐德若啊；因为，只要
我注视你，你在朗读时都对我显得已经被这篇讲辞弄得欣喜若狂[189]。其
实我认为，由于你远比我更为精通诸如此类的事情，所以我跟随你；并 234d5
且在我进行跟随时，我已经同你这神一样的脑袋一道，如酒神信徒般一
起发狂[190]。

斐德若：算了[191]！这样开玩笑你真认为〈恰当〉吗？

苏格拉底：我真的对你显得在开玩笑，并且未曾认真？

斐德若：那倒没有，苏格拉底啊！但以友谊之神宙斯的名义[192]， 234e1
请你真的告诉〈我〉，你认为在希腊人中，还会有其他哪个人有能力说
出[193]一些其他的东西来，关于这同一事情它们比这些还要更有分量和
更为丰富？

苏格拉底：究竟怎么回事？也由于这点，这篇讲辞才应该被我和你 234e5
赞美吗，即〈它的〉作者已经说了一些〈他〉应该〈说〉的东西[194]，而
不仅仅因为下面那点，即每一措辞都是清楚的和简练的[195]，并且都已经
被精确地打磨过了？如果它确实〈由于前面那点〉而应该〈受到赞美〉
的话，那么，为了你的缘故[196]我就必须得让步，既然我的确由于我的一
文不值而未曾注意到它。因为，我仅仅把注意力放在它的修辞方面[197]； 235a1
而这〈另外一点〉[198]，我相信[199]，甚至吕西阿斯本人也不认为它是充
分的。并且事实上在我看来，斐德若啊——除非你还有别的什么要
说——，他一而再再而三地[200]说了一些同样的事情，好像他根本就没 235a5
有能力关于同一主题多说一点什么似的[201]，或者他也许根本就不关心诸
如此类的事情。其实他对我显得像年轻人那样在虚张声势地吓人[202]，通
过炫耀：就同样的事情，无论他以这种方式说，还是以那种方式说，他
都能够在两种方式上最好地说它[203]。

斐德若：你在胡说八道[204]，苏格拉底啊！因为〈你说你未曾注意到 235b1
的〉那个方面，它恰恰最为是这篇讲辞所具有的〈优点〉。毕竟就那些

ἐν τῷ πράγματι οὐδὲν παραλέλοιπεν, ὥστε παρὰ τὰ ἐκείνῳ
εἰρημένα μηδέν' ⟨ἂν⟩ ποτε δύνασθαι εἰπεῖν ἄλλα πλείω καὶ
5 πλείονος ἄξια.

ΣΩ. Τοῦτο ἐγώ σοι οὐκέτι οἷός τ' ἔσομαι πιθέσθαι·
παλαιοὶ γὰρ καὶ σοφοὶ ἄνδρες τε καὶ γυναῖκες περὶ αὐτῶν
εἰρηκότες καὶ γεγραφότες ἐξελέγξουσί με, ἐάν σοι χαριζό-
μενος συγχωρῶ.

c ΦΑΙ. Τίνες οὗτοι; καὶ ποῦ σὺ βελτίω τούτων ἀκήκοας;
ΣΩ. Νῦν μὲν οὕτως οὐκ ἔχω εἰπεῖν· δῆλον δὲ ὅτι τινῶν
ἀκήκοα, ἤ που Σαπφοῦς τῆς καλῆς ἢ Ἀνακρέοντος τοῦ
σοφοῦ ἢ καὶ συγγραφέων τινῶν. πόθεν δὴ τεκμαιρόμενος
5 λέγω; πλῆρές πως, ὦ δαιμόνιε, τὸ στῆθος ἔχων αἰσθάνομαι
παρὰ ταῦτα ἂν ἔχειν εἰπεῖν ἕτερα μὴ χείρω. ὅτι μὲν οὖν
παρά γε ἐμαυτοῦ οὐδὲν αὐτῶν ἐννενόηκα, εὖ οἶδα, συνειδὼς
ἐμαυτῷ ἀμαθίαν· λείπεται δὴ οἶμαι ἐξ ἀλλοτρίων ποθὲν
d ναμάτων διὰ τῆς ἀκοῆς πεπληρῶσθαί με δίκην ἀγγείου.
ὑπὸ δὲ νωθείας αὖ καὶ αὐτὸ τοῦτο ἐπιλέλησμαι, ὅπως τε
καὶ ὧντινων ἤκουσα.

ΦΑΙ. Ἀλλ', ὦ γενναιότατε, κάλλιστα εἴρηκας. σὺ γὰρ
5 ἐμοὶ ὧντινων μὲν καὶ ὅπως ἤκουσας μηδ' ἂν κελεύω εἴπῃς,
τοῦτο δὲ αὐτὸ ὃ λέγεις ποίησον· τῶν ἐν τῷ βιβλίῳ βελτίω
τε καὶ μὴ ἐλάττω ἕτερα ὑπέσχησαι εἰπεῖν τούτων ἀπεχό-
μενος, καί σοι ἐγώ, ὥσπερ οἱ ἐννέα ἄρχοντες, ὑπισχνοῦμαι
χρυσῆν εἰκόνα ἰσομέτρητον εἰς Δελφοὺς ἀναθήσειν, οὐ
e μόνον ἐμαυτοῦ ἀλλὰ καὶ σήν.

ΣΩ. Φίλτατος εἶ καὶ ὡς ἀληθῶς χρυσοῦς, ὦ Φαῖδρε,
εἴ με οἴει λέγειν ὡς Λυσίας τοῦ παντὸς ἡμάρτηκεν, καὶ οἷόν
τε δὴ παρὰ πάντα ταῦτα ἄλλα εἰπεῖν· τοῦτο δὲ οἶμαι οὐδ'
5 ἂν τὸν φαυλότατον παθεῖν συγγραφέα. αὐτίκα περὶ οὗ
ὁ λόγος, τίνα οἴει λέγοντα ὡς χρὴ μὴ ἐρῶντι μᾶλλον ἢ

b 4 μηδέν' ἂν Aldina : μηδένα ΒΤ (μηδ' ἂν marg. t)   b 6 τ' Β :
γε Τ   πιθέσθαι Β : πείθεσθαι Τ   c 5 πως] περ Aldina   d 7 ἕτερα
ὑπέσχησαι scripsi : ἕτερα ὑπόσχες Badham (secl. εἰπεῖν): ἑτέρᾳ ὑποσχέσει
ΒΤ : ἕτερα ἐπιχείρει Schanz : alii alia   e 4 πάντα ταῦτα Β : ταῦτα
πάντα Τ : ταῦτα G   e 6 τίνα ΒΤ : τί vulg.

内在于事情中值得一说的东西而言[205]，它没有遗漏其中的任何一点，以 235b5
至于在那人所说的那些东西之外[206]，根本就无人能够说出其他一些更加
丰富的和更为有价值的东西来[207]。

苏格拉底：就这点而言，我将不再可能信服你[208]；因为，古代的
一些智慧的人——既有男人，也有女人——，由于他们就该主题也都已
经有所说和有所写，他们都将〈站出来〉反驳我，假如我为了讨你的喜
欢而让步的话。

斐德若：这些人是谁呢？并且你在哪儿听到过比这更好的？ 235c1

苏格拉底：虽然我现在并不能够立马[209]就说出来，但显然我已经
从一些人那里听说过，或者从美丽的萨福[210]那儿，或者从智慧的阿那
克瑞翁[211]那儿，甚或从一些散文家那里[212]。我这样说，究竟从何处来
加以证明呢？由于我胸口无论如何都堵得慌[213]，非凡的人啊[214]，我感 235c5
到我能够在〈吕西阿斯所说的〉那些之外说出另外一些并不比之较差
的东西来。我肯定知道，无论如何其中都没有任何东西是出于我本人，
关于这点我很清楚，因为我意识到了[215]〈我自己的〉无知。因此剩下
的[216]，我认为只能是这样，那就是：我从某处，就像一具容器那样[217]， 235d1
从其他某些源泉那里，已经通过听而被灌满了。然而，由于迟钝，我恰
好复又忘记了下面这件事，即我究竟如何以及从哪些人那里听到的。

斐德若：真的，最高贵的人啊，你说得漂亮极了。其实你不用 235d5
告诉我你究竟从哪些人那里以及如何听到的——即使我要求〈你那样
做〉——，而你恰恰要做的，是你说过的那件事，那就是，你已经许
诺要通过回避这稿子中的那些话[218]而说出一些不同的东西来，它们既
比那些话更好，也不比它们短少[219]；而我，就像那九位执政官一样[220]，
也向你承诺，将在德尔斐那里奉献一尊等量的金像[221]，不仅有我自己 235e1
的，而且也有你的。

苏格拉底：你真是〈我〉最最亲爱的和真正金铸的[222]，斐德若啊，
如果你认为我在说下面这点的话，那就是：吕西阿斯在各方面都未曾中
的[223]，而我则能够超出〈他说的〉所有那些之外而说出一些别的东西
来。但我认为，即使最平庸的作家也不会遭受这点[224]。例如[225]，就这 235e5
篇讲辞所涉及的而言，谁，你认为，如果他主张一个人必须使之满意

ἐρῶντι χαρίζεσθαι, παρέντα τοῦ μὲν τὸ φρόνιμον ἐγκω-
μιάζειν, τοῦ δὲ τὸ ἄφρον ψέγειν, ἀναγκαῖα γοῦν ὄντα, εἶτ' **236**
ἀλλ' ἄττα ἕξειν λέγειν; ἀλλ' οἶμαι τὰ μὲν τοιαῦτα ἐατέα
καὶ συγγνωστέα λέγοντι· καὶ τῶν μὲν τοιούτων οὐ τὴν
εὕρεσιν ἀλλὰ τὴν διάθεσιν ἐπαινετέον, τῶν δὲ μὴ ἀνα-
γκαίων τε καὶ χαλεπῶν εὑρεῖν πρὸς τῇ διαθέσει καὶ τὴν 5
εὕρεσιν.

ΦΑΙ. Συγχωρῶ ὃ λέγεις· μετρίως γάρ μοι δοκεῖς εἰρη-
κέναι. ποιήσω οὖν καὶ ἐγὼ οὕτως· τὸ μὲν τὸν ἐρῶντα
τοῦ μὴ ἐρῶντος μᾶλλον νοσεῖν δώσω σοι ὑποτίθεσθαι, τῶν **b**
δὲ λοιπῶν ἕτερα πλείω καὶ πλείονος ἄξια εἰπὼν τῶνδε
[Λυσίου] παρὰ τὸ Κυψελιδῶν ἀνάθημα σφυρήλατος ἐν
Ὀλυμπίᾳ στάθητι.

ΣΩ. Ἐσπούδακας, ὦ Φαῖδρε, ὅτι σου τῶν παιδικῶν 5
ἐπελαβόμην ἐρεσχηλῶν σε, καὶ οἴει δή με ὡς ἀληθῶς ἐπι-
χειρήσειν εἰπεῖν παρὰ τὴν ἐκείνου σοφίαν ἕτερόν τι ποι-
κιλώτερον;

ΦΑΙ. Περὶ μὲν τούτου, ὦ φίλε, εἰς τὰς ὁμοίας λαβὰς
ἐλήλυθας. ῥητέον μὲν γάρ σοι παντὸς μᾶλλον οὕτως ὅπως **c**
οἷός τε εἶ, ἵνα μὴ τὸ τῶν κωμῳδῶν φορτικὸν πρᾶγμα
ἀναγκαζώμεθα ποιεῖν ἀνταποδιδόντες ἀλλήλοις [εὐλαβήθητι],
καὶ μὴ βούλου με ἀναγκάσαι λέγειν ἐκεῖνο τὸ "εἰ ἐγώ, ὦ
Σώκρατες, Σωκράτην ἀγνοῶ, καὶ ἐμαυτοῦ ἐπιλέλη- 5
σμαι," καὶ ὅτι "ἐπεθύμε μὲν λέγειν, ἐθρύπτετο δέ."
ἀλλὰ διανοήθητι ὅτι ἐντεῦθεν οὐκ ἄπιμεν πρὶν ἂν σὺ εἴπῃς
ἃ ἔφησθα ἐν τῷ στήθει ἔχειν. ἐσμὲν δὲ μόνω ἐν ἐρημίᾳ,
ἰσχυρότερος δ' ἐγὼ καὶ νεώτερος, ἐκ δὲ ἁπάντων τούτων **d**
"σύνες ὅ τοι λέγω," καὶ μηδαμῶς πρὸς βίαν βουληθῇς
μᾶλλον ἢ ἑκὼν λέγειν.

b 2 εἰπὼν τῶνδε TW : εἰπόντος B : εἰπὼν τῶν τοῦ fecit t   b 3 Λυσίου
seclusi   b 4 στάθητι BT : ἐστάθη Photius : ἔσταθι Cobet   c 1 ἐλή-
λυθας T : ἐλήλυθα B   c 2 ἵνα B : ἵνα δὲ T   c 3 ἀναγκαζώμεθα
B : ἀναγκαζόμεθα T   εὐλαβήθητι secl. Cobet   c 7 διανοήθητι T :
διανοήθητε B   c 8 μόνω BW : μόνω μὲν T   d 2 ὅ τοι] ὅ σοι
hoc loco BT (at cf. Menon. 76 d)   βίαν T : βίας BW

的，是那没有爱〈上他〉的人，而不是那爱〈上他〉的人，那么，当他忽略一方面赞许前者的明智，一方面指责后者的愚蠢之后[226]——因为 236a1
这两者无论如何都是必不可少的——，他接下来还能够说一些别的什么？当然，我认为诸如此类的事情必须被允许，并且它们对于说者而言也必须被原谅；虽然就诸如此类〈必不可少〉的事情来说，应当被表扬的不是论据的发现[227]，而是谋篇布局；但就那些并非必不可少的事情以 236a5
及难以发现的事情来说，〈应当被表扬的〉除了谋篇布局[228]，还有论据的发现。

斐德若：我同意你所说的；因为在我看来，你说得合理。那么，我也将这样来做，那就是：一方面，我将准许你假设这点，即那陷入爱中 236b1
的人比那没有陷入爱中的人更为在生病；另一方面，就那些剩下的，如果你说出了比这些更加丰富和更为有价值的一些不同的东西来[229]，那么，你〈的塑像〉将被用锤子打制[230]，在奥林匹亚被立于库普塞罗斯的后裔们的奉献物旁边[231]。

苏格拉底：你是不是已经过于认真了些，斐德若啊，就因为我为了 236b5
取笑你而攻击了你那心爱的少年[232]，并且你也竟然认为，我真的将尝试超出那人的智慧而说出其他某种更加五彩缤纷的东西来？

斐德若：然而关于这点，朋友啊，你已经陷入了同样的境地[233]。因 236c1
为，一方面，你无论如何都得务必尽你所能的那样来说一说；另一方面，为了我俩不[234]只是通过彼此反唇相讥[235]而被迫做出喜剧诗人们那庸俗的事情来，请你要好好地考虑一下[236]，也请你别指望下面这点，那就是我被迫说出〈前面你说过的〉那种话，即"如果我，苏格拉底啊，不识得苏格拉底，那我甚至就已经忘记了我自己是谁"[237]以及"他一方 236c5
面渴望说，另一方面却忸怩作态假装正经起来"[238]。相反，你要怀有下面这种想法，那就是：我俩不会从这里离开，直到你说出了你曾宣称在你胸口那里堵得慌的东西[239]为止。这里孤零零地就只有我两人，而我 236d1
既〈比你〉更为强壮，也〈比你〉更加年轻，基于所有这些，"你要明白我究竟在说什么"[240]，并且无论如何你都不要出于被迫才打算说，而是宁愿心甘情愿地说。

ΣΩ. Ἀλλ', ὦ μακάριε Φαῖδρε, γελοῖος ἔσομαι παρ'
ἀγαθὸν ποιητὴν ἰδιώτης αὐτοσχεδιάζων περὶ τῶν αὐτῶν.

ΦΑΙ. Οἶσθ' ὡς ἔχει; παῦσαι πρός με καλλωπιζόμενος·
σχεδὸν γὰρ ἔχω ὃ εἰπὼν ἀναγκάσω σε λέγειν.

ΣΩ. Μηδαμῶς τοίνυν εἴπῃς.

ΦΑΙ. Οὔκ, ἀλλὰ καὶ δὴ λέγω· ὁ δέ μοι λόγος ὅρκος
10 ἔσται. ὄμνυμι γάρ σοι—τίνα μέντοι, τίνα θεῶν; ἢ βού-
e λει τὴν πλάτανον ταυτηνί;—ἦ μήν, ἐάν μοι μὴ εἴπῃς τὸν
λόγον ἐναντίον αὐτῆς ταύτης, μηδέποτέ σοι ἕτερον λόγον
μηδένα μηδενὸς μήτε ἐπιδείξειν μήτε ἐξαγγελεῖν.

ΣΩ. Βαβαῖ, ὦ μιαρέ, ὡς εὖ ἀνηῦρες τὴν ἀνάγκην ἀνδρὶ
5 φιλολόγῳ ποιεῖν ὃ ἂν κελεύῃς.

ΦΑΙ. Τί δῆτα ἔχων στρέφῃ;

ΣΩ. Οὐδὲν ἔτι, ἐπειδὴ σύ γε ταῦτα ὀμώμοκας.   πῶς
γὰρ ἂν οἷός τ' εἴην τοιαύτης θοίνης ἀπέχεσθαι;

237 ΦΑΙ. Λέγε δή.

ΣΩ. Οἶσθ' οὖν ὡς ποιήσω;

ΦΑΙ. Τοῦ πέρι;

ΣΩ. Ἐγκαλυψάμενος ἐρῶ, ἵν' ὅτι τάχιστα διαδράμω
5 τὸν λόγον καὶ μὴ βλέπων πρὸς σὲ ὑπ' αἰσχύνης διαπορῶμαι.

ΦΑΙ. Λέγε μόνον, τὰ δ' ἄλλα ὅπως βούλει ποίει.

ΣΩ. Ἄγετε δή, ὦ Μοῦσαι, εἴτε δι' ᾠδῆς εἶδος λίγειαι,
εἴτε διὰ γένος μουσικὸν τὸ Λιγύων ταύτην ἔσχετ' ἐπωνυ-
μίαν, " ξύμ μοι λάβεσθε " τοῦ μύθου, ὅν με ἀναγκάζει
10 ὁ βέλτιστος οὑτοσὶ λέγειν, ἵν' ὁ ἑταῖρος αὐτοῦ, καὶ πρότερον
b δοκῶν τούτῳ σοφὸς εἶναι, νῦν ἔτι μᾶλλον δόξῃ.

Ἦν οὕτω δὴ παῖς, μᾶλλον δὲ μειρακίσκος, μάλα καλός·
τούτῳ δὲ ἦσαν ἐρασταὶ πάνυ πολλοί.   εἷς δέ τις αὐτῶν

e 3 μηδενὸς μήτε Τ: μηδενὸς τ' Β   ἐξαγγελεῖν G: ἐξαγγέλλειν
ΒΤ   a 7 λίγειαι Τ: λιγιαι Β   a 8 γένος τὸ Λιγύων μουσικὸν
Dionysius: γένος τι μουσικὸν Heraclitus: γένος μουσικὸν τὸ λιγὺ ὂν
Stobaeus   ἔσχετ' ἐπωνυμίαν ΒΤ Stobaeus: ἔσχετε τὴν ἐπωνυμίαν
Dionysius, Heraclitus   b 2 μειρακίσκος ΒΤ: μειρακίσκος ἁπαλὸς
vulg.

苏格拉底：但是，有福的斐德若啊，我将是可笑的，如果我在一位 236d5
优秀作家的旁边作为一个普通人就同样的事情即兴发表看法 [241] 的话。

斐德若：你竟然知道是怎么回事？请你停止在我面前忸怩作态 [242]！
我想我有 [243] 通过说它而迫使你讲的东西。

苏格拉底：那你可千万不要将之说出来。

斐德若：绝不，相反，我就是要说。但对我而言，说出来的话将是
一句誓言。我要对你发誓——但究竟凭谁，凭诸神中的那位呢？或者你 236d10
愿意就凭这儿的这颗梧桐？真的就凭它 [244]：如果你不当着这儿的它的 236e1
面 [245] 对我说一篇讲辞，那么，我就将永不会再对你展示或通报任何人
的任何其他的讲辞了。

苏格拉底：哎呀，你这坏蛋！你何等好地找到了一种强迫之道，用 236e5
它来迫使一个热爱言辞的人 [246] 做你所吩咐的事情。

斐德若：到底是为了什么你一直绕来拐去 [247]？

苏格拉底：不会再〈绕来拐去〉了，当你已经这样发誓之后。因
为，我怎么可能拒绝这样一场盛宴呢？

斐德若：那就请你讲吧！ 237a1

苏格拉底：那么，你知道我将怎么做吗？

斐德若：关于什么？

苏格拉底：我会通过蒙住脸来说，以便我尽可能快地过完〈我的〉
讲辞，并且免得因瞧见你由于羞愧而不知所措。 237a5

斐德若：你只管说！至于其他的，你愿意怎样，就请你怎样做。

苏格拉底：来吧 [248]，缪斯们啊！你们要么因为〈你们〉歌唱的一种
形式而〈被称作是〉清越曼妙的 [249]，要么由于利古里亚人 [250] 这一擅长
歌唱的种族而获得了这个别名，"请你们帮助我" [251]〈说出〉这里的这
位最好的人强迫我把它说出来的这个故事吧，以便他的那位伙伴，甚至 237a10
在以前他就已经对这个人显得是智慧的，现在还要更加显得是智慧的。 237b1

从前有一个男孩 [252]，毋宁说是一个少年，长相极其俊美；而他也有
着非常多的爱慕者。但其中一个是诡计多端的，他虽然不比任何人更少

αἰμύλος ἦν, ὃς οὐδενὸς ἧττον ἐρῶν ἐπεπείκει τὸν παῖδα ὡς
οὐκ ἐρῴη. καί ποτε αὐτὸν αἰτῶν ἔπειθεν τοῦτ' αὐτό, ὡς μὴ 5
ἐρῶντι πρὸ τοῦ ἐρῶντος δέοι χαρίζεσθαι, ἔλεγέν τε ὧδε—

Περὶ παντός, ὦ παῖ, μία ἀρχὴ τοῖς μέλλουσι καλῶς
βουλεύσεσθαι· εἰδέναι δεῖ περὶ οὗ ἂν ᾖ ἡ βουλή, ἢ παντὸς c
ἁμαρτάνειν ἀνάγκη. τοὺς δὲ πολλοὺς λέληθεν ὅτι οὐκ
ἴσασι τὴν οὐσίαν ἑκάστου. ὡς οὖν εἰδότες οὐ διομολογοῦνται
ἐν ἀρχῇ τῆς σκέψεως, προελθόντες δὲ τὸ εἰκὸς ἀποδιδόασιν·
οὔτε γὰρ ἑαυτοῖς οὔτε ἀλλήλοις ὁμολογοῦσιν. ἐγὼ οὖν 5
καὶ σὺ μὴ πάθωμεν ὃ ἄλλοις ἐπιτιμῶμεν, ἀλλ' ἐπειδὴ σοὶ
καὶ ἐμοὶ ὁ λόγος πρόκειται πότερα ἐρῶντι ἢ μὴ μᾶλλον εἰς
φιλίαν ἰτέον, περὶ ἔρωτος οἷόν τ' ἔστι καὶ ἣν ἔχει δύνα-
μιν, ὁμολογίᾳ θέμενοι ὅρον, εἰς τοῦτο ἀποβλέποντες καὶ d
ἀναφέροντες τὴν σκέψιν ποιώμεθα εἴτε ὠφελίαν εἴτε
βλάβην παρέχει. ὅτι μὲν οὖν δὴ ἐπιθυμία τις ὁ ἔρως,
ἅπαντι δῆλον· ὅτι δ' αὖ καὶ μὴ ἐρῶντες ἐπιθυμοῦσι τῶν
καλῶν, ἴσμεν. τῷ δὴ τὸν ἐρῶντά τε καὶ μὴ κρινοῦμεν; 5
δεῖ αὖ νοῆσαι ὅτι ἡμῶν ἐν ἑκάστῳ δύο τινέ ἐστον ἰδέα
ἄρχοντε καὶ ἄγοντε, οἷν ἑπόμεθα ᾗ ἂν ἄγητον, ἡ μὲν ἔμ-
φυτος οὖσα ἐπιθυμία ἡδονῶν, ἄλλη δὲ ἐπίκτητος δόξα,
ἐφιεμένη τοῦ ἀρίστου. τούτω δὲ ἐν ἡμῖν τοτὲ μὲν ὁμο-
νοεῖτον, ἔστι δὲ ὅτε στασιάζετον· καὶ τοτὲ μὲν ἡ ἑτέρα, e
ἄλλοτε δὲ ἡ ἑτέρα κρατεῖ. δόξης μὲν οὖν ἐπὶ τὸ ἄριστον
λόγῳ ἀγούσης καὶ κρατούσης τῷ κράτει σωφροσύνη ὄνομα·
ἐπιθυμίας δὲ ἀλόγως ἑλκούσης ἐπὶ ἡδονὰς καὶ ἀρξάσης ἐν 238
ἡμῖν τῇ ἀρχῇ ὕβρις ἐπωνομάσθη. ὕβρις δὲ δὴ πολυώνυμον
—πολυμελὲς γὰρ καὶ πολυμερές—καὶ τούτων τῶν ἰδεῶν

b 5 αἰτῶν T W Heraclitus: ἐρῶν B   c 1 βουλεύσεσθαι T: βουλεύ-
εσθαι B   δεῖ B: ἅ δεῖ T   παντὸς B Simplicius: ἅπαντος T
c 4 προελθόντες t: προσελθόντες B T   c 5 ἀλλήλοις B: ἄλλοις ex
ἀλλήλοις T   c 7 πότερα T: πότερον (sed a s. v.) W: om. B
c 8 οἷόν τ'] οἷόν τι ci. Heindorf   ἔχει T: εἶχε B   d 6 αὖ]
δὴ Schanz   d 8 ἡδονῶν T: δηλον ων B   a 3 πολυμελὲς
. . . καὶ πολυμερές scripsi: πολυμελὲς . . . καὶ πολυειδές B Stobaeus:
πολυμερὲς . . . καὶ πολυειδές T: πολυειδὲς . . . καὶ πολυμελές V

地爱着〈这个男孩〉，却要使这个男孩相信他并不爱他。有一次，当他 237b5
〈向这个男孩〉提出要求时[253]，他恰恰这样来说服他：一个人应该使之
满意的，是那没有爱上他的人，而非那爱上他的人，他这样说道：

　　就每一件事情，孩子啊，对于那些打算正确地[254]进行考虑的人而
言，〈仅仅〉有着单一的开端，那就是必须知道考虑所关乎的东西，否 237c1
则必然在每一件事情上都不中的。然而，许多人都未曾注意到，他们其
实并不知道每件事情之所是。因此，由于他们以为他们知道[255]〈它们的
所是〉，于是他们在〈其〉考察的开端处就没有对之达成一致；而当他
们继续往前走时，他们就要付出合情合理的代价[256]，因为他们既没有同 237c5
他们自己达成一致，也没有互相达成一致。所以，我和你，让我们都不
要遭受我们会指责其他人的那种事情[257]；然而，既然下面这一讨论摆
在了你和我的面前，即一个人应当同爱他的人还是同不爱他的人进入到
友爱中[258]，那么，关于爱，它是什么[259]以及它具有何种能力，当我们 237d1
通过达成一致而确立起它的定义之后，让我们通过把目光转而专注于该
定义并参照它[260]来进行考察，看看它是在提供益处呢，还是在带来伤
害。那好，一方面，爱肯定是某种欲望，这对每个人来说都是显而易见
的；另一方面，即使那些没有陷入爱中的人也欲望那些美好的东西，这 237d5
点我们也知道。那么，我们用什么来剖判那陷入爱中的人和那没有陷入
爱中的人呢？复又必须洞察到，在我们每个人身上有着两种进行统治和
进行领导的形式[261]，它们把我们领到哪儿，我们就追随到哪儿；一个是
天生的对各种快乐的欲望，另一个是后来获得的判断[262]，它以至善为目
的[263]。而这两种形式在我们身上有时是一条心的，有时则会起内讧；并
且有时这个在掌权，有时则那个在掌权。于是，如果判断凭借理性引领 237e1
〈我们〉朝向至善并进行掌权，那么〈它的〉权能之名字就叫作节制；
而如果欲望无理性地拖拽〈我们〉朝向各种快乐，并在我们身上实施统 238a1
治，那么〈它的〉统治则被称作放纵。而放纵当然有着许多的名字——

ἐκπρεπὴς ἢ ἂν τύχῃ γενομένη, τὴν αὑτῆς ἐπωνυμίαν ὀνο-
5 μαζόμενον τὸν ἔχοντα παρέχεται, οὔτε τινὰ καλὴν οὔτ'
ἐπαξίαν κεκτῆσθαι. περὶ μὲν γὰρ ἐδωδὴν κρατοῦσα τοῦ
λόγου τε τοῦ ἀρίστου καὶ τῶν ἄλλων ἐπιθυμιῶν ἐπιθυμία
b γαστριμαργία τε καὶ τὸν ἔχοντα ταὐτὸν τοῦτο κεκλημένον
παρέξεται· περὶ δ' αὖ μέθας τυραννεύσασα, τὸν κεκτημένον
ταύτῃ ἄγουσα, δῆλον οὗ τεύξεται προσρήματος· καὶ τἆλλα
δὴ τὰ τούτων ἀδελφὰ καὶ ἀδελφῶν ἐπιθυμιῶν ὀνόματα τῆς
5 ἀεὶ δυναστευούσης ᾗ προσήκει καλεῖσθαι πρόδηλον. ἧς δ'
ἕνεκα πάντα τὰ πρόσθεν εἴρηται, σχεδὸν μὲν ἤδη φανερόν,
λεχθὲν δὲ ἢ μὴ λεχθὲν πάντως σαφέστερον· ἡ γὰρ ἄνευ
λόγου δόξης ἐπὶ τὸ ὀρθὸν ὁρμώσης κρατήσασα ἐπιθυμία
c πρὸς ἡδονὴν ἀχθεῖσα κάλλους, καὶ ὑπὸ αὖ τῶν ἑαυτῆς συγ-
γενῶν ἐπιθυμιῶν ἐπὶ σωμάτων κάλλος ἐρρωμένως ῥωσθεῖσα
νικήσασα ἀγωγῇ, ἀπ' αὐτῆς τῆς ῥώμης ἐπωνυμίαν λαβοῦσα,
ἔρως ἐκλήθη.

5 Ἀτάρ, ὦ φίλε Φαῖδρε, δοκῶ τι σοί, ὥσπερ ἐμαυτῷ,
θεῖον πάθος πεπονθέναι;
ΦΑΙ. Πάνυ μὲν οὖν, ὦ Σώκρατες, παρὰ τὸ εἰωθὸς εὔροιά
τίς σε εἴληφεν.
ΣΩ. Σιγῇ τοίνυν μου ἄκουε. τῷ ὄντι γὰρ θεῖος ἔοικεν
d ὁ τόπος εἶναι, ὥστε ἐὰν ἄρα πολλάκις νυμφόληπτος προϊόντος
τοῦ λόγου γένωμαι, μὴ θαυμάσῃς· τὰ νῦν γὰρ οὐκέτι πόρρω
διθυράμβων φθέγγομαι.
ΦΑΙ. Ἀληθέστατα λέγεις.

a 4 ἐπονομαζόμενον Stobaeus   a 6 κεκτῆσθαι B : κεκλῆσθαι T
a 7 τε T Stobaeus: om. B   b 5 ᾗ B T : ὃ Stobaeus   b 7 πάντως
Stobaeus Ven. 189 : πᾶν πως B T   b 8 τὸ ὀρθὸν B T Dionysius
ad Cn. Pompeium : τἀγαθὸν in marg. B² Dionysius de Demosthene
c 1 ἀχθεῖσα B T pr. loc. Dionysius Hermias : ἄγουσα in marg. B² alt.
loc. Dionysius   ὑπὸ αὖ om. marg. B² alt. loc. Dionysius   ἑαυτῆς
B² T Dionysius Stobaeus : ἑαυτῇ B   c 2 ἐρρωμένως B² T Dionysius
Stobaeus : ἐρώμενος pr. B   ἐρρωμένως ... νικήσασα secl. G. Hermann
c 3 ἀγωγῇ B T : ἀγωγὴ Dionysius   ἐπωνυμίαν B T pr. loc. Dionysius:
ἐπιθυμίαν marg. b alt. loc. Dionysius

因为它是有着许多手足的和多样形相的[264]——，并且在〈放纵的〉这些形式中，那恰好变得特别显眼的[265]，使得那拥有它的人被用它自己的 238a5
绰号来进行称呼，而该绰号既不是一种美的绰号，也不是一种值得拥有的绰号。例如，当同食物相关的一种欲望既战胜了对至善的计算[266]，也战胜了其他的各种欲望时，它就被称作贪吃，并且它使得那拥有它的人被用这同一个名称来加以称呼；此外，在醉酒方面，当一种欲望以僭越 238b1
的方式行事时，如果它以这种方式引领着那已经获得了它的人，那么，那人会得到何种称号，这是显而易见的。至于这些人的其他那些兄弟般的名字[267]，以及那些兄弟般的欲望的名字，何种欲望当时在那儿进行掌 238b5
权，〈拥有它的人〉就适合在那儿[268]将被何种欲望所称呼，这是明摆在面前的。究竟为了何种欲望才说了前面所有那些，虽然这差不多已经一清二楚了，但一件事情被说出来之于不被说出来，前者无论如何都要更为清楚一些。那好〈我说〉，一种缺乏理性的欲望，如果它战胜了那汲汲追求正确的东西的判断而被引向在美那儿〈所产生〉的快乐，并且如 238c1
果它复又被它的那些同家族的〈欲望〉身体之美的欲望有力地加强而凭借其引领得胜，从而恰恰从它的强力那儿取得了它的名号，那么它就被称为了爱欲[269]。

　　然而，亲爱的斐德若啊，我也对你显得，就像对我自己显得那样，238c5
已经体验到了某种神圣的感受[270]吗？

斐德若：完全如此[271]，苏格拉底啊，与〈你〉惯常〈所表现出来的〉不一样[272]，某种流畅[273]已经攫住了你。

苏格拉底：那么现在请你安安静静地[274]听我讲。因为这个地方确确实实显得是神圣的，以至于如果讲话继续往前走，我或许[275]会变得 238d1
迷狂[276]，对此你不应感到惊异。因为现在[277]我所进行的表达，已经离那些酒神颂[278]不再远了。

斐德若：你说得千真万确。

ΣΩ. Τούτων μέντοι σὺ αἴτιος. ἀλλὰ τὰ λοιπὰ ἄκουε· 5
ἴσως γὰρ κἂν ἀποτράποιτο τὸ ἐπιόν. ταῦτα μὲν οὖν θεῷ
μελήσει, ἡμῖν δὲ πρὸς τὸν παῖδα πάλιν τῷ λόγῳ ἰτέον.

Εἶεν, ὦ φέριστε· ὃ μὲν δὴ τυγχάνει ὂν περὶ οὗ βου-
λευτέον, εἴρηταί τε καὶ ὥρισται, βλέποντες δὲ δὴ πρὸς αὐτὸ
τὰ λοιπὰ λέγωμεν τίς ὠφελία ἢ βλάβη ἀπό τε ἐρῶντος e
καὶ μὴ τῷ χαριζομένῳ ἐξ εἰκότος συμβήσεται. τῷ δὴ
ὑπὸ ἐπιθυμίας ἀρχομένῳ δουλεύοντί τε ἡδονῇ ἀνάγκη που
τὸν ἐρώμενον ὡς ἥδιστον ἑαυτῷ παρασκευάζειν· νοσοῦντι
δὲ πᾶν ἡδὺ τὸ μὴ ἀντιτεῖνον, κρεῖττον δὲ καὶ ἴσον ἐχθρόν. 5
οὔτε δὴ κρείττω οὔτε ἰσούμενον ἑκὼν ἐραστὴς παιδικὰ 239
ἀνέξεται, ἥττω δὲ καὶ ὑποδεέστερον ἀεὶ ἀπεργάζεται· ἥττων
δὲ ἀμαθὴς σοφοῦ, δειλὸς ἀνδρείου, ἀδύνατος εἰπεῖν ῥητο-
ρικοῦ, βραδὺς ἀγχίνου. τοσούτων κακῶν καὶ ἔτι πλειόνων
κατὰ τὴν διάνοιαν ἐραστὴν ἐρωμένῳ ἀνάγκη γιγνομένων τε 5
καὶ φύσει ἐνόντων [τῶν] μὲν ἥδεσθαι, τὰ δὲ παρασκευάζειν,
ἢ στέρεσθαι τοῦ παραυτίκα ἡδέος. φθονερὸν δὴ ἀνάγκη
εἶναι, καὶ πολλῶν μὲν ἄλλων συνουσιῶν ἀπείργοντα καὶ b
ὠφελίμων ὅθεν ἂν μάλιστ' ἀνὴρ γίγνοιτο, μεγάλης αἴτιον
εἶναι βλάβης, μεγίστης δὲ τῆς ὅθεν ἂν φρονιμώτατος εἴη.
τοῦτο δὲ ἡ θεία φιλοσοφία τυγχάνει ὄν, ἧς ἐραστὴν παιδικὰ
ἀνάγκη πόρρωθεν εἴργειν, περίφοβον ὄντα τοῦ καταφρονη- 5
θῆναι· τά τε ἄλλα μηχανᾶσθαι ὅπως ἂν ᾖ πάντα ἀγνοῶν
καὶ πάντα ἀποβλέπων εἰς τὸν ἐραστήν, οἷος ὢν τῷ μὲν
ἥδιστος, ἑαυτῷ δὲ βλαβερώτατος ἂν εἴη. τὰ μὲν οὖν κατὰ
διάνοιαν ἐπίτροπός τε καὶ κοινωνὸς οὐδαμῇ λυσιτελὴς ἀνὴρ c
ἔχων ἔρωτα.

Τὴν δὲ τοῦ σώματος ἕξιν τε καὶ θεραπείαν οἵαν τε καὶ
ὡς θεραπεύσει οὗ ἂν γένηται κύριος, ὃς ἡδὺ πρὸ ἀγαθοῦ

d 6 καν B : ἂν T   e 3 δουλεύοντι B : ἢ δουλεύοντι T   e 5 μὴ
T : om. B   a 2 ἥττων B T : ἥττον V   a 6 ἐνόντων T Stobaeus :
ἐν ὄντων B   τῶν B T Stobaeus : secl. Nutzhorn : τοῖς Heindorf
b 8 ἑαυτῷ T Stobaeus : τῷ ἑαυτῷ B   ἂν V : om. B T

苏格拉底：然而这些都得归咎于你。但还是请你听听余下的；因为 238d5
那威胁着〈我〉的〈迷狂〉[279] 或许会转身离去。然而这些事情将是神所
操心的 [280]，而我们必须通过〈我们的〉谈话来回到那个男孩那儿 [281]。

好的，最勇敢的人啊！一方面，对之必须加以考虑的那种东西，它
究竟是什么，这已经被说和被定义了；另一方面，让我们通过盯住它来
说那些余下的事情，即从那爱〈上你〉的人和那没有爱〈上你〉的人 238e1
那里而来的何种益处或伤害，将有可能 [282] 对那使〈他们〉感到满意的
〈你〉产生出来。对于一个被欲望所统治的人以及做快乐之奴隶的人来
说，他无论如何都必然要使得那个被〈他〉爱上的人变成下面这样，那
就是：那人要尽可能地使他本人感到快乐。但是，对于一个在生病的
人来说，所有不与之相抵触的东西都是令人快乐的，而比之较强和与之 238e5
相等的东西，则是令人厌恶的。因此，无论是一个比之更强的心爱的少 239a1
年，还是与之相等的心爱的少年，其爱慕者都将不情愿容忍，而总是使
之变得〈比他〉更弱和更差；而无知者不如智慧者，懦弱者不如勇敢
者，没有能力说的人不如精通演说的人，思想迟钝的人不如思想敏锐的
人。就在思想方面如此多的恶而言——此外 [283] 还有更多的——，当它 239a5
们〈后来〉出现或者生来就植根于那被爱慕的人身上时，爱慕者必然一
方面对它们感到快乐 [284]，一方面还会促成另外一些〈恶〉，否则他必然
会丧失那此刻令他感到快乐的东西 [285]。由此他必然是嫉妒的，并且必然 239b1
因下面这点而要为巨大的伤害负责，那就是阻止〈他所爱的人与他人进
行〉许多其他有益的，由此最为能够成为一个真正男子汉的交往，而且
还要为最大的〈伤害负责〉，因为〈他阻止他所爱的人与他人进行〉由
此能够成为一个最明智的人〈的那种交往〉[286]。而这恰恰就是神圣的爱
智慧 [287]，一个爱慕者必然让他所宝贝的少年离它远远的，因为他非常害 239b5
怕遭到藐视。在其他方面那人也必然想尽办法，以便 [288]〈他所爱的人〉
完全是无知的，并且完全看其爱慕者的脸色行事 [289]，由此一来，虽然
他对于那人来说是最令人快乐的，但对他自己来说却将是最有害的。因
此，就在思想方面的事情来说，无论是作为监护人，还是作为伙伴，一 239c1
个人都绝对不是有裨益的，如果他陷入爱中的话 [290]。

而至于身体的情状和〈对它的〉侍奉，即〈身体的情状〉将是什么
样的，以及那个已经被迫宁愿追逐快乐而舍弃善的〈爱慕者〉将如何侍

5 ἠνάγκασται διώκειν, δεῖ μετὰ ταῦτα ἰδεῖν. ὀφθήσεται δὴ
μαλθακόν τινα καὶ οὐ στερεὸν διώκων, οὐδ᾽ ἐν ἡλίῳ καθαρῷ
τεθραμμένον ἀλλὰ ὑπὸ συμμιγεῖ σκιᾷ, πόνων μὲν ἀνδρείων
καὶ ἱδρώτων ξηρῶν ἄπειρον, ἔμπειρον δὲ ἁπαλῆς καὶ ἀνάν-
d δρου διαίτης, ἀλλοτρίοις χρώμασι καὶ κόσμοις χήτει οἰκείων
κοσμούμενον, ὅσα τε ἄλλα τούτοις ἕπεται πάντα ἐπιτη-
δεύοντα, ἃ δῆλα καὶ οὐκ ἄξιον περαιτέρω προβαίνειν, ἀλλὰ
ἐν κεφάλαιον ὁρισαμένους ἐπ᾽ ἄλλο ἰέναι· τὸ γὰρ τοιοῦτον
5 σῶμα ἐν πολέμῳ τε καὶ ἄλλαις χρείαις ὅσαι μεγάλαι οἱ
μὲν ἐχθροὶ θαρροῦσιν, οἱ δὲ φίλοι καὶ αὐτοὶ οἱ ἐρασταὶ
φοβοῦνται.

Τοῦτο μὲν οὖν ὡς δῆλον ἐατέον, τὸ δ᾽ ἐφεξῆς ῥητέον,
e τίνα ἡμῖν ὠφελίαν ἢ τίνα βλάβην περὶ τὴν κτῆσιν ἢ τοῦ
ἐρῶντος ὁμιλία τε καὶ ἐπιτροπεία παρέξεται. σαφὲς δὴ
τοῦτό γε παντὶ μέν, μάλιστα δὲ τῷ ἐραστῇ, ὅτι τῶν φιλτά-
των τε καὶ εὐνουστάτων καὶ θειοτάτων κτημάτων ὀρφανὸν
5 πρὸ παντὸς εὔξαιτ᾽ ἂν εἶναι τὸν ἐρώμενον· πατρὸς γὰρ καὶ
μητρὸς καὶ συγγενῶν καὶ φίλων στέρεσθαι ἂν αὐτὸν δέξαιτο,
240 διακωλυτὰς καὶ ἐπιτιμητὰς ἡγούμενος τῆς ἡδίστης πρὸς
αὐτὸν ὁμιλίας. ἀλλὰ μὴν οὐσίαν γ᾽ ἔχοντα χρυσοῦ ἤ τινος
ἄλλης κτήσεως οὔτε εὐάλωτον ὁμοίως οὔτε ἁλόντα εὐμετα-
χείριστον ἡγήσεται· ἐξ ὧν πᾶσα ἀνάγκη ἐραστὴν παιδικοῖς
5 φθονεῖν μὲν οὐσίαν κεκτημένοις, ἀπολλυμένης δὲ χαίρειν.
ἔτι τοίνυν ἄγαμον, ἄπαιδα, ἄοικον ὅτι πλεῖστον χρόνον
παιδικὰ ἐραστὴς εὔξαιτ᾽ ἂν γενέσθαι, τὸ αὑτοῦ γλυκὺ ὡς
πλεῖστον χρόνον καρποῦσθαι ἐπιθυμῶν.

Ἔστι μὲν δὴ καὶ ἄλλα κακά, ἀλλά τις δαίμων ἔμειξε τοῖς
b πλείστοις ἐν τῷ παραυτίκα ἡδονήν, οἷον κόλακι, δεινῷ θηρίῳ
καὶ βλάβῃ μεγάλῃ, ὅμως ἐπέμειξεν ἡ φύσις ἡδονήν τινα οὐκ

c 5 μετὰ T: με B   δὴ Hirschig: δὲ BT   d 1 κόσμοις BT:
σχήμασιν Plutarchus   d 3 ἅ δῆλα b t: ἄδηλα BT   d 4 ἐν
κεφάλαιον] ἐν κεφαλαίῳ Ast   e 3 δὲ T: γε B   e 5 εὔξαιτ᾽
T: εὔξετ᾽ B   e 6 μητρὸς καὶ T Stobaeus: μητρὸς B   a 5 ἀπολ-
λυμένης BT: ἀπολλυμένοις vulg.   a 6 ἄοικον T Stobaeus:
οἶκον B

奉他或许会成为其主人的〈那个被爱慕者的〉身体，接下来[291] 必须看 239c5
看。他肯定将被看到：他所追求的那个人，是软绵绵的而非结实的，不
是在大太阳下[292] 而是在浓密的荫凉中[293] 长大的，没有经历男人的各种
艰辛和汗流浃背[294]，而是在经历一种娇滴滴的和缺乏男子气的生活方
式，由于缺乏自己〈本该有〉的肤色[295] 而只好用外来的颜色和饰物来 239d1
装扮自己[296]；他一心追求的所有其他那些伴随着以上这些的东西，它
们是显而易见的，并且不值得进一步往下说，相反，我们通过标划出下
面这一要点后就可前往其他的东西那儿了，那就是：如此这般的身体， 239d5
无论是在战争中，还是在其他所有最为需要帮助的时候[297]，〈每当看到
它时〉[298] 一方面，敌人感到信心满满，另一方面，朋友们，甚至爱慕者
本人都感到忧心忡忡。

　　因此，这点作为显而易见的东西理当将之放到一边，而必须说接下
来的事情，那就是：就〈对各种东西的〉拥有而言，同爱慕者的交往以 239e1
及把自己托付给他[299]，这将带给我们何种益处或何种伤害。这虽然对于
每个人而言无论如何都是清楚的，但对于一个爱慕者来说尤其清楚，那
就是：各种最钟爱的、最心怡的和最神圣的所有物，首先[300]，他将祈祷 239e5
那个被〈他所〉爱慕的人把它们都统统丧失掉[301]，因为他会期待[302] 那
人失去父亲、母亲、亲戚和朋友——由于他认为他们会是与之最快乐的 240a1
交往的阻碍者和责备者。此外[303]，如果〈他所爱慕的人〉拥有某种产
业——无论是金钱上的，还是在任何其他的所有物方面的——，那么，
爱慕者将认为那人同样不容易弄到手，即使被搞到手了，也是不容易控
制的。由此下面这点是完全必然的，那就是：一个爱慕者一方面嫉妒他 240a5
的心爱的少年，如果那人拥有了某一产业的话，另一方面，当其产业败
光了，则感到心花怒放。因此，一个爱慕者甚至还将祈祷〈他所爱慕的
人〉尽可能长时间地成为未婚的、无子女的、没有家庭的，因为他渴望
尽可能长时间地享受他〈同其被爱慕者〉那甜蜜的〈欢愉〉。

　　当然也还有着一些其他的坏事[304]，然而，某位精灵在绝大多数的 240b1
这些坏事那儿混入了一种转瞬即逝的快乐[305]；例如在谄媚者那儿，尽
管他是一种可怕的野兽和巨大的祸害，然而自然却在他那儿混合进去了

ἄμουσον, καί τις ἑταίραν ὡς βλαβερὸν ψέξειεν ἄν, καὶ ἄλλα
πολλὰ τῶν τοιουτοτρόπων θρεμμάτων τε καὶ ἐπιτηδευμάτων,
οἷς τό γε καθ᾽ ἡμέραν ἡδίστοισιν εἶναι ὑπάρχει· παιδικοῖς δὲ 5
ἐραστὴς πρὸς τῷ βλαβερῷ καὶ εἰς τὸ συνημερεύειν πάντων
ἀηδέστατον. ἥλικα γὰρ δὴ καὶ ὁ παλαιὸς λόγος τέρπειν τὸν c
ἥλικα—ἡ γὰρ οἶμαι χρόνου ἰσότης ἐπ᾽ ἴσας ἡδονὰς ἄγουσα
δι᾽ ὁμοιότητα φιλίαν παρέχεται—ἀλλ᾽ ὅμως κόρον γε καὶ ἡ
τούτων συνουσία ἔχει. καὶ μὴν τό γε ἀναγκαῖον αὖ βαρὺ
παντὶ περὶ πᾶν λέγεται· ὃ δὴ πρὸς τῇ ἀνομοιότητι μάλιστα 5
ἐραστὴς πρὸς παιδικὰ ἔχει. νεωτέρῳ γὰρ πρεσβύτερος
συνὼν οὔθ᾽ ἡμέρας οὔτε νυκτὸς ἑκὼν ἀπολείπεται, ἀλλ᾽ ὑπ᾽
ἀνάγκης τε καὶ οἴστρου ἐλαύνεται, ὃς ἐκείνῳ μὲν ἡδονὰς ἀεὶ d
διδοὺς ἄγει, ὁρῶντι, ἀκούοντι, ἁπτομένῳ, καὶ πᾶσαν αἴσθησιν
αἰσθανομένῳ τοῦ ἐρωμένου, ὥστε μεθ᾽ ἡδονῆς ἀραρότως αὐτῷ
ὑπηρετεῖν· τῷ δὲ δὴ ἐρωμένῳ ποῖον παραμύθιον ἢ τίνας
ἡδονὰς διδοὺς ποιήσει τὸν ἴσον χρόνον συνόντα μὴ οὐχὶ ἐπ᾽ 5
ἔσχατον ἐλθεῖν ἀηδίας—ὁρῶντι μὲν ὄψιν πρεσβυτέραν καὶ
οὐκ ἐν ὥρᾳ, ἑπομένων δὲ τῶν ἄλλων ταύτῃ, ἃ καὶ λόγῳ
ἐστὶν ἀκούειν οὐκ ἐπιτερπές, μὴ ὅτι δὴ ἔργῳ ἀνάγκης ἀεὶ e
προσκειμένης μεταχειρίζεσθαι, φυλακάς τε δὴ καχυποτόπους
φυλαττομένῳ διὰ παντὸς καὶ πρὸς ἅπαντας, ἀκαίρους τε
ἐπαίνους καὶ ὑπερβάλλοντας ἀκούοντι, ὡς δ᾽ αὔτως ψόγους
νήφοντος μὲν οὐκ ἀνεκτούς, εἰς δὲ μέθην ἰόντος πρὸς τῷ 5
μὴ ἀνεκτῷ ἐπαισχεῖς, παρρησίᾳ κατακορεῖ καὶ ἀναπεπταμένῃ
χρωμένου;

Καὶ ἐρῶν μὲν βλαβερός τε καὶ ἀηδής, λήξας δὲ τοῦ
ἔρωτος εἰς τὸν ἔπειτα χρόνον ἄπιστος, εἰς ὃν πολλὰ καὶ
μετὰ πολλῶν ὅρκων τε καὶ δεήσεων ὑπισχνούμενος μόγις 10

b 5 ἡδίστοισιν B: ἡδίστοις T Stobaeus   c 1 δὴ Stobaeus
Aristaenetus: om. B T   τέρπειν B ex emend. T: τέρπει T
c 7 ἑκὼν ἀπολείπεται B: ἀπολείπεται ἑκών T   d 5 διδοὺς T: ἀιδοὺς
B: διαιδοῦς W   e 2 φυλακάς T: φύλακας B   καχυποτόπους T:
καχυπὸ τόπους B: καχυπόπους vulg.   e 3 ἀκαίρους τε ἐπαίνους T:
ἀκαίρους τε καὶ ἐπαίνους B: ἐπαίνους τε καὶ ἀκαίρους W   e 5 νήφοντος
T: νήφοντες B   e 6 ἐπαισχεῖς ci. Heindorf: ἐπ᾽ αἴσχει B T

某种并非不文雅的快乐[306]；并且有人可能会把一位妓女[307]指责为是有害的，以及把这种样式的生物和〈它们所从事的〉事业[308]中的其他许多〈都指责为是有害的〉，而它们其实每天[309]都有可能是最令人感到快乐的东西[310]。但是，一个爱慕者对于他的心爱的少年来说，除了是祸害之外，就一起度日来说[311]还是一切中最令人不愉快的。因为诚如古话所说，同龄人使同龄人高兴[312]——我确实认为，由于同样的时光[313]把他们带往同样的快乐，所以通过这种相似性产生出友爱——，然而，甚至这些同龄人之间的交往[314]依然终有餍足。而且在所有事情那儿，被强迫的东西对每个人来说都肯定被说成是一种沉重的负担；而恰恰这点——除了〈彼此爱好的〉不相似之外——，尤其是爱慕者在面对他的心爱的少年时所具有的。因为，当年老的与年轻的在一起时，无论是白天还是黑夜，他都不情愿让自己被独自丢下，相反，他被一种强迫，就像被一根刺棍一样所驱赶[315]：一方面，那根刺棍通过总是给予那个〈年老的爱慕者〉一种快乐而拖拽着他，因为他看见、听到、触摸到，甚至用每一种感官感觉到被〈他所〉爱的那个人[316]，以至于靠快乐的帮助[317]他紧贴着为那人服务[318]；另一方面，对于被〈他所〉爱的那个人而言，它[319]通过给予他何种鼓励或哪些快乐而使得他能够做到下面这点呢，即在相同的时间内在与其爱慕者的相处中不至于走到极度厌恶的地步——因为他看到的是衰老的和不当年的形象，至于与这相伴随的其他那些事情，甚至说说就让人听起来感到恶心，那就更别提[320]不断地迫于一种强迫[321]而在行动上进行应对了，因为他在任何时候[322]以及在同任何人的交往中都被〈那人〉用各种各样多疑的警觉提防着，因为他既得听种种不合时宜的和过分的赞美，也得听以同样的方式所表现出来的各种指责，即使那是清醒的，这些指责就已经是不可忍受的，而当他变得酩酊大醉后，除了不可忍受之外还会感到羞耻，由于那人放纵他的舌头，肆无忌惮和厚颜无耻地胡言乱语[323]——？

还有，只要那人还在爱，那他就既是有害的，也是令人厌恶的；而一旦他终止了爱，在整个往后的时日里他就是不值得信赖的，对于将来[324]，他虽然曾用许许多多的誓言和请求而〈对他所爱的人〉许诺过许

241 κατεῖχε τήν γ' ἐν τῷ τότε συνουσίαν ἐπίπονον οὖσαν φέρειν
δι' ἐλπίδα ἀγαθῶν. τότε δὴ δέον ἐκτίνειν, μεταβαλὼν ἄλλον
ἄρχοντα ἐν αὑτῷ καὶ προστάτην, νοῦν καὶ σωφροσύνην ἀντ'
ἔρωτος καὶ μανίας, ἄλλος γεγονὼς λέληθεν τὰ παιδικά. καὶ
5 ὁ μὲν αὐτὸν χάριν ἀπαιτεῖ τῶν τότε, ὑπομιμνήσκων τὰ
πραχθέντα καὶ λεχθέντα, ὡς τῷ αὐτῷ διαλεγόμενος· ὁ δὲ ὑπ'
αἰσχύνης οὔτε εἰπεῖν τολμᾷ ὅτι ἄλλος γέγονεν, οὔθ' ὅπως τὰ
τῆς προτέρας ἀνοήτου ἀρχῆς ὁρκωμόσιά τε καὶ ὑποσχέσεις
b ἐμπεδώσῃ ἔχει, νοῦν ἤδη ἐσχηκὼς καὶ σεσωφρονηκώς, ἵνα
μὴ πράττων ταὐτὰ τῷ πρόσθεν ὅμοιός τε ἐκείνῳ καὶ ὁ αὐτὸς
πάλιν γένηται. φυγὰς δὴ γίγνεται ἐκ τούτων, καὶ ἀπε-
στερηκὼς ὑπ' ἀνάγκης ὁ πρὶν ἐραστής, ὀστράκου μετα-
5 πεσόντος, ἵεται φυγῇ μεταβαλών· ὁ δὲ ἀναγκάζεται διώκειν
ἀγανακτῶν καὶ ἐπιθεάζων, ἠγνοηκὼς τὸ ἅπαν ἐξ ἀρχῆς, ὅτι
οὐκ ἄρα ἔδει ποτὲ ἐρῶντι καὶ ὑπ' ἀνάγκης ἀνοήτῳ χαρίζεσθαι,
c ἀλλὰ πολὺ μᾶλλον μὴ ἐρῶντι καὶ νοῦν ἔχοντι· εἰ δὲ μή,
ἀναγκαῖον εἴη ἐνδοῦναι αὑτὸν ἀπίστῳ, δυσκόλῳ, φθονερῷ,
ἀηδεῖ, βλαβερῷ μὲν πρὸς οὐσίαν, βλαβερῷ δὲ πρὸς τὴν
τοῦ σώματος ἕξιν, πολὺ δὲ βλαβερωτάτῳ πρὸς τὴν τῆς
5 ψυχῆς παίδευσιν, ἧς οὔτε ἀνθρώποις οὔτε θεοῖς τῇ ἀληθείᾳ
τιμιώτερον οὔτε ἔστιν οὔτε ποτὲ ἔσται. ταῦτά τε οὖν χρή,
ὦ παῖ, συννοεῖν, καὶ εἰδέναι τὴν ἐραστοῦ φιλίαν ὅτι οὐ μετ'
εὐνοίας γίγνεται, ἀλλὰ σιτίου τρόπον, χάριν πλησμονῆς,
d ὡς λύκοι ἄρνας ἀγαπῶσιν, ὡς παῖδα φιλοῦσιν ἐρασταί.

Τοῦτ' ἐκεῖνο, ὦ Φαῖδρε. οὐκέτ' ἂν τὸ πέρα ἀκούσαις ἐμοῦ
λέγοντος, ἀλλ' ἤδη σοι τέλος ἐχέτω ὁ λόγος.

a 1 γ' T: om. B   οὖσαν T: om. B   a 2 ἐκτίνειν B: ἐκτεί-
νειν pr. T: ἐκτείνει G   μεταβαλὼν B T: μεταλαβὼν corr. Coisl.
a 7 ὅτι T: οὔτ' εἰ B   b 1 ἐμπεδώσῃ B T W: ἐμπεδώσει vulg.
b 3 ἀπεστερηκὼς B T: ἀπειρηκὼς corr. Coisl.: ἀπεστυγηκὼς G. Her-
mann   b 5 διώκειν T: διώκων B   c 2 δυσκόλῳ φθονερῷ secl.
Spengel   c 4 τοῦ B T Stobaeus: om. vulg.   d 1 ἄρνας
ἀγαπῶσιν B T: ἄρνα φιλοῦσ' vulg.: αἶγ' ἀγαπῶσιν schol. Hermogenis:
ἄρν' ἀγαπῶσ' Bekker   d 3 ἀλλ' ἤδη B: ἀλλὰ δὴ T   τέλος B T:
πέρας vulg.

多的东西，但他几乎不可能继续让那人凭借对各种好处的希望而忍受甚 241a1
至在那时 [325] 就肯定已经是令人感到痛苦的交往。于是，到了他应当兑
现承诺的时候，他就把另外的东西变成了在他身上的统治者和领袖，理
智和节制取代了爱欲和疯狂，当他已经变成了另外一个人时，〈他的〉
心爱的少年却没有觉察到。一方面，〈他的〉心爱的少年为曾经的各种 241a5
事情向他索取回报 [326]，提醒他那些被做过的事和说过的话，仿佛他还在
与同一个人交谈似的；另一方面，由于羞耻，他本人既不敢说他已经变
成了另外一个人，该如何认可那些由先前无理智的统治所发下的誓词和
许下的各种诺言，这点他也不知道 [327]——因为从现在起他已经有了理 241b1
智，并且也已经变得节制，免得通过做与先前一样的事情而再次成为了
与那个人相似的人，甚至是同一个人——。于是，他由此成为了一个逃
跑者，并且先前的爱慕者被迫成为了一个不履行承诺的人 [328]，当陶片落
下来另一面朝上后 [329]，他就改变〈方向〉赶紧逃跑 [330]；而〈他的那位 241b5
心爱的少年〉则被迫进行追逐，因为他感到非常恼怒，并且一边向神灵
呼吁一边大声咒骂 [331]，他从一开始就完全未曾认识到下面这点，那就
是：其实他从来就不应该让一个虽然爱〈他〉而必然无理智的人 [332] 满
意，而是更宁愿让一个虽不爱〈他〉但有理智的人满意。否则，他必然 241c1
会将自己交到一个不值得信任的、坏脾气的、好嫉妒的、让人心生厌恶
的人手里，这个人对于钱财来说是有害的，对于身体的情状来说也是
有害的，但最最有害的是在灵魂的教化方面——无论是对于众人，还是 241c5
对于诸神，事实上 [333] 现在没有，将来也永远不会有比之更为珍贵的东
西——。因此，我的宝贝啊，你既必须明白〈以上所说的〉这些，也必
须看清下面这点，那就是：一个爱慕者的友爱并非由于好意而产生，而
是像对待食物那样 [334]，是为了满足，就像狼爱上羔羊，同样爱慕者喜欢 241d1
少年。

瞧，我竟然吟了一句诗 [335]！斐德若啊。你不会再听我继续往下说
了 [336]，而现在 [337] 如果你愿意 [338]，就让该讲辞就此结束吧！

ΦΑΙ. Καίτοι ᾤμην γε μεσοῦν αὐτόν, καὶ ἐρεῖν τὰ ἴσα περὶ τοῦ μὴ ἐρῶντος, ὡς δεῖ ἐκείνῳ χαρίζεσθαι μᾶλλον, λέγων ὅσα αὖ ἔχει ἀγαθά· νῦν δὲ δή, ὦ Σώκρατες, τί ἀποπαύῃ;

ΣΩ. Οὐκ ᾔσθου, ὦ μακάριε, ὅτι ἤδη ἔπη φθέγγομαι ἀλλ' οὐκέτι διθυράμβους, καὶ ταῦτα ψέγων; ἐὰν δ' ἐπαινεῖν τὸν ἕτερον ἄρξωμαι, τί με οἴει ποιήσειν; ἆρ' οἶσθ' ὅτι ὑπὸ τῶν Νυμφῶν, αἷς με σὺ προύβαλες ἐκ προνοίας, σαφῶς ἐνθουσιάσω; λέγω οὖν ἑνὶ λόγῳ ὅτι ὅσα τὸν ἕτερον λελοιδορήκαμεν, τῷ ἑτέρῳ τἀναντία τούτων ἀγαθὰ πρόσεστιν. καὶ τί δεῖ μακροῦ λόγου; περὶ γὰρ ἀμφοῖν ἱκανῶς εἴρηται. καὶ οὕτω δὴ ὁ μῦθος ὅτι πάσχειν προσήκει αὐτῷ, τοῦτο πείσεται· κἀγὼ τὸν ποταμὸν τοῦτον διαβὰς ἀπέρχομαι πρὶν ὑπὸ σοῦ τι μεῖζον ἀναγκασθῆναι.

ΦΑΙ. Μήπω γε, ὦ Σώκρατες, πρὶν ἂν τὸ καῦμα παρέλθῃ. ἢ οὐχ ὁρᾷς ὡς σχεδὸν ἤδη μεσημβρία ἵσταται ἡ δὴ καλουμένη σταθερά; ἀλλὰ περιμείναντες καὶ ἅμα περὶ τῶν εἰρημένων διαλεχθέντες, τάχα ἐπειδὰν ἀποψυχῇ ἴμεν.

ΣΩ. Θεῖός γ' εἶ περὶ τοὺς λόγους, ὦ Φαῖδρε, καὶ ἀτεχνῶς θαυμάσιος. οἶμαι γὰρ ἐγὼ τῶν ἐπὶ τοῦ σοῦ βίου γεγονότων λόγων μηδένα πλείους ἢ σὲ πεποιηκέναι γεγενῆσθαι ἤτοι αὐτὸν λέγοντα ἢ ἄλλους ἑνί γέ τῳ τρόπῳ προσαναγκάζοντα —Σιμμίαν Θηβαῖον ἐξαιρῶ λόγου· τῶν δὲ ἄλλων πάμπολυ κρατεῖς—καὶ νῦν αὖ δοκεῖς αἴτιός μοι γεγενῆσθαι λόγῳ τινὶ ῥηθῆναι.

ΦΑΙ. Οὐ πόλεμόν γε ἀγγέλλεις. ἀλλὰ πῶς δὴ καὶ τίνι τούτῳ;

d 4 γε μεσοῦν αὐτόν V: γε μεσοῦν αὐτοῦ BT: σε μεσοῦν αὐτοῦ Hermann   d 6 λέγων BT: λέγοντα Stephanus: λέγονθ' Schanz   e 5 ἐνθουσιάσω T: ἐνθουσιάσω B   a 4 ἡ δὴ t Suidas: ἤδη BT ἡ δὴ . . . σταθερά secl. Ruhnken   a 6 ἀποψυχημεν (sic) B: ἀποψύξῃ ἴωμεν T: ἀποψύχη ἄπιμεν Phrynichus   b 1 λόγων T: om. BW πεποιηκέναι Bt: πεπονηκέναι pr. T   γεγενῆσθαι] γενέσθαι H. Richards b 2 τῳ BT: om. vulg.   b 3 ἐξαιρῶ Heindorf: ἐξαίρω BT   λόγου BT: τοῦ λόγου W   b 4 γεγενῆσθαι] γενήσεσθαι Badham

斐德若：然而，我以为其实它才刚刚到一半呢[339]，并且还会同样多地说说那没有陷入爱中的人，即一个人如何更应当使那种人满意——通过讲讲他复又具有的所有那些好处。而现在，苏格拉底啊，你究竟为何停了下来呢？　　241d5

苏格拉底：难道你竟然没有觉察到，有福的人啊，我刚才已经在吟唱史诗[340]，而不再只是酒神颂了吗，即使我在进行谴责[341]？而如果我开始赞美另外那个〈没有陷入爱中的〉人，那么，你认为我将做什么样的诗呢[342]？难道你不知道，我显然将被你故意[343]把我引到她们面前的那些仙女们附体[344]吗？因此，我只消说一句话，那就是：对两者中的一个我们已经加以斥责的所有那些，与之相反的各种好处就属于其中另外那个[345]。为何还需要长篇大论呢？因为关于两者都已经说得足够充分了。并且〈我所讲的这个〉故事[346]终究要以这种方式遭受它应该遭受的；而我就要蹚过这条河离开了，在某种更大的〈坏事〉被你强加〈到我身上〉之前[347]。　　241e1　　241e5　　242a1

斐德若：现在还别忙离开，苏格拉底啊，直到一天中最热的时候过去[348]。难道你没有注意到，现在差不多已经处在所谓〈烈日当顶〉的正中午[349]了？相反，让我们再等一会儿，此外[350]继续讨论一下已经说过的那些；气温一转凉我们就走[351]。　　242a5

苏格拉底：在讲辞方面你的确就是如神一般的，斐德若啊，并且也完完全全是让人感到惊异的。因为我认为，就你所生活的时代已经出现的那些讲辞而言，无人比你让它们更多地产生出来了，要么通过你本人把它们说出来，要么通过你以这样那样的方式[352]强迫其他人把它们说出来——我把忒拜人西米阿斯[353]排除在外[354]，而你比其他人都强得太多了——；并且现在对我来说你似乎复又已经在为下面这件事负责了，那就是一篇讲辞要被说出来。　　242b1　　242b5

斐德若：那无论如何都是一个好消息[355]。但究竟怎么回事呢，并且这是一篇什么样的讲辞？

ΣΩ. Ἡνίκ' ἔμελλον, ὦγαθέ, τὸν ποταμὸν διαβαίνειν, τὸ δαιμόνιόν τε καὶ τὸ εἰωθὸς σημεῖόν μοι γίγνεσθαι ἐγένετο
c —ἀεὶ δέ με ἐπίσχει ὃ ἂν μέλλω πράττειν—καί τινα φωνὴν ἔδοξα αὐτόθεν ἀκοῦσαι, ἥ με οὐκ ἐᾷ ἀπιέναι πρὶν ἂν ἀφοσιώσωμαι, ὥς δή τι ἡμαρτηκότα εἰς τὸ θεῖον. εἰμὶ δὴ οὖν μάντις μέν, οὐ πάνυ δὲ σπουδαῖος, ἀλλ' ὥσπερ οἱ τὰ
5 γράμματα φαῦλοι, ὅσον μὲν ἐμαυτῷ μόνον ἱκανός· σαφῶς οὖν ἤδη μανθάνω τὸ ἁμάρτημα. ὡς δή τοι, ὦ ἑταῖρε, μαντικόν γέ τι καὶ ἡ ψυχή· ἐμὲ γὰρ ἔθραξε μέν τι καὶ πάλαι λέγοντα τὸν λόγον, καί πως ἐδυσωπούμην κατ' Ἴβυκον, μή τι παρὰ θεοῖς

d   ἀμβλακὼν τιμὰν πρὸς ἀνθρώπων ἀμείψω·
νῦν δ' ᾔσθημαι τὸ ἁμάρτημα.

ΦΑΙ. Λέγεις δὲ δὴ τί;

ΣΩ. Δεινόν, ὦ Φαῖδρε, δεινὸν λόγον αὐτός τε ἐκόμισας
5 ἐμέ τε ἠνάγκασας εἰπεῖν.

ΦΑΙ. Πῶς δή;

ΣΩ. Εὐήθη καὶ ὑπό τι ἀσεβῆ· οὗ τίς ἂν εἴη δεινότερος;

ΦΑΙ. Οὐδείς, εἴ γε σὺ ἀληθῆ λέγεις.

ΣΩ. Τί οὖν; τὸν Ἔρωτα οὐκ Ἀφροδίτης καὶ θεόν τινα ἡγῇ;
10 ΦΑΙ. Λέγεταί γε δή.

ΣΩ. Οὔ τι ὑπό γε Λυσίου, οὐδὲ ὑπὸ τοῦ σοῦ λόγου, ὃς
e διὰ τοῦ ἐμοῦ στόματος καταφαρμακευθέντος ὑπὸ σοῦ ἐλέχθη. εἰ δ' ἔστιν, ὥσπερ οὖν ἔστι, θεὸς ἤ τι θεῖον ὁ Ἔρως, οὐδὲν ἂν κακὸν εἴη, τὼ δὲ λόγω τὼ νυνδὴ περὶ αὐτοῦ εἰπέτην ὡς τοιούτου ὄντος· ταύτῃ τε οὖν ἡμαρτανέτην περὶ τὸν Ἔρωτα,
5 ἔτι τε ἡ εὐήθεια αὐτοῖν πάνυ ἀστεία, τὸ μηδὲν ὑγιὲς λέγοντε

b 9 τε καὶ B T : del. ci. Schanz : μοι καὶ V (om. mox μοι) : καὶ Proclus
τὸ B T Proclus : om. al.   c 1 ἀεὶ . . . πράττειν secl. Heindorf,
at legit Proclus   ὃ B T : ἃ Proclus   c 3 δή Proclus : om. B T
c 5 μὲν B : om. T   ἱκανός T : ἱκανῶς B   c 6 ὡς δή τοι ὦ T W :
ὡς δε ποιω B W² (ε et π s. v.)   d 1 ἀμβλακὼν B : ἀμπλακὼν T
τιμὰν T : τιμᾶν B   d 7 οὗ τις T : οὔ τις B : οὗ τί (et mox δεινότερον)
Proclus   d 11 οὔ τι T : ὅτι B : οὗτοι Heindorf   e 3 τὼ δὴ λόγω
τὼ T : τῷ δὲ λόγῳ τῷ B   e 5 ἔτι τε T : εἴτε B

　　苏格拉底：当我正打算蹚过这条河时，好人啊，那个神迹，即那个惯常出现在我身上的信号又出现了[356]——而它总是阻止我做我想要做的事情[357]——，并且我似乎立刻听见了就从那儿而来的某种声音[358]，它不容许我离开，在我向神赎罪之前[359]，因为我的的确确已经对那个神圣的〈信号〉做错了某件事。因此，我虽然的确是一位预言家[360]，但根本算不得是非常杰出的，而是像那些劣于文字的人[361]一样，只能算是对我自己来说够用了而已。所以，我已经清楚地明白〈我所犯的〉过错。因为事实上，朋友啊，灵魂无论如何也是某种具有预言能力的东西；甚至就在我刚才说那篇讲辞的时候，某种东西就已经使我感到不安，并且我也在某种方式上感到羞愧难当，就像伊布科斯[362]所说的那样，免得在诸神的面前

242c1

242c5

　　　　　　　我通过犯下某种罪过来换取在众人中的声誉。

242d1

而现在我觉察到了〈我所犯的〉过错。

　　斐德若：但你究竟在说什么〈过错〉呢？

　　苏格拉底：一篇可怕的〈讲辞〉，斐德若啊，无论是你自己带来的那篇，还是你已经强迫我说的那篇，都是一篇可怕的讲辞。

242d5

　　斐德若：究竟为何？

　　苏格拉底：幼稚并且有几分渎神[363]；什么讲辞会是比之更可怕的？

　　斐德若：没有，假如你确实说得对的话。

　　苏格拉底：怎么回事？难道你不相信厄洛斯[364]是阿佛洛狄忒[365]的儿子，并且也是一位神？

　　斐德若：据说他的确如此。

242d10

　　苏格拉底：但他无论如何都既不被吕西阿斯的讲辞，也不被你的那篇讲辞——它通过我的那张被你下了药的嘴[366]说了出来——，承认为是那样。然而，如果厄洛斯是——就像他事实上是的那样——一位神，或者某种神圣的东西，那么，他就不可能是任何坏的东西；但是，刚才涉及他的那两篇讲辞都说他就是一种像那样的东西。这样一来，它俩都对厄洛斯犯下了过错；此外，这两篇讲辞的幼稚是非常矫揉造作的，因

242e1

242e5

μηδὲ ἀληθὲς σεμνύνεσθαι ὡς τὶ ὄντε, εἰ ἄρα ἀνθρωπίσκους 243
τινὰς ἐξαπατήσαντε εὐδοκιμήσετον ἐν αὐτοῖς. ἐμοὶ μὲν οὖν,
ὦ φίλε, καθήρασθαι ἀνάγκη· ἔστιν δὲ τοῖς ἁμαρτάνουσι περὶ
μυθολογίαν καθαρμὸς ἀρχαῖος, ὃν Ὅμηρος μὲν οὐκ ἤσθετο,
Στησίχορος δέ. τῶν γὰρ ὀμμάτων στερηθεὶς διὰ τὴν Ἑλένης 5
κακηγορίαν οὐκ ἠγνόησεν ὥσπερ Ὅμηρος, ἀλλ᾽ ἅτε μουσικὸς
ὢν ἔγνω τὴν αἰτίαν, καὶ ποιεῖ εὐθὺς—

> Οὐκ ἔστ᾽ ἔτυμος λόγος οὗτος,
> οὐδ᾽ ἔβας ἐν νηυσὶν εὐσέλμοις,
> οὐδ᾽ ἵκεο Πέργαμα Τροίας·   b

καὶ ποιήσας δὴ πᾶσαν τὴν καλουμένην Παλινῳδίαν παρα-
χρῆμα ἀνέβλεψεν. ἐγὼ οὖν σοφώτερος ἐκείνων γενήσομαι
κατ᾽ αὐτό γε τοῦτο· πρὶν γάρ τι παθεῖν διὰ τὴν τοῦ Ἔρωτος
κακηγορίαν πειράσομαι αὐτῷ ἀποδοῦναι τὴν παλινῳδίαν, 5
γυμνῇ τῇ κεφαλῇ καὶ οὐχ ὥσπερ τότε ὑπ᾽ αἰσχύνης
ἐγκεκαλυμμένος.

ΦΑΙ. Τουτωνί, ὦ Σώκρατες, οὐκ ἔστιν ἅττ᾽ ἂν ἐμοὶ εἶπες
ἡδίω.

ΣΩ. Καὶ γάρ, ὠγαθὲ Φαῖδρε, ἐννοεῖς ὡς ἀναιδῶς εἴρησθον c
τὼ λόγω, οὗτός τε καὶ ὁ ἐκ τοῦ βιβλίου ῥηθείς. εἰ γὰρ
ἀκούων τις τύχοι ἡμῶν γεννάδας καὶ πρᾷος τὸ ἦθος, ἑτέρου
δὲ τοιούτου ἐρῶν ἢ καὶ πρότερόν ποτε ἐρασθείς, λεγόντων
ὡς διὰ σμικρὰ μεγάλας ἔχθρας οἱ ἐρασταὶ ἀναιροῦνται καὶ 5
ἔχουσι πρὸς τὰ παιδικὰ φθονερῶς τε καὶ βλαβερῶς, πῶς οὐκ
ἂν οἴει αὐτὸν ἡγεῖσθαι ἀκούειν ἐν ναύταις που τεθραμμένων
καὶ οὐδένα ἐλεύθερον ἔρωτα ἑωρακότων, πολλοῦ δ᾽ ἂν δεῖν
ἡμῖν ὁμολογεῖν ἃ ψέγομεν τὸν Ἔρωτα;   d

ΦΑΙ. Ἴσως νὴ Δί᾽, ὦ Σώκρατες.

ΣΩ. Τοῦτόν γε τοίνυν ἔγωγε αἰσχυνόμενος, καὶ αὐτὸν
τὸν Ἔρωτα δεδιώς, ἐπιθυμῶ ποτίμῳ λόγῳ οἷον ἁλμυρὰν

---

a 1 μηδὲ T : μήτε B   a 7 ποιεῖ] ἐποίει H. Richards   a 9 οὐδ᾽
ἔβας T : οὐδὲ βὰς B   b 6 τῇ T : om. B   c 2 τὼ λόγω T : τῷ
λόγῳ B   c 7 τεθραμμένων corr. Coisl. : τεθραμμένον B T

为它俩虽然既没有说出任何健康的东西，也没有说出任何真的东西，却 243a1
装腔作势，仿佛自己是某种〈有价值的〉东西似的，如果它俩对一些人
进行蒙骗，或许就将在他们中博得声誉。因此，一方面，朋友啊，我必
须洁净我自己；另一方面，对于那些在讲故事方面犯下罪过的人来说，
自古以来就有着一种洁净办法，虽然荷马没有觉察到它，但斯忒西科 243a5
洛斯[367] 觉察到了。因为，当由于诬蔑海伦而被夺去双眼之后，他没有
像荷马那样不知道〈原因〉，相反，由于他是一位〈真正〉精通文艺的
人[368] 他认识到了原因，于是立即作诗：

> 这个说法不是真的，
> 你没有乘坐有好甲板的船离去，
> 你也未曾到达过特洛伊的城堡。 243b1

并且当他作完这整个所谓的翻案诗之后，他立刻就恢复了视力[369]。
因此，我无论如何都将恰恰凭借下面这点而变得比〈荷马和斯忒西科洛
斯〉那两人都更为智慧，那就是：在由于诋毁厄洛斯而真的遭受某种事
情之前，我就将试着向他提交〈我的〉翻案诗，我会把头露出来，而不 243b5
像刚才那样由于害羞而蒙住脸[370]。

斐德若：苏格拉底啊，就你能够对我所说的那些事情而言，其中没
有什么是比这些更令我感到快乐的了。

苏格拉底：其实，最好的斐德若啊，你也注意到那两篇讲辞说得 243c1
多么无耻，无论是〈我说的〉这篇，还是〈你〉按稿子念的那篇。因
为，如果某个出身高贵并且性情宽厚的人——而他正爱着另外一个〈像
他那样〉如此这般的人，或者也许先前曾经被〈一个像他那样如此这般
的人〉爱过——，碰巧听见我们说，那些爱慕者如何因一些小事就开始 243c5
表现出巨大的敌意[371]，以及如何对其心爱的少年满怀嫉妒和进行伤害，
那么，你如何不会认为：一方面他相信他在听这样一些人在说话，那就
是，他们也许[372] 在水手中被抚养长大[373]，并且从未看见过一种自由的
爱[374]；另一方面，他远不[375] 可能同意我们指责厄洛斯的那些事情？ 243d1

斐德若：或许就是如此，宙斯在上，苏格拉底！

苏格拉底：因此，由于一则我的的确确在这样一个人面前感到羞
愧，一则也害怕厄洛斯本人，所以我渴望仿佛用一篇可以喝的讲辞来

5 ἀκοὴν ἀποκλύσασθαι· συμβουλεύω δὲ καὶ Λυσίᾳ ὅτι τάχιστα
γράψαι ὡς χρὴ ἐραστῇ μᾶλλον ἢ μὴ ἐρῶντι ἐκ τῶν ὁμοίων
χαρίζεσθαι.

ΦΑΙ. Ἀλλ᾽ εὖ ἴσθι ὅτι ἕξει τοῦθ᾽ οὕτω· σοῦ γὰρ εἰπόντος
τὸν τοῦ ἐραστοῦ ἔπαινον, πᾶσα ἀνάγκη Λυσίαν ὑπ᾽ ἐμοῦ
e ἀναγκασθῆναι γράψαι αὖ περὶ τοῦ αὐτοῦ λόγον.

ΣΩ. Τοῦτο μὲν πιστεύω, ἕωσπερ ἂν ᾖς ὃς εἶ.

ΦΑΙ. Λέγε τοίνυν θαρρῶν.

ΣΩ. Ποῦ δή μοι ὁ παῖς πρὸς ὃν ἔλεγον; ἵνα καὶ τοῦτο
5 ἀκούσῃ, καὶ μὴ ἀνήκοος ὢν φθάσῃ χαρισάμενος τῷ μὴ
ἐρῶντι.

ΦΑΙ. Οὗτος παρά σοι μάλα πλησίον ἀεὶ πάρεστιν, ὅταν
σὺ βούλῃ.

ΣΩ. Οὑτωσὶ τοίνυν, ὦ παῖ καλέ, ἐννόησον, ὡς ὁ μὲν
244 πρότερος ἦν λόγος Φαίδρου τοῦ Πυθοκλέους, Μυρρινουσίου
ἀνδρός· ὃν δὲ μέλλω λέγειν, Στησιχόρου τοῦ Εὐφήμου,
Ἱμεραίου. λεκτέος δὲ ὧδε, ὅτι Οὐκ ἔστ᾽ ἔτυμος λόγος ὃς ἂν
παρόντος ἐραστοῦ τῷ μὴ ἐρῶντι μᾶλλον φῇ δεῖν χαρίζεσθαι,
5 διότι δὴ ὁ μὲν μαίνεται, ὁ δὲ σωφρονεῖ. εἰ μὲν γὰρ ἦν
ἁπλοῦν τὸ μανίαν κακὸν εἶναι, καλῶς ἂν ἐλέγετο· νῦν δὲ τὰ
μέγιστα τῶν ἀγαθῶν ἡμῖν γίγνεται διὰ μανίας, θείᾳ μέντοι
δόσει διδομένης. ἥ τε γὰρ δὴ ἐν Δελφοῖς προφῆτις αἵ τ᾽ ἐν
b Δωδώνῃ ἱέρειαι μανεῖσαι μὲν πολλὰ δὴ καὶ καλὰ ἰδίᾳ τε καὶ
δημοσίᾳ τὴν Ἑλλάδα ἠργάσαντο, σωφρονοῦσαι δὲ βραχέα ἢ
οὐδέν· καὶ ἐὰν δὴ λέγωμεν Σίβυλλάν τε καὶ ἄλλους, ὅσοι
μαντικῇ χρώμενοι ἐνθέῳ πολλὰ δὴ πολλοῖς προλέγοντες εἰς
5 τὸ μέλλον ὤρθωσαν, μηκύνοιμεν ἂν δῆλα παντὶ λέγοντες.
τόδε μὴν ἄξιον ἐπιμαρτύρασθαι, ὅτι καὶ τῶν παλαιῶν οἱ τὰ

---

d 8 οὕτω· σοῦ Schanz : οὕτως σοῦ t : οὕτως οὐ B T   e 4 τοῦτο
B : τούτου T   e 7 πάρα Cobet (secl. mox πάρεστιν)   a 3 λεκτέος
TW: om. B   λόγος B : ὁ λόγος T   a 8 γὰρ δὴ T : γὰρ ∗ ∗ B : γὰρ
Aristides   b 4 ἐνθέῳ T : ἐν θεοῖς B   b 5 ὤρθωσαν Ven. 189
corr. V Aristides : ὀρθῶς B T

冲走〈前面所〉听到的苦咸的消息[376]；而我也建议吕西阿斯尽可能快 243d5
地[377]写〈一篇讲辞〉，说：出于〈对满意的〉回报，一个人应当使之满
意的是其爱慕者，而非那个不爱他的人[378]。

斐德若：你当然很清楚，事情会是这个样子的；因为，如果你说出
了对爱慕者的颂扬，那么下面这点就会是完全必然的，即吕西阿斯受我 243e1
所迫而复又就同一事情写出一篇讲辞来。

苏格拉底：这我肯定相信，只要你还是你所是的[379]。

斐德若：那就请你放心讲吧！

苏格拉底：我刚才对之讲话的那个孩子[380]究竟去哪儿了？〈我这
么问是〉为了他也能听听这篇讲辞，免得他由于没有听到而提前[381]使 243e5
得那并不爱〈他的〉人满意。

斐德若：这孩子就在你旁边，离你非常近，他总是在场，每当你想
〈他在场〉时。

苏格拉底：那好，你必须得注意到下面这点，漂亮的孩子啊，那就
是：前面〈我说的〉那篇讲辞是斐德若的，他是皮托克勒斯的儿子，一 244a1
位密瑞努斯[382]区人；而我将要说的这篇讲辞，则是斯忒西科洛斯的，
他是欧斐摩斯的儿子，希墨剌人[383]。而〈他的这篇讲辞〉必须得这样来
说：那个说法不是真的[384]，它宣称，即使一个爱慕者在场，一个人应当
使之感到满意的，也毋宁是那个没有爱上〈他〉的人，之所以如此，只 244a5
因为前者是迷狂的，而后者是头脑清醒的[385]。然而，如果迷狂真的向来
径直就是一种恶，那还算是说得漂亮；实际上[386]，诸善中那些最大的，
它们恰恰由于一种迷狂才对我们产生出来，当然，它得是凭借一种神圣
的馈赠而被赋予〈我们〉的。因为，无论是在德尔斐的那位女先知，还 244b1
是在多多纳[387]的那些女祭司们，当她们处在迷狂中时，无论是在私人
方面还是在公共方面[388]，她们都为希腊成就出了许多美好的事情；而
当她们头脑清醒时，她们就成就得很少，甚或一无所成。此外，如果我
们还要说到〈女预言者〉西比拉[389]以及其他所有那些通过运用被神所
感召的预言术[390]来向许多人预言许多事情而将之引向前往将来的正路
的人，那么，我们就会说个没完没了，但只不过是在向每个人说一些显 244b5

ὀνόματα τιθέμενοι οὐκ αἰσχρὸν ἡγοῦντο οὐδὲ ὄνειδος μανίαν·
οὐ γὰρ ἂν τῇ καλλίστῃ τέχνῃ, ᾗ τὸ μέλλον κρίνεται, αὐτὸ c
τοῦτο τοὔνομα ἐμπλέκοντες μανικὴν ἐκάλεσαν. ἀλλ᾽ ὡς
καλοῦ ὄντος, ὅταν θείᾳ μοίρᾳ γίγνηται, οὕτω νομίσαντες
ἔθεντο, οἱ δὲ νῦν ἀπειροκάλως τὸ ταῦ ἐπεμβάλλοντες
μαντικὴν ἐκάλεσαν. ἐπεὶ καὶ τήν γε τῶν ἐμφρόνων, 5
ζήτησιν τοῦ μέλλοντος διά τε ὀρνίθων ποιουμένων καὶ τῶν
ἄλλων σημείων, ἅτ᾽ ἐκ διανοίας ποριζομένων ἀνθρωπίνῃ
οἰήσει νοῦν τε καὶ ἱστορίαν, οἰονοϊστικὴν ἐπωνόμασαν,
ἣν νῦν οἰωνιστικὴν τῷ ω σεμνύνοντες οἱ νέοι καλοῦσιν· d
ὅσῳ δὴ οὖν τελεώτερον καὶ ἐντιμότερον μαντικὴ οἰωνιστικῆς,
τό τε ὄνομα τοῦ ὀνόματος ἔργον τ᾽ ἔργου, τόσῳ κάλλιον
μαρτυροῦσιν οἱ παλαιοὶ μανίαν σωφροσύνης τὴν ἐκ θεοῦ τῆς
παρ᾽ ἀνθρώπων γιγνομένης. ἀλλὰ μὴν νόσων γε καὶ πόνων 5
τῶν μεγίστων, ἃ δὴ παλαιῶν ἐκ μηνιμάτων ποθὲν ἔν τισι
τῶν γενῶν ἡ μανία ἐγγενομένη καὶ προφητεύσασα, οἷς ἔδει
ἀπαλλαγὴν ηὕρετο, καταφυγοῦσα πρὸς θεῶν εὐχάς τε καὶ e
λατρείας, ὅθεν δὴ καθαρμῶν τε καὶ τελετῶν τυχοῦσα ἐξάντη
ἐποίησε τὸν [ἑαυτῆς] ἔχοντα πρός τε τὸν παρόντα καὶ τὸν
ἔπειτα χρόνον, λύσιν τῷ ὀρθῶς μανέντι τε καὶ κατασχομένῳ
τῶν παρόντων κακῶν εὑρομένη. τρίτη δὲ ἀπὸ Μουσῶν 245
κατοκωχή τε καὶ μανία, λαβοῦσα ἀπαλὴν καὶ ἄβατον ψυχήν,
ἐγείρουσα καὶ ἐκβακχεύουσα κατά τε ᾠδὰς καὶ κατὰ τὴν
ἄλλην ποίησιν, μυρία τῶν παλαιῶν ἔργα κοσμοῦσα τοὺς
ἐπιγιγνομένους παιδεύει· ὃς δ᾽ ἂν ἄνευ μανίας Μουσῶν ἐπὶ 5
ποιητικὰς θύρας ἀφίκηται, πεισθεὶς ὡς ἄρα ἐκ τέχνης ἱκανὸς

c4 ἐπεμβαλόντες Aristides   c6 ποιουμένων secl. Schanz:
ποιουμένην Stephanus   c7 ποριζομένων] ποριζομένην Stephanus
ἀνθρωπίνῃ οἰήσει pr. B Aristides: ἀνθρωπίνην οἰήσει corr. b (νοήσει
voluit): ἀνθρωπίνη νοήσει Τ   c8 οἰονοϊστικὴν W Aristides: οἰωνι-
στικὴν B: οἶον νοϊστικὴν Τ   d5 γε BT: τε Aristides   d7 γενῶν,
ἡ BT: γενῶν ἣν Hermann   e2 δὴ Τ: om. B   e3 ἑαυτῆς
ἔχοντα BT: αὐτὴν ἔχοντα Aristides: ἑαυτῆς seclusi (glossema ἔξω
ἄτης fuisse suspicor)   a2 κατοκωχῇ W: κατοικωχή B: κατακωχή
Τ: κατοχή vulg.   a6 ποιητικὰς BT Aristides Stobaeus (poeticas
Seneca): ποιητικῆς Proclus Synesius: secl. Cobet   πεισθεὶς BT
Stobaeus: secl. Cobet   ὡς ἄρα BT: ἄρα ὡς Stobaeus

而易见的事情罢了 [391]。然而，下面这点还是值得被请来做见证，那就是：古人中那些进行取名的，他们既不把迷狂视为是可耻的，也不把它视为是一种挨骂的事；否则他们就不会恰恰通过把这个名字同那门最美好的、由之对将来做出判断 [392] 的技艺联系在一起而将之称为迷狂术了。244c1

而迷狂是一件美事——每当它因神圣的定命而产生时——，他们因这样认信了才如此取名，而今人缺乏见识地把字母 τ 加进去而将之称为预言术 [393]。同样，就那些头脑清醒的人的一种技艺而言 [394]——那些人既通 244c5 过一些鸟儿也通过其他的征兆来探知将来——，由于他们借助于思考而为人的〈关于将来的〉主张取得一种洞察和信息，于是〈古人中那些进行取名的〉就把该技艺命名占卜术 [395]，而现今的一些年轻人通过〈把短 244d1 元音 o〉夸大〈为长元音〉ω 而将之称为鸟占术。因此，在多大程度上预言术比鸟占术是更加完满的和更为受到敬重的——无论是名字之于名字，还是成就之于成就——，古人也就作证，在多大程度上迷狂比清醒是更为美好的，因为前者源于神，而后者仅仅来自人。其次，就那些最 244d5 严重的疾病和最大的折磨来说——它们的确由于从祖辈传下来的罪孽 [396] 而不知怎么地就出现在了某些家族中——，迷狂，当它生起并对那些有需要的人进行预言时 [397]，它就通过求助于对诸神的各种祈祷和各种侍奉 244e1 来寻求摆脱它们 [398]，于是乎它通过取得各种洁净和接受入教仪式 [399] 而使得取得它的人无论是在当下还是在以后的时日里都安泰健康 [400]，因为对于一个正确地陷入迷狂中和被神附体的人来说 [401]，它为之找到了摆脱 245a1 现在的各种坏处的一种解脱之道。而第三种，则是由缪斯们而来的灵感和迷狂，一旦它抓住一个柔软且贞洁的 [402] 灵魂，它就会激发它，并凭借各种歌声以及用其他的诗作使之发酒神信徒的癫狂，它通过装饰古人们的无数功业来教育子孙后代；但是，任何一个缺乏由缪斯们而来的迷 245a5 狂就来到诗艺的大门前的人，如果他竟然相信仅仅基于一种技艺他就将

ποιητὴς ἐσόμενος, ἀτελὴς αὐτός τε καὶ ἡ πυίησις ὑπὸ τῆς τῶν μαινομένων ἡ τοῦ σωφρονοῦντος ἠφανίσθη.

b　Τοσαῦτα μέν σοι καὶ ἔτι πλείω ἔχω μανίας γιγνομένης ἀπὸ θεῶν λέγειν καλὰ ἔργα. ὥστε τοῦτό γε αὐτὸ μὴ φοβώμεθα, μηδέ τις ἡμᾶς λόγος θορυβείτω δεδιττόμενος ὡς πρὸ τοῦ κεκινημένου τὸν σώφρονα δεῖ προαιρεῖσθαι φίλον· ἀλλὰ
5　τόδε πρὸς ἐκείνῳ δείξας φερέσθω τὰ νικητήρια, ὡς οὐκ ἐπ' ὠφελίᾳ ὁ ἔρως τῷ ἐρῶντι καὶ τῷ ἐρωμένῳ ἐκ θεῶν ἐπιπέμπεται. ἡμῖν δὲ ἀποδεικτέον αὖ τοὐναντίον, ὡς ἐπ' εὐτυχίᾳ τῇ μεγίστῃ
c　παρὰ θεῶν ἡ τοιαύτη μανία δίδοται· ἡ δὲ δὴ ἀπόδειξις ἔσται δεινοῖς μὲν ἄπιστος, σοφοῖς δὲ πιστή. δεῖ οὖν πρῶτον ψυχῆς φύσεως πέρι θείας τε καὶ ἀνθρωπίνης ἰδόντα πάθη τε καὶ ἔργα τἀληθὲς νοῆσαι· ἀρχὴ δὲ ἀποδείξεως ἥδε.
5　Ψυχὴ πᾶσα ἀθάνατος. τὸ γὰρ ἀεικίνητον ἀθάνατον· τὸ δ' ἄλλο κινοῦν καὶ ὑπ' ἄλλου κινούμενον, παῦλαν ἔχον κινήσεως, παῦλαν ἔχει ζωῆς. μόνον δὴ τὸ αὐτὸ κινοῦν, ἅτε οὐκ ἀπολεῖπον ἑαυτό, οὔποτε λήγει κινούμενον, ἀλλὰ καὶ τοῖς ἄλλοις ὅσα κινεῖται τοῦτο πηγὴ καὶ ἀρχὴ κινήσεως.
d　ἀρχὴ δὲ ἀγένητον. ἐξ ἀρχῆς γὰρ ἀνάγκη πᾶν τὸ γιγνόμενον γίγνεσθαι, αὐτὴν δὲ μηδ' ἐξ ἑνός· εἰ γὰρ ἔκ του ἀρχὴ γίγνοιτο, οὐκ ἂν ἔτι ἀρχὴ γίγνοιτο. ἐπειδὴ δὲ ἀγένητόν ἐστιν, καὶ ἀδιάφθορον αὐτὸ ἀνάγκη εἶναι. ἀρχῆς γὰρ δὴ
5　ἀπολομένης οὔτε αὐτή ποτε ἔκ του οὔτε ἄλλο ἐξ ἐκείνης γενήσεται, εἴπερ ἐξ ἀρχῆς δεῖ τὰ πάντα γίγνεσθαι. οὕτω δὴ κινήσεως μὲν ἀρχὴ τὸ αὐτὸ αὑτὸ κινοῦν. τοῦτο δὲ οὔτ' ἀπόλλυσθαι οὔτε γίγνεσθαι δυνατόν, ἢ πάντα τε οὐρανὸν
e　πᾶσάν τε γῆν εἰς ἓν συμπεσοῦσαν στῆναι καὶ μήποτε αὖθις ἔχειν ὅθεν κινηθέντα γενήσεται. ἀθανάτου δὲ πεφασμένου

b 1 μέν σοι T Aristides: μέντοι B　　b 6 ὁ om. V Stobaeus　　d 3 ἔτι ἀρχὴ Buttmann (et sic ut videtur Iamblichus : cf. Timaeum Locrum ap. Theodoretum εἰ γὰρ ἐγένετο, οὐκ ἂν ἦν ἔτι ἀρχά) : ἀρχὴ Vind. 89 Cicero (ut videtur) : ἐξ ἀρχῆς BT Simplicius Stobaeus　　d 4 ἀδιάφθορον T Proclus : ἀδιάφορον B : ἄφθορον Stobaeus　　e 1 γῆν εἰς ἓν Philoponus : γένεσιν BT Hermias Syrianus Stobaeus : γῆν in marg. t　　e 2 ἔχειν Stobaeus : ἔχειν στῆναι BT　　δὲ T Alexander Stobaeus : om. B

是一位出色的诗人，那么，无论是他本人还是〈他的〉诗，都将是不成功的[403]，并且作为一个清醒者，他的诗被那些迷狂者们的诗掩盖了光芒[404]。

我能够对你讲述如此多的〈美好成就〉，其实还有更多的属于那种 245b1
从诸神那儿而来的迷狂的美好成就。因此，恰恰这种东西，让我们根本不要害怕它，也不要让任何的言论使我们感到不知所措，由于它吓唬我们，说应当选择头脑清醒的人做朋友，而非被〈爱〉激动起来的人；然而，除了〈上面所说的〉那点之外，它还得通过显明下面这点才可以夺 245b5
走奖品[405]：并不是为了一种益处，爱被诸神送给了爱者和被爱者。而我们复又必须证明其反面，那就是：为了最大的好运，这样一种迷狂才 245c1
被诸神赐予给了我们；而该证明虽然对于那些可怕的聪明者来说将是不值得相信的，但对于那些有智慧的人来说则值得相信。因此，必须首先通过看清其情状和功能来思考关于灵魂的本性之真相——无论是神的灵魂，还是人的灵魂——。而证明的开端是下面这样。

宇宙灵魂[406]是不朽的。因为，永远在运动的东西[407]是不朽的；而 245c5
那推动某种另外的东西并且也被某种另外的东西所推动的，既然它有着运动的终止，那它也就具有生命的终止。因此，唯有那自身推动自身的东西，由于它不抛弃它自身，所以它从不会停止运动；而对于其他所有被推动的东西来说，这才是〈其〉运动的源头和开端[408]。而开端是非生成的。因为，所有生成出来的东西都必然从某一开端生成出来，而该开 245d1
端自身却绝不会从任何东西生成出来；因为，如果开端从某一东西生成出来，那它就不再成为一种开端[409]。而既然开端是非生成的，那它自身也就必然是不毁朽的。因为，如果一个开端竟然毁灭了，那么，它自身就将永不会从任何东西那儿生成出来，而其他任何东西也将永不会从它 245d5
那儿生成出来了，既然所有的事物都应当从某一开端那儿生成出来。于是乎这样一来，一方面，运动的开端是那自身推动自身的东西；另一方面，这种东西既不可能毁灭，也不可能生成，否则整个的天和整个的生 245e1
成[410]都将一起坍塌而归于静止，并且永远也将不会再有那些运动的东

τοῦ ὑφ' ἑαυτοῦ κινουμένου, ψυχῆς οὐσίαν τε καὶ λόγον
τοῦτον αὐτόν τις λέγων οὐκ αἰσχυνεῖται. πᾶν γὰρ σῶμα,
ᾧ μὲν ἔξωθεν τὸ κινεῖσθαι, ἄψυχον, ᾧ δὲ ἔνδοθεν αὐτῷ 5
ἐξ αὑτοῦ, ἔμψυχον, ὡς ταύτης οὔσης φύσεως ψυχῆς· εἰ
δ' ἔστιν τοῦτο οὕτως ἔχον, μὴ ἄλλο τι εἶναι τὸ αὐτὸ ἑαυτὸ
κινοῦν ἢ ψυχήν, ἐξ ἀνάγκης ἀγένητόν τε καὶ ἀθάνατον ψυχὴ 246
ἂν εἴη.

Περὶ μὲν οὖν ἀθανασίας αὐτῆς ἱκανῶς· περὶ δὲ τῆς ἰδέας
αὐτῆς ὧδε λεκτέον. οἷον μέν ἐστι, πάντῃ πάντως θείας
εἶναι καὶ μακρᾶς διηγήσεως, ᾧ δὲ ἔοικεν, ἀνθρωπίνης τε 5
καὶ ἐλάττονος· ταύτῃ οὖν λέγωμεν. ἐοικέτω δὴ συμφύτῳ
δυνάμει ὑποπτέρου ζεύγους τε καὶ ἡνιόχου. θεῶν μὲν οὖν
ἵπποι τε καὶ ἡνίοχοι πάντες αὐτοί τε ἀγαθοὶ καὶ ἐξ ἀγαθῶν,
τὸ δὲ τῶν ἄλλων μέμεικται. καὶ πρῶτον μὲν ἡμῶν ὁ ἄρχων b
συνωρίδος ἡνιοχεῖ, εἶτα τῶν ἵππων ὁ μὲν αὐτῷ καλός τε καὶ
ἀγαθὸς καὶ ἐκ τοιούτων, ὁ δ' ἐξ ἐναντίων τε καὶ ἐναντίος·
χαλεπὴ δὴ καὶ δύσκολος ἐξ ἀνάγκης ἡ περὶ ἡμᾶς ἡνιόχησις.
πῇ δὴ οὖν θνητόν τε καὶ ἀθάνατον ζῷον ἐκλήθη πειρατέον 5
εἰπεῖν. ψυχὴ πᾶσα παντὸς ἐπιμελεῖται τοῦ ἀψύχου, πάντα δὲ
οὐρανὸν περιπολεῖ, ἄλλοτ' ἐν ἄλλοις εἴδεσι γιγνομένη. τελέα
μὲν οὖν οὖσα καὶ ἐπτερωμένη μετεωροπορεῖ τε καὶ πάντα c
τὸν κόσμον διοικεῖ, ἡ δὲ πτερορρυήσασα φέρεται ἕως ἂν
στερεοῦ τινος ἀντιλάβηται, οὗ κατοικισθεῖσα, σῶμα γήινον
λαβοῦσα, αὐτὸ αὐτὸ δοκοῦν κινεῖν διὰ τὴν ἐκείνης δύναμιν,
ζῷον τὸ σύμπαν ἐκλήθη, ψυχὴ καὶ σῶμα παγέν, θνητόν τ' 5
ἔσχεν ἐπωνυμίαν· ἀθάνατον δὲ οὐδ' ἐξ ἑνὸς λόγου λελογι-
σμένου, ἀλλὰ πλάττομεν οὔτε ἰδόντες οὔτε ἱκανῶς νοήσαντες

a 6 ἐοικέτω δὴ γρ. t Hermias Stobaeus: ἐοικε τῳ δὴ Τ: ἔοικε τῷ δὴ
B: ἔοικε δή τῳ V: ἔοικε δὴ τῇ vulg.   a 8 πάντες αὐτοί τε Τ: καὶ
πάντες αὐτοὶ B   b 2 αὐτῷ B Τ: αὐτῶν al.   b 5 τε Τ: om. B
b 6 ψυχὴ πᾶσα Simplicius: πᾶσα ἡ ψυχή B: ἡ ψυχὴ πᾶσα Τ: ψυχὴ γὰρ
πᾶσα Eusebius   b 7 οὐρανὸν B Τ: ἄνθρωπον V: οὖν Herwerden:
secl. Badham   c 1 οὖν Τ: om. B   μετεωροπολεῖ Syrianus
πάντα B: ἅπαντα Τ   c 7 πλάττομεν Proclus corr. V: πλαττομένου
B Τ   οὔτε ἰδόντες Τ: οὔτ' εἰδότες B Proclus

西由于其缘故而得以生成出来的那种东西。然而，如果那被其自身所推动的东西已经被揭示为了是不朽的，那么，一个人也就不会因说了下面这点而将感到羞愧，那就是，恰恰这种东西就是灵魂的所是以及对它的说明[411]。因为，任何从外面取得其运动的形体，都是无灵魂的；而那在 245e5 其自身里面从其自身那里取得运动的，则是有灵魂的，因为这就是灵魂的本性。但如果这就是它所是的样子，即那自身让自身运动起来的东西不是任何别的，而就是灵魂，那么，灵魂就必然会是非生成而来的以及 246a1 不朽的。

因此，关于灵魂的不朽，已经说得够充分了；而关于它的形相[412]，则必须得如下面这样来说一说。一方面，〈说〉它是何种样子，这在每一种方式上都彻头彻尾地[413]属于一种属神的叙述，并且该叙述还很长；246a5 另一方面，〈说〉它看起来像什么，这则属于一种属人的叙述，并且该叙述较短。因此，就让我们以后面这种方式来说一说吧。那么，就让它看起来像一对有羽翼的马及其有羽翼的御者[414]那与生俱来就长在一起的能力。于是，在诸神那里，他们的马儿及其御者，不仅自身整个都是优良的，而且也从优良者而来[415]；而在其他的那里，情况则是混杂的。246b1 并且在我们这儿，首先，御者要驾驭一辆双驾马车[416]；其次，就马儿来说，一匹对他而言是俊美和优良的，并且也从如此这般的而来[417]，而另一匹不仅从相反的而来[418]，而且自身也是相反的。因此，在我们这里的驾驭必然是困难和麻烦的。那么，一个活物究竟如何要么被称作有死 246b5 的，要么被称作不朽的[419]，必须得尝试来说一说。宇宙灵魂关心着每个无灵魂的东西[420]，而它在整个天宇中漫游，时而在这种形状中生起，时而在那种形状生起[421]。于是，如果它是完满的并且长出了翅膀[422]，那 246c1 么，它就会在空中翱翔并管理着整个宇宙[423]；而如果它失去翅膀，它就会四处飘荡[424]，直到抓住某个坚硬的东西为止[425]，它在那儿定居下来，取得尘世的身体——而该身体似乎通过灵魂的能力才让自己运动起来——，整个东西被称为一种活物，当灵魂和身体被结合在一起之后[426]，246c5 它就有了一个名号，即有死者。至于不朽者，它并不基于一种被思考出来的理由〈而有其名号〉；相反，我们既不是由于已经看见过，也不是因为充分地理解了，从而把一位神构想为某种不朽的活物，而这种活物一

d θεόν, ἀθάνατόν τι ζῷον, ἔχον μὲν ψυχήν, ἔχον δὲ σῶμα, τὸν
ἀεὶ δὲ χρόνον ταῦτα συμπεφυκότα. ἀλλὰ ταῦτα μὲν δή,
ὅπῃ τῷ θεῷ φίλον, ταύτῃ ἐχέτω τε καὶ λεγέσθω· τὴν δὲ
αἰτίαν τῆς τῶν πτερῶν ἀποβολῆς, δι᾽ ἣν ψυχῆς ἀπορρεῖ,
5 λάβωμεν. ἔστι δέ τις τοιάδε.

Πέφυκεν ἡ πτεροῦ δύναμις τὸ ἐμβριθὲς ἄγειν ἄνω μετε-
ωρίζουσα ᾗ τὸ τῶν θεῶν γένος οἰκεῖ, κεκοινώνηκε δέ πῃ
μάλιστα τῶν περὶ τὸ σῶμα τοῦ θείου [ψυχή], τὸ δὲ θεῖον
e καλόν, σοφόν, ἀγαθόν, καὶ πᾶν ὅτι τοιοῦτον· τούτοις δὴ
τρέφεταί τε καὶ αὔξεται μάλιστά γε τὸ τῆς ψυχῆς πτέρωμα,
αἰσχρῷ δὲ καὶ κακῷ καὶ τοῖς ἐναντίοις φθίνει τε καὶ διόλ-
λυται. ὁ μὲν δὴ μέγας ἡγεμὼν ἐν οὐρανῷ Ζεύς, ἐλαύνων
5 πτηνὸν ἅρμα, πρῶτος πορεύεται, διακοσμῶν πάντα καὶ ἐπι-
μελούμενος· τῷ δ᾽ ἕπεται στρατιὰ θεῶν τε καὶ δαιμόνων,
247 κατὰ ἕνδεκα μέρη κεκοσμημένη. μένει γὰρ Ἑστία ἐν θεῶν
οἴκῳ μόνη· τῶν δὲ ἄλλων ὅσοι ἐν τῷ τῶν δώδεκα ἀριθμῷ
τεταγμένοι θεοὶ ἄρχοντες ἡγοῦνται κατὰ τάξιν ἣν ἕκαστος
ἐτάχθη. πολλαὶ μὲν οὖν καὶ μακάριαι θέαι τε καὶ διέξοδοι
5 ἐντὸς οὐρανοῦ, ἃς θεῶν γένος εὐδαιμόνων ἐπιστρέφεται
πράττων ἕκαστος αὐτῶν τὸ αὑτοῦ, ἕπεται δὲ ὁ ἀεὶ ἐθέλων
τε καὶ δυνάμενος· φθόνος γὰρ ἔξω θείου χοροῦ ἵσταται.
ὅταν δὲ δὴ πρὸς δαῖτα καὶ ἐπὶ θοίνην ἴωσιν, ἄκραν ἐπὶ τὴν
b ὑπουράνιον ἁψῖδα πορεύονται πρὸς ἄναντες, ᾗ δὴ τὰ μὲν θεῶν
ὀχήματα ἰσορρόπως εὐήνια ὄντα ῥᾳδίως πορεύεται, τὰ δὲ
ἄλλα μόγις· βρίθει γὰρ ὁ τῆς κάκης ἵππος μετέχων, ἐπὶ
τὴν γῆν ῥέπων τε καὶ βαρύνων ᾧ μὴ καλῶς ἦν τεθραμμένος
5 τῶν ἡνιόχων. ἔνθα δὴ πόνος τε καὶ ἀγὼν ἔσχατος ψυχῇ

d 1 τι Τ : τὸ Β   d 2 δή Τ : ἤδη Β   d 8 ψυχή Β Τ : om.
Plutarchus   e 2 αὔξεται Β Τ : ἄρδεται Proclus   μάλιστά γε b :
μάλιστά τε Β : μάλιστα Τ   e 3 καὶ τοῖς ἐναντίοις secl. Schanz
a 5 εὐδαιμόνων Β Τ Syrianus Damascius : καὶ δαιμόνων Badham : εὐδαι-
μόνως Schanz   a 7 θείου χοροῦ Β Alexander : χοροῦ θείου Τ
a 8 καὶ Β : τε καὶ Τ   ἐπὶ Τ Proclus : ὑπὸ Β   b 1 ὑπουράνιον Β
Proclus : ὑπουρανίαν W (sed ε supra ὑ) : οὐράνιον Τ   ᾗ δὴ Proclus : ἤδη
Β Τ   b 3 κάκης Τ : κακῆς Β   b 4 ἦν recc. : ᾗ Β Τ

则具有灵魂，一则又具有身体，并且这两者在所有的时间里都与生俱来 246d1
地长在了一起。然而，一方面，神怎么喜欢[427]，就让这些是怎么个样子
和怎么个被说吧；另一方面，翅膀的丧失之原因——由于它，它们从灵
魂那里脱落了——，则让我们进行把握。而该原因约莫是下面这样。 246d5

　　翅膀的能力生来就是把沉重的东西向上带领，直至把它提升到诸
神的家族[428]所居住的地方为止；而在围绕身体的各种东西中，〈翅膀的
能力〉已经在某种方式上最为分有了神性的东西[429]，不过神性的东西
就是美的东西、智慧的东西、善的东西，以及所有诸如此类的东西。因 246e1
此，正是凭靠这些东西，灵魂的羽毛才特别得到滋养和增长；而丑陋的
东西、邪恶的东西，以及各种〈与上面所说的那些东西〉相反的东西，
则使得它日渐枯萎，最终完全毁掉。于是乎，一方面，在天上的诸位统
帅中那位最大的，即宙斯[430]，他驾着一辆能够飞的战车[431]，行进在最 246e5
前面，安排和照料着万事万物；另一方面，紧随其后的是诸神和各种精
灵们〈所形成〉的队伍，它已经被安排成了十一队。因为，唯有赫斯提 247a1
娅[432]留在了诸神的家中；而在其他的〈神和精灵〉中，所有那些已经
被安排在数字十二中的神[433]，他们作为统帅，按照各自已经被安排的位
置来进行引领。于是，一则在天界里面的景象和通途许许多多，且都充
满福乐，而幸福的诸神之家族沿着那些通途来来回回地漫游，因为他们 247a5
中的每个都只做属于他自己的事情；一则任何时候那愿意并且能够〈追
随〉的，都可进行追随，因为，任何一种嫉妒都被排除在了神圣的歌队
之外[434]。而每当他们前去参加酒会和赴宴，他们肯定就要一路向上[435] 247b1
行进到天穹里面的最高处[436]：诚然，一方面，诸神的车乘由于配合得
很好而是容易驾驭的[437]，所以轻易就行进到了那儿；而另一方面，其他
的车乘则走得吃力。因为，那分有了顽劣〈之本性〉的马是沉重的，它
往地上坠落，并且如果它没有被御马者中的某位好好地加以调教[438]，那
它就会给他添加负担。在那里，一种极端的艰辛和最终的竞争肯定摆在 247b5

πρόκειται. αἱ μὲν γὰρ ἀθάνατοι καλούμεναι, ἡνίκ' ἂν πρὸς
ἄκρῳ γένωνται, ἔξω πορευθεῖσαι ἔστησαν ἐπὶ τῷ τοῦ οὐρανοῦ
νώτῳ, στάσας δὲ αὐτὰς περιάγει ἡ περιφορά, αἱ δὲ θεωροῦσι c
τὰ ἔξω τοῦ οὐρανοῦ.

Τὸν δὲ ὑπερουράνιον τόπον οὔτε τις ὕμνησέ πω τῶν τῇδε
ποιητὴς οὔτε ποτὲ ὑμνήσει κατ' ἀξίαν. ἔχει δὲ ὧδε—τολμη-
τέον γὰρ οὖν τό γε ἀληθὲς εἰπεῖν, ἄλλως τε καὶ περὶ ἀλη- 5
θείας λέγοντα—ἡ γὰρ ἀχρώματός τε καὶ ἀσχημάτιστος καὶ
ἀναφὴς οὐσία ὄντως οὖσα, ψυχῆς κυβερνήτῃ μόνῳ θεατὴ
νῷ, περὶ ἣν τὸ τῆς ἀληθοῦς ἐπιστήμης γένος, τοῦτον ἔχει
τὸν τόπον. ἅτ' οὖν θεοῦ διάνοια νῷ τε καὶ ἐπιστήμῃ ἀκη- d
ράτῳ τρεφομένη, καὶ ἁπάσης ψυχῆς ὅσῃ ἂν μέλῃ τὸ
προσῆκον δέξασθαι, ἰδοῦσα διὰ χρόνου τὸ ὂν ἀγαπᾷ τε καὶ
θεωροῦσα τἀληθῆ τρέφεται καὶ εὐπαθεῖ, ἕως ἂν κύκλῳ ἡ
περιφορὰ εἰς ταὐτὸν περιενέγκῃ. ἐν δὲ τῇ περιόδῳ καθορᾷ 5
μὲν αὐτὴν δικαιοσύνην, καθορᾷ δὲ σωφροσύνην, καθορᾷ δὲ
ἐπιστήμην, οὐχ ᾗ γένεσις πρόσεστιν, οὐδ' ἥ ἐστίν που ἑτέρα
ἐν ἑτέρῳ οὖσα ὧν ἡμεῖς νῦν ὄντων καλοῦμεν, ἀλλὰ τὴν ἐν e
τῷ ὅ ἐστιν ὂν ὄντως ἐπιστήμην οὖσαν· καὶ τἆλλα ὡσαύτως
τὰ ὄντα ὄντως θεασαμένη καὶ ἑστιαθεῖσα, δῦσα πάλιν εἰς
τὸ εἴσω τοῦ οὐρανοῦ, οἴκαδε ἦλθεν. ἐλθούσης δὲ αὐτῆς ὁ
ἡνίοχος πρὸς τὴν φάτνην τοὺς ἵππους στήσας παρέβαλεν 5
ἀμβροσίαν τε καὶ ἐπ' αὐτῇ νέκταρ ἐπότισεν.

Καὶ οὗτος μὲν θεῶν βίος· αἱ δὲ ἄλλαι ψυχαί, ἡ μὲν 248
ἄριστα θεῷ ἑπομένη καὶ εἰκασμένη ὑπερῆρεν εἰς τὸν ἔξω
τόπον τὴν τοῦ ἡνιόχου κεφαλήν, καὶ συμπεριηνέχθη τὴν
περιφοράν, θορυβουμένη ὑπὸ τῶν ἵππων καὶ μόγις καθορῶσα

---

c 1 νώτῳ στάσας Proclus : νώτωι* στάσας T : νώτωι ἱστάσας B
θεωροῦσι corr. Ven. 189 : θεωροῦσαι B T   c 7 οὖσα ψυχῆς T Sim-
plicius : ψυχῇ οὖσα B : ψυχῆς Stobaeus : οὖσα Madvig   θεατὴ νῷ
Clemens Proclus : θεατῇ νῷ B : θεατῇ νῷ χρῆται T W   d 1 τόπον T
Simplicius : τρόπον B   ἀκηράτῳ τρεφομένη W Damascius : ἀκήρατος
στρεφομένη B et os s v. W² : ἀκηράτῳ vel ἀκήρατος στρεφομένη T
d 2 ὅσῃ B : ὅσῃ T   μέλῃ G : μέλλῃ B T   d 3 δέξασθαι T :
δέξεσθαι B   d 6 καθορᾷ μὲν T : καθορῶμεν B   d 7 οὐδ' ἥ B : οὐ
δὴ T : οὐδ' ᾗ vulg.

了灵魂的面前。因为，一方面，一些灵魂——它们被称作〈属于〉不朽〈者〉的——，每当它们来到了〈天穹里面的〉最高处，它们就还要走到〈天穹的〉外面去，站在天宇的外表面[439]，当它们站住后，〈天宇的〉旋转就引领它们周行，而它们则观看到天外的各种东西。 247c1

但那超越诸天的地方[440]，在〈我们〉这儿的那些诗人中，既没有哪位曾经歌颂过它，也将永不会有哪位配得上[441]歌颂它。它其实是这样——因为，一个人无论如何都必须敢于说出真相，尤其是当他在谈论真的时候——:〈在那儿〉无疑无色的、无形的、不可触摸的所是以是的方式是着[442]，它仅仅对于灵魂的舵手，即理智[443]来说是可见的，真正的知识之家族[444]就是关于它的，〈这种所是〉占据着这个地方[445]。因此，正如任何一位神的思想都被理智和未混杂的纯粹知识[446]所养育，每个灵魂的思想也同样如此：每个灵魂的思想都会关注下面这件事，即接纳那与之相适合的养料[447]，当它最终[448]看见那是着的东西[449]之后，它感到欢喜，并且通过观望各种真实的东西而得到养育和逍遥快活，直到〈天宇的〉旋转绕完一圈[450]而把它带回到同一个地方为止。在〈它的〉这种周行中，灵魂的思想瞥见[451]了正义本身，瞥见到了节制，瞥见到了知识，只不过这种知识既不是某种生成附着在其上的那种知识，也肯定不是在不同的东西——我们现在称之为是者——中总是不同的那种知识，而是以是的方式是在以是的方式是其所是的是者中的知识[452]。并且当它以同样的方式凝望到了和尽情享用了其他那些以是的方式是着的东西之后，它就通过再次沉潜到天宇的里面，动身回到家里。而当灵魂的思想回家后，御者就让马儿们站在秣槽面前，把长生不老的食物[453]扔给它们，除此之外[454]还让它们饮神喝的酒。 247d1 / 247d5 / 247e1 / 247e5

而这就是诸神的生活。另一方面[455]，就其他的那些灵魂而言，其中一种灵魂——即那最出色地[456]追随神并且最出色地仿效神的——，它把御者的头举起来，使之昂首进入到外面的地方，并且同〈天宇的〉旋转一起被带着绕圈子，但由于受到马儿们的滋扰，它勉勉强强地瞥见了 248a1

5 τὰ ὄντα· ἡ δὲ τοτὲ μὲν ἦρεν, τοτὲ δ' ἔδυ, βιαζομένων δὲ τῶν
ἵππων τὰ μὲν εἶδεν, τὰ δ' οὔ. αἱ δὲ δὴ ἄλλαι γλιχόμεναι
μὲν ἅπασαι τοῦ ἄνω ἕπονται, ἀδυνατοῦσαι δέ, ὑποβρύχιαι
συμπεριφέρονται, πατοῦσαι ἀλλήλας καὶ ἐπιβάλλουσαι, ἑτέρα
b πρὸ τῆς ἑτέρας πειρωμένη γενέσθαι. θόρυβος οὖν καὶ
ἄμιλλα καὶ ἱδρὼς ἔσχατος γίγνεται, οὗ δὴ κακίᾳ ἡνιόχων
πολλαὶ μὲν χωλεύονται, πολλαὶ δὲ πολλὰ πτερὰ θραύονται·
πᾶσαι δὲ πολὺν ἔχουσαι πόνον ἀτελεῖς τῆς τοῦ ὄντος θέας
5 ἀπέρχονται, καὶ ἀπελθοῦσαι τροφῇ δοξαστῇ χρῶνται. οὗ
δ' ἕνεχ' ἡ πολλὴ σπουδὴ τὸ ἀληθείας ἰδεῖν πεδίον οὗ ἐστιν,
ἥ τε δὴ προσήκουσα ψυχῆς τῷ ἀρίστῳ νομὴ ἐκ τοῦ ἐκεῖ
c λειμῶνος τυγχάνει οὖσα, ἥ τε τοῦ πτεροῦ φύσις, ᾧ ψυχὴ
κουφίζεται, τούτῳ τρέφεται. θεσμός τε 'Αδραστείας ὅδε.
ἥτις ἂν ψυχὴ θεῷ συνοπαδὸς γενομένη κατίδῃ τι τῶν ἀλη-
θῶν, μέχρι τε τῆς ἑτέρας περιόδου εἶναι ἀπήμονα, κἂν ἀεὶ
5 τοῦτο δύνηται ποιεῖν, ἀεὶ ἀβλαβῆ εἶναι· ὅταν δὲ ἀδυνα-
τήσασα ἐπισπέσθαι μὴ ἴδῃ, καί τινι συντυχίᾳ χρησαμένη
λήθης τε καὶ κακίας πλησθεῖσα βαρυνθῇ, βαρυνθεῖσα δὲ
πτερορρυήσῃ τε καὶ ἐπὶ τὴν γῆν πέσῃ, τότε νόμος ταύτην
d μὴ φυτεῦσαι εἰς μηδεμίαν θήρειον φύσιν ἐν τῇ πρώτῃ
γενέσει, ἀλλὰ τὴν μὲν πλεῖστα ἰδοῦσαν εἰς γονὴν ἀνδρὸς
γενησομένου φιλοσόφου ἢ φιλοκάλου ἢ μουσικοῦ τινος καὶ
ἐρωτικοῦ, τὴν δὲ δευτέραν εἰς βασιλέως ἐννόμου ἢ πολεμικοῦ
5 καὶ ἀρχικοῦ, τρίτην εἰς πολιτικοῦ ἤ τινος οἰκονομικοῦ ἢ
χρηματιστικοῦ, τετάρτην εἰς φιλοπόνου ⟨ἢ⟩ γυμναστικοῦ ἢ
περὶ σώματος ἴασίν τινος ἐσομένου, πέμπτην μαντικὸν βίον
e ἤ τινα τελεστικὸν ἕξουσαν· ἕκτη ποιητικὸς ἢ τῶν περὶ
μίμησίν τις ἄλλος ἁρμόσει, ἑβδόμη δημιουργικὸς ἢ γεωργικός,
ὀγδόη σοφιστικὸς ἢ δημοκοπικός, ἐνάτη τυραννικός. ἐν δὴ

b 2 οὗ δὴ T: ουδη B   b 5 οὗ δ' ἕνεχ' ἡ corr. D: οὐδὲν ἔχει B:
οὗ δὴ ἕνεχ' ἡ T   b 6 οὗ secl. Madvig   c 3 ψυχὴ T: ψυχῇ B
c 4-5 κἂν ἀεὶ τοῦτο . . . ἀεὶ ἀβλαβῇ TW: εἰ τοῦτο . . . κἂν ἀεὶ βλάβῃ B
c 6 χρησαμένη T: χρησαμένη B   d 1 θήρειον T: θηρείαν B   d 6 ἢ
add. Badham   d 7 τινος Hermann: τινα B T   e 3 δημοκοπικός
T: δημοτικός B   δὴ B: δὲ T

那些是着的东西。而另一种灵魂，它时而振作，时而消沉，由于其马 248a5
儿们难以管束[457]，所以它虽然看见了一些〈是着的东西〉，却没有看见
另一些。至于其他〈剩下的〉，虽然它们全都努力追求上面的东西[458]而
〈尝试〉进行跟随，但它们却没有能力〈跟随〉；它们在下面[459]被带着
一同绕圈子，互相踩踏和冲撞，因为每一个都企图成为领先于其他的。248b1
于是，喧嚣骚动、为了优胜而展开的竞争以及满头大汗[460]出现了，在
那里[461]，由于其御者们的拙劣，一方面，许多的灵魂变残废了[462]，另
一方面，许多的灵魂让〈它们的〉翅膀大量折断。然而，尽管有着许多
的艰辛，但它们全都在对是者之景象毫不知情[463]的情况下离去，并且 248b5
当它们离开后，它们只好利用意见这种食物〈来养活自己〉[464]。但究竟
为何有着〈如此〉巨大的热忱来看清真之原野是在哪儿，那是因为：同
灵魂的最好〈部分〉[465]相适合的牧草恰好就是来自于那儿的草场，并且 248c1
灵魂由之得以翱翔[466]的羽翼之本性，就是靠这草场来养育。而阿德剌
斯忒亚[467]的法令是下面这样。任何一个灵魂，如果它由于成为了某位
神的追随者而俯瞰到了某一真实的东西，那么直到下一个周期〈开始〉
为止它都是无忧无虑的[468]，并且如果它总是能够做这件事，那么它就总 248c5
是免受伤害的；但是，每当它由于无力紧紧跟随在后面而没有看到〈任
何真实的东西〉，并且由于遭受了某种事故[469]，因满是遗忘和恶习而变
得沉重——而一旦变得沉重后，它就会失去翅膀并坠落到地上——，在
那时，一条法令就是，不应把这样一种灵魂在其首次降生时就植入任何 248d1
兽类的本性[470]中，相反：应把那最为进行了观看的灵魂[471]植入一个男
人的种子[472]中，而他要么将成为一个爱智者，要么将成为一个爱美者，
要么将成为一个精通文艺的人[473]，要么将成为一个精通爱的人[474]；把
居于第二位的灵魂植入一个守法的，或者精通战事且适合作统帅的国王
的种子中[475]；把居于第三位的植入一个精通城邦管理的人[476]，或者某 248d5
个精通家庭管理或擅长赚钱的人的种子中；把居于第四位的灵魂植入一
个勤勉的精于体育锻炼的人[477]，或者某个致力于身体之治疗的人的种子
中；而居于第五位的灵魂则将具有一种预言家的生活，或者某种同秘仪 248e1
相关的生活。与居于第六位的灵魂相适合的，是一种创作诗歌的生活，
或者其他某种同模仿相关的生活；就第七位而言，是一种匠人的[478]生

τούτοις ἅπασιν ὃς μὲν ἂν δικαίως διαγάγῃ ἀμείνονος μοίρας
μεταλαμβάνει, ὃς δ' ἂν ἀδίκως, χείρονος· εἰς μὲν γὰρ τὸ 5
αὐτὸ ὅθεν ἥκει ἡ ψυχὴ ἑκάστη οὐκ ἀφικνεῖται ἐτῶν μυρίων—
οὐ γὰρ πτεροῦται πρὸ τοσούτου χρόνου—πλὴν ἡ τοῦ φιλοσο- 249
φήσαντος ἀδόλως ἢ παιδεραστήσαντος μετὰ φιλοσοφίας,
αὗται δὲ τρίτῃ περιόδῳ τῇ χιλιετεῖ, ἐὰν ἕλωνται τρὶς ἐφεξῆς
τὸν βίον τοῦτον, οὕτω πτερωθεῖσαι τρισχιλιοστῷ ἔτει ἀπέρ-
χονται. αἱ δὲ ἄλλαι, ὅταν τὸν πρῶτον βίον τελευτήσωσιν, 5
κρίσεως ἔτυχον, κριθεῖσαι δὲ αἱ μὲν εἰς τὰ ὑπὸ γῆς δικαι-
ωτήρια ἐλθοῦσαι δίκην ἐκτίνουσιν, αἱ δ' εἰς τοὐρανοῦ τινα
τόπον ὑπὸ τῆς Δίκης κουφισθεῖσαι διάγουσιν ἀξίως οὗ ἐν
ἀνθρώπου εἴδει ἐβίωσαν βίου. τῷ δὲ χιλιοστῷ ἀμφότεραι b
ἀφικνούμεναι ἐπὶ κλήρωσίν τε καὶ αἵρεσιν τοῦ δευτέρου
βίου αἱροῦνται ὃν ἂν θέλῃ ἑκάστη· ἔνθα καὶ εἰς θηρίου
βίον ἀνθρωπίνη ψυχὴ ἀφικνεῖται, καὶ ἐκ θηρίου ὅς ποτε
ἄνθρωπος ἦν πάλιν εἰς ἄνθρωπον. οὐ γὰρ ἥ γε μήποτε 5
ἰδοῦσα τὴν ἀλήθειαν εἰς τόδε ἥξει τὸ σχῆμα. δεῖ γὰρ ἄν-
θρωπον συνιέναι κατ' εἶδος λεγόμενον, ἐκ πολλῶν ἰὸν αἰ-
σθήσεων εἰς ἓν λογισμῷ συναιρούμενον· τοῦτο δ' ἐστιν c
ἀνάμνησις ἐκείνων ἅ ποτ' εἶδεν ἡμῶν ἡ ψυχὴ συμπορευθεῖσα
θεῷ καὶ ὑπεριδοῦσα ἃ νῦν εἶναί φαμεν, καὶ ἀνακύψασα εἰς
τὸ ὂν ὄντως. διὸ δὴ δικαίως μόνη πτεροῦται ἡ τοῦ φιλοσό-
φου διάνοια· πρὸς γὰρ ἐκείνοις ἀεί ἐστιν μνήμῃ κατὰ δύναμιν, 5
πρὸς οἷσπερ θεὸς ὢν θεῖός ἐστιν. τοῖς δὲ δὴ τοιούτοις ἀνὴρ
ὑπομνήμασιν ὀρθῶς χρώμενος, τελέους ἀεὶ τελετὰς τελού-
μενος, τέλεος ὄντως μόνος γίγνεται· ἐξιστάμενος δὲ τῶν
ἀνθρωπίνων· σπουδασμάτων καὶ πρὸς τῷ θείῳ γιγνόμενος, d
νουθετεῖται μὲν ὑπὸ τῶν πολλῶν ὡς παρακινῶν, ἐνθουσιάζων
δὲ λέληθεν τοὺς πολλούς.

b 3 θέλῃ Β Τ : ἐθέλῃ Eusebius   b 4 βίον Τ : βίου Β   b 7 ⟨τὸ⟩
κατ' εἶδος Heindorf   ἰὸν Β Τ : οἶον rec. b : ἰόντ' Badham   c 1 ξυναι-
ρούμενον Β Τ : ξυναιρουμένων Heindorf   c 6 θεὸς Β : ὁ θεὸς Τ
(utrumque traditum fuisse testatur Hermias)   θεῖός Β Τ : θεός
quoque traditum fuisse testatur Hermias

活或农民的生活；就第八位来说，是智者的生活或煽动家的生活；与居
于第九位的灵魂相适合的，则是僭主的生活。于是，在所有诸如此类的
情形中，那正当地度日的，会分得一种更好的定命；而那不正当地度日 248e5
的，则将分得一种更坏的定命。事实上每个灵魂在一万年间都不会返回
到它由之前来的那同一个地方——因为在如此漫长的时间之前它不会 249a1
〈重新〉长出翅膀——，除了下面这种人的灵魂之外，他真诚地热爱智
慧[479]，或者凭借对智慧的热爱来爱恋少年；而这些灵魂，在〈进行〉第
三个一千年的周行时，如果它们曾连续三次选择这〈同一〉种生活[480]，
那么，它们由此就会〈重新〉长出翅膀，在第三个千年离去。至于其他 249a5
的灵魂，当它们过完它们的第一生，它们就会遭受审判；而在被审判之
后，一些前往地下的各种惩罚场所接受惩罚[481]，一些则被正义女神[482]
提升到天上的某个地方，它们在那里以一种配得上它们已经以人的形相 249b1
进行生活的那种生活的方式过活。但是，在第一个千年的时候，两组灵
魂都前去〈进行〉一种抽签，即〈进行〉第二次生活的选择，各自选择
自己所愿意的那种生活。在那时，既有一个属人的灵魂进入到了某一野
兽的生活中，也有那曾经是一个人〈后来成为了某一野兽〉的重新从一 249b5
头野兽返回成了一个人[483]。事实上，一个灵魂，如果它从未看到过真，
那它无论如何都无法进入到〈人的〉这种形状中。因为，一个人必须
把握那根据族类[484]而被说出的东西，因为〈那根据族类而被说出的东
西〉虽然来自许多的感觉，但通过思考而被聚合成了某种一[485]；而这
种〈根据族类而被说出的东西〉就是对我们的灵魂曾经看到过的那些东 249c1
西的一种回忆，那时我们的灵魂同神一道游历，藐视我们现在称之为是
着的那些东西，并昂首看[486]那以是的方式是着的东西。因此，正当的
就是，唯有热爱智慧的人的思想[487]才〈在第三个千年重新〉长出翅膀；
因为它总是凭借记忆尽可能地[488]靠近那些东西，即靠近一个神由于靠 249c5
近它们他才是神圣的那些东西[489]。而一个正确地使用了这样一些回忆手
段[490]的男子，由于他持续不断地进入到各种完满的入迷中，故唯有他
才真正地成为了一个完满的〈入迷者〉[491]。但当他从人所热衷于的各种 249d1
事情中摆脱出来并转而靠近神性的东西时，他就会被众人斥责为一个在
发疯的人[492]，而众人没有注意到他其实是为神所凭附[493]。

Ἔστι δὴ οὖν δεῦρο ὁ πᾶς ἥκων λόγος περὶ τῆς τετάρτης
5 μανίας—ἣν ὅταν τὸ τῇδέ τις ὁρῶν κάλλος, τοῦ ἀληθοῦς
ἀναμιμνῃσκόμενος, πτερῶταί τε καὶ ἀναπτερούμενος προ-
θυμούμενος ἀναπτέσθαι, ἀδυνατῶν δέ, ὄρνιθος δίκην βλέπων
ἄνω, τῶν κάτω δὲ ἀμελῶν, αἰτίαν ἔχει ὡς μανικῶς διακεί-
e μενος—ὡς ἄρα αὕτη πασῶν τῶν ἐνθουσιάσεων ἀρίστη τε
καὶ ἐξ ἀρίστων τῷ τε ἔχοντι καὶ τῷ κοινωνοῦντι αὐτῆς
γίγνεται, καὶ ὅτι ταύτης μετέχων τῆς μανίας ὁ ἐρῶν τῶν
καλῶν ἐραστὴς καλεῖται. καθάπερ γὰρ εἴρηται, πᾶσα μὲν
5 ἀνθρώπου ψυχὴ φύσει τεθέαται τὰ ὄντα, ἢ οὐκ ἂν ἦλθεν
250 εἰς τόδε τὸ ζῷον· ἀναμιμνῄσκεσθαι δὲ ἐκ τῶνδε ἐκεῖνα οὐ
ῥᾴδιον ἁπάσῃ, οὔτε ὅσαι βραχέως εἶδον τότε τἀκεῖ, οὔθ᾽ αἳ
δεῦρο πεσοῦσαι ἐδυστύχησαν, ὥστε ὑπό τινων ὁμιλιῶν ἐπὶ
τὸ ἄδικον τραπόμεναι λήθην ὧν τότε εἶδον ἱερῶν ἔχειν.
5 ὀλίγαι δὴ λείπονται αἷς τὸ τῆς μνήμης ἱκανῶς πάρεστιν·
αὗται δέ, ὅταν τι τῶν ἐκεῖ ὁμοίωμα ἴδωσιν, ἐκπλήττονται
καὶ οὐκέτ᾽ ⟨ἐν⟩ αὑτῶν γίγνονται, ὃ δ᾽ ἔστι τὸ πάθος ἀγνο-
b οῦσι διὰ τὸ μὴ ἱκανῶς διαισθάνεσθαι. δικαιοσύνης μὲν οὖν
καὶ σωφροσύνης καὶ ὅσα ἄλλα τίμια ψυχαῖς οὐκ ἔνεστι
φέγγος οὐδὲν ἐν τοῖς τῇδε ὁμοιώμασιν, ἀλλὰ δι᾽ ἀμυδρῶν
ὀργάνων μόγις αὐτῶν καὶ ὀλίγοι ἐπὶ τὰς εἰκόνας ἰόντες
5 θεῶνται τὸ τοῦ εἰκασθέντος γένος· κάλλος δὲ τότ᾽ ἦν ἰδεῖν
λαμπρόν, ὅτε σὺν εὐδαίμονι χορῷ μακαρίαν ὄψιν τε καὶ
θέαν, ἑπόμενοι μετὰ μὲν Διὸς ἡμεῖς, ἄλλοι δὲ μετ᾽ ἄλλου
θεῶν, εἶδόν τε καὶ ἐτελοῦντο τῶν τελετῶν ἣν θέμις λέγειν
c μακαριωτάτην, ἣν ὠργιάζομεν ὁλόκληροι μὲν αὐτοὶ ὄντες καὶ
ἀπαθεῖς κακῶν ὅσα ἡμᾶς ἐν ὑστέρῳ χρόνῳ ὑπέμενεν, ὁλό-
κληρα δὲ καὶ ἁπλᾶ καὶ ἀτρεμῆ καὶ εὐδαίμονα φάσματα
μυούμενοί τε καὶ ἐποπτεύοντες ἐν αὐγῇ καθαρᾷ, καθαροὶ

d 5 ἣν BT Stobaeus: ᾗ al.: ἵν᾽ vulg. d 6 τε καὶ BT Stobaeus:
secl. Schanz d 9 μανικῶς T: μανικὸς B e 4 καλεῖται BT:
γίγνεται Stobaeus a 3 ὥστε B γρ. t: οὔτε T a 7 οὐκέτ᾽
ἐν αὑτῶν Hirschig: οὐκέτ᾽ αὑτῶν BT: οὐκέθ᾽ αὑτῶν vulg. b 4 ὀλίγοι
Bt: ὀλίγοις T b 8 τῶν B: om. T ἦν recc.: ἣ B: ᾗ T
C 1 ὠργιάζομεν W: ὀργιάζομεν BT c 4 αὐγῇ T: αυτη B

因此，现在整个讲辞已经来到了要谈及的第四种迷狂[494]——即每 249d5
当一个人看到尘世这里的美，并想起那真实的美时所表现出来的那种迷
狂；在那时，一方面，他〈开始重新〉长出翅膀，另一方面，当他得
到新翅膀之后[495]，他虽然渴望展翅高飞，却没有能力，他就像一只鸟
儿一样[496]举目上望，而不关心下界的那些东西，于是他就招致一种责
备[497]，即责备他处于迷狂的状态中——这儿，那就是：就所有那些从神 249e1
那里得到的灵感而言，这种迷狂其实既成了其中最好的，也来自那些
最好的，对于那拥有它，即分享它的人来说[498]；并且正是由于分有这种
迷狂，对那些俊美的少年怀有爱欲的人[499]才被称为了一个爱慕者。因
为，一方面，正如已经说过的[500]，人的灵魂，每个都在本性上已经看到 249e5
过那些是着的东西，否则它就不会进入到〈人〉这种活物中；另一方面， 250a1
从〈尘世这里的〉这些东西回忆起〈那边〉那些〈是着的〉东西，这对
于每个灵魂来说都是不容易的，无论是对于所有那些那时仅仅短暂地看
到过那边的那些〈是着的〉东西的灵魂来说，还是对于下面这些灵魂来
说：当坠落到〈尘世〉这里后，它们遭遇了不幸，以至于由于一些〈坏
的〉交往而转向不义，从而遗忘了[501]曾经看到过的那些神圣的东西。少
数的灵魂的确剩了下来，对它们来说，这记忆[502]仍然充分地在场[503]；而 250a5
这些灵魂，一旦看到某一同那边的那些东西相像的东西[504]，它们就惊呆
了，并且变得不再能自已[505]，但它们究竟遭遇到了什么[506]，它们并不知
道，因为它们没有能力对之进行充分地辨识。于是，一方面，正义、节 250b1
制以及对灵魂来说值得珍视的所有其他的，它们的光泽根本不会寓于尘
世这里的那些与之相像的东西中；而事实上只有少数人凭借各种屠弱的
器官[507]通过艰难地前往它们的那些摹本[508]来观看那被模仿的东西之家
族[509]。另一方面，美，在先前那个时候它光芒四射，能够被看见，在当 250b5
时，他们与那幸福的歌队一起——我们〈这些热爱智慧的人〉跟随着宙
斯，而其他那些人则跟随着诸神中的其他某位——，看到那福乐的景象
和场面，并且进入到了入迷中，而这种入迷是各种入迷中那有权被称作[510]
最福乐的入迷；我们之所以通过举行秘仪来赞美这种入迷，一方面因为 250c1
我们自己是完满的，并且没有遭受所有那些在以后的时日里等候着我们
的恶，另一方面，那些完满的、单纯的、不动的以及幸福的显象[511]，我
们既〈被允许〉就它们参加秘仪，也在纯净的光芒中作为一个参加秘仪

ὄντες καὶ ἀσήμαντοι τούτου ὃ νῦν δὴ σῶμα περιφέροντες 5
ὀνομάζομεν, ὀστρέου τρόπον δεδεσμευμένοι.

Ταῦτα μὲν οὖν μνήμῃ κεχαρίσθω, δι' ἣν πόθῳ τῶν τότε
νῦν μακρότερα εἴρηται· περὶ δὲ κάλλους, ὥσπερ εἴπομεν,
μετ' ἐκείνων τε ἔλαμπεν ὄν, δεῦρό τ' ἐλθόντες κατειλήφαμεν d
αὐτὸ διὰ τῆς ἐναργεστάτης αἰσθήσεως τῶν ἡμετέρων στίλβον
ἐναργέστατα. ὄψις γὰρ ἡμῖν ὀξυτάτη τῶν διὰ τοῦ σώματος
ἔρχεται αἰσθήσεων, ᾗ φρόνησις οὐχ ὁρᾶται—δεινοὺς γὰρ ἂν
παρεῖχεν ἔρωτας, εἴ τι τοιοῦτον ἑαυτῆς ἐναργὲς εἴδωλον 5
παρείχετο εἰς ὄψιν ἰόν—καὶ τἆλλα ὅσα ἐραστά· νῦν δὲ
κάλλος μόνον ταύτην ἔσχε μοῖραν, ὥστ' ἐκφανέστατον εἶναι
καὶ ἐρασμιώτατον. ὁ μὲν οὖν μὴ νεοτελὴς ἢ διεφθαρμένος e
οὐκ ὀξέως ἐνθένδε ἐκεῖσε φέρεται πρὸς αὐτὸ τὸ κάλλος,
θεώμενος αὐτοῦ τὴν τῇδε ἐπωνυμίαν, ὥστ' οὐ σέβεται προσ-
ορῶν, ἀλλ' ἡδονῇ παραδοὺς τετράποδος νόμον βαίνειν
ἐπιχειρεῖ καὶ παιδοσπορεῖν, καὶ ὕβρει προσομιλῶν οὐ δέ- 5
δοικεν οὐδ' αἰσχύνεται παρὰ φύσιν ἡδονὴν διώκων· ὁ δὲ 251
ἀρτιτελής, ὁ τῶν τότε πολυθεάμων, ὅταν θεοειδὲς πρόσωπον
ἴδῃ κάλλος εὖ μεμιμημένον ἤ τινα σώματος ἰδέαν, πρῶτον
μὲν ἔφριξε καί τι τῶν τότε ὑπῆλθεν αὐτὸν δειμάτων, εἶτα
προσορῶν ὡς θεὸν σέβεται, καὶ εἰ μὴ ἐδεδίει τὴν τῆς σφό- 5
δρα μανίας δόξαν, θύοι ἂν ὡς ἀγάλματι καὶ θεῷ τοῖς παι-
δικοῖς. ἰδόντα δ' αὐτὸν οἷον ἐκ τῆς φρίκης μεταβολή τε
καὶ ἱδρὼς καὶ θερμότης ἀήθης λαμβάνει· δεξάμενος γὰρ τοῦ b
κάλλους τὴν ἀπορροὴν διὰ τῶν ὀμμάτων ἐθερμάνθη ᾗ ἡ
τοῦ πτεροῦ φύσις ἄρδεται, θερμανθέντος δὲ ἐτάκη τὰ περὶ
τὴν ἔκφυσιν, ἃ πάλαι ὑπὸ σκληρότητος συμμεμυκότα εἶργε
μὴ βλαστάνειν, ἐπιρρυείσης δὲ τῆς τροφῆς ᾤδησέ τε καὶ 5
ὥρμησε φύεσθαι ἀπὸ τῆς ῥίζης ὁ τοῦ πτεροῦ καυλὸς ὑπὸ
πᾶν τὸ τῆς ψυχῆς εἶδος· πᾶσα γὰρ ἦν τὸ πάλαι πτερωτή.

c 5 ἀσήμαντοι] fort. ἀπήμαντοι H. Richards   νῦν δὴ T : νῦν B
c 6 δεδεσμευμένοι T : δεδεσμευμένον B   a 5 μὴ ἐδεδίει Cobet: μὴ
'δεδίει Schanz : μὴ δεδιείη B (sed εἴη punctis notatum): μὴ δεδίει T
b 2 ᾗ . . . ἄρδεται ante ἐθερμάνθη transp. ci. Ast   ᾗ ἡ T : ἡ B

者观看它们 [512]，我们是纯洁的，并且也未被埋葬进我们现在转来转去都 250c5
携带着它并将之称为身体的这种东西中 [513]，就像牡蛎那样被禁锢着。

好吧，一方面，就让这些成为对记忆的一种致敬吧 [514]，由于它的
缘故，出于对那时的那些事情的渴望，它们现在被说得过于长了些；另
一方面，关于美，就像我们说过的那样，它在那些〈显象〉中间熠熠生 250d1
辉，当我们来到尘世这儿之后，通过我们的〈各种感官〉中那最为杰出
的感官 [515]，我们依然把握到了它在最明亮地闪耀。的确，对于我们来
说，由身体而来的诸感觉中视觉是最敏锐的 [516]，尽管用它明智无法被
看到 [517]——因为，明智会产生出各种可怕的爱欲来，假如它也能〈如 250d5
美那样〉提供出某种如此这般清楚的它自己的图像而进入到视觉中的
话——，其他所有那些值得爱的东西也同样如此 [518]。而事实上唯有美
具有这种命份，以至于它是最能彰显自己的东西和最能唤起爱欲的东
西 [519]。因此，一方面，一个人，如果他并非是刚刚才入教的 [520]，或者 250e1
他已经完全给败坏了，那么，他就不会为了美本身而迅速地从这里前往
那边，即使他看到在尘世这里的它的同名者；由此一来，他虽然瞧见了
它，却并不感到敬畏，相反，由于向快乐屈服，他像四足动物一样 [521]
尝试骑上去 [522]，并播种生崽 [523]，并且由于同放纵结伴 [524]，他既不恐惧 250e5
也不羞于违反自然地 [525] 追逐快乐。而另一方面，一个刚刚才入教的人， 251a1
〈或者〉一个看到了〈先前〉那时的许多东西的人，每当他看到那很好
地模仿了美的神一般的面容或者〈那同样很好地模仿了美的〉身体的某
种形相，他首先是一阵战栗，并且〈先前〉那时的那些恐惧中的某种东
西透过他的全身 [526]；然后，他就像凝望着一位神一样对之充满敬畏之 251a5
情，并且，如果不是害怕〈得到〉彻底疯狂这样一种名声，那他就会像
向一座神像 [527] 或一位神献祭那样，向〈他〉心爱的少年献祭。而当他
看着他〈心爱的少年〉时，像似从战栗而来的一种变化，〈如冒〉汗和 251b1
不同寻常的燥热〈之类的〉，攫住了他 [528]。因为，当他通过眼睛接受了
美〈所流射出来〉的流射物时他温暖了起来，而羽毛的本性正是靠这种
流射物才得到滋润；而一旦他温暖起来，在〈羽毛由之〉长出的那个点
的周围的那些部位〈开始〉变得柔软 [529]，那些部位早已因僵硬而闭合
了起来，从而阻碍〈羽毛〉生长 [530]；但随着养料的流入 [531]，羽管肿胀 251b5
起来，并且开始从根处在灵魂的整个形相下面长出来——因为整个灵魂

c ζεῖ οὖν ἐν τούτῳ ὅλη καὶ ἀνακηκίει, καὶ ὅπερ τὸ τῶν ὀδον-
τοφυούντων πάθος περὶ τοὺς ὀδόντας γίγνεται ὅταν ἄρτι
φύωσιν, κνῆσίς τε καὶ ἀγανάκτησις περὶ τὰ οὖλα, ταὐτὸν
δὴ πέπονθεν ἡ τοῦ πτεροφυεῖν ἀρχομένου ψυχή· ζεῖ τε καὶ
5 ἀγανακτεῖ καὶ γαργαλίζεται φύουσα τὰ πτερά. ὅταν μὲν
οὖν βλέπουσα πρὸς τὸ τοῦ παιδὸς κάλλος, ἐκεῖθεν μέρη ἐπι-
όντα καὶ ῥέοντ᾽—ἃ δὴ διὰ ταῦτα ἵμερος καλεῖται—δεχομένη
[τὸν ἵμερον] ἄρδηταί τε καὶ θερμαίνηται, λωφᾷ τε τῆς ὀδύνης
d καὶ γέγηθεν· ὅταν δὲ χωρὶς γένηται καὶ αὐχμήσῃ, τὰ τῶν
διεξόδων στόματα ᾗ τὸ πτερὸν ὁρμᾷ, συναναινόμενα μύσαντα
ἀποκλῄει τὴν βλάστην τοῦ πτεροῦ, ἡ δ᾽ ἐντὸς μετὰ τοῦ
ἱμέρου ἀποκεκλῃμένη, πηδῶσα οἷον τὰ σφύζοντα, τῇ διεξόδῳ
5 ἐγχρίει ἑκάστη τῇ καθ᾽ αὑτήν, ὥστε πᾶσα κεντουμένη κύκλῳ
ἡ ψυχὴ οἰστρᾷ καὶ ὀδυνᾶται, μνήμην δ᾽ αὖ ἔχουσα τοῦ
καλοῦ γέγηθεν. ἐκ δὲ ἀμφοτέρων μεμειγμένων ἀδημονεῖ τε
τῇ ἀτοπίᾳ τοῦ πάθους καὶ ἀποροῦσα λυττᾷ, καὶ ἐμμανὴς
e οὖσα οὔτε νυκτὸς δύναται καθεύδειν οὔτε μεθ᾽ ἡμέραν οὗ ἂν
ᾖ μένειν, θεῖ δὲ ποθοῦσα ὅπου ἂν οἴηται ὄψεσθαι τὸν ἔχοντα
τὸ κάλλος· ἰδοῦσα δὲ καὶ ἐποχετευσαμένη ἵμερον ἔλυσε μὲν
τὰ τότε συμπεφραγμένα, ἀναπνοὴν δὲ λαβοῦσα κέντρων τε
5 καὶ ὠδίνων ἔληξεν, ἡδονὴν δ᾽ αὖ ταύτην γλυκυτάτην ἐν τῷ
252 παρόντι καρποῦται. ὅθεν δὴ ἑκοῦσα εἶναι οὐκ ἀπολείπεται,
οὐδέ τινα τοῦ καλοῦ περὶ πλείονος ποιεῖται, ἀλλὰ μητέρων
τε καὶ ἀδελφῶν καὶ ἑταίρων πάντων λέλησται, καὶ οὐσίας
δι᾽ ἀμέλειαν ἀπολλυμένης παρ᾽ οὐδὲν τίθεται, νομίμων δὲ
5 καὶ εὐσχημόνων, οἷς πρὸ τοῦ ἐκαλλωπίζετο, πάντων κατα-
φρονήσασα δουλεύειν ἑτοίμη καὶ κοιμᾶσθαι ὅπου ἂν ἐᾷ τις
ἐγγυτάτω τοῦ πόθου· πρὸς γὰρ τῷ σέβεσθαι τὸν τὸ κάλλος
b ἔχοντα ἰατρὸν ηὕρηκε μόνον τῶν μεγίστων πόνων. τοῦτο

---

c 1 ζεῖ t : ζῇ B : ζῆ T   ὀδοντοφυούντων B t : ὀδόντων φυόντων T
c 3 φυωσιν B : φύωσι T : φυῶσι Bekker   κνῆσίς T : κίνησίς B W
c 4 ζεῖ T : ζῇ B   c 8 τὸν ἵμερον secl. olim Stallbaum   d 5 ἑκάστη
Ruhnken : ἑκάστῃ B T   θ 4 συμπεφραγμένα T : συμπεπραγμένα B
θ 5 ὠδίνων] ὀδυνῶν Badham   a 6 ἂν T : ἐὰν B

早前都曾是有翅膀的。于是，在这种情形下[532]，整个灵魂都沸腾了 251c1
起来，并且喷涌迸发[533]；就像那些正在长牙的人在其牙齿那里的遭受
那样，当他们刚刚〈开始〉长〈牙齿〉时[534]，在牙龈的四周生起一种
既发痒又恼火的感受[535]，其实一个正在开始长出羽毛的人的灵魂，它
也遭受了同样的情形：它〈整个地〉沸腾了起来，并且既感到一种恼火 251c5
的刺激，又感到发痒，当它〈刚刚开始〉长羽毛时。因此，一方面，每
当灵魂凝望着它心爱的少年的美时，从那里流出来并侵袭它的那些微
粒[536]——它们正由于这些而被称作欲流[537]——，由于它接受了它
们[538]，它既得到滋润，也变得温暖起来，它从苦楚中恢复过来[539]，并 251d1
感到喜悦。但是，一旦它与〈它心爱的少年的美〉相分离并且变得干燥，
那时，那些通道的管口——羽毛在那里冲破出来——，也就会随之变得
干枯而关闭，从而阻止羽毛的萌发[540]；而这种萌发，尽管它同欲流一
道被锁闭在里面，但仍然像血管一样在跳动[541]，每个[542]都在刺戳它自 251d5
己所在的那个通道[543]，以至于整个灵魂，它由于浑身[544]都在被戳而被
刺得发狂[545]，并且痛苦不已；然而，当它重新想起〈它心爱的少年的〉
美时[546]，它又感到欣喜[547]。由于〈痛苦和欣喜〉这两者混合在一起，它
因感受的荒诞而苦恼不已，并且因不知所措而发狂；由于处在疯狂中， 251e1
它夜不能寐，在白天[548]它也不能于任何地方停留，而是在渴望中奔波，
它以为在哪儿将见到那拥有美的〈少年〉，就奔向哪儿。当它看到〈他〉
并且把欲流引来浇灌它自己之后，一方面，它打开了那些那时已经阻塞
的毛孔[549]，另一方面，由于取得了重新呼吸，它就摆脱了那些刺戳和分 251e5
娩的阵痛，而再次享受现在这最甜蜜的快乐。由此它肯定不情愿让自己 252a1
被独自丢下，它不会把任何东西凌驾于那俊美的〈少年〉之上[550]，相
反，母亲、兄弟以及朋友，它都已经统统忘记，即使产业因漠不关心而
丧失，它也不当一回事[551]；而在此之前[552]它曾为之而自豪[553]的那些 252a5
习惯规矩和优雅的行为举止，它全都加以藐视，它准备好了做〈它心爱
的少年的〉奴隶，并且在人们允许的任何地方安静地躺下，只要那儿离
它渴望〈的那个少年〉尽可能地近。因为，对于那具有美的人，除了对
之感到敬畏之外，它还已经将之视为其各种最大的辛苦的唯一救星。而 252b1

δὲ τὸ πάθος, ὦ παῖ καλέ, πρὸς ὃν δή μοι ὁ λόγος, ἄνθρωποι
μὲν ἔρωτα ὀνομάζουσιν, θεοὶ δὲ ὃ καλοῦσιν ἀκούσας εἰκότως
διὰ νεότητα γελάσῃ. λέγουσι δὲ οἶμαί τινες Ὁμηριδῶν ἐκ
τῶν ἀποθέτων ἐπῶν δύο ἔπη εἰς τὸν Ἔρωτα, ὧν τὸ ἕτερον 5
ὑβριστικὸν πάνυ καὶ οὐ σφόδρα τι ἔμμετρον· ὑμνοῦσι δὲ
ὧδε—

τὸν δ' ἤτοι θνητοὶ μὲν Ἔρωτα καλοῦσι ποτηνόν,
ἀθάνατοι δὲ Πτέρωτα, διὰ πτεροφύτορ' ἀνάγκην.

τούτοις δὴ ἔξεστι μὲν πείθεσθαι, ἔξεστιν δὲ μή· ὅμως δὲ ἥ c
γε αἰτία καὶ τὸ πάθος τῶν ἐρώντων τοῦτο ἐκεῖνο τυγχάνει ὄν.
Τῶν μὲν οὖν Διὸς ὀπαδῶν ὁ ληφθεὶς ἐμβριθέστερον
δύναται φέρειν τὸ τοῦ πτερωνύμου ἄχθος· ὅσοι δὲ Ἀρεώς
τε θεραπευταὶ καὶ μετ' ἐκείνου περιεπόλουν, ὅταν ὑπ' 5
Ἔρωτος ἁλῶσι καί τι οἰηθῶσιν ἀδικεῖσθαι ὑπὸ τοῦ ἐρωμένου,
φονικοὶ καὶ ἕτοιμοι καθιερεύειν αὑτούς τε καὶ τὰ παιδικά.
καὶ οὕτω καθ' ἕκαστον θεόν, οὗ ἕκαστος ἦν χορευτής, ἐκεῖ- d
νον τιμῶν τε καὶ μιμούμενος εἰς τὸ δυνατὸν ζῇ, ἕως ἂν ᾖ
ἀδιάφθορος καὶ τὴν τῇδε πρώτην γένεσιν βιοτεύῃ, καὶ
τούτῳ τῷ τρόπῳ πρός τε τοὺς ἐρωμένους καὶ τοὺς ἄλλους
ὁμιλεῖ τε καὶ προσφέρεται. τόν τε οὖν Ἔρωτα τῶν καλῶν 5
πρὸς τρόπου ἐκλέγεται ἕκαστος, καὶ ὡς θεὸν αὐτὸν ἐκεῖνον
ὄντα ἑαυτῷ οἷον ἄγαλμα τεκταίνεταί τε καὶ κατακοσμεῖ, ὡς
τιμήσων τε καὶ ὀργιάσων. οἱ μὲν δὴ οὖν Διὸς δῖόν τινα e
εἶναι ζητοῦσι τὴν ψυχὴν τὸν ὑφ' αὑτῶν ἐρώμενον· σκο-
ποῦσιν οὖν εἰ φιλόσοφός τε καὶ ἡγεμονικὸς τὴν φύσιν, καὶ
ὅταν αὐτὸν εὑρόντες ἐρασθῶσι, πᾶν ποιοῦσιν ὅπως τοιοῦτος
ἔσται. ἐὰν οὖν μὴ πρότερον ἐμβεβῶσι τῷ ἐπιτηδεύματι, 5
τότε ἐπιχειρήσαντες μανθάνουσί τε ὅθεν ἄν τι δύνωνται καὶ
αὐτοὶ μετέρχονται, ἰχνεύοντες δὲ παρ' ἑαυτῶν ἀνευρίσκειν

b 4 οἶμαί T : οἱ μέν B   b 6 ὑβριστικὸν πάνυ B : πάνυ ὑβριστικὸν
T Stobaeus   b 8 δ' ἤτοι T : δή τοι B Stobaeus   b 9 πτεροφύτορ'
Stobaeus : πτερόφυτον B : πτερόφοιτον T   d 2 ζῇ recc. : ζῆν BT
d 3 βιοτεύῃ corr. Coisl. : βιοτεύει BT   d 4 καὶ τοὺς B : καὶ πρὸς
τοὺς T   d 5 prius τε B : γε T   e 1 δῖόν D : δι' ὄν B : διόν T

这种遭受，俊美的少年啊——的确，我的讲辞就是为你而说的——，人们将之命名为爱欲；至于诸神所称呼它的，当你听到后，你很可能由于〈太过〉年轻而将发笑。不过我认为，一些荷马的模仿者或崇拜者[554] 从 252b5 那些秘而不宣的诗句中背诵出关于厄洛斯的两行诗，其中第二句是非常侮慢的，并且一丁点都不合韵律；他们这样吟唱到：

> 有死者们把他称作带翅膀能飞[555] 的厄洛斯，
> 而不朽者们则把他叫做普忒洛斯[556]，由于长出翅膀的需要[557]。

这些，人们确实既可以相信，也可以不相信；但不管怎样，那些陷 252c1 入爱中的人〈之所以如此〉的原因和状况恰恰就是〈刚才所讲的〉那样。

因此，一方面，就宙斯的那些随从而言[558]，其中那被〈厄洛斯〉逮住的，他能够更加沉着地承负[559] 从其羽翼得名的〈那位神所施加的〉负担[560]；另一方面，〈战神〉阿瑞斯的那些崇拜者以及同他一道进行漫 252c5 游的，每当他们被厄洛斯俘获，并且又以为被其所爱者行了某种不义，那时他们就变得嗜杀，并且准备既献祭他们自己，也献祭那心爱的少年[561]。就这样，按照每位神的方式——每个人都曾是某位神的虔诚的 252d1 追随者[562]——，每个人都通过崇敬和尽可能地模仿〈他所追随的〉那位神来生活，只要他是没有被败坏的，以及还在〈尘世〉这里的第一个世代中过活，并且以这种方式来结交和对待[563] 那些被〈他所〉爱慕的人以及其他所有人。因此，每个〈陷入爱中的〉人都依照适合他自己性 252d5 情的方式[564] 来从那些俊美的〈少年〉中选择他的爱[565]，仿佛那个爱自身对他本人来说就是一位神似的，他将之当作一尊神像来进行塑造和装饰，以便崇敬它和通过举行秘仪来赞美它。于是乎显而易见的是[566]：一 252e1 方面，宙斯的那些追随者，他们寻求被他们所爱慕的人在灵魂方面[567] 是某位像宙斯一样的人[568]；因此，他们考察他是否在本性上就是一个热爱智慧的人和一个适合当统帅的人[569]，并且每当找到他，他们就会爱慕他，他们〈倾其所能地〉做一切事情，以便他将是这样的人[570]。所 252e5 以，如果他们早前未曾从事过这种事业[571]，那他们接下来就着手〈从事它〉，他们既从其他地方那里进行学习——无论是哪儿，只要他们在那里能够有所〈学习〉——，他们自己也前去寻找；而当他们通过他们自

253 τὴν τοῦ σφετέρου θεοῦ φύσιν εὐποροῦσι διὰ τὸ συντόνως
ἠναγκάσθαι πρὸς τὸν θεὸν βλέπειν, καὶ ἐφαπτόμενοι αὐτοῦ
τῇ μνήμῃ ἐνθουσιῶντες ἐξ ἐκείνου λαμβάνουσι τὰ ἔθη καὶ
τὰ ἐπιτηδεύματα, καθ' ὅσον δυνατὸν θεοῦ ἀνθρώπῳ μετα-
5 σχεῖν· καὶ τούτων δὴ τὸν ἐρώμενον αἰτιώμενοι ἔτι τε μᾶλλον
ἀγαπῶσι, κἂν ἐκ Διὸς ἀρύτωσιν ὥσπερ αἱ βάκχαι, ἐπὶ τὴν
τοῦ ἐρωμένου ψυχὴν ἐπαντλοῦντες ποιοῦσιν ὡς δυνατὸν
b ὁμοιότατον τῷ σφετέρῳ θεῷ. ὅσοι δ' αὖ μεθ' Ἥρας εἵποντο,
βασιλικὸν ζητοῦσι, καὶ εὑρόντες περὶ τοῦτον πάντα δρῶσιν
τὰ αὐτά. οἱ δὲ Ἀπόλλωνός τε καὶ ἑκάστου τῶν θεῶν οὕτω
κατὰ τὸν θεὸν ἰόντες ζητοῦσι τὸν σφέτερον παῖδα πεφυκέναι,
5 καὶ ὅταν κτήσωνται, μιμούμενοι αὐτοί τε καὶ τὰ παιδικὰ
πείθοντες καὶ ῥυθμίζοντες εἰς τὸ ἐκείνου ἐπιτήδευμα καὶ
ἰδέαν ἄγουσιν, ὅση ἑκάστῳ δύναμις, οὐ φθόνῳ οὐδ' ἀνελευ-
θέρῳ δυσμενείᾳ χρώμενοι πρὸς τὰ παιδικά, ἀλλ' εἰς ὁμοιότητα
c αὐτοῖς καὶ τῷ θεῷ ὃν ἂν τιμῶσι πᾶσαν πάντως ὅτι μάλιστα
πειρώμενοι ἄγειν οὕτω ποιοῦσι. προθυμία μὲν οὖν τῶν ὡς
ἀληθῶς ἐρώντων καὶ τελετή, ἐάν γε διαπράξωνται ὃ προθυ-
μοῦνται ᾗ λέγω, οὕτω καλή τε καὶ εὐδαιμονικὴ ὑπὸ τοῦ
5 δι' ἔρωτα μανέντος φίλου τῷ φιληθέντι γίγνεται, ἐὰν
αἱρεθῇ· ἁλίσκεται δὲ δὴ ὁ αἱρεθεὶς τοιῷδε τρόπῳ.

Καθάπερ ἐν ἀρχῇ τοῦδε τοῦ μύθου τριχῇ διείλομεν ψυχὴν
ἑκάστην, ἱππομόρφω μὲν δύο τινὲ εἴδη, ἡνιοχικὸν δὲ εἶδος
d τρίτον, καὶ νῦν ἔτι ἡμῖν ταῦτα μενέτω. τῶν δὲ δὴ ἵππων
ὁ μέν, φαμέν, ἀγαθός, ὁ δ' οὔ· ἀρετὴ δὲ τίς τοῦ ἀγαθοῦ
ἢ κακοῦ κακία, οὐ διείπομεν, νῦν δὲ λεκτέον. ὁ μὲν τοίνυν
αὐτοῖν ἐν τῇ καλλίονι στάσει ὢν τό τε εἶδος ὀρθὸς καὶ
5 διηρθρωμένος, ὑψαύχην, ἐπίγρυπος, λευκὸς ἰδεῖν, μελανόμ-

a 5 τούτων recc. : τοῦτον B T   a 6 κἂν] χἂν Madvig   b 1 ἥρας
t : ἡμέρας B T   c 3 τελετή corr. Par. 1808 : τελευτή B T   ἐάν
γε διαπράξωνται Hermias : ἐάν τ' ἐνδιαπράξωνται B T : ἐάν γ' εὖ δια-
πράξωνται G. Hermann   c 4 ᾗ λέγω Heindorf : ἣν λέγω T : ην δ'
ἐγὼ B   c 5 γίγνεται T : γίγνηται B   c 6 ὁ αἱρεθεὶς secl. Badham
c 7 διείλομεν Heindorf : διειλόμην B T   d 1 ἵππων T : ἵππω B
d 4 αὐτοῖν T : αὐτῶν B

己进行追踪而发现他们自己〈所跟随〉的神的本性之后，他们就由于下 253a1
面这点而取得了成功，即被迫目不转睛地[572]凝视那位神[573]；并且当他
们借助记忆把握住他[574]并从他那里取得灵感之后，他们就从他那里取得
了〈他们自己的〉种种习惯和生活方式，就其所能达到的程度来说，一
个人也能够同一位神共同进行分享。诚然，由于他们声称那个被〈他们 253a5
所〉爱慕的人是这些事情的原因，他们就愈发[575]珍爱他了；如果他们
从宙斯那儿汲取了灵感[576]——就像那些酒神巴克斯的女信徒那样——
他们通过把它灌注到所爱慕的人的灵魂里，而使那人尽可能地相似于他 253b1
们自己〈所跟随的〉神。另一方面，所有那些跟随赫拉的人，他们复又
在寻找一位〈在本性上就〉具有王者气象的人，并且当他们找到后，对
于那人他们完完全全[577]做一些同样的事情。至于那些追随阿波罗以及
诸神中其他每一位的，他们按照〈他们自己的那位〉神的方式前去寻找
他们自己的那位生来〈就与他们自己的那位神相似〉的少年；并且当他 253b5
们得到了〈他们自己的那位少年〉之后，他们就自己模仿〈他们自己的
那位神〉，以及劝说和训练〈他们自己的〉那位心爱的少年[578]，以便把
他——在每位少年能力所及的范围内——引向那位神的事业和理念[579]；
对于〈自己的〉那位心爱的少年，他们既不怀有任何的嫉妒，也不带有
丝毫奴性的敌意，而是尽可能地[580]尝试在方方面面都完全把他引向下面 253c1
这点，那就是既相似于他们自己，也相似于他们所崇敬的那位神，正是
为此他们才如此地行事。因此，一方面，那些真正陷入了爱中的人的渴
望和入教秘仪[581]——如果他们真的以我所说的那种方式实现了他们所渴
望的事情的话——，它们由此才通过那因爱而变得迷狂的〈怀有爱意的〉
朋友而对那个被〈他所〉爱的〈朋友〉成为了美好的和使人幸福的，如 253c5
果他被征服的话；另一方面，那被征服的人则以下面这种方式被俘获。

　　正如在这个故事的开始[582]，我们把每个灵魂分成了三个部分，其中
两个部分是某种像马一样的形相，而第三个部分则是一个御者的形相；
现在，也让这些对我们继续保持着那个样子。而就那两匹马，我们进而 253d1
说道，一匹是优良的，一匹则不是；但那匹优良的马的德性或那匹顽劣
的马的顽劣究竟是什么，我们则没有细说，而现在必须得说说。好吧，
就它们两者来说，那处在更为尊贵的位置上的[583]，它形体挺拔并且四肢
舒展[584]，高视阔步[585]，鼻子略微有点钩，看上去通体都是白的，眼睛 253d5

ματος, τιμῆς ἐραστὴς μετὰ σωφροσύνης τε καὶ αἰδοῦς, καὶ
ἀληθινῆς δόξης ἑταῖρος, ἄπληκτος, κελεύσματι μόνον καὶ
λόγῳ ἡνιοχεῖται· ὁ δ' αὖ σκολιός, πολύς, εἰκῇ συμπεφορη- e
μένος, κρατεραύχην, βραχυτράχηλος, σιμοπρόσωπος, μελάγ-
χρως, γλαυκόμματος, ὕφαιμος, ὕβρεως καὶ ἀλαζονείας ἑταῖρος,
περὶ ὦτα λάσιος, κωφός, μάστιγι μετὰ κέντρων μόγις ὑπεί-
κων. ὅταν δ' οὖν ὁ ἡνίοχος ἰδὼν τὸ ἐρωτικὸν ὄμμα, πᾶσαν 5
αἰσθήσει διαθερμήνας τὴν ψυχήν, γαργαλισμοῦ τε καὶ πόθου
κέντρων ὑποπλησθῇ, ὁ μὲν εὐπειθὴς τῷ ἡνιόχῳ τῶν ἵππων, 254
ἀεί τε καὶ τότε αἰδοῖ βιαζόμενος, ἑαυτὸν κατέχει μὴ ἐπι-
πηδᾶν τῷ ἐρωμένῳ· ὁ δὲ οὔτε κέντρων ἡνιοχικῶν οὔτε
μάστιγος ἔτι ἐντρέπεται, σκιρτῶν δὲ βίᾳ φέρεται, καὶ πάντα
πράγματα παρέχων τῷ σύζυγί τε καὶ ἡνιόχῳ ἀναγκάζει 5
ἰέναι τε πρὸς τὰ παιδικὰ καὶ μνείαν ποιεῖσθαι τῆς τῶν
ἀφροδισίων χάριτος. τὼ δὲ κατ' ἀρχὰς μὲν ἀντιτείνετον
ἀγανακτοῦντε, ὡς δεινὰ καὶ παράνομα ἀναγκαζομένω· τελευ- b
τῶντε δέ, ὅταν μηδὲν ᾖ πέρας κακοῦ, πορεύεσθον ἀγομένω,
εἴξαντε καὶ ὁμολογήσαντε ποιήσειν τὸ κελευόμενον. καὶ
πρὸς αὐτῷ τ' ἐγένοντο καὶ εἶδον τὴν ὄψιν τὴν τῶν παιδικῶν
ἀστράπτουσαν. ἰδόντος δὲ τοῦ ἡνιόχου ἡ μνήμη πρὸς τὴν 5
τοῦ κάλλους φύσιν ἠνέχθη, καὶ πάλιν εἶδεν αὐτὴν μετὰ
σωφροσύνης ἐν ἁγνῷ βάθρῳ βεβῶσαν· ἰδοῦσα δὲ ἔδεισέ
τε καὶ σεφθεῖσα ἀνέπεσεν ὑπτία, καὶ ἅμα ἠναγκάσθη εἰς
τοὐπίσω ἑλκύσαι τὰς ἡνίας οὕτω σφόδρα, ὥστ' ἐπὶ τὰ c
ἰσχία ἄμφω καθίσαι τὼ ἵππω, τὸν μὲν ἑκόντα διὰ τὸ μὴ
ἀντιτείνειν, τὸν δὲ ὑβριστὴν μάλ' ἄκοντα. ἀπελθόντε δὲ
ἀπωτέρω, ὁ μὲν ὑπ' αἰσχύνης τε καὶ θάμβους ἱδρῶτι πᾶσαν
ἔβρεξε τὴν ψυχήν, ὁ δὲ λήξας τῆς ὀδύνης, ἣν ὑπὸ τοῦ 5

d 6 καὶ secl. Badham   d 7 ἀληθινῆς om. Heraclitus   κε-
λεύσματι t Heraclitus : κελεύματι ΒΤ   e 2 βραχυτράχηλος ΒΤ :
βαρυτράχηλος V   e 4 περὶ ὦτα λάσιος κωφὸς Τ : περὶ ὦτα λασιοκωφος
Β Photius Synesius : περιωτάλσιος ὑπόκωφος Heraclitus   e 6 αἰσθήσει
dub. Heindorf : secl. Herwerden   a 1 κέντρων] πτερῶν Herwerden
a 5 ⟨τῷ⟩ ἡνιόχῳ Herwerden   b 1 τελευτῶντε Τ : τελευτῶντες Β

黝黑；它虽是荣誉的一位热爱者，却带有节制和害羞；它也是真正的名
声的一位伙伴，它无需鞭策，仅仅通过口令和言辞就能被驾驭。而另外 253e1
那匹马，它长得歪歪斜斜，身形臃肿，〈身体的各部分〉随意地拼凑在
一起[586]，脖颈粗短而有力[587]，鼻子扁平，皮色黝黑，灰色的眼睛布满
了血丝[588]，它是侮慢和吹牛的一位伙伴，在双耳的周围杂毛丛生，听不
进去任何话[589]，勉勉强强屈服于鞭子加马刺；因此，每当那位御者—— 253e5
由于他看见那激发他爱欲的面容[590]，他因〈他的这样一种〉感觉而使得
整个灵魂完全暖和起来——，渐渐充满了痒痒和渴望的刺痛[591]时，两 254a1
匹马中顺从御者的那匹，如向来一样，由于它在那时也被一种羞耻感所
约束，所以它抑制它自己不冲向那个被〈它〉所爱慕的〈少年〉；而另
外那匹马，无论是御者的马刺，还是鞭子，它都不再将之当回事[592]，而
是一跃而起，猛地往前冲，由此既给它同轭的伙伴也给御者带来无尽的 254a5
麻烦[593]，强迫他俩走向那心爱的少年，并且〈对他〉提及那属于阿佛洛
狄忒的快乐[594]。起初[595]，他们两位[596]还进行了奋力反抗，因为他俩非
常恼怒于下面这点，即他俩被迫做一些可怕的和违背习俗法律的事情； 254b1
但他俩最终——每当〈他俩发现那匹马带给他们的〉麻烦是无止无休
时——，会被引着往前走，屈服并且同意做那被要求的事情。他们〈三
者就这样〉来到了那位心爱的少年面前，并且看见了他的面容在灼灼发
光。而当御者看到它时，〈他的〉记忆便被带向了美之本性[597]，并且再 254b5
次看到它同节制一起稳稳地站定在一个圣洁的基座上[598]；而当他看到
〈这些〉[599]，他既感到害怕，也因敬畏而向后仰[600]，并同时被迫往后[601] 254c1
如此猛烈地拽缰绳，以至于那两匹马双双一屁股坐到地上[602]；一匹马
由于不反抗而是心甘情愿的，而另外那匹难驾驭的马[603]则非常地心不
甘情不愿。而当两匹马朝后退得远些后，一匹马由于羞愧和惊愕而用汗
水浸透了整个灵魂，而另一匹马，一旦它停止那由辔头和跌倒所带来的 254c5

χαλινοῦ τε ἔσχεν καὶ τοῦ πτώματος, μόγις ἐξαναπνεύσας
ἐλοιδόρησεν ὀργῇ, πολλὰ κακίζων τόν τε ἡνίοχον καὶ τὸν
ὁμόζυγα ὡς δειλίᾳ τε καὶ ἀνανδρίᾳ λιπόντε τὴν τάξιν καὶ
d ὁμολογίαν· καὶ πάλιν οὐκ ἐθέλοντας προσιέναι ἀναγκάζων
μόγις συνεχώρησεν δεομένων εἰς αὖθις ὑπερβαλέσθαι. ἐλ-
θόντος δὲ τοῦ συντεθέντος χρόνου [οὗ] ἀμνημονεῖν προσ-
ποιουμένῳ ἀναμιμνῄσκων, βιαζόμενος, χρεμετίζων, ἕλκων
5 ἠνάγκασεν αὖ προσελθεῖν τοῖς παιδικοῖς ἐπὶ τοὺς αὐτοὺς
λόγους, καὶ ἐπειδὴ ἐγγὺς ἦσαν, ἐγκύψας καὶ ἐκτείνας τὴν
κέρκον, ἐνδακὼν τὸν χαλινόν, μετ᾽ ἀναιδείας ἕλκει· ὁ δ᾽
e ἡνίοχος ἔτι μᾶλλον ταὐτὸν πάθος παθών, ὥσπερ ἀπὸ ὕσ-
πληγος ἀναπεσών, ἔτι μᾶλλον τοῦ ὑβριστοῦ ἵππου ἐκ τῶν
ὀδόντων βίᾳ ὀπίσω σπάσας τὸν χαλινόν, τήν τε κακηγόρον
γλῶτταν καὶ τὰς γνάθους καθῄμαξεν καὶ τὰ σκέλη τε καὶ
5 τὰ ἰσχία πρὸς τὴν γῆν ἐρείσας ὀδύναις ἔδωκεν. ὅταν δὲ
ταὐτὸν πολλάκις πάσχων ὁ πονηρὸς τῆς ὕβρεως λήξῃ,
ταπεινωθεὶς ἕπεται ἤδη τῇ τοῦ ἡνιόχου προνοίᾳ, καὶ ὅταν
ἴδῃ τὸν καλόν, φόβῳ διόλλυται· ὥστε συμβαίνει τότ᾽ ἤδη τὴν
τοῦ ἐραστοῦ ψυχὴν τοῖς παιδικοῖς αἰδουμένην τε καὶ δεδιυῖαν
255 ἕπεσθαι. ἅτε οὖν πᾶσαν θεραπείαν ὡς ἰσόθεος θεραπευό-
μενος οὐχ ὑπὸ σχηματιζομένου τοῦ ἐρῶντος ἀλλ᾽ ἀληθῶς
τοῦτο πεπονθότος, καὶ αὐτὸς ὢν φύσει φίλος τῷ θερα-
πεύοντι, ἐὰν ἄρα καὶ ἐν τῷ πρόσθεν ὑπὸ συμφοιτητῶν ἤ
5 τινων ἄλλων διαβεβλημένος ᾖ, λεγόντων ὡς αἰσχρὸν ἐρῶντι
πλησιάζειν, καὶ διὰ τοῦτο ἀπωθῇ τὸν ἐρῶντα, προϊόντος
δὲ ἤδη τοῦ χρόνου ἥ τε ἡλικία καὶ τὸ χρεὼν ἤγαγεν εἰς
b τὸ προσέσθαι αὐτὸν εἰς ὁμιλίαν· οὐ γὰρ δήποτε εἵμαρται

c 8 λιπόντε Τ : λιπόντα Β   d 2 δεομένων Β Τ : δεομένοιν Hein-
dorf   d 3 οὗ secl. Heindorf   d 6 ἐπειδὴ Τ : ἐπεὶ δὲ Β
ἐκτείνας Τ : ἐντείνας Β   e 8 φόβῳ Τ : φόβον Β   τότ᾽ Β : ποτ᾽ Τ
e 9 δεδιυῖαν Bekker : δεδυῖαν Β (sed κῦι supra versum) : δεδοικυῖαν Τ
a 2 ὑποσχηματιζομένου Τ : ὑποσχημένου Β (σχηματιζο in marg. b)
a 3 φίλος Β Τ : φίλος εἰς ταὐτὸν ἄγει τὴν φιλίαν vulg.   a 6 ἀπωθῇ
corr. Coisl. : ἀπωθεῖ Β Τ   ἐρῶντα t : ἔρωτα Β Τ   b 1 προσέσθαι
corr. Coisl. : προέσθαι Β Τ

疼痛[604]，它几乎等不及喘口气就因愤怒而破口大骂，从各方面[605]斥责〈它的〉御者和那位轭伴，〈说〉由于怯弱和缺乏男子气概，他俩不仅擅离职守[606]，而且把约定扔到一边。并且当它重新迫使他们往前行时，由于他们不愿意，它极不情愿地让步了，当他们请求推迟到以后再说时[607]。而当约定好的时间到来时[608]，那两位却佯装忘记了，它只好提醒他们；它通过使用暴力、嘶鸣、拖拽来再次强迫他俩走向那心爱的少年，以便〈对他说出〉同样那些话来[609]；并且当他们靠近〈那心爱的少年〉之后，它弓腰低头[610]，伸直尾巴，咬紧嚼子，厚颜无耻地[611]往前拽。而御者则遭受到了〈同先前〉一样的经历[612]，只不过更加地强烈——就像〈惯常〉在一根栏杆[613]面前向后仰那样——，由于他更加猛烈地用力从那匹侮慢放纵的马的牙齿那里往后拉辔头，他让它那胡言乱语的舌头和下颌鲜血直流，并且通过把它的腿和屁股往地上压而让它痛苦不已[614]。然而，那匹顽劣的〈马〉，当它因多次遭受相同的事情而终于停止肆意放纵之后，已经变得恭顺的它从此以后就〈开始〉跟从御者的先见[615]；并且当它看见那俊美的〈少年〉时，它也因畏惧而不能自持[616]。因此，只有到了那时[617]才会发生下面这件事，那就是：爱慕者的灵魂满怀着敬畏和恐惧而跟在其心爱的少年的后面。于是，鉴于在方方面面的侍奉上那心爱的少年都像神一样被那位〈对他〉怀有爱欲的人所侍奉——那位〈对他〉怀有爱欲的人并非在惺惺作态，而是已经真正地在经受〈对他怀有爱欲〉这件事——，并且鉴于他自己也自然而然就对那侍奉〈他〉的人是满怀友爱的，因此，即使他早前曾被一些同窗或某些其他的人误导过——因为他们说，结交一个〈对之〉怀有爱欲的人，这件事是可耻的——，并由于这点而推开那个〈对之〉怀有爱欲的人，但随着时间的流逝，无论是年龄还是〈人生的〉需要，都把他引向了下面这点，即容许他进入到一种〈同对之怀有爱欲的人的〉交往中。因为下面这点天生就已经注定了，那就是，坏人对坏人而言从不会

κακὸν κακῷ φίλον οὐδ' ἀγαθὸν μὴ φίλον ἀγαθῷ εἶναι.
προσεμένου δὲ καὶ λόγον καὶ ὁμιλίαν δεξαμένου, ἐγγύθεν
ἡ εὔνοια γιγνομένη τοῦ ἐρῶντος ἐκπλήττει τὸν ἐρώμενον
διαισθανόμενον ὅτι οὐδ' οἱ σύμπαντες ἄλλοι φίλοι τε καὶ 5
οἰκεῖοι μοῖραν φιλίας οὐδεμίαν παρέχονται πρὸς τὸν ἔνθεον
φίλον. ὅταν δὲ χρονίζῃ τοῦτο δρῶν καὶ πλησιάζῃ μετὰ
τοῦ ἅπτεσθαι ἔν τε γυμνασίοις καὶ ἐν ταῖς ἄλλαις ὁμιλίαις,
τότ' ἤδη ἡ τοῦ ῥεύματος ἐκείνου πηγή, ὃν ἵμερον Ζεὺς c
Γανυμήδους ἐρῶν ὠνόμασε, πολλὴ φερομένη πρὸς τὸν
ἐραστήν, ἡ μὲν εἰς αὐτὸν ἔδυ, ἡ δ' ἀπομεστουμένου ἔξω
ἀπορρεῖ· καὶ οἷον πνεῦμα ἤ τις ἠχὼ ἀπὸ λείων τε καὶ
στερεῶν ἁλλομένη πάλιν ὅθεν ὡρμήθη φέρεται, οὕτω τὸ 5
τοῦ κάλλους ῥεῦμα πάλιν εἰς τὸν καλὸν διὰ τῶν ὀμμάτων
ἰόν, ᾗ πέφυκεν ἐπὶ τὴν ψυχὴν ἰέναι ἀφικόμενον καὶ ἀνα-
πτερῶσαν, τὰς διόδους τῶν πτερῶν ἄρδει τε καὶ ὥρμησε d
πτεροφυεῖν τε καὶ τὴν τοῦ ἐρωμένου αὖ ψυχὴν ἔρωτος
ἐνέπλησεν. ἐρᾷ μὲν οὖν, ὅτου δὲ ἀπορεῖ· καὶ οὔθ' ὅτι
πέπονθεν οἶδεν οὐδ' ἔχει φράσαι, ἀλλ' οἷον ἀπ' ἄλλου
ὀφθαλμίας ἀπολελαυκὼς πρόφασιν εἰπεῖν οὐκ ἔχει, ὥσπερ 5
δὲ ἐν κατόπτρῳ ἐν τῷ ἐρῶντι ἑαυτὸν ὁρῶν λέληθεν. καὶ
ὅταν μὲν ἐκεῖνος παρῇ, λήγει κατὰ ταὐτὰ ἐκείνῳ τῆς ὀδύνης,
ὅταν δὲ ἀπῇ, κατὰ ταὐτὰ αὖ ποθεῖ καὶ ποθεῖται, εἴδωλον
ἔρωτος ἀντέρωτα ἔχων· καλεῖ δὲ αὐτὸν καὶ οἴεται οὐκ ἔρωτα e
ἀλλὰ φιλίαν εἶναι. ἐπιθυμεῖ δὲ ἐκείνῳ παραπλησίως μέν,
ἀσθενεστέρως δέ, ὁρᾶν, ἅπτεσθαι, φιλεῖν, συγκατακεῖσθαι·
καὶ δή, οἷον εἰκός, ποιεῖ τὸ μετὰ τοῦτο ταχὺ ταῦτα. ἐν οὖν
τῇ συγκοιμήσει τοῦ μὲν ἐραστοῦ ὁ ἀκόλαστος ἵππος ἔχει 5
ὅτι λέγῃ πρὸς τὸν ἡνίοχον, καὶ ἀξιοῖ ἀντὶ πολλῶν πόνων
σμικρὰ ἀπολαῦσαι· ὁ δὲ τῶν παιδικῶν ἔχει μὲν οὐδὲν εἰπεῖν, **256**

b 3 προσεμένου T : πρὸς ἐμε νου B   λόγον καὶ B : λόγον τε καὶ T
b 8 τοῦ Eusebius : τούτου B T   c 1 τότ' ἤδη B T : τότε δὴ
Eusebius   c 4 ἀπορρεῖ T : ἀπορεῖ B   λείων] σκληρῶν Herwerden
d 3 οὔθ' B T : οὐδ' Buttmann   d 5 ὀφθαλμίαν Ast   d 6 alterum
ἐν secl. Cobet   e 6 λέγῃ Bekker : λέγει B T : λέγοι Eusebius : λέξει
Herwerden

是朋友，好人对好人来说则从不会不是朋友。然而，一旦〈那位被爱慕的少年〉让自己靠近了[618]〈其爱慕者〉，并接受〈与之进行〉谈话和交往之后，从对之怀有爱欲的人那里款款而来的柔情蜜意[619]使得那被怀有爱欲的人惊慌失措，因为他清楚地觉察到，〈他〉所有其他的朋友和 255b5 家人〈对他〉所提供的友爱之份额，〈加在一起〉都抵不过这位被神所凭附的朋友〈对他所提供的〉。而每当〈爱慕者对他所爱慕的人〉坚持做这件事[620]，并且通过身体接触而亲近他——无论是在体育场，还是在一些其他的交往场合——，只有到了那时，那种奔涌之流——当宙斯爱 255c1 上伽倪墨得斯[621]时，他将之称作欲流——，才浩浩汤汤地奔涌向爱慕者[622]；一方面，一些沉入到他的里面，另一方面，当他被充满后一些则向外流淌出来。并且就像一阵风或某个回声，它通过从一些平滑且坚硬 255c5 的东西那儿弹回而再次回到它由之出发那个地方，同样地，美之涌流也通过〈爱慕者〉的眼睛而重新返回到了俊美的〈少年〉那里，在那儿它自然而然地向着其灵魂前进，而当它抵达那里并且使〈那俊美的少年〉振奋起来之后[623]，它就开始浇灌羽毛里面的那些通道，促使它长出翅膀 255d1 来，并且复又[624]使得那个被〈他〉怀有爱欲的人的灵魂也充满了爱欲。于是乎，一方面，〈被怀有爱欲的人自己〉也怀有爱欲了，另一方面，〈究竟〉对何者〈怀有爱欲〉呢，他却感到茫然失措[625]。他既不知道他已经遭受了什么，也不能将之说清道明[626]，而是像某个人，当他已经从 255d5 他人那里感染上眼炎后[627]，却不能够说出真实的原因；因此，他没有注意到，他就像在一面镜子那里一样，在其爱慕者那里看见他自己[628]。并且，每当〈他的〉那位〈爱慕者〉在身边，他就如那位〈爱慕者〉一样停止苦恼；而每当那位〈爱慕者〉不在身边，他复又同样地渴望〈那位爱慕者〉和被〈那位爱慕者所〉渴望，因为他拥有作为爱之映像的 255e1 互爱。只不过他将它称作，并且也认为它就是友谊，而非爱欲。所以，同〈他的〉那位〈爱慕者〉非常相似——只不过没那么强烈——，他渴望见到他、摸到他、亲吻他、和他躺在一起；当然，很可能[629]跟着不久[630]他也就会做这些事情。于是，在同床时，一方面，爱慕者〈身上〉255e5 的那匹恣意放纵的马还有话要对御者说，并且要求一点点的享受来补偿〈它所付出的〉许多的艰辛。另一方面，〈他〉心爱的少年〈身上〉的那 256a1

σπαργῶν δὲ καὶ ἀπορῶν περιβάλλει τὸν ἐραστὴν καὶ φιλεῖ,
ὡς σφόδρ᾽ εὔνουν ἀσπαζόμενος, ὅταν τε συγκατακέωνται,
οἷός ἐστι μὴ ἂν ἀπαρνηθῆναι τὸ αὑτοῦ μέρος χαρίσασθαι
5 τῷ ἐρῶντι, εἰ δεηθείη τυχεῖν· ὁ δὲ ὁμόζυξ αὖ μετὰ τοῦ
ἡνιόχου πρὸς ταῦτα μετ᾽ αἰδοῦς καὶ λόγου ἀντιτείνει.
ἐὰν μὲν δὴ οὖν εἰς τεταγμένην τε δίαιταν καὶ φιλοσοφίαν
νικήσῃ τὰ βελτίω τῆς διανοίας ἀγαγόντα, μακάριον μὲν
b καὶ ὁμονοητικὸν τὸν ἐνθάδε βίον διάγουσιν, ἐγκρατεῖς αὑτῶν
καὶ κόσμιοι ὄντες, δουλωσάμενοι μὲν ᾧ κακία ψυχῆς ἐνε-
γίγνετο, ἐλευθερώσαντες δὲ ᾧ ἀρετή· τελευτήσαντες δὲ δὴ
ὑπόπτεροι καὶ ἐλαφροὶ γεγονότες τῶν τριῶν παλαισμάτων
5 τῶν ὡς ἀληθῶς Ὀλυμπιακῶν ἓν νενικήκασιν, οὗ μεῖζον
ἀγαθὸν οὔτε σωφροσύνη ἀνθρωπίνη οὔτε θεία μανία δυνατὴ
πορίσαι ἀνθρώπῳ. ἐὰν δὲ δὴ διαίτῃ φορτικωτέρᾳ τε καὶ
c ἀφιλοσόφῳ, φιλοτίμῳ δὲ χρήσωνται, τάχ᾽ ἄν που ἐν μέθαις
ἤ τινι ἄλλῃ ἀμελείᾳ τὼ ἀκολάστω αὐτοῖν ὑποζυγίω λαβόντε
τὰς ψυχὰς ἀφρούρους, συναγαγόντε εἰς ταὐτόν, τὴν ὑπὸ
τῶν πολλῶν μακαριστὴν αἵρεσιν εἱλέσθην τε καὶ διεπρα-
5 ξάσθην· καὶ διαπραξαμένω τὸ λοιπὸν ἤδη χρῶνται μὲν
αὐτῇ, σπανίᾳ δέ, ἅτε οὐ πάσῃ δεδογμένα τῇ διανοίᾳ πράτ-
τοντες. φίλω μὲν οὖν καὶ τούτω, ἧττον δὲ ἐκείνων, ἀλλή-
d λοιν διά τε τοῦ ἔρωτος καὶ ἔξω γενομένω διάγουσι, πίστεις
τὰς μεγίστας ἡγουμένω ἀλλήλοιν δεδωκέναι τε καὶ δεδέχθαι,
ἃς οὐ θεμιτὸν εἶναι λύσαντας εἰς ἔχθραν ποτὲ ἐλθεῖν. ἐν
δὲ τῇ τελευτῇ ἄπτεροι μέν, ὡρμηκότες δὲ πτεροῦσθαι ἐκβαί-
5 νουσι τοῦ σώματος, ὥστε οὐ σμικρὸν ἆθλον τῆς ἐρωτικῆς
μανίας φέρονται· εἰς γὰρ σκότον καὶ τὴν ὑπὸ γῆς πορείαν
οὐ νόμος ἐστὶν ἔτι ἐλθεῖν τοῖς κατηργμένοις ἤδη τῆς ὑπου-

a 4 ἄν Τ: om. B Eusebius   a 6 λόγου corr. Coisl.: λόγους Β Τ
a 7 ἐὰν Τ: ἄ Β   a 8 νικήσῃ Τ: νικήσει Β   b 2 μὲν ᾧ Τ: μὲν ὡς Β
b 3 δὲ ᾧ Τ: δὲ ω Β   δὲ δὴ Τ: δὲ Β   c 1 τάχ᾽ ἄν Β Τ: τάχα W
c 3 ξυναγαγόντε Β: συναγαγόντες Τ   τὴν ὑπὸ Β: τὴν ὑπὸ τὴν Τ
c 4 εἱλέσθην Eusebius: εἱλέτην Β Τ   διεπραξάσθην Eusebius: διεπρά-
ξαντο Β Τ   c 7 φίλω μὲν Τ: φιλῶμεν Β   d 2 ἡγουμένω recc.:
ἡγουμένων Β Τ   δεδέχθαι Τ: δέχθαι Β   d 7 ὑπουρανίου Β Τ
Eusebius: ἐπουρανίου Ven. 184: ὑπερουρανίου Buttmann

匹恣意放纵的马，一则没有任何东西要说，一则在〈爱欲所带来的〉肿
胀和不知所措中紧紧抱住爱慕者并亲吻他，因为它在温柔地问候一个对
他非常柔情蜜意的人[631]；并且当他们躺在一起时，它不打算拒绝[632]在
它自己那方[633]让其爱慕者感到满意，假如那位爱慕者恳求得到〈这点〉 256a5
的话。而那匹同轭的马，在它那一方则同御者一起用羞耻心和理性来抵
制这些。于是乎显而易见的是，一方面，如果思想中的那些较好的东西
通过把〈爱慕者和被爱慕者〉引向良序的生活方式[634]以及热爱智慧而
获胜，那么，他们在尘世这里就会过上一种幸福且和谐的生活，因为他 256b1
们既是他们自己的主人，也是循规蹈矩的，一则让灵魂中那由之邪恶得
以生起的部分为奴，一则给〈灵魂中〉那由之德性〈得以产生的部分〉
以自由；于是，当他们终了时，由于他们已经变得有翅膀了并且一身轻
盈，在三个回合的真正奥林匹亚的摔跤比赛中他们已经赢得了一场，无 256b5
论是属人的节制，还是神圣的迷狂，都不可能带给人比这更大的善来。
另一方面，如果他们享受一种庸俗的、不热爱智慧而热爱名声的生活方 256c1
式，那么，就有可能[635]当他俩处在酩酊大醉或某种其他的漫不经心中
时，他俩的[636]那两匹恣意放纵的轭下驮畜打〈他俩的〉灵魂一个措手
不及[637]，它们把他俩一起引向同一种〈境况〉，以便他俩选择并实现被
多数人以为是幸福的那种选择。并且一旦他俩实现了这种选择，从此在 256c5
剩下的时间里[638]，他们虽然也会继续采用它[639]，但并不经常，因为他
们并非在做那些已经被〈他们〉全心全意认可的事情[640]。因此，这两
位[641]也彼此作为朋友过活——纵然要比前面那两位[642]差一些——，无 256d1
论他俩是停留在爱欲中，还是已经从爱欲中走了出来[643]，因为他俩相信
彼此已经给出和接受了各种最大的忠诚，通过取消它们而在某个时候进
入到敌意中，这是不合天理的。而在终了时，他们虽然是羽翼未丰的，
但由于他们已经促使自己长出翅膀[644]而走出了身体，因而他们从爱欲 256d5
的迷狂那里赢得了不小的奖赏。因为，对于那些从此已经开始在天的
下面进行旅行的人，有着这样一条法规，那就是：他们不再进入到黑暗

ρανίου πορείας, ἀλλὰ φανὸν βίον διάγοντας εὐδαιμονεῖν
μετ' ἀλλήλων πορευομένους, καὶ ὁμοπτέρους ἔρωτος χάριν, e
ὅταν γένωνται, γενέσθαι.

Ταῦτα τοσαῦτα, ὦ παῖ, καὶ θεῖα οὕτω σοι δωρήσεται ἡ
παρ' ἐραστοῦ φιλία· ἡ δὲ ἀπὸ τοῦ μὴ ἐρῶντος οἰκειότης,
σωφροσύνῃ θνητῇ κεκραμένη, θνητά τε καὶ φειδωλὰ οἰκονο- 5
μοῦσα, ἀνελευθερίαν ὑπὸ πλήθους ἐπαινουμένην ὡς ἀρετὴν
τῇ φίλῃ ψυχῇ ἐντεκοῦσα, ἐννέα χιλιάδας ἐτῶν περὶ γῆν 257
κυλινδουμένην αὐτὴν καὶ ὑπὸ γῆς ἄνουν παρέξει.

Αὕτη σοι, ὦ φίλε Ἔρως, εἰς ἡμετέραν δύναμιν ὅτι καλ-
λίστη καὶ ἀρίστη δέδοταί τε καὶ ἐκτέτεισται παλινῳδία, τά
τε ἄλλα καὶ τοῖς ὀνόμασιν ἠναγκασμένη ποιητικοῖς τισιν διὰ 5
Φαῖδρον εἰρῆσθαι. ἀλλὰ τῶν προτέρων τε συγγνώμην καὶ
τῶνδε χάριν ἔχων, εὐμενὴς καὶ ἵλεως τὴν ἐρωτικήν μοι
τέχνην ἣν ἔδωκας μήτε ἀφέλῃ μήτε πηρώσῃς δι' ὀργήν,
δίδου τ' ἔτι μᾶλλον ἢ νῦν παρὰ τοῖς καλοῖς τίμιον εἶναι.
ἐν τῷ πρόσθεν δ' εἴ τι λόγῳ σοι ἀπηχὲς εἴπομεν Φαῖδρός b
τε καὶ ἐγώ, Λυσίαν τὸν τοῦ λόγου πατέρα αἰτιώμενος παῦε
τῶν τοιούτων λόγων, ἐπὶ φιλοσοφίαν δέ, ὥσπερ ἀδελφὸς
αὐτοῦ Πολέμαρχος τέτραπται, τρέψον, ἵνα καὶ ὁ ἐραστὴς
ὅδε αὐτοῦ μηκέτι ἐπαμφοτερίζῃ καθάπερ νῦν, ἀλλ' ἁπλῶς 5
πρὸς Ἔρωτα μετὰ φιλοσόφων λόγων τὸν βίον ποιῆται.

ΦΑΙ. Συνεύχομαί σοι, ὦ Σώκρατες, εἴπερ ἄμεινον ταῦθ'
ἡμῖν εἶναι, ταῦτα γίγνεσθαι. τὸν λόγον δέ σου πάλαι c
θαυμάσας ἔχω, ὅσῳ καλλίω τοῦ προτέρου ἀπηργάσω· ὥστε
ὀκνῶ μή μοι ὁ Λυσίας ταπεινὸς φανῇ, ἐὰν ἄρα καὶ ἐθελήσῃ

d 8 διαχαγόντας Eusebius   e 2 γίγνωνται H. Richards   e 3 θεῖα
οὕτω B : οὕτω θεῖα T   a 1 χιλιάδας T : χιλιάδες B   γῆν corr.
Coisl. : την B : τὴν T   a 2 καλινδουμένην Herwerden   γῆς T :
της B   a 4 δέδοταί T : δέδοκταί B   a 7 τὴν ἐρωτικήν μοι B :
τήν μοι ἐρωτικὴν T   a 8 ἔδωκας B : δέδωκας T   a 9 τ' T : δ' B
b 1 ἐν T : om. B   ἀπηχὲς Hermias : ἀπηνὲς B T   b 3 ἀδελφὸς
Bekker : ἀδελφὸς B T   b 4 τέτραπται T W : γέγραπταί τε τέ-
τραπται B

中，以及在地下旅行 645；相反，他们由于过着一种光明灿烂的生活而是幸福的，互相携手前行，并且由于爱欲的缘故 646 而成为有同样翅膀 256e1 的——他们迟早会变得那样 647。

这些如此巨大的，孩子啊 648，并且也如此神圣的东西，出自〈你的〉爱慕者的友谊将把它们赠予你；而那种由〈对你〉没有怀有爱欲的人而来的亲密关系——由于它已经混杂了有死者的节制 649，汲汲追求那 256e5 些尘世中的东西和小家子气的东西 650，只会对朋友的灵魂产生出一种不自由 651，而这种不自由还竟然被大众赞美为德性——，将使得灵魂无理 257a1 智地绕着大地以及在大地的下面打滚九千年。

这篇翻案诗，亲爱的厄洛斯啊，作为就我们的能力而言最美的和最好的，它既被呈献给了你，也〈作为对我们曾经犯下的罪过的弥补而〉偿还给了你，尤其在表达方面 652，它由于斐德若的缘故而被迫说得有 257a5 些诗意。无论如何，就〈我〉先前〈所说的〉那些，请你加以宽恕，就〈我现在所说的〉这些，请你予以赞同 653；请你温柔宽厚和慈悲为怀，不要由于愤怒而从我这里夺走或者毁掉你已经赐予我的那种爱的技艺，而要答应，我在那些俊美的少年面前比现在还要是更值得〈他们〉敬重的。但如果在早前斐德若和我对你说了任何粗鲁无礼的话 654，那么，就请你 257b1 通过谴责吕西阿斯这位讲辞之父来使他停止〈说〉诸如此类的话，你要使他转向热爱智慧——就像他的兄长波勒马尔科斯已经转向的那样——，以便在这儿的他的这位爱慕者 655 不再像现在这样踌躇于两种意见之 257b5 间 656，而是单纯凭借热爱智慧的言语而向着爱塑造他自己的生活 657。

斐德若：我同你一起祈祷——苏格拉底啊，假如这些事情的确对我们 658 来说是更好的话——，这些事情能够发生。而我也早已对你的这 257c1 篇讲辞惊叹不已 659，你使它比先前那篇美多了；因此，我对下面这点感到迟疑不决，那就是：是否吕西阿斯会对我显得低下，如果他确实愿意

πρὸς αὐτὸν ἄλλον ἀντιπαρατεῖναι. καὶ γάρ τις αὐτόν, ὦ
5 θαυμάσιε, ἔναγχος τῶν πολιτικῶν τοῦτ' αὐτὸ λοιδορῶν
ὠνείδιζε, καὶ διὰ πάσης τῆς λοιδορίας ἐκάλει λογογράφον·
τάχ' οὖν ἂν ὑπὸ φιλοτιμίας ἐπίσχοι ἡμῖν ἂν τοῦ γράφειν.
ΣΩ. Γελοῖόν γ', ὦ νεανία, τὸ δόγμα λέγεις, καὶ τοῦ
d ἑταίρου συχνὸν διαμαρτάνεις, εἰ αὐτὸν οὕτως ἡγῇ τινα
ψοφοδεᾶ. ἴσως δὲ καὶ τὸν λοιδορούμενον αὐτῷ οἴει ὀνειδί-
ζοντα λέγειν ἃ ἔλεγεν.
ΦΑΙ. Ἐφαίνετο γάρ, ὦ Σώκρατες· καὶ σύνοισθά που
5 καὶ αὐτὸς ὅτι οἱ μέγιστον δυνάμενοί τε καὶ σεμνότατοι ἐν
ταῖς πόλεσιν αἰσχύνονται λόγους τε γράφειν καὶ καταλείπειν
συγγράμματα ἑαυτῶν, δόξαν φοβούμενοι τοῦ ἔπειτα χρόνου,
μὴ σοφισταὶ καλῶνται.
ΣΩ. Γλυκὺς ἀγκών, ὦ Φαῖδρε, λέληθέν σε ὅτι ἀπὸ τοῦ
e μακροῦ ἀγκῶνος τοῦ κατὰ Νεῖλον ἐκλήθη· καὶ πρὸς τῷ
ἀγκῶνι λανθάνει σε ὅτι οἱ μέγιστον φρονοῦντες τῶν πολι-
τικῶν μάλιστα ἐρῶσι λογογραφίας τε καὶ καταλείψεως
συγγραμμάτων, οἵ γε καὶ ἐπειδάν τινα γράφωσι λόγον,
5 οὕτως ἀγαπῶσι τοὺς ἐπαινέτας, ὥστε προσπαραγράφουσι
πρώτους οἳ ἂν ἑκασταχοῦ ἐπαινῶσιν αὐτούς.
ΦΑΙ. Πῶς λέγεις τοῦτο; οὐ γὰρ μανθάνω.
258 ΣΩ. Οὐ μανθάνεις ὅτι ἐν ἀρχῇ ἀνδρὸς πολιτικοῦ [συγ-
γράμματι] πρῶτος ὁ ἐπαινέτης γέγραπται.
ΦΑΙ. Πῶς;
ΣΩ. '"Ἔδοξέ" πού φησιν "τῇ βουλῇ" ἢ "τῷ δήμῳ"
5 ἢ ἀμφοτέροις, καὶ "ὃς ⟨καὶ ὃς⟩ εἶπεν"—τὸν αὐτὸν δὴ λέγων
μάλα σεμνῶς καὶ ἐγκωμιάζων ὁ συγγραφεύς—ἔπειτα λέγει

c 4 αὐτὸν ΒΤ: αὐτῶν vulg. : αὐτῷ Heindorf   d 1 ἡγεῖ τινα Β :
τινὰ ἡγεῖ Τ   d 2 ὀνειδίζοντα Postgate: ὀνειδίζοντα νομίζοντα Β :
νομίζοντα ΤW   d 9 ὅτι... e 1 ἐκλήθη secl. Heindorf   e 5 ἐπαι-
νέτας ΒΤ: ἐπαινοῦντας V   e 7 λέγεις τοῦτο Β : τοῦτο λέγεις Τ
a 1 ἀρχῇ secl. Madvig : ἀνδρὸς secl. Herwerden (et mox συγγράμματος)
συγγράμματι seclusi : συγγράμματος vulg.   a 4 φησι Β : φησὶν
αὐτῶν τὸ σύγγραμμα ΤW : φησιν αὐτὸ τὸ σύγγραμμα vulg.   a 5 καὶ
ὅς add. Winckelmann

铺陈另外一篇讲辞来与之进行比较的话。事实上，令人钦佩的人啊，就在不久前，那些政治家中的某位就恰恰通过谩骂这件事而斥责过他，并 257c5 且贯穿整个的谩骂，那人将他称作一位代人写演说辞的专业写手[660]。所以，他有可能出于热爱荣誉而停止为我们〈再〉写〈一篇〉[661]。

苏格拉底：年轻人啊，你在说一个何等可笑的意见！并且你完全把 257d1 〈你的〉那位伙伴认错得太多了[662]，如果你认为他是一位如此〈轻易地〉就会被任何一点动静吓住的人的话。不过，或许你甚至会认为那个谩骂他的人[663]，当他在进行斥责时只不过说出了他所说的那些事情[664]。

斐德若：他的确显得就是那样，苏格拉底啊！并且你本人其实也已经〈同我〉一样知道，在各个城邦中那些最有能力和最有威严的人，他 257d5 们都既耻于写讲辞，也耻于留下他们自己的文章，因为他们害怕在以后的时日里〈所获得〉的那种名声，即会被人称作智者。

苏格拉底：一条甜蜜的弯道[665]，斐德若啊，你未曾注意到它——由 257e1 在尼罗河那里的大弯而来的一种说法[666]——；并且除了弯道，你也没有注意到下面这点，那就是：政治家中那些最为心高志大的[667]，他们尤其爱讲辞写作，并且留下文章；总之，每当他们写出了某篇讲辞时，他们如此地重视那些赞美者，以至于他们此外还在〈讲辞的〉最前面写上 257e5 那些随时随地会赞美他们的人〈的名字〉。

斐德若：你为何这么说呢？因为我没明白。

苏格拉底：你没有明白下面这点，那就是：在一个从事城邦事务的 258a1 人[668]的文章的开头[669]，赞美者〈的名字〉已经被首先写下了。

斐德若：为何？

苏格拉底："经议事会[670]决议"，他或许会〈首先〉宣称，或者"经人民决议"，或者两方面〈都提到〉，以及"某某人曾说"[671]——作者 258a5 当然会非常庄重地讲到和称赞他自己——，在此之后，接下来他才〈开

δὴ μετὰ τοῦτο, ἐπιδεικνύμενος τοῖς ἐπαινέταις τὴν ἑαυτοῦ
σοφίαν, ἐνίοτε πάνυ μακρὸν ποιησάμενος σύγγραμμα· ἤ σοι
ἄλλο τι φαίνεται τὸ τοιοῦτον ἢ λόγος συγγεγραμμένος;

ΦΑΙ. Οὐκ ἔμοιγε.

ΣΩ. Οὐκοῦν ἐὰν μὲν οὗτος ἐμμένῃ, γεγηθὼς ἀπέρχεται
ἐκ τοῦ θεάτρου ὁ ποιητής· ἐὰν δὲ ἐξαλειφθῇ καὶ ἄμοιρος
γένηται λογογραφίας τε καὶ τοῦ ἄξιος εἶναι συγγράφειν,
πενθεῖ αὐτός τε καὶ οἱ ἑταῖροι.

ΦΑΙ. Καὶ μάλα.

ΣΩ. Δῆλόν γε ὅτι οὐχ ὡς ὑπερφρονοῦντες τοῦ ἐπιτηδεύ-
ματος, ἀλλ᾽ ὡς τεθαυμακότες.

ΦΑΙ. Πάνυ μὲν οὖν.

ΣΩ. Τί δέ; ὅταν ἱκανὸς γένηται ῥήτωρ ἢ βασιλεύς, ὥστε
λαβὼν τὴν Λυκούργου ἢ Σόλωνος ἢ Δαρείου δύναμιν ἀθά-
νατος γενέσθαι λογογράφος ἐν πόλει, ἆρ᾽ οὐκ ἰσόθεον
ἡγεῖται αὐτός τε αὑτὸν ἔτι ζῶν, καὶ οἱ ἔπειτα γιγνόμενοι
ταὐτὰ ταῦτα περὶ αὐτοῦ νομίζουσι, θεώμενοι αὐτοῦ τὰ συγ-
γράμματα;

ΦΑΙ. Καὶ μάλα.

ΣΩ. Οἴει τινὰ οὖν τῶν τοιούτων, ὅστις καὶ ὁπωστιοῦν
δύσνους Λυσίᾳ, ὀνειδίζειν αὐτὸ τοῦτο ὅτι συγγράφει;

ΦΑΙ. Οὔκουν εἰκός γε ἐξ ὧν σὺ λέγεις· καὶ γὰρ ἂν τῇ
ἑαυτοῦ ἐπιθυμίᾳ, ὡς ἔοικεν, ὀνειδίζοι.

ΣΩ. Τοῦτο μὲν ἄρα παντὶ δῆλον, ὅτι οὐκ αἰσχρὸν αὐτό
γε τὸ γράφειν λόγους.

ΦΑΙ. Τί γάρ;

ΣΩ. Ἀλλ᾽ ἐκεῖνο οἶμαι αἰσχρὸν ἤδη, τὸ μὴ καλῶς λέγειν
τε καὶ γράφειν ἀλλ᾽ αἰσχρῶς τε καὶ κακῶς.

ΦΑΙ. Δῆλον δή.

ΣΩ. Τίς οὖν ὁ τρόπος τοῦ καλῶς τε καὶ μὴ γράφειν;
δεόμεθά τι, ὦ Φαῖδρε, Λυσίαν τε περὶ τούτων ἐξετάσαι καὶ

a 7 ⟨τὸ⟩ μετὰ Krische   b 3 ἐξαλειφθῇ Τ: ἐξαλιφῇ Β   c 7 τινα
οὖν Β: οὖν τινα Τ   c 8 αὐτὸ] αὐτῷ Ast   d 4 οἶμαι Β: οἶμαί
σε Τ: οἶμαί γε vulg.   d 8 τι ΒΤ: τοι vulg.

始继续往下〉说，即向那些赞美者展示他本人的智慧，有时候他会把文章弄得非常冗长。或者，如此这般的事情对你显得有别于一篇被写下来的讲辞吗？

斐德若：对我肯定不会。 258b1

苏格拉底：因此，一方面，如果这篇被写下来讲辞站得住脚，那么，作者就满心欢喜地从剧场离开；另一方面，如果它被〈从写于其上的板子上〉擦掉，并且他既已经在讲辞写作上变得无份儿[672]，也不配写下它，那么，他本人及其同伴们都只好哀恸了。 258b5

斐德若：完全如此[673]。

苏格拉底：那么，下面这点就肯定是显而易见的，那就是：〈他们那样做〉不是因为他们藐视那项事业，而是因为他们对之感到惊异。

斐德若：的确是这样。

苏格拉底：然后呢？一旦某个人成为了一位能干的演说家[674]或国 258b10
王，以至于他因取得了吕寇耳戈斯、梭伦或大流士[675]的能力而成为了 258c1
城邦中的一位不朽的职业演讲稿撰写人，那么，他自己岂不会就把他自己视为神一样的——即使还活着——，并且后来的人们对于他岂不也持同样的这些看法，当他们观看他的那些文章时？ 258c5

斐德若：完全如此。

苏格拉底：那么，你会认为这样一些人[676]中的某位，无论他是谁，也不管他反感吕西阿斯到何种程度，他就因下面这事而斥责他，即他有所写？

斐德若：基于你正说的这些，那肯定不可能；因为那样一来，那人 258c10
也就似乎是在斥责他自己的欲望[677]。

苏格拉底：其实下面这点对每个人来说都是显而易见的，那就是， 258d1
写讲辞这件事本身无论如何都并不可耻。

斐德若：那怎么会？

苏格拉底：而我认为那件事倒的确是可耻的，即说得和写得都不漂亮，而是可耻地和拙劣地〈在说和写〉。 258d5

斐德若：确实显然如此。

苏格拉底：那么，漂亮和不漂亮地写之方式是什么呢？我们应该，

ἄλλον ὅστις πώποτέ τι γέγραφεν ἢ γράψει, εἴτε πολιτικὸν
10 σύγγραμμα εἴτε ἰδιωτικόν, ἐν μέτρῳ ὡς ποιητὴς ἢ ἄνευ
μέτρου ὡς ἰδιώτης;

e ΦΑΙ. Ἐρωτᾷς εἰ δεόμεθα; τίνος μὲν οὖν ἕνεκα κἂν
τις ὡς εἰπεῖν ζῴη, ἀλλ' ἢ τῶν τοιούτων ἡδονῶν ἕνεκα; οὐ
γάρ που ἐκείνων γε ὧν προλυπηθῆναι δεῖ ἢ μηδὲ ἡσθῆναι,
ὃ δὴ ὀλίγου πᾶσαι αἱ περὶ τὸ σῶμα ἡδοναὶ ἔχουσι· διὸ καὶ
5 δικαίως ἀνδραποδώδεις κέκληνται.

ΣΩ. Σχολὴ μὲν δή, ὡς ἔοικε· καὶ ἅμα μοι δοκοῦσιν ὡς
ἐν τῷ πνίγει ὑπὲρ κεφαλῆς ἡμῶν οἱ τέττιγες ᾄδοντες καὶ
259 ἀλλήλοις διαλεγόμενοι καθορᾶν καὶ ἡμᾶς. εἰ οὖν ἴδοιεν καὶ
νὼ καθάπερ τοὺς πολλοὺς ἐν μεσημβρίᾳ μὴ διαλεγομένους
ἀλλὰ νυστάζοντας καὶ κηλουμένους ὑφ' αὐτῶν δι' ἀργίαν
τῆς διανοίας, δικαίως ἂν καταγελῷεν, ἡγούμενοι ἀνδράποδ'
5 ἄττα σφίσιν ἐλθόντα εἰς τὸ καταγώγιον ὥσπερ προβάτια
μεσημβριάζοντα περὶ τὴν κρήνην εὕδειν· ἐὰν δὲ ὁρῶσι
διαλεγομένους καὶ παραπλέοντάς σφας ὥσπερ Σειρῆνας
b ἀκηλήτους, ὃ γέρας παρὰ θεῶν ἔχουσιν ἀνθρώποις διδόναι,
τάχ' ἂν δοῖεν ἀγασθέντες.

ΦΑΙ. Ἔχουσι δὲ δὴ τί τοῦτο; ἀνήκοος γάρ, ὡς ἔοικε,
τυγχάνω ὤν.

5 ΣΩ. Οὐ μὲν δὴ πρέπει γε φιλόμουσον ἄνδρα τῶν τοιούτων
ἀνήκοον εἶναι. λέγεται δ' ὥς ποτ' ἦσαν οὗτοι ἄνθρωποι τῶν
πρὶν Μούσας γεγονέναι, γενομένων δὲ Μουσῶν καὶ φανείσης
ᾠδῆς οὕτως ἄρα τινὲς τῶν τότε ἐξεπλάγησαν ὑφ' ἡδονῆς,
c ὥστε ᾄδοντες ἠμέλησαν σίτων τε καὶ ποτῶν, καὶ ἔλαθον
τελευτήσαντες αὑτούς· ἐξ ὧν τὸ τεττίγων γένος μετ' ἐκεῖνο
φύεται, γέρας τοῦτο παρὰ Μουσῶν λαβόν, μηδὲν τροφῆς
δεῖσθαι γενόμενον, ἀλλ' ἄσιτόν τε καὶ ἄποτον· εὐθὺς ᾄδειν,

d 10 ὡς ποιητὴς et mox ὡς ἰδιώτης secl. Badham   e 1 ἕνεκα κάν
B : ἕνεκ' ἂν T : ἕνεκα Stobaeus   e 3 μηδὲ B T : μὴ V Stobaeus
a 1 καὶ ἡμᾶς T Stobaeus : om. B   καὶ νὼ Stobaeus : καινῶ B T
b 5 γε T Stobaeus : om. B   b 6 δ'] δὴ malit Heindorf   c 4 γενό-
μενον post δεῖσθαι B T Stobaeus : post εὐθὺς transp. Badham

斐德若啊，就这些事情检查一下吕西阿斯和其他任何人吗——只要他曾经写过或将要写点什么，无论它是一篇关乎城邦的文章，还是关乎个人的文章，也无论它是如一位诗人那样用韵律写成的，还是如一个普通人那样无韵律地写成的——？ 258d10

斐德若：你问我们是否应该？那么，任何一种生活都究竟是为了什么——假如可以一言以蔽之[678]的话——，除了[679]为了诸如此类的快乐之外？当然肯定不是为了下面那些快乐，那就是：对于它们，一个人必须预先感到痛苦，否则他根本就不会感到快乐，所有围绕身体的那些快乐差不多[680]都是这个样子；也正因为这样，它们已经正当地被称为了奴性的。 258e1 258e5

苏格拉底：〈我们〉的确〈还有〉空闲，如看起来的那样。此外，那些蝉对我显得好像于这炎热天里在我们的头上歌唱，它们也一边互相交谈一边往下看我们。因此，如果它们看见我俩也像多数人那样在正午没有讨论问题，而是昏昏欲睡，并且由于思想的懒惰而被它们所诱惑[681]，那么，它们就会正当地嘲笑我们，因为它们认为只不过是一些奴隶来到了〈它们的〉小店小憩一会儿，就像一些小羊为了度过正午而绕着泉边休息一样。但是，如果它们看见我们在讨论问题，并且在经过它们旁边时就像经过那些塞壬[682]时一样不受诱惑，那么，它们从一些神那里取得而给予世人的那种礼物，或许它们出于钦佩〈我们〉而将之赐予〈我们〉。 259a1 259a5 259b1

斐德若：不过它们所取得的那种礼物究竟是什么呢？因为似乎我恰好没有听说过。

苏格拉底：一个热爱缪斯的人[683]竟然是没有听说过这些的，这无论如何都不合适。据说从前这些蝉都是一些人，只不过属于缪斯们[684]降生之前的那些时代的人；但当缪斯们降生以及歌唱出现之后，那时的一些人如此地为快乐所惊愕，以至于尽情歌唱而不在意吃和喝，甚至连自己已经终了，他们也未曾注意到。在那之后，从那些人中生起了蝉这个族类，它从缪斯们那里得到了下面这份礼物，那就是：一生出来就不 259b5 259c1

ἕως ἂν τελευτήσῃ, καὶ μετὰ ταῦτα ἐλθὸν παρὰ Μούσας 5
ἀπαγγέλλειν τίς τίνα αὐτῶν τιμᾷ τῶν ἐνθάδε. Τερψιχόρᾳ
μὲν οὖν τοὺς ἐν τοῖς χοροῖς τετιμηκότας αὐτὴν ἀπαγγέλ-
λοντες ποιοῦσι προσφιλεστέρους, τῇ δὲ Ἐρατοῖ τοὺς ἐν τοῖς d
ἐρωτικοῖς, καὶ ταῖς ἄλλαις οὕτως, κατὰ τὸ εἶδος ἑκάστης
τιμῆς· τῇ δὲ πρεσβυτάτῃ Καλλιόπῃ καὶ τῇ μετ᾽ αὐτὴν
Οὐρανίᾳ τοὺς ἐν φιλοσοφίᾳ διάγοντάς τε καὶ τιμῶντας τὴν
ἐκείνων μουσικὴν ἀγγέλλουσιν, αἳ δὴ μάλιστα τῶν Μουσῶν 5
περί τε οὐρανὸν καὶ λόγους οὖσαι θείους τε καὶ ἀνθρωπίνους
ἱᾶσιν καλλίστην φωνήν. πολλῶν δὴ οὖν ἕνεκα λεκτέον τι
καὶ οὐ καθευδητέον ἐν τῇ μεσημβρίᾳ.

ΦΑΙ. Λεκτέον γὰρ οὖν.

ΣΩ. Οὐκοῦν, ὅπερ νῦν προυθέμεθα σκέψασθαι, τὸν λόγον e
ὅπῃ καλῶς ἔχει λέγειν τε καὶ γράφειν καὶ ὅπῃ μή, σκεπτέον.

ΦΑΙ. Δῆλον.

ΣΩ. Ἆρ᾽ οὖν οὐχ ὑπάρχειν δεῖ τοῖς εὖ γε καὶ καλῶς
ῥηθησομένοις τὴν τοῦ λέγοντος διάνοιαν εἰδυῖαν τὸ ἀληθὲς 5
ὧν ἂν ἐρεῖν πέρι μέλλῃ;

ΦΑΙ. Οὑτωσὶ περὶ τούτου ἀκήκοα, ὦ φίλε Σώκρατες, οὐκ
εἶναι ἀνάγκην τῷ μέλλοντι ῥήτορι ἔσεσθαι τὰ τῷ ὄντι δίκαια 260
μανθάνειν ἀλλὰ τὰ δόξαντ᾽ ἂν πλήθει οἵπερ δικάσουσιν,
οὐδὲ τὰ ὄντως ἀγαθὰ ἢ καλὰ ἀλλ᾽ ὅσα δόξει· ἐκ γὰρ τούτων
εἶναι τὸ πείθειν ἀλλ᾽ οὐκ ἐκ τῆς ἀληθείας.

ΣΩ. "Οὔτοι ἀπόβλητον ἔπος" εἶναι δεῖ, ὦ Φαῖδρε, 5
ὃ ἂν εἴπωσι σοφοί, ἀλλὰ σκοπεῖν μή τι λέγωσι· καὶ δὴ
καὶ τὸ νῦν λεχθὲν οὐκ ἀφετέον.

ΦΑΙ. Ὀρθῶς λέγεις.

ΣΩ. Ὧδε δὴ σποπῶμεν αὐτό.

ΦΑΙ. Πῶς; 10

c 6 τερψιχόρᾳ B T Stobaeus: τερψιχόρῃ vulg. d 3 μετ᾽ αὐτὴν
B Stobaeus: μετὰ ταύτην T d 7 ἰασιν B: ἴασιν T (corr. t:
πέμπουσι suprascr. b) δὴ οὖν ἕνεκα W: δὴ ουνεκεν B: δὴ οὖν
ἕνεκεν T e 4 γε B: τε T a 5 ῶ T: ὃ B a 6 λέγωσι
B T: λέγουσι Schaefer

需要任何的食物，而是从不吃也从不喝，一直歌唱，直至终了；并且此 259c5
后前往缪斯们那里，向她们报告在这里的人中谁谁谁崇敬她们中的某某
某。于是乎，它们向〈歌舞女神〉忒耳普西科拉报告那些在歌舞队中已
经崇敬她的人，以便使得他们对她来说是更可爱的；向〈爱情诗女神〉259d1
厄剌托报告那些在关乎爱情的事情上〈崇敬她〉的人，对于其他的缪斯
也同样如此——依照各自的尊荣之形式——；但它们向最年长的〈史
诗女神〉卡利俄珀以及紧接着她的〈天文女神〉乌剌尼亚所传递的消
息，则是那些在热爱智慧中度日以及崇敬她俩的文艺的人[685]，毕竟在众 259d5
缪斯中，由于她俩是最为关乎天以及关乎那些属于神的和属于人的言论
的，她俩发出了最美的声音。因此，出于许多的〈原因我们现在〉必须
得说点什么，并且一定不要在中午睡觉。

斐德若：的确必须得说说。

苏格拉底：那好，我们刚才提出来进行检查的[686]，即如何能够漂亮 259e1
地说和写一篇讲辞，以及如何则不能够，这岂不必须加以检查？

斐德若：显然。

苏格拉底：那么，在那些将好好且漂亮地说出来的东西中，岂不应
当包含着下面这点[687]，那就是，说话者的思想已经知道它打算对之有所 259e5
说的那些东西的真相？

斐德若：对此我曾听到过这样的说法，亲爱的苏格拉底啊：对于那 260a1
打算是一位修辞学家的人而言，无须懂得那些在是着的意义上是正义的
东西，而是要懂得对于那些将做出裁决的大众来说[688]显得如此的东西；
无须懂得那些以是的方式是善的东西或美的东西，而是要懂得所有那些
将看起来如此的东西。因为说服取决于这些，而不是取决于真。

苏格拉底：那些智慧的人说过的"任何一句话，真的都不应当将之 260a5
抛到一边"[689]斐德若啊，而是必须检查他们是否说出了某种东西[690]；
当然[691]，〈你〉刚才所说的，更是不应将之抛开。

斐德若：你说得正确。

苏格拉底：那我们应当如下面这样来检查它吗？

斐德若：怎样？ 260a10

b ΣΩ. Εἴ σε πείθοιμι ἐγὼ πολεμίους ἀμύνειν κτησάμενον
ἵππον, ἄμφω δὲ ἵππον ἀγνοοῖμεν, τοσόνδε μέντοι τυγχάνοιμι
εἰδὼς περὶ σοῦ, ὅτι Φαῖδρος ἵππον ἡγεῖται τὸ τῶν ἡμέρων
ζῴων μέγιστα ἔχον ὦτα—

5 ΦΑΙ. Γελοῖόν γ’ ἄν, ὦ Σώκρατες, εἴη.

ΣΩ. Οὔπω γε· ἀλλ’ ὅτε δὴ σπουδῇ σε πείθοιμι, συντιθεὶς
λόγον ἔπαινον κατὰ τοῦ ὄνου, ἵππον ἐπονομάζων καὶ λέγων ὡς
παντὸς ἄξιον τὸ θρέμμα οἴκοι τε κεκτῆσθαι καὶ ἐπὶ στρατιᾶς,
ἀποπολεμεῖν τε χρήσιμον καὶ πρός γ’ ἐνεγκεῖν δυνατὸν
c σκεύη καὶ ἄλλα πολλὰ ὠφέλιμον.

ΦΑΙ. Παγγέλοιόν γ’ ἂν ἤδη εἴη.

ΣΩ. Ἆρ’ οὖν οὐ κρεῖττον γελοῖον καὶ φίλον ἢ δεινόν τε
καὶ ἐχθρὸν [εἶναι ἢ φίλον];

5 ΦΑΙ. Φαίνεται.

ΣΩ. Ὅταν οὖν ὁ ῥητορικὸς ἀγνοῶν ἀγαθὸν καὶ κακόν,
λαβὼν πόλιν ὡσαύτως ἔχουσαν πείθῃ, μὴ περὶ ὄνου σκιᾶς
ὡς ἵππου τὸν ἔπαινον ποιούμενος, ἀλλὰ περὶ κακοῦ ὡς
ἀγαθοῦ, δόξας δὲ πλήθους μεμελετηκὼς πείσῃ κακὰ πράττειν
10 ἀντ’ ἀγαθῶν, ποῖόν τιν’ ἂ⟨ν⟩ οἴει μετὰ ταῦτα τὴν ῥητορικὴν
d καρπὸν ὧν ἔσπειρε θερίζειν;

ΦΑΙ. Οὐ πάνυ γε ἐπιεικῆ.

ΣΩ. Ἆρ’ οὖν, ὦ ἀγαθέ, ἀγροικότερον τοῦ δέοντος λελοι-
δορήκαμεν τὴν τῶν λόγων τέχνην; ἢ δ’ ἴσως ἂν εἴποι· “Τί
5 ποτ’, ὦ θαυμάσιοι, ληρεῖτε; ἐγὼ γὰρ οὐδέν’ ἀγνοοῦντα
τἀληθὲς ἀναγκάζω μανθάνειν λέγειν, ἀλλ’, εἴ τι ἐμὴ
συμβουλή, κτησάμενον ἐκεῖνο οὕτως ἐμὲ λαμβάνειν· τόδε
δ’ οὖν μέγα λέγω, ὡς ἄνευ ἐμοῦ τῷ τὰ ὄντα εἰδότι οὐδέν τι
μᾶλλον ἔσται πείθειν τέχνῃ.

b 5 εἴη T W : om. B   b 6 οὔπω γε T : οὔποτε B   δὴ T : om. B
b 9 πρός γ’ ἐνεγκεῖν Thompson : προσενεγκεῖν B T   c 3 γελοῖον
καὶ φίλον legit Hermias : γελοῖον B T   c 4 εἶναι ἢ φίλον B T :
non legit Hermias   c 10 τιν’ ἂν Hirschig : τινα B T   d 1 ὦν
T W : ὂν B   d 2 γε B : om. T   d 5 οὐδένα T : οὐδὲν B
d 6 εἴ τι B : εἴ τις T   ἐμὴ ξυμβουλή B : ἐμῇ ξυμβουλῇ T : ἐμῇ ξυμ-
βουλῇ χρῆται Stephanus   d 7 κτησάμενον Vahlen : κτησάμενος B T
λαμβάνειν B T : λαμβάνει al.

苏格拉底：如果我劝说你通过弄到一匹马来御敌，但我们两人都不 260b1
识得马，只不过我对于你碰巧知道下面这么多，那就是：斐德若认为，
在那些温驯的动物中，马是那有着最长耳朵的……

斐德若：这无疑会是可笑的，苏格拉底啊。 260b5

苏格拉底：还根本没有〈说完〉呢；而当我热切地[692]劝说你，通
过构思一篇关于驴的颂词，将之命名为马并且说，拥有了该牲畜抵得上
一切[693]，无论是在家里还是在远征上[694]，它都是有用的，即〈能够用
来〉从它背上进行作战，此外还[695]能够托运装备，以及在其他许多的 260c1
方面也都是有益的。

斐德若：到那时肯定就会是完完全全地可笑了。

苏格拉底：那么，可笑而友好，岂不强于聪明却满怀敌意[696]？

斐德若：显然。 260c5

苏格拉底：因此，每当那精通修辞学的人，尽管他不识得善和恶，
却通过逮住一个〈同他〉处于同样情形的城邦来进行劝说——当然不是
对驴的影子[697]做一番颂扬，将之说成马的影子，而是就恶的影子进行
颂扬，将之说成善的影子，并且通过研究大众的意见来劝说该城邦作
恶，而不是行善——，那么，你认为，此后〈他的〉修辞术会[698]从它 260c10
所播下的那些种子那里收获[699]何种庄稼呢？ 260d1

斐德若：肯定是一种完全不合适的庄稼。

苏格拉底：那么，好人啊，就说话的技艺，同其应得的相比，我们
已经指责它过于粗暴了些吧？而它或许会说："你们这些令人奇怪的家
伙啊，你们究竟在胡说八道些什么呢？因为我根本就没有强迫任何一位 260d5
对真相无知的人去学习〈如何〉说话，相反——如果我的建议终究还有
点什么〈价值〉的话[700]——，当一个人已经取得了那东西[701]之后，由
此再来占有我。而我这样夸下海口[702]，那就是，如果没有我〈修辞术〉，
即使一个人知道诸是者，他依然将丝毫不[703]能凭借技艺来进行劝说。"

ΦΑΙ. Οὐκοῦν δίκαια ἐρεῖ, λέγουσα ταῦτα;　　　　　　　e

ΣΩ. Φημί, ἐὰν οἵ γ᾽ ἐπιόντες αὐτῇ λόγοι μαρτυρῶσιν
εἶναι τέχνη. ὥσπερ γὰρ ἀκούειν δοκῶ τινων προσιόντων καὶ
διαμαρτυρομένων λόγων, ὅτι ψεύδεται καὶ οὐκ ἔστι τέχνη
ἀλλ᾽ ἄτεχνος τριβή· τοῦ δὲ λέγειν, φησὶν ὁ Λάκων, ἔτυμος 5
τέχνη ἄνευ τοῦ ἀληθείας ἧφθαι οὔτ᾽ ἔστιν οὔτε μή ποτε
ὕστερον γένηται.

ΦΑΙ. Τούτων δεῖ τῶν λόγων, ὦ Σώκρατες· ἀλλὰ δεῦρο 261
αὐτοὺς παράγων ἐξέταζε τί καὶ πῶς λέγουσιν.

ΣΩ. Πάριτε δή, θρέμματα γενναῖα, καλλίπαιδά τε Φαῖ-
δρον πείθετε ὡς ἐὰν μὴ ἱκανῶς φιλοσοφήσῃ, οὐδὲ ἱκανός
ποτε λέγειν ἔσται περὶ οὐδενός. ἀποκρινέσθω δὴ ὁ Φαῖδρος. 5

ΦΑΙ. Ἐρωτᾶτε.

ΣΩ. Ἆρ᾽ οὖν οὐ τὸ μὲν ὅλον ἡ ῥητορικὴ ἂν εἴη τέχνη
ψυχαγωγία τις διὰ λόγων, οὐ μόνον ἐν δικαστηρίοις καὶ ὅσοι
ἄλλοι δημόσιοι σύλλογοι, ἀλλὰ καὶ ἐν ἰδίοις, ἡ αὐτὴ σμικρῶν
τε καὶ μεγάλων πέρι, καὶ οὐδὲν ἐντιμότερον τό γε ὀρθὸν περὶ b
σπουδαῖα ἢ περὶ φαῦλα γιγνόμενον; ἢ πῶς σὺ ταῦτ᾽ ἀκήκοας;

ΦΑΙ. Οὐ μὰ τὸν Δί᾽ οὐ παντάπασιν οὕτως, ἀλλὰ μάλιστα
μέν πως περὶ τὰς δίκας λέγεταί τε καὶ γράφεται τέχνῃ,
λέγεται δὲ καὶ περὶ δημηγορίας· ἐπὶ πλέον δὲ οὐκ ἀκήκοα. 5

ΣΩ. Ἀλλ᾽ ἦ τὰς Νέστορος καὶ Ὀδυσσέως τέχνας μόνον
περὶ λόγων ἀκήκοας, ἃς ἐν Ἰλίῳ σχολάζοντες συνεγραψάτην,
τῶν δὲ Παλαμήδους ἀνήκοος γέγονας;

ΦΑΙ. Καὶ ναὶ μὰ Δί᾽ ἔγωγε τῶν Νέστορος, εἰ μὴ c
Γοργίαν Νέστορά τινα κατασκευάζεις, ἤ τινα Θρασύμαχόν
τε καὶ Θεόδωρον Ὀδυσσέα.

ΣΩ. Ἴσως. ἀλλὰ γὰρ τούτους ἐῶμεν· σὺ δ᾽ εἰπέ, ἐν

ꞓ5 τοῦ δὲ ... ꞓ7 γένηται secl. Schleiermacher　　ꞓ5 φησὶν ὁ Λάκων
secl. Voegelin　　ἔτυμος τέχνη T W : ἔτοιμος B　　a 1 δεῖ T : δὴ B
λόγων ⟨ἀκροᾶσθαι⟩ H. Richards　　a 4 πείθετε T : πείθεται B　　ὡς
ἐὰν B : ἕως ἂν T　　b 4 τέχνῃ T : τέχνη B　　b 6 καὶ B : τε
καὶ T　　b 7 περὶ secl. Thompson　　σχολάζοντες B T W : σχο-
λάζοντε corr. Coisl.　　ꞓ 1 Νέστορος ⟨καὶ Ὀδυσσέως⟩ Herwerden
ꞓ 2 κατασκευάζεις T : κατασκευάζῃς B　　ꞓ 3 τε T : δὲ B

斐德若：那么它岂不在讲一些正当的事情，当它说这些时？　260e1

苏格拉底：我同意〈它在讲一些正当的事情〉，假如前去攻击它的那些说法其实证明了它是一门技艺的话。因为，我差不多好像听见了一些走上前去进行攻击和严重抗议的说法[704]，它们说它在进行诓骗，并且不是一门技艺，而是一种缺乏技艺的历练[705]。而一种关于说话的真正　260e5 技艺，拉孔人[706]说，如果没有对真的一种把握，那么，现在既不会有，将来也永不会出现。

斐德若：〈我们〉需要这些说法，苏格拉底啊。那么，就请你把它　261a1 们领到这儿来，以便盘问它们在说什么，以及怎么说。

苏格拉底：那就请你们走上前来，高贵的孩子们[707]！请你们说服这位有着美丽的儿女的斐德若[708]，那就是：如果他没有充分地热爱智慧[709]，那么，关于任何事情他都将从不能够充分地有所说。就让斐德若　261a5 来回答〈你们〉吧！

斐德若：你们〈这些高贵的孩子〉只管问！

苏格拉底：因此，整体地讲[710]，修辞术岂不会是一种通过言说来赢得人们的灵魂的技艺[711]——不仅在法庭和所有其他的公民集会上，而且在各种私人事情上，这同一门技艺既关乎各种小事，也关乎各种大　261b1 事，并且至少就正确〈运用〉而言，它不会在严肃的事情那儿就变得比在琐屑的事情那儿更值得重视——？或者你是如何听见这些事情的？

斐德若：宙斯在上，完完全全不是这样；相反，凭借技艺而来的说和写，无论如何都主要用在各种诉讼上，而〈凭借技艺而来的〉说也用　261b5 于那些在公民大会上所发表的演说。更多[712]我就未曾听说了。

苏格拉底：你竟然[713]只听说过涅斯托耳和奥德修斯关于言说的那些技艺——当他俩在伊利翁城[714]得空闲时写下了它们——，而未曾听说过帕拉墨得斯[715]〈所写下〉的那些？

斐德若：是的，宙斯在上，我甚至连涅斯托耳〈所写〉的那些〈都　261c1 没有听说过〉，除非你把高尔吉亚[716]当成了某位涅斯托耳，或者，也许把特剌绪马科斯[717]和忒俄多洛斯[718]当成了奥德修斯。

苏格拉底：也许吧。只不过让我们不要去理会这些；但请你说说，

5 δικαστηρίοις οἱ ἀντίδικοι τί δρῶσιν; οὐκ ἀντιλέγουσιν μεντοι;
ἢ τί φήσομεν;

ΦΑΙ. Τοῦτ' αὐτό.

ΣΩ. Περὶ τοῦ δικαίου τε καὶ ἀδίκου;

ΦΑΙ. Ναί.

10 ΣΩ. Οὐκοῦν ὁ τέχνῃ τοῦτο δρῶν ποιήσει φανῆναι τὸ
d αὐτὸ τοῖς αὐτοῖς τοτὲ μὲν δίκαιον, ὅταν δὲ βούληται, ἄδικον;

ΦΑΙ. Τί μήν;

ΣΩ. Καὶ ἐν δημηγορίᾳ δὴ τῇ πόλει δοκεῖν τὰ αὐτὰ τοτὲ
μὲν ἀγαθά, τοτὲ δ' αὖ τἀναντία;

5 ΦΑΙ. Οὕτως.

ΣΩ. Τὸν οὖν Ἐλεατικὸν Παλαμήδην λέγοντα οὐκ ἴσμεν
τέχνῃ, ὥστε φαίνεσθαι τοῖς ἀκούουσι τὰ αὐτὰ ὅμοια καὶ
ἀνόμοια, καὶ ἓν καὶ πολλά, μένοντά τε αὖ καὶ φερόμενα;

ΦΑΙ. Μάλα γε.

10 ΣΩ. Οὐκ ἄρα μόνον περὶ δικαστήριά τέ ἐστιν ἡ ἀντιλογικὴ
e καὶ περὶ δημηγορίαν, ἀλλ', ὡς ἔοικε, περὶ πάντα τὰ λεγόμενα
μία τις τέχνη, εἴπερ ἔστιν, αὕτη ἂν εἴη, ᾗ τις οἷός τ' ἔσται
πᾶν παντὶ ὁμοιοῦν τῶν δυνατῶν καὶ οἷς δυνατόν, καὶ ἄλλου
ὁμοιοῦντος καὶ ἀποκρυπτομένου εἰς φῶς ἄγειν.

5 ΦΑΙ. Πῶς δὴ τὸ τοιοῦτον λέγεις;

ΣΩ. Τῇδε δοκῶ ζητοῦσιν φανεῖσθαι. ἀπάτη πότερον ἐν
πολὺ διαφέρουσι γίγνεται μᾶλλον ἢ ὀλίγον;

262 ΦΑΙ. Ἐν τοῖς ὀλίγον.

ΣΩ. Ἀλλά γε δὴ κατὰ σμικρὸν μεταβαίνων μᾶλλον
λήσεις ἐλθὼν ἐπὶ τὸ ἐναντίον ἢ κατὰ μέγα.

ΦΑΙ. Πῶς δ' οὔ;

5 ΣΩ. Δεῖ ἄρα τὸν μέλλοντα ἀπατήσειν μὲν ἄλλον, αὐτὸν
δὲ μὴ ἀπατήσεσθαι, τὴν ὁμοιότητα τῶν ὄντων καὶ ἀνομοιότητν
ἀκριβῶς διειδέναι.

c 10 τέχνῃ T : τέχνη B (et mox)   d 1 βούληται ἄδικον B :
ἄδικον βούληται pr. T   d 7 φαίνεσθαι B T : δοκεῖν φαίνεσθαι vulg.
d 8 μένοντα T : μὲν ὄντα B   e 2 ᾗ τις corr. Coisl. : ἢ τις T : ἡ τις B
e 3 πᾶν παντὶ T : πάμπαν τί B   a 2 γε δὴ B : δὴ T : μὴν Galenus

在法庭上控辩双方在做什么呢？他们岂不就是在进行辩驳吗[719]？或者 261c5
我们该说什么？

斐德若：就是在做这件事。

苏格拉底：关乎公正和不公正？

斐德若：是的。

苏格拉底：那么，凭借技艺做这件事的人，他岂不将使得同一件事 261c10
对同一些人有时显得公正，有时则显得不公正，每当他愿意的话？ 261c10

斐德若：为何不呢？

苏格拉底：并且在公民大会上所发表的演说中，他也肯定将使得同
一些东西时而对城邦显得是善的，时而复又显得是与之相反的？

斐德若：是这样。 261d5

苏格拉底：那么，爱利亚人帕墨美得斯[720]，我们岂不也知道他凭借
技艺来讲话，以至于同一些东西对听者显得既是同又是异[721]，既是一又
是多，此外，既是静又是动？

斐德若：确实如此。

苏格拉底：因此，辩驳术不仅关乎法庭以及关乎在公民大会上所发 261d10
表的演说，而且，如看起来的那样，有着一门单一的技艺，假如确实有 261e1
的话，它会关乎所有被说出来的东西，凭借它，一个人将可以使得那些
能够〈变得相似于某种东西〉以及〈某个东西〉也能够〈变得相似于〉
它们的东西中的每个与每个相似[722]，并且当其他某个人如此弄出相似并
〈试图〉掩盖〈这种做法〉时，他也能够将之暴露在光天化日之下。

斐德若：你究竟为何如此这般地说呢？ 261e5

苏格拉底：在我看来，如果〈我们〉以下面这种方式来进行探究[723]，就
将变得一清二楚。欺骗更容易出现在那些差异大还是差异小的事物中[724]？

斐德若：在那些差异小的事物中。 262a1

苏格拉底：此外，如果你小步地[725]而不是大步地进行转移，那么，
你肯定将更不容易被觉察到走向了反面。

斐德若：那还用说？

苏格拉底：因此，一个人，如果他一方面打算欺骗他人，另一方面 262a5
自己又不想被人欺骗，那么，他就必须已经准确地识别出了诸是者之间
的相似和不相似。

ΦΑΙ. Ἀνάγκη μὲν οὖν.

ΣΩ. Ἦ οὖν οἷός τε ἔσται, ἀλήθειαν ἀγνοῶν ἑκάστου, τὴν τοῦ ἀγνοουμένου ὁμοιότητα σμικράν τε καὶ μεγάλην ἐν τοῖς 10 ἄλλοις διαγιγνώσκειν;

ΦΑΙ. Ἀδύνατον. b

ΣΩ. Οὐκοῦν τοῖς παρὰ τὰ ὄντα δοξάζουσι καὶ ἀπατωμένοις δῆλον ὡς τὸ πάθος τοῦτο δι' ὁμοιοτήτων τινῶν εἰσερρύη.

ΦΑΙ. Γίγνεται γοῦν οὕτως.

ΣΩ. Ἔστιν οὖν ὅπως τεχνικὸς ἔσται μεταβιβάζειν κατὰ 5 σμικρὸν διὰ τῶν ὁμοιοτήτων ἀπὸ τοῦ ὄντος ἑκάστοτε ἐπὶ τοὐναντίον ἀπάγων, ἢ αὐτὸς τοῦτο διαφεύγειν, ὁ μὴ ἐγνωρικὼς ὁ ἔστιν ἕκαστον τῶν ὄντων;

ΦΑΙ. Οὐ μή ποτε.

ΣΩ. Λόγων ἄρα τέχνην, ὦ ἑταῖρε, ὁ τὴν ἀλήθειαν μὴ c εἰδώς, δόξας δὲ τεθηρευκώς, γελοίαν τινά, ὡς ἔοικε, καὶ ἄτεχνον παρέξεται.

ΦΑΙ. Κινδυνεύει.

ΣΩ. Βούλει οὖν ἐν τῷ Λυσίου λόγῳ ὃν φέρεις, καὶ ἐν 5 οἷς ἡμεῖς εἴπομεν ἰδεῖν τι ὧν φαμεν ἀτέχνων τε καὶ ἐντέχνων εἶναι;

ΦΑΙ. Πάντων γέ που μάλιστα, ὡς νῦν γε ψιλῶς πως λέγομεν, οὐκ ἔχοντες ἱκανὰ παραδείγματα.

ΣΩ. Καὶ μὴν κατὰ τύχην γέ τινα, ὡς ἔοικεν, ἐρρηθήτην 10 τὼ λόγω ἔχοντέ τι παράδειγμα, ὡς ἂν ὁ εἰδὼς τὸ ἀληθὲς d προσπαίζων ἐν λόγοις παράγοι τοὺς ἀκούοντας. καὶ ἔγωγε, ὦ Φαῖδρε, αἰτιῶμαι τοὺς ἐντοπίους θεούς· ἴσως δὲ καὶ οἱ τῶν Μουσῶν προφῆται οἱ ὑπὲρ κεφαλῆς ᾠδοὶ ἐπιπεπνευκότες ἂν ἡμῖν εἶεν τοῦτο τὸ γέρας· οὐ γάρ που ἔγωγε τέχνης τινὸς 5 τοῦ λέγειν μέτοχος.

ΦΑΙ. Ἔστω ὡς λέγεις· μόνον δήλωσον ὃ φῄς.

ΣΩ. Ἴθι δή μοι ἀνάγνωθι τὴν τοῦ Λυσίου λόγου ἀρχήν.

b 5 μεταβιβάζειν T Galenus : μεταβιβάζει B   c 6 ἀτέχνων . . .
ἐντέχνων Heindorf : ἔτεχνόν . . . ἔντεχνον BT   d 1 τὼ λόγω T :
τῷ λόγῳ B

斐德若：那肯定是一种必然。

苏格拉底：那么，如果他不知道每个事物之真，那么，他将能够在 262a10
其他事物中分辨出那个不被〈他所〉知道的东西之相似性，究竟是小还
是大吗？

斐德若：不可能。 262b1

苏格拉底：因此，对于那些形成同诸是者相违背的意见并且受到欺
骗的人来说 726，显然这种遭受是由于一些相似性而悄悄溜进来的 727。

斐德若：的确就是这样发生的。

苏格拉底：因此，下面这点在何种方式上可能的，那就是，一个有 262b5
技艺的人，他每次都将能够借助一些相似性小步地〈把另外一个人〉引
向他处，以至于〈最终〉将之从是者那里引向其反面，或者他自己能够
逃脱这点，假如他本人却不识得诸是者中的每个是什么的话？

斐德若：从不可能。

苏格拉底：所以，朋友啊，一个人，如果他不知道真，而是追求了 262c1
一些意见，那么，他将展示出 728 一种可笑的关于言说的技艺，如看起
来的那样，其实是一种无技艺的〈历练而已〉。

斐德若：有可能 729。

苏格拉底：那么，你愿意在你带来的那篇吕西阿斯的讲辞中，以及 262c5
在我们俩 730 所说的〈那两篇讲辞〉中，看看是否有某种东西属于我们
宣称是无技艺的和有技艺的那些东西？

斐德若：肯定非常非常地愿意，既然我们现在无论如何都只是在干
巴巴地谈 731，因为我们没有一些充分的范例 732。

苏格拉底：其实由于某种运气，如看起来的那样，那两篇被说出来 262c10
的讲辞包含着〈下面这点的〉某种范例，那就是：一个人，如果他知道 262d1
真相，那他就能够通过玩弄言辞 733 来误导听众们。至于我，斐德若啊，
我肯定会将之归因于本地的一些神 734；但也许还有缪斯们的一些代言
人——即头顶上的那些歌唱者 735 ——，它们或许已经把这奖品 736 吹拂 262d5
给了我们 737；因为，无论如何我都肯定不分享关于言说的任何技艺 738。

斐德若：就让它如你说的那样；只不过你得阐明你所说的。

苏格拉底：好吧 739！那就请你对我读一读吕西阿斯的那篇讲辞的开头。

e   ΦΑΙ. "Περὶ μὲν τῶν ἐμῶν πραγμάτων ἐπίστασαι, καὶ ὡς νομίζω συμφέρειν ἡμῖν τούτων γενομένων, ἀκήκοας. ἀξιῶ δὲ μὴ διὰ τοῦτο ἀτυχῆσαι ὧν δέομαι, ὅτι οὐκ ἐραστὴς ὢν σοῦ τυγχάνω. ὡς ἐκείνοις μὲν τότε μεταμέλει"—

5   ΣΩ. Παῦσαι. τί δὴ οὖν οὗτος ἁμαρτάνει καὶ ἄτεχνον ποιεῖ λεκτέον· ἦ γάρ;

263   ΦΑΙ. Ναί.

ΣΩ. Ἆρ' οὖν οὐ παντὶ δῆλον τό γε τοιόνδε, ὡς περὶ μὲν ἔνια τῶν τοιούτων ὁμονοητικῶς ἔχομεν, περὶ δ' ἔνια στασιωτικῶς;

5   ΦΑΙ. Δοκῶ μὲν ὃ λέγεις μανθάνειν, ἔτι δ' εἰπὲ σαφέστερον.

ΣΩ. Ὅταν τις ὄνομα εἴπῃ σιδήρου ἢ ἀργύρου, ἆρ' οὐ τὸ αὐτὸ πάντες διενοήθημεν;

ΦΑΙ. Καὶ μάλα.

ΣΩ. Τί δ' ὅταν δικαίου ἢ ἀγαθοῦ; οὐκ ἄλλος ἄλλῃ
10 φέρεται, καὶ ἀμφισβητοῦμεν ἀλλήλοις τε καὶ ἡμῖν αὐτοῖς;

ΦΑΙ. Πάνυ μὲν οὖν.

b   ΣΩ. Ἐν μὲν ἄρα τοῖς συμφωνοῦμεν, ἐν δὲ τοῖς οὔ.

ΦΑΙ. Οὕτω.

ΣΩ. Ποτέρωθι οὖν εὐαπατητότεροί ἐσμεν, καὶ ἡ ῥητορικὴ ἐν ποτέροις μεῖζον δύναται;

5   ΦΑΙ. Δῆλον ὅτι ἐν οἷς πλανώμεθα.

ΣΩ. Οὐκοῦν τὸν μέλλοντα τέχνην ῥητορικὴν μετιέναι πρῶτον μὲν δεῖ ταῦτα ὁδῷ διῃρῆσθαι, καὶ εἰληφέναι τινὰ χαρακτῆρα ἑκατέρου τοῦ εἴδους, ἐν ᾧ τε ἀνάγκη τὸ πλῆθος πλανᾶσθαι καὶ ἐν ᾧ μή.

c   ΦΑΙ. Καλὸν γοῦν ἄν, ὦ Σώκρατες, εἶδος εἴη κατανενοηκὼς ὁ τοῦτο λαβών.

ΣΩ. Ἔπειτά γε οἶμαι πρὸς ἑκάστῳ γιγνόμενον μὴ λανθάνειν ἀλλ' ὀξέως αἰσθάνεσθαι περὶ οὗ ἂν μέλλῃ ἐρεῖν
5 ποτέρου ὂν τυγχάνει τοῦ γένους.

斐德若："关于我的情况，你虽然知晓，并且我认为它对我俩都有 262e1
好处——如果它真的发生了的话——，这你也已经听说了，但我仍然指
望我不会由此而不能得到我所要求的，就因为我恰好不是你的爱慕者。
因为，一方面，那些〈爱慕者〉那时会后悔……"

苏格拉底：请你停一停！那么，这人究竟犯了什么错误以及没有技 262e5
艺地做了什么，现在必须得说说，是这样吗？

斐德若：是的。 263a1

苏格拉底：那么，诸如下面这样的事情岂不对于每个人来说都定
然是显而易见的，那就是：关于〈我正要说的〉诸如此类的事情中的一
些，我们是一条心，而关于另外一些，则起了纷争？

斐德若：我虽然认为明白你所说的，但还得请你说得更清楚些。 263a5

苏格拉底：每当一个人说到语词铁或银时[740]，我们所有人岂不想到
同样的东西？

斐德若：的确。

苏格拉底：然后呢，每当说到语词公正或良善时？岂不就各奔东西
了[741]，并且我们不仅彼此争论，而且我们自己也同自己争论？ 263a10

斐德若：完全如此。

苏格拉底：因此，在一些事情上我们同声同气，在一些事情上则不。 263b1

斐德若：是这样。

苏格拉底：那么，在这两方面的哪一方面我们是更容易受欺骗的，
并且修辞术在哪些事情上有着更大的权能？

斐德若：显然在我们对之感到困惑的那些事情上[742]。 263b5

苏格拉底：因此，一个人，如果他打算探寻一种修辞的技艺，那
么，他就首先必须已经在方法上[743]区分开了这些事情，并且已经把握
住了大众于其中必然对之感到困惑或者于其中对之不感到困惑的这两个
种类各自的某种特征[744]。

斐德若：无论如何，苏格拉底啊，一个把握到这点的人，他确实就 263c1
已经洞悉了某一美的种类[745]。

苏格拉底：其次，我认为，当他靠近每一事物时，他不能没有注
意到，而是必须敏锐地觉察到下面这点，即他打算对之有所说的那种东
西，恰好属于那两类东西中的哪一类。 263c5

ΦΑΙ. Τί μήν;

ΣΩ. Τί οὖν; τὸν ἔρωτα πότερον φῶμεν εἶναι τῶν ἀμφισβητησίμων ἢ τῶν μή;

ΦΑΙ. Τῶν ἀμφισβητησίμων δήπου· ἦ οἴει ἄν σοι ἐγχω- ρῆσαι εἰπεῖν ἃ νυνδὴ εἶπες περὶ αὐτοῦ, ὡς βλάβη τέ ἐστι 10 τῷ ἐρωμένῳ καὶ ἐρῶντι, καὶ αὖθις ὡς μέγιστον ⟨ὂν⟩ τῶν ἀγαθῶν τυγχάνει;

ΣΩ. Ἄριστα λέγεις· ἀλλ' εἰπὲ καὶ τόδε—ἐγὼ γάρ τοι d διὰ τὸ ἐνθουσιαστικὸν οὐ πάνυ μέμνημαι—εἰ ὡρισάμην ἔρωτα ἀρχόμενος τοῦ λόγου.

ΦΑΙ. Νὴ Δία ἀμηχάνως γε ὡς σφόδρα.

ΣΩ. Φεῦ, ὅσῳ λέγεις τεχνικωτέρας Νύμφας τὰς Ἀχελῴου 5 καὶ Πᾶνα τὸν Ἑρμοῦ Λυσίου τοῦ Κεφάλου πρὸς λόγους εἶναι. ἢ οὐδὲν λέγω, ἀλλὰ καὶ ὁ Λυσίας ἀρχόμενος τοῦ ἐρωτικοῦ ἠνάγκασεν ἡμᾶς ὑπολαβεῖν τὸν Ἔρωτα ἕν τι τῶν ὄντων ὃ αὐτὸς ἐβουλήθη, καὶ πρὸς τοῦτο ἤδη συνταξάμενος πάντα τὸν e ὕστερον λόγον διεπεράνατο; βούλει πάλιν ἀναγνῶμεν τὴν ἀρχὴν αὐτοῦ;

ΦΑΙ. Εἰ σοί γε δοκεῖ· ὃ μέντοι ζητεῖς οὐκ ἔστ' αὐτόθι.

ΣΩ. Λέγε, ἵνα ἀκούσω αὐτοῦ ἐκείνου. 5

ΦΑΙ. " Περὶ μὲν τῶν ἐμῶν πραγμάτων ἐπίστασαι, καὶ ὡς νομίζω συμφέρειν ἡμῖν τούτων γενομένων, ἀκήκοας. ἀξιῶ δὲ μὴ διὰ τοῦτο ἀτυχῆσαι ὧν δέομαι, ὅτι οὐκ ἐραστὴς ὢν 264 σοῦ τυγχάνω. ὡς ἐκείνοις μὲν τότε μεταμέλει ὧν ἂν εὖ ποιήσωσιν, ἐπειδὰν τῆς ἐπιθυμίας παύσωνται"—

ΣΩ. Ἦ πολλοῦ δεῖν ἔοικε ποιεῖν ὅδε γε ὁ ζητοῦμεν, ὃς οὐδὲ ἀπ' ἀρχῆς ἀλλ' ἀπὸ τελευτῆς ἐξ ὑπτίας ἀνάπαλιν διανεῖν 5 ἐπιχειρεῖ τὸν λόγον, καὶ ἄρχεται ἀφ' ὧν πεπαυμένος ἂν ἤδη

斐德若：为何不呢？

苏格拉底：那然后呢？我们会说，爱欲是属于那些有争议的东西，还是属于那些没有争议的东西？

斐德若：肯定属于那些有争议的东西；否则你认为能容许你说[746] 你刚才对之所说的那些，即〈一方面你说〉它对于被怀有爱欲的人和怀有爱欲的人来说都是一种祸害，另一方面〈你又说〉在各种美好的东西中它其实是[747] 最大的。 263c10

苏格拉底：你说得非常好；但请你也说说下面这点——因为，由于被神附体[748]，我的确已经完全不记得了——，那就是，我是否曾定义过爱欲，当我开始〈我的〉讲辞时[749]。 263d1

斐德若：宙斯在上，你确实极其不同寻常地〈定义过〉。

苏格拉底：哎呀，你在说那些仙女们，即阿刻罗俄斯的那些女儿们，以及潘，赫尔墨斯的儿子[750]，他们在言辞方面比克法洛斯的儿子吕西阿斯有技艺得多了。或者莫非我在胡说，其实吕西阿斯，当他开始〈他的那篇〉关于爱欲的〈讲辞〉时，他也就已经迫使我们把厄洛斯接受为诸是者中他本人所意愿的某一是者，并且通过着眼于这点来进行组织而完成了整个随后的讲辞？你愿意我们再次来读一读那篇讲辞的开头吗？ 263d5 263e1

斐德若：如果在你看来确实〈需要〉话；但你所寻找的岂不就在这儿？

苏格拉底：你读吧！以便我能听听那人自己〈是如何说的〉。 263e5

斐德若："关于我的情况，你虽然知晓，并且我认为它对我俩都有好处——如果它真的发生了的话——，这你也已经听说了。但我仍然指望我不会由此而不能得到我所要求的，就因为我恰好不是你的爱慕者。因为，一方面，那些〈爱慕者〉那时会后悔他们已经〈对你〉行的那些好事，一旦他们终止了欲望。"…… 264a1

苏格拉底：毫无疑问[751]，这人似乎远远没有做成我们正寻找的那种事情，他根本不是从开始处，而是从结尾处出发，尝试反过来逆向地游过讲辞[752]，并且他从一个爱慕者已经在结束〈其讲话〉时才会对其心爱的少年说的那样一些事情来开始〈他的讲辞〉。或者我在胡说八道，斐 264a5

ὁ ἐραστὴς λέγοι πρὸς τὰ παιδικά. ἢ οὐδὲν εἶπον, Φαῖδρε, φίλη κεφαλή;

b ΦΑΙ. Ἔστιν γέ τοι δή, ὦ Σώκρατες, τελευτή, περὶ οὗ τὸν λόγον ποιεῖται.

ΣΩ. Τί δὲ τἆλλα; οὐ χύδην δοκεῖ βεβλῆσθαι τὰ τοῦ λόγου; ἢ φαίνεται τὸ δεύτερον εἰρημένον ἔκ τινος ἀνάγκης
5 δεύτερον δεῖν τεθῆναι, ἤ τι ἄλλο τῶν ῥηθέντων; ἐμοὶ μὲν γὰρ ἔδοξεν, ὡς μηδὲν εἰδότι, οὐκ ἀγεννῶς τὸ ἐπιὸν εἰρῆσθαι τῷ γράφοντι· σὺ δ' ἔχεις τινὰ ἀνάγκην λογογραφικὴν ᾗ ταῦτα ἐκεῖνος οὕτως ἐφεξῆς παρ' ἄλληλα ἔθηκεν;

ΦΑΙ. Χρηστὸς εἶ, ὅτι με ἡγῇ ἱκανὸν εἶναι τὰ ἐκείνου
c οὕτως ἀκριβῶς διιδεῖν.

ΣΩ. Ἀλλὰ τόδε γε οἶμαί σε φάναι ἄν, δεῖν πάντα λόγον ὥσπερ ζῷον συνεστάναι σῶμά τι ἔχοντα αὐτὸν αὑτοῦ, ὥστε μήτε ἀκέφαλον εἶναι μήτε ἄπουν, ἀλλὰ μέσα τε ἔχειν καὶ
5 ἄκρα, πρέποντα ἀλλήλοις καὶ τῷ ὅλῳ γεγραμμένα.

ΦΑΙ. Πῶς γὰρ οὔ;

ΣΩ. Σκέψαι τοίνυν τὸν τοῦ ἑταίρου σου λόγον εἴτε οὕτως εἴτε ἄλλως ἔχει, καὶ εὑρήσεις τοῦ ἐπιγράμματος οὐδὲν διαφέροντα, ὃ Μίδᾳ τῷ Φρυγί φασίν τινες ἐπιγεγράφθαι.

d ΦΑΙ. Ποῖον τοῦτο, καὶ τί πεπονθός;

ΣΩ. Ἔστι μὲν τοῦτο τόδε——

Χαλκῆ παρθένος εἰμί, Μίδα δ' ἐπὶ σήματι κεῖμαι.
ὄφρ' ἂν ὕδωρ τε νάῃ καὶ δένδρεα μακρὰ τεθήλῃ,
5 αὐτοῦ τῇδε μένουσα πολυκλαύτου ἐπὶ τύμβου,
ἀγγελέω παριοῦσι Μίδας ὅτι τῇδε τέθαπται.

e ὅτι δ' οὐδὲν διαφέρει αὐτοῦ πρῶτον ἢ ὕστατόν τι λέγεσθαι, ἐννοεῖς που, ὡς ἐγᾦμαι.

ΦΑΙ. Σκώπτεις τὸν λόγον ἡμῶν, ὦ Σώκρατες.

ΣΩ. Τοῦτον μὲν τοίνυν, ἵνα μὴ σὺ ἄχθῃ, ἐάσωμεν——

a 7 ἐραστὴς recc. : ἐρασθεὶς ΒΤ   b 5 δεῖν secl. Madvig : δὴ
Schanz   b 9 με Τ: μὴ Β   c 3 σῶμά τι t: σώματι ΒΤ
c 4 μήτε ἀκέφαλον Τ : μὴ τὸ ἀκέφαλον Β   d 3 μίδα Τ: μίδᾳ Β
e 3 ἡμῶν Β: om. Τ

德若，你这可爱的脑袋瓜[753]？

　　斐德若：毫无疑问，苏格拉底啊，他的那番讲话所涉及的，的确是 264b1
一个结尾。

　　苏格拉底：然后其他的呢？该讲辞的各个部分岂不看起来被杂乱
无章地扔了出来？或者显得这样，即那在第二个位置被说的事情基于某
种必然而必须被置于第二个位置，抑或其他任何被说的事情〈也当同样 264b5
如此〉？因为，虽然在我看来——作为一个对之一无所知的人[754]——，
这位作者只不过并不低劣说了对他所发生的事情[755]，但你知道[756]讲辞
写作的某种必然规则[757]，按照它，那人按彼此间的这样一种顺序来安排
〈他所说的〉那些事情。

　　斐德若：你够好了，认为我[758]有能力如此准确地看穿那人〈所做 264c1
的〉那些事情。

　　苏格拉底：但我认为你至少会这样说，那就是：每一篇讲辞都应当
像一个活物那样构成，由于它有着它自己的某种身体，从而既不是无头
的，也不是无脚的，而是既有中间，又有两头，在彼此之间以及在整体 264c5
上都写得恰如其分。

　　斐德若：那还用说？

　　苏格拉底：那好，请你看看你那位伙伴的讲辞，它是这个样子呢，
还是另外的样子；并且你将发现它与下面那个碑文并无任何的不同，一
些人说该碑文是写给弗里基亚人弥达斯[759]的。

　　斐德若：那是一个什么样的碑文，并且它的情况是怎样[760]？ 264d1

　　苏格拉底：那碑文是这样：

　　　　我是一位铜铸的少女，守卧在弥达斯的坟旁。
　　　　只要泉水还在流淌，大树还在抽芽，
　　　　我就会留在这儿[761]，于墓边长泪汪汪[762]， 264d1
　　　　我将向路人们宣告，弥达斯已埋骨于此[763]。

　　而它的任何部分无论是首先被说，还是最后被说，这都并无任何不 264e1
同[764]，我认为你肯定注意到了这点。

　　斐德若：你在嘲讽我们的讲辞，苏格拉底啊。

　　苏格拉底：好吧，一方面，那就让我们将这放到一边，免得你感到

καίτοι συχνά γε ἔχειν μοι δοκεῖ παραδείγματα πρὸς ἅ τις 5
βλέπων ὀνίναιτ' ἄν, μιμεῖσθαι αὐτὰ ἐπιχειρῶν μὴ πάνυ τι—
εἰς δὲ τοὺς ἑτέρους λόγους ἴωμεν. ἦν γάρ τι ἐν αὐτοῖς, ὡς
δοκῶ, προσῆκον ἰδεῖν τοῖς βουλομένοις περὶ λόγων σκοπεῖν.

ΦΑΙ. Τὸ ποῖον δὴ λέγεις; 265

ΣΩ. Ἐναντίω που ἤστην· ὁ μὲν γὰρ ὡς τῷ ἐρῶντι, ὁ δ᾽
ὡς τῷ μὴ δεῖ χαρίζεσθαι, ἐλεγέτην.

ΦΑΙ. Καὶ μάλ᾽ ἀνδρικῶς.

ΣΩ. Ὤιμην σε τἀληθὲς ἐρεῖν, ὅτι μανικῶς· ὃ μέντοι 5
ἐζήτουν ἐστὶν αὐτὸ τοῦτο. μανίαν γάρ τινα ἐφήσαμεν εἶναι
τὸν ἔρωτα. ἦ γάρ;

ΦΑΙ. Ναί.

ΣΩ. Μανίας δέ γε εἴδη δύο, τὴν μὲν ὑπὸ νοσημάτων
ἀνθρωπίνων, τὴν δὲ ὑπὸ θείας ἐξαλλαγῆς τῶν εἰωθότων 10
νομίμων γιγνομένην.

ΦΑΙ. Πάνυ γε. b

ΣΩ. Τῆς δὲ θείας τεττάρων θεῶν τέτταρα μέρη διελόμενοι,
μαντικὴν μὲν ἐπίπνοιαν Ἀπόλλωνος θέντες, Διονύσου δὲ
τελεστικήν, Μουσῶν δ᾽ αὖ ποιητικήν, τετάρτην δὲ Ἀφροδίτης
καὶ Ἔρωτος, ἐρωτικὴν μανίαν ἐφήσαμέν τε ἀρίστην εἶναι, 5
καὶ οὐκ οἶδ᾽ ὅπῃ τὸ ἐρωτικὸν πάθος ἀπεικάζοντες, ἴσως
μὲν ἀληθοῦς τινος ἐφαπτόμενοι, τάχα δ᾽ ἂν καὶ ἄλλοσε
παραφερόμενοι, κεράσαντες οὐ παντάπασιν ἀπίθανον λόγον,
μυθικόν τινα ὕμνον προσεπαίσαμεν μετρίως τε καὶ εὐφήμως c
τὸν ἐμόν τε καὶ σὸν δεσπότην Ἔρωτα, ὦ Φαῖδρε, καλῶν
παίδων ἔφορον.

ΦΑΙ. Καὶ μάλα ἔμοιγε οὐκ ἀηδῶς ἀκοῦσαι.

ΣΩ. Τόδε τοίνυν αὐτόθεν λάβωμεν, ὡς ἀπὸ τοῦ ψέγειν 5
πρὸς τὸ ἐπαινεῖν ἔσχεν ὁ λόγος μεταβῆναι.

ΦΑΙ. Πῶς δὴ οὖν αὐτὸ λέγεις;

e 6 βλέπων ⟨μὲν⟩ . . . μιμεῖσθαι ⟨δ᾽⟩ Herwerden   e 7 ἑτέρους
T : ἑταίρους B   b 2 τεττάρων θεῶν secl. Schanz   b 5 τε
B T : om. Stobaeus   b 8 λόγον corr. Par. 1808 : λόγου B T
c 4 ἔμοιγε B : ἐμοὶ μὲν T

不快——尽管在我看来，它肯定还包含着许多的范例，一个人看看它们 264e5
兴许会从中收益，只不过无论如何都绝不[765]要尝试去模仿它们——；
另一方面，让我们前往另外两篇讲辞[766]。因为在我看来，在它们中确实
有着某种适合于那些希望对各种言说进行考察的人看的东西。

斐德若：你究竟在说何种东西？   265a1

苏格拉底：那两篇讲辞无论如何都是相反的；一篇说应当使那怀有
爱欲的人感到满意，另一篇则说应当使那没有怀有爱欲的人感到满意。

斐德若：而且都还说得式男子般气概似的。

苏格拉底：我曾以为你会说出真相，即〈都还说得式〉迷狂似的；265a5
当然，这恰恰就是我所探寻的那种事情。因为我们曾宣称，爱是一种迷
狂。是这样吗？

斐德若：是。

苏格拉底：然而，迷狂肯定有两种形式：一种是被属人的各种疾病
所引起的，另一种则是被一种神圣的彻底改变——即背离各种习以为常 265a10
的规矩——所造成的。

斐德若：完全如此。   265b1

苏格拉底：而神圣的迷狂，当我们根据四位神通过下面这样来将之
分成四个部分之后——即把预言中的迷狂确定为来自阿波罗的灵感，把
秘仪中的迷狂确定为来自狄俄尼索斯的灵感，此外把诗艺中的迷狂确定
为来自缪斯们的灵感，而把第四种迷狂确定为来自阿佛洛狄忒和厄洛斯
的灵感[767]——，我们宣称由爱欲所引起的迷狂[768]是最好的；并且由于 265b5
我们以我所不知道的某种方式描摹了由爱欲所引起的状态——也许我们
触碰到了某种真相，但也有可能我们在别处走上了歧路——，当我们合
成出一篇并非完全令人难以信服的讲辞之后，我们适度且虔诚地[769]对 265c1
我和你的主人厄洛斯礼赞某种神话般的颂歌[770]，斐德若啊，他是那些俊
美少年的监护者。

斐德若：至少我能够听得非常愉快[771]。

苏格拉底：那么，让我们立即[772]来把握下面这点，那就是：讲辞 265c5
如何能够从责难转变为赞美。

斐德若：你究竟为何这么说？

ΣΩ. Ἐμοὶ μὲν φαίνεται τὰ μὲν ἄλλα τῷ ὄντι παιδιᾷ
πεπαῖσθαι· τούτων δέ τινων ἐκ τύχης ῥηθέντων δυοῖν εἰδοῖν,
d εἰ αὐτοῖν τὴν δύναμιν τέχνῃ λαβεῖν δύναιτό τις, οὐκ ἄχαρι.

ΦΑΙ. Τίνων δή;

ΣΩ. Εἰς μίαν τε ἰδέαν συνορῶντα ἄγειν τὰ πολλαχῇ
διεσπαρμένα, ἵνα ἕκαστον ὁριζόμενος δῆλον ποιῇ περὶ οὗ ἂν
5 ἀεὶ διδάσκειν ἐθέλῃ. ὥσπερ τὰ νυνδὴ περὶ Ἔρωτος—ὃ ἔστιν
ὁρισθέν—εἴτ' εὖ εἴτε κακῶς ἐλέχθη, τὸ γοῦν σαφὲς καὶ τὸ
αὐτὸ αὑτῷ ὁμολογούμενον διὰ ταῦτα ἔσχεν εἰπεῖν ὁ λόγος.

ΦΑΙ. Τὸ δ' ἕτερον δὴ εἶδος τί λέγεις, ὦ Σώκρατες;

e ΣΩ. Τὸ πάλιν κατ' εἴδη δύνασθαι διατέμνειν κατ' ἄρθρα
ᾗ πέφυκεν, καὶ μὴ ἐπιχειρεῖν καταγνύναι μέρος μηδέν, κακοῦ
μαγείρου τρόπῳ χρώμενον· ἀλλ' ὥσπερ ἄρτι τὼ λόγω τὸ
μὲν ἄφρον τῆς διανοίας ἕν τι κοινῇ εἶδος ἐλαβέτην, ὥσπερ
266 δὲ σώματος ἐξ ἑνὸς διπλᾶ καὶ ὁμώνυμα πέφυκε, σκαιά, τὰ δὲ
δεξιὰ κληθέντα, οὕτω καὶ τὸ τῆς παρανοίας ὡς ⟨ἓν⟩ ἐν ἡμῖν
πεφυκὸς εἶδος ἡγησαμένω τὼ λόγω, ὁ μὲν τὸ ἐπ' ἀριστερὰ
τεμνόμενος μέρος, πάλιν τοῦτο τέμνων οὐκ ἐπανῆκεν πρὶν ἐν
5 αὐτοῖς ἐφευρὼν ὀνομαζόμενον σκαιόν τινα ἔρωτα ἐλοιδόρησεν
μάλ' ἐν δίκῃ, ὁ δ' εἰς τὰ ἐν δεξιᾷ τῆς μανίας ἀγαγὼν ἡμᾶς,
ὁμώνυμον μὲν ἐκείνῳ, θεῖον δ' αὖ τινα ἔρωτα ἐφευρὼν καὶ
b προτεινάμενος ἐπήνεσεν ὡς μεγίστων αἴτιον ἡμῖν ἀγαθῶν.

ΦΑΙ. Ἀληθέστατα λέγεις.

ΣΩ. Τούτων δὴ ἔγωγε αὐτός τε ἐραστής, ὦ Φαῖδρε, τῶν
διαιρέσεων καὶ συναγωγῶν, ἵνα οἷός τε ὦ λέγειν τε καὶ
5 φρονεῖν· ἐάν τέ τιν' ἄλλον ἡγήσωμαι δυνατὸν εἰς ἓν καὶ ἐπὶ

c8 παιδιᾷ T : παιδία B   c9 πεπαῖσθαι T : πεπέσθαι B   τινῶν
. . . ῥηθέντων] τι νῶν . . . ῥηθὲν τὸ τοῖν Badham   εἰδοῖν] εἰδῶν
Galenus   d1 αὐτοῖν BT : αὐτὴν vulg.   d5 τὰ BT : τὸ Schanz
d8 δὴ T : μὴ B   e1 κατ' BT : καὶ τὰ Madvig   διατέμνειν T
Stobaeus Galenus : τέμνειν B   a1 σώματος BT : σώματι Stobaeus
πέφυκε σκαιά T Stobaeus : πέφυκες καὶ ἅ B   τὰ δὲ Stobaeus :
τάδε ἢ BT   a2 παρανοίας BT : παροινίας Stobaeus   ἐν ἐν
Heindorf : ἐν BT : ἐν al. : om. Stobaeus   ἡμῖν T Stobaeus : ὑμῖν B
a3 τὸ BT : om. Stobaeus   a4 ἐπανῆκεν BT : ἀνῆκεν Stobaeus
ἐν αὐτοῖς BT : ἑαυτοῖς Stobaeus   a7 καὶ secl. Badham

苏格拉底：在我看来，一方面，其他的东西事实上都只是在以儿戏的方式开玩笑而已；另一方面，就这些出于某种运气而被说出来的东西中的两种形式，如果一个人能够凭借技艺把握到它俩的力量，那不会是不美妙的[773]。 265d1

斐德若：究竟哪两种形式？

苏格拉底：〈首先〉一个人凭借把那些分散在许多地方的东西放在一起看而把它们带往单一的理念，以便通过定义每一个东西而显明他每次想教授的那种东西。就像刚才关于爱欲[774]所说的——只有当其所是被定义之后[775]——，不管说得好，还是说得坏，〈我们的〉讲辞由此才能够说出那无论如何都一清二楚的东西以及那自身与自身相一致的东西[776]。 265d5

斐德若：那么，你说另外一种形式是什么，苏格拉底啊？

苏格拉底：其次，他又能够依照诸形式根据自然而来的诸关节[777]来进行切开，并且不会尝试如一位拙劣屠夫的那种方式行事而把任何一个部分打碎。相反，正如刚才〈我的〉那两篇讲辞把思想的狂乱共同地把握为某种单一的形式[778]——就像从一副身体那里生来就长出了成对的且同名的东西那样，一些被称作左边的，一些则被称作右边的——，同样地，〈我的〉那两篇讲辞也把这疯狂[779]视为生来就位于我们身上的某种单一的形式[780]；第一篇讲辞切分在左边的那个部分，它一直这样切下去，不会停止，直到它由于在那些〈切下来的〉部分中发现了被称作左边的某种爱欲[781]而极其正当地将之指责一番为止[782]；第二篇讲辞则把我们引向迷狂在右边的那些部分，一旦它发现并提取出某种爱欲——它虽与〈左边的〉那种爱欲同名，但复又是神圣的——，它就将之赞美为我们那些最大的善的原因。 265e1 266a1 266a5 266b1

斐德若：你说得非常正确。

苏格拉底：无论如何我自己都肯定是这些事情一位热爱者，斐德若啊，即各种划分和结合的〈一位热爱者〉，为了我能够进行言说和思考[783]；而如果我认为某一其他的人也有能力既着眼于一又看向那自然 266b5

πολλὰ πεφυκόθ᾽ ὁρᾶν, τοῦτον διώκω " κατόπισθε μετ᾽
ἴχνιον ὥστε θεοῖο." καὶ μέντοι καὶ τοὺς δυναμένους αὐτὸ
δρᾶν εἰ μὲν ὀρθῶς ἢ μὴ προσαγορεύω, θεὸς οἶδε, καλῶ δὲ
οὖν μέχρι τοῦδε διαλεκτικούς. τὰ δὲ νῦν παρὰ σοῦ τε καὶ c
Λυσίου μαθόντας εἰπὲ τί χρὴ καλεῖν· ἢ τοῦτο ἐκεῖνό ἐστιν ἡ
λόγων τέχνη, ᾗ Θρασύμαχός τε καὶ οἱ ἄλλοι χρώμενοι σοφοὶ
μὲν αὐτοὶ λέγειν γεγόνασιν, ἄλλους τε ποιοῦσιν, οἳ ἂν
δωροφορεῖν αὐτοῖς ὡς βασιλεῦσιν ἐθέλωσιν; 5

ΦΑΙ. Βασιλικοὶ μὲν ἄνδρες, οὐ μὲν δὴ ἐπιστήμονές γε ὧν
ἐρωτᾷς. ἀλλὰ τοῦτο μὲν τὸ εἶδος ὀρθῶς ἔμοιγε δοκεῖς καλεῖν,
διαλεκτικὸν καλῶν· τὸ δὲ ῥητορικὸν δοκεῖ μοι διαφεύγειν ἔθ᾽
ἡμᾶς.

ΣΩ. Πῶς φῄς; καλόν πού τι ἂν εἴη, ὃ τούτων ἀπο- d
λειφθὲν ὅμως τέχνῃ λαμβάνεται; πάντως δ᾽ οὐκ ἀτιμαστέον
αὐτὸ σοί τε καὶ ἐμοί, λεκτέον δὲ τί μέντοι καὶ ἔστι τὸ
λειπόμενον τῆς ῥητορικῆς.

ΦΑΙ. Καὶ μάλα που συχνά, ὦ Σώκρατες, τά γ᾽ ἐν τοῖς 5
βιβλίοις τοῖς περὶ λόγων τέχνης γεγραμμένοις.

ΣΩ. [Καὶ] καλῶς γε ὑπέμνησας. προοίμιον μὲν οἶμαι
πρῶτον ὡς δεῖ τοῦ λόγου λέγεσθαι ἐν ἀρχῇ· ταῦτα λέγεις
—ἢ γάρ;—τὰ κομψὰ τῆς τέχνης;

ΦΑΙ. Ναί. e

ΣΩ. Δεύτερον δὲ δὴ διήγησίν τινα μαρτυρίας τ᾽ ἐπ᾽
αὐτῇ, τρίτον τεκμήρια, τέταρτον εἰκότα· καὶ πίστωσιν
οἶμαι καὶ ἐπιπίστωσιν λέγειν τόν γε βέλτιστον λογοδαί-
δαλον Βυζάντιον ἄνδρα. 5

ΦΑΙ. Τὸν χρηστὸν λέγεις Θεόδωρον;

ΣΩ. Τί μήν; καὶ ἔλεγχόν γε καὶ ἐπεξέλεγχον ὡς 267
ποιητέον ἐν κατηγορίᾳ τε καὶ ἀπολογίᾳ. τὸν δὲ κάλλιστον

b 7 πεφυκόθ᾽] πεφυκὸς B T Stobaeus : πεφυκότα vulg. b 9 ἢ μὴ
T : εἰ μὴ B c 1 δὲ νῦν B : νῦν δὲ T c 2 μαθόντας B : μαθόντες T :
μαθόντα H. Richards c 6 ἄνδρες Bekker : ἄνδρες B T c 7 τὸ T :
om. B d 7 καὶ secl. Hirschig d 8 ἐν ἀρχῇ T : ἐπ᾽ ἀρχῇ B :
secl. ci. Schanz θ 4 λογοδαίδαλον T (et legit Cicero) : λόγον
δαίδαλον B : λόγων Δαίδαλον Winckelmann

而然的多 [784]，那么我就会追随这人，"在后面跟随〈他的〉足迹，就像〈跟随〉一位神的〈足迹〉似的。" [785] 当然，至于那些确实有能力做这件事的人，我是在正确地还是不正确地称呼他们，〈唯有〉神知道，但 266c1 至少到目前为止 [786] 我都称这些人为善于对话的人 [787]。但现在 [788] 请告诉〈我们〉，当我们从你和吕西阿斯那儿进行学习后，〈我们〉应当将他们称作什么 [789]；抑或这就是那种东西，即关乎各种言说的技艺，通过运用它，特刺绪马科斯以及其他一些人，不仅自己已经变得在言说方面是智慧的，而且还使得其他人如此——如果他们愿意对这些人就像对国王 266c5 们一样送上礼物的话？

斐德若：虽然这些人〈显得是〉王者似的，但无论如何他们都肯定对你正在问的那些东西是无知识的。不过，一方面，你的确对我显得正确地称呼了这种形式，当你把它称作善于对话的〈形式〉时；另一方面，修辞术的〈形式〉对我显得还是逃离了我们。

苏格拉底：你为何这么说呢？还真会有某种美的东西吗，它尽管远 266d1 离〈那善于谈话的技艺中的〉这些事情 [790] 却依然凭借某种技艺而被把握住？〈如果有，那〉它绝对不能被轻视，无论是被你，还是被我；而是必须谈谈修辞术中那被遗漏的东西恰恰是什么？

斐德若：的确有非常非常多的东西，苏格拉底啊，它们就在那些已 266d5 经写下的关于各种言说的技艺的书本中。

苏格拉底：你的确提醒得漂亮 [791]。首先是序论，我认为，它必须在讲辞的开始时就被说；这些就是你在说的——是这样吗？——它们是技艺中的那些精妙细节？

斐德若：是的。 266e1

苏格拉底：其次，肯定就是某种叙述以及支撑它的各种证据 [792]，第三是各种证明，第四是各种可能性；并且我认为还要说出确认以及进一步的确认，至少那位最优秀的言说大师 [793]，即那个拜占庭男子〈是这么 266e5 说的〉。

斐德若：你在说那位有本事的忒俄多洛斯？

苏格拉底：那还用说？此外肯定还有反驳和进一步反驳，就像在 267a1 控告和申辩中一个人必须得做的那样。而那位最帅气的帕洛斯人欧埃诺

Πάριον Εὐηνὸν ἐς μέσον οὐκ ἄγομεν, ὃς ὑποδήλωσίν τε
πρῶτος ηὗρεν καὶ παρεπαίνους—οἱ δ' αὐτὸν καὶ παραψό-
5 γους φασὶν ἐν μέτρῳ λέγειν μνήμης χάριν—σοφὸς γὰρ ἀνήρ.
Τεισίαν δὲ Γοργίαν τε ἐάσομεν εὕδειν, οἳ πρὸ τῶν ἀληθῶν
τὰ εἰκότα εἶδον ὡς τιμητέα μᾶλλον, τά τε αὖ σμικρὰ μεγάλα
καὶ τὰ μεγάλα σμικρὰ φαίνεσθαι ποιοῦσιν διὰ ῥώμην λόγου,
b καινά τε ἀρχαίως τά τ' ἐναντία καινῶς, συντομίαν τε λόγων
καὶ ἄπειρα μήκη περὶ πάντων ἀνηῦρον; ταῦτα δὲ ἀκούων
ποτέ μου Πρόδικος ἐγέλασεν, καὶ μόνος αὐτὸς ηὑρηκέναι ἔφη
ὧν δεῖ λόγων τέχνην· δεῖν δὲ οὔτε μακρῶν οὔτε βραχέων
5 ἀλλὰ μετρίων.

ΦΑΙ. Σοφώτατά γε, ὦ Πρόδικε.

ΣΩ. Ἱππίαν δὲ οὐ λέγομεν; οἶμαι γὰρ ἂν σύμψηφον
αὐτῷ καὶ τὸν Ἠλεῖον ξένον γενέσθαι.

ΦΑΙ. Τί δ' οὔ;

10 ΣΩ. Τὰ δὲ Πώλου πῶς φράσωμεν αὖ μουσεῖα λόγων—ὡς
c διπλασιολογίαν καὶ γνωμολογίαν καὶ εἰκονολογίαν
—ὀνομάτων τε Λικυμνίων ἃ ἐκείνῳ ἐδωρήσατο πρὸς ποίησιν
εὐεπείας;

ΦΑΙ. Πρωταγόρεια δέ, ὦ Σώκρατες, οὐκ ἦν μέντοι
5 τοιαῦτ' ἄττα;

ΣΩ. Ὀρθοέπειά γέ τις, ὦ παῖ, καὶ ἄλλα πολλὰ καὶ
καλά. τῶν γε μὴν οἰκτρογόων ἐπὶ γῆρας καὶ πενίαν
ἑλκομένων λόγων κεκρατηκέναι τέχνῃ μοι φαίνεται τὸ τοῦ
Χαλκηδονίου σθένος, ὀργίσαι τε αὖ πολλοὺς ἅμα δεινὸς ἀνὴρ
d γέγονεν, καὶ πάλιν ὠργισμένοις ἐπᾴδων κηλεῖν, ὡς ἔφη·
διαβάλλειν τε καὶ ἀπολύσασθαι διαβολὰς ὁθενδὴ κράτιστος.

a 3 ἐς B : εἰς T   a 5 ἀνήρ Bekker : ἀνὴρ B T   a 6 δὲ in
ras. T   b 4 τέχνην B T : τέχνῃ Stephanus   δεῖν corr. Par. 1808 :
δεινὰ B T   b 7-8 ἱππίαν . . . τὸν ἠλεῖον T : ἱππείαν . . . τὸν ἥλιον B
b 10 φράσωμεν B : φράσομεν T : ⟨οὐ⟩ φράσομεν Schanz   ὡς B : ὃς T
c 2 Λικυμνιείων Ast   ἃ ἐκείνῳ ἐδωρήσατο secl. Ast   πρὸς ποίησιν
B T : προσεποίησεν Cornarius   c 3 εὐεπείας B T : εὐέπειαν Schanz
c 9 Καλχηδονίου Herwerden   ὀργίσαι τε T : ὀργίσαιτο B   ἀνὴρ
Bekker : ἀνήρ B T   d 2 ὅθεν δὴ Par. 1808 : ὅθεν δεῖ B T

斯 ⁷⁹⁴，我们岂不也应把他引到中间来，他第一个发明了含沙射影和附带表扬——一些人说，为了方便记忆，他甚至以韵文的方式 ⁷⁹⁵ 表达那些 267a5 拐弯抹角的指责——，他真是一个智慧的人！而忒西阿斯 ⁷⁹⁶ 和高尔吉亚，我们会让他们在一边睡大觉吗——他们看到，同那些真实的事情相比，那些可能的事情必须更加得到重视；此外，他们还凭借言辞的力量既使得那些微不足道的东西显得重大，又使得那些重大的东西显得微不足道，用古老的风格〈说〉那些新奇的事情，用新奇的风格〈说〉那些 267b1 〈与之〉相反的事情 ⁷⁹⁷，并且就任何题目，他们都找到了如何将之说得简明和拉得无限长的办法——？但是，有一次当普洛狄科斯 ⁷⁹⁸ 从我这儿听到这些之后，他笑了，并且说，唯有他才发现了技艺需要哪样一些言辞：它所需要的，既不是那些长的，也不是那些短的，而是那些适中的。 267b5

斐德若：无疑〈说出了〉一些非常智慧的事情 ⁷⁹⁹，普洛狄科斯！

苏格拉底：但我们会不说说希庇阿斯吗？因为我认为，这位来自埃利斯的客人 ⁸⁰⁰ 也会投票赞同他 ⁸⁰¹。

斐德若：为何不呢？

苏格拉底：波罗斯 ⁸⁰² 的那间〈收集〉各种言辞的图书室 ⁸⁰³，我们 267b10 又将如何说明——如语词重复体、格言警句体和形象比喻体——，还有 267c1 利库谟尼俄斯的那些词汇 ⁸⁰⁴，为了优美语言之创作他将它们赠与那人？

斐德若：然而，诸如此类的这样一些东西，苏格拉底啊，岂不也曾 267c5 是普罗塔戈拉的？

苏格拉底：诚然，而某种正确的措辞 ⁸⁰⁵，孩子啊，以及其他许多美好的东西〈也是普罗塔戈拉的〉。此外，那些牵扯到年老和贫穷 ⁸⁰⁶ 而催人泪下的讲辞，那位卡尔刻东人的力量 ⁸⁰⁷ 对我显得已经凭借一种技艺而掌控了它们 ⁸⁰⁸，这人已经变得同时擅长〈做下面这两件事〉，那就是，一方面，使大众愤怒起来，另一方面，当他们已经愤怒起来后，他又通过 267d1 对他们唱歌来平复他们 ⁸⁰⁹，就像他自己所宣称的那样。不管是诽谤〈他人〉，还是摆脱〈他人的〉各种诽谤——无论它们从哪儿来——，他都是

τὸ δὲ δὴ τέλος τῶν λόγων κοινῇ πᾶσιν ἔοικε συνδεδογμένον
εἶναι, ᾧ τινες μὲν ἐπάνοδον, ἄλλοι δ' ἄλλο τίθενται ὄνομα.

ΦΑΙ. Τὸ ἐν κεφαλαίῳ ἕκαστα λέγεις ὑπομνῆσαι ἐπὶ 5
τελευτῆς τοὺς ἀκούοντας περὶ τῶν εἰρημένων;

ΣΩ. Ταῦτα λέγω, καὶ εἴ τι σὺ ἄλλο ἔχεις εἰπεῖν λόγων
τέχνης πέρι.

ΦΑΙ. Σμικρά γε καὶ οὐκ ἄξια λέγειν.

ΣΩ. Ἐῶμεν δὴ τά γε σμικρά· ταῦτα δὲ ὑπ' αὐγὰς μᾶλλον 268
ἴδωμεν, τίνα καὶ πότ' ἔχει τὴν τῆς τέχνης δύναμιν.

ΦΑΙ. Καὶ μάλα ἐρρωμένην, ὦ Σώκρατες, ἔν γε δὴ
πλήθους συνόδοις.

ΣΩ. Ἔχει γάρ. ἀλλ', ὦ δαιμόνιε, ἰδὲ καὶ σὺ εἰ ἄρα καὶ 5
σοὶ φαίνεται διεστηκὸς αὐτῶν τὸ ἤτριον ὥσπερ ἐμοί.

ΦΑΙ. Δείκνυε μόνον.

ΣΩ. Εἰπὲ δή μοι· εἴ τις προσελθὼν τῷ ἑταίρῳ σου
Ἐρυξιμάχῳ ἢ τῷ πατρὶ αὐτοῦ Ἀκουμενῷ εἴποι ὅτι " Ἐγὼ
ἐπίσταμαι τοιαῦτ' ἄττα σώμασι προσφέρειν, ὥστε θερμαίνειν 10
τ' ἐὰν βούλωμαι καὶ ψύχειν, καὶ ἐὰν μὲν δόξῃ μοι, ἐμεῖν b
ποιεῖν, ἐὰν δ' αὖ, κάτω διαχωρεῖν, καὶ ἄλλα πάμπολλα
τοιαῦτα· καὶ ἐπιστάμενος αὐτὰ ἀξιῶ ἰατρικὸς εἶναι καὶ
ἄλλον ποιεῖν ᾧ ἂν τὴν τούτων ἐπιστήμην παραδῶ," τί ἂν
οἴει ἀκούσαντας εἰπεῖν; 5

ΦΑΙ. Τί δ' ἄλλο γε ἢ ἐρέσθαι εἰ προσεπίσταται καὶ
οὕστινας δεῖ καὶ ὁπότε ἕκαστα τούτων ποιεῖν, καὶ μέχρι
ὁπόσου;

ΣΩ. Εἰ οὖν εἴποι ὅτι " Οὐδαμῶς· ἀλλ' ἀξιῶ τὸν ταῦτα
παρ' ἐμοῦ μαθόντα αὐτὸν οἷόν τ' εἶναι [ποιεῖν] ἃ ἐρωτᾷς; " c

ΦΑΙ. Εἰπεῖν ἂν οἶμαι ὅτι μαίνεται ἄνθρωπος, καὶ ἐκ

d 4 τίθενται T : τιθέντες B   a 1 ὑπ' αὐγὰς μᾶλλον TW: ὑπαύγασμα
καλὸν B   a 2 πότ' BT : ποτ' vulg.   a 8 εἰπὲ Tb : εἴπερ pr. B
a 9 Ἀκουμενῷ] ἀκουμένῳ BT   a 10 σώμασι BT : σώματι V
b 1 μὲν T : μὴ B (in ras.)   b 3 ἐπιστάμενος b : ἐπισταμένους BT
ἰατρικὸς B : ἰατρὸς T   b 6 δ' ἄλλο γε T : γε ἄλλο B   c 1 ποιεῖν
secl. Buttmann : ἐπᾴειν Schleiermacher   c 2 εἰπεῖν scripsi :
εἴποιεν Stephanus : εἴποι BT   ἄνθρωπος Bekker : ἄνθρωπος BT

最强有力的。至于诸讲辞之结束，似乎已经共同地被每个人所同意，一些人赋予它概括[810]这个名字，而另一些人则把其他的某个名字赋予它。

斐德若：你是在说下面这种提醒吗，即关于已经说过的那些，在结尾时摘其要点[811]提醒听众们每件事？ 267d5

苏格拉底：我就在说这些；而关于诸言说之技艺，你是否还有其他什么要说？

斐德若：不过都是一些微不足道的东西，并且都不值得一说。

苏格拉底：那就让我们别管微不足道的东西！而我们还要在阳光下更真切地看看〈前面说过的〉这些，它们所具有的技艺之能力是何种能力，以及何时它们具有该能力。 268a1

斐德若：一种非常强有力的能力，苏格拉底啊，至少在大众的各种集会那里。

苏格拉底：确实如此。然而，非凡的人啊，也请你看看它们的织物是否也对你显得是有破绽的[812]，就像对我显得的那样。 268a5

斐德若：你只管指出来！

苏格拉底：那就请你告诉我，假如某人前往你的伙伴厄儒克西马科斯那里或他的父亲阿库墨诺斯[813]那里并说道："我知道如何把这样那样的事情提供给身体，比如说，使之发热和使之发冷——只要我愿意——，并且如果我觉得合适，就使之呕吐，如果复又觉得合适，则使之腹泻[814]，以及其他非常非常多的诸如此类的事情。而既然我知道这些，于是我认为我自己有权是一位医生，并且有权使得任何其他人也如此，只要我会把关于这些事情的知识传授给他，"那么，你认为当他们听见这些后，他们会说什么？ 268a10 268b1 268b5

斐德若：除了询问下面这些之外，别无其他，那就是：是否他此外还知道，究竟对哪些人以及究竟在何时他应当做这些事情中的每件事，以及做到何种程度？

苏格拉底：于是，如果他说，"〈我〉完全不〈知道〉；但我指望那已经从我这里学习这些事情的人，他自己就能够做[815]你所问的那些事情，"〈那么，那父子俩会怎么说〉？ 268c1

斐德若：我认为他们会说[816]：这人在发疯，并且因为从一本书中

βιβλίου ποθὲν ἀκούσας ἢ περιτυχὼν φαρμακίοις ἰατρὸς
οἴεται γεγονέναι, οὐδὲν ἐπαΐων τῆς τέχνης.

5 ΣΩ. Τί δ᾽ εἰ Σοφοκλεῖ αὖ προσελθὼν καὶ Εὐριπίδῃ τις
λέγοι ὡς ἐπίσταται περὶ σμικροῦ πράγματος ῥήσεις παμμήκεις
ποιεῖν καὶ περὶ μεγάλου πάνυ σμικράς, ὅταν τε βούληται
οἰκτράς, καὶ τοὐναντίον αὖ φοβερὰς καὶ ἀπειλητικὰς ὅσα τ᾽
d ἄλλα τοιαῦτα, καὶ διδάσκων αὐτὰ τραγῳδίας ποίησιν οἴεται
παραδιδόναι;

ΦΑΙ. Καὶ οὗτοι ἄν, ὦ Σώκρατες, οἶμαι καταγελῷεν εἴ
τις οἴεται τραγῳδίαν ἄλλο τι εἶναι ἢ τὴν τούτων σύστασιν
5 πρέπουσαν ἀλλήλοις τε καὶ τῷ ὅλῳ συνισταμένην.

ΣΩ. Ἀλλ᾽ οὐκ ἂν ἀγροίκως γε οἶμαι λοιδορήσειαν, ἀλλ᾽
ὥσπερ ἂν μουσικὸς ἐντυχὼν ἀνδρὶ οἰομένῳ ἁρμονικῷ εἶναι,
ὅτι δὴ τυγχάνει ἐπιστάμενος ὡς οἷόν τε ὀξυτάτην καὶ βαρυ-
e τάτην χορδὴν ποιεῖν, οὐκ ἀγρίως εἴποι ἄν· "Ὦ μοχθηρέ,
μελαγχολᾷς," ἀλλ᾽ ἅτε μουσικὸς ὢν πραότερον ὅτι "Ὦ
ἄριστε, ἀνάγκη μὲν καὶ ταῦτ᾽ ἐπίστασθαι τὸν μέλλοντα
ἁρμονικὸν ἔσεσθαι, οὐδὲν μὴν κωλύει μηδὲ σμικρὸν ἁρμονίας
5 ἐπαΐειν τὸν τὴν σὴν ἕξιν ἔχοντα· τὰ γὰρ πρὸ ἁρμονίας
ἀναγκαῖα μαθήματα ἐπίστασαι ἀλλ᾽ οὐ τὰ ἁρμονικά."

ΦΑΙ. Ὀρθότατά γε.

269 ΣΩ. Οὐκοῦν καὶ ὁ Σοφοκλῆς τόν σφισιν ἐπιδεικνύμενον
τὰ πρὸ τραγῳδίας ἂν φαίη ἀλλ᾽ οὐ τὰ τραγικά, καὶ ὁ Ἀκου-
μενὸς τὰ πρὸ ἰατρικῆς ἀλλ᾽ οὐ τὰ ἰατρικά.

ΦΑΙ. Παντάπασι μὲν οὖν.

5 ΣΩ. Τί δὲ τὸν μελίγηρυν Ἄδραστον οἰόμεθα ἢ καὶ
Περικλέα, εἰ ἀκούσειαν ὧν νυνδὴ ἡμεῖς διῇμεν τῶν παγκάλων
τεχνημάτων—βραχυλογιῶν τε καὶ εἰκονολογιῶν καὶ ὅσα
ἄλλα διελθόντες ὑπ᾽ αὐγὰς ἔφαμεν εἶναι σκεπτέα—πότερον
b χαλεπῶς ἂν αὐτούς, ὥσπερ ἐγώ τε καὶ σύ, ὑπ᾽ ἀγροικίας

c 8 αὖ W : καὶ αὖ BT   ὅσα τἄλλα (sic) τοιαῦτα καὶ διδάσκων
T : καὶ ὅσα ταλλα (sic) τοιαῦτα διδάσκων B   d 5 πρέπουσαν T :
τρέπουσαν B   d 6 γε B : τε T   e 1 ἀγροίκως Osann   e 5 πρὸ
t : πρὸς BT   a 5 οἰόμεθ᾽ ⟨ἄν⟩ Hirschig   a 8 αὐγὰς T : αὐτὰς B

的某个地方听说或碰巧遇到了那么点救治办法[817]，于是就以为自己已经成为了一位医生，其实他对这门技艺一窍不通[818]。

苏格拉底：然后呢，如果有人复又前往索福克勒斯和欧里庇得斯那 268c5
里，并且说他知道如何就一件小事创作出极其冗长的言辞和就一件大事创作出非常简短的言辞，而只要他愿意，他还可以创作一些催人泪下的言辞，并且反过来再次创作一些令人感到可怕的和威胁性的言辞，以及 268d1
所有其他诸如此类的；并且由于他在教这些，于是他就认为他在传授关于悲剧的创作？

斐德若：苏格拉底啊，我认为这两人也会进行嘲笑，假如一个人以为悲剧是其他任何东西，除了下面这点，那就是：它是对这些事情的组织[819]，它们在彼此之间以及在整体上都恰如其分地被组织在了一起[820]。 268d5

苏格拉底：然而我认为，他们无论如何都不会粗野地进行责骂，而是会像一位音乐家那样——他碰到一个人，那人以为自己是精通音乐的，就因为他碰巧知道如何能够在琴弦上弄出最高音和最低音——，他 268e1
不会粗鲁地说："可怜的人啊，你在发疯[821]，"相反，鉴于他是一位音乐家[822]，他会更为心平气和地说："最优秀的人啊，那打算是一个精通音乐的人，他必然也知道这些，但没有任何东西会妨碍下面这点，那就是，即使一个人处在你的状态，关于音乐他一丁点也不理解；因为，你知道 268e5
那些在〈学习〉音乐之前必然被了解的东西，但不知道音乐理论[823]。"

斐德若：确实非常正确。

苏格拉底：因此，就那向他俩[824]进行展示的人，索福克勒斯也会 269a1
说他〈知道〉那些在〈学习〉悲剧之前〈必然被了解〉的东西，而不〈知道〉悲剧理论；阿库墨诺斯则会说，那些是〈学习〉医术之前〈必然被了解〉的东西，而非医术理论。

斐德若：完完全全就是这样。

苏格拉底：而我们认为甜言蜜语的阿德剌斯托斯[825]，其或伯里克 269a5
利[826]〈会说〉什么呢，如果他们听到我们刚才详述的那些极美的技艺作品的话——诸如风格简练的作品和形象比喻的作品，以及所有其他那些我们曾经细说[827]并宣称必须在阳光下加以检查的[828]——，〈我们认为〉 269b1
他们也会严厉地，就像我和你那样[829]，由于粗野而说某种缺乏教养的话

ῥῆμά τι εἰπεῖν ἀπαίδευτον εἰς τοὺς ταῦτα γεγραφότας τε καὶ
διδάσκοντας ὡς ῥητορικὴν τέχνην, ἢ ἅτε ἡμῶν ὄντας σοφω-
τέρους κἂν νῷν ἐπιπλῆξαι εἰπόντας· "Ὦ Φαῖδρέ τε καὶ
Σώκρατες, οὐ χρὴ χαλεπαίνειν ἀλλὰ συγγιγνώσκειν, εἴ τινες 5
μὴ ἐπιστάμενοι διαλέγεσθαι ἀδύνατοι ἐγένοντο ὁρίσασθαι
τί ποτ' ἔστιν ῥητορική, ἐκ δὲ τούτου τοῦ πάθους τὰ πρὸ
τῆς τέχνης ἀναγκαῖα μαθήματα ἔχοντες ῥητορικὴν ᾠήθησαν
ηὑρηκέναι, καὶ ταῦτα δὴ διδάσκοντες ἄλλους ἡγοῦνταί σφισιν c
τελέως ῥητορικὴν δεδιδάχθαι, τὸ δὲ ἕκαστα τούτων πιθανῶς
λέγειν τε καὶ τὸ ὅλον συνίστασθαι, οὐδὲν ἔργον ⟨ὄν⟩, αὐτοὺς
δεῖν παρ' ἑαυτῶν τοὺς μαθητάς σφων πορίζεσθαι ἐν τοῖς
λόγοις". 5

ΦΑΙ. Ἀλλὰ μήν, ὦ Σώκρατες, κινδυνεύει γε τοιοῦτόν
τι εἶναι τὸ τῆς τέχνης ἣν οὗτοι οἱ ἄνδρες ὡς ῥητορικὴν
διδάσκουσίν τε καὶ γράφουσιν, καὶ ἔμοιγε δοκεῖς ἀληθῆ εἰρη-
κέναι· ἀλλὰ δὴ τὴν τοῦ τῷ ὄντι ῥητορικοῦ τε καὶ πιθανοῦ
τέχνην πῶς καὶ πόθεν ἄν τις δύναιτο πορίσασθαι; d

ΣΩ. Τὸ μὲν δύνασθαι, ὦ Φαῖδρε, ὥστε ἀγωνιστὴν τέλεον
γενέσθαι, εἰκός—ἴσως δὲ καὶ ἀναγκαῖον—ἔχειν ὥσπερ τἆλλα·
εἰ μέν σοι ὑπάρχει φύσει ῥητορικῷ εἶναι, ἔσῃ ῥήτωρ ἐλλό-
γιμος, προσλαβὼν ἐπιστήμην τε καὶ μελέτην, ὅτου δ' ἂν 5
ἐλλείπῃς τούτων, ταύτῃ ἀτελὴς ἔσῃ. ὅσον δὲ αὐτοῦ τέχνη,
οὐχ ᾗ Λυσίας τε καὶ Θρασύμαχος πορεύεται δοκεῖ μοι
φαίνεσθαι ἡ μέθοδος.

ΦΑΙ. Ἀλλὰ πῇ δή;

ΣΩ. Κινδυνεύει, ὦ ἄριστε, εἰκότως ὁ Περικλῆς πάντων e
τελεώτατος εἰς τὴν ῥητορικὴν γενέσθαι.

ΦΑΙ. Τί δή;

ΣΩ. Πᾶσαι ὅσαι μεγάλαι τῶν τεχνῶν προσδέονται

b2 ῥῆμά τι T : ῥήματι B   b7 ῥητορική B : ἡ ῥητορική T
c3 οὐδὲν ἔργον ὄν Heindorf : οὐδὲν ἔργον BT : ὡς οὐδὲν ἔργον ὄν
Hermias   c4 σφων] ἐφῶν B : σφῶιν T   c6 γε T : om. B
c8 δοκεῖς T : δοκεῖ B   d4 ῥητορικῷ T : ῥητορικὸς B   d5 ὅτου
BT : ὅπου Aldina   d6 ἐλλείπῃς T Aristides : ἐλλίπῃς B   ἀτελὴς
T : ἀτελὲς B   d7 Λυσίας] Gorgias Ficinus : Τισίας Schaefer

来反对那些撰写这些事情并且将之作为修辞的技艺来进行教授的人，或者，鉴于他们是比我们更为智慧的，他们甚至会通过说出下面这番话来而斥责我俩，那就是："斐德若啊，还有你苏格拉底，一个人不应当变 269b5 得愤怒，而是应当进行体谅，如果一些人，他们由于不知道如何进行对话而变得没有能力定义修辞术究竟是什么的话，而基于这种遭遇，由于他们具有那些在〈学习修辞〉技艺之前必然被了解的东西，于是他们就以为他们已经发现了修辞术，并且一旦他们也向其他人教授这些事情之 269c1 后，他们就认为修辞术已经被他们完满地教授给了那些人，至于有说服力地说这些事情中的每个并且将之组织成一个整体，这根本就不是什么难事[830]，他们的那些学生应当在各种言说中自己从自己那儿弄成它们。" 269c5

斐德若：的确如此[831]，苏格拉底啊，这些人将之作为修辞术来教授和撰写的那门技艺，无论如何都有可能就是如此这般的某种东西；并且你至少对我显得已经说出了一些真话。但是，那属于一个真正的修辞学家，即属于那真正有能力进行说服的人的技艺，一个人究竟能够如何以 269d1 及从哪里为自己弄到它呢？

苏格拉底：就能够〈取得那属于一个真正的修辞学家，即属于那真正有能力进行说服的人的技艺〉，斐德若啊，以便成为一位完美的竞赛者而言，这有可能——或许甚至是必然的——是像其他事情一样。因为，如果你具有成为一位精通修辞学的人的天赋[832]，那你就将是一位著名的修辞学家——只要你此外还得到知识和训练——，而如果你欠缺这 269d1 些中的任何一个[833]，那你在这方面就将是不完美的。但就技艺之所在而言，在我看来，路径[834]显得不在吕西阿斯和特刺绪马科斯于之前行的那儿。

斐德若：那究竟在哪儿？

苏格拉底：或许，最优秀的人啊，就修辞术而言，伯里克利有可能 269e1 已经成为了所有人中最完美的。

斐德若：究竟为什么？

苏格拉底：诸技艺中所有那些最伟大的，都进一步需要对自然的闲 270a1

270 ἀδολεσχίας καὶ μετεωρολογίας φύσεως πέρι· τὸ γὰρ ὑψη-
λόνουν τοῦτο καὶ πάντη τελεσιουργὸν ἔοικεν ἐντεῦθέν ποθεν
εἰσιέναι. ὃ καὶ Περικλῆς πρὸς τῷ εὐφυὴς εἶναι ἐκτήσατο·
προσπεσὼν γὰρ οἶμαι τοιούτῳ ὄντι Ἀναξαγόρᾳ, μετεωρο-
5 λογίας ἐμπλησθεὶς καὶ ἐπὶ φύσιν νοῦ τε καὶ διανοίας ἀφικό-
μενος, ὧν δὴ πέρι τὸν πολὺν λόγον ἐποιεῖτο Ἀναξαγόρας,
ἐντεῦθεν εἵλκυσεν ἐπὶ τὴν τῶν λόγων τέχνην τὸ πρόσφορον
αὐτῇ.

ΦΑΙ. Πῶς τοῦτο λέγεις;

b ΣΩ. Ὁ αὐτός που τρόπος τέχνης ἰατρικῆς ὅσπερ καὶ
ῥητορικῆς.

ΦΑΙ. Πῶς δή;

ΣΩ. Ἐν ἀμφοτέραις δεῖ διελέσθαι φύσιν, σώματος μὲν
5 ἐν τῇ ἑτέρᾳ, ψυχῆς δὲ ἐν τῇ ἑτέρᾳ, εἰ μέλλεις, μὴ τριβῇ
μόνον καὶ ἐμπειρίᾳ ἀλλὰ τέχνῃ, τῷ μὲν φάρμακα καὶ τροφὴν
προσφέρων ὑγίειαν καὶ ῥώμην ἐμποιήσειν, τῇ δὲ λόγους τε
καὶ ἐπιτηδεύσεις νομίμους πειθὼ ἣν ἂν βούλῃ καὶ ἀρετὴν
παραδώσειν.

10 ΦΑΙ. Τὸ γοῦν εἰκός, ὦ Σώκρατες, οὕτως.

c ΣΩ. Ψυχῆς οὖν φύσιν ἀξίως λόγου κατανοῆσαι οἴει
δυνατὸν εἶναι ἄνευ τῆς τοῦ ὅλου φύσεως;

ΦΑΙ. Εἰ μὲν Ἱπποκράτει γε τῷ τῶν Ἀσκληπιαδῶν
δεῖ τι πιθέσθαι, οὐδὲ περὶ σώματος ἄνευ τῆς μεθόδου
5 ταύτης.

ΣΩ. Καλῶς γάρ, ὦ ἑταῖρε, λέγει· χρὴ μέντοι πρὸς τῷ
Ἱπποκράτει τὸν λόγον ἐξετάζοντα σκοπεῖν εἰ συμφωνεῖ.

ΦΑΙ. Φημί.

ΣΩ. Τὸ τοίνυν περὶ φύσεως σκόπει τί ποτε λέγει Ἱππο-
10 κράτης τε καὶ ὁ ἀληθὴς λόγος. ἆρ᾽ οὐχ ὧδε δεῖ διανοεῖσθαι

a 2 καὶ B : καὶ τὸ T   τελεσιουργὸν B Plutarchus : τελεσιουργικὸν
T : τελεσίεργον Badham   a 4 τοιούτῳ T : τῷ B   a 5 διανοίας
V Aristides : ἀνοίας B T : ἐννοίας al.   a 6 ὧν Tb : ὃν pr. B
b 4 ἐν T : om. B   b 7 τῇ δὲ T : τῷ δὲ B   c 2 ὅλου T W :
λόγου B   c 3 γε Heindorf : τε B T : om. Galenus   τῶν B T :
om. pr. T   c 4 πιθέσθαι T : πείθεσθαι B

谈和玄谈[835]；因为，似乎这高傲的理智[836]和无处不在的效用由此才从那儿的某个地方出场。其实伯里克利，他除了是很有天赋的这点之外，也已经取得了这点；因为，我认为，当他遇上了阿那克萨戈拉——而此人恰恰就是这样一种人——，并且在玄谈方面得到满足以及抵达理智的 270a5 本性和无理智的本性之后[837]——恰恰关于这些，阿那克萨戈拉曾做过长篇大论——，他从那儿把那对它有用的东西[838]拖往言说之技艺那里[839]。

斐德若：你为何这么说呢？

苏格拉底：也许医疗的技艺之方式和修辞的技艺之方式是相同的。 270b1

斐德若：究竟为何？

苏格拉底：因为在两者那儿，一个人都必须分解自然[840]，只不过在其中一个那儿是身体之自然，在另一个那儿则是灵魂之自然，如果你打 270b5 算下面这样的话，那就是：不仅仅凭借历练和经验，而且凭借技艺，一方面对于身体，通过提供药物和食物来使之健康和强壮；另一方面对于灵魂，则通过提供言说和合法的习惯之养成来赋予它你所想要的那种劝说和德性。

斐德若：完全有可能就是这样，苏格拉底啊。 270b10

苏格拉底：那么，你认为这是可能的吗，在没有〈理解〉整全之自 270c1 然的情况下[841]，以一种配得上言说的方式[842]理解灵魂之自然？

斐德若：如果必须得在某种程度上听从希波克拉底[843]，他是阿斯克勒庇俄斯的那些后裔中的一位[844]，那么，离开了这条路径[845]，关于身 270c5 体也无法理解。

苏格拉底：他确实说得漂亮，朋友啊。但是，除了希波克拉底〈这个名字〉之外，还必须检查〈他的〉言论，看看它是否发出了和谐的声音。

斐德若：我同意[846]。

苏格拉底：那好，就关于自然的事情，请你考虑一下，希波克拉底 270c10 以及真实的言论究竟在说什么。关于任何东西的自然，岂不都应当以下

περὶ ὁτουοῦν φύσεως· πρῶτον μέν, ἁπλοῦν ἢ πολυειδές d
ἐστιν οὗ πέρι βουλησόμεθα εἶναι αὐτοὶ τεχνικοὶ καὶ ἄλλον
δυνατοὶ ποιεῖν, ἔπειτα δέ, ἂν μὲν ἁπλοῦν ᾖ, σκοπεῖν τὴν
δύναμιν αὐτοῦ, τίνα πρὸς τί πέφυκεν εἰς τὸ δρᾶν ἔχον ἢ
τίνα εἰς τὸ παθεῖν ὑπὸ τοῦ, ἐὰν δὲ πλείω εἴδη ἔχῃ, ταῦτα 5
ἀριθμησάμενον, ὅπερ ἐφ' ἑνός, τοῦτ' ἰδεῖν ἐφ' ἑκάστου, τῷ τί
ποιεῖν αὐτὸ πέφυκεν ἢ τῷ τί παθεῖν ὑπὸ τοῦ;
ΦΑΙ. Κινδυνεύει, ὦ Σώκρατες.
ΣΩ. Ἡ γοῦν ἄνευ τούτων μέθοδος ἐοίκοι ἂν ὥσπερ
τυφλοῦ πορείᾳ. ἀλλ' οὐ μὴν ἀπεικαστέον τόν γε τέχνῃ e
μετιόντα ὁτιοῦν τυφλῷ οὐδὲ κωφῷ, ἀλλὰ δῆλον ὡς, ἄν
τῷ τις τέχνῃ λόγους διδῷ, τὴν οὐσίαν δείξει ἀκριβῶς τῆς
φύσεως τούτου πρὸς ὃ τοὺς λόγους προσοίσει· ἔσται δέ που
ψυχὴ τοῦτο. 5
ΦΑΙ. Τί μήν;
ΣΩ. Οὐκοῦν ἡ ἅμιλλα αὐτῷ τέταται πρὸς τοῦτο πᾶσα· 271
πειθὼ γὰρ ἐν τούτῳ ποιεῖν ἐπιχειρεῖ. ἢ γάρ;
ΦΑΙ. Ναί.
ΣΩ. Δῆλον ἄρα ὅτι ὁ Θρασύμαχός τε καὶ ὃς ἂν ἄλλος
σπουδῇ τέχνην ῥητορικὴν διδῷ, πρῶτον πάσῃ ἀκριβείᾳ γράψει 5
τε καὶ ποιήσει ψυχὴν ἰδεῖν, πότερον ἓν καὶ ὅμοιον πέφυκεν
ἢ κατὰ σώματος μορφὴν πολυειδές· τοῦτο γάρ φαμεν φύσιν
εἶναι δεικνύναι.
ΦΑΙ. Παντάπασι μὲν οὖν.
ΣΩ. Δεύτερον δέ γε, ὅτῳ τί ποιεῖν ἢ παθεῖν ὑπὸ τοῦ 10
πέφυκεν.
ΦΑΙ. Τί μήν;
ΣΩ. Τρίτον δὲ δὴ διαταξάμενος τὰ λόγων τε καὶ ψυχῆς b
γένη καὶ τὰ τούτων παθήματα δίεισι πάσας αἰτίας, προσαρ-
μόττων ἕκαστον ἑκάστῳ καὶ διδάσκων οἷα οὖσα ὑφ' οἵων

---

d 5 τοῦ T : τοῦδε B　　d 6 ἀριθμησάμενον Galenus : ἀριθμησάμενος
BT : ἀριθμησαμένους Stephanus　　d 7 αὐτὸ recc. : αὐτῷ BT :
οὕτω V　　e 1 γε B : om. T　　e 3 τῳ T : om. B　　e 4 ὁ T :
om. B　　a 10 τι T : om. B　　b 2 πάσας TW : τὰς B

面这样的方式来进行思考，那就是：首先，就我们希望我们自己对之是 270d1
有技艺的，并且希望能够使得他人对之也是有技艺的那种东西，它是单
纯的呢，还是有多种形式的。其次，如果它是单纯的，那就必须考察它
的能力，即它生来就具有何种能力从而对何种东西有所行动，或者具有 270d5
何种能力从而从何种东西那里有所遭受；但如果它具有较多的形式，那
么，当把这些形式计算清楚之后，就应当如在单一〈形式那儿所看的〉
那样，在〈多种形式的〉每个形式那里看清下面这点，那就是：它生来
就凭借什么 847 来做什么，或者凭借什么而从什么那里遭受什么？

斐德若：有可能，苏格拉底啊。

苏格拉底：无论如何，缺乏这些的那种行事方法，它看起来就恰是
一位瞎子的旅行 848。但是，那通过技艺来追寻任何事情的人 849，他一 270e1
定既不应像一个瞎子，也不应像一个聋子；相反，下面这点是显而易见
的，那就是：如果一个人要通过技艺来把诸言辞传授给某个其他的人，
那么，他就要准确地揭示出他把诸言辞向之呈报的那种东西的本性之所
是 850。而这种东西肯定就将是灵魂。 270e5

斐德若：为何不呢？

苏格拉底：因此，他的所有奋斗也都是在对准这种东西；因为，它 271a1
试图在这种东西那里进行劝说。是这样吗？

斐德若：是。

苏格拉底：那么下面这些就是显而易见的，那就是：特剌绪马科
斯，连同其他任何热心传授一种修辞技艺的人，首先，他要非常精准地 271a5
进行写，并且要使得〈我们〉看到灵魂生来就是某种单一且同一的东西
呢，还是如身体的形象那样是具有多种形式的；因为我们把这说成是在
揭示〈其〉自然。

斐德若：完完全全就是这样。

苏格拉底：而其次，〈要使得我们看清〉它究竟凭借什么 851 而生来 271a10
就做什么抑或从什么那里遭受什么 852。

斐德若：为何不呢？

苏格拉底：那么第三，在已经安排妥了言辞之族类和灵魂之族 271b1
类 853，以及这些东西的各种遭受之后，他要通过下面这样来穿过所有的
原因 854，那就是：使〈言辞的〉每个族类同〈灵魂的〉每个族类相适

λόγων δι' ἣν αἰτίαν ἐξ ἀνάγκης ἡ μὲν πείθεται, ἡ δὲ
5 ἀπειθεῖ.

ΦΑΙ. Κάλλιστα γοῦν ἄν, ὡς ἔοικ', ἔχοι οὕτως.

ΣΩ. Οὗτοι μὲν οὖν, ὦ φίλε, ἄλλως ἐνδεικνύμενον ἢ
λεγόμενον τέχνῃ ποτὲ λεχθήσεται ἢ γραφήσεται οὔτε τι
c ἄλλο οὔτε τοῦτο. ἀλλ' οἱ νῦν γράφοντες, ὧν σὺ ἀκήκοας,
τέχνας λόγων πανοῦργοί εἰσιν καὶ ἀποκρύπτονται, εἰδότες
ψυχῆς πέρι παγκάλως· πρὶν ἂν οὖν τὸν τρόπον τοῦτον
λέγωσί τε καὶ γράφωσι, μὴ πειθώμεθα αὐτοῖς τέχνῃ γράφειν.
5 ΦΑΙ. Τίνα τοῦτον;

ΣΩ. Αὐτὰ μὲν τὰ ῥήματα εἰπεῖν οὐκ εὐπετές· ὡς δὲ δεῖ
γράφειν, εἰ μέλλει τεχνικῶς ἔχειν καθ' ὅσον ἐνδέχεται,
λέγειν ἐθέλω.

ΦΑΙ. Λέγε δή.

10 ΣΩ. Ἐπειδὴ λόγου δύναμις τυγχάνει ψυχαγωγία οὖσα,
d τὸν μέλλοντα ῥητορικὸν ἔσεσθαι ἀνάγκη εἰδέναι ψυχὴ ὅσα
εἴδη ἔχει. ἔστιν οὖν τόσα καὶ τόσα, καὶ τοῖα καὶ τοῖα,
ὅθεν οἱ μὲν τοιοίδε, οἱ δὲ τοιοίδε γίγνονται· τούτων δὲ δὴ
οὕτω διῃρημένων, λόγων αὖ τόσα καὶ τόσα ἔστιν εἴδη, τοιόνδε
5 ἕκαστον. οἱ μὲν οὖν τοιοίδε ὑπὸ τῶν τοιῶνδε λόγων
διὰ τήνδε τὴν αἰτίαν ἐς τὰ τοιάδε εὐπειθεῖς, οἱ δὲ τοιοίδε
διὰ τάδε δυσπειθεῖς· δεῖ δὴ ταῦτα ἱκανῶς νοήσαντα, μετὰ
ταῦτα θεώμενον αὐτὰ ἐν ταῖς πράξεσιν ὄντα τε καὶ πραττό-
e μενα, ὀξέως τῇ αἰσθήσει δύνασθαι ἐπακολουθεῖν, ἢ μηδὲν
εἶναί πω πλέον αὐτῷ ὧν τότε ἤκουεν λόγων συνών. ὅταν
δὲ εἰπεῖν τε ἱκανῶς ἔχῃ οἷος ὑφ' οἵων πείθεται, παραγιγνό-
μενόν τε δυνατὸς ᾖ διαισθανόμενος ἑαυτῷ ἐνδείκνυσθαι ὅτι
272 οὗτός ἐστι καὶ αὕτη ἡ φύσις περὶ ἧς τότε ἦσαν οἱ λόγοι,

b 7 οὗτοι] οὕτω B : οὗτοι T   d 3 τοιοίδε ... τοιοίδε T Galenus :
τοῖοι ... τοιοίδε B : τοῖοι ... τοῖοι Hermann   δὲ δὴ B : δὲ T
Galenus   d 4 οὕτω T Galenus : om. B   αὖ τόσα T : αὐτὸς ἃ B
τοιόνδε Β T : τοιόνδε δὲ Galenus   d 5 μὲν οὖν T Galenus : μὲν B
d 6 ἐς B : εἰς T   d 8 αὐτὰ recc. : αὐτὸν Β T : αὐτὸ Galeni cod.
Marc.   e 1 ἢ μηδὲν εἶναι Galenus : εἰ μὴ εἰδέναι B : ἢ μηδὲ εἰδέναι
T   e 2 αὐτῷ Β T : αὐτῶν vulg.   e 4 τε T Galenus : δὲ B

合[855]，并且教导，由于是何种〈灵魂〉、被哪样一些言辞、通过什么原因，某一灵魂必然被说服，而另一灵魂则不被说服。 271b5

斐德若：那肯定会极其精彩，如看起来的那样，假如是这个样子的话。

苏格拉底：诚然，朋友啊，任何以其他方式被拿出来进行展示或被说的，它断然不曾是依照技艺而被说或被写——无论是就别的任何事情而言，还是就〈现在正谈及的〉这件事而言——。而你已经听说过的那 271c1 些目前在写关于言说的技艺的人，他们都是狡诈的并且在隐瞒这点，即关于灵魂他们有着极好的了解[856]。因此，在他们以这种方式来说和写之前，让我们不要被他们说服，〈相信〉他们在凭借技艺写作[857]。

斐德若：这是何种方式？ 271c5

苏格拉底：一方面，恰恰那些〈关于它的〉言辞[858]，将之说出来，这不是轻松容易的；另一方面，一个人应当如何写〈关于言说的技艺〉，假如注定要尽可能地[859]是有技艺的话，我还是愿意说说。

斐德若：你只管说！

苏格拉底：既然言辞的能力恰恰就是赢得人们的灵魂，那么，那打 271c10 算是一位精通修辞学的人就必须知道灵魂具有多少种类[860]。灵魂的种 271d1 类是如此这般的多，而且它们又都具有这样那样的性质，由此一来，一些人变得这样，一些人则变得那样；而一旦这些已经这样被区分开之后，言辞的种类复又是如此这般的多，每个也都具有如此这般的性质。因此，具有这样性质的人容易通过这样的原因被具有这样性质的言辞说 271d5 服而前往那些具有这样性质的事情；而具有那样性质的人则难以通过这些而被说服。于是，〈那打算是一位精通修辞学的人〉必须这样：一旦已经充分地理解了这些，随后就观察它们是〈如何〉处在各种实践中以及〈如何在其中〉被做，〈最后还得〉能够敏锐地紧跟〈对它们的〉感 271e1 觉[861]；否则，他必定依然还没有从他曾作为一位门徒[862]所听到的那些教诲那里取得任何进展[863]。而一旦他足够有能力说哪种人会被哪种言辞说服，并且当这样一个人在附近时，他也能够清楚地觉察到此人而对自己指出，这就是那个人，并且这就是曾经讨论过的那种天性[864]，而它 272a1

νῦν ἔργῳ παροῦσά οἱ, ᾗ προσοιστέον τούσδε ὧδε τοὺς
λόγους ἐπὶ τὴν τῶνδε πειθώ, ταῦτα δ' ἤδη πάντα ἔχοντι,
προσλαβόντι καιροὺς τοῦ πότε λεκτέον καὶ ἐπισχετέον,
βραχυλογίας τε αὖ καὶ ἐλεινολογίας καὶ δεινώσεως ἑκάστων 5
τε ὅσα ἂν εἴδη μάθῃ λόγων, τούτων τὴν εὐκαιρίαν τε καὶ
ἀκαιρίαν διαγνόντι, καλῶς τε καὶ τελέως ἐστὶν ἡ τέχνη
ἀπειργασμένη, πρότερον δ' οὔ· ἀλλ' ὅτι ἂν αὐτῶν τις
ἐλλείπῃ λέγων ἢ διδάσκων ἢ γράφων, φῇ δὲ τέχνῃ λέγειν, b
ὁ μὴ πειθόμενος κρατεῖ. "Τί δὴ οὖν; φήσει ἴσως ὁ συγ-
γραφεύς, ὦ Φαῖδρέ τε καὶ Σώκρατες, δοκεῖ οὕτως; μὴ ἄλλως
πως ἀποδεκτέον λεγομένης λόγων τέχνης;"

ΦΑΙ. Ἀδύνατόν που, ὦ Σώκρατες, ἄλλως· καίτοι οὐ 5
σμικρόν γε φαίνεται ἔργον.

ΣΩ. Ἀληθῆ λέγεις. τούτου τοι ἕνεκα χρὴ πάντας τοὺς
λόγους ἄνω καὶ κάτω μεταστρέφοντα ἐπισκοπεῖν εἴ τίς πῃ
ῥᾴων καὶ βραχυτέρα φαίνεται ἐπ' αὐτὴν ὁδός, ἵνα μὴ μάτην c
πολλὴν ἀπίῃ καὶ τραχεῖαν, ἐξὸν ὀλίγην τε καὶ λείαν. ἀλλ'
εἴ τινά πῃ βοήθειαν ἔχεις ἐπακηκοὼς Λυσίου ἤ τινος ἄλλου,
πειρῶ λέγειν ἀναμιμνῃσκόμενος.

ΦΑΙ. Ἕνεκα μὲν πείρας ἔχοιμ' ἄν, ἀλλ' οὔτι νῦν γ' 5
οὕτως ἔχω.

ΣΩ. Βούλει οὖν ἐγώ τιν' εἴπω λόγον ὃν τῶν περὶ ταῦτά
τινων ἀκήκοα;

ΦΑΙ. Τί μήν;

ΣΩ. Λέγεται γοῦν, ὦ Φαῖδρε, δίκαιον εἶναι καὶ τὸ τοῦ 10
λύκου εἰπεῖν.

ΦΑΙ. Καὶ σύ γε οὕτω ποίει. d

ΣΩ. Φασὶ τοίνυν οὐδὲν οὕτω ταῦτα δεῖν σεμνύνειν οὐδ'
ἀνάγειν ἄνω μακρὰν περιβαλλομένους· παντάπασι γάρ, ὃ

a 2 οἱ D : σοι Galenus : om. B T   a 3 ταῦτα δ' ἤδη πάντα B T :
πάντα δὴ ταῦτ' Galenus   a 6 ὅσα B Galenus : ὃς T   τε καὶ ἀκαιρίαν
T W Galenus : om. B   b 2 φήσει T : φύσει B   b 3 μὴ scripsi : ἤ B T
c 2 ἀπίῃ B T : ἀνίῃ Stallbaum : περίῃ Badham : ἴῃ Schanz   c 3 ἤ
τινος T : εἴ τινος B   c 5 ἴχοιμ' ἄν T : ἔχοιμαν B : λέγοιμ' ἄν Schanz
c 7 λόγον T : λόγων pr. B   c 8 τινων B T : δεινῶν corr. Ven. 184

现在实际地就在他自己面前[865]，对于该天性他必须以这种方式利用这样一些言辞来达成对这些事情的劝说；当他已经具备了所有这些，此外还把握住了何时必须说以及何时必须打住的那些时机，还有，就简练的表达、悲情的呼吁、夸张的风格，以及他也许已经学习过的其他所有的言辞之种类，当他已经分辨清楚了这些事情之恰逢其时和不合时宜，那时，技艺才漂亮和完美地得到了实现，而之前则不会。但是，如果一个人欠缺这些事情中的任何一点——无论他是在说，还是在教或写——却宣称他仍然是凭借技艺在言说，那么，那没有被〈他〉说服的人将获胜。"然后呢，"那位〈修辞技艺的〉作者或许将说，"斐德若啊，连同你苏格拉底，在你看来，一个人必须接受一门关于言说的技艺以这种方式被说，或者以其他某种方式[866]？"

斐德若：肯定不可能，苏格拉底啊，以其他任何方式；然而，它无论如何都显得不是一件小事。

苏格拉底：你说得正确。真的，也正是为了这点，一个人才必须通过上上下下地围着所有的说法打转来察看下面这点，那就是：是否在某个地方有着某条更为容易和更为便捷的道路对它[867]显露出来，以便他不会无谓地在一条既漫长又崎岖的道路上行进，既然有可能走一条短捷而平坦的路。不过，如果你毕竟还能够〈给出〉某种帮助的话——你已经从吕西阿斯或其他任何人那儿听到过的——，那就请你试着回忆一下，将之说出来。

斐德若：单单就尝试而言[868]，我能够〈说一说〉，但现在按这种方式，我肯定不能。

苏格拉底：那么，你愿意我来讲一讲某种说法吗，我从一些与这些事情相关的人那儿听说过它？

斐德若：为何不呢？

苏格拉底：确实有这么一个传说，斐德若啊，即甚至说一下狼的事情，这也是正当的[869]。

斐德若：那也请你这样做吧！

苏格拉底：那好，他们说，根本不需要如此地夸大美化这些事情，我们也不必拐弯抹角地说那么长[870]来拔高它们；因为，正如我们在这

272a5

272b1

272b5

272c1

272c5

272c10

272d1

καὶ κατ' ἀρχὰς εἴπομεν τοῦδε τοῦ λόγου, ὅτι οὐδὲν ἀληθείας
5 μετέχειν δέοι δικαίων ἢ ἀγαθῶν πέρι πραγμάτων, ἢ καὶ
ἀνθρώπων γε τοιούτων φύσει ὄντων ἢ τροφῇ, τὸν μέλλοντα
ἱκανῶς ῥητορικὸν ἔσεσθαι. τὸ παράπαν γὰρ οὐδὲν ἐν τοῖς
δικαστηρίοις τούτων ἀληθείας μέλειν οὐδενί, ἀλλὰ τοῦ πιθα-
e νοῦ· τοῦτο δ' εἶναι τὸ εἰκός, ᾧ δεῖν προσέχειν τὸν μέλλοντα
τέχνῃ ἐρεῖν. οὐδὲ γὰρ αὐτὰ ⟨τὰ⟩ πραχθέντα δεῖν λέγειν ἐνίοτε,
ἐὰν μὴ εἰκότως ᾖ πεπραγμένα, ἀλλὰ τὰ εἰκότα, ἔν τε κατη-
γορίᾳ καὶ ἀπολογίᾳ, καὶ πάντως λέγοντα τὸ δὴ εἰκὸς διωκτέον
5 εἶναι, πολλὰ εἰπόντα χαίρειν τῷ ἀληθεῖ· τοῦτο γὰρ διὰ
273 παντὸς τοῦ λόγου γιγνόμενον τὴν ἅπασαν τέχνην πορίζειν.

ΦΑΙ. Αὐτά γε, ὦ Σώκρατες, διελήλυθας ἃ λέγουσιν οἱ
περὶ τοὺς λόγους τεχνικοὶ προσποιούμενοι εἶναι· ἀνεμνήσθην
γὰρ ὅτι ἐν τῷ πρόσθεν βραχέως τοῦ τοιούτου ἐφηψάμεθα,
5 δοκεῖ δὲ τοῦτο πάμμεγα εἶναι τοῖς περὶ ταῦτα.

ΣΩ. Ἀλλὰ μὴν τόν γε Τεισίαν αὐτὸν πεπάτηκας ἀκριβῶς·
εἰπέτω τοίνυν καὶ τόδε ἡμῖν ὁ Τεισίας, μή τι ἄλλο λέγει
b τὸ εἰκὸς ἢ τὸ τῷ πλήθει δοκοῦν.

ΦΑΙ. Τί γὰρ ἄλλο;

ΣΩ. Τοῦτο δή, ὡς ἔοικε, σοφὸν εὑρὼν ἅμα καὶ τεχνικὸν
ἔγραψεν ὡς ἐάν τις ἀσθενὴς καὶ ἀνδρικὸς ἰσχυρὸν καὶ
5 δειλὸν συγκόψας, ἱμάτιον ἤ τι ἄλλο ἀφελόμενος, εἰς δικα-
στήριον ἄγηται, δεῖ δὴ τἀληθὲς μηδέτερον λέγειν, ἀλλὰ τὸν
μὲν δειλὸν μὴ ὑπὸ μόνου φάναι τοῦ ἀνδρικοῦ συγκεκόφθαι,
τὸν δὲ τοῦτο μὲν ἐλέγχειν ὡς μόνω ἤστην, ἐκείνῳ δὲ κατα-
c χρήσασθαι τῷ Πῶς δ' ἂν ἐγὼ τοιόσδε τοιῷδε ἐπε-
χείρησα; ὁ δ' οὐκ ἐρεῖ δὴ τὴν ἑαυτοῦ κάκην, ἀλλά τι
ἄλλο ψεύδεσθαι ἐπιχειρῶν τάχ' ἂν ἔλεγχόν πη παραδοίη
τῷ ἀντιδίκῳ. καὶ περὶ τἆλλα δὴ τοιαῦτ' ἄττα ἐστὶ τὰ
5 τέχνῃ λεγόμενα. οὐ γάρ, ὦ Φαῖδρε;

---

d 8 μέλειν Stephanus e Ficino : μέλει B T   e 2 αὐτὰ τὰ Hein-
dorf: αὐτὰ B : αὖτὰ T   a 4 ἐφηψάμεθα T : ἐψηφισάμεθα B   a 6 τισίαν
T b : τισιν pr. B   a 7 λέγειν Par. 1826 : λέγει B T   b 5 ἤ τι
T (ex emend.) : εἴ τι B

一讨论的开始时曾说的那样[871]，那打算有能力是一位精通修辞学的人，关于各种公正的事情或各种良善的事情，甚或关于在本性上或通过培养而是如此这般的[872]那些人，他都根本不必要分享其真。因为，在各种法庭上压根儿[873]就没有任何人关心这些东西之真，而是仅仅关心那有说服力的事情；而这就是那打算凭借技艺来说话的人必须注意[874]的那种可能性。因为〈他们说〉，甚至一个人有时候根本就不必说那些曾被做过的事情[875]，如果它们不是已经以可能的方式被做了的话，而是应说那些可能的事情，无论是在控告中，还是在申辩中；并且在任何情况下，只要一个人进行说，那他就必须追求可能性，不断地同真说再见。因为，当贯穿整个言说所发生的都是可能性时，它就提供出了整个的技艺。

斐德若：你已经详述了这些东西，苏格拉底啊，而它们恰恰就是那些曾伪称自己关于言辞是有技艺的人所说的。因为我记得，在前面[876]我们曾简短地触及过诸如此类的东西，而这对那些关乎这些事情的人来说[877]显得是极其重要的。

苏格拉底：但至少忒西阿斯本人，你无论如何都已经仔细地研究过他[878]；因此，也就让这位忒西阿斯来对我们说说，他是否会说可能性无非就是在大众看来如此的那种东西[879]。

斐德若：难道还会是别的什么？

苏格拉底：正是这种东西，如看起来的那样，当他发现它既是智慧的，同时又是有技艺的时，他写下了下面这些：假如有一个人，他虽然弱小但勇敢，由于他揍了一个强壮却懦弱的人，并拿走其外衣或别的什么东西，于是他被带到了法庭，那么，这两人肯定都不必说真话；相反，一方面，那个懦弱的人必须宣称他不是单单被那个勇敢的人〈一个人给〉揍了，另一方面，这位勇敢的人则不仅必须进行反驳，说就他两人在场，而且还必须充分利用那个说法，它是这样：如此这般的我如何能对如此这般的他动手？而另外那个人，他当然不会承认他自己的怯懦，而是尝试撒另外某个谎，由此一来有可能在某种方式上又给其对手提供了一个反驳的机会[880]。并且就其他情形来说，凭借技艺而被说出的那些东西也就是如此这般的。难道不是这样吗，斐德若啊？

272d5

272e1

272e5

273a1

273a5

273b1

273b5

273c1

273c5

ΦΑΙ. Τί μήν;

ΣΩ. Φεῦ, δεινῶς γ' ἔοικεν ἀποκεκρυμμένην τέχνην ἀνευ-
ρεῖν ὁ Τεισίας ἢ ἄλλος ὅστις δή ποτ' ὢν τυγχάνει καὶ
ὁπόθεν χαίρει ὀνομαζόμενος. ἀτάρ, ὦ ἑταῖρε, τούτῳ ἡμεῖς
πότερον λέγωμεν ἢ μὴ — 10

ΦΑΙ. Τὸ ποῖον; d

ΣΩ. Ὅτι, ὦ Τεισία, πάλαι ἡμεῖς, πρὶν καὶ σὲ παρελθεῖν,
τυγχάνομεν λέγοντες ὡς ἄρα τοῦτο τὸ εἰκὸς τοῖς πολλοῖς
δι' ὁμοιότητα τοῦ ἀληθοῦς τυγχάνει ἐγγιγνόμενον· τὰς δὲ
ὁμοιότητας ἄρτι διήλθομεν ὅτι πανταχοῦ ὁ τὴν ἀλήθειαν 5
εἰδὼς κάλλιστα ἐπίσταται εὑρίσκειν. ὥστ' εἰ μὲν ἄλλο τι
περὶ τέχνης λόγων λέγεις, ἀκούοιμεν ἄν· εἰ δὲ μή, οἷς
νυνδὴ διήλθομεν πεισόμεθα, ὡς ἐὰν μή τις τῶν τε ἀκουσο-
μένων τὰς φύσεις διαριθμήσηται, καὶ κατ' εἴδη τε διαιρεῖσθαι e
τὰ ὄντα καὶ μιᾷ ἰδέᾳ δυνατὸς ᾖ καθ' ἓν ἕκαστον περιλαμ-
βάνειν, οὔ ποτ' ἔσται τεχνικὸς λόγων πέρι καθ' ὅσον
δυνατὸν ἀνθρώπῳ. ταῦτα δὲ οὐ μή ποτε κτήσηται ἄνευ
πολλῆς πραγματείας· ἣν οὐχ ἕνεκα τοῦ λέγειν καὶ πράττειν 5
πρὸς ἀνθρώπους δεῖ διαπονεῖσθαι τὸν σώφρονα, ἀλλὰ τοῦ
θεοῖς κεχαρισμένα μὲν λέγειν δύνασθαι, κεχαρισμένως δὲ
πράττειν τὸ πᾶν εἰς δύναμιν. οὐ γὰρ δὴ ἄρα, ὦ Τεισία,
φασὶν οἱ σοφώτεροι ἡμῶν, ὁμοδούλοις δεῖ χαρίζεσθαι
μελετᾶν τὸν νοῦν ἔχοντα, ὅτι μὴ πάρεργον, ἀλλὰ δεσπόταις 274
ἀγαθοῖς τε καὶ ἐξ ἀγαθῶν. ὥστ' εἰ μακρὰ ἡ περίοδος, μὴ
θαυμάσῃς· μεγάλων γὰρ ἕνεκα περιτέον, οὐχ ὡς σὺ δοκεῖς.
ἔσται μήν, ὡς ὁ λόγος φησίν, ἐάν τις ἐθέλῃ, καὶ ταῦτα
κάλλιστα ἐξ ἐκείνων γιγνόμενα. 5

ΦΑΙ. Παγκάλως ἔμοιγε δοκεῖ λέγεσθαι, ὦ Σώκρατες,
εἴπερ οἷός τέ τις εἴη.

c 7 γ' T : τ' B c 9 τούτῳ BT : τοῦτο corr. Coisl. : fort. τοῦτ'
αὐτῷ Thompson d 3 τὸ T : om. B d 7 εἰ δὲ T : εἴδη B
d 8 νῦν δὴ TW : νῦν B e 9 ἡμῶν Heindorf : ἡ B : ἡμῶν ἢ T :
ἡμῶν μὴ vulg. a 2 ἢ T : ᾖ B a 3 οὐχ ὡς BT : οὐχ ὢν ci.
Heindorf a 7 οἷός τε Heindorf : οἷος B : οἷός γε T

斐德若：怎么会不是呢？

苏格拉底：哇哦！一种多么聪明地被隐藏起来的技艺，忒西阿斯，或者其他任何人——无论他碰巧是谁，也无论他从何处感到高兴那样来被命名[881]——，的确看起来已经发明了它。但是，朋友啊，对于这种人我们应该说，还是不应该说…… 273c10

斐德若：何种事情？ 273d1

苏格拉底：这种：忒西阿斯啊，甚至在你到达这儿之前，我们其实早就[882]一直在说下面这点，那就是，这种可能性恰恰是通过与真的东西的一种相似才发生在许多人那里。而就各种相似，我们刚才也细说 273d5 过下面这点，那就是无论在哪儿，唯有那认识了真的人才最为漂亮地知道如何发现它们。因此，如果关于言说的技艺你有另外的某种东西要说，那我们就会听；但如果没有，那我们就会被我们刚才细说过的那些事情说服，那就是：除非一个人不仅把听众们的本性计算清楚并进行分类[883]，而且既能够依照诸形式来区分各种是者，也能够用单一的理念来 273e1 包围住每一个别的东西，否则他将从不会是对言说有技艺的人——就一个人所能够达到的程度来说——。而他也从不会获得这些，如果没有许多的勤学苦练的话；至于这许多的勤学苦练，节制的人不应当为了同人 273e5 说话和打交道而苦心经营它，而是应当，一方面，为了能够说那些讨诸神喜欢的话，另一方面，在力所能及的范围内以让他们喜欢的方式做每一件事情。因为下面这点是肯定的，忒西阿斯啊，那就是，那些比我们更为智慧的人说，有理智的人不应当练习讨那些同做奴隶的人[884]的喜欢——除了作为一件附带的事情[885]——，而是应当练习讨那些不仅自 274a1 身优良，而且也从优良者而来的主人的喜欢。因此，如果周期漫长，你不应感到吃惊；因为，为了那些重大的事情[886]，必须周而复始，而不是如你所以为的那样。只不过真的，正如讨论所宣称的那样，只要一个人愿意，这些〈讨同做奴隶的人喜欢的〉事情也将最美好地[887]从那些〈让 274a5 诸神喜欢的〉事情中产生出来。

斐德若：至少在我看来说得非常非常漂亮，苏格拉底啊，假如的确有人能够那样的话。

ΣΩ. Ἀλλὰ καὶ ἐπιχειροῦντί τοι τοῖς καλοῖς καλὸν καὶ
b πάσχειν ὅτι ἄν τῳ συμβῇ παθεῖν.

ΦΑΙ. Καὶ μάλα.

ΣΩ. Οὐκοῦν τὸ μὲν τέχνης τε καὶ ἀτεχνίας λόγων πέρι
ἱκανῶς ἐχέτω.

5 ΦΑΙ. Τί μήν;

ΣΩ. Τὸ δ' εὐπρεπείας δὴ γραφῆς πέρι καὶ ἀπρεπείας, πῇ
γιγνόμενον καλῶς ἂν ἔχοι καὶ ὅπη ἀπρεπῶς, λοιπόν. ἦ γάρ;

ΦΑΙ. Ναί.

ΣΩ. Οἶσθ' οὖν ὅπη μάλιστα θεῷ χαριῇ λόγων πέρι
10 πράττων ἢ λέγων;

ΦΑΙ. Οὐδαμῶς· σὺ δέ;

c ΣΩ. Ἀκοήν γ' ἔχω λέγειν τῶν προτέρων, τὸ δ' ἀληθὲς
αὐτοὶ ἴσασιν. εἰ δὲ τοῦτο εὕροιμεν αὐτοί, ἆρά γ' ἂν ἔθ'
ἡμῖν μέλοι τι τῶν ἀνθρωπίνων δοξασμάτων;

ΦΑΙ. Γελοῖον ἤρου· ἀλλ' ἃ φῂς ἀκηκοέναι λέγε.

5 ΣΩ. Ἤκουσα τοίνυν περὶ Ναύκρατιν τῆς Αἰγύπτου γε-
νέσθαι τῶν ἐκεῖ παλαιῶν τινα θεῶν, οὗ καὶ τὸ ὄρνεον ἱερὸν
ὃ δὴ καλοῦσιν Ἶβιν· αὐτῷ δὲ ὄνομα τῷ δαίμονι εἶναι Θεύθ.
τοῦτον δὴ πρῶτον ἀριθμόν τε καὶ λογισμὸν εὑρεῖν καὶ
d γεωμετρίαν καὶ ἀστρονομίαν, ἔτι δὲ πεττείας τε καὶ κυβείας,
καὶ δὴ καὶ γράμματα. βασιλέως δ' αὖ τότε ὄντος Αἰγύπτου
ὅλης Θαμοῦ περὶ τὴν μεγάλην πόλιν τοῦ ἄνω τόπου ἣν οἱ
Ἕλληνες Αἰγυπτίας Θήβας καλοῦσι, καὶ τὸν θεὸν Ἄμμωνα,
5 παρὰ τοῦτον ἐλθὼν ὁ Θεὺθ τὰς τέχνας ἐπέδειξεν, καὶ ἔφη
δεῖν διαδοθῆναι τοῖς ἄλλοις Αἰγυπτίοις· ὁ δὲ ἤρετο ἥντινα
ἑκάστη ἔχοι ὠφελίαν, διεξιόντος δέ, ὅτι καλῶς ἢ μὴ
e καλῶς δοκοῖ λέγειν, τὸ μὲν ἔψεγεν, τὸ δ' ἐπήνει. πολλὰ

b 1 ὅτι T: ὅτῳ B   b 6 δὴ . . . ἀπρεπείας om. Stobaeus
b 9 θεῷ Stobaeus: θεῶν B T   c 3 μέλοι B: μέλλοι T   c 6 ἱερόν
Stobaeus Hermias: τὸ ἱερόν B T   c 7 δὴ Stobaeus: δὲ B T
d 3 ἦν V: ὂν B T Stobaeus   d 4 θεὸν] θαμοῦν Postgate   d 5 τοῦ-
τον T: τούτων B   ἐπέδειξεν T: ἐπέδειξε Stobaeus: ἀπέδειξε B
d 6 ἥντινα B T: ἣν δὴ Stobaeus   d 7 ἔχοι B T: ἔχει Stobaeus
e 1 δοκοῖ B T: δοκοίη Stobaeus

苏格拉底：但对于一个汲汲追求各种美好事物的人而言，甚至遭受 274b1
任何他恰好遭受的东西[888]，这也肯定是美好的。

斐德若：确实如此。

苏格拉底：那好，一方面，就这件事，即关于言说的技艺和缺乏技
艺，已经说得够充分了，让它就此打住[889]。

斐德若：为何不呢？ 274b5

苏格拉底：另一方面，剩下的事情关乎书写之恰当和不恰当，即书
写在何种情形下发生时会是美好的，在何种情形下则是不恰当的。是这
样吗？

斐德若：是。

苏格拉底：那么，你知道你将如何在言辞方面最为讨神喜欢吗，无 274b10
论你作为一个实践者，还是作为一个谈论者[890]？

斐德若：完全不知道，但你呢？

苏格拉底：我至少能够讲一讲从早前的人们那儿而来的一个传闻；274c1
至于它是否是真的，唯有他们自己知道。但如果我们自己就能够发现这
点，那么，那些属人的意见，我们还仍然会有所在乎吗？

斐德若：你在问一件可笑的事情；但你说你曾听到过的事情，请你
讲讲。

苏格拉底：那好！我曾听说，在埃及的瑙克剌提斯[891]附近，在那 274c5
里的那些古老的诸神中出现过这样一位，他们将之称作朱鹭的那种鸟
是献给他的[892]；而这位精灵[893]自己的名字被叫做透特[894]。于是，正是
这位，他首先发明了数字和计算，以及几何和天文，进而还有弈棋游戏 274d1
和掷骰子的游戏，当然还有文字。此外，当时整个埃及的国王塔穆斯是
〈住〉在上〈埃及〉地区的一个大城市里——希腊人把该城市称作埃及
的忒拜，并且他们把〈塔穆斯〉称作神〈王〉阿蒙[895]——，于是，透
特来到这位国王那里向他展示各门技艺，并且说它们应当被传播给其他 274d5
埃及人。然而，塔穆斯询问了每门技艺究竟有何种益处，而当透特一一
细说后，基于他看起来说得漂亮还是不漂亮，塔穆斯要么进行指责，要 274e1

μὲν δὴ περὶ ἑκάστης τῆς τέχνης ἐπ' ἀμφότερα Θαμοῦν τῷ
Θεὺθ λέγεται ἀποφήνασθαι, ἃ λόγος πολὺς ἂν εἴη διελθεῖν·
ἐπειδὴ δὲ ἐπὶ τοῖς γράμμασιν ἦν, "Τοῦτο δέ, ὦ βασιλεῦ, τὸ
μάθημα," ἔφη ὁ Θεύθ, " σοφωτέρους Αἰγυπτίους καὶ μνημο- 5
νικωτέρους παρέξει· μνήμης τε γὰρ καὶ σοφίας φάρμακον
ηὑρέθη." ὁ δ' εἶπεν· "῍Ω τεχνικώτατε Θεύθ, ἄλλος μὲν
τεκεῖν δυνατὸς τὰ τέχνης, ἄλλος δὲ κρῖναι τίν' ἔχει μοῖραν
βλάβης τε καὶ ὠφελίας τοῖς μέλλουσι χρῆσθαι· καὶ νῦν
σύ, πατὴρ ὢν γραμμάτων, δι' εὔνοιαν τοὐναντίον εἶπες ἢ 275
δύναται. τοῦτο γὰρ τῶν μαθόντων λήθην μὲν ἐν ψυχαῖς
παρέξει μνήμης ἀμελετησίᾳ, ἅτε διὰ πίστιν γραφῆς ἔξωθεν
ὑπ' ἀλλοτρίων τύπων, οὐκ ἔνδοθεν αὐτοὺς ὑφ' αὑτῶν ἀναμι-
μνησκομένους· οὔκουν μνήμης ἀλλὰ ὑπομνήσεως φάρμακον 5
ηὗρες. σοφίας δὲ τοῖς μαθηταῖς δόξαν, οὐκ ἀλήθειαν πορί-
ζεις· πολυήκοοι γάρ σοι γενόμενοι ἄνευ διδαχῆς πολυγνώ-
μονες εἶναι δόξουσιν, ἀγνώμονες ὡς ἐπὶ τὸ πλῆθος ὄντες, b
καὶ χαλεποὶ συνεῖναι, δοξόσοφοι γεγονότες ἀντὶ σοφῶν."

ΦΑΙ. ῍Ω Σώκρατες, ῥᾳδίως σὺ Αἰγυπτίους καὶ ὁποδαποὺς
ἂν ἐθέλῃς λόγους ποιεῖς.

ΣΩ. Οἱ δέ γ', ὦ φίλε, ἐν τῷ τοῦ Διὸς τοῦ Δωδωναίου 5
ἱερῷ δρυὸς λόγους ἔφησαν μαντικοὺς πρώτους γενέσθαι.
τοῖς μὲν οὖν τότε, ἅτε οὐκ οὖσι σοφοῖς ὥσπερ ὑμεῖς οἱ νέοι,
ἀπέχρη δρυὸς καὶ πέτρας ἀκούειν ὑπ' εὐηθείας, εἰ μόνον
ἀληθῆ λέγοιεν· σοὶ δ' ἴσως διαφέρει τίς ὁ λέγων καὶ ποδαπός. c
οὐ γὰρ ἐκεῖνο μόνον σκοπεῖς, εἴτε οὕτως εἴτε ἄλλως ἔχει;

ΦΑΙ. Ὀρθῶς ἐπέπληξας, καί μοι δοκεῖ περὶ γραμμάτων
ἔχειν ᾗπερ ὁ Θηβαῖος λέγει.

e 3 ἃ λόγος . . . διελθεῖν B W Stobaeus : om. T   e 6 παρέξει Sto-
baeus : παρέξοι B : παρέξειν T   e 8 τέχνης T Stobaeus : τῆς τέχνης B
a 2 μὲν om. Schanz   a 4 ἔνδοθεν T Stobaeus : ἔνδον B   αὐτοῖς
. . . ἀναμιμνησκομένοις H. Richards   a 6 εὗρες T : εὖρε B   b 1 τὸ
B T : om. Stobaeus   b 3 καὶ B : τε καὶ T   b 5 οἱ δέ γ' ὦ T :
οἶδ' ἐγὼ B : οὐδέ γ' ὦ V : σοὶ δ' ἐγὼ Stobaeus   b 6 ἔφησαν B Sto-
baeus : ἔφασαν T   b 8 δρυὸς T b : διὸς pr. B   c 1 δ' ἴσως T W
Stobaeus : om. B

么加以赞美。一方面，关于每门技艺，据说塔穆斯在〈指责和赞美〉这
两方面都对透特表达了许多的看法，一段长长的叙述才能够细说它们；
另一方面，当涉及文字时，"这门学问，大王啊，"透特宣称，"它能够 274e5
让埃及人更加智慧和更加有记忆力，因为它作为〈提升〉记忆和智慧的
一种药物已经被发现了。"塔穆斯则说道："最有技艺的透特啊，一种人
能够生产那些属于一种技艺的东西，而另一种人则能够判断下面这点，
那就是，对于那些打算使用它们的人来说，它们具有什么样的坏处和好
处之份额。"而现在你，作为文字之父，虽然出于好意，却在说与它们 275a1
所能够做的事情相反的事情。因为，由于对记忆的忽略，这会在那些已
经学习过〈它们〉的人的灵魂中造成遗忘，之所以如此，那是因为下面
这点，那就是：凭借对书写的相信，他们从外面被那些异己的符号所提
醒，而不是在里面他们自身被自身所提醒。因此，你没有发现一种〈提 275a5
升〉记忆的药物，而是发现了一种提醒之药。而你带给学生们的，是关
于智慧的意见，而不是关于它的真。因为，当他们由于你〈的发明〉而
在没有教诲的情况下就成为了听到许多东西的人之后，他们就以为自
己是知道许多东西的人，其实他们通常[896]都是无知的，并且难以相处，275b1
因为他们都成为了一些自以为智慧的人[897]，而非智慧的人。

斐德若：苏格拉底啊，你轻轻松松地就编造了一些故事，不管是埃
及人的，还是你愿意的随便哪个地方的人的。

苏格拉底：好吧，朋友啊，只不过那些在多多纳的宙斯庙里的人曾 275b5
宣称，从一棵橡树那里产生出了那些最初的预言性的言辞。因此，一方
面，那时候的那些人，鉴于他们不像〈现在〉你们这些年轻人那样是智
慧的，他们因其单纯质朴而满足于倾听一棵橡树和一块岩石[898]，只要它
们说真话就行。另一方面，至于你，或许要区分那说话的人是谁，并且 275c1
从哪个地方来。因为你不单单考虑那件事，即：是这种情形呢，还是那
种情形[899]？

斐德若：你斥责得正确，并且在我看来，关于文字，其情形就是如
〈你的〉那位忒拜人[900]所说的那样。

5 ΣΩ. Οὐκοῦν ὁ τέχνην οἰόμενος ἐν γράμμασι καταλιπεῖν, καὶ αὖ ὁ παραδεχόμενος ὥς τι σαφὲς καὶ βέβαιον ἐκ γραμμάτων ἐσόμενον, πολλῆς ἂν εὐηθείας γέμοι καὶ τῷ ὄντι τὴν Ἄμμωνος μαντείαν ἀγνοοῖ, πλέον τι οἰόμενος εἶναι λόγους d γεγραμμένους τοῦ τὸν εἰδότα ὑπομνῆσαι περὶ ὧν ἂν ᾖ τὰ γεγραμμένα.

ΦΑΙ. Ὀρθότατα.

ΣΩ. Δεινὸν γάρ που, ὦ Φαῖδρε, τοῦτ᾽ ἔχει γραφή, καὶ
5 ὡς ἀληθῶς ὅμοιον ζωγραφίᾳ. καὶ γὰρ τὰ ἐκείνης ἔκγονα ἕστηκε μὲν ὡς ζῶντα, ἐὰν δ᾽ ἀνέρῃ τι, σεμνῶς πάνυ σιγᾷ. ταὐτὸν δὲ καὶ οἱ λόγοι· δόξαις μὲν ἂν ὥς τι φρονοῦντας αὐτοὺς λέγειν, ἐὰν δέ τι ἔρῃ τῶν λεγομένων βουλόμενος μαθεῖν, ἕν τι σημαίνει μόνον ταὐτὸν ἀεί. ὅταν δὲ ἅπαξ
e γραφῇ, κυλινδεῖται μὲν πανταχοῦ πᾶς λόγος ὁμοίως παρὰ τοῖς ἐπαΐουσιν, ὡς δ᾽ αὕτως παρ᾽ οἷς οὐδὲν προσήκει, καὶ οὐκ ἐπίσταται λέγειν οἷς δεῖ γε καὶ μή. πλημμελούμενος δὲ καὶ οὐκ ἐν δίκῃ λοιδορηθεὶς τοῦ πατρὸς ἀεὶ δεῖται βοηθοῦ·
5 αὐτὸς γὰρ οὔτ᾽ ἀμύνασθαι οὔτε βοηθῆσαι δυνατὸς αὑτῷ.

ΦΑΙ. Καὶ ταῦτά σοι ὀρθότατα εἴρηται.

276 ΣΩ. Τί δ᾽; ἄλλον ὁρῶμεν λόγον τούτου ἀδελφὸν γνήσιον, τῷ τρόπῳ τε γίγνεται, καὶ ὅσῳ ἀμείνων καὶ δυνατώτερος τούτου φύεται;

ΦΑΙ. Τίνα τοῦτον καὶ πῶς λέγεις γιγνόμενον;

5 ΣΩ. Ὃς μετ᾽ ἐπιστήμης γράφεται ἐν τῇ τοῦ μανθάνοντος ψυχῇ, δυνατὸς μὲν ἀμῦναι ἑαυτῷ, ἐπιστήμων δὲ λέγειν τε καὶ σιγᾶν πρὸς οὓς δεῖ.

ΦΑΙ. Τὸν τοῦ εἰδότος λόγον λέγεις ζῶντα καὶ ἔμψυχον, οὗ ὁ γεγραμμένος εἴδωλον ἄν τι λέγοιτο δικαίως.

c 5 καταλιπεῖν B T : καταλείπειν Stobaeus   c 7 ἂν T Stobaeus : om. B   c 8 εἶναι] ἔχειν Heindorf : ποιεῖν Stallbaum   d 1 τοῦ τὸν B T : καὶ τοῦτον Stobaeus : ἢ τὸ τον fuisse susp. Wachsmuth   d 4 γραφή b : γραφήν pr. B T   d 6 δ᾽ ἀνέρῃ T : δ᾽ ἂν ἔρῃ B : δὲ ἔρῃ Stobaeus   e 1 κυλινδεῖται B T : καλινδεῖται V   e 3 γε] τε Hirschig   πλημμελούμενος T : πλημμενος B   a 1 ὁρῶμεν B T : ἐροῦμεν V   γνήσιον corr. Coisl. : γνήσιος B T

苏格拉底：因此，那以为自己已经在文字中留下了一种技艺的人，275c5
此外还有那接受了下面这点人，即〈以为〉将从文字中产生出某种清楚
且牢靠的东西，他不仅会充满了极大的头脑简单[901]，而且实际上也并不
懂得阿蒙的预言，当他以为那些书写出来的言辞是比对知道者——即已
经知道被书写出来的东西所关乎的那些事情——进行提醒更多的某种东 275d1
西时。

斐德若：非常正确。

苏格拉底：无疑，斐德若啊，书写还具有下面这种可怕之处，并且 275d5
它真的类似于绘画。因为，一方面，那东西的各种产物[902]就像活物一
样站在那儿，但如果你问它们某件事，它们就非常严肃地保持沉默。另
一方面，那些〈被写出来的〉言辞也同样如此：你或许会认为它们好像
有所理解后才说，但如果你由于希望进行学习而〈向它们〉询问那些被
〈它们〉说出来的东西中的任何一个，那么，任何〈被写出来的〉言辞
都总是仅仅显示出某种单一且同一的东西。而每一言辞，当它一旦被书 275e1
写出来，它就到处流传[903]，既同等地在那些弄懂了的人那里流传，也以
同样的方式在那些根本不合适的人那里流传；并且它不知道究竟应该对
哪些人说和不对哪些人说。而当它被冤枉[904]和不公正地遭到责骂时，它
总是需要父亲的救助；因为它既不能够保卫自己，也不能够救助自己[905]。275e5

斐德若：这些也被你说得非常正确。

苏格拉底：然后呢？我们愿意看看另外一种言辞吗，它是这种〈被 276a1
写出来的言辞〉的真正兄弟，看看它以何种方式产生，以及生来就比这
种〈被写出来的言辞〉好多少以及在能力上强多少？

斐德若：这是何种言辞，并且你说说，它如何产生出来？

苏格拉底：同知识一起[906]被写在学习者的灵魂上面的那种言辞，276a5
它既有能力保卫它自己，也知道对哪些人它应该说，对哪些人则应保持
沉默。

斐德若：你在说知道者的那种活着的和有灵魂的言辞[907]，而那被写
出来的言辞或许可以被正当地称作它的图像。

ΣΩ. Παντάπασι μὲν οὖν. τόδε δή μοι εἰπέ· ὁ νοῦν b
ἔχων γεωργός, ὧν σπερμάτων κήδοιτο καὶ ἔγκαρπα βούλοιτο
γενέσθαι, πότερα σπουδῇ ἂν θέρους εἰς Ἀδώνιδος κήπους
ἀρῶν χαίροι θεωρῶν καλοὺς ἐν ἡμέραισιν ὀκτὼ γιγνομένους,
ἢ ταῦτα μὲν δὴ παιδιᾶς τε καὶ ἑορτῆς χάριν δρῴη ἄν, ὅτε 5
καὶ ποιοῖ· ἐφ' οἷς δὲ ἐσπούδακεν, τῇ γεωργικῇ χρώμενος ἂν
τέχνῃ, σπείρας εἰς τὸ προσῆκον, ἀγαπῴη ἂν ἐν ὀγδόῳ μηνὶ
ὅσα ἔσπειρεν τέλος λαβόντα;

ΦΑΙ. Οὕτω που, ὦ Σώκρατες, τὰ μὲν σπουδῇ, τὰ δὲ ὡς c
ἑτέρως ἂν ᾖ λέγεις ποιοῖ.

ΣΩ. Τὸν δὲ δικαίων τε καὶ καλῶν καὶ ἀγαθῶν ἐπιστήμας
ἔχοντα τοῦ γεωργοῦ φῶμεν ἧττον νοῦν ἔχειν εἰς τὰ ἑαυτοῦ
σπέρματα; 5

ΦΑΙ. Ἥκιστά γε.

ΣΩ. Οὐκ ἄρα σπουδῇ αὐτὰ ἐν ὕδατι γράψει μέλανι
σπείρων διὰ καλάμου μετὰ λόγων ἀδυνάτων μὲν αὑτοῖς
λόγῳ βοηθεῖν, ἀδυνάτων δὲ ἱκανῶς τἀληθῆ διδάξαι.

ΦΑΙ. Οὔκουν δὴ τό γ' εἰκός. 10

ΣΩ. Οὐ γάρ· ἀλλὰ τοὺς μὲν ἐν γράμμασι κήπους, ὡς d
ἔοικε, παιδιᾶς χάριν σπερεῖ τε καὶ γράψει, ὅταν [δὲ] γράφῃ,
ἑαυτῷ τε ὑπομνήματα θησαυριζόμενος, εἰς τὸ λήθης γῆρας
ἐὰν ἵκηται, καὶ παντὶ τῷ ταὐτὸν ἴχνος μετιόντι, ἡσθή-
σεταί τε αὐτοὺς θεωρῶν φυομένους ἀπαλούς· ὅταν ⟨δὲ⟩ 5
ἄλλοι παιδιαῖς ἄλλαις χρῶνται, συμποσίοις τε ἄρδοντες αὑ-
τοὺς ἑτέροις τε ὅσα τούτων ἀδελφά, τότ' ἐκεῖνος, ὡς ἔοικεν,
ἀντὶ τούτων οἷς λέγω παίζων διάξει.

ΦΑΙ. Παγκάλην λέγεις παρὰ φαύλην παιδιάν, ὦ Σώ- e

b 1 νοῦν T: νυν B   b 2 ὧν T: ω B: ἂν V   b 4 ἀρῶν BT:
ὁρῶν V: σπείρας Herwerden   b 6 χρώμενος ἂν τέχνῃ T: ἂν χρώ-
μενος τέχνῃ ἂν B   c 7 γράψει ⟨ἐν⟩ Badham   c 8 μετά]
σπέρματα Badham   ἀδυνάτων (bis) B: ἀδυνατῶν (bis T (et sic Hein-
dorf omissis μετὰ λόγων)   c 9 ταληθῆ B: τ' ἀληθὲς T   d 2 δὲ
om. Bekker: τε Heindorf: γε Schanz   d 5 δὲ add. Par. 1811: τε
Stephanus: om. BT   d 8 οἷς λέγω γρ. Par. 1812: οἷς λέγων BT:
ἐν οἷς λέγω Heindorf: οὗ λέγω Schanz   διάξει T: διέξει B

苏格拉底：完完全全就是这样。那么请你告诉我下面这点，那就 276b1
是：一位有理智的农民——假如他珍爱一些种子[908]，并且他也希望它
们长得硕果累累——，他会认真地在大夏天到一些阿多尼斯[909]的园子
里进行播种，然后满心欢喜地看着那些园子在八天之内变得漂亮呢，
还是说，只是为了消遣和节庆他才做这些事情——如果他真那么做的 276b5
话——？反之，他所认真对待的那些种子，当他通过使用耕作的技艺来
把它们播到合适的地方后，他会感到满意吗，当在第八个月他所播下的
那些东西达到成熟时[910]？

斐德若：就是这样，苏格拉底啊，他要么会认真地做，要么会以另 276c1
外的方式做[911]，就像你说的那样。

苏格拉底：但那拥有关于各种正义、各种美好和各种良善的知识的
人，难道我们会说，在对待自己的种子方面，他竟然比一个农民有较少 276c5
的理智？

斐德若：肯定不会。

苏格拉底：因此，他将不会认真地在水上写下它们[912]，用墨水通过
一根芦苇秆借助一些言辞来进行播种，而这些言辞既没有能力用言说来
救助它们自己，也不能够充分地教授各种真的东西。

斐德若：肯定不会，至少看起来如此。 276c10

苏格拉底：当然不。但是，一方面，就那些用文字构成的园子[913]， 276d1
如看起来的那样，他为了消遣还是将对之进行播种和书写，每当他写
时[914]，他既为他自己储存记忆——既然他〈迟早要〉步入忘心大的老
年——，也为了每个正在追随同样足迹的人〈储存记忆〉，并且他会感
到快乐，当他看到那些由文字构成的园子长得精美时[915]。另一方面[916]， 276d5
每当其他人享受一些另外的消遣，让自己浸泡在各种酒宴以及其他所有
与之是兄弟般的那些事情中时，那人，如看起来的那样，在那时不是用
这些事情，而是用我所说的那些事情来进行消遣而度日。

斐德若：相较于平常的消遣，你在说一种极美的消遣，苏格拉底 276e1

κρατες, τοῦ ἐν λόγοις δυναμένου παίζειν, δικαιοσύνης τε καὶ
ἄλλων ὧν λέγεις πέρι μυθολογοῦντα.

ΣΩ. Ἔστι γάρ, ὦ φίλε Φαῖδρε, οὕτω· πολὺ δ᾽ οἶμαι
5 καλλίων σπουδὴ περὶ αὐτὰ γίγνεται, ὅταν τις τῇ διαλεκτικῇ
τέχνῃ χρώμενος, λαβὼν ψυχὴν προσήκουσαν, φυτεύῃ τε καὶ
σπείρῃ μετ᾽ ἐπιστήμης λόγους, οἳ ἑαυτοῖς τῷ τε φυτεύσαντι
277 βοηθεῖν ἱκανοὶ καὶ οὐχὶ ἄκαρποι ἀλλὰ ἔχοντες σπέρμα, ὅθεν
ἄλλοι ἐν ἄλλοις ἤθεσι φυόμενοι τοῦτ᾽ ἀεὶ ἀθάνατον παρέχειν
ἱκανοί, καὶ τὸν ἔχοντα εὐδαιμονεῖν ποιοῦντες εἰς ὅσον
ἀνθρώπῳ δυνατὸν μάλιστα.

5 ΦΑΙ. Πολὺ γὰρ τοῦτ᾽ ἔτι κάλλιον λέγεις.

ΣΩ. Νῦν δὴ ἐκεῖνα ἤδη, ὦ Φαῖδρε, δυνάμεθα κρίνειν,
τούτων ὡμολογημένων.

ΦΑΙ. Τὰ ποῖα;

ΣΩ. Ὧν δὴ πέρι βουληθέντες ἰδεῖν ἀφικόμεθα εἰς τόδε,
10 ὅπως τὸ Λυσίου τε ὄνειδος ἐξετάσαιμεν τῆς τῶν λόγων
b γραφῆς πέρι, καὶ αὐτοὺς τοὺς λόγους οἳ τέχνῃ καὶ ἄνευ
τέχνης γράφοιντο. τὸ μὲν οὖν ἔντεχνον καὶ μὴ δοκεῖ μοι
δεδηλῶσθαι μετρίως.

ΦΑΙ. Ἔδοξέ γε δή· πάλιν δὲ ὑπόμνησόν με πῶς.

5 ΣΩ. Πρὶν ἄν τις τό τε ἀληθὲς ἑκάστων εἰδῇ πέρι ὧν
λέγει ἢ γράφει, κατ᾽ αὐτό τε πᾶν ὁρίζεσθαι δυνατὸς γένηται,
ὁρισάμενός τε πάλιν κατ᾽ εἴδη μέχρι τοῦ ἀτμήτου τέμνειν
ἐπιστηθῇ, περί τε ψυχῆς φύσεως διιδὼν κατὰ ταῦτά, τὸ
c προσαρμόττον ἑκάστῃ φύσει εἶδος ἀνευρίσκων, οὕτω τιθῇ
καὶ διακοσμῇ τὸν λόγον, ποικίλῃ μὲν ποικίλους ψυχῇ καὶ
παναρμονίους διδοὺς λόγους, ἁπλοῦς δὲ ἁπλῇ, οὐ πρότερον
δυνατὸν τέχνῃ ἔσεσθαι καθ᾽ ὅσον πέφυκε μεταχειρισθῆναι
5 τὸ λόγων γένος, οὔτε τι πρὸς τὸ διδάξαι οὔτε τι πρὸς τὸ
πεῖσαι, ὡς ὁ ἔμπροσθεν πᾶς μεμήνυκεν ἡμῖν λόγος.

ΦΑΙ. Παντάπασι μὲν οὖν τοῦτό γε οὕτω πως ἐφάνη.

a 1 καὶ B : τε καὶ T   a 3 καὶ om. Schanz   b 5 εἰδῇ corr.
D : ἰδῇ (sic) T : ἰδῃ B   b 6 τε BT : γε vulg.   b 7 κατ᾽ εἴδη
T : κατίδη B

啊，它属于那能够在各种言辞中消遣的人，他通过讲关于正义以及你所说的其他那些事情的故事〈来进行消遣〉。

苏格拉底：的确是这样，亲爱的斐德若啊；但我认为，每当有人 276e5 如下面这样做时，那么，〈他〉对这些事情的认真[917]就还会变得远远更为漂亮，那就是：他通过使用对话的技艺，以及通过抓住一个恰当的灵魂，在它那里种植和播下那些带有知识的言辞；这些言辞既有能力救助 277a1 它们自己，也有能力救助那种植它们的人，它们不是不结果实的，而是含有一粒种子——从它那里，〈不断地〉在其他的品性中生长出其他的言辞，从而它们能够使得这粒种子永恒不朽——，并且它们使得那拥有它的人获得幸福，直至对于一个人来说所能够获得的那种最大幸福。

斐德若：你所说这种东西的确要远远更为漂亮。 277a5

苏格拉底：那好，我们现在已经能够来判断那些事情了，斐德若啊，既然我们已经就这些事情达成了一致。

斐德若：哪些事情？

苏格拉底：这些事情：正是就它们，由于我们打算看一看，我们才到达了这点，为了[918]我们既能够仔细检查在关于言辞的书写方面对吕 277a10 西阿斯的责骂，也能够仔细检查那些凭借技艺被写出来的和没有技艺地 277b1 被写出来的言辞本身。而有技艺地和没有技艺地，这件事目前在我看来已经被恰当地显明了。

斐德若：确实看起来如此；但无论如何都请你再提醒我一下。

苏格拉底：一个人——直到关于他所说和所写的那些东西，他已经 277b5 知道其中每个的真相，并且也已经变得能够就其自身来定义每个东西；在进行定义之后，复又知道如何按照形式来进行切分，直至切分到不可分的东西为止；并且关于灵魂的本性也已经以同样的方式彻底地看清楚了，通 277c1 过发现适合于每个本性的〈言辞之〉形式，以下面这种方式来确定和安排言辞，那就是，一方面，给复杂的灵魂提供各种复杂而详尽的言辞[919]，另一方面，给简单的灵魂提供各种简单的言辞——，在这之前，他将不可能凭借技艺如〈言辞之种类〉生来的那样来处理言辞之种类，无论是为了教 277c5 授，还是为了劝说，就像前面的整个讨论已经向我们揭示出来的那样。

斐德若：完全如此，这无论如何都已经被这样显明了。

ΣΩ. Τί δ' αὖ περὶ τοῦ καλὸν ἢ αἰσχρὸν εἶναι τὸ λόγους d
λέγειν τε καὶ γράφειν, καὶ ὅπη γιγνόμενον ἐν δίκη λέγοιτ'
ἂν ὄνειδος ἢ μή, ἆρα οὐ δεδήλωκεν τὰ λεχθέντα ὀλίγον
ἔμπροσθεν—

ΦΑΙ. Τὰ ποῖα; 5

ΣΩ. Ὡς εἴτε Λυσίας ἤ τις ἄλλος πώποτε ἔγραψεν ἢ
γράψει ἰδίᾳ ἢ δημοσίᾳ νόμους τιθείς, σύγγραμμα πολιτικὸν
γράφων καὶ μεγάλην τινὰ ἐν αὐτῷ βεβαιότητα ἡγούμενος
καὶ σαφήνειαν, οὕτω μὲν ὄνειδος τῷ γράφοντι, εἴτε τίς
φησιν εἴτε μή· τὸ γὰρ ἀγνοεῖν ὕπαρ τε καὶ ὄναρ δικαίων 10
καὶ ἀδίκων πέρι καὶ κακῶν καὶ ἀγαθῶν οὐκ ἐκφεύγει τῇ e
ἀληθείᾳ μὴ οὐκ ἐπονείδιστον εἶναι, οὐδὲ ἂν ὁ πᾶς ὄχλος
αὐτὸ ἐπαινέσῃ.

ΦΑΙ. Οὐ γὰρ οὖν.

ΣΩ. Ὁ δέ γε ἐν μὲν τῷ γεγραμμένῳ λόγῳ περὶ ἑκάστου 5
παιδιάν τε ἡγούμενος πολλὴν ἀναγκαῖον εἶναι, καὶ οὐδένα
πώποτε λόγον ἐν μέτρῳ οὐδ' ἄνευ μέτρου μεγάλης ἄξιον
σπουδῆς γραφῆναι, οὐδὲ λεχθῆναι ὡς οἱ ῥαψῳδούμενοι ἄνευ
ἀνακρίσεως καὶ διδαχῆς πειθοῦς ἕνεκα ἐλέχθησαν, ἀλλὰ τῷ
ὄντι αὐτῶν τοὺς βελτίστους εἰδότων ὑπόμνησιν γεγονέναι, 278
ἐν δὲ τοῖς διδασκομένοις καὶ μαθήσεως χάριν λεγομένοις καὶ
τῷ ὄντι γραφομένοις ἐν ψυχῇ περὶ δικαίων τε καὶ καλῶν
καὶ ἀγαθῶν [ἐν] μόνοις ἡγούμενος τό τε ἐναργὲς εἶναι καὶ
τέλεον καὶ ἄξιον σπουδῆς· δεῖν δὲ τοὺς τοιούτους λόγους 5
αὐτοῦ λέγεσθαι οἷον υἷεῖς γνησίους εἶναι, πρῶτον μὲν τὸν
ἐν αὐτῷ, ἐὰν εὑρεθεὶς ἐνῇ, ἔπειτα εἴ τινες τούτου ἔκγονοί
τε καὶ ἀδελφοὶ ἅμα ἐν ἄλλαισιν ἄλλων ψυχαῖς κατ' ἀξίαν b
ἐνέφυσαν· τοὺς δὲ ἄλλους χαίρειν ἐῶν—οὗτος δὲ ὁ τοιοῦτος

---

d 1 τοῦ T : τὸ B   d 2 λέγοιτ' ἄν T : λέγει τὰν B   d 3 ἤ
corr. Par. 1812 : εἰ B T   d 7 γράψει B : γράφει T   νόμους τιθείς
secl. Schleiermacher   d 10 δικαίων καὶ B : δικαίων τε καὶ T
e 8 οὐδὲ ... e 9 ἐλέχθησαν secl. Schanz : ὡς οἱ ... ἐλέχθησαν secl.
Ast   ὡς οἱ] ὅσοι Schleiermacher   a 1 αὐτῶν T : αὐτῷ B
a 4 ἐν secl. ci. Heindorf   ἡγούμενος T W : om. B   a 7 ἐν αυτῷ
B : ἑαυτῷ T

苏格拉底：此外，对各种言辞的说和写是漂亮的，还是可耻的，关 277d1
于这点的情况是什么，以及当以何种方式发生后，它理当被说成是一种
耻辱，或者不被说成是一种耻辱，不久前所说的那些东西岂不对之已经
显明了……

斐德若：哪些事情？ 277d5

苏格拉底：显明了：无论是吕西阿斯还是其他任何人曾经写过还是
将要写〈任何东西〉，也无论是为了自身的利益还是为了公共的利益，
如果他要提出一些法案，从而撰写一篇关于城邦事务的文章，并且认为
在其里面有着某种巨大的可靠性和清晰性[920]，那么，一方面，对于以
这种方式进行书写的人来说，就是一种耻辱，无论有人说，还是没有人 277d10
说。因为，无论是醒着时还是在睡梦中[921]，一个人如果关于各种正义的 277e1
东西和不正义的东西、邪恶的东西和良善的东西是无知的，那他就真的
无法逃脱这点，即是应被谴责的，即使整个大众都在颂扬它[922]。

斐德若：确实无法。

苏格拉底：另一方面有这样一种人：一则，他认为，在关于每一事 277e5
情所写下的言辞中都必然有着许多消遣性的东西，并且未曾有任何言辞，
无论是以有韵的方式，还是以无韵的方式，值得非常认真对待而被写下
来过，甚或被说出来过——如果就像那些被死记硬背出来的言辞那样，
既无检查也无教导[923]，〈只是〉为了劝说而被说出来的话——，而事实上
它们中最好的那些也只不过成为了对那些已经知道的人的一种提醒而已。 278a1
一则，他认为，唯有在为了学习而被教和说，并且真正被写在灵魂上的
关于各种正义的东西、美好的东西和良善的东西的那些东西中[924]，才有
着下面这点，即是清楚的、是完善的和是值得认真的；而〈他认为〉诸 278a5
如此类的言辞才应当被说成仿佛是他真正的儿子似的，首先，因为言辞
是内在于他里面，如果〈是被他所〉发现的话，其次，因为这种言辞的
某些后裔，连同它的兄弟们，植根在了其他人的其他那些配得上它们的 278b1
灵魂中；他不把其他的言辞放在心上——而如此这般的这样一个人，斐

ἀνὴρ κινδυνεύει, ὦ Φαῖδρε, εἶναι οἷον ἐγώ τε καὶ σὺ εὐξαίμεθ᾽ ἂν σέ τε καὶ ἐμὲ γενέσθαι.

5 ΦΑΙ. Παντάπασι μὲν οὖν ἔγωγε βούλομαί τε καὶ εὔχομαι ἃ λέγεις.

ΣΩ. Οὐκοῦν ἤδη πεπαίσθω μετρίως ἡμῖν τὰ περὶ λόγων· καὶ σύ τε ἐλθὼν φράζε Λυσίᾳ ὅτι νὼ καταβάντε ἐς τὸ Νυμφῶν νᾶμά τε καὶ μουσεῖον ἠκούσαμεν λόγων, οἳ ἐπέ-
c στελλον λέγειν Λυσίᾳ τε καὶ εἴ τις ἄλλος συντίθησι λόγους, καὶ Ὁμήρῳ καὶ εἴ τις ἄλλος αὖ ποίησιν ψιλὴν ἢ ἐν ᾠδῇ συνέθηκε, τρίτον δὲ Σόλωνι καὶ ὅστις ἐν πολιτικοῖς λόγοις νόμους ὀνομάζων συγγράμματα ἔγραψεν· εἰ μὲν εἰδὼς ᾗ τὸ
5 ἀληθὲς ἔχει συνέθηκε ταῦτα, καὶ ἔχων βοηθεῖν, εἰς ἔλεγχον ἰὼν περὶ ὧν ἔγραψε, καὶ λέγων αὐτὸς δυνατὸς τὰ γεγραμ-μένα φαῦλα ἀποδεῖξαι, οὔ τι τῶνδε ἐπωνυμίαν ἔχοντα δεῖ
d λέγεσθαι τὸν τοιοῦτον, ἀλλ᾽ ἐφ᾽ οἷς ἐσπούδακεν ἐκείνων.

ΦΑΙ. Τίνας οὖν τὰς ἐπωνυμίας αὐτῷ νέμεις;

ΣΩ. Τὸ μὲν σοφόν, ὦ Φαῖδρε, καλεῖν ἔμοιγε μέγα εἶναι δοκεῖ καὶ θεῷ μόνῳ πρέπειν· τὸ δὲ ἢ φιλόσοφον ἢ
5 τοιοῦτόν τι μᾶλλόν τε ἂν αὐτῷ καὶ ἁρμόττοι καὶ ἐμμελεστέ-ρως ἔχοι.

ΦΑΙ. Καὶ οὐδέν γε ἀπὸ τρόπου.

ΣΩ. Οὐκοῦν αὖ τὸν μὴ ἔχοντα τιμιώτερα ὧν συνέθηκεν ἢ ἔγραψεν ἄνω κάτω στρέφων ἐν χρόνῳ, πρὸς ἄλληλα
e κολλῶν τε καὶ ἀφαιρῶν, ἐν δίκῃ που ποιητὴν ἢ λόγων συγγραφέα ἢ νομογράφον προσερεῖς;

ΦΑΙ. Τί μήν;

ΣΩ. Ταῦτα τοίνυν τῷ ἑταίρῳ φράζε.

5 ΦΑΙ. Τί δὲ σύ; πῶς ποιήσεις; οὐδὲ γὰρ οὐδὲ τὸν σὸν ἑταῖρον δεῖ παρελθεῖν.

ΣΩ. Τίνα τοῦτον;

b 8 ἐς T: εἰς B   τὸ T: τὸν B   b 9 μουσεῖον T: μουσιον B: μουσῶν vulg.   ἐπέστελλον B: ἐπελλον T   d 1 ἐφ᾽ B: ὑφ᾽ T d 5 τοιοῦτόν τι B: τι τοιοῦτον T   αὐτῷ καὶ T: αὐτῷ B   d 8 αὖ τὸν t: αὐτὸν BT   e 1 ἐν δίκῃ T: δίκῃ B   που B: om. T   e 4 ἑταίρῳ T: ἑτέρῳ B

德若啊，他有可能就是我和你会祈求我和你要成为的那样种人——。

斐德若：完完全全就是这样，至少我希望并且祈求你正在说的那些 278b5
事情。

苏格拉底：那好，我们在关于言辞的消遣上已经盘桓得足够长
了！[925] 至于你〈斐德若〉，就请你前去对吕西阿斯解释一下，说我俩因
往下走到了仙女们的溪流和缪斯们的圣地那里而听到了一番言辞，而这 278c1
番言辞吩咐我们要对吕西阿斯以及其他任何正在创作言辞的人说，也
要对荷马以及其他任何复又已经创作了诗歌的人说——无论是单纯的
诗歌，还是吟唱的诗歌 [926] ——，第三，还要对梭伦以及无论哪个曾以
政治性的言辞方式撰写过文章——他们将之称作法律——的人说下面
这些话，那就是：如果他创作了这些东西，是因为他知道真相是在哪 278c5
儿 [927]，并且能够进行救助，当他前往对他所写下的那些东西的一种盘问
那里时，以及有能力通过自己说来展示那些已经被写下的东西是微不足
道的，那么，如此这般的一个人就决不 [928] 应当从这些〈已经被他写下的〉
东西那里取得其别号，而应当从那些他已经认真对待的东西那里取得。 278d1

斐德若：那么，你把哪些别号分派给他呢？

苏格拉底：一方面，斐德若啊，将之称为一位智慧者，至少在我看
来，这肯定是一件大事，并且这只适合于神；另一方面，将之称作一位
热爱智慧者，或者诸如此类的某种东西，这既会更适合于他，也会是更 278d5
为相称的。

斐德若：这肯定没有什么不合理的 [929]。

苏格拉底：因此，一个人，如果他并没有一些比他已经创作或书
写出来的那些东西更有价值的东西，而是在时间中 [930] 把它们颠来倒去，
〈时而〉把它们互相粘贴在一起，〈时而〉又把它们彼此分开，那么，你
也许复又会正当地把他称作诗人，或者讲辞作者，或者法律起草者吗？

斐德若：为何不呢？

苏格拉底：那好，就请你把这些解释给〈你的〉那位伙伴吧！

斐德若：但你呢？你将如何做？因为无论如何都不应该忽略你的那 278e5
位伙伴 [931]。

苏格拉底：这位伙伴是谁？

ΦΑΙ. Ἰσοκράτη τὸν καλόν· ᾧ τί ἀπαγγελεῖς, ὦ Σώ-
κρατες; τίνα αὐτὸν φήσομεν εἶναι;

ΣΩ. Νέος ἔτι, ὦ Φαῖδρε, Ἰσοκράτης· ὃ μέντοι μαν- 10
τεύομαι κατ' αὐτοῦ, λέγειν ἐθέλω.

279

ΦΑΙ. Τὸ ποῖον δή;

ΣΩ. Δοκεῖ μοι ἀμείνων ἢ κατὰ τοὺς περὶ Λυσίαν εἶναι
λόγους τὰ τῆς φύσεως, ἔτι τε ἤθει γεννικωτέρῳ κεκρᾶσθαι·
ὥστε οὐδὲν ἂν γένοιτο θαυμαστὸν προϊούσης τῆς ἡλικίας εἰ 5
περὶ αὐτούς τε τοὺς λόγους, οἷς νῦν ἐπιχειρεῖ, πλέον ἢ
παίδων διενέγκοι τῶν πώποτε ἁψαμένων λόγων, ἔτι τε εἰ
αὐτῷ μὴ ἀποχρήσαι ταῦτα, ἐπὶ μείζω δέ τις αὐτὸν ἄγοι
ὁρμὴ θειοτέρα· φύσει γάρ, ὦ φίλε, ἔνεστί τις φιλοσοφία
τῇ τοῦ ἀνδρὸς διανοίᾳ. ταῦτα δὴ οὖν ἐγὼ μὲν παρὰ τῶνδε b
τῶν θεῶν ὡς ἐμοῖς παιδικοῖς Ἰσοκράτει ἐξαγγέλλω, σὺ δ'
ἐκεῖνα ὡς σοῖς Λυσίᾳ.

ΦΑΙ. Ταῦτ' ἔσται· ἀλλὰ ἴωμεν, ἐπειδὴ καὶ τὸ πνῖγος
ἠπιώτερον γέγονεν.

5

ΣΩ. Οὐκοῦν εὐξαμένῳ πρέπει τοῖσδε πορεύεσθαι;

ΦΑΙ. Τί μήν;

ΣΩ. Ὦ φίλε Πάν τε καὶ ἄλλοι ὅσοι τῇδε θεοί, δοίητέ
μοι καλῷ γενέσθαι τἄνδοθεν· ἔξωθεν δὲ ὅσα ἔχω, τοῖς ἐντὸς
εἶναί μοι φίλια. πλούσιον δὲ νομίζοιμι τὸν σοφόν· τὸ δὲ c
χρυσοῦ πλῆθος εἴη μοι ὅσον μήτε φέρειν μήτε ἄγειν δύναιτο
ἄλλος ἢ ὁ σώφρων.

Ἔτ' ἄλλου του δεόμεθα, ὦ Φαῖδρε; ἐμοὶ μὲν γὰρ μετρίως
ηὖκται.

5

ΦΑΙ. Καὶ ἐμοὶ ταῦτα συνεύχου· κοινὰ γὰρ τὰ τῶν
φίλων.

ΣΩ. Ἴωμεν.

---

a 4 τε B: δὲ T   a 5 τῆς ἡλικίας T: ἰσηλικίας B   a 6 τοὺς
T: om. B   a 7 ἔτι τε T: εἴτε B   a 8 ἐπιμείζων δέ τις αυτῷ
B: ἐπὶ μείζων δέ τις αὐτὸν T   a 9 ὁρμῇ θειοτέρα B   b 2 ἐξαγ-
γελῶ Stallbaum   b 6 εὐξαμένῳ Bekker   c 1 φιλία B: φίλα T

斐德若：英俊的伊索克拉底[932]。你将向他报告什么呢，苏格拉底啊？我们将说他是何种人？

苏格拉底：伊索克拉底还年轻，斐德若啊；然而，对他我做何预言，我愿意说一说。 278e10

279a1

斐德若：究竟是什么？

苏格拉底：对我来说，在那些属于天资的事情方面[933]，相较于吕西阿斯的那些言辞[934]，他显得是更强一些，并且混合了某种更为高贵的品质；因此，下面这点根本就不会变得让人感到奇怪，那就是，随着 279a5
他年纪渐长，如果就在他目前所努力从事的这些言辞方面，他胜过那些在任何时候曾接触过言辞的人，远大于他〈作为一个成年人〉胜过孩子们[935]；并且更加〈不必感到奇怪〉，如果这些事情并不满足他，而某种更加神圣的冲动会把他引向那些更加重大的事情。因为在本性上，朋友啊，某种对智慧的热爱内在于这个人的思想中。好吧，这些就是我要从 279b1
此地这些神那里通报给我心爱的少年的东西，而你把〈前面〉那些通报给你的吕西阿斯。

斐德若：好的[936]！但让我们走吧，既然闷热确实已经变得温和些了。 279b5

苏格拉底：恰当的做法岂不是向此地的这些神祈祷后再离开？

斐德若：为何不是呢？

苏格拉底：哦，亲爱的潘神，以及这儿的其他所有的诸神！请你们允许我〈能够〉在内里变得漂亮；至于我在外面所拥有的一切，请你们允许它们同我内里的那些东西是友好的。但愿我会把智慧的人视作富足 279c1
的[937]；至于金钱的数量，对我来说只需一个有节制的人所能忍受和携带的那么多。

我们还需要别的什么吗，斐德若啊？因为对于我来说，已经恰当地 279c5
进行了祈祷。

斐德若：也为我一起祈祷这些事情吧；因为朋友间的那些事情都是共同的。

苏格拉底：让我们走吧！

注　释

1 斐德若（Φαῖδρος, Phaidros）生平不详，在柏拉图的诸对话中，除了本对话之外，他仅出现在《普罗塔戈拉》和《会饮》中过。

2 克法洛斯（Κέφαλος, Kephalos）是定居在雅典的意大利西西里移民，一个富有的商人。他有三个儿子，一个是这里提到的吕西阿斯（Λυσίας, Lysias），另外两个是波勒马尔科斯（Πολέμαρχος, Polemarchos）和欧悌德谟斯（Εὐθύδημος, Euthydemos）；吕西阿斯是一位著名的演说家和修辞学家，目前归在他名下的演说辞有 35 篇。

　　参见《政制》（328b4-8）：Ἦιμεν οὖν οἴκαδε εἰς τοῦ Πολεμάρχου, καὶ Λυσίαν τε αὐτόθι κατελάβομεν καὶ Εὐθύδημον, τοὺς τοῦ Πολεμάρχου ἀδελφούς, ... ἦν δ᾽ ἔνδον καὶ ὁ πατὴρ ὁ τοῦ Πολεμάρχου Κέφαλος.［于是，我们就前往了波勒马尔科斯的家里，并且在那里我们遇见了吕西阿斯和欧悌德谟斯，他俩是波勒马尔科斯的兄弟，……而波勒马尔科斯的父亲克法洛斯那时也在家里。］

3 ἐξ ἑωθινοῦ［从清晨起］是词组，等于副词 ἔωθεν。

4 τῷ δὲ σῷ καὶ ἐμῷ ἑταίρῳ πειθόμενος Ἀκουμενῷ［而当我听从你和我两人的伙伴阿库墨诺斯〈的建议〉之后］。阿库墨诺斯（Ἀκουμένος, Akoumenos）是一位医生，他的儿子厄儒克西马科斯（Ἐρυξίμαχος, Eryximachos）也是一位医生，参见后面 268a9。此外，在《会饮》（176c 以下）中也曾提到过这对父子，并且厄儒克西马科斯在该对话中参与了发言（185c-189b）。

　　πειθόμενος 是动词 πείθω 的现在时分词中动态阳性单数主格；πείθω 的基本意思是"劝说"，但其中动态的意思则是"听从"，并要求与格作宾语，所以这里出现的是单数与格 τῷ σῷ καὶ ἐμῷ ἑταίρῳ ... Ἀκουμενῷ［你我两人的伙伴阿库墨诺斯］。

5 ποιεῖσθαι τοὺς περιπάτους 是词组，意思是"散步"；《牛津希-英词典》（A Greek-English Lexicon, H. G. Liddell and R. Scott, With a Revised Supplement.

Charendon Press · Oxford, 1996）举了柏拉图在这里的这个表达，对之的解释是：walk about, walk。

6 ἀκοπωτέρους εἶναι τῶν ἐν τοῖς δρόμοις［在那里的散步要比在跑场上的散步是更有助于恢复精神的］，当然可以简单译为"在那里散步比在跑场上散步更提神"。ἀκοπωτέρους 在这里是形容词 ἄκοπος［不疲劳的/恢复精神的/提神的］的比较级阳性复数宾格，修饰和限定前面出现的阳性名词复数宾格 τοὺς περιπάτους［散步］;《牛津希-英词典》举了柏拉图在这里的这个表达，对 ἄκοπος 的解释是：removing weariness, refreshing。

此外，ἐν τοῖς δρόμοις［在跑场上］，也可以补充译为"在〈体育场的〉那些跑道上"，或简单译为"在回廊里"；名词 δρόμος 的基本意思是"跑道"，但也有"回廊""林荫大道"等意思。参见《泰阿泰德》（144c1-3）：ἄρτι γὰρ ἐν τῷ ἔξω δρόμῳ ἠλείφοντο ἑταῖροί τέ τινες οὗτοι αὐτοῦ καὶ αὐτός, νῦν δέ μοι δοκοῦσιν ἀλειψάμενοι δεῦρο ἰέναι.［他和他的这些伙伴们刚才在外侧跑道给自己抹油，但现在我认为，他们抹完油后正朝这边走来。］

7 法国布德本希腊文在标点时，把这句话标点为问句，也成立。另外，这句话表明，吕西阿斯一家作为外来移民，按照当时的法律自己不能在雅典城里置产；根据《政制》开头的介绍，他们一家住在雅典的港口"珀赖欧斯（也译为比雷埃夫斯）"（Πειραιεύς, Peiraieus）。

8 παρ' Ἐπικράτει［和厄庇克剌忒斯在一起］，也可以译为"在厄庇克剌忒斯那里"。厄庇克剌忒斯（Ἐπικράτης, Epikrates），是一位雅典民主政制派的政治家，但生平不详。

9 摩儒科斯（Μόρυχος, Morychos）是一位美食家，以生活奢靡著称，阿里斯托芬在其喜剧中多次提到过此人；参见阿里斯托芬《马蜂》（506）：ζῆν βίον γενναῖον ὥσπερ Μόρυχος.［像摩儒科斯那样，〈过着〉一种优渥的生活。］

10 πλησίον τοῦ Ὀλυμπίου［靠近奥林匹斯山上的宙斯的神庙］。这里的 Ὀλύμπιον 即 Ὀλυμπιεῖον［奥林匹斯山上的宙斯的神庙］，是当时雅典城的地标之一。《牛津希-英词典》举了柏拉图在这里的这个表达，对 Ὀλυμπιεῖον 的解释是：temple of Olympian Zeus。

11 名词 διατριβή 由动词 διατρίβω 派生而来，而 διατρίβω 的词干是 τρίβω，其意思是"磨""揉"；因此，διατριβή 的原初意思就是"消磨时间"，转义为"娱乐""消遣""讨论""研究"，进而引申为专门从事哲学活动的"学校"。

参见《欧悌弗戎》（2a1-3）：Τί νεώτερον, ὦ Σώκρατες, γέγονεν, ὅτι σὺ τὰς ἐν Λυκείῳ καταλιπὼν διατριβὰς ἐνθάδε νῦν διατρίβεις περὶ τὴν τοῦ βασιλέως στοάν;［嘿，苏格拉底，什么特别新奇的事情发生了，你放弃在吕克昂的溜

达，此刻在这儿于国王执政官的门廊前徘徊？）

12 σοι σχολὴ ... ἀκούειν［你有空闲听］是一个整体。从文法上看，这句话这里省略了动词 ἐστί；σχολή ἐστί σοι ... 的意思是"你有空闲做……"，后面跟不定式，所以这里出现的是不定式 ἀκούειν［听］。

13 参见品达《伊斯特摩斯颂歌》（Isthmia, 1.1-3）：Μᾶτερ ἐμά, τὸ τεόν, χρύσασπι Θήβα, πρᾶγμα καὶ ἀσχολίας ὑπέρτερον θήσομαι.［我的母亲，持金盾的忒拜，我将把你的事情甚至置于〈一切〉忙碌之上。］ἀσχολίας ὑπέρτερον［甚至胜过〈一切〉忙碌］，也可以译为"甚至胜过〈一切〉事业"。名词 ἀσχολία，派生自褫夺性前缀 ἀ 和 σχολή［空闲/闲暇］，本义是"无空闲""无闲暇"，转意为"忙碌""事务""麻烦"等；这同 227b8 那里的 σχολή 相呼应，构成有意的语词游戏。

14 τὸ τεήν τε καὶ Λυσίου διατριβὴν ἀκοῦσαι［听你和吕西阿斯是如何消磨时间的］，这是意译；这句话的字面意思是"听你的以及吕西阿斯的消磨时间"或"听你和吕西阿斯的讨论"。其中的形容词阴性单数宾格 τεήν［你的］，法国布德本希腊文作 σήν［你的］，但意思一样；只不过形容词 τεός 常用于诗歌中。

15 Λέγοις ἄν［你只管说！］也可以译为"请你说！"或"请你〈把它〉讲出来！"λέγοις 是动词 λέγω［说］的现在时祈愿式第二人称单数，祈愿式和 ἄν 连用，有时等于命令式，如 λέγοις ἄν τὴν δέησιν［你只管说出〈你的〉要求！/请你把〈你的〉要求说出来！］

16 καὶ μήν 是词组，意思是"的确""确实""真的""而且"。

17 προσήκουσα γέ σοι ἡ ἀκοή［你肯定适合听〈它〉］，字面意思是"听〈它〉肯定适合你"。προσήκουσα 是动词 προσήκω 的现在时分词主动态阴性主格单数，在这里同后面的阴性名词 ἡ ἀκοή［听］保持一致。动词 προσήκω 的基本意思是"来到""接近"，常作无人称动词使用，意思则是"关系到""适合于"；其分词所形成的形容词，则指"适合的""合适的""相称的"，并往往同表人的与格连用，所以这里出现了单数与格 σοι［你］。另外，之所以这样说，可参见《会饮》（177d7-8）：ὃς οὐδέν φημι ἄλλο ἐπίστασθαι ἢ τὰ ἐρωτικά.［我说，除了那些同爱相关的事情之外，我不知道其他任何东西。］

18 τοι 是个小品词，源自 σύ［你］的单数与格，本义是"让我告诉你"，转义为"真的""的确"。

19 οὐκ οἶδ' ὅντινα τρόπον［我不知道究竟为何］，也可以简单意译"无论如何都在某种方式上"。该表达等于拉丁文的 nescio quo modo 或 nescio quomodo。ὅντινα τρόπον 是一个整体，大致等于词组 τίνα τρόπον 或 ὃν τρόπον，意思是"为何""如何"。

参见《菲勒玻斯》(19a3–5): Οὐκ εἰς φαῦλόν γε ἐρώτημα, ὦ Φίληβε, οὐκ οἶδ' ὅντινα τρόπον κύκλῳ πως περιαγαγὼν ἡμᾶς ἐμβέβληκε Σωκράτης.[这可不是一个微不足道的问题,菲勒玻斯啊,我不知道,苏格拉底为何总以这样那样的方式领着我们绕圈子而把我们扔入其中。]

20 γὰρ δή[显然]是词组,《牛津希-英词典》对之的解释是: for manifestly。

21 γέγραφε γὰρ δὴ ὁ Λυσίας πειρώμενόν τινα τῶν καλῶν, οὐχ ὑπ' ἐραστοῦ δέ.[显然,吕西阿斯已经描绘了一位俊美的年轻人该如何被引诱,但又不是被他的一位爱慕者所引诱。]πειρώμενον 是动词 πειράω[尝试 / 企图]的现在时分词被动态阳性宾格单数,在这里也可以译为"被打主意""被图谋"。

22 αὐτὸ τοῦτο[正是这点]。αὐτό 在这里表强调,不能译为"本身"。

23 形容词 γενναῖος 的基本意思是"出身高贵的""优良的",用在事情上则指"重大的""紧要的";柏拉图这样说吕西阿斯,显然暗含讽刺。

24 之所以这样补充翻译,因为无人称动词 χρή[必须 / 应当]后面省略了动词不定式 χαρίζεσθαι[使满意 / 讨人喜欢]。

25 动词 πρόσειμι 作"属于"讲时,要求与格,所以这里出现的是单数与格 ἐμοί[我]和复数与格 τοῖς πολλοῖς ἡμῶν[我们中的多数人]。

26 形容词 ἀστεῖος 的本义是"城市的""城里的",转义为"文雅的""优美的",同 ἄγροικος[乡下的 / 土气的 / 粗俗的]相对。

27 墨伽拉也译为"麦加拉",是位于雅典西边的一个城邦,离雅典不远,大约40公里。

28 赫洛狄科斯(Ἡρόδικος, Herodikos),既是一位医生,也是一位体育教练和智者。柏拉图在《普罗塔戈拉》(316d-e)和《政制》(406a-b)中都曾提及过此人。

29 οὐ μή σου ἀπολειφθῶ[我都决不会离开你]。ἀπολειφθῶ 是动词 ἀπολείπω 的一次性过去时虚拟式被动态第一人称单数;ἀπολείπω 的基本意思是"失去""放弃",但其被动态则具有"离开"的意思,并要求属格,所以这里出现的是单数属格 σου[你]。此外,οὐ μή 是一个整体,起加强否定的作用,意思是"决不要""千万别"。

30 ἐν πολλῷ χρόνῳ[很长时间 / 很久]是词组,《牛津希-英词典》举了柏拉图在这里的这个表达,对之的解释是: for a long time。

31 κατὰ σχολήν 是词组,基本意思是"有闲暇""得闲",转义为"从容地"。

32 δεινότατος ... γράφειν[最擅长写]是一个整体。δεινότατος 是形容词 δεινός 的最高级,δεινός 既具有"可怕的""可怖的"意思,也有"聪明的""高明的""强有力的"等意思,这儿根据上下文将之意译为"擅长的"。

参见《政治家》（259a6-8）：ὅστις βασιλεύοντι χώρας ἀνδρὶ παραινεῖν δεινὸς ἰδιώτην ὢν αὐτός, ἆρ' οὐ φήσομεν ἔχειν αὐτὸν τὴν ἐπιστήμην ἣν ἔδει τὸν ἄρχοντα αὐτὸν κεκτῆσθαι;［任何一个人，尽管他自己只是一个平民，却精于规劝某个地方的做国王的人，难道我们不会说他拥有统治者本人应当已经取得的那种知识？］

33　ἰδιώτην ὄντα［像我这种普通人］，也可以译为"我作为普通人"；单就这一表达，字面意思是"我是一个普通人"。ἰδιώτης［普通人 / 一无所长的人］是由形容词 ἴδιος［自己的 / 个人的］派生而来的名词，但意思比较丰富。除了泛指"普通人"和"平民"之外，如果同 στρατηγός［将军］相对则表"士兵"，同 πόλις［城邦］相对则指"个人"。

34　ἀξίως ἐκείνου［以配得上他的方式］是一个整体。副词 ἀξίως 派生自形容词 ἄξιος［配得上的 / 值得的］，跟属格，所以这里出现的是指示代词的阳性单数属格 ἐκείνου［那人 / 他］，即吕西阿斯。

35　ἀπομνημονεύσειν 是动词 ἀπομνημονεύω 的将来时不定式主动态。ἀπομνημονεύω 的基本意思是"记住"，在这里则指"靠记忆讲述""靠记忆复述"。《牛津希-英词典》举了柏拉图在这里的这个表达，对 ἀπομνημονεύω 的解释是：relate from memory。

36　ἐμαυτοῦ ἐπιλέλησμαι［忘记了我自己是谁］，也可以简单译为"忘记了我自己"；动词 ἐπιλανθάνομαι［忘记］要求属格，所以这里出现的是反身代词的单数属格 ἐμαυτοῦ［我自己］。

参见《苏格拉底的申辩》（17a1-3）：Ὅτι μὲν ὑμεῖς, ὦ ἄνδρες Ἀθηναῖοι, πεπόνθατε ὑπὸ τῶν ἐμῶν κατηγόρων, οὐκ οἶδα· ἐγὼ δ' οὖν καὶ αὐτὸς ὑπ' αὐτῶν ὀλίγου ἐμαυτοῦ ἐπελαθόμην, οὕτω πιθανῶς ἔλεγον.［诸位雅典人啊，你们已经如何被我的控告者们所影响了，我不知道；至少我本人几乎已经被他们弄得忘记了自己是谁，〈因为〉他们说得是如此地有说服力。］

37　ἀλλὰ γάρ 是固定表达，意思是"的确""当然""但其实"。

38　οὐδέτερά ἐστι τούτων［这两者中没有一个是那么回事］，也可以译为"这两方面都没有出现"；即我既识得斐德若，也没有忘记我自己是谁。

39　这是一种修辞法，有意使用第三人称来说话。

40　这里的 οἱ 不是阳性定冠词主格复数，而是第三人称代名词的单数与格，也作 οἷ，等于 αὐτῷ 和 αὐτῇ，意思是"对他 / 她 / 它"或"对他自己 / 她自己 / 它自己"。

41　τελευτῶν 是动词 τελευτάω［完成 / 结束］的现在时分词，作副词使用，意思是"最后"。《牛津希-英词典》以柏拉图在这里的这个表达为例，对它的解释是：at the end, at last。参见《苏格拉底的申辩》（22c9）：Τελευτῶν οὖν ἐπὶ τοὺς χειροτέχνας ἦα.［于是，最后我前往了一些手艺人那儿。］

42 ἐξ ἑωθινοῦ καθήμενος ἀπειπών［他由于从清晨就坐在那里而感到疲倦］。ἀπειπών 是动词 ἀπεῖπον 的一次性过去时分词阳性主格单数；ἀπεῖπον 的基本意思是"否认""拒绝"，但作为不及物动词，也有"疲倦""疲惫"等意思，《牛津希-英词典》举了柏拉图在这里的这个表达，对它的解释是：tire, sink from exhaustion。

43 这是当时的一种起誓方式；苏格拉底不止一次用埃及的"神狗"起誓。参见：

　　《苏格拉底的申辩》（22a1）：καὶ νὴ τὸν κύνα, ὦ ἄνδρες Ἀθηναῖοι.［以狗起誓，诸位雅典人啊。］

　　《斐洞》（98e5-99a4）：ἐπεὶ νὴ τὸν κύνα, ὡς ἐγῷμαι, πάλαι ἂν ταῦτα τὰ νεῦρα καὶ τὰ ὀστᾶ ἢ περὶ Μέγαρα ἢ Βοιωτοὺς ἦν, ὑπὸ δόξης φερόμενα τοῦ βελτίστου, εἰ μὴ δικαιότερον ᾤμην καὶ κάλλιον εἶναι πρὸ τοῦ φεύγειν τε καὶ ἀποδιδράσκειν ὑπέχειν τῇ πόλει δίκην ἥντιν' ἂν τάττῃ.［因为，以狗起誓，如所我认为的那样，这些筋腱和骨头或许早就到了墨伽拉或者是在玻俄提阿人那儿了——被〈他那〉关于最好的东西的意见搬运〈过去〉——，假如我不认为下面这样才是更正当的和更美好的话，那就是：绝不躲避和出逃，而是承受城邦所给出的任何惩罚。］

　　《高尔吉亚》（482b5）：μὰ τὸν κύνα τὸν Αἰγυπτίων θεόν.［以狗，埃及人的神发誓。］

　　此外，按照喜剧家阿里斯托芬的说法，在古代人们经常用鸟来起誓，参见阿里斯托芬《鸟》（520）：Ὤμνυ τ' οὐδεὶς τότ' ＜ἂν＞ ἀνθρώπων θεόν, ἀλλ' ὄρνιθας ἅπαντες.［从前无人用某个神起誓，相反，所有人用各种鸟来起誓。］一些学者认为，这可能是受到当时的俄耳甫斯宗教的影响。

44 ἐξεπιστάμενος τὸν λόγον［他也已经把该讲辞烂熟于心］，也可以简单译为"他也已经记得该讲辞"或"他也已经背得该讲辞"。ἐξεπιστάμενος 是动词 ἐξεπίσταμαι 的现在时分词阳性主格单数，ἐξεπίσταμαι 的本义是"非常熟悉""完全知道"，转义为"记得""背得"；《牛津希-英词典》举了柏拉图在这里的这个表达，对它的解释是：know by heart。

45 πάνυ τι ... μακρός［有点太长］。πάνυ τι 是一个整体，πάνυ 的意思是"十分""非常"，和 τι 连用表示不那么确定。参见《欧悌弗戎》（2b7-8）：Οὐδ' αὐτὸς πάνυ τι γιγνώσκω, ὦ Εὐθύφρων, τὸν ἄνδρα, νέος γάρ τίς μοι φαίνεται καὶ ἀγνώς.［我本人其实不大认识这个人，欧悌弗戎啊，因为他对我显得有点年轻且没啥名气。］

46 ἀπαντήσας ... τῷ νοσοῦντι περὶ λόγων ἀκοήν［遇见了那位对于言辞之倾听有着一种病态的渴望的人］，也可以译为"碰到了那位病态地渴望聆听讨论的人"。ἀπαντήσας 是动词 ἀπαντάω 的一次性过去时分词主动态阳性单数主格，ἀπαντάω［遇见 / 碰到］要求与格作宾语，所以这里出现的是单数与格 τῷ νοσοῦντι［有着一种病态的渴望的人］。动词 νοσέω 的基本意思是"患病"，但与介词 περί 连用，构成一种固定表达，例如，《牛津希-英词典》对 νοσεῖν περὶ δόξαν 的解释是：to have a morbid craving for fame（对荣誉有着一种病态的渴望）。

47 ἰδὼν μέν, ἰδών［而当他看见〈那人〉后，他一看见〈那人〉］，这可理解为一种修辞法。法国布德本希腊文删掉了第二个 ἰδών，不从。

48 τὸν συγκορυβαντιῶντα［分享〈其〉迷狂的伙伴］。συγκορυβαντιῶντα 是动词 συγκορυβαντιάω 的现在时分词主动态阳性单数宾格；συγκορυβαντιάω 的本义是"参与科儒巴斯祭仪"，而"科儒巴斯祭仪"是一种宗教仪式，主要是用狂欢歌舞向女神"库柏勒"（Κυβέλη）致敬；库柏勒是代表自然界生长力量的女神，当时在小亚细亚和希腊受到人们的崇拜。《牛津希-英词典》举了柏拉图在这里的这个表达，对 συγκορυβαντιάω 的解释是：join in Corybantic revels, share in inspiration or frenzy。

参见《克里同》（54d2-5）：Ταῦτα, ὦ φίλε ἑταῖρε Κρίτων, εὖ ἴσθι ὅτι ἐγὼ δοκῶ ἀκούειν, ὥσπερ οἱ κορυβαντιῶντες τῶν αὐλῶν δοκοῦσιν ἀκούειν, καὶ ἐν ἐμοὶ αὕτη ἡ ἠχὴ τούτων τῶν λόγων βομβεῖ καὶ ποιεῖ μὴ δύνασθαι τῶν ἄλλων ἀκούειν. ［〈以上〉这些，亲爱的朋友克里同啊，你一定要清楚它们就是我似乎听到的，就像那些参加科儒巴斯祭仪的人似乎听到笛声一样；而这些话的声音就还在我〈耳边〉鸣响，并使得我不可能听到其他的。］

49 ἐθρύπτετο［他忸怩作态假装正经起来］。ἐθρύπτετο 是动词 θρύπτω 的未完成过去时直陈式被动态第三人称单数；θρύπτω 的本义是"打碎""打破"，其被动态喻为"变柔弱""变娇气"，进而喻为"故意装""忸怩作态"。《牛津希-英词典》举了柏拉图在这里的这个表达，对它的解释是：to be coy and prudish。

50 ἔμελλε ... ἐρεῖν［他注定要说］是一个整体，动词 μέλλω［命中注定 / 注定要］，常同不定式连用。

51 νῦν ἤδη 是词组，《牛津希-英词典》对之的解释是 henceforth，即"从今以后"；这里基于文义，将之译为"此时此地"。

52 τάχα πάντως 是一个整体，意思是"无论如何都很快"。

53 πολὺ κράτιστόν ἐστιν［目前最好的情况就是］。中性形容词 πολύ 经常同形容词比较级和最高级连用，起加强语气的作用；这里基于上下文，把 πολὺ κράτιστον 译为"目前最好的"。

54 ἀμῶς γέ πως 是词组，也拼作 ἀμωσγέπως，意思是"以这样那样的方式""以某种方式"；《牛津希-英词典》对之的解释是：in some way or other。

55 Πάνυ γάρ σοι ἀληθῆ δοκῶ［你对我的看法确实非常真］，也可以译为"对于你，我看起来的确完全真的〈将那样做〉"。

56 τῷ ὄντι［其实／事实上／真正地／确实地］是固定表达，等于 ὄντως 或 ὡς ἀληθῶς。

57 παντὸς μᾶλλον 是固定搭配，其字面意思是"比一切都更"，转义为"必定""务必"。

58 παντὸς μᾶλλον τά γε ῥήματα οὐκ ἐξέμαθον［我无论如何都必定没有把那些字眼都了然于胸］，也可以简单译为"我无论如何都必定没能逐字背得"。

59 διαφέρειν τὰ τοῦ ἐρῶντος ἢ τὰ τοῦ μή［一个陷入爱中的人之情况不同于一个没有陷入爱中的人之情况］，这是意译，也可以简单译为"在爱的人之情况不同于不在爱的人之情况"。

60 ἐν κεφαλαίοις［概括性地／总结性地］是词组，也经常以单数的形式表现，即 ἐν κεφαλαίῳ；《牛津希-英词典》对之的解释是：summing up, summarily。

61 ὦ φιλότης［我亲爱的朋友啊］。单就这一表达，也可以译为"我的挚爱啊"。阴性抽象名词 φιλότης 的本义是"爱""友谊"，但用于称呼人时，ὦ φιλότης 等于 ὦ φίλε；《牛津希-英词典》专门举了这一表达，对之的解释是：my dear friend。

62 伊利索斯（Ἰλισός, Ilisos）是当时流经雅典的一条河，以风光旖旎著称。

63 εἶτα ὅπου ἂν δόξῃ ἐν ἡσυχίᾳ καθιζησόμεθα.［然后哪儿看起来安静，我们就在哪儿坐下。］如果把 ἐν ἡσυχίᾳ καθιζησόμεθα 视为一个整体，那么这句话也可以译为"然后哪儿看起来〈合适〉，我们就安静地在哪儿坐下"。

64 ἀνυπόδητος ὢν ἔτυχον［我恰好赤着脚］，也可以译为"我恰好是没有穿鞋的""我恰好光着脚"。

65 ῥᾷστον οὖν ἡμῖν κατὰ τὸ ὑδάτιον βρέχουσι τοὺς πόδας ἰέναι.［这样一来，我们就很容易沿着小河用脚蹚着水走。］这是意译，字面意思是：这样一来，我们就很容易沿着小河把双脚打湿走。βρέχουσι 在这里是动词 βρέχω［打湿／蹚水］的现在时分词主动态阳性复数与格，修饰和限定前面的复数与格 ἡμῖν［我们］。

66 ἄλλως τε καί 是一个整体，意思是"尤其""特别"；《牛津希-英词典》对之的解释是：especially, above all。

67　τήνδε τὴν ὥραν τοῦ ἔτους τε καὶ τῆς ἡμέρας. [在一年的这个季节，以及一天的这个时候。] 名词 ὥρα，既有 "季节" 的意思，也有 "时候" 的意思；这里基于文义，分别将之译为 "季节" 和 "时候"。此外，根据本对话后面的讲述（230c, 242a, 259a, 279b），"一年的这个季节" 即 "盛夏"，而 "一天的这个时候" 即 "正午"。

68　καὶ ... ἅμα [与此同时也] 是一个整体，也可以简单译为 "此外"。

69　πλάτανος [梧桐]，该词派生自形容词 πλατύς [宽的 / 平的]，因为这种树有宽阔的树冠；它在这里有可能是一个双关语。根据第欧根尼·拉尔修在其《名哲言行录》中的记载（3.4.5-9），柏拉图本名叫 "阿里斯托克勒斯"（Ἀριστοκλῆς），该名字由形容词 "最好的"（ἄριστος）和名词 "名声"（κλέος）合成，即 "最好的名声"；而他之所以获得 "柏拉图"（Πλάτων）这个绰号，一种说法是因为他 "体格健壮"（διὰ τὴν εὐεξίαν），另一种说法则是由于他 "表达的丰富"（διὰ τὴν πλατύτητα τῆς ἑρμηνείας），或者因为他 "额头是宽阔的"（ὅτι πλατὺς ἦν τὸ μέτωπον）。

70　玻瑞阿斯（Βορέας, Boreas），希腊神话中的北风神。

71　俄瑞堤亚（Ὠρείθυια, Oreithyia），是雅典最早的国王厄瑞克透斯（Ἐρεχθεύς, Erechtheus）的女儿；当她在伊利索斯河边玩耍时，北风神玻瑞阿斯将之掳走，并把她带回到他的家乡色雷斯，后来两人生了两个女儿，两个儿子。

72　副词 ὅσον 在这里的意思是 "将近" "大约"；《牛津希-英词典》以柏拉图在这里的这个表达为例，对它的解释是：about, nearly。

73　στάδιον 是古代希腊的长度单位，即 "希腊里"，合 600 希腊尺；约合现在的184.2 米。

74　τὸ ἐν Ἄγρας [在阿格剌那里的神庙]，之所以这么翻译，因为中性定冠词 τὸ 后面省略了中性名词 ἱερόν [神庙 / 神殿]。"阿格剌"（Ἄγρα, Agra）既是当时雅典城邦的一个行政区，也是雅典人对狩猎女神阿耳忒弥斯（Ἄρτεμις, Artemis）的称号；因此，这里提到的 "在阿格剌那里的神庙"，即阿耳忒弥斯神庙。

75　形容词 ἄτοπος 由褫夺性前缀 ἀ 和名词 τόπος [位置 / 地方] 构成，本义是 "不在恰当的位置上的"，喻为 "不自然的" "荒谬的" "奇怪的" 等；这里基于文义将之译为 "离经叛道的"。

76　σοφιζόμενος φαίην [我会通过运用智慧〈而这样〉说]，有意按字面意思翻译，以便同前面的 ὥσπερ οἱ σοφοί [就像那些智慧的人一样] 相照应，也可以译为 "我会通过动脑筋〈而这样〉说"；当然还可以意译为 "我会理性地说"。σοφιζόμενος 是异态动词 σοφίζομαι 的现在时分词阳性主格单数，σοφίζομαι 的基本意思是"动脑筋""想办法"；《牛津希-英词典》专门举了柏拉图在这里的这一表达，对 σοφιζόμενος φάναι 的解释是：to say rationalistically。

77 法耳马刻亚（Φαρμάκεια, Pharmakeia），生平不详，据后世的注解，她是伊利索斯河边一口井中具有治疗或下毒能力的仙女；而 φαρμάκεια 不作为专名的一般意思就是"用药治疗"或"下毒药"。

78 τελευτήσασαν 是动词 τελευτάω 的一次性过去时分词主动态阴性宾格单数，τελευτάω 的本义是"完成""结束""终了"，转义为"死亡"。参见《斐洞》（57a5-6）：Τί οὖν δή ἐστιν ἄττα εἶπεν ὁ ἀνὴρ πρὸ τοῦ θανάτου; καὶ πῶς ἐτελεύτα; [那么，那人在死前曾说的那些话究竟是什么？以及他是如何终了的？]

79 ἐξ Ἀρείου πάγου [从阿瑞斯山上]。ὁ Ἄρειος πάγος [阿瑞斯山]，合拼为 Ἀρειόπαγος，即"战神山"，位于雅典卫城的西北边；它也是当时雅典的最高法院所在地。

80 ἢ ἐξ Ἀρείου πάγου· λέγεται γὰρ αὖ καὶ οὗτος ὁ λόγος, ὡς ἐκεῖθεν ἀλλ' οὐκ ἐνθένδε ἡρπάσθη. [或者从阿瑞斯山上〈推了下去〉——，因为这个说法其实也在流传，即她从那儿而不是从这儿被掳走了。]法国布德本希腊文删去了这句话，不从。

81 κατ' ἄλλο μὲν οὐδέν, ὅτι δέ ... [〈之所以如此〉没有其他的理由，只是因为……]是固定表达，也可以简单译为"仅仅由于……"。《牛津希-英词典》举了柏拉图在这里的这一表达，对该结构的解释是：for no other reason but that ...。

82 希波肯陶洛斯（Ἱπποκένταυρος, Hippokentauros），即马人，上半身是人下半身是马的怪物。

83 喀迈拉（Χίμαιρα, Ximaira），吐火的女妖，她上半身像狮子，身子像山羊，下半身像蛇。

84 戈耳戈（Γοργώ, Gorgo），也拼作 Γόργων [戈耳工]，是蛇发女妖，一共有三位；著名的"美杜莎"（Μέδουσα, Medousa）就是其中一位。

85 珀伽索斯（Πήγασος, Pegasos），即飞马，它是蛇发女妖美杜莎的后代。

86 ἄλλων ἀμηχάνων πλήθη [其他大量的怪物]，也可以完全按字面译为"大量的其他怪物"。形容词 ἀμήχανος 的本义是"不同寻常的"，但在这儿等于"怪物"。《牛津希-英词典》举了柏拉图在这里的这一表达，对它的解释是：monster。

87 ἀτοπίαι τερατολόγων τινῶν φύσεων [关于一些令人惊异的生物的各种古怪]，也可以译为"关于一些令人惊异的生物的各种奇特本性"。形容词

τερατόλογος 的本义是"说奇异的事情的",这里简单译为"令人惊异的"。名词 ἀτοπία 的本义是"荒诞""古怪";《牛津希-英词典》举了柏拉图在这里的这一表达,对它的解释是:extraordinary nature。

88　προσβιβᾷ κατὰ τὸ εἰκὸς ἕκαστον[要坚持按可能性来解释每个],这是意译,也可以译为"要强行按可能性来解释每个",或者"要坚持按合理性来解释每个""要强行按合理性来解释每个";《牛津希-英词典》举了柏拉图在这里的这一表达,不过它对之的解释是:reduce it into accordance with probability。

89　ἀγροίκῳ τινὶ σοφίᾳ χρώμενος[使用土里土气的某种智慧],也可以译为"使用某种粗俗的智慧"。形容词 ἄγροικος[乡下的/土气的/粗俗的]派生自名词 ἀγρός[乡村/田地]和动词 οἰκέω[居住]。χρώμενος 是动词 χράομαι[使用/利用]的现在时分词阳性主格单数,该动词要求与格作宾语,所以这里出现的是单数与格 ἀγροίκῳ τινὶ σοφίᾳ χρώμενος[土里土气的某种智慧/某种粗俗的智慧]。

90　πολλῆς αὐτῷ σχολῆς δεήσει[他将需要许多的闲暇]。δεήσει 是无人称动词 δεῖ 的将来时直陈式主动态第三人称单数。δεῖ 同与格和属格连用,是固定表达,意思是"……需要……",如 δεῖ μοί τινος[我需要某物],需要者用与格,被需要的东西用属格。

91　参见《菲勒波斯》(48c2-d3):{ΣΩ.} Κακὸν μὴν ἄγνοια καὶ ἣν δὴ λέγομεν ἀβελτέραν ἕξιν. {ΠΡΩ.} Τί μήν; {ΣΩ.} Ἐκ δὴ τούτων ἰδὲ τὸ γελοῖον ἥντινα φύσιν ἔχει. {ΠΡΩ.} Λέγε μόνον. {ΣΩ.} Ἔστιν δὴ πονηρία μέν τις τὸ κεφάλαιον, ἕξεώς τινος ἐπίκλην λεγομένη· τῆς δ' αὖ πάσης πονηρίας ἐστὶ τοὐναντίον πάθος ἔχον ἢ τὸ λεγόμενον ὑπὸ τῶν ἐν Δελφοῖς γραμμάτων. {ΠΡΩ.} Τὸ "γνῶθι σαυτὸν" λέγεις, ὦ Σώκρατες; {ΣΩ.} Ἔγωγε. τοὐναντίον μὴν ἐκείνῳ δῆλον ὅτι τὸ μηδαμῇ γιγνώσκειν αὑτὸν λεγόμενον ὑπὸ τοῦ γράμματος ἂν εἴη. {ΠΡΩ.} Τί μήν;[苏格拉底:无知无疑就是一种恶,我们也将之称为一种愚蠢的状态。普洛塔尔科斯:为什么不呢?苏格拉底:那么基于这些,请你看看可笑的东西究竟具有何种本性。普洛塔尔科斯:你只管说!苏格拉底:那好!一方面,总的来讲,它肯定是某种邪恶,出于某种特定的状态而获得其名字;另一方面,在所有的邪恶中,它又是这样一种情况,该情况具有同在德尔斐〈神庙〉那儿的碑文所说的东西相反的东西。普洛塔尔科斯:你是在说"认识你自己"吗,苏格拉底啊?苏格拉底:我确实是。如果真的与那相反,那么,照文字来说,显然就会是:绝不要认识自己。普洛塔尔科斯:那还用说?]

92　τὰ ἀλλότρια[那些不属于我的东西],也可以译为"那些异己的东西""那些同我不相干的东西",或者完全按字面译为"那些属于他者的东西"。

93 χαίρειν ἐάσας ταῦτα [不理会这些]，也可以译为"把这些放到一边"。ἐάσας 是动词 ἐάω 的一次性过去时分词主动态阳性主格单数；而 χαίρειν ἐᾶν [不必管 / 不理会 / 放到一边]是一个整体和固定表达。动词 ἐάω 的本义是"允许""让""听任"，而动词 χαίρω 的本义是"喜悦""满意"，其命令式则具有"欢迎""再会"等意思；由这两个词所构成的词组 ἐᾶν χαίρειν 的意思是"由它去"，而固定搭配 ἐᾶν χαίρειν τινά / τι 的意思是"不把某人或某事放在心上"。

94 堤丰（Τυφῶν, Typhon），百蛇为头的妖怪，眼喷火焰，力大无比。

95 ἐπιτεθυμμένον [狂野暴怒的]。ἐπιτεθυμμένος 是由动词 ἐπιτύφομαι 的完成时分词派生而来的形容词；ἐπιτύφομαι 的本义是"被点燃"，其词干 τύφομαι 与怪物 Τυφῶν [堤丰]是同源词；《牛津希-英词典》举了柏拉图在这里的这个表达，对 ἐπιτεθυμμένος 的解释是：furious。

96 θείας τινὸς καὶ ἀτύφου μοίρας φύσει μετέχον [它在本性上就分得了一份神圣的和不傲慢的定命]。μετέχον 是动词 μετέχω 的现在时分词主动态中性单数，修饰和限定前面的中性名词 ζῷον [动物]；该动词要求属格作宾语，所以前面出现的是单数属格 θείας τινὸς καὶ ἀτύφου μοίρας [一份神圣的和不傲慢的定命]。此外，形容词 ἄτυφος [不傲慢的 / 谦虚的]，由褫夺性前缀 ἀ 和名词 τῦφος [热症 / 狂妄]合成，而 τῦφος 与怪物 Τυφῶν [堤丰]是同源词，所以这一表达和前面的 ἐπιτεθυμμένον [狂野暴怒的]都是有意的文字游戏。

97 μεταξὺ τῶν λόγων [请允许我打断一下谈话]，是固定表达，也可以译为"如果我可以打断一下讨论的话"；该表达的字面意思是"在谈话之间"。《牛津希-英词典》专门举了柏拉图在这里的这个例子，对它的解释是：if I may interrupt the argument。

98 名词 καταγωγή 的基本意思是"落脚处""旅舍"，这里将之译为"休息处"；《牛津希-英词典》举了柏拉图在这里的这个表达，对它的解释是：place of rest。

99 τοῦ τε ἄγνου τὸ ὕψος καὶ τὸ σύσκιον πάγκαλον [而且那棵贞树的高度和树荫也是恰到好处]。ἄγνος 作为形容词，意思是"贞洁的""未玷污的"；作为名词，则指"贞树"。形容词 πάγκαλος 的本义是"非常好的""极美的"，这里基于上下文将之译为"恰到好处"。

100 ὡς ἀκμὴν ἔχει τῆς ἄνθης [由于它正如此地繁花盛开]。名词 ἀκμή 的本义是"顶点"，转义为"开花""成熟""繁荣"等。这里描绘的这种贞树，可长到 5 米以上，开紫色或白色的花。

101 ὡς ... εὐωδέστατον [尽可能芬芳馥郁]。ὡς 加形容词最高级，意思是"尽可能……"。

102 ἀπὸ τῶν κορῶν τε καὶ ἀγαλμάτων［从一些献给〈女孩〉的玩偶和一些小雕像来看］。名词 κόρη 除了具有"女孩""少女"等意思之外，也有"玩具""玩偶"的意思；《牛津希-英词典》举了柏拉图在这里的这个表达，对它的解释是：small votive image。名词 ἄγαλμα［小雕像］在这里也可以译为"合意的小礼物"。

103 在古希腊神话中，νύμφη 专指一种较低级的女神，她们一般生活在自然界中，尤其是在海里、水边、山林中，且多半温柔善良；这里将之译为"仙女"。仙女虽然等级较低，但她们自身仍然是神，如阿喀琉斯（Ἀχιλλεύς，Achilles）就是仙女忒提丝（Θέτις，Thetis）同人间国王珀琉斯（Πηλεύς，Peleus）所生。

104 阿刻罗俄斯（Ἀχελῷος，Acheloos）是河神，在希腊神话中他是最古老和最大的河神"俄刻阿诺斯"（Ὠκεανός，Oceanus）的儿子，同时也是以歌声诱人的女妖"塞壬"（Σειρήν，Siren）的父亲。

105 τὸ εὔπνουν τοῦ τόπου［此处新鲜的空气］。形容词 εὔπνους 的基本意思是"空气流通的""通风的"，但在修饰空气时，也有"新鲜的""纯净的"意思。

106 θερινόν τε καὶ λιγυρὸν ὑπηχεῖ τῷ τῶν τεττίγων χορῷ［而它也在以夏日的方式刺耳地应和蝉的合唱］，也可以意译为"而在它那儿也以夏日的方式刺耳地回响着蝉的合唱"。"它"，即"此处"；因为从文义来看，动词 ὑπηχέω［回响/应和］的主语当为前面的 ὁ τόπος［此处］，当然，将之理解为 τὸ εὔπνουν［新鲜的空气］也成立。θερινόν τε καὶ λιγυρόν［以夏日的方式刺耳地］，之所以这样翻译，因为 θερινόν［夏天的］和 λιγυρόν［刺耳的］均是形容词中性作副词使用，表方式或方法。

107 τὸ τῆς πόας［这茵茵草地］。这是意译，字面意思是"草地的事情"；类似的表达，参见《苏格拉底的申辩》（21e4-5）：ὅμως δὲ ἀναγκαῖον ἐδόκει εἶναι τὸ τοῦ θεοῦ περὶ πλείστου ποιεῖσθαι.［然而，似乎必须把神的事情当作最大的事情。］

108 ἐν ἠρέμα προσάντει ἱκανή［它〈铺展〉在这缓缓的斜坡上而令人满意］。形容词 ἱκανός 除了具有"充足的""充分的"意思之外，也有"令人满意的""适合的"意思；这里之所以用阴性单数主格，是修饰前面出现的阴性名词 πόα［草地］。

109 ἄριστά σοι ἐξενάγηται［你作为一个向导的工作已经做得极为出色］，这是意译，也可以译为"你已经极好地给陌生人引了路"；ἄριστα 是形容词中性复数作副词使用，即"最好地""最出色地"。《牛津希-英词典》举了柏拉图在这里的这个表达，对这句话的解释是：your work as a guide has been done

excellently。

110 副词 ἀτεχνῶς 和 ἀτέχνως 都是由形容词 ἀτεχνής［无技艺的］派生而来，但 ἀτέχνως 的意思是"无技艺地""质朴地"，而 ἀτεχνῶς 的意思则是"完完全全地""真正地"。

111 εἰς τὴν ὑπερορίαν［到过边界以外的地方］，有意按字面意思翻译，当然也可以简单译为"到过外地"。名词 ὑπερορία 源自形容词 ὑπερόριος，而 ὑπερόριος 的本义就是"边界以外的"。

112 参见《克里同》（52b1-c1）：Ὦ Σώκρατες, μεγάλα ἡμῖν τούτων τεκμήριά ἐστιν, ὅτι σοι καὶ ἡμεῖς ἠρέσκομεν καὶ ἡ πόλις· οὐ γὰρ ἄν ποτε τῶν ἄλλων Ἀθηναίων ἁπάντων διαφερόντως ἐν αὐτῇ ἐπεδήμεις εἰ μή σοι διαφερόντως ἤρεσκεν, καὶ οὔτ᾽ ἐπὶ θεωρίαν πώποτ᾽ ἐκ τῆς πόλεως ἐξῆλθες, ὅτι μὴ ἅπαξ εἰς Ἰσθμόν, οὔτε ἄλλοσε οὐδαμόσε, εἰ μή ποι στρατευσόμενος, οὔτε ἄλλην ἀποδημίαν ἐποιήσω πώποτε ὥσπερ οἱ ἄλλοι ἄνθρωποι, οὐδ᾽ ἐπιθυμία σε ἄλλης πόλεως οὐδὲ ἄλλων νόμων ἔλαβεν εἰδέναι, ἀλλὰ ἡμεῖς σοι ἱκανοὶ ἦμεν καὶ ἡ ἡμετέρα πόλις［苏格拉底啊，我们对此有一些强有力的证明，那就是我们和城邦都曾让你满意，否则同其他所有雅典人相比你此前也不会异乎寻常地留了本城邦，除非它曾异乎寻常地让你满意。并且你从未为了看赛会而离开过城邦，除了只去过伊斯特摩斯一次；除了去过当兵打仗的地方之外你也未曾去过其他任何地方；你也从未曾像其他人那样进行过任何其他的外出旅行，你未曾渴望过去看其他的城邦和其他的法律，相反，对你来说我们和我们的城邦就已经是足够的了］

113 对观孔子的话（《论语·微子》）："鸟兽不可与同群，吾非斯人之徒与而谁与？"

114 τῆς ἐμῆς ἐξόδου τὸ φάρμακον［〈引〉我外出的药方］，也可以补充译为"〈治疗我不〉外出的药物"。

115 ὅποι ἂν ἄλλοσε βούλῃ［前往你愿意〈带我前往〉的其他任何地方］，也可以简单译为"前往其他任何地方"；《牛津希-英词典》举了柏拉图在这里的这一表达，对 ὅποι ἂν ἄλλοσε βούλῃ 的解释是：whithersoever else。

116 νῦν δ᾽ οὖν［但无论如何］是词组。

117 ἐν τῷ παρόντι［目前/眼下/现在］是一个整体，也写作 ἐν τῷ νῦν παρόντι；与 ἐν τῷ ἔπειτα［将来/以后］相对。参见《斐洞》（67c5-d2）：Κάθαρσις δὲ εἶναι ἆρα οὐ τοῦτο συμβαίνει, ὅπερ πάλαι ἐν τῷ λόγῳ λέγεται, τὸ χωρίζειν ὅτι μάλιστα ἀπὸ τοῦ σώματος τὴν ψυχὴν καὶ ἐθίσαι αὐτὴν καθ᾽ αὑτὴν πανταχόθεν ἐκ τοῦ σώματος συναγείρεσθαί τε καὶ ἀθροίζεσθαι, καὶ οἰκεῖν κατὰ τὸ δυνατὸν καὶ

ἐν τῷ νῦν παρόντι καὶ ἐν τῷ ἔπειτα μόνην καθ' αὑτήν, ἐκλυομένην ὥσπερ [ἐκ] δεσμῶν ἐκ τοῦ σώματος; [而纯化岂不恰恰就是早已在谈话中曾说过的那种东西，那就是尽可能地使灵魂同身体相分离，并且让它习惯于独自在其自身地、全方位地从身体那儿聚合和集中起来，以及尽可能地让它仅仅在其自身地寓居于现在和将来而生活，就像从捆绑中解放出来那样从身体中解放出来。]

118 ἐγὼ μέν μοι δοκῶ κατακείσεσθαι [那我就决定要躺下来]。之所以这么翻译，因为 κατακείσεσθαι 是动词 κατάκειμαι [躺下] 的将来时不定式，而 μοι δοκῶ 跟动词将来时不定式的意思是"我决定……""我已经决心……"，这同无人称动词结构 μοι δοκεῖ [我认为…… / 在我看来……] 在意思上略有不同；《牛津希-英词典》对 μοι δοκῶ 跟动词将来不定式这一结构的解释是：I am determined, resolved。

119 περὶ ... τῶν ἐμῶν πραγμάτων [关于我的情况]，基于下文，当然也可以补充译为"关于我〈想要〉的事情"。名词 πρᾶγμα 泛指"事情"，但其复数则具有"情况""状况""境况"等意思；基于吕西阿斯这篇讲辞的整个内容，它在这里有着同性之间性方面的暗示。

120 συμφέρειν ἡμῖν [对我俩都有好处]，也可以译为"有利于我俩""对我俩都是合适的"。动词 συμφέρω 的本义是"收集""聚集"，作为不及物的无人称动词的意思则是"对……有利的""对……恰当的""对……有好处的"，并要求与格，所以这里出现的是人称代词的复数与格 ἡμῖν [我俩]；《牛津希-英词典》举了柏拉图在这里的这一表达，它的解释是：it is of use, expedient。

121 γενομένων τούτων [如果它真的发生了的话]，指示代词中性复数 τούτων 指代前面的 τῶν ἐμῶν πραγμάτων [我的情况 / 我〈想要〉的事情]；这里基于上下文，直接将之译为单数"它"。

122 ἀτυχῆσαι ὧν δέομαι [不能得到我所要求的]。ἀτυχῆσαι 是动词 ἀτυχέω 的一次性过去时不定式；ἀτυχέω 的本义是"不走运""落空"，跟属格则指"未能得到某物"，所以这里出现的是复数属格 ὧν δέομαι [我所要求的]。参见《泰阿泰德》(186c9-10)：Οὐ δὲ ἀληθείας τις ἀτυχήσει, ποτέ τούτου ἐπιστήμων ἔσται; [但如果一个人未能得到某物之真，他居然会是该物的知道者吗？]

123 ἐραστὴς ... σου [你的爱慕者]，单就这一表达，当然也可以译为"你的追求者"。

124 副词 τότε 和 τοτέ 的意思有区别，前者指"那时候""从前"，后者指"有时""时而"。

125 ἐκείνοις ... τότε μεταμέλει ὧν ἂν εὖ ποιήσωσιν [那些〈爱慕者〉那时会后悔他

们已经〈对你〉行的那些好事]。μεταμέλει 在这里是无人称动词，跟与格和属格，意思是"……后悔……"，后悔者用与格，被后悔的事情用属格，所以这里分别出现的是复数与格 ἐκείνοις[那些〈爱慕者〉]和复数属格 ὧν ἂν εὖ ποιήσωσιν[他们会〈对你〉行的那些好事]。

126　ἐπειδὰν τῆς ἐπιθυμίας παύσωνται[一旦他们终止了欲望]，也可以转译为"一旦他们的欲望得到了满足"。

127　τοῖς[其他人]，即那些不是其爱慕者的人。

128　πρὸς τὴν δύναμιν τὴν αὑτῶν[按照他们自己的能力]，也可以译为"在他们自己力所能及的范围内"。

129　ἃ κακῶς διέθεντο[遭受的各种坏事]，基于上下文也可以译为"所蒙受的损失"。

130　τὴν ἀξίαν ἀποδεδωκέναι χάριν τοῖς ἐρωμένοις[对那些被〈他们所〉爱的人付还了合适的酬谢]，也可以简单译为"合适地报答了那些被〈他们所〉爱的人"。τὴν ἀξίαν ἀποδεδωκέναι χάριν 是一个整体，字面意思是"付还合适的酬谢""送出合适的感激""献上值得的礼物"。

131　διὰ τοῦτο[由于这]，即 231a7 那里的 διὰ τὸν ἔρωτα[由于爱]。

132　ἔστιν 作无人称动词跟不定式时，表示"可能……""应该……"，所以这里出现了三个动词不定式 προφασίζεσθαι[诡称]，ὑπολογίζεσθαι[计算]，以及 αἰτιάσασθαι[责怪]；此外，不定式的实质主语要求用与格，所以前面出现的是复数与格 τοῖς ... μὴ ἐρῶσιν[那些没有陷入爱中的人]。

133　αὐτοῖς ... χαριεῖσθαι[讨得对方欢喜]。字面意思是"讨得他们欢喜"，但为了避免歧义，将之译为"讨得对方欢喜"。

134　περὶ πολλοῦ ποιεῖσθαι[珍惜]是词组，《牛津希-英词典》指出，这一表达等于拉丁文中的固定表达 magni facere[珍惜 / 重视 / 高度评价]。参见《苏格拉底的申辩》（21e4-5）：ὅμως δὲ ἀναγκαῖον ἐδόκει εἶναι τὸ τοῦ θεοῦ περὶ πλείστου ποιεῖσθαι.[然而，似乎必须最为重视神的事情。/ 然而，似乎必须把神的事情当作最大的事情。]

135　τοιοῦτον πρᾶγμα[如此这般〈弥足珍贵的〉东西]，可简单理解为男孩的"童贞"，因为这里所说的整个都暗含着同性之间的性爱。

136　τοιαύτην ... συμφοράν[如此这般的不幸]，背后的意思即"陷入爱中"。名词 συμφορά[不幸 / 厄运]派生自动词 συμφορέω[聚集]，它既有"聚集"的意思，也有"发生的事情""际遇"等意思，并常作贬义，指"厄运""不幸""灾难"，进而指性格方面的缺点或瑕疵。

　　参见《菲勒玻斯》（64d9-e3）：Ὅτι μέτρου καὶ τῆς συμμέτρου φύσεως

μὴ τυχοῦσα ἡτισοῦν καὶ ὁπωσοῦν σύγκρασις πᾶσα ἐξ ἀνάγκης ἀπόλλυσι
τά τε κεραννύμενα καὶ πρώτην αὑτήν· οὐδὲ γὰρ κρᾶσις ἀλλά τις ἄκρατος
συμπεφορημένη ἀληθῶς ἡ τοιαύτη γίγνεται ἑκάστοτε ὄντως τοῖς κεκτημένοις
συμφορά.［每一种混合——无论它是什么，也无论它是何种方式的——，只
要它没有取得尺度和匀称之本性，那么，它就必然不仅毁掉那些被混合起
来的东西，而且首先毁掉它自身。因为它根本就不是一种混合，而其实是
一种未加节制的聚集在一起，这样一种〈未加节制的聚集在一起〉对于那
些拥有它的人来说，每次实际上都成为了一种不幸。］

137 αὑτῶν κρατεῖν［控制自己］。动词 κρατέω［统治 / 做主宰］要求属格，所以
前面出现的是指示代词的阳性复数属格 αὑτῶν［自己］。

138 εὖ φρονήσαντες［当这些人正确地进行了思考之后］。φρονήσαντες 是动词
φρονέω 的一次性过去时分词主动态阳性主格复数；εὖ φρονεῖν 是词组，《牛
津希-英词典》对之的解释是：think rightly。

139 οὕτω διακείμενοι［处于这个样子的他们］是一个整体，也可以译为"抱有如
此态度的他们"或"被置于如此境况中的他们"，背后的意思即"陷入爱中
而神志不清的他们"。διακείμενοι 是动词 διάκειμαι 的现在时分词阳性主格复
数；διάκειμαι 的本义是"被置于某种境况"，但它经常同副词连用，意味着
"抱有某种态度"，如 φιλικῶς διακεῖσθαι［抱有友好的态度］。

    参见《斐洞》(59a7-9)：καὶ πάντες οἱ παρόντες σχεδόν τι οὕτω διεκείμεθα,
τοτὲ μὲν γελῶντες, ἐνίοτε δὲ δακρύοντες.［并且我们在场的所有人都几乎处于
这个样子，时而笑，时而哭。］

140 καλῶς ἔχειν［是良好的］，也可以直接译为"是美的"。动词 ἔχω［有］加副
词表"处于某种状态"或"是某种样子"，等于 εἰμί 加相应的形容词，因此
καλῶς ἔχειν 等于 καλός εἶναι。

141 καὶ μὲν δή 是一个整体，意思是"而事实上""其实"。

142 πολὺ πλείων［大得多得多的］是一个整体。中性形容词 πολύ 作副词使用，
经常同形容词比较级和最高级连用，起加强语气的作用。

143 τὸν νόμον τὸν καθεστηκότα［那已经成为定规的习俗］，也可以译为"现存的
习俗"；而单就这一表达，也可以译为"定下来的法律"。καθεστηκότα 是
动词 καθίστημι 的完成时分词主动态阳性宾格单数，καθίστημι 的基本意思
是"使安顿下来""放下"，其完成时分词的意思则是"成为定规的""现存
的"；例如，οἱ καθεστῶτες νόμοι［定下来的法律 / 成文法］，τὰ καθεστῶτα
［现存的风俗 / 现存的法律］。

144 ὑπὸ τῶν ἄλλων ζηλοῦσθαι［被其他人视为幸运］，也可以简单译为"被其他

人羡慕""被其他人赞美"。ζηλοῦσθαι 是动词 ζηλόω 的现在时不定式被动态，ζηλόω 的基本意思是"争胜""嫉妒""羡慕""赞美"，但其被动态则具有"被视为幸运"的意思；《牛津希-英词典》举了柏拉图在这里的这个表达，对它的解释是：to be deemed fortunate。

145 ἐπαρθῆναι τῷ λέγειν [自吹自擂]，这是意译，字面意思是"通过说而感到得意"。ἐπαρθῆναι 是动词 ἐπαίρω 的一次性过去时不定式被动态，ἐπαίρω 的本义是"抬高""鼓动"，其被动态则具有"被激起""感到得意"等意思；不定式与格 τῷ λέγειν，在这里是"工具格"，即"通过说"。

146 φιλοτιμουμένους ἐπιδείκνυσθαι πρὸς ἅπαντας [满心虚荣地渴望向所有人显示]。φιλοτιμουμένους 是动词 φιλοτιμέομαι 的现在时分词阳性宾格复数，φιλοτιμέομαι 的本义是"爱荣誉"，跟不定式则指"渴望做……""热衷于做……"，这里为了兼顾这两者，将之译为"满心虚荣地渴望"。

147 κρείττους αὑτῶν ὄντας [他们是能够控制住他们自己的]，单就这一表达，也可以译为"他们是超出他们自己的""他们是超越于他们自己之上的"。形容词 κρείσσων 的本义是"更强大的""更好的"，更属格的意思则是"超出……的""胜过……的"。但它同表达欲望或激情的名词连用时，意思则是"能够控制……的"；《牛津希-英词典》举了柏拉图在这里的这个表达，对它的解释是：having control over, master of。

148 πυθέσθαι καὶ ἰδεῖν [听闻和看到]。πυθέσθαι 是动词 πυνθάνομαι 的一次性过去时不定式，πυνθάνομαι 一般译为"了解到"，但它也专指"听到""闻说"。

149 συνεῖναι 是动词 σύνειμι 现在时不定式，σύνειμι 除了具有"在一起""共处"的意思之外，暗含"交欢""交媾"的意思。

150 由 σύνειμι 派生而来的名词 συνουσία 除了具有"交往"等意思之外，同样具有"交配""交欢"的意思。

151 χαλεπὸν εἶναι φιλίαν συμμένειν [友爱是难以持续的]，也可以译为"友爱是难以保持稳固的"。συμμένειν 是动词 συμμένω 的现在时不定式主动态，συμμένω 的基本意思是"留在一起"，转义为"继续保持""继续遵守""保持稳固"等；《牛津希-英词典》举了柏拉图在这里的这个表达，对它的解释是：hold, stand fast, continue。

152 ἄλλῳ τρόπῳ 是词组，意思是"以另外的方式"或"在其他方面"。

153 希腊文方括号中的语气小词 ἄν，是伯内特根据文义补充的，法国布德本希腊文直接加上了该词。

154 καὶ πάντ᾽ ἐπὶ τῇ αὑτῶν βλάβῃ νομίζουσι γίγνεσθαι [并且每件事，他们都认为是为了伤害他们而发生出来的]。也可以译为"并且每件事，他们都认为变成了对他们的伤害"。

155 当 μή 位于具有"害怕""担心"这类动词之后时，起加强语气的作用，不表否定，翻译时不译出。

156 συνέσει[在睿智方面]。συνέσει 是名词 σύνεσις 的单数与格；σύνεσις 除了具有"联合""会合"的意思之外，也具有"精明""理解""决断"等意思，这里基于文义将之译为"睿智"。参见：

《政治家》(259c6-8)：Ἀλλὰ μὴν τόδε γε δῆλον, ὡς βασιλεὺς ἅπας χερσὶ καὶ σύμπαντι τῷ σώματι σμίκρ' ἄττα εἰς τὸ κατέχειν τὴν ἀρχὴν δύναται πρὸς τὴν τῆς ψυχῆς σύνεσιν καὶ ῥώμην.[然而，这点也肯定是显而易见的，那就是：任何一位国王能够去维持统治，都比较少地依靠双手和整个身体，同〈其〉灵魂的睿智和力量相比。]

《菲勒玻斯》(19d3-6)：φῂς δ', ὡς ἔοικε, σὺ τὸ προσρηθησόμενον ὀρθῶς ἄμεινον ἡδονῆς γε ἀγαθὸν εἶναι νοῦν, ἐπιστήμην, σύνεσιν, τέχνην καὶ πάντα αὖ τὰ τούτων συγγενῆ, <ἃ> κτᾶσθαι δεῖν ἀλλ' οὐχὶ ἐκεῖνα.[而且你说，如看起来的那样，那将被正确地称作无论如何都比快乐更善的一种善，是理智、知识、睿智、记忆，以及所有其他与这些同家族的东西，应当拥有它们，而不是拥有〈前面〉那些东西。]

157 σε[你]，在这里既是动词不定式 ἀπεχθέσθαι[厌恶]的主语，又是动词 καθιστᾶσιν[他们安顿/置于……境地]的宾语。此外，动词 ἀπεχθάνομαι 作"厌恶"讲时，要求与格，如 ἀπεχθέσθαι τῇ φιλοσοφίᾳ[厌恶哲学]，所以这里出现的是指示代词的复数与格 τούτοις[那些人]。

158 ἐρημίαν φίλων[缺少朋友]。名词 ἐρημία 的本义是"荒凉""孤独"，但跟属格则指"缺少""缺乏"；《牛津希-英词典》举了这个例子，对它的解释是：want of, absence。

159 ἥξεις αὐτοῖς εἰς διαφοράν[你就将同他们分道扬镳]，这是意译；这句话的字面意思是"你将来到了与他们的不合""你将达到了与他们不合的程度"。

160 ἐκ τοῦ πράγματος[从这种事情中]，"这种事情"，指"与那没有陷入爱中的人交往"，当然也暗含了性方面的事情。

161 名词 τρόπος 除了具有"方位""方式"等意思之外，也有"性情""性格""风格"的意思。

162 ἀλλὰ ταῦτα μνημεῖα καταλειφθῆναι τῶν μελλόντων ἔσεσθαι[相反，它们将作为对以后那些还将发生的事情的提醒而保留下来]。名词 μνημεῖον 的基本意思是"纪念""回忆"，但在这里的意思是"提醒"；《牛津希-英词典》举了柏拉图在这里的这个例子，对这句话的解释是：to be left behind as reminders of

things to come。

163 ποιεῖ［它使得］，主语"它"，即前面出现的 ὁ ἔρως［爱／爱欲］。

164 ἐπαίνου ... τυγχάνειν［得到赞美］是一个整体。动词 τυγχάνω 跟属格，意思是"取得某物""得到某物"，所以这里出现的是单数属格 ἐπαίνου［得到赞美］。

165 μὴ ... ἀλλά，在这里当理解为"不仅……而且"。这一结构的通常表达是 οὐ μόνον／μὴ μόνον ... ἀλλά，但也可以省略副词 μόνον。参见：

《苏格拉底的申辩》（40d7–e2）：οἶμαι ἂν μὴ ὅτι ἰδιώτην τινά, ἀλλὰ τὸν μέγαν βασιλέα εὐαριθμήτους ἂν εὑρεῖν αὐτὸν ταύτας πρὸς τὰς ἄλλας ἡμέρας καὶ νύκτας.［我会认为，不仅一个普通人，而且〈波斯〉大王本人也会发现同其他的日日夜夜相比，这种夜晚是屈指可数的。］

《智者》（233d9–10）：Εἴ τις φαίη μὴ λέγειν μηδ᾽ ἀντιλέγειν, ἀλλὰ ποιεῖν καὶ δρᾶν μιᾷ τέχνῃ συνάπαντα ἐπίστασθαι πράγματα.［如果有人说，他不仅知道如何言说和反驳，而且知道〈如何〉凭借单一的技艺创造和做成一切事情。］

欧里庇得斯《残篇》（Fr. 1006）：οὐχ ἑσπέρας, ἀλλὰ καὶ μεσημβρίας［不仅傍晚，而且中午］。

166 ἰσχυρὰν ἔχθραν ἀναιρούμενος［开始表现出强烈的敌意］，也可以译为"怀有强烈的敌意"。ἀναιρούμενος 是动词 ἀναιρέω 的现在时分词中动态阳性主格单数，ἀναιρέω 的基本意思是"举起""拿走"，但其中动态则具有"开始""承担""从事"等意思；《牛津希–英词典》举了柏拉图在这里的这个例子，对它的解释是：take upon oneself, undertake。

167 συγγνώμην ἔχειν 是词组，意思是"原谅""宽恕"；《牛津希–英词典》对它的解释是：excuse, pardon。

168 σοι τοῦτο παρέστηκεν［你怀有了这种想法］，这是意译，字面意思是"这来到了你的头脑中"。

169 ἰσχυρὰν φιλίαν［一种强烈的友爱］，也可以译为"一种坚固的友谊"。

170 οὐχ οἷόν τε ... γενέσθαι［不可能出现］是一个整体。οἷόν τε 跟不定式是固定表达，意思是"能够（做）……"。

171 ἐξ ἑτέρων ἐπιτηδευμάτων［来自一些其他的生活方式］，也可以译为"来自一些其他的追求"。名词 ἐπιτήδευμα 的本义是"追求""事业"，但其复数则具有"生活方式""生活习惯"等意思；《牛津希–英词典》举了柏拉图在这里的这个表达，对它的解释是：ways of living。

172 τοῖς ἄλλοις［在其他方面］。之所以这么翻译，因为这里的 τοῖς ἄλλοις 当理解为中性复数与格，而非阳性复数与格。

173 τοὺς βελτίστους［那些最一帆风顺的人］，字面意思是"那些最好的人"。

174 τοὺς ἀπορωτάτους［那些最为走投无路的人］，这里有意按词源进行翻译。ἀπορωτάτους 是形容词 ἄπορος 的最高级阳性宾格复数，ἄπορος 由褫夺性前缀 ἀ［无］和 πόρος［通路／道路］构成，即"无路可走的""走投无路的"。

175 πλείστην χάριν αὐτοῖς εἴσονται［他们将最大地感激那些〈对他行过好事的〉人］。εἴσονται 是动词 οἶδα［看见／知道］的将来时直陈式中动态第三人称复数，同名词 χάριν［感激］连用，并要求与格，构成词组，意思是"感激……""承认亏欠……"。《牛津希-英词典》对 χάριν εἰδέναι τινί 这一固定表达的解释是：acknowledge a debt to another, thank him。

176 ἐν ταῖς ἰδίαις δαπάναις［在那些私人的宴请上］，字面意思是"在各种私人的开销方面""在各种私人的花费上"；鉴于后面的动词 παρακαλεῖν［邀请］和 τοὺς δεομένους πλησμονῆς［那些需要一顿饱餐的人］，将之译为"在那些私人的宴请上"。

177 οὐκ ἐλαχίστην χάριν εἴσονται［将对〈他们〉感激不尽］，这是意译；字面意思是"将不最小地感激〈他们〉"。

178 οὐδὲ τοῖς προσαιτοῦσι μόνον，这句话在法国布德本希腊文中作 οὐδὲ τοῖς ἐρῶσι μόνον，这里的翻译从布德本；如果按照牛津古典本，则当译为"不仅仅是那些乞讨者"。

179 τοῦ πράγματος［这件事］，即 τοῦ χαρίζεσθαι［使之满意］，当然也暗含性方面的事情。

180 σπουδάζουσιν［将对〈你〉热切］，也可以译为"将认真待〈你〉"。

181 τοῖς δὲ μὴ ἐρῶσιν［而那些没有陷入爱中的人］。之所以使用与格，是由于后面的动词 ἐμέμψατο［曾对他们不满过］。而 ἐμέμψατο 是动词 μέμφομαι 的一次性过去时第三人称单数，μέμφομαι 的基本意思是"指责"，跟与格则具有"不满意""挑剔"等意思；《牛津希-英词典》举了柏拉图在这里的这个例子，对它的解释是：to be dissatisfied with, find fault with。

182 οὔτε γὰρ τῷ λαμβάνοντι χάριτος ἴσης ἄξιον［因为那样一来，就获得〈满意〉的人而言，〈他认为你〉不值得同等的感激］。这句话在法国布德本希腊文中作 οὔτε γὰρ τῷ λόγῳ λαμβάνοντι χάριτος ἴσης ἄξιον［因为那样一来，就那用理性来把握〈事情〉的人而言，〈他认为你〉不值得同等的感激］。

183 τοὺς ἄλλους λανθάνειν ὁμοίως δυνατόν［不可能以同样的方式逃避他人的注意］，也可以译为"以同样的方式瞒住其他人"，即隐瞒你在不加区分地让所有人满意。此外，如果把副词 ὁμοίως 理解为在修饰 δυνατόν，那么这句话也可以译为"同样不可能逃避他人的注意"。

184 希腊文尖括号中的 τι，是编辑校勘者根据文义补充的，法国布德本希腊文直接加上了该词。

185 ἐρώτα[你只管问吧！]在这里有可能是一个语词游戏。ἐρώτα 是动词 ἐρωτάω [问]的现在时命令式主动态第二人称单数，它同阳性名词 ἔρως[爱/爱欲]的宾格单数 ἔρωτα 拼写和发音都一样，仅重音不同。

186 τά τε ἄλλα καί 是固定结构，大致等于 ἄλλως τε καί，意思是"尤其还""尤其""特别"。参见：

《克里同》（52c1–3）：οὕτω σφόδρα ἡμᾶς ᾑροῦ καὶ ὡμολόγεις καθ᾽ ἡμᾶς πολιτεύσεσθαι, τά τε ἄλλα καὶ παῖδας ἐν αὐτῇ ἐποιήσω, ὡς ἀρεσκούσης σοι τῆς πόλεως.[因此你极其〈坚定地〉选择了我们，并同意了根据我们而成为一个公民，你尤其还在该城邦中生了孩子呢，因为它让你满意。]

《斐洞》（94b4–5）：Τί δέ; ἦ δ᾽ ὅς· τῶν ἐν ἀνθρώπῳ πάντων ἔσθ᾽ ὅτι ἄλλο λέγεις ἄρχειν ἢ ψυχὴν ἄλλως τε καὶ φρόνιμον;[然后呢？苏格拉底说道；在人身上的所有东西中，你会说除了灵魂——尤其明智的灵魂——，有别的什么将能够进行统治？]

《泰阿泰德》（184a6–8）：ἄλλως τε καὶ ὃν νῦν ἐγείρομεν πλήθει ἀμήχανον, εἴτε τις ἐν παρέργῳ σκέψεται, ἀνάξι᾽ ἂν πάθοι, εἴτε ἱκανῶς, μηκυνόμενος τὸ τῆς ἐπιστήμης ἀφανιεῖ.[尤其〈鉴于〉我们现在所唤起的〈这个问题〉在重要性上是不同寻常的，如果有人附带地考察〈它〉，那么它会遭受它不值得遭受的，如果充分地〈考察它〉，那么由于耽误而使得知识之〈问题〉不知所踪。]

187 ὑπερφυῶς[很奇妙]，也可以译为"异乎寻常"。该副词派生自形容词 ὑπερφυής，而该形容词的前缀 ὑπερ 的意思是"在……之上""超过"，词干 φυή[天赋/天才]则与名词 φύσις[自然/本性]同源。

188 δαιμονίως[神意使然]，在这里也可以简单译为"非凡"。

189 γάνυσθαι[欣喜若狂]是动词 γάνυμαι 的现在时不定式；γάνυμαι 的基本意思是"大为高兴""发亮"。这里可能是在玩语词游戏，因为斐德若（Φαῖδρος）的本义就是"发亮的""欢乐的""愉快的"。

190 συνεβάκχευσα 是动词 συμβακχεύω 的一次性过去式直陈式主动态第一人称单数，συμβακχεύω 的本义是"参加酒神节的狂欢"，泛指"（像酒神信徒般）一起发狂""一同兴奋"。

191 Εἶεν[算了！]在这里也可以译为"打住！""拉倒吧！"εἶεν 作为感叹词，基本意思是"好的！""就这样吧！"如果表示不耐烦等，则译为"算了！"从这里的上下文看，斐德若显然对苏格拉底前面的说法感到愤懑，所以译为"算了！""打住！"

192 πρὸς Διὸς φιλίου [以友谊之神宙斯的名义]，有时也简写为 πρὸς Φιλίου。
"友谊之神"（Φιλίος），也可以译为"友爱之神"，即宙斯，全名为 Ζεὺς
Φιλίος；此外，宙斯除了是"友谊"的保护神之外，还是"异乡人"或"客
人"的保护神，被称作 Ζεὺς ξένιος。参见：

　　《欧悌弗戎》（6b3-4）：ἀλλά μοι εἰπὲ πρὸς Φιλίου, σὺ ὡς ἀληθῶς ἡγῇ
ταῦτα οὕτως γεγονέναι; [但看在友谊之神的份上，请你告诉我，你真的相信
这些事如此发生过吗？]

　　《智者》（216a6-b3）：ὅς φησιν ἄλλους τε θεοὺς τοῖς ἀνθρώποις ὁπόσοι
μετέχουσιν αἰδοῦς δικαίας, καὶ δὴ καὶ τὸν ξένιον οὐχ ἥκιστα θεὸν συνοπαδὸν
γιγνόμενον ὕβρεις τε καὶ εὐνομίας τῶν ἀνθρώπων καθορᾶν. [他说，不仅其他一
些神——对于所有那些分得一种理应的羞耻心的人来说——，而且尤其是
异乡人的那位保护神，通过成为〈他们的〉陪伴者而俯察人的各种侮慢和
守法。]

193 ἔχειν εἰπεῖν [能够说出]是一个整体。动词 ἔχω [有]跟不定式，表"能
够……""有能力……"。

194 τὰ δέοντα [一些〈他〉应该〈说〉的东西]，也可以简单译为"一些恰当的
东西""一些合适的东西"；这针对的是讲辞的"内容"方面。

195 形容词 στρογγύλος 的本义是"圆形的"，修辞语言和表达时，则指"简洁
的""精炼的"；《牛津希-英词典》举了柏拉图在这里的这个例子，对它的
解释是：compact, terse。

196 χάριν σήν [为了你的缘故]是词组，还有 ἐμὴν χάριν [为了我的缘故]。参见
《智者》（242b1-2）：σὴν γὰρ δὴ χάριν ἐλέγχειν τὸν λόγον ἐπιθησόμεθα, ἐάνπερ
ἐλέγχωμεν. [正是为了你的缘故，我们才致力于反驳该说法，假如我们确实
要进行反驳的话。]

197 τῷ ... ῥητορικῷ αὐτοῦ μόνῳ τὸν νοῦν προσεῖχον [我仅仅把注意力放在它的修辞
方面]。动词 προσέχω 的基本意思是"带给""献上"，同名词 νόος [思想/
理智]构成词组，προσέχω τὸν νοῦν 的字面意思是"把思想转向……""把
注意力集中到……"，转义为"重视""专注于"，要求与格作宾语，所以这
里出现的是单数与格 τῷ ... ῥητορικῷ αὐτοῦ [它的修辞方面]。

198 τοῦτο δὲ [而这〈另外一点〉]。τοῦτο [这]在这里究竟指代什么，有分歧。
一种看法认为指代 τῷ γὰρ ῥητορικῷ αὐτοῦ [它的修辞方面]，即它的表达
形式方面；另一种看法则认为指代前面所说的 τὰ δέοντα [一些〈他〉应该
〈说〉的东西/一些必须〈被说〉的东西/一些恰当的东西]，即它的内容方
面。我这里的理解和翻译持后一种看法。

199 希腊文尖括号中的语气小词 ἄν，是编辑校勘者根据文义补充的，法国布德本希腊文没有这样做；从布德本。

200 δὶς καὶ τρίς[一而再再而三地]，也可以译为"翻来覆去地"。

201 οὐ πάνυ εὐπορῶν ... λέγειν[他根本就没有能力说]是一个整体，也可以完全按字面译为"他根本就找不到办法说""他根本没有办法说"。εὐπορῶν 是动词 εὐπορέω 的现在时分词主动态阳性主格单数；εὐπορέω 的本义是"有办法""有出路"，其反面是 ἀπορέω[无路可走 / 感到困惑 / 不知所措]；但 εὐπορέω 跟不定式，意思则是"能够……""有能力……"。《牛津希-英词典》以柏拉图在这里的这个表达为例，对该结构的解释是：to be able to do。

202 νεανιεύεσθαι 是动词 νεανιεύομαι 的现在时不定式；νεανιεύομαι 的本义就是"像年轻人那样行事"，喻为"鲁莽行事""狂妄自大""虚张声势"，这里为了兼顾两者而将之译为"像年轻人那样在虚张声势地吓人"。

203 ὡς οἷός τε ὢν ταὐτὰ ἑτέρως τε καὶ ἑτέρως λέγων ἀμφοτέρως εἰπεῖν ἄριστα.[就同样的事情，无论他以这种方式说，还是以那种方式说，他都能够在两种方式上最好地说它。] 对整个这句话解释如下：

　　（1）οἷός τε ὢν ... εἰπεῖν 是一个整体，意思是"他能够说""他有能力说"。

　　（2）ἑτέρως τε καὶ ἑτέρως λέγων[无论他以这种方式说，还是以那种方式说]，也可以简单意译为"无论他左说还是右说"。ἑτέρως 的本义是"以两种方式中的一种方式"，其反面是 ἀμφοτέρως[以两种方式]；而 ἑτέρως τε καὶ ἑτέρως 是词组，就等于 ἀμφοτέρως。

204 οὐδὲν λέγειν 是词组，意思是"胡说""说空话"，其反面是 τὶ λέγειν[说得中肯 / 说出一些东西]。

205 τῶν γὰρ ἐνόντων ἀξίως ῥηθῆναι ἐν τῷ πράγματι[毕竟就那些内在于事情中值得一说的东西而言]，如果把 τῶν ... ἐνόντων ... ῥηθῆναι 视为一个整体，这句话也可以译为"毕竟就在事情中那些能够值得一说的东西而言"。ἐνόντων 在这里是动词 ἔνειμι 的现在时分词中性属格复数；ἔνειμι 除了具有"在……里面""在其中"等意思之外，作为无人称动词的意思则是"……是可能的"。

206 παρὰ τὰ ἐκείνῳ εἰρημένα[在那人所说的那些东西之外]，也可以译为"除了被那人说的那些东西""超出那人所说的那些东西"。介词 παρά 跟宾格时，既具有"除……之外"的意思，也具有"超出""超过"的意思。

　　参见《斐洞》（74a9-12）：φαμέν πού τι εἶναι ἴσον, οὐ ξύλον λέγω ξύλῳ οὐδὲ λίθον λίθῳ οὐδ᾽ ἄλλο τῶν τοιούτων οὐδέν, ἀλλὰ παρὰ ταῦτα πάντα ἕτερόν τι, αὐτὸ τὸ ἴσον.[我们肯定会说有着某种相等，我说的不是一根木头与一根木头、一块石头与一块石头以及其他诸如此类〈的相等〉，而是超出所有这

些之外的某一另外的东西，即相等本身。]

207 希腊文尖括号中的语气小词 ἂν，是编辑校勘者根据文义补充的，法国布德本希腊文直接加上了该词。

208 τοῦτο ἐγώ σοι οὐκέτι οἷός τ᾽ ἔσομαι πιθέσθαι [就这点而言，我将不再可能信服你。] 也可以简单译为"我将不再可能信服你说的这点"，或者"就这点而言，我将不再可能听从你。" πιθέσθαι 是动词 πείθω 的一次性过去时不定式中动态；πείθω 的本义是"劝说"，其中动态的意思则是"听从""服从""相信""信服"，被相信的事情用宾格，人用与格。

　　参见《苏格拉底的申辩》(25e5-6)：ταῦτα ἐγώ σοι οὐ πείθομαι, ὦ Μέλητε, οἶμαι δὲ οὐδὲ ἄλλον ἀνθρώπων οὐδένα. [梅勒托斯，我不相信你说的这些，而我也认为其他任何人都不会相信。]

209 副词 οὕτως 在这里的意思是"立马""即兴""径直"，《牛津希-英词典》对它的这层意思的解释是：off-hand, at once。

210 萨福 (Σαπφώ, Sappho)，公元前 7 世纪晚期，前 6 世纪初的著名女诗人，比苏格拉底早一个半世纪左右。

211 阿那克瑞翁 (Ἀνακρέων, Anakreon)，公元前 6 世纪的抒情诗人，比萨福晚半个世纪左右。

212 συγγραφέων τινῶν [从一些散文家那里]。συγγραφεύς 除了泛指"作家"之外，同"诗人"相对，专指"散文家"；《牛津希-英词典》举了柏拉图在这里的这个表达，对它的这层意思的解释是：prose-writer。

213 πλῆρές ... τὸ στῆθος ἔχων [胸口堵得慌] 是一个整体，字面意思是"胸口充满了"。

214 δαιμόνιε 是 δαιμόνιος 的呼格。δαιμόνιος 在口语中作呼格使用时，既可表褒义，也可表贬义。在荷马史诗中褒义指"神保佑的人"，贬义则指"神谴责的人"；在阿提卡口语中，褒义指"我的好人！"贬义则指"倒霉蛋！""可怜的人！"我这里有意偏中性地将之译为"非凡的"。

215 συνειδὼς ἐμαυτῷ [我意识到了] 是一个整体。συνειδὼς 是动词 σύνοιδα 的完成时分词主动态阳性主格单数，σύνοισθα σαυτῷ 是一个整体。σύνοιδα 的本义是"一起知道""同样知道"，而σύνοισθα ἐμαυτῷ 则表"我意识到"，字面意思是"我同我自己一起知道"。

216 λείπεται [剩下的]，在这里作无人称动词使用，跟宾格和不定式；所以后面出现的是宾格 με [我] 和完成时不定式 πεπληρῶσθαι [已经被灌满了]。

217 δίκην ἀγγείου [就像一具容器那样]。δίκην 在这里是名词 δίκη [风尚 / 正义 / 惩罚] 的宾格作副词使用，意思是"像……一样"，且要求属格，所以后面

出现的是单数属格 ἀγγείου［一具容器］；例如，δίκην ὕδατος［像洪水］。

    参见《泰阿泰德》（164c4-5）：Φαινόμεθά μοι ἀλεκτρυόνος ἀγεννοῦς δίκην πρὶν νενικηκέναι ἀποπηδήσαντες ἀπὸ τοῦ λόγου ᾄδειν.［我们对我显得就像劣等的公鸡，在取胜之前就唱着歌从讨论那儿跳开。］

218 τούτων ἀπεχόμενος［通过回避那些话］，也可以意译为"通过不重复那些话"。ἀπεχόμενος 是动词 ἀπέχω 的现在时分词中动态阳性主格单数；ἀπέχω 的基本意思是"阻挡""防止"，其中动态则具有"回避"等意思，并要求属格，所以这里出现的是指示代词的复数属格 τούτων［那些话］。

219 μὴ ἐλάττω［不短少］，如果同 235b4 那里的 πλείω［更加丰富］相照应，也可以转译为"同样丰富"。

220 当时雅典一共设有九位执政官，除了六位级别较低负责法律事务的"立法执政官"（θεσμοθέται）之外，还有"名年执政官"（ὁ ἐπώνυμος ἄρχων）、"国王执政官"（ὁ ἄρχων βασιλεύς）和"战争执政官"（ὁ πολέμαρχος ἄρχων）。所谓名年执政官或年号执政官，即以其姓名确定年号的执政官，也称为首席执政官；国王执政官负责宗教方面的事务，在九位执政官中居第二位。

221 χρυσῆν εἰκόνα ἰσομέτρητον［一尊等量的金像］。形容词 ἰσομέτρητος［等量的］，既可以指"等尺寸的"，也可以指"等重量的"。据记载，当时执政官们会发誓，如果他们违背法律，他们就得献上一尊金像。

    参见亚里士多德《雅典政制》（7.1.5-2.1）：οἱ δ' ἐννέα ἄρχοντες ὀμνύντες πρὸς τῷ λίθῳ κατεφάτιζον ἀναθήσειν ἀνδριάντα χρυσοῦν, ἐάν τινα παραβῶσι τῶν νόμων.［九位执政官通过对石头发誓而宣称，他们将立一尊黄金铸的人像，如果他们违背了任何一条法律的话。］（55.5.5-7）：ὀμνύουσιν δικαίως ἄρξειν καὶ κατὰ τοὺς νόμους, καὶ δῶρα μὴ λήψεσθαι τῆς ἀρχῆς ἕνεκα, κἄν τι λάβωσι ἀνδριάντα ἀναθήσειν χρυσοῦν.［他们发誓，他们将公正地和依照法律来进行统治，他们不会由于职务而接受礼物，如果他们接受了任何东西，那他们将献上一尊黄金铸的人像。］

222 Φίλτατος εἶ καὶ ὡς ἀληθῶς χρυσοῦς［你真是〈我〉最最亲爱的和真正金铸的］。这显然暗含讽刺，也可以直接意译为"你是一位最最亲爱的人，并且还真是一位太好的人"。φίλτατος 是形容词 φίλος［亲爱的］的最高级。形容词 χρύσεος 的基本意思是"金的""金色的"，作名词使用时，字面意思即"金人"，但既暗含褒义的"好人儿"，也暗含贬义的"妙人儿""太好的人"。

223 τοῦ παντὸς ἡμάρτηκεν［在各方面都未曾中的］，有意按字面翻译，也可以译为"未曾切中任何东西"。动词 ἁμαρτάνω 的本义是"未中的""未射中"，喻为"犯错""失误"。

224 τοῦτο ... παθεῖν［遭受这点］，即遭受"在各方面都不中的"。

225 αὐτίκα［例如］，在这里也可以译为"首先"。

226 παρέντα τοῦ μὲν τὸ φρόνιμον ἐγκωμιάζειν, τοῦ δὲ τὸ ἄφρον ψέγειν.［当他忽略
一方面赞许前者的明智，一方面指责后者的愚蠢之后。］对这句话的解释
如下：

 （1）παρέντα 是动词 παρίημι 的一次性过去时分词主动态阳性宾格单数；
παρίημι 的本义是"使落在旁边""使落下"，喻为"放过""无视""忽略"，
并且要求不定式，所以这里后面出现了两个动词不定式 ἐγκωμιάζειν［赞许 /
表扬］和 ψέγειν［指责 / 责备］。《牛津希-英词典》举了柏拉图这里的这个
例子，对该结构的解释是：omit to do。

 （2）τοῦ μὲν ... τοῦ δέ［一个的……另一个的］，这里的两个定冠词阳性
单数属格，分别意味着 μὴ ἐρῶντος［没有陷入爱中的人的］和 ἐρῶντος［陷
入爱中的人的］。

 （3）τὸ ἄφρον［愚蠢］，基于词源，也可以译为"缺乏明智""欠缺
明智"。

227 οὐ τὴν εὕρεσιν［不是论据的发现］。名词 εὕρεσις 的基本意思是"发现"，用
于文字方面则指"发明""创造""构思"，《牛津希-英词典》对之解释是：
invention, conception；这里为了同后面的 διάθεσις［谋篇布局］相照应，将
之译为"论据的发现"。这里提到的 εὕρεσις［论据的发现］和 διάθεσις［谋
篇布局］属于后世总结的修辞学的五大准则的前两个，另外三个依次是
λέξις［措辞］、μνήμη［记忆］和 ὑπόκρισις［朗诵］。

228 πρὸς τῇ διαθέσει［除了谋篇布局］。介词 πρός 跟与格，具有"在……之
外""此外还有"等意思。

229 希腊文方括号中的 Λυσίου［吕西阿斯的］，伯内特认为是窜入，法国布德本
希腊文直接删掉了该词。

230 σφυρήλατος［用锤子打制的］，与 χωνευτός［浇铸的］相对，并且比后者更
为奢华和尊贵。

231 τὸ Κυψελιδῶν ἀνάθημα［库普塞罗斯的后裔们的奉献物］。Κυψελιδῶν 是
复数名词 Κυψελίδαι 的属格，《牛津希-英词典》对 Κυψελίδαι 的解释是：
descendants of Cypselus。库普塞罗斯（Κύψελος, Kypselos）是公元前 7 世
纪科林斯城邦的第一位僭主，他的儿子"珀里安德洛斯（Περίανδρος,
Periandros）"虽然也是一位僭主，但因其卓越的成就而被称作古代"七贤"
之一，第欧根尼·拉尔修的《名哲言行录》第一卷第 7 章是其传记；此外，
亚里士多德也提到过库普塞罗斯家族对神庙的奢华献祭，参见《政治学》

第五卷第 11 章（1313b19-25）。

232 σου τῶν παιδικῶν ἐπελαβόμην［攻击了你那心爱的少年］，当然也可以译为
"攻击了你的心肝宝贝"。σου τῶν παιδικῶν［你那心爱的少年］，即吕西阿斯。
形容词 παιδικός 的本义是"儿童的""给儿童的""给心爱少年的"，但其中
性复数 παιδικά 则具有"宠儿""宝贝"等意思，《牛津希-英词典》对它的
解释是：darling, favourite, minion。ἐπελαβόμην 是动词 ἐπιλαμβάνω 的一次性
过去时直陈式中动态第一人称单数，ἐπιλαμβάνω 的基本意思是"捉""抓"，
但其中动态则具有"攻击"等意思，并要求属格，所以这里出现的是复数
属格 σου τῶν παιδικῶν［你那心爱的少年］；《牛津希-英词典》举了柏拉图在
这里的这个表达，对它的解释是：attack。

233 εἰς τὰς ὁμοίας λαβὰς ἐλήλυθας［你已经陷入了同样的境地］，也可以译为"你
已经进入到了同样的场景"；有意按字面意思翻译，背后的意思是"你曾
怎么待我，我现在就怎么待你"。名词 λαβή 的本义是"抓住""拿到""提
手""把柄"，喻为"场合""机会"等；《牛津希-英词典》举了柏拉图在这
里的这个表达，对 λαβή 的解释是：occasion。ἐλήλυθας 是动词 ἔρχομαι［去／
走］的完成时直陈式第二人称单数。

234 ἵνα μὴ［免得／以免］，法国布德本作 ἵνα δὲ μὴ［为了不］。这里的整个断句
和文本，从布德本。

235 ἀνταποδιδόντες ἀλλήλοις［通过彼此反唇相讥］，也可以译为"通过互相开
火"。ἀνταποδιδόντες 是动词 ἀνταποδίδωμι 的现在时分词主动态阳性主格复
数，ἀνταποδίδωμι 的基本意思是"还给""报复""使相对等"；牛津希-英
词典举了柏拉图在这里的这个表达，对它的解释是：give back words。

236 希腊文方括号中的动词命令式 εὐλαβήθητι［请你要好好地考虑一下／请你
留意］，伯内特认为是窜入，法国布德本希腊文则保留了它；从布德本。
εὐλαβήθητι 是异态动词 εὐλαβέομαι［注意／留心］的一次性过去时命令式第
二人称单数。

237 参见前面 228a5-6。

238 参见前面 228c2。

239 参见前面 235c5。

240 σύνες ὅ τοι λέγω［你要明白我究竟在说什么］，也可以译为"你要明白我在
对你说什么"；这里表现了一种诙谐的威胁。这一引语出自品达，参见柏拉
图《美偌》（76d3）：Ἐκ τούτων δὴ "σύνες ὅ τοι λέγω," ἔφη Πίνδαρος.［那么基
于这些"你要明白我究竟在说什么"，品达曾说。］

241 ἰδιώτης αὐτοσχεδιάζων περὶ τῶν αὐτῶν［作为一个普通人就同样的事情即兴发

表看法]，单就这句话也可以译为"作为一个普通人就同样的事情信口开河"。动词 αὐτοσχεδιάζω 的词干是 σχέδιος[临时的]，本义是即兴发表看法，不假思索地说或做，喻为"信口开河""信口雌黄"。参见：

《欧梯弗戎》（5a7-8）：με ἐκεῖνος αὐτοσχεδιάζοντά φησι καὶ καινοτομοῦντα περὶ τῶν θείων ἐξαμαρτάνειν.[他说我因就各种神圣的东西信口雌黄并进行革新而犯下错误。]

《苏格拉底的申辩》（20c8-d1）：λέγε οὖν ἡμῖν τί ἐστιν, ἵνα μὴ ἡμεῖς περὶ σοῦ αὐτοσχεδιάζωμεν.[因此，请你告诉我们它究竟是什么，以免我们对你信口开河。]

242 παῦσαι πρός με καλλωπιζόμενος[请你停止在我面前忸怩作态！]καλλωπιζόμενος 是动词 καλλωπίζω 的现在时分词中动态阳性主格单数，καλλωπίζω 的基本意思是"美化""修饰"，其中动态的意思是"自夸""炫耀"，在这儿的意思则是"忸怩作态""假装谦虚"。《牛津希-英词典》举了柏拉图在这里的这个表达，对它的解释是：to be coy or mock-modest。

243 σχεδὸν γὰρ ἔχω[我想我有……]是一个整体；《牛津希-英词典》举了柏拉图在这里的这个表达，对这一结构的解释是：I think I have ...。

244 ἦ μήν 是词组。μήν 作为小品词，起加强语气的作用，意思是"真的""无疑"，它可以同其他小词一起构成各种固定表达；例如，ἦ μήν[实实在在]，καὶ μήν[确实]，τί μήν[当然]。这里根据上下文把 ἦ μήν 译为"真的就凭它"。

245 ἐναντίον αὐτῆς ταύτης[当着这儿的它的面]。ἐναντίον 是形容词 ἐναντίος[相反的／对面的]的中性作副词使用，要求属格，意思是"当着……的面""在……面前"，所以这里出现的是指示代词的单数属格 αὐτῆς ταύτης[这儿的它]。《牛津希-英词典》对 ἐναντίον 的这种用法的解释是：in the presence of。

246 ἀνδρὶ φιλολόγῳ[一个热爱言辞的人]，单就这一表达，也可以译为"热爱讨论的人"。参见：

《泰阿泰德》（161a7-b1）：Φιλόλογός γ' εἶ ἀτεχνῶς καὶ χρηστός, ὦ Θεόδωρε, ὅτι με οἴει λόγων τινὰ εἶναι θύλακον καὶ ῥᾳδίως ἐξελόντα ἐρεῖν ὡς οὐκ αὖ ἔχει οὕτω ταῦτα.[你完完全全就是一个热爱讨论的人，忒俄多洛斯啊，并且你够好了，认为我就是某一〈装满〉各种说法的口袋，很容易就取出〈一个说法〉而宣布，这些事情复又不是这样。]

《斐洞》（89d1-2）：Μὴ γενώμεθα, ἦ δ' ὅς, μισόλογοι, ὥσπερ οἱ μισάνθρωποι γιγνόμενοι.[我们不应成为憎恶讨论的人，他说，就像一些人成为憎恶人类的

人一样。]

247 Tί δῆτα ἔχων στρέφῃ;［到底是为了什么你一直绕来拐去？］τί δῆτα 是词组，用在问句中的意思是"到底为什么……？"στρέφῃ 是动词 στρέφω 的现在时中动态第二人称单数；στρέφω 的基本意思是"使转动""使转向""使改变"，但其中动态的意思则是"旋转""转身走开"，喻为"躲闪"，如像一位摔跤手那样躲闪对手。《牛津希-英词典》举了柏拉图在这里的这个表达，对它的解释是：twist and turn。

248 ἄγετε δή 是词组，其单数形式是 ἄγε δή。ἄγετε 是动词 ἄγω［引领］的现在时第二人称命令式复数，在这里作副词用，意味"来吧""来呀"。

249 Μοῦσα［缪斯］和她们的绰号 λίγεια［清越曼妙］之间的关系，可参见荷马《奥德修斯》（24.62）：τοῖον γὰρ ὑπώρορε Μοῦσα λίγεια.［这就是清越曼妙的缪斯那动人的力量。］

250 专名"利古里亚人"（Λίγυς）与形容词"清越曼妙的"（λιγύς）是同音的，有可能就派生自该形容词。新柏拉图主义者赫尔米阿斯（Hermias）在其《柏拉图〈斐德若〉注释》（In Platonis Phaedrum scholia）中曾这样解释过"利古里亚人"（48.27-49.2）：Ἱστοροῦσι γὰρ ὅτι ἔθνος τι πρὸς ἑσπέραν, τὸ Λιγύων οὕτω καλούμενον, οὕτως ἄγαν μουσικώτατόν ἐστιν ὡς μηδὲ ἐν τοῖς πολέμοις πανστρατιᾷ μάχεσθαι, ἀλλὰ τὸ μέν τι τοῦ στρατεύματος ἀγωνίζεσθαι, τὸ δὲ ᾄδειν πολεμοῦντος τοῦ λοιποῦ.［据记载，在西方有一个民族，即所谓的利古里亚人这个民族；该民族是如此地极其精通音乐，以至于在战争中从不用整个军队进行战斗，而是军队的一半进行战斗，另一半则唱歌，当其余的人在战斗时。]

251 ξύμ μοι λάβεσθε［请你们帮助我］，可视为由于诗歌语言而对 μοι συλλάβεσθε 这一表达的有意拆分，之所以加上引号，有可能是一句引语。συλλάβεσθε 是动词 συλλαμβάνω 的一次性过去时命令式中动态第二人称复数；συλλαμβάνω 的基本意思是"集合""分享"，但其中动态的意思则是"帮助"，并要求与格，所以这里出现的是单数与格 μοι［我］。

252 ἦν οὕτω δὴ παῖς［从前有一个男孩］。ἦν οὕτω δή 是一个短语，常用于故事的开始；《牛津希-英词典》举了柏拉图在这里的这个表达，对该短语的解释是：there were once on a time ...。

253 αὐτὸν αἰτῶν［当他〈向这个男孩〉提出要求时］，鉴于这里有着明显的性暗示，也可以径直译为"当他〈向这个男孩〉求欢时"。

254 副词 καλῶς 虽然派生自形容词 καλός［美的／漂亮的］，但其基本意思却是"很好地""正确地"；《牛津希-英词典》对之的解释是：well, rightly。

255 ὡς οὖν εἰδότες[因此，由于他们以为他们知道]。这是意译，字面意思是"因此，由于他们仿佛知道"。

256 τὸ εἰκὸς ἀποδιδόασιν[他们就要付出合情合理的代价]，也可以译为"他们就要合情合理地付出代价"或"他们就要合情合理地受罚"。

257 动词ἐπιτιμάω既有"尊重"的意思，也有"指责"的意思；作后者解时，既可以要求宾格，也可以要求与格，这里出现的是复数与格ἄλλοις[其他人]。

258 εἰς φιλίαν ἰτέον[应当进入到友爱中]，也可以译为"应当建立起友爱"或"应当建立起友谊"。

259 οἷόν τ' ἔστι[它是什么]，单就这句话，当译为"它是何种东西"，但基于文义，这样翻译似乎并不妥当。

260 εἰς τοῦτο ἀποβλέποντες καὶ ἀναφέροντες[把目光转而专注于该定义并参照它]是一个整体，也可以简单译为"通过盯住并参照该定义"。动词ἀποβλέπω和ἀναφέρω常同介词εἰς连用，前者的意思是"把目光转而专注于……"，后者的意思是"参照……"。

261 δύο τινέ ἐστον ἰδέα ἄρχοντε καὶ ἄγοντε[有着两种进行统治和进行领导的形式]，这里直接把ἰδέα译为"形式"，而不译为"理念"。此外，从文法上看，虽然ἰδέα[形式]在这里是阴性主格双数，而ἄρχοντε καὶ ἄγοντε[进行统治和进行领导的]是动词分词的阳性主格双数，但在阿提卡方言中，后者与前者既是同性的，也能够修饰和限定前者。

　　参见《泰阿泰德》(187c3-5)：δυοῖν ὄντοιν ἰδέαιν δόξης, τοῦ μὲν ἀληθινοῦ, ψευδοῦς δὲ τοῦ ἑτέρου, τὴν ἀληθῆ δόξαν ἐπιστήμην ὁρίζῃ;[有两种形式的判断吗，一种是真实的，另一种是虚假的，你把真判断规定为知识？]

262 ἐπίκτητος δόξα[后来获得的判断]。基于文义，这里不把δόξα译为"意见"，而将之译为"判断"。形容词ἐπίκτητος的本义是"进一步获得的""新获得的"，这里为了同前面的ἔμφυτος[天生的]相照应，将之译为"后来获得的"。

263 ἐφιεμένη τοῦ ἀρίστου[它以至善为目的]。ἐφιεμένη是动词ἐφίημι的现在时分词中动态阴性主格单数，修饰和限定前面的δόξα[判断／意见]。动词ἐφίημι的本义是"送去""派遣"，但其中动态则具有"瞄准""以……为目的""渴望"等意思，并要求属格；所以这里出现的是中性单数属格τοῦ ἀρίστου[至善／最好的东西]。

　　参见亚里士多德《尼各马可伦理学》(1094a1-2)：Πᾶσα τέχνη καὶ πᾶσα μέθοδος, ὁμοίως δὲ πρᾶξίς τε καὶ προαίρεσις, ἀγαθοῦ τινὸς ἐφίεσθαι δοκεῖ.[每

一种技艺和每一种探究，同样地，任何的实践和选择，似乎都在瞄准某种善。]

264 πολυμερές［有着许多部分的］，法国布德本希腊文作 πολυειδές［多样形相的 / 多种形式的］，从布德本。

265 ἐκπρεπὴς ἢ ἂν τύχῃ γενομένη［那恰好变得特别显眼的］，正常的语序是 ἢ ἂν τύχῃ ἐκπρεπὴς γενομένη，形容词 ἐκπρεπὴς［特别显眼的 / 出众的 / 出类拔萃的］置于关系代词 ἢ 前面，是为了表示强调。

266 κρατοῦσα τοῦ λόγου τε τοῦ ἀρίστου［战胜了对至善的计算］，也可以译为"战胜了对至善的考虑"。κρατοῦσα 是动词 κρατέω 的现在时分词主动态阴性主格单数，κρατέω 作"战胜""超过"讲时，要求属格作宾语，所以这里出现的是单数属格 τοῦ λόγου τοῦ ἀρίστου［对至善的计算］。

267 τἆλλα δὴ τὰ τούτων ἀδελφά［这些人的其他那些兄弟般的名字］。如果把指示代词复数属格 τούτων 理解为中性，那么这句话也可以译为"这些名字的其他那些兄弟般的名字"。

268 ἢ 是由关系代词 ὅς, ἥ, ὅ 阴性与格派生而来副词，表地点，意思是"在那儿""在那地方"；表方式，则指"如何""以何种方式"。

269 在这里，当留意 ἔρως［爱 / 爱欲］同副词 ἐρρωμένως［有力地 / 强有力地］、动词 ῥωσθεῖσα［加强 / 增强］以及名词 ῥώμη［强力 / 力量］在语音上的相近。

270 τι … θεῖον πάθος πεπονθέναι［已经体验到了某种神圣的感受］，也可以径直译为"已经遭遇到了某种神圣的遭遇"。

271 πάνυ μὲν οὖν 是词组，意思是"无疑""完全如此""当然这样"，常用于肯定性的回答。

272 παρὰ τὸ εἰωθός［与惯常不一样］是固定表达。εἰωθός 是动词 ἔθω［惯于 / 习惯于］的完成时分词主动态中性单数宾格；《牛津希-英词典》对 παρὰ τὸ εἰωθός 的解释是：contrary to custom。

273 εὔροιά τίς σε εἴληφεν［某种流畅已经抓住了你］，有意按字面意思翻译，当然也可以简单意译为"你说得很流畅"。名词 εὔροια 的本义是"好的流动"，用于语词则指"流畅"；《牛津希-英词典》举了柏拉图在这里的这个表达，对它的解释是：flow of words, fluency。

274 σιγῇ 是名词 σιγή［安静 / 寂静］的单数与格作副词使用，意思是"静悄悄地""默不作声地"。

275 ἐὰν ἄρα πολλάκις［或许］是一个整体。πολλάκις 的通常意思是"经常""多次"，但在阿提卡方言中，它同 εἰ ἄρα 或 ἐὰν ἄρα 连用时的意思是"或许"；《牛津希-英词典》以柏拉图在这里的这个表达为例，对它的解释是：

perhaps。

　　此外，εἰ ἄρα πολλάκις 作为整体还具有"万一"意思，相当于拉丁文的 si forte；参见《斐洞》（60d8-e3）：Λέγε τοίνυν, ἔφη, αὐτῷ, ὦ Κέβης, τἀληθῆ, ὅτι οὐκ ἐκείνῳ βουλόμενος οὐδὲ τοῖς ποιήμασιν αὐτοῦ ἀντίτεχνος εἶναι ἐποίησα ταῦτα – ἤδη γὰρ ὡς οὐ ῥάδιον εἴη – ἀλλ᾽ ἐνυπνίων τινῶν ἀποπειρώμενος τί λέγοι, καὶ ἀφοσιούμενος εἰ ἄρα πολλάκις ταύτην τὴν μουσικήν μοι ἐπιτάττοι ποιεῖν.[苏格拉底说：刻贝斯啊，那就请你对他如实相告，即我创作这些不是想同他或他的那些诗作比技艺——因为我知道那会是不容易的——，而是为了测试〈我的〉一些梦，看它们究竟在说什么，以及洁净自己，万一它们是在命令我创作这类文艺。]

276 νυμφόληπτος ... γένωμαι [我会变得迷狂] 是一个整体，也可以译为"我会变得被山林水泽的仙女们迷住"。形容词 νυμφόληπτος 的本义是"被山林水泽的仙女们迷住的"，泛指"发狂的""迷狂的"；《牛津希-英词典》举了柏拉图在这里的这个表达，对它的解释是：caught by nymphs, raptured, frenzied。

277 τὰ νῦν 是一个整体和固定表达，意思是"现在""如今"。

278 διθύραμβος [酒神颂] 是一种抒情诗；此外，διθύραμβος 如果作为专名，则是酒神狄俄尼索斯（Διόνυσος）的别名。参见《苏格拉底的申辩》（22a8-b2）：μετὰ γὰρ τοὺς πολιτικοὺς ᾖα ἐπὶ τοὺς ποιητὰς τούς τε τῶν τραγῳδιῶν καὶ τοὺς τῶν διθυράμβων καὶ τοὺς ἄλλους, ὡς ἐνταῦθα ἐπ᾽ αὐτοφώρῳ καταληψόμενος ἐμαυτὸν ἀμαθέστερον ἐκείνων ὄντα.[因为在一些政治家之后，我前往了一些诗人那儿，既有悲剧诗人，也有酒神颂诗人，以及其他一些诗人，以便在那里让自己当场暴露为比他们是更为无知的。]

279 τὸ ἐπιόν [那威胁着〈我〉的〈迷狂〉]，也可以译为"那降临〈到我头上〉的〈迷狂〉"。ἐπιόν 是动词 ἔπειμι [走向 / 来临] 的现在时分词主动态中性主格单数，《牛津希-英词典》举了柏拉图在这里的这个表达，对它的解释是：the (madness) which threatens me。

280 动词 μέλω [操心 / 关心] 常作无人称动词使用，关心者要求与格，所以这里出现的是单数与格 θεῷ [神]。

281 πάλιν ... ἰτέον 是一个整体，意思是"必须返回""必须回到"。

282 ἐξ εἰκότος [有可能] 是词组，等于副词 εἰκότως。

283 καὶ ἔτι [此外] 是词组，表示转折语气。

284 希腊文方括号中的定冠词中性复数属格 τῶν [它们]，伯内特认为是窜入，而法国布德本希腊文保留了它，从布德本。鉴于动词 ἥδεσθαι [感到快乐 / 感到高兴] 通常要求与格，海因多夫（Heindorf）等校勘者主张将之改为中

性复数与格 τοῖς，也成立。

285 στέρεσθαι τοῦ παραυτίκα ἡδέος［丧失那此刻令他感到快乐的东西］。στέρεσθαι 是动词 στέρομαι［缺乏／丧失］的现在时不定式，该动词要求属格作宾语，所以这里出现的是中性单数属格 τοῦ παραυτίκα ἡδέος［此刻令他感到快乐的东西］。

286 μεγίστης δὲ τῆς ὅθεν ἂν φρονιμώτατος εἴη.［而且还要为最大的〈伤害负责〉，因为〈他阻止他所爱的人与他人进行〉由此能够成为一个最明智的人〈的那种交往〉。］之所以这么补充翻译，因为无论是从文法来看，还是从文义来看，这句话都省略了很多词，补全当为：μεγίστης δὲ <αἴτιον εἶναι βλάβης ἀπείργοντα> τῆς <συνουσίας> ὅθεν ἂν φρονιμώτατος εἴη.

287 ἡ θεία φιλοσοφία［神圣的爱智慧］，有意按词源翻译，当然也可以译为"神圣的哲学"。

288 ὅπως ἂν 是一个整体，在这里引导一个目的从句。

289 πάντα ἀποβλέπων εἰς τὸν ἐραστήν［完全看其爱慕者的脸色行事］，有意按字面意思翻译；当然也可以简单译为"完全依赖其爱慕者"。《牛津希-英词典》举了柏拉图在这里的这个表达，对其中 ἀποβλέπων 的解释是：of entire dependence。

290 ἔχων ἔρωτα［如果他陷入爱中的话］，也可以译为"如果他怀有爱欲的话""如果他携带着爱的话"。

291 μετὰ ταῦτα［接下来］，也可以译为"在这些之后""在此之后"。

292 ἐν ἡλίῳ καθαρῷ［在大太阳下］。形容词 καθαρός 的基本意思是"洁净的""纯粹的"，但修饰地点则指"空旷的"，修饰天气指"晴朗的"。《牛津希-英词典》举了柏拉图在这里的这个表达，对 ἐν ἡλίῳ καθαρῷ 的解释是：in the open sun。

293 ὑπὸ συμμιγεῖ σκιᾷ［在浓密的荫凉中］。形容词 συμμιγής 的本义是"混合在一起的"，在这里则指"浓密的"；《牛津希-英词典》举了柏拉图在这里的这个表达，对 ὑπὸ συμμιγεῖ σκιᾷ 的解释是：in a dense shade。

294 ἱδρώτων ξηρῶν［汗流浃背］，本义是"干汗"，这里泛泛地将之译为"汗流浃背"。关于 ἱδρῶτες ξηροί［干汗］，《牛津希-英词典》仅仅指出它同"洗澡"或"蒸浴"时出的汗不同，而新柏拉图主义者赫尔米阿斯（Hermias）在其《柏拉图〈斐德若〉注释》中对之做出了详细的解释（57.28-32）：ἱδρῶτας ξηροὺς λέγων τοὺς ἀπὸ γυμνασίων· ξηροῦ γὰρ ὄντος τοῦ σώματος ἡ κίνησις προκαλουμένη τὴν ἔμφυτον θερμότητα ἀπωθεῖται τὸ περιττόν. Εἶεν δ᾽ ἂν ὑγροὶ ἱδρῶτες οἱ ἀπὸ λουτρῶν καὶ οἰνοποσίας προχεόμενοι, ὡς ὁρῶμεν τοὺς

τρυφῶντας ἀνθρώπων· οὗτοι γὰρ οὐκ εἰσὶ ξηροὶ ἱδρῶτες, ἀλλ' ὑγροί.[干汗，说的是由体育锻炼而来的汗；因为当身体是干燥的时，运动通过激发出里面的热而派出多余的东西。而汗是湿的，当它们出于洗澡和饮酒而流出来时，就像我们在那些娇生惯养的人那里看到的那样；因为这种汗不是干的，而是湿的。]

295 即男人在太阳底下晒出来的黝黑的肤色。

296 即为了让自己不至于看起来肤色苍白，只好用化妆术来使自己显得黝黑和看起来有男子气。

297 ἄλλαις χρείαις ὅσαι μεγάλαι[在其他所有最为需要帮助的时候]，也可以意译为"在其他所有最紧急的时刻"或"在其他所有考验人的时候"。

298 之所以这样补充翻译，因为前面的 τὸ τοιοῦτον σῶμα[如此这般的身体]在文法上当理解为宾格，作后面两个动词 θαρροῦσιν[感到信心满满 / 有勇气]和 φοβοῦνται[感到忧心忡忡 / 恐惧]的宾语。

299 ἡ τοῦ ἐρῶντος ὁμιλία τε καὶ ἐπιτροπεία[同爱慕者的交往以及把自己托付给他]，字面意思是"同爱慕者的交往以及他的监护"。

300 πρὸ παντός 是词组，意思是"首先"，字面意思是"在一切的前面"。

301 形容词 ὀρφανός 的本义是"成为孤儿的"，跟属格则指"丧失……的"，所以前面出现了三个复数属格 τῶν φιλτάτων τε καὶ εὐνουστάτων καὶ θειοτάτων κτημάτων[各种最钟爱的、最心怡的和最神圣的所有物]。

302 ἂν ... δέξαιτο[他会期待]，也可以译为"乐于接受"。δέξαιτο 是动词 δέχομαι 的一次性过去时祈愿式第三人称单数；δέχομα 的基本意思是"接受"，但也具有"欢迎""期待"等意思。

303 ἀλλὰ μήν 是词组，同前面的 πρὸ παντός[首先]相对，意思是"此外""再次"。

304 ἄλλα κακά[其他的坏事]，即并非由"爱慕者"本人所引起的那些坏事。

305 δαίμων ἔμειξε τοῖς πλείστοις ἐν τῷ παραυτίκα ἡδονήν[某位精灵在绝大多数的这些坏事那儿混入了一种转瞬即逝的快乐]。ἐν τῷ παραυτίκα 是词组，意思是"立刻""立即""顷刻"，如果把它同动词 ἔμειξε[混入]放在一起理解，那么这句话也可以译为：某位精灵在绝大多数的这些坏事那儿立刻混入了一种快乐。

306 ἡδονήν τινα οὐκ ἄμουσον[某种并非不文雅的快乐]，有意按字面意思翻译，当然也可以译为"某种并不粗俗的快乐"。形容词 ἄμουσος 由褫夺性前缀 ἀ 和 Μοῦσα[缪斯]构成，意思是"无艺术修养的""无文化的""不雅的"，转义为"粗俗的"。《牛津希-英词典》举了柏拉图在这里的这个表达，对

ἄμουσος 的解释是: gross。

307 名词 ἑταίρα 除了具有"女伴""女友"等意思之外，也指"妓女"。

308 τῶν τοιουτοτρόπων θρεμμάτων τε καὶ ἐπιτηδευμάτων［这种样式的生物和〈它们所从事的〉事业］，这显然是一种讽刺或轻蔑的腔调。

309 τό καθ᾽ ἡμέραν［每天］是词组，等于拉丁文的 quotidianus；《牛津希-英词典》对它的解释是: every day。

310 εἶναι ὑπάρχει 是一个整体，意思是"……有可能是……"。ὑπάρχω 作无人称动词使用时，加与格和不定式，意思是"有可能……"；《牛津希-英词典》举了柏拉图在这里的这个表达，对它的解释是: it is allowed, it is possible。

参见《斐洞》(81a4-9): Οὐκοῦν οὕτω μὲν ἔχουσα εἰς τὸ ὅμοιον αὐτῇ τὸ ἀιδὲς ἀπέρχεται, τὸ θεῖόν τε καὶ ἀθάνατον καὶ φρόνιμον, οἷ ἀφικομένη ὑπάρχει αὐτῇ εὐδαίμονι εἶναι, πλάνης καὶ ἀνοίας καὶ φόβων καὶ ἀγρίων ἐρώτων καὶ τῶν ἄλλων κακῶν τῶν ἀνθρωπείων ἀπηλλαγμένη, ὥσπερ δὲ λέγεται κατὰ τῶν μεμυημένων, ὡς ἀληθῶς τὸν λοιπὸν χρόνον μετὰ θεῶν διάγουσα;［如果它是这样的话，那它岂不就是在动身前往与它自己相似的、不可见的东西那儿，即神性的东西、不死的东西和明智的东西那儿，当它到达那里时，它岂不就有可能是幸福的，摆脱了漂泊、愚蠢、各种恐惧、各种粗野的爱欲，以及其他种种属人的恶，而如那些入了秘教的人所说，它其实在与诸神一起度过余下的时光?］

311 εἰς τὸ συνημερεύειν［就一起度日来说］。《牛津希-英词典》举了柏拉图在这里的这个表达，对动词 συνημερεύω 的解释是: pass one's days together。

312 ἥλικα ... τέρπειν τὸν ἥλικα［同龄人使同龄人高兴］。这是一句谚语，该谚语还可参见亚里士多德《修辞学》第一卷第 11 章（1371b12-17）。

313 χρόνου ἰσότης［同样的时光］，这是意译，也可以转译为"年纪的相同""年龄相仿"；其字面意思是"时光的相等""时间的相等"。

314 ἡ τούτων συνουσία［这些同龄人之间的交往］。指示代词复数属格 τούτων，指代 ἡλίκων［同龄人］。

315 ὑπ᾽ ἀνάγκης τε καὶ οἴστρου ἐλαύνεται［他被一种强迫，就像被一根刺棍一样所驱赶］，这是根据文义进行的意译，字面意思是"他被一种强迫和一根刺棍所驱赶"。名词 οἶστρος 本义是"牛虻"，喻为"刺""刺棍""折磨人的东西"，进而转义为"强烈的欲望""疯狂"等。

316 αἰσθανομένῳ τοῦ ἐρωμένου［感觉到被〈他所〉爱的那个人］。αἰσθανομένῳ 是动词 αἰσθάνομαι［感觉］的现在时分词阳性单数与格，αἰσθάνομαι 要求属格作宾语，所以后面出现的是单数属格 τοῦ ἐρωμένου［被〈他所〉爱的那

个人]。

317 μεθ' ἡδονῆς [靠快乐的帮助]，也可以译为"凭借快乐"。介词 μετά 既可以跟属格，也可以跟与格和宾格，但意思有差异。跟属格，意味着"在……之间""靠……的帮助""凭借"；跟与格，意思是"和……在一起"；跟宾格，则意味着"跟在……后头"。这里的 ἡδονῆς [快乐] 是阴性单数属格，所以将 μεθ' ἡδονῆς 译为"靠快乐的帮助"。

318 αὐτῷ ὑπηρετεῖν [为那人服务]，也可以译为"侍候那人"；ὑπηρετεῖν 是动词 ὑπηρετέω 的现在时不定式主动态，ὑπηρετέω 的基本意思是"服务""侍候"，要求与格作宾语，所以前面出现的是单数与格 αὐτῷ [那人]。

319 即 οἶστρος [刺棍]。

320 μὴ ὅτι 是词组，意思是"别提……"。

321 ἀνάγκης ἀεὶ προσκειμένης [不断地迫于一种强迫]，也可以完全按字面译为"由于一种强迫总是摆在面前"。

322 διὰ παντός [在任何时候]，也可以译为"永远地"。διὰ παντός 这一表达暗含 χρόνου [时间] 一词，补全当为 διὰ παντὸς τοῦ χρόνου。

参见《政治家》(269e1-3)：ὅθεν αὐτῷ μεταβολῆς ἀμοίρῳ γίγνεσθαι διὰ παντὸς ἀδύνατον, κατὰ δύναμίν γε μὴν ὅτι μάλιστα ἐν τῷ αὐτῷ κατὰ ταὐτὰ μίαν φορὰν κινεῖται.[由此对它来说永远地摆脱变化是不可能的，而是尽可能地至多到下面这个份上，即在同一个地方、以同样的方式运动，而且是单一的位移。](294c7-8)：Οὐκοῦν ἀδύνατον εὖ ἔχειν πρὸς τὰ μηδέποτε ἁπλᾶ τὸ διὰ παντὸς γιγνόμενον ἁπλοῦν;[那么下面这点岂不就是不可能的，即那永恒产生出来的简单物会善待那些从来就不简单的东西?]

323 παρρησίᾳ κατακορεῖ καὶ ἀναπεπταμένῃ χρωμένου.[由于那人放纵他的舌头，肆无忌惮和厚颜无耻地胡言乱语。] 这是意译。παρρησίᾳ ... χρωμένου [放纵他的舌头] 是一个整体，字面意思是"享受言论自由""运用言论自由"；χρωμένου 是动词 χράομαι [使用 / 运用 / 放纵] 的现在时分词阳性单数属格，该动词要求与格作宾语，所以这里出现的是单数与格 παρρησίᾳ [言论自由]。名词 παρρησία 的基本意思是"言论自由""直言不讳"，但作贬义理解时，则指"言语的放肆"。两个形容词阴性单数与格 κατακορεῖ [肆无忌惮的] 和 ἀναπεπταμένῃ [厚颜无耻的] 修饰并限定阴性名词单数与格 παρρησίᾳ。

324 εἰς ὃν [对于将来]，之所以这么翻译，因为代词 ὃν 在这里当指代前面的 τὸν ἔπειτα χρόνον [往后的时日 / 将来]。

325 ἐν τῷ τότε [在那时]，即"他还处于爱中，他的爱尚未终止"的那个时候。

326 αὐτὸν χάριν ἀπαιτεῖ τῶν τότε [为曾经的各种事情向他索取回报]。χάριν

ἀπαιτεῖν 是词组，意思是"索取回报"，《牛津希-英词典》对它的解释是：to ask the repayment of a boon。

327 ἐμπεδώσῃ 是动词 ἐμπεδόω［批准 / 认可 / 使有效］的一次性过去式虚拟式第三人称单数。动词 ἔχω 的基本意思是"有""拥有"，但也转义为"理解""意味着"，这里根据上下文将之译为"知道"。参见《克里同》（45b6-c1）：ὥστε, ὅπερ λέγω, μήτε ταῦτα φοβούμενος ἀποκάμῃς σαυτὸν σῶσαι, μήτε, ὃ ἔλεγες ἐν τῷ δικαστηρίῳ, δυσχερές σοι γενέσθω ὅτι οὐκ ἂν ἔχοις ἐξελθὼν ὅτι χρῷο σαυτῷ· πολλαχοῦ μὲν γὰρ καὶ ἄλλοσε ὅποι ἂν ἀφίκῃ ἀγαπήσουσί σε.［因此，正如我所说的，既不要因担心这些而放弃救你自己，你在法庭上曾说的话也不应对你成为困扰，那就是：一旦流亡你就会不知道该如何对待你自己。因为事实上在许多其他地方，并且无论你可能会到别的哪儿，人们都会欢迎你。］

328 ἀπεστερηκὼς ὑπ᾽ ἀνάγκης［被迫成为了一个不履行承诺的人］。ἀπεστερηκώς 是动词 ἀποστερέω 的完成时分词主动态阳性单数主格，ἀποστερέω 的本义是"骗取""剥夺""拒付"；《牛津希-英词典》举了柏拉图在这里的这个表达，对它的解释是：being constrained to become a defaulter。

329 ὀστράκου μεταπεσόντος［当陶片落下来另一面朝上后］，也可以简单译为"当陶片以另一种方式落下后"；《牛津希-英词典》举了柏拉图在这里的这个表达，对它的解释是：on the fall of the sherd with the other side uppermost。这是当时儿童们玩的一种掷陶片的游戏：把陶片的一面涂黑，一面涂白，看落下后哪面朝上来决定谁跑，谁追。

330 ἵεται φυγῇ［赶紧逃跑］。ἵεται 是动词 ἵημι 的现在时直陈式中动态第三人称单数；ἵημι 的本义是"送走""发出"，但其中动态的意思则是"奔赴""赶紧""渴望"。名词单数与格 φυγῇ［逃跑］在这里表示"方式""方法"或"手段"。

331 ἐπιθεάζων［一边向神灵呼吁一边大声咒骂］，这是意译。ἐπιθεάζων 是动词 ἐπιθεάζω 的现在时分词主动态阳性主格单数；ἐπιθεάζω 也拼作 ἐπιθειάζω，其本义是"向神灵呼吁""祈求"，进而转义为"诅咒""咒骂"；为了兼顾两者，故将之扩展性地译为"一边向神灵呼吁一边大声咒骂"。《牛津希-英词典》举了柏拉图在这里的这个表达，对它的解释是：with imprecations。

332 ἐρῶντι καὶ ὑπ᾽ ἀνάγκης ἀνοήτῳ［一个虽然爱〈他〉而必然无理智的人］，基于文义，也可以扩展性地译为"一个爱〈他〉并且由于爱而必然无理智的人"或"一个爱〈他〉并且因爱的逼迫而无理智的人"。

333 τῇ ἀληθείᾳ 是固定表达，作副词使用，意思是"事实上""其实"，当然也可以译为"真的"。

334 σιτίου τρόπον［像对待食物那样］。τρόπον 在这里是名词 τρόπος［方式／办法］的宾格作副词使用，意思是"像……一样"，且要求属格，所以前面出现的是单数属格 σιτίου［食物］；类似的文法现象可参见前面 235d1 那里的 δίκην ἀγγείου［就像一具容器那样］。

335 τοῦτ' ἐκεῖνο［瞧，我竟然吟了一句诗！］这完全是意译，字面意思是"这就是那！"之所以这样意译，因为在前面 238d1-3 那里，苏格拉底曾说他担心自己会因变得迷狂而说出一些诗句来。

336 τὸ πέρα ... λέγοντος［继续往下说／进一步说］是一个整体。副词 πέρα 的本义是"更远""超出"，《牛津希-英词典》举了柏拉图在这里的这个表达，对 τὸ πέρα 的解释是：further。

337 ἀλλ' ἤδη［而现在］，也可以译为"实际上"。副词 ἤδη 的基本意思是"已经""从此"，但同 ἀλλά 连用，则表与将来或过去相反，意思是"现在""实际上"。参见荷马《奥德修斯》（20.90）：ἐπεὶ οὐκ ἐφάμην ὄναρ ἔμμεναι, ἀλλ' ὕπαρ ἤδη.［因为我相信，那不是梦，实际上是现实。］

338 σοι［如果你愿意］，之所以这么翻译，因为人称代词与格 σοι 在这里的语法现象是 dativus ethicus［伦理与格］。而所谓"伦理与格"，说的是人称代词的与格通常用来表达被指称的人的某种要求、关切等；因此，σοι 在这里当译为"如果你愿意"。类似的情况参见《苏格拉底的申辩》（20e3-5）：καί μοι, ὦ ἄνδρες Ἀθηναῖοι, μὴ θορυβήσητε, μηδ' ἐὰν δόξω τι ὑμῖν μέγα λέγειν.［诸位雅典人啊，我请求你们不要喧哗，即使我看起来在对你们说某种大话。］

339 ᾤμην γε μεσοῦν αὐτόν［我以为其实它才刚刚到一半呢］。这句话在法国布德本希腊文中作：ᾤμην σε μεσοῦν αὐτοῦ. 这里的翻译从伯内特本，如果按布德本翻译，那么这句话就当译为"我以为其实你才〈说到〉它的一半呢"。

340 ἤδη ἔπη φθέγγομαι ἀλλ' οὐκέτι διθυράμβους［我刚才已经在吟唱史诗，而不再只是酒神颂。］也可以译为"我刚才已经在用史诗的风格，而不再是酒神颂的风格在说话。"ἔπη［史诗］，也可以译为"英雄叙事诗"。ἔπη 在这里是名词 ἔπος 的复数宾格；ἔπος 的基本意思是"字""言辞"，但其复数指"史诗""英雄叙事诗"，一般用六步格写成，其地位高于包括"酒神颂"在内的抒情诗。

341 καὶ ταῦτα ψέγων［即使我在进行谴责］。之所以这么讲，因为"史诗"或"英雄叙事诗"一般是对战争中英雄们的业绩的颂扬，因而不适合用来谴责这里的"爱慕者"。καὶ ταῦτα 是固定表达，《牛津希-英词典》对之的解释是"增添一种情况来强化前面所说的内容"，等于英文中的"and that"，也举

了柏拉图在这里的这个表达为例；该表达翻译成中文的意思很丰富，具有
"尤其""犹有进者""还有""何况""即使"等意思。

参见《菲勒玻斯》（65e9-66a3）：Ἡδονὰς δέ γέ που, καὶ ταῦτα σχεδὸν τὰς
μεγίστας, ὅταν ἴδωμεν ἡδόμενον ὁντινοῦν, ἢ τὸ γελοῖον ἐπ᾽ αὐταῖς ἢ τὸ πάντων
αἴσχιστον ἑπόμενον ὁρῶντες αὐτοί τε αἰσχυνόμεθα καὶ ἀφανίζοντες κρύπτομεν
ὅτι μάλιστα, νυκτὶ πάντα τὰ τοιαῦτα διδόντες, ὡς φῶς οὐ δέον ὁρᾶν αὐτά.［而
另一方面，无疑就各种快乐，尤其那些近乎最大的，每当我们看见无论哪
个人在对之感到快乐时，由于我们看到在它们那里的可笑之物，或者伴随
〈它们〉的一切中最丑陋的东西，我们自己就既感到丑陋，也通过抹去光来
尽可能地隐藏它们，把所有诸如此类的事情都交给黑夜，好像光不应当看
见它们似的。］

342 τί με οἴει ποιήσειν;［你认为我将做什么样的诗呢？］也可以译为"你认为我
将创作什么呢？"

343 ἐκ προνοίας 是词组；名词 πρόνοια 的本义是"先见""预谋"，而 ἐκ προνοίας
的意思是"故意地""蓄意地""深谋远虑地"。

344 ὑπὸ τῶν Νυμφῶν ... σαφῶς ἐνθουσιάσω［我显然将被那些仙女们附体］，也可
以译为"我显然将从那些仙女们那里得到灵感"。

345 τῷ ἑτέρῳ ... πρόσεστιν［属于其中另外那个］。动词 πρόσειμι 作"属于"解时，
要求与格作宾语，所以这里出现的是单数与格 τῷ ἑτέρῳ［其中另外那个］。

346 ὁ μῦθος［〈我所讲的这个〉故事］。之所以这样说，参见前面 237a9；此外，
苏格拉底的这篇讲辞也以"讲故事"的形式开始（237b2）：Ἦν οὕτω δὴ παῖς
［从前有一个男孩］。关于 μῦθος［故事/神话］和 λόγος［道理/说明/讨论］
之间的区别，还可参见：

《斐洞》（61b3-7）：μετὰ δὲ τὸν θεόν, ἐννοήσας ὅτι τὸν ποιητὴν δέοι, εἴπερ
μέλλοι ποιητὴς εἶναι, ποιεῖν μύθους ἀλλ᾽ οὐ λόγους, καὶ αὐτὸς οὐκ ἦ μυθολογικός,
διὰ ταῦτα δὴ οὓς προχείρους εἶχον μύθους καὶ ἠπιστάμην τοὺς Αἰσώπου, τούτων
ἐποίησα οἷς πρώτοις ἐνέτυχον.［而在〈颂扬〉这位神之后，我意识到诗人必
须——如果他真的打算是一位诗人的话——创作故事，而不是论说，而我
自己并不是一个善于编故事的人，由此我就把我手边有并且熟悉的那些故
事，即伊索的故事，把它们中我遇到过的那些首要的，创作成了诗。］

《普罗塔戈拉》（324d6-7）：τούτου δὴ πέρι, ὦ Σώκρατες, οὐκέτι μῦθόν
σοι ἐρῶ ἀλλὰ λόγον.［苏格拉底啊，关于这，我将不再对你讲故事，而是说
道理。］

《高尔吉亚》（523a1-3）：Ἄκουε δή, φασί, μάλα καλοῦ λόγου, ὃν σὺ μὲν

ἡγήσῃ μῦθον, ὡς ἐγὼ οἶμαι, ἐγὼ δὲ λόγον· ὡς ἀληθῆ γὰρ ὄντα σοι λέξω ἃ μέλλω λέγειν.［因此正如他们所说，你得听非常好的道理，你虽然把它视为故事，但正如我认为的那样，我却把它视为道理；因为我打算说的那些东西，我将把它们作为真的东西对你说出来。］

《蒂迈欧》（26e4-5）：τό τε μὴ πλασθέντα μῦθον ἀλλ᾽ ἀληθινὸν λόγον εἶναι πάμμεγά που.［不是被编造出来的故事，而是真实的道理，这肯定是一件极大的事情。］

347　πρὶν ὑπὸ σοῦ τι μεῖζον ἀναγκασθῆναι［在某种更大的〈坏事〉被你强加〈到我身上〉之前］，也可以译为"在我被你强迫〈做〉某种更大的〈坏事〉之前"。

348　πρὶν ἂν τὸ καῦμα παρέλθῃ［直到一天中最热的时候过去］。名词 καῦμα 的本义是"灼热""炎热"；《牛津希-英词典》举了柏拉图在这里的这个表达，对 καῦμα 的解释是：the heat of the day。

349　μεσημβρία ... ἡ δὴ καλουμένη σταθερά［所谓〈烈日当顶〉的正中午］。形容词 σταθερός 的本义是"站稳的""停滞的""平静的"，而 μεσημβρία σταθερά 是一个整体，意思"正中午"，那时太阳似乎是在子午线上停止不动的。《牛津希-英词典》举了柏拉图在这里的这个表达，对 μεσημβρία σταθερά 的解释是：high noon, when the sun as it were stands still in the meridian。

350　καὶ ἅμα 是一个整体，意思是"此外"；当然也可以译为"而与此同时""与此同时再"。参见《苏格拉底的申辩》（38a7-b1）：τὰ δὲ ἔχει μὲν οὕτως, ὡς ἐγὼ φημι, ὦ ἄνδρες, πείθειν δὲ οὐ ῥᾴδιον. καὶ ἐγὼ ἅμα οὐκ εἴθισμαι ἐμαυτὸν ἀξιοῦν κακοῦ.［但正如我所说的，事情就是这样，诸位啊，只不过要说服〈你们〉是不容易的。此外，我也不曾习惯〈认为〉自己应受任何坏事。］

351　τάχα ἐπειδάν 是词组，等于 ἐπειδὰν τάχιστα，意思是"一……就……"；《牛津希-英词典》举了柏拉图在这里的这个表达，对它的解释是：as soon as。

352　ἐνί γέ τῳ τρόπῳ［以这样那样的方式］是词组，《牛津希-英词典》对之的解释是：in one way or other。

353　西米阿斯（Σιμμίας, Simmias）是苏格拉底的朋友，当苏格拉底入狱后，他曾同苏格拉底的老朋友克里同（Κρίτων, Kriton）一样，准备花钱让苏格拉底逃亡；参见《克里同》（45b3-4）：εἷς δὲ καὶ κεκόμικεν ἐπ᾽ αὐτὸ τοῦτο ἀργύριον ἱκανόν, Σιμμίας ὁ Θηβαῖος.［并且其中一位就为此已经带来了足够的银子，他是忒拜人西米阿斯。］

此外，西米阿斯和他的同乡刻贝斯（Κέβης, Kebes）是《斐洞》中参与谈话的主要人物；并且在该对话中，两人虽然都热衷于讨论，但彼此表现出来的性格不一样。刻贝斯擅长论辩，总是试图找出某些道理来反驳对手，一旦找不出来，就会全心全意听从对手的观点；而西米阿斯相反，即使自己无法反驳对手，但也不会全心全意地赞同对方。参见《斐洞》(85b10-d7)：Καλῶς, ἔφη, λέγεις, ὁ Σιμμίας· καὶ ἐγώ τέ σοι ἐρῶ ὃ ἀπορῶ, καὶ αὖ ὅδε, ᾗ οὐκ ἀποδέχεται τὰ εἰρημένα. ἐμοὶ γὰρ δοκεῖ, ὦ Σώκρατες, περὶ τῶν τοιούτων ἴσως ὥσπερ καὶ σοὶ τὸ μὲν σαφὲς εἰδέναι ἐν τῷ νῦν βίῳ ἢ ἀδύνατον εἶναι ἢ παγχάλεπόν τι, τὸ μέντοι αὖ τὰ λεγόμενα περὶ αὐτῶν μὴ οὐχὶ παντὶ τρόπῳ ἐλέγχειν καὶ μὴ προαφίστασθαι πρὶν ἂν πανταχῇ σκοπῶν ἀπείπῃ τις, πάνυ μαλθακοῦ εἶναι ἀνδρός· δεῖν γὰρ περὶ αὐτὰ ἕν γέ τι τούτων διαπράξασθαι, ἢ μαθεῖν ὅπῃ ἔχει ἢ εὑρεῖν ἤ, εἰ ταῦτα ἀδύνατον, τὸν γοῦν βέλτιστον τῶν ἀνθρωπίνων λόγων λαβόντα καὶ δυσεξελεγκτότατον, ἐπὶ τούτου ὀχούμενον ὥσπερ ἐπὶ σχεδίας κινδυνεύοντα διαπλεῦσαι τὸν βίον, εἰ μή τις δύναιτο ἀσφαλέστερον καὶ ἀκινδυνότερον ἐπὶ βεβαιοτέρου ὀχήματος, [ἢ] λόγου θείου τινός, διαπορευθῆναι. καὶ δὴ καὶ νῦν ἔγωγε οὐκ ἐπαισχυνθήσομαι ἐρέσθαι, ἐπειδὴ καὶ σὺ ταῦτα λέγεις, οὐδ' ἐμαυτὸν αἰτιάσομαι ἐν ὑστέρῳ χρόνῳ ὅτι νῦν οὐκ εἶπον ἅ μοι δοκεῖ. [你说得好，西米阿斯说道。我将〈先〉对你说我所困惑的，然后这位〈刻贝斯〉再说，他在哪儿不接受已经说过的那些。因为在我看来，苏格拉底啊，关于这些事情——或许你也会这么认为——，在此生中确切地知道，这要么是不可能的，要么是极为困难的；但关于它们所说过的那些，不用所有的方式加以盘查，并且在一个人通过全面地考察而放弃之前就先行离开，这肯定复又是一个软弱之人的〈标志〉。因为，关于它们一个人无论如何必须得完成下面这些中的一件：要么〈从他人那儿〉学到，要么〈自己〉发现它们究竟是怎么回事；要么，如果这〈两者都〉是不可能的，那也至少得采纳人的各种说法中那最好和最难以反驳的，依靠它就像依靠一块舢板一样渡过生命〈之海〉，除非有人能够更可靠地和更少危险地依靠某一更加牢固的船，即某种神性的说法，来穿越它。此外，我现在对〈向你〉求教根本不感到耻辱，既然你自己就在要求这点；由此在以后的日子里我也不会因我现在没有说我所认为的东西而责怪自己。]

354　ἐξαιρῶ λόγου 是词组，意思是"排除""不计"；《牛津希-英词典》举了柏拉图在这里的这个表达，对之的解释是：take out of a number, except。

355　οὐ πόλεμόν γε ἀγγέλλεις [那无论如何都是一个好消息]。这是一句谚语，字面意思是"你无论如何都没有在通报一场战争"；《牛津希-英词典》举了柏拉图在这里的这个表达，对 οὐ πόλεμόν ἀγγέλλεις 的解释是：that's good news。

356 τὸ δαιμόνιόν τε καὶ τὸ εἰωθὸς σημεῖόν μοι γίγνεσθαι ἐγένετο.[那个神迹，即那个惯常出现在我身上的信号又出现了。] 对这句话的翻译解释如下：

（1）我在这儿把 τὸ δαιμόνιον 译为"神迹"，而不译为"精灵""灵机"或"属于精灵的东西"等，它在《政制》（496c4）中被完整地表达为 τὸ δαιμόνιον σημεῖον[精灵的指示/精灵的预示/精灵的信号]。

（2）这里的 τε καί 并不表并列，而是对前面 τὸ δαιμόνιον[神迹]的补充说明，所以将之译为"即"，而不译为"和"或"以及"等。类似的情况参见《斐洞》（58b4-7）：ἐπειδὰν οὖν ἄρξωνται τῆς θεωρίας, νόμος ἐστὶν αὐτοῖς ἐν τῷ χρόνῳ τούτῳ καθαρεύειν τὴν πόλιν καὶ δημοσίᾳ μηδένα ἀποκτεινύναι, πρὶν ἂν εἰς Δῆλόν τε ἀφίκηται τὸ πλοῖον καὶ πάλιν δεῦρο.[因此在他们那里有一条法律，那就是：一旦他们开始觐神，那么在这期间城邦得保持洁净，即不得公开处死任何人，直到船抵达德罗斯并重新返回到〈雅典〉这儿。]

357 关于 τὸ δαιμόνιον[神迹]和 τὸ εἰωθὸς σημεῖόν μοι γίγνεσθαι[那个惯常发生在我身上的信号]，可对观在以下对话中的相关表达：

《欧悌弗戎》（3b5-9）：Μανθάνω, ὦ Σώκρατες· ὅτι δὴ σὺ τὸ δαιμόνιον φῂς σαυτῷ ἑκάστοτε γίγνεσθαι. ὡς οὖν καινοτομοῦντός σου περὶ τὰ θεῖα γέγραπται ταύτην τὴν γραφήν, καὶ ὡς διαβαλῶν δὴ ἔρχεται εἰς τὸ δικαστήριον, εἰδὼς ὅτι εὐδιάβολα τὰ τοιαῦτα πρὸς τοὺς πολλούς.[哦，苏格拉底，我明白了；就是因为你每回都说神迹出现在了你身上。所以，他对你提起了这个公诉，好像你革新了一些神圣的事物似的；并且他之所以到法庭来诽谤你，那是因为他知道在大众面前这类事情是容易受诽谤的。]

《苏格拉底的申辩》（31c4-e1）：Ἴσως ἂν οὖν δόξειεν ἄτοπον εἶναι, ὅτι δὴ ἐγὼ ἰδίᾳ μὲν ταῦτα συμβουλεύω περιὼν καὶ πολυπραγμονῶ, δημοσίᾳ δὲ οὐ τολμῶ ἀναβαίνων εἰς τὸ πλῆθος τὸ ὑμέτερον συμβουλεύειν τῇ πόλει. τούτου δὲ αἴτιόν ἐστιν ὃ ὑμεῖς ἐμοῦ πολλάκις ἀκηκόατε πολλαχοῦ λέγοντος, ὅτι μοι θεῖόν τι καὶ δαιμόνιον γίγνεται[φωνή], ὃ δὴ καὶ ἐν τῇ γραφῇ ἐπικωμῳδῶν Μέλητος ἐγράψατο. ἐμοὶ δὲ τοῦτ' ἔστιν ἐκ παιδὸς ἀρξάμενον, φωνή τις γιγνομένη, ἣ ὅταν γένηται, ἀεὶ ἀποτρέπει με τοῦτο ὃ ἂν μέλλω πράττειν, προτρέπει δὲ οὔποτε. τοῦτ' ἔστιν ὅ μοι ἐναντιοῦται τὰ πολιτικὰ πράττειν, καὶ παγκάλως γέ μοι δοκεῖ ἐναντιοῦσθαι· εὖ γὰρ ἴστε, ὦ ἄνδρες Ἀθηναῖοι, εἰ ἐγὼ πάλαι ἐπεχείρησα πράττειν τὰ πολιτικὰ πράγματα, πάλαι ἂν ἀπολώλη καὶ οὔτ' ἂν ὑμᾶς ὠφελήκη οὐδὲν οὔτ' ἂν ἐμαυτόν.[或许下面这点看起来是奇怪的：我私下通过四处转悠来建议这些和爱管闲事，但在公共方面却不敢走到你们众人那儿为城邦出谋划策。但这点的原因是你们已经多次听我在许多地方说过的，那就是：某种

神圣的东西、即神迹对我发生了，这实际上也是梅勒托斯在诉状中通过嘲笑而起诉的事情。但这从〈我还是个〉孩童时就开始了，即某个声音对我出现了；每当它出现，它都总是阻止我而从不曾鼓励我做我想要做的那种事情。它就是那反对我从事各种政治事务的东西，并且在我看来它反对得极好。因为你们很清楚，诸位雅典人啊，如果我很久以前就尝试从事政治事务，那么我很早就丧命了，并且我无论是对于你们还是对于我自己都会毫无助益。]（40a8–c3）: ἐμοὶ δὲ οὔτε ἐξιόντι ἕωθεν οἴκοθεν ἠναντιώθη τὸ τοῦ θεοῦ σημεῖον, οὔτε ἡνίκα ἀνέβαινον ἐνταυθοῖ ἐπὶ τὸ δικαστήριον, οὔτε ἐν τῷ λόγῳ οὐδαμοῦ μέλλοντί τι ἐρεῖν. καίτοι ἐν ἄλλοις λόγοις πολλαχοῦ δή με ἐπέσχε λέγοντα μεταξύ· νῦν δὲ οὐδαμοῦ περὶ ταύτην τὴν πρᾶξιν οὔτ᾽ ἐν ἔργῳ οὐδενὶ οὔτ᾽ ἐν λόγῳ ἠναντίωταί μοι. τί οὖν αἴτιον εἶναι ὑπολαμβάνω; ἐγὼ ὑμῖν ἐρῶ· κινδυνεύει γάρ μοι τὸ συμβεβηκὸς τοῦτο ἀγαθὸν γεγονέναι, καὶ οὐκ ἔσθ᾽ ὅπως ἡμεῖς ὀρθῶς ὑπολαμβάνομεν, ὅσοι οἰόμεθα κακὸν εἶναι τὸ τεθνάναι. μέγα μοι τεκμήριον τούτου γέγονεν· οὐ γὰρ ἔσθ᾽ ὅπως οὐκ ἠναντιώθη ἄν μοι τὸ εἰωθὸς σημεῖον, εἰ μή τι ἔμελλον ἐγὼ ἀγαθὸν πράξειν. [然而，神的信号却未曾反对我，无论是在我一早离家的时候，还是当我到这儿登上法庭的时候，还是当我打算讲某个东西而在说话的任何点上的时候。尽管在其他的说话中，它在许多地方于我讲话的中间阻止我，但现在就这次的情况它无论是在行动上还是在言辞上都未曾在任何点上反对过我。那么，我认为原因会是什么呢？我将告诉你们：有可能发生在我身上的这件事已经变成了好事；并且我们决不会正确地认为死亡是一件坏事，无论我们中有多少人这么认为。对我出现了对此的一个重大证明：我已经习惯的那种信号决不会不反对我，除非我打算做某件好事。]（41d3–7）: οὐδὲ τὰ ἐμὰ νῦν ἀπὸ τοῦ αὐτομάτου γέγονεν, ἀλλά μοι δῆλόν ἐστι τοῦτο, ὅτι ἤδη τεθνάναι καὶ ἀπηλλάχθαι πραγμάτων βέλτιον ἦν μοι. διὰ τοῦτο καὶ ἐμὲ οὐδαμοῦ ἀπέτρεψεν τὸ σημεῖον, καὶ ἔγωγε τοῖς καταψηφισαμένοις μου καὶ τοῖς κατηγόροις οὐ πάνυ χαλεπαίνω. [我的现在这些事情不是偶然而来的；相反，下面这点对我来说是显而易见的，那就是：现在就死并且从各种麻烦事中解脱出来，这对我来说是更好的。因此，那个信号不让我转向任何地方，并且我也的确对那些投票判我有罪的人和那几位控告者根本不生气。]

《泰阿泰德》（151a2–5）: οὕς, ὅταν πάλιν ἔλθωσι δεόμενοι τῆς ἐμῆς συνουσίας καὶ θαυμαστὰ δρῶντες, ἐνίοις μὲν τὸ γιγνόμενόν μοι δαιμόνιον ἀποκωλύει συνεῖναι, ἐνίοις δὲ ἐᾷ, καὶ πάλιν οὗτοι ἐπιδιδόασι. [这些人，每当他们返回后就恳求〈重新〉和我交往，并做出一些奇怪的事情来；出现在我

身上的神迹，一方面阻止〈我〉同一些人交往，一方面又允许〈我〉同另一些人交往，并且这些人也重新取得了进步。]

358 副词 αὐτόθεν 有两方面的意思，就地点而言指"就地""从当地"，就时间而言指"立刻""立即"。

359 πρὶν ἂν ἀφοσιώσωμαι［在我向神赎罪之前］，也可以译为"在我变得圣洁之前"。ἀφοσιώσωμαι 是动词 ἀφοσιόω 的一次性过去时虚拟式中动态第一人称单数，ἀφοσιόω 的基本意思是"净罪""清洁污染"，但其中动态则指"成为圣洁""向神赎罪"。《牛津希-英词典》举了柏拉图在这里的这个表达，对动词 ἀφοσιόω 的解释是：make atonement or expiation。

360 关于苏格拉底作为预言家，可参见：

《苏格拉底的申辩》（39c1-3）：Τὸ δὲ δὴ μετὰ τοῦτο ἐπιθυμῶ ὑμῖν χρησμῳδῆσαι, ὦ κατα ψηφισάμενοί μου· καὶ γάρ εἰμι ἤδη ἐνταῦθα ἐν ᾧ μάλιστα ἄνθρωποι χρησμῳδοῦσιν, ὅταν μέλλωσιν ἀποθανεῖσθαι.［而就在这之后的事情，投票判我有罪的诸位啊，我愿意对你们进行预言；因为我已经是处于人们最为要做出预言的这个时候，即当他们就将死去的时候。］

《斐洞》（85b4-7）：ἐγὼ δὲ καὶ αὐτὸς ἡγοῦμαι ὁμόδουλός τε εἶναι τῶν κύκνων καὶ ἱερὸς τοῦ αὐτοῦ θεοῦ, καὶ οὐ χεῖρον ἐκείνων τὴν μαντικὴν ἔχειν παρὰ τοῦ δεσπότου, οὐδὲ δυσθυμότερον αὐτῶν τοῦ βίου ἀπαλλάττεσθαι.［而我认为自己是同天鹅们一样的仆从和献身给了同一位神的，并且从主人那里获得了预言术，跟它们相比毫不逊色；当我离开此生时，也并不比它们心情更为沉重。］

361 οἱ τὰ γράμματα φαῦλοι［那些劣于文字的人］，也可以扩展性地译为"那些劣于读写的人"。

362 伊布科斯（Ἴβυκος, Ibykos）是公元前 6 世纪的一位著名的抒情诗人。

363 Εὐήθη καὶ ὑπό τι ἀσεβῆ［幼稚并且有几分渎神］，也可以译为"愚蠢并且有几分渎神"。ὑπό τι 是固定表达，同形容词连用表一种弱化或渐进，意思是"几分""有点儿"；《牛津希-英词典》举了柏拉图在这里的这个表达，对 ὑπό τι 的解释是：somewhat, a little。

364 名词 ἔρως［爱/爱欲］作专名，即爱神 Ἔρως［厄洛斯］。

365 阿佛洛狄忒（Ἀφροδίτη, Aphrodite），希腊神话中的爱神；赫西俄德在《神谱》（190-197）中提到了该词的词源，说天神克洛诺斯（Κρόνος, Kronos）割掉了其父亲乌拉诺斯（Οὐρανός, Ouranos）的阴茎，将之扔到海里，在它的周围泛起了白色的泡沫，从浪花间的泡沫中诞生了阿佛洛狄忒，因而 Ἀφροδίτη 源自 ἀφρός［泡沫］一词。

366 διὰ τοῦ ἐμοῦ στόματος καταφαρμακευθέντος ὑπὸ σοῦ［通过我的那张被你下了药的嘴］，也可以转译为"通过我的那张被你所蛊惑的嘴"。参见前面（230d5-6）：σὺ μέντοι δοκεῖς μοι τῆς ἐμῆς ἐξόδου τὸ φάρμακον ηὑρηκέναι.［不过对我来说，你似乎已经找到了〈引〉我外出的药方。］

367 斯忒西科洛斯（Στησίχορος, Stesichoros）是一位生活于公元前 7 世纪末前 6 世纪初的抒情诗人。

368 ἅτε μουσικὸς ὤν［由于他是一位〈真正〉精通文艺的人］，基于词源，也可以译为"由于他是一位〈真正〉追随缪斯的人"。

369 παραχρῆμα ἀνέβλεψεν［他立刻就恢复了视力］，当然也可以完全按字面意思译为"他立刻就张开了眼睛"。动词 ἀναβλέπω 的本义是"仰视""张开眼睛"；《牛津希-英词典》举了柏拉图在这里的这个表达，对它的解释是：recover one's sight。

370 见前面 237a4-5。

371 διὰ σμικρὰ μεγάλας ἔχθρας ... ἀναιροῦνται［因一些小事就开始表现出巨大的敌意］。参见前面 233c2：διὰ σμικρὰ ἰσχυρὰν ἔχθραν ἀναιρούμενος［由于一些小事就开始表现出强烈的敌意］。

372 副词 που 在这里的意思是"也许""大约"。

373 "水手"暗指"粗鄙之人"，除了"性"之外，对"爱"不会有什么兴趣。

374 ἐλεύθερον ἔρωτα［自由的爱］，也可以译为"适合自由人的爱""配得上自由人的爱"。

375 πολλοῦ δεῖν 是一固定表达，意味着"远不……"，其字面意思是"缺少许多""需要许多"，跟不定式，所以这里后面出现的是动词不定式 ὁμολογεῖν［同意］。

参见《苏格拉底的申辩》（30d5-7）：νῦν οὖν, ὦ ἄνδρες Ἀθηναῖοι, πολλοῦ δέω ἐγὼ ὑπὲρ ἐμαυτοῦ ἀπολογεῖσθαι, ὥς τις ἂν οἴοιτο, ἀλλὰ ὑπὲρ ὑμῶν.［因此现在，诸位雅典人啊，我远不是为我自己而申辩，如有人会认为的那样，而是为了你们。］（32e2-33a1）：Ἆρ' οὖν ἄν με οἴεσθε τοσάδε ἔτη διαγενέσθαι εἰ ἔπραττον τὰ δημόσια, καὶ πράττων ἀξίως ἀνδρὸς ἀγαθοῦ ἐβοήθουν τοῖς δικαίοις καὶ ὥσπερ χρὴ τοῦτο περὶ πλείστου ἐποιούμην; πολλοῦ γε δεῖ, ὦ ἄνδρες Ἀθηναῖοι· οὐδὲ γὰρ ἂν ἄλλος ἀνθρώπων οὐδείς.［因此，如果我曾从事各种公共事务，并通过以配得上一个好人的方式在从事〈各种公共事务〉时扶助各种正义的事情，并且如应当的那样，我将这当作最重大的事情，那么，你们认为我还能活这么大岁数吗？远不可能，诸位雅典人啊，其他任何人也都根本不可能。］

376 ἐπιθυμῶ ποτίμῳ λόγῳ οἷον ἁλμυρὰν ἀκοὴν ἀποκλύσασθαι［我渴望仿佛用一篇可以喝的讲辞来冲走〈前面所〉听到的苦咸的消息］，有意完全按字面意思翻译，对之作如下说明：

    （1）ποτίμῳ λόγῳ［用一篇可以喝的讲辞］。形容词 πότιμος 的本义就是"可饮用的""可以喝的"，喻为"新鲜的""淡水的""甘甜的"；《牛津希-英词典》对该词的解释是：drinkable，并且举了柏拉图在这里的这个表达，指出它在这里喻为：fresh, sweet, pleasant。

    （2）ἁλμυρὰν ἀκοήν［听到的苦咸的消息］，之所以这么翻译，因为名词 ἀκοή 除了具有"听""聆听"等意思之外，也指"听到的事情""传闻""消息"。

    （3）ἀποκλύσασθαι 是动词 ἀποκλύζω 的一次性过去时不定式中动态，ἀποκλύζω 的本义是"洗去""洗干净"，其中动态喻为"通过净化来转移"；《牛津希-英词典》对该词的解释是：wash off, wash clean，并且也举了柏拉图在这里的这个表达，指出它在这里的意思是：avert by purifications。

377 ὅτι τάχιστα［尽可能快地］。ὅτι 加形容词或副词的最高级，用来加强语气，表"尽可能地……"。

378 ὡς χρὴ ἐραστῇ μᾶλλον ἢ μὴ ἐρῶντι ἐκ τῶν ὁμοίων χαρίζεσθαι.［出于〈对满意的〉回报，一个人应当使之满意的是其爱慕者，而非那个不爱他的人。］对这句话的理解和翻译有歧义，焦点是如何理解 ἐκ τῶν ὁμοίων 这一固定表达。《牛津希-英词典》举了柏拉图在这里的这个表达，指出它等于拉丁文中的固定表达：ceteris paribus，意思是"在其他条件都相同的情况下"；如果按照这一理解进行翻译，那么这句话就当译为：一个人应当使之满意的是其爱慕者，而非那个不爱他的人，在其他条件都相同的情况下。另一种看法则是将之理解为"基于同等的情况""基于互惠""基于回报"，近似于动词 ἀντιχαρίζομαι［以善意相回报］；我这里的翻译持这种理解，因为这更为符合后面 255a 以下所说的内容。

379 ἕωσπερ ἂν ᾖς ὃς εἶ［只要你还是你所是的］。之所以这么说，即斐德若是个什么样子的人，参见前面 242a7-b5；此外，类似的表达，可参见《泰阿泰德》（197a1）：ὤν γε ὃς εἰμί［只要我还是我所是的］。

380 见前面 237b2, b7。

381 φθάσῃ 是动词 φθάνω 的一次性过去时虚拟式主动态第三人称单数，φθάνω 基本意思是"走在前面""先到达"，往往与另一个动词的分词连用，所以这里后面出现的是动词分词 χαρισάμενος［使……满意］。

382 密瑞努斯（Μυρρῖνοῦς, Myrrinous）是古代希腊阿提卡的一个区名。

383 希墨剌（Ἱμέρα, Himera）是意大利西西里岛北部海岸的一个城市。柏拉图在这里提到的一系列专名，从词源上看都可理解为双关语，例如：Φαῖδρος［斐德若］之于 φαιδρός［光亮的／愉快的］，Πυθοκλέης［皮托克勒斯］之于 Πυθόκραντος［太阳神阿波罗促成的］，Μυρρῖνοῦς［密瑞努斯］之于 μύρτον［爱神木］，Στησίχορος［斯忒西科洛斯］之于 στησίχορος［创建或领导歌队的］，Εὔφημος［欧斐摩斯］之于 εὔφημος［说吉利话的］，Ἱμέρα［希墨剌］之于 ἵμερος［欲望／爱好］。

384 这显然是对 243a8 斯忒西科洛斯的诗句的引用。

385 σωφρονεῖ［头脑清醒］，单就这个词，当然也可以译为"有节制"。

386 νῦν 的基本意思是"现在""此刻"，而 νῦν δέ 的意思则是"实际上""其实"；当然，在这里完全按字面译为"但现在"也讲得通。

387 多多纳（Δωδώνη, Dodone）是位于希腊西北部城市厄珀洛斯（也译为伊庇鲁斯）（Ἤπειρος, Epeiros / Epirus）的一个著名的求神谕处；在古代希腊，求太阳神阿波罗预言的前往德尔斐，求宙斯预言的则前往多多纳。

388 ἰδίᾳ τε καὶ δημοσίᾳ［无论是在私人方面还是在公共方面］。参见《苏格拉底的申辩》（30b2-4）：λέγων ὅτι 'Οὐκ ἐκ χρημάτων ἀρετὴ γίγνεται, ἀλλ' ἐξ ἀρετῆς χρήματα καὶ τὰ ἄλλα ἀγαθὰ τοῖς ἀνθρώποις ἅπαντα καὶ ἰδίᾳ καὶ δημοσίᾳ.'［我说："德性不来自钱财，相反，钱财和所有其他的东西都基于德性才对人成为好的——无论是在私人方面还是在公共方面。"］

389 〈女预言者〉西比拉（Σίβυλλα, Sibylla），最初是专名，后来泛指"女预言家"。

390 μαντικῇ χρώμενοι ἐνθέῳ［通过运用被神所感召的预言术］是一个整体，也可以译为"通过运用为神所凭附的预言术"。

391 μηκύνοιμεν ἂν δῆλα παντὶ λέγοντες.［我们就会说个没完没了，但只不过是在向每个人说一些显而易见的事情罢了。］也可以译为"我们就会因向每个人说一些显而易见的事情而拖长讲话"。

392 ᾗ τὸ μέλλον κρίνεται［由之对将来做出判断］，字面意思是"由之将来得以被判断"。

393 οἱ δὲ νῦν ἀπειροκάλως τὸ ταῦ ἐπεμβάλλοντες μαντικὴν ἐκάλεσαν［而今人缺乏见识地把字母 τ 加进去而将之称为预言术］，也可以译为"而今人俗气地插入字母 τ 而将之称为预言术"。副词 ἀπειροκάλως 派生自形容词 ἀπειρόκαλος，ἀπειρόκαλος 的本义是"对美不敏感的""没有鉴赏力的"，转义为"庸俗的"，这里基于文义把 ἀπειροκάλως 译为"缺乏见识地"；《牛津希-英词典》举了柏拉图在这里的这个表达，对该词的解释是：foolishly, rashly。μανική

［迷狂术］和 μαντική［预言术］仅一字之差，即在字母 ν 和字母 ι 之间插入
了字母 τ。

394　τήν ... τῶν ἐμφρόνων［那些头脑清醒的人的一种技艺］。之所以这么翻译，因
为这里的定冠词 τήν，后面省略了 τέχνην［技艺］一词。

395　οἰονοϊστική［占卜术］，这是柏拉图基于前面出现的三个名词 οἴησις［主张／
意见］、νοῦς［洞察］和 ἱστορία［信息］生造的一个词，这里勉强将之译为
"占卜术"，否则就只能音译为"俄哦诺伊斯提刻"。

396　παλαιῶν ἐκ μηνιμάτων［由于从祖辈传下来的罪孽］。名词 μήνιμα 的本义是
"愤怒的原因"，也指"罪孽"，尤其是"血罪"；παλαιὰ μήνιμα 是词组，意
思是"从祖辈传下来的罪孽"，《牛津希－英词典》举了柏拉图在这里的这个
表达，对 παλαιὰ μήνιμα 的解释是：from the sins of their forefathers。

397　ἡ μανία ἐγγενομένη καὶ προφητεύσασα, οἷς ἔδει ἀπαλλαγὴν ηὕρετο, ... 法国布
德本希腊文对这句话的断句为 ἡ μανία ἐγγενομένη καὶ προφητεύσασα οἷς ἔδει,
ἀπαλλαγὴν ηὕρετο, ...［迷狂，当它生起并对那些有需要的人进行预言时，它
就……来寻求摆脱它们。］翻译从布德本。如果依照伯内特本，那么就当译
为"迷狂，当它生起并进行预言时，它就……来为那些有需要的人寻找摆
脱之道"。

398　καταφυγοῦσα πρὸς θεῶν εὐχάς τε καὶ λατρείας［它就通过求助于对诸神的各
种祈祷和各种侍奉］，单就这句话也可以译为"它就通过到对诸神的各种
祈祷和各种侍奉中去避难"。至于"对神的侍奉"（πρὸς θεῶν ... λατρείας），
可对观《苏格拉底的申辩》（23b7–c1）：καὶ ὑπὸ ταύτης τῆς ἀσχολίας οὔτε τι
τῶν τῆς πόλεως πρᾶξαί μοι σχολὴ γέγονεν ἄξιον λόγου οὔτε τῶν οἰκείων, ἀλλ᾽ ἐν
πενίᾳ μυρίᾳ εἰμὶ διὰ τὴν τοῦ θεοῦ λατρείαν.［并且由于这种忙碌，无论是就城
邦的那些事情，还是就家里的那些事情，我都无暇去从事其中任何一件值
得一说的，而我却由于对神的侍奉处于极度的贫穷中。］

399　καθαρμῶν τε καὶ τελετῶν τυχοῦσα［取得各种洁净和接受入教仪式］。对
观《斐洞》（69c5–7）：ὅτι ὃς ἂν ἀμύητος καὶ ἀτέλεστος εἰς Ἅιδου ἀφίκηται ἐν
βορβόρῳ κείσεται, ὁ δὲ κεκαθαρμένος τε καὶ τετελεσμένος ἐκεῖσε ἀφικόμενος
μετὰ θεῶν οἰκήσει.［那未入教和未接受入教仪式就到达哈德斯那里的人将被
弃置在烂泥中，而那已经被洁净和接受了入教仪式的人到了那里，则将和
诸神生活在一起。］

400　ἐξάντη ἐποίησε τὸν［ἑαυτῆς］ἔχοντα［使得取得它的人安泰健康］。希腊文方
括号中的 ἑαυτῆς［它］，伯内特认为是窜入，而法国布德本希腊文保留了
它，从布德本；ἑαυτῆς，即"迷狂"。形容词 ἐξάντης 的基本意思是"健康

的""未受伤害的""摆脱危险的",《牛津希-英词典》举了柏拉图在这里的
这个表达,指出 ἐξάντη ποεῖν τινα 是词组,意思是"使某人安泰健康""使
某人摆脱危险"。

401 τῷ ὀρθῶς μανέντι τε καὶ κατασχομένῳ[正确地陷入迷狂中和被神附体的人]。
κατασχομένῳ 是动词 κατέχω 的一次性过去时分词中动态阳性单数与格,
κατέχω 的基本意思是"抓住""占据""掌控",但其中动态则具有"被神
附体的"意思;《牛津希-英词典》举了柏拉图在这里的这个表达,对它的
解释是:to be possessed, inspired. 此外,这里之所以使用 ὀρθῶς[正确地],
是为了同前面 244a7-8 的说法相呼应,即这种"迷狂"必须是 θεία δόσει
διδομένη[凭借一种神圣的馈赠而被赋予的]。

参见《伊翁》(533e5-8):πάντες γὰρ οἵ τε τῶν ἐπῶν ποιηταὶ οἱ ἀγαθοὶ
οὐκ ἐκ τέχνης ἀλλ' ἔνθεοι ὄντες καὶ κατεχόμενοι πάντα ταῦτα τὰ καλὰ λέγουσι
ποιήματα.[因为所有那些优秀的史诗诗人,不是基于一门技艺,而是由于从
神那里得到灵感并且被神附体,才说出了所有这些优美的诗句。]

402 形容词 ἄβατος 的本义是"不可践踏的",转义为"圣洁的""贞洁的";《牛
津希-英词典》举了柏拉图在这里的这个表达,对它的解释是:pure, chaste。

403 ἀτελὴς αὐτός τε καὶ ἡ ποίησις.[无论是他本人还是〈他的〉诗,都将是不成功
的。]形容词 ἀτελής 的本义是"未完成的""无尽头的",在宗教仪式上则指
"未入教的";如果联系到这里所谈到的"迷狂",这句话也可以径直译为:
无论是他本人还是〈他的〉诗,都将是未入教的。

404 对观《苏格拉底的申辩》(22a8-c3):μετὰ γὰρ τοὺς πολιτικοὺς ᾖα ἐπὶ τοὺς
ποιητὰς τούς τε τῶν τραγῳδιῶν καὶ τοὺς τῶν διθυράμβων καὶ τοὺς ἄλλους, ὡς
ἐνταῦθα ἐπ' αὐτοφώρῳ καταληψόμενος ἐμαυτὸν ἀμαθέστερον ἐκείνων ὄντα.
ἀναλαμβάνων οὖν αὐτῶν τὰ ποιήματα ἅ μοι ἐδόκει μάλιστα πεπραγματεῦσθαι
αὐτοῖς, διηρώτων ἂν αὐτοὺς τί λέγοιεν, ἵν' ἅμα τι καὶ μανθάνοιμι παρ' αὐτῶν.
αἰσχύνομαι οὖν ὑμῖν εἰπεῖν, ὦ ἄνδρες, τἀληθῆ· ὅμως δὲ ῥητέον. ὡς ἔπος γὰρ
εἰπεῖν ὀλίγου αὐτῶν ἅπαντες οἱ παρόντες ἂν βέλτιον ἔλεγον περὶ ὧν αὐτοὶ
ἐπεποιήκεσαν. ἔγνων οὖν αὖ καὶ περὶ τῶν ποιητῶν ἐν ὀλίγῳ τοῦτο, ὅτι οὐ σοφίᾳ
ποιοῖεν ἃ ποιοῖεν, ἀλλὰ φύσει τινὶ καὶ ἐνθουσιάζοντες ὥσπερ οἱ θεομάντεις καὶ
οἱ χρησμῳδοί· καὶ γὰρ οὗτοι λέγουσι μὲν πολλὰ καὶ καλά, ἴσασιν δὲ οὐδὲν ὧν
λέγουσι.[因为在一些政治家之后,我前往了一些诗人那儿,既有悲剧诗人,
也有酒神颂诗人,以及其他一些诗人,以便在那里让自己当场暴露为比他
们是更为无知的。于是,我选取了他们的那些在我看来被他们特别精心加
以创作的诗作盘问他们,他们在说什么,以便我同时能够从他们那儿学到

点什么。诸位，我真的羞于对你们说出真相，但我还是必须得说。一言以
蔽之，因为就他们自己所创作的那些东西而言，几乎在场的所有人都比他
们本人说得更好。因此，关于诗人我不久就再次认识到了这点，那就是他
们创作出他们所创作的那些东西，不是靠智慧，而是像那些被神所感召的
人和预言者一样，靠某种自然以及通过从神那里得到灵感；因为这些人诚
然说了许多美好的话，但对于他们所说的，其实一无所知。]

405 τόδε πρὸς ἐκείνῳ δείξας φερέσθω τὰ νικητήρια.［除了〈上面所说的〉那点之
外，它还得通过显明下面这点才可以夺走奖品。］也可以译为"除了〈上面
所说的〉那点之外，让它通过显明下面这点来夺走奖品。"或"除了〈上面
所说的〉那点之外，让它通过显明下面这点来为自己赢得奖品。"φερέσθω
是动词 φέρω［拿 / 带］的现在时命令式中动态第三人称单数，φέρω 的中动
态具有"为自己赢得""获得""拿走"等意思，如词组 ἆθλον φέρεσθαι［夺
走奖品］；其主语"它"，即前面出现的 τις λόγος［任何的言论］。

406 ψυχὴ πᾶσα［宇宙灵魂］，也可以译为"世界灵魂"，类似于后来拉丁文中的
mens universa；该表达的字面意思是"整个灵魂"，这里不能译为"每个灵
魂"。单就这一表达，甚至可以译为"世界精神""宇宙精神"。

407 τὸ ἀεικίνητον［永远在运动的东西］，也可以译为"永恒运动着的东西"。此
外，法国布德本希腊文作 τὸ αὐτοκίνητον［自动的东西 / 自身使自身运动起来
的东西］，不从。

408 ἀρχή［开端］，单就这一概念，也可以译为"本源"或"本原"；它后来成
为了一个重要的哲学概念。在伪托柏拉图作品的《定义》(Definitiones) 一
文中，把 ἀρχή 定义为（415b5）：ἐπιμέλεια τοῦ παντός［对万有的掌管 / 对一
切的照料］。

此外，对 ἀρχή［开端 / 本源 / 本原］的详细解释，可参见亚里士多德
《形而上学》第五卷第一章（1012b34-1013a23）：Ἀρχὴ λέγεται ἡ μὲν ὅθεν
ἄν τις τοῦ πράγματος κινηθείη πρῶτον, οἷον τοῦ μήκους καὶ ὁδοῦ ἐντεῦθεν μὲν
αὕτη ἀρχή, ἐξ ἐναντίας δὲ ἑτέρα· ἡ δὲ ὅθεν ἂν κάλλιστα ἕκαστον γένοιτο, οἷον
καὶ μαθήσεως οὐκ ἀπὸ τοῦ πρώτου καὶ τῆς τοῦ πράγματος ἀρχῆς ἐνίοτε ἀρκτέον
ἀλλ' ὅθεν ῥᾷστ' ἂν μάθοι· ἡ δὲ ὅθεν πρῶτον γίγνεται ἐνυπάρχοντος, οἷον ὡς
πλοίου τρόπις καὶ οἰκίας θεμέλιος, καὶ τῶν ζῴων οἱ μὲν καρδίαν οἱ δὲ ἐγκέφαλον
οἱ δ' ὅ τι ἂν τύχωσι τοιοῦτον ὑπολαμβάνουσιν· ἡ δὲ ὅθεν γίγνεται πρῶτον μὴ
ἐνυπάρχοντος καὶ ὅθεν πρῶτον ἡ κίνησις πέφυκεν ἄρχεσθαι καὶ ἡ μεταβολή, οἷον
τὸ τέκνον ἐκ τοῦ πατρὸς καὶ τῆς μητρὸς καὶ ἡ μάχη ἐκ τῆς λοιδορίας· ἡ δὲ οὗ
κατὰ προαίρεσιν κινεῖται τὰ κινούμενα καὶ μεταβάλλει τὰ μεταβάλλοντα, ὥσπερ

αἵ τε κατὰ πόλεις ἀρχαὶ καὶ αἱ δυναστεῖαι καὶ αἱ βασιλεῖαι καὶ τυραννίδες ἀρχαὶ
λέγονται καὶ αἱ τέχναι, καὶ τούτων αἱ ἀρχιτεκτονικαὶ μάλιστα. ἔτι ὅθεν γνωστὸν
τὸ πρᾶγμα πρῶτον, καὶ αὕτη ἀρχὴ λέγεται τοῦ πράγματος, οἷον τῶν ἀποδείξεων αἱ
ὑποθέσεις. ἰσαχῶς δὲ καὶ τὰ αἴτια λέγεται· πάντα γὰρ τὰ αἴτια ἀρχαί. πασῶν μὲν
οὖν κοινὸν τῶν ἀρχῶν τὸ πρῶτον εἶναι ὅθεν ἢ ἔστιν ἢ γίγνεται ἢ γιγνώσκεται·
τούτων δὲ αἱ μὲν ἐνυπάρχουσαί εἰσιν αἱ δὲ ἐκτός. διὸ ἥ τε φύσις ἀρχὴ καὶ τὸ
στοιχεῖον καὶ ἡ διάνοια καὶ ἡ προαίρεσις καὶ οὐσία καὶ τὸ οὗ ἕνεκα· πολλῶν
γὰρ καὶ τοῦ γνῶναι καὶ τῆς κινήσεως ἀρχὴ τἀγαθὸν καὶ τὸ καλόν.[所谓本源指
的是：（1）事物中一个人能够由之首先运动的那个地方；例如，在一段距
离和一条路那儿，从这边出发有着这个本源，从反向出发则有另一个本源。
（2）每个东西能够由之最好地生成出来的那个地方；例如，在学习时，有
时并不必须从最初的东西、即从事物的本源那儿开始，而是从能够最容易
进行学习的地方开始。（3）作为其内在部分某物首先由之生成出来的东西；
例如，在船那儿是龙骨、在房子那儿是基础，而在动物那儿，一些人把心
脏、另一些人把头，还有一些人则把可能出现的类似东西当作其本源。（4）
不作为其内在部分某物首先由之生成出来，即运动和变化首先自然地由之
开始的东西；例如，孩子从父母那儿产生，争斗从谩骂中产生。（5）根据
其抉择，运动者得以运动、变化者得以变化的那种东西，就像那些城邦中
的统治权、宰制权、王权和专制权。（6）并且各种技艺，尤其是其中那些
起着领导作用的技艺也被称作本源。（7）此外，事物首先由之被认识的那
种东西，它也被称作该事物的本源；例如，在证明中的那些前提。原因有
着同样多的含义，因为所有的原因都是本源。所有本源的共同之处就在于：
它是某物要么由之而是、要么由之而生成、要么由之而被认识的那种最初
的东西，其中一些是内在的，一些则是外在的。因此，自然、元素、思想、
抉择、所是都是本源，何所为也是本源，因为对于许多事物来说善和美是
其认识和运动的本源。]

409　εἰ γὰρ ἔκ του ἀρχὴ γίγνοιτο, οὐκ ἂν ἔτι ἀρχὴ γίγνοιτο.[因为，如果开端从某一
东西生成出来，那它就不再成为一种开端。]这句话在法国布德本希腊文中
作：εἰ γὰρ ἔκ του ἀρχὴ γίγνοιτο, οὐκ ἂν ἐξ ἀρχῆς γίγνοιτο. 如果按照布德本翻译，
那么这句话就当译为："因为，如果开端从某一东西生成出来，那么，〈所有
生成出来的东西〉就不会是从一种开端生成出来。"虽然这里的翻译仍然从
伯内特本，但按布德本翻译，从文义上也成立。

410　πάντα τε οὐρανὸν πᾶσάν τε γῆν[整个的天和整个的地]，在法国布德本希腊
文中作 πάντα τε οὐρανὸν πᾶσάν τε γένεσιν[整个的天和整个的生成]，这里的

翻译从布德本。

411 ψυχῆς οὐσίαν τε καὶ λόγον［灵魂的所是以及对它的说明］，也可以译为"灵魂的所是和它的逻各斯"，甚或"灵魂的所是和它的定义"。

412 περὶ τῆς ἰδέας αὐτῆς［关于它的形相］，也可以译为"关于它的样子"。这里基于文义，把 ἰδέα 译为"形相"或"样子"，而不译为"理念"。类似的情况可参见《斐洞》（108d9–e2）：τὴν μέντοι ἰδέαν τῆς γῆς οἵαν πέπεισμαι εἶναι, καὶ τοὺς τόπους αὐτῆς οὐδέν με κωλύει λέγειν.［然而，我所信服的大地之形状是怎样，以及它的各个方位〈是怎样〉，没有什么可以阻止我来说说。］

413 πάντη πάντως［在每一种方式上都彻头彻尾地］，这一表达可参见《菲勒玻斯》（60c2–4）：παρείη τοῦτ' ἀεὶ τῶν ζῴων διὰ τέλους πάντως καὶ πάντη, μηδενὸς ἑτέρου ποτὲ ἔτι προσδεῖσθαι, τὸ δὲ ἱκανὸν τελεώτατον ἔχειν.［就各种活物而言，如果这总是彻头彻尾地、在每一种方式上以及在方方面面都在场于它们那里，那它们就不再需要任何其他的了，而是充足地有着最完满的东西。］

414 ὑποπτέρου ζεύγους τε καὶ ἡνιόχου［一对有羽翼的马及其有羽翼的御者］，之所以这么翻译，因为形容词 ὑπόπτερος［有羽翼的／有翅膀的］，在这里修饰和限定两个名词 ζεῦγος［一对马］和 ἡνίοχος［御者］；参见后面 251b7：πᾶσα γὰρ ἦν τὸ πάλαι πτερωτή.［整个灵魂早前都曾是有翅膀的。］

415 ἐξ ἀγαθῶν［从优良者而来］，也可以意译为"有着优良的出身"。

416 συνωρίδος ἡνιοχεῖ［驾驭一辆双驾马车］。动词 ἡνιοχέω［驾驭／掌控］虽然一般要求宾格，但也可以跟属格，所以这里出现的是单数属格 συνωρίδος［一辆双驾马车／两匹马］。

417 ἐκ τοιούτων［从如此这般的而来］，也可以简单译为"出生也如此"。

418 ἐξ ἐναντίων［从相反的而来］，也可以简单译为"出生相反"。

419 πῇ δὴ οὖν θνητόν τε καὶ ἀθάνατον ζῷον ἐκλήθη［那么，一个活物究竟如何要么被称作有死的，要么被称作不朽的。］这完全是基于文义而来的意译。

（1）ζῷον［一个活物］，也可译为"一个有生命的东西"，这里有意不将之译为"动物"。

（2）τε καὶ 虽然是并列连词，但基于后面的讲述，这里当理解为"或"，而不能理解为"和"。

420 动词 ἐπιμελέομαι［照料／关心］要求属格作宾语，所以这里出现的是单数属格 παντὸς ... τοῦ ἀψύχου［每个无灵魂的东西］。

421 ἄλλοτ' ἐν ἄλλοις εἴδεσι γιγνομένη［时而在这种形状中生起，时而在那种形状生起］，也可以译为"时而表现为这个样子，时而表现为那个样子"。

422 τελέ ... οὖσα καὶ ἐπτερωμένη［如果它是完满的并且长出了翅膀］，似乎也可以整体译为"如果它是羽翼丰满的"。

423 πάντα τὸν κόσμον διοικεῖ［管理着整个宇宙］，也可以译为"寓居于整个宇宙中"。

424 φέρεται 是动词 φέρω 的现在时直陈式被动态第三人称单数；动词 φέρω［携带］的被动态指"被带走""飘走""吹走"，这里将之译为"四处飘荡"。

425 动词 ἀντιλαμβάνω［抓住／捕获］要求属格作宾语，所以这里出现的是单数属格 στερεοῦ τινος［某个坚硬的东西］。

426 ψυχὴ καὶ σῶμα παγέν［当灵魂和身体被结合在一起之后］。παγέν 是动词 πήγνυμι 的一次性过去分词被动态中性主格单数，πήγνυμι 的基本意思是"钉牢""固定在一起"，其被动态则具有"被结合在一起"的意思；《牛津希-英词典》举了柏拉图在这里的这个表达，对它的解释是：to be joined or put together。

427 ὅπῃ τῷ θεῷ φίλον［神怎么喜欢］，单就这一表达，也可以译为"如让神喜欢的那种方式"；这是当时的一种流行语。参见《苏格拉底的申辩》（19a6-8）：ὅμως τοῦτο μὲν ἴτω ὅπῃ τῷ θεῷ φίλον, τῷ δὲ νόμῳ πειστέον καὶ ἀπολογητέον.［尽管如此，就让它如让神喜欢的那种方式去吧，但〈我〉必须得服从法律并必须进行申辩。］

428 τὸ τῶν θεῶν γένος［诸神的家族］，也可以简单译为"神族"。

429 动词 κοινωνέω 作"参与""分享"讲时，要求属格，所以这里出现的是单数属格 τοῦ θείου［神性的东西］。此外，希腊文括号中的 ψυχή［灵魂］一词，伯内特认为是窜入，法国布德本希腊文直接删除了它。

430 ὁ ... μέγας ἡγεμὼν ἐν οὐρανῷ Ζεύς［在天上的诸位统帅中那位最大的，即宙斯］，也可以简单译为"天上最大的统帅宙斯"。

431 πτηνὸν ἅρμα［一辆能够飞的战车］，为了避免歧义，有意没有译为"一辆有羽翼的战车"或"一辆有翅膀的战车"。

432 赫斯提娅（Ἑστία）指"灶神"，她是宙斯的姐姐，地位非常崇高，也是家庭和城邦的守护神；在罗马神话中被称为维斯塔（Vesta）。此外，ἑστία 如果不作专名，作普通名词，则指"家灶""家中的火炉"，引申为"家""住宅"；而词组 ἀφ᾽ ἑστίας 则意味着"从根上"，参见《欧悌弗戎》（3a6-8）：Βουλοίμην ἄν, ὦ Σώκρατες, ἀλλ᾽ ὀρρωδῶ μὴ τοὐναντίον γένηται· ἀτεχνῶς γάρ μοι δοκεῖ ἀφ᾽ ἑστίας ἄρχεσθαι κακουργεῖν τὴν πόλιν, ἐπιχειρῶν ἀδικεῖν σέ.［苏格拉底啊，但愿如此，但我担心会适得其反。因为在我看来，当他着手对你行不义时，那完全就是从根上开始伤害城邦。］

433 ὅσοι ἐν τῷ τῶν δώδεκα ἀριθμῷ τεταγμένοι θεοί [所有那些已经被安排在数字十二中的神], 也可以简单译为"所有那些已经被确定为十二位尊神的"。这十二位神, 后来一般认为是: 主神宙斯 (Ζεύς, Zeus)、天后赫拉 (Ἥρα, Hera)、海神波塞冬 (Ποσειδών, Poseidon)、农业女神得弥忒尔 (Δημήτηρ, Demeter)、太阳神阿波罗 (Ἀπόλλων, Apollon)、狩猎女神阿耳忒弥斯 (Ἄρτεμις, Artemis)、战神阿瑞斯 (Ἄρης, Ares)、女战神和智慧女神雅典娜 (Ἀθήνη, Athena)、爱神阿佛洛狄忒 (Ἀφροδίτη, Aphrodite)、神使赫尔墨斯 (Ἑρμῆς, Hermes)、火神赫淮斯托斯 (Ἥφαιστος, Haephestos) 和灶神赫斯提娅 (Ἑστία, Hestia)。

434 φθόνος γὰρ ἔξω θείου χοροῦ ἵσταται. [因为, 任何一种嫉妒都被排除在了神圣的歌队之外。] 也可以简单译为: 因为, 嫉妒处在神圣的歌队之外。

435 πρὸς ἄναντες [一路向上] 是固定搭配, 也可以译为"沿着陡坡"。形容词ἀνάντης 的本义就是"上坡的""陡峭的"。

436 ἄκραν ἐπὶ τὴν ὑπουράνιον ἁψῖδα [到天穹里面的最高处], 这是根据文义进行的意译。形容词 ὑπουράνιος 的本义是"在天的下面的"。

437 ἰσορρόπως εὐήνια ὄντα [由于配合得很好而是容易驾驭的], 也可以译为"由于配合得很好而驯服于缰绳"。形容词 εὐήνιος 的本义是"驯服的""容易驾驭的";《牛津希-英词典》举了柏拉图在这里的这个表达, 对它的解释是: obedient to the rein。此外, 副词 ἰσορρόπως 派生自形容词 ἰσόρροπος, 而形容词 ἰσόρροπος 的基本意思是"平衡的""均衡的", 转义为"配合得很好的""和谐的"; 类似的表达参见《斐洞》(108e4-109a6): Πέπεισμαι τοίνυν, ἦ δ' ὅς, ἐγὼ ὡς πρῶτον μέν, εἰ ἔστιν ἐν μέσῳ τῷ οὐρανῷ περιφερὴς οὖσα, μηδὲν αὐτῇ δεῖν μήτε ἀέρος πρὸς τὸ μὴ πεσεῖν μήτε ἄλλης ἀνάγκης μηδεμιᾶς τοιαύτης, ἀλλὰ ἱκανὴν εἶναι αὐτὴν ἴσχειν τὴν ὁμοιότητα τοῦ οὐρανοῦ αὐτοῦ ἑαυτῷ πάντῃ καὶ τῆς γῆς αὐτῆς τὴν ἰσορροπίαν· ἰσόρροπον γὰρ πρᾶγμα ὁμοίου τινὸς ἐν μέσῳ τεθὲν οὐχ ἕξει μᾶλλον οὐδ' ἧττον οὐδαμόσε κλιθῆναι, ὁμοίως δ' ἔχον ἀκλινὲς μενεῖ. [因而我首先已经信服, 苏格拉底说, 如果大地是圆球形的且位于天的中央, 那么, 它就既不需要空气也不需要任何其他这样的必然性来避免坠落, 相反, 天自身同其自身在各方面的齐一和大地本身的均衡就足以让它保持住它自己。因为, 当一个均衡的东西被置于某一同样均衡的东西的中央时, 它根本不可能向任何方向发生任何的倾斜, 而是通过保持着同一而不偏向任何一方地停留〈在一个地方〉。]

438 ᾧ μὴ καλῶς ἦν τεθραμμένος τῶν ἡνιόχων [如果它没有被御马者中的某位好好地调教], 也可以译为"如果它没有被御马者中的某位好好地抚养"。此外,

其中的 ἦν，在法国布德本希腊文中作 ᾖ；从文法上看，前者为动词 εἰμί 的未完成过去式直陈式第一人称单数，而后者为其现在时虚拟式第三人称单数。基于这里的文义，从布德本。

439 ἔστησαν ἐπὶ τῷ τοῦ οὐρανοῦ νώτῳ［站在天宇的外表面］，这是根据文义进行的意译，字面意思是"站在天的背上"；名词 νῶτον 的本义是"背""背脊"。

440 τὸν ὑπερουράνιον τόπον［那超越诸天的地方］，也可以简单译为"在天上边的地方"。

441 κατ᾽ ἀξίαν 是词组，意思是"配得上""值得""恰当地"。

442 οὐσία ὄντως οὖσα［所是以是的方式是着］，有意基于词源联系而这样翻译。ὄντως 是由 εἰμί / εἶναι 的分词变来的副词，字面意思就是"以是的方式是着的""在是的方式上是着的"，转义为"真正地""确实地""实实在在地"。

443 νοῦς［理智］，在这里直接音译为"努斯"似乎更好。

444 τὸ τῆς ἀληθοῦς ἐπιστήμης γένος［真正的知识之家族］，也可以译为"真正的知识这种家族"；这里的单数属格 τῆς ἀληθοῦς ἐπιστήμης［真正的知识］当理解为同位语属格。

445 τοῦτον ἔχει τὸν τόπον［〈这种所是〉占据着这个地方］，也可以译为"〈这种所是〉维持着这个地方""〈这种所是〉把控着这个地方"。

446 ἐπιστήμη ἀκηράτῳ［未混杂的纯粹知识］。形容词 ἀκήρατος 的本义是"未混杂的""未污染的"，喻为"纯粹的"；这里为了凸显这两方面的意思，将 ἐπιστήμη ἀκηράτῳ 译为"未混杂的纯粹知识"。

447 ὅση ἂν μέλῃ τὸ προσῆκον δέξασθαι.［每个灵魂的思想都会关注下面这件事，即接纳那与之相适合的养料。］这句话中的 ὅση ἂν μέλῃ［每个灵魂都会关注］，在有的抄本中作 ὅση ἂν μέλλῃ［每个灵魂的东西都注定要 / 每个灵魂的思想都将］；如果按后者进行翻译，那么这句话就当译为"每个灵魂的思想都注定要接纳那与之相适合的养料"或者"每个灵魂的思想都将接纳那与之相适合的养料"。此外，之所以把 τὸ προσῆκον 译为"相适合的养料"或"合适的养料"，是为了同前面 247d2 那里的动词 τρεφομένη［被养育］相照应。

448 διὰ χρόνου 是词组，本义是"一段时间后""过了片刻"，这里基于上下文将之译为"最终"。

449 τὸ ὄν［是着的东西］，也可以简单译为"是者"。

450 κύκλῳ 是名词 κύκλος［圆 / 圆圈］的单数与格作副词，意思是"绕圈""环绕"。

451 动词 καθοράω 的本义是"向下看""俯视"，这里基于文义泛泛将之译为

"瞥见"。

452　τὴν ἐν τῷ ὅ ἐστιν ὂν ὄντως ἐπιστήμην οὖσαν［以是的方式是在以是的方式是
　　　其所是的是者中的知识］，有意这么翻译；并且之所以这么翻译，因为副词
　　　ὄντως［以是的方式是着的］，既修饰阴性单数分词 οὖσαν，也修饰中性单数
　　　分词 ὂν。

　　　　　对观《菲勒玻斯》(57e3-58a5)：{ΣΩ.} Ταύτας οὖν λέγομεν ἐπιστήμας
　　　ἀκριβεῖς μάλιστ' εἶναι; {ΠΡΩ.} Πάνυ μὲν οὖν. {ΣΩ.} Ἀλλ' ἡμᾶς, ὦ Πρώταρχε,
　　　ἀναίνοιτ' ἂν ἡ τοῦ διαλέγεσθαι δύναμις, εἴ τινα πρὸ αὐτῆς ἄλλην κρίναιμεν.
　　　{ΠΡΩ.} Τίνα δὲ ταύτην αὖ δεῖ λέγειν; {ΣΩ.} Δῆλον ὅτι ἡ πᾶς ἂν τήν γε νῦν
　　　λεγομένην γνοίη· τὴν γὰρ περὶ τὸ ὂν καὶ τὸ ὄντως καὶ τὸ κατὰ ταὐτὸν ἀεὶ πεφυκὸς
　　　πάντως ἔγωγε οἶμαι ἡγεῖσθαι σύμπαντας ὅσοις νοῦ καὶ σμικρὸν προσήρτηται
　　　μακρῷ ἀληθεστάτην εἶναι γνῶσιν.［苏格拉底：那么，我们会说这些就是特别
　　　精确的知识吗？普洛塔尔科斯：完全如此。苏格拉底：然而，普罗塔尔科
　　　啊，对话的力量将拒绝我们，如果我们判定其他某种知识优先于它的话。
　　　普洛塔尔科斯：但复又必须把这种〈知识〉说成什么呢？苏格拉底：显然
　　　每个人都肯定能够认出现在所说的这种〈知识〉。因为它关乎是者和以是
　　　的方式是着的东西，以及那生来就总是绝对同一的东西，至少我认为，每
　　　个人——哪怕他只是粘有丁点的理智——都会相信它是迄今为止最真的
　　　认识。］

453　ἀμβροσία［长生不老的食物］，有意按词源翻译，当然也可以简单译为"永
　　　生的食物""神的食物"等。名词 ἀμβροσία 派生自褫夺性前缀 ἀ 和名词
　　　βροτός［有死者 / 凡人］，本义就是"不朽""永生""长生不老"。

454　ἐπ' αὐτῇ［除此之外］，即"除了长生不老的食物之外"；介词 ἐπι 跟与格，
　　　具有"除……之外"的意思，这里的指示代词阴性与格单数 αὐτῇ，指代前
　　　面的 ἀμβροσία［长生不老的食物］。

455　与 247b6 以下的内容相对照。

456　ἄριστα 在这里仍然是形容词中性复数作副词使用，等于 ἀρίστως，意思是
　　　"最好地""最出色地"。

457　βιαζομένων τῶν ἵππων［由于其马儿们不受管束］，也可以译为"由于其马儿
　　　们难以制服"或"由于其马儿们桀骜不驯"。βιαζομένων 是动词 βιάζω 的现
　　　在时分词中动态阳性属格复数，修饰和限定阳性名词的属格复数 τῶν ἵππων
　　　［马儿们］；βιάζω 的基本意思是"强迫""迫使"，但其中动态则具有"难以
　　　管束"等意思。

458　γλιχόμεναι ... τοῦ ἄνω［努力追求上面的东西］是一个整体。γλιχόμεναι 是动词

γλίχομαι［努力追求／渴望］的现在时分词阴性主格复数；γλίχομαι 要求属格作宾语，所以这里出现的是中性单数属格 τοῦ ἄνω［上面的东西］。

459 形容词 ὑποβρύχιος 的本义是"在水下的"，泛指"在下面的"；《牛津希-英词典》举了柏拉图在这里的这个表达，对它的解释是：below the surface。

460 ἱδρὼς ἔσχατος［满头大汗］是一个整体，也可以转译为"极度的艰辛"。

461 οὗ 在这里是关系代词 ὅς, ἥ, ὅ 的属格作副词使用，表地点，意思是"在那里"。

462 χωλεύονται 是动词 χωλεύω 的现在时直陈式被动态第三人称复数；χωλεύω 的本义是"跛行"，其被动态的意思则是"成为瘸子"，进而泛指"变残废"。《牛津希-英词典》举了柏拉图在这里的这个表达，对它的解释是：to be maimed or imperfect。

463 ἀτελεῖς τῆς τοῦ ὄντος θέας［对是者之景象毫不知情］，也可以译为"没有实现对是者的观看"。如果考虑到形容词 ἀτελής 在宗教上的含义，那么这句话还可以进一步扩展性地译为"它们没有入教，从而没有实现对是者的观看"或者"它们没有入教，从而对是者之景象毫不知情"。

464 τροφῇ δοξαστῇ χρῶνται［利用意见这种食物〈来养活自己〉］。τροφὴ δοξαστή 是一个整体，《牛津希-英词典》举了柏拉图在这里的这个表达，对它的解释是：food of opinion。这里之所以使用与格 τροφῇ δοξαστῇ，是由动词 χράομαι［利用／使用］要求的。

465 ψυχῆς τῷ ἀρίστῳ［灵魂的最好〈部分〉］，根据前面 247d1-2，即灵魂的"思想"（διάνοια）；它"被理智和未混杂的纯粹知识所养育"（νῷ τε καὶ ἐπιστήμῃ ἀκηράτῳ τρεφομένη）。

466 ᾧ ψυχὴ κουφίζεται［灵魂由之得以翱翔］。κουφίζεται 是动词 κουφίζω 的现在时直陈式被动态第三人称单数，κουφίζω 的本义是"举起""使升起"，但其被动态则具有"翱翔"的意思；《牛津希-英词典》举了柏拉图在这里的这个表达，对它的解释是：to be lifted up, soar。

467 阿德剌斯忒亚（Ἀδράστεια, Adrasteia）是命运女神或报应女神涅墨西斯（Νέμεσις, Nemesis）的称号，派生自褫夺性前缀 ἀ- 和动词 διδράσκω［逃走／溜掉］，本义是"无人能够从她那儿逃走"。

468 εἶναι ἀπήμονα［是无忧无虑的］，当然也可以译为"是不受伤害的"。ἀπήμονα 在这里是形容词 ἀπήμων 的阴性宾格单数，ἀπήμων 的本义是"不受伤害的"，转义为"无忧无虑的"；《牛津希-英词典》举了柏拉图在这里的这个表达，对它的解释是：without sorrow or care。

469 τινι συντυχίᾳ χρησαμένη［由于遭受了某种事故］是一个整体，也可以译为

"由于遭受了某种不幸"。χρησαμένη 是动词 χράω 的一次性过去时分词中动态阴性单数主格，χράω 的中动态跟与格，除了具有"利用""使用"的意思之外，还有"遭受""经受"等意思。

470 θήρειον φύσιν［兽类的本性］，也可以译为"动物性的生类"。

471 τὴν πλεῖστα ἰδοῦσαν［那最为进行了观看的灵魂］，根据后面的论述，即"居于第一位的灵魂"。

472 γονὴν ἀνδρός［一个男人的种子］。名词 γονή 尽管具有"后代""子孙""分娩""出生"等意思，但在这里的意思是"种子"，即拉丁文的 semen，德文的 Keim，英文的 seed.

473 μουσικός［精通文艺的人］在这里似乎可以直接译为"追随缪斯的人"。

关于 φιλόσοφος［爱智者/热爱智慧的人/哲学家］与 μουσικός［精通文艺的人］之间的关系，可参见《斐洞》（60e4–61a4）：ἦν γὰρ δὴ ἄττα τοιάδε· πολλάκις μοι φοιτῶν τὸ αὐτὸ ἐνύπνιον ἐν τῷ παρελθόντι βίῳ, ἄλλοτ᾽ ἐν ἄλλῃ ὄψει φαινόμενον, τὰ αὐτὰ δὲ λέγον, "Ὦ Σώκρατες," ἔφη, "μουσικὴν ποίει καὶ ἐργάζου." καὶ ἐγὼ ἔν γε τῷ πρόσθεν χρόνῳ ὅπερ ἔπραττον τοῦτο ὑπελάμβανον αὐτό μοι παρακελεύεσθαί τε καὶ ἐπικελεύειν, ὥσπερ οἱ τοῖς θέουσι διακελευόμενοι, καὶ ἐμοὶ οὕτω τὸ ἐνύπνιον ὅπερ ἔπραττον τοῦτο ἐπικελεύειν, μουσικὴν ποιεῖν, ὡς φιλοσοφίας μὲν οὔσης μεγίστης μουσικῆς, ἐμοῦ δὲ τοῦτο πράττοντος.［事情其实是这样，在过去的一生中同一个梦经常造访我，虽然在不同的时候以不同的形象出现，但它〈总是〉说相同的事情；它说："苏格拉底啊，你要创作和耕耘文艺！"而在以往的时间里，我认为它不过是在激励和鞭策我做我已经在做的事情而已；就像人们鼓励那些奔跑的人一样，梦也同样在勉励我做我已经在做的事情，即创作文艺，因为热爱智慧就是最高的文艺，而我就在从事这件事。］

474 ἐρωτικός［精通爱的人］，在这里也可以译为"追随厄洛斯的人"。

475 βασιλέως ἐννόμου ἢ πολεμικοῦ καὶ ἀρχικοῦ［一个守法的，或者精通战事且适合作统帅的国王］，之所以这么翻译，是把三个形容词都视为在修饰和限定名词"国王"；当然，也可以译为"一个守法的国王或者一个精通战争且适合作统帅的人"。

476 πολιτικός［一个精通城邦管理的人］，单就这个词，当然可以简单译为"一个政治家"或"一个治邦者"。

477 φιλοπόνου <ἢ> γυμναστικοῦ［一个勤勉的精于体育锻炼的人］，希腊文尖括号中的连词 ἢ，是编辑校勘者补充的，但法国布德本希腊文没有这样做，这里的翻译从布德本；形容词 φιλόπονος 的本义是"热爱辛苦的""热爱工作的"，喻为"勤劳的""勤勉的"。如果按伯内特本子翻译，那么这句话就当译为"一个热爱辛苦的人或者一个精通体育锻炼的人"。

478 δημιουργικός［匠人的］。"匠人"（δημιουργός）即"手艺人"（χειροτέχνης），但从词源上看，该词由 δῆμος［民众］和 ἔργον［劳作］构成，意思是"为众人做工的"。

　　苏格拉底关于"匠人"或"手艺人"的看法，可参见《苏格拉底的申辩》（22c9-e1）：Τελευτῶν οὖν ἐπὶ τοὺς χειροτέχνας ᾖα· ἐμαυτῷ γὰρ συνῄδη οὐδὲν ἐπισταμένῳ ὡς ἔπος εἰπεῖν, τούτους δέ γ᾽ ᾔδη ὅτι εὑρήσοιμι πολλὰ καὶ καλὰ ἐπισταμένους. καὶ τούτου μὲν οὐκ ἐψεύσθην, ἀλλ᾽ ἠπίσταντο ἃ ἐγὼ οὐκ ἠπιστάμην καί μου ταύτῃ σοφώτεροι ἦσαν. ἀλλ᾽, ὦ ἄνδρες Ἀθηναῖοι, ταὐτόν μοι ἔδοξαν ἔχειν ἁμάρτημα ὅπερ καὶ οἱ ποιηταὶ καὶ οἱ ἀγαθοὶ δημιουργοί – διὰ τὸ τὴν τέχνην καλῶς ἐξεργάζεσθαι ἕκαστος ἠξίου καὶ τἆλλα τὰ μέγιστα σοφώτατος εἶναι – καὶ αὐτῶν αὕτη ἡ πλημμέλεια ἐκείνην τὴν σοφίαν ἀποκρύπτειν.［于是，最后我前往了一些手艺人那儿；因为我意识到我自己几乎可以说一无所知，但对于这些人我却非常清楚我会发现他们知道许多美好的东西。对此我也的确没有说假话，他们确实知道我所不知道的东西，并且就此而言他们是比我更为智慧的。然而，诸位雅典人啊，在我看来优秀的匠人们恰恰也具有诗人们所具有的那种同样的缺陷——由于〈能够〉很好地运用〈其〉技艺，每个人就认为自己在其他最重大的事情上也是最智慧的——，并且他们的这种错误让〈他们自己的〉那种智慧黯然失色。］

479 πλὴν ἢ τοῦ φιλοσο φιλοσοφήσαντος ἀδόλως ἢ παιδεραστήσαντος μετὰ φιλοσοφίας.［除了下面这种人的灵魂之外，他真诚地热爱智慧，或者凭借对智慧的热爱来爱恋少年。］φιλοσοφήσαντος［热爱智慧］在这里是动词 φιλοσοφέω 的一次性过去时分词主动态阳性单数属格，单就这个词，也可以译为"从事哲学"。

480 τὸν βίον τοῦτον［这〈同一〉种生活］，即上文所说的"热爱智慧"或"凭借对智慧的热爱来爱恋少年"的生活。

481 δίκην ἐκτίνουσιν［接受惩罚］是词组，《牛津希-英词典》对它的解释是：pay full penalty。

482 ὑπὸ τῆς Δίκης［被正义女神］，法国布德本希腊文作 ὑπὸ τῆς δίκης［被正义］，即 δίκη［正义／惩罚］作普通名词，不作专名。

483 参见《斐洞》（81e5-82b7）：Οἷον τοὺς μὲν γαστριμαργίας τε καὶ ὕβρεις καὶ φιλοποσίας μεμελετηκότας καὶ μὴ διηυλαβημένους εἰς τὰ τῶν ὄνων γένη καὶ τῶν τοιούτων θηρίων εἰκὸς ἐνδύεσθαι. ... Τοὺς δέ γε ἀδικίας τε καὶ τυραννίδας καὶ

ἁρπαγὰς προτετιμηκότας εἰς τὰ τῶν λύκων τε καὶ ἱεράκων καὶ ἰκτίνων γένη. ...
Οὐκοῦν, ἦ δ' ὅς, δῆλα δὴ καὶ τἆλλα ᾗ ἂν ἕκαστα ἴοι κατὰ τὰς αὐτῶν ὁμοιότητας
τῆς μελέτης; ... Ὅτι τούτους εἰκός ἐστιν εἰς τοιοῦτον πάλιν ἀφικνεῖσθαι πολιτικὸν
καὶ ἥμερον γένος, ἤ που μελιττῶν ἢ σφηκῶν ἢ μυρμήκων, καὶ εἰς ταὐτόν γε πάλιν
τὸ ἀνθρώπινον γένος.［例如，那些养成贪吃、侮慢、嗜酒且不曾警惕过的人，
就有可能进入到驴的族类和如此这般的畜牲的族类中。……而那些选择过
不义、僭主统治和抢劫的人，则〈可能进入〉到狼的族类、鹰的族类、鹞
的族类中。……那么，苏格拉底说，下面这点岂不是显而易见的，即其他
的每种〈灵魂〉会前往哪儿，乃是依照同它们〈各自〉的关心之相似性来
定? ……因为他们有可能再次返回到这种公民的和驯服了的族类中，或者
蜜蜂的族类，或者马蜂的族类，或者蚂蚁的族类，甚至重新返回到〈和以
前〉同样的，即人的族类中。］

484　συνιέναι κατ' εἶδος λεγόμενον［把握那根据族类而被说出的东西］，也可以译
　　　为"理解那根据族类而被说出的东西"。συνιέναι 在这里是动词 συνίημι 的
　　　现在时不定式主动态；συνίημι 的基本意思是"引到一起"，转义为"注意
　　　到""理解"。基于文义，这里不把 εἶδος 译为"形式"，而译为"族类"；
　　　单就 κατ' εἶδος［根据族类］，直接音译为"根据埃多斯"也许更好。之所
　　　以这样翻译，是把 κατ' εἶδος λεγόμενον 视为一个整体，其完整的表达是 τὸ
　　　κατ' εἶδος λεγόμενον；如果不这么理解，把 συνιέναι κατ' εἶδος 放在一起理
　　　解，那么这句话就当译为"根据形式来把握那被说出的东西"。

485　ἐκ πολλῶν ἰὸν αἰσθήσεων εἰς ἓν λογισμῷ συναιρούμενον.［因为〈那根据族类而
　　　被说出的东西〉虽然来自许多的感觉，但通过思考而被聚合成了某种一。］
　　　这句话也可以译为：因为〈那根据族类而被说出的东西〉从许多的感觉那
　　　里走向了通过思考而被聚合成的某种一。λογισμῷ［通过思考］，也可以译为
　　　"通过推论"或者"通过计算"。εἰς ἓν λογισμῷ συναιρούμενον［通过思考而
　　　被聚合成了某种一 / 通过思考而被聚合成的某种一］是一个整体；《牛津希-
　　　英词典》举了柏拉图在这里的这个表达，对它的解释是：to a unity brought
　　　together by reasoning。

486　ἀνακύψασα 是动词 ἀνακύπτω 一次性过去式分词主动态阴性宾格单数；
　　　ἀνακύπτω 的本义是"探头""把头伸出水面"，这里基于文义将之译为"昂
　　　首看"。

　　　参见《斐洞》(109c4-d5)：ἡμᾶς οὖν οἰκοῦντας ἐν τοῖς κοίλοις αὐτῆς
　　　λεληθέναι καὶ οἴεσθαι ἄνω ἐπὶ τῆς γῆς οἰκεῖν, ὥσπερ ἂν εἴ τις ἐν μέσῳ τῷ
　　　πυθμένι τοῦ πελάγους οἰκῶν οἴοιτό τε ἐπὶ τῆς θαλάττης οἰκεῖν καὶ διὰ τοῦ ὕδατος

ὁρῶν τὸν ἥλιον καὶ τὰ ἄλλα ἄστρα τὴν θάλατταν ἡγοῖτο οὐρανὸν εἶναι, διὰ δὲ βραδυτῆτά τε καὶ ἀσθένειαν μηδεπώποτε ἐπὶ τὰ ἄκρα τῆς θαλάττης ἀφιγμένος μηδὲ ἑωρακὼς εἴη, ἐκδὺς καὶ ἀνακύψας ἐκ τῆς θαλάττης εἰς τὸν ἐνθάδε τόπον, ὅσῳ καθαρώτερος καὶ καλλίων τυγχάνει ὢν τοῦ παρὰ σφίσι, μηδὲ ἄλλου ἀκηκοὼς εἴη τοῦ ἑωρακότος. [我们于是没有觉察到我们其实居住在大地的那些空洞中，并且以为自己居住在它的表面上，就像如果住在大海底部中央的某个人以为自己住在海面上，并且由于是通过水来看太阳和其他星辰，那么，他就会认为海洋就是天空；而由于迟钝懒惰以及虚弱无力，他从未到达过海洋的顶部，也未曾通过浮出水面并把头从海里伸出来看看〈我们〉这里的这个地方，它实际上是比他们那儿要更纯净得多和更美丽得多，他也没有从其他已经看见过的人那儿听说过。]

487 ἡ τοῦ φιλοσόφου διάνοια [热爱智慧的人的思想]，在这里可以径直译为"哲学家的思想"。

488 κατὰ δύναμιν [尽可能地] 是词组，也可以译为"尽全力""凭自己的力量"；其反面是 ὑπὲρ δύναμιν [力所不及地／超出自己能力地]。

489 πρὸς οἷσπερ θεὸς ὢν θεῖός ἐστιν [一个神由于靠近它们他才是神圣的那些东西]，也可以译为"一个神由于靠近它们他才具有神性的那些东西"。

490 τοιούτοις ... ὑπομνήμασιν ὀρθῶς χρώμενος [正确地使用了这样一些回忆手段]，也可以简单译为"正确地使用了如此这般的提醒"。名词 ὑπόμνημα 的本义是"纪念品""备忘录"，在这里的意思则是"进行提醒的东西""回忆手段"；《牛津希–英词典》举了柏拉图在这里的这个表达，对 τοιούτοις ὑπομνήμασιν 的解释是：such means of remembrance。

491 τελέους ἀεὶ τελετὰς τελούμενος, τέλεος ὄντως μόνος γίγνεται. [由于他持续不断地进入到各种完满的入迷中，故唯有他真正地成为了完满的〈入迷者〉。] 对这句话的翻译解释如下：

（1）副词 ὄντως [真正地]，仍然可以基于词源译为"以是的方式""在是的方式上"。

（2）τελέους τελετάς 是一个整体，字面意思是"各种完满的入教仪式""各种完满的秘密仪式"，这里基于上下文将之译为"各种完满的入迷"。

（3）τελούμενος 是动词 τελέω 的现在时分词中动态阳性主格单数，τελέω 除了具有"实现""完成""使结束"等意思之外，也专指"参加秘密仪式""入教"，这里基于文义，将之译为"入迷"。

（4）形容词 τέλειος [完满的] 派生自名词 τέλος，而 τέλος 既具有"完成""实现""终点"的意思，也具有"入教""秘密的宗教仪式""对神的敬奉"等意思。

492 παρακινῶν 是动词 παρακινέω 的现在时分词主动态阳性单数宾格，παρακινέω 的本义是"在边上运动"，喻为"扰乱""狂乱""发疯"；《牛津希-英词典》举了柏拉图在这里的这个表达，对它的解释是：out of his senses。

493 ἐνθουσιάζων［为神所凭附］，也可以译为"从神那里得到灵感"。

494 之所以这么讲，因为在前面 244b-245a 那里，已经谈了三种迷狂，它们分别表现在"预言""秘仪中的治疗"和"作诗"中。

495 ἀναπτερούμενος［当他得到新翅膀之后］。ἀναπτερούμενος 在这里是动词 ἀναπτερόω 的现在时分词被动态阳性主格单数，ἀναπτερόω 的本义是"展翅""举起""振奋"，但其被动态的意思则是"得到新翅膀"；《牛津希-英词典》举了柏拉图在这里的这个表达，对它的解释是：get new wings。

496 ὄρνιθος δίκην［像一只鸟儿一样］是一个整体。δίκην 在这里是名词 δίκη［风尚／正义／惩罚］的宾格作副词使用，意思是"像……一样"，且要求属格，所以这里出现的是名词 ὄρνις［鸟儿］的单数属格 ὄρνιθος；参见前面 235d1 那里的 δίκην ἀγγείου［就像一具容器那样］。

497 αἰτίαν ἔχειν 是词组，意思是"招致责备""对……负有责任"；《牛津希-英词典》对它的解释是：bear responsibility for。

498 τῷ τε ἔχοντι καὶ τῷ κοινωνοῦντι αὐτῆς［对于那拥有它、即分享它的人来说］，之所以这么翻译，是把后半句话理解为对前半句话的解释。单就这句话，当然可以译为"无论是对于那拥有它的人来说，还是对于那分享它的人来说"；这样一来，前者指"爱慕者"，后者指"被爱慕的人"。

499 ὁ ἐρῶν τῶν καλῶν［对那些俊美的少年怀有爱欲的人］，之所以这么翻译，是基于上下文把复数属格 τῶν καλῶν 理解为阳性；如果将之理解为中性，那么这句话也可以译为"对那些美好的东西怀有爱欲的人"。

500 见前面 249b5-6。

501 λήθην ... ἔχειν 是一个整体，意思是"忘记""遗忘"。

502 τὸ τῆς μνήμης［这记忆］。这是意译，字面意思是"记忆的事情"；类似的表达见前面 230c3：πάντων δὲ κομψότατον τὸ τῆς πόας［而一切中最美妙的是这茵茵草地］。

503 αἷς τὸ τῆς μνήμης ἱκανῶς πάρεστιν.［对它们来说，这记忆仍然充分地在场。］有意按字面意思翻译，当然可以简单译为：它们仍然充分地保有这记忆。

504 名词 ὁμοίωμα 的本义就是"相像的东西""肖像"。参见《智者》（266d5-7）：Νῦν μᾶλλον ἔμαθον, καὶ τίθημι δύο διχῇ ποιητικῆς εἴδη· θείαν μὲν καὶ ἀνθρωπίνην κατὰ θάτερον τμῆμα, κατὰ δὲ θάτερον τὸ μὲν αὐτῶν ὄν, τὸ δὲ

ὁμοιωμάτων τινῶν γέννημα.[现在我更为明白些了，并且我以双重的方式来确定创制术的两种形式：按照一种切分，有属神的〈创制术〉和属人的〈创制术〉；而按照另一种切分，一个是〈事物〉本身的〈产生〉，另一个则是某些相像的东西的产生。]

505 οὐκέτ᾽ <ἐν> αὐτῶν γίγνονται[变得不再能自己]，也可以译为"不再能控制自己"，字面意思是"它们不再在它们自己里面"。希腊文尖括号中的介词ἐν，是编辑校勘者补充的，法国布德本希腊文没有这样做；从伯内特本。

506 ὃ δ᾽ ἔστι τὸ πάθος[但它们究竟遭遇到了什么]，这是意译，也可以译为"但它们所遭遇的究竟是什么"；字面意思是"但这种遭受是什么"。

507 δι᾽ ἀμυδρῶν ὀργάνων[凭借各种孱弱的器官]，也可以译为"凭借各种不完美的器官"。形容词ἀμυδρός的本义是"朦胧的""模糊不清的"；《牛津希-英词典》举了柏拉图在这里的这个表达，对δι᾽ ἀμυδρῶν ὀργάνων的解释是：by imperfect organs。

508 αὐτῶν ... ἐπὶ τὰς εἰκόνας ἰόντες[通过前往它们的那些摹本]是一个整体。

509 τὸ τοῦ εἰκασθέντος γένος[被模仿的东西之家族]，也可以简单译为"原型之家族"。

510 θέμις λέγειν[有权被称作]，也可以译为"合理地被称作""理应被称作"。

511 φάσματα[显象]，在这里也可以径直译为"神秘物"。《牛津希-英词典》举了柏拉图在这里的这个表达，对它的解释是：of shows or mysteries, as images or types of realities。

512 ἐποπτεύοντες ἐν αὐγῇ καθαρᾷ[在纯净的光芒中作为一个参加秘仪者观看着它们]。动词ἐποπτεύω的基本意思是"俯瞰""监视""观察"，但在宗教仪式中有特定含义，意思是"成为一个ἐπόπτης[参加秘密宗教仪式的人/入迷者]"或者"在秘密宗教仪式中被接纳进最高的等级"。《牛津希-英词典》对ἐποπτεύω的这层意思的解释是：become an ἐπόπτης, be admitted to the highest grade at the mysteries；并以柏拉图在这里的表达为例指出，如果它跟宾格，意思是：view as an ἐπόπτης。

513 ἀσήμαντοι τούτου ὃ ... σῶμα ... ὀνομάζομεν.[未被埋葬进我们将之称为身体的这种东西中。]形容词ἀσήμαντος的本义是"未作记号的""没有打封印的"，但在这里的意思是"未埋葬的"；因为其词干σῆμα，除了具有一般"标记""记号"的意思之外，也专指坟墓上的标志，从而转义为"坟头""坟墓"。《牛津希-英词典》举了柏拉图在这里的这整个表达，对它的解释是：not entombed in this, which we call body。

514 ταῦτα ... μνήμῃ κεχαρίσθω[就让这些成为对记忆的一种致敬吧]，也可以译为"就让这些成为对记忆的一种献礼吧"。κεχαρίσθω 在这里是动词 χαρίζω 的完成时命令式被动态第三人称单数；χαρίζω 的本义是"做使人高兴的事情""讨人喜欢"，其被动态的意思则是"得到某人欢心"。《牛津希-英词典》举了柏拉图在这里的整个表达，对它的解释是：let a tribute be paid…。

515 διὰ τῆς ἐναργεστάτης αἰσθήσεως τῶν ἡμετέρων［通过我们的〈各种感官〉中那最为杰出的感官］，也可以译为"通过我们的〈各种感官〉中那最能进行区分的感官"。名词 αἴσθησις 一般指"感觉"，但其复数也指"感官"；鉴于这里没有把 αἴσθησις 译为"感觉"，所以也就不把形容词 ἐναργής 译为"清楚的""明亮的"等。

516 关于"视觉"在诸感觉中的优先地位，可对观亚里士多德《形而上学》第一卷第一章（980a21-27）：Πάντες ἄνθρωποι τοῦ εἰδέναι ὀρέγονται φύσει. σημεῖον δ' ἡ τῶν αἰσθήσεων ἀγάπησις · καὶ γὰρ χωρὶς τῆς χρείας ἀγαπῶνται δι' αὑτάς, καὶ μάλιστα τῶν ἄλλων ἡ διὰ τῶν ὀμμάτων. οὐ γὰρ μόνον ἵνα πράττωμεν ἀλλὰ καὶ μηθὲν μέλλοντες πράττειν τὸ ὁρᾶν αἱρούμεθα ἀντὶ πάντων ὡς εἰπεῖν τῶν ἄλλων. αἴτιον δ' ὅτι μάλιστα ποιεῖ γνωρίζειν ἡμᾶς αὕτη τῶν αἰσθήσεων καὶ πολλὰς δηλοῖ διαφοράς.［所有人在本性上都渴望看；而对诸感觉的喜爱就是一种证据。因为即使抛开用处，它们也会因其自身而被喜爱；并且同其他感觉相比，由眼睛而来的感觉尤胜。因为不仅为了我们有所行动，而且当不打算行动时也几乎可以说同所有其他感觉相比我们宁愿选择看。原因在于，在诸感觉中它最能让我们进行认识，并揭示出许多的不同。］

517 ἡ φρόνησις οὐχ ὁρᾶται［尽管用它明智无法被看到］，按照中文的表达习惯，当然可以译为"尽管用它无法看到明智"或"尽管它看不到明智"。φρόνησις 一般译为"明智"或"审慎"，但该词在柏拉图那里几乎等同于 σοφία［智慧］一词，后来亚里士多德才对之进行了明确的区分；狭义的 σοφία 即"理论智慧"，而 φρόνησις 专指"实践智慧"。

518 τἄλλα ὅσα ἐραστά［其他所有那些值得爱的东西］，也可以译为"其他所有那些可爱的东西"；即前面 250b1-2 那里提到的"正义、节制以及对灵魂来说值得珍视的所有其他的"。

519 ἐκφανέστατον εἶναι καὶ ἐρασμιώτατον［它是最能彰显自己的东西和最能唤起爱欲的东西］，也可以简单译为"它是最显而易见的和最可爱的"。

520 μὴ νεοτελής［并非是刚刚才入教的］，基于整个上下文，也可以转译为"入教已经过去很久了"。

521 τετράποδος νόμον［像四足动物一样］，当然也可以译为"按四足动物的方式"。νόμον 在这里是名词 νόμος［习惯/法律］的宾格作副词使用，意思是

"像……一样"，且要求属格，所以前面出现的是单数属格 τετράποδος［四足动物 / 野兽］；类似的语法现象，见前面 249d7：ὄρνιθος δίκην［像一只鸟儿一样］。

522 βαίνειν ἐπιχειρεῖ［尝试骑上去］，该表达暗含性方面的意味。动词 βαίνω 的基本意思是"走"，但在这里指雄性动物尝试性交时的姿势；《牛津希-英词典》举了柏拉图在这里的这个表达，对它的解释是：mount, cover。

523 παιδοσπορεῖν［播种生崽］。动词 παιδοσπορέω 的本义就是"生孩子"，但从其词源看，由词干 σπορέω 同名词 παῖς［孩子］合成；而 σπορέω 与名词 σπορά［播种］、动词 σπείρω［播种］、名词 σπέρμα［种子 / 精液］是同源词。为了凸显这两者，在这里有意将之译为"播种生崽"。

524 ὕβρει προσομιλῶν［由于与放纵结伴］，也可以译为"由于亲近放纵"。προσομιλῶν 是动词 προσομιλέω 的现在时分词主动态阳性主格单数，προσομιλέω 除了具有"交往""做伴"的意思之外，也有"交欢"的意思；《牛津希-英词典》举了柏拉图在这里的这个表达，对它的解释是：to be conversant with。

525 παρὰ φύσιν［违反自然的］是短语，也可以译为"违反本性的"；其反面 κατὰ φύσιν［合乎自然的 / 合乎本性的］。参见《菲勒玻斯》(32a1-4)：διάκρισις δέ γ' αὖ καὶ διάλυσις ἡ παρὰ φύσιν, τοῦ πνίγους πάθη, λύπη, κατὰ φύσιν δὲ πάλιν ἀπόδοσίς τε καὶ ψῦξις ἡδονή.［再次，那违反自然的分离和分解，〈比如〉对令人窒息的闷热的遭受，是一种痛苦，而合乎自然的一种重新恢复和变冷，则是一种快乐。］之所以这么说，因为他的所作所为不像一个人，而像一头野兽。

此外，关于这里所提到的 παρὰ φύσιν［违反自然］，也包含对同性之间性行为的反对；参见《法》(636c5-6)：ἀρρένων δὲ πρὸς ἄρρενας ἢ θηλειῶν πρὸς θηλείας παρὰ φύσιν.［男的同男的，或者女的同女的〈在一起〉，是违反自然的。］

526 ὑπῆλθεν αὐτόν［透过他的全身］，也可以译为"袭击了他"或"不知不觉地向他袭来"。ὑπῆλθεν 是动词 ὑπέρχομαι 的一次性过去时直陈式主动态第三人称单数，ὑπέρχομαι 的本义是"在下面走"，喻为"偷偷进来"；当它用在一种不情愿的情绪或感觉方面时，指"袭击""不知不觉地袭来""透过"，例如，φρίκης αὐτὸν ὑπελθούσης［战栗透过他的全身］，《牛津希-英词典》对它的这种用法的解释是：come upon, steal over。

527 名词 ἄγαλμα 除了泛指"雕像""画像"之外，也专指"神像"或"献祭给神的心爱的东西或礼物"。

528 ἰδόντα δ' αὐτὸν οἷον ἐκ τῆς φρίκης μεταβολή τε καὶ ἱδρὼς καὶ θερμότης ἀήθης λαμβάνει.［而当他看着他〈心爱的少年〉时，像似从战栗而来的一种变化，〈如冒〉汗和不同寻常的燥热〈之类的〉，攫住了他。］之所以这么翻译，是把 ἱδρὼς καὶ θερμότης［〈如冒〉汗和燥热］理解为对 μεταβολή［变化］的说明，而不是同它并列。此外，鉴于动词 λαμβάνει［攫住］是第三人称单数，故其主语也当是 μεταβολή［变化］，而非 μεταβολή τε καὶ ἱδρὼς καὶ θερμότης［变化、〈冒〉汗和燥热］。

529 ἐτάκη 是动词 τήκω 的一次性过去时直陈式被动态第三人称单数，τήκω 的本义是"融化""熔化""使软化"，这里基于上下文将之译为"〈开始〉变得柔软"，当然也可以译为"软化开来"。

530 εἶργε μὴ βλαστάνειν［阻碍〈羽毛〉生长］，是一个整体。εἶργε 是动词 ἔργω 的未完成过去时直陈式主动态第三人称单数；ἔργω 的基本意思是"关""关进去""围起来"，同否定词 μή 连用，意思是"阻止做……""妨碍做……"。动词 βλαστάνω 的本义是"发芽"，泛指"生长"。

531 ἐπιρρυείσης ... τῆς τροφῆς［随着养料的流入］。τροφή［养料］，即前面 251b1-2 那里提到的 τοῦ κάλλους τὴν ἀπορροήν［美〈所流射出来〉的流射物］。

532 ἐν τούτῳ［在这种情形下］，如果将之理解为表时间，也可以译为"在这时""在此期间"。

533 ἀνακηκίει［喷涌迸发］，也可以译为"抽搐痉挛"。《牛津希-英词典》举了柏拉图在这里的这个表达，对它的解释是：bubble up, throb violently。

534 ὅταν ἄρτι φύωσιν［当他们刚刚〈开始〉长〈牙齿〉时］，之所以这样翻译，因为从文法上看，φύωσιν 是动词 φύω［生长/使生长］的现在时虚拟式主动态第三人称复数，在这里作及物动词使用，其主语为 οἱ ὀδοντοφυοῦντες［那些正在长牙的人］；在后面 251c5 那里有类似的表达：φύουσα τὰ πτερά［当它〈刚刚开始〉长羽毛时］。当然，如果坚持把其主语理解为 τοὺς ὀδόντας［牙齿］，并把 φύωσιν 理解为不及物动词，那么，这句话也可以译为"当它们刚刚长出来时"。

535 κνῆσίς τε καὶ ἀγανάκτησις περὶ τὰ οὖλα［在牙龈的四周生起一种既发痒又恼火的感受］，也可以简单译为"在牙龈那里既痒又疼"。名词 ἀγανάκτησις 派生自副词 ἄγαν［过度/非常］，指身体上的一种疼痛和刺激；《牛津希-英词典》对它的解释是：physical pain and irritation，并举了柏拉图这里的这个例子，把 ἀγανάκτησις περὶ τὰ οὖλα 解释为：the irritation caused by teething。

536 μέρη 是名词 μέρος 的复数，μέρος 的基本意思是"部分"，这里基于文义将之译为"微粒"。

537 ἃ δὴ διὰ ταῦτα ἵμερος καλεῖται[它们正由于这些而被称作欲流]。ἵμερος 的基本意思是"欲望""渴望",这里权且将之译为"欲流";朱光潜将之译为"情波",刘小枫将之译为"情液",也是不错的选择。参见《柏拉图文艺对话集》,朱光潜译,北京:人民文学出版社,2017 年,第 120 页;《柏拉图四书》,刘小枫译,北京:生活·读书·新知 三联书店,2015 年,第 334 页。

　　διὰ ταῦτα[由于这些],即由于前面的 ἐκεῖθεν μέρη ἐπιόντα καὶ ῥέοντ'[从那里流出来并侵袭它的那些微粒]。也就是说,ἵμερος[欲流]在词源上同 μέρη[微粒/部分]、ἐπιόντα[侵袭/前往]和 ῥέοντα[流/流出]这三个词相关;而 μέρη、ἐπιόντα 和 ῥέοντα 这三个词,分别是名词 μέρος[部分]、动词 ἰέναι/εἶμι[走/前往]和 ῥέω[流/流出]的相关变化。

538 希腊文方括号中的 τὸν ἵμερον[欲流],伯内特认为是窜入,法国布德本希腊文直接删除了它们。

539 λωφᾷ τῆς ὀδύνης[它从苦楚中恢复过来]。动词 λωφάω 的基本意思是"停止""减轻",跟属格,意思则是"从……恢复过来",所以这里出现的是单数属格 τῆς ὀδύνης[苦楚];《牛津希-英词典》举了柏拉图这里的这个例子,对它的解释是:take rest or abate from, recover from。

540 τὴν βλάστην τοῦ πτεροῦ[羽毛的萌发],单就这一表达,也可以译为"羽毛的生长"。名词 βλάστη 除了具有"生长"的意思之外,还有"幼苗""幼芽""萌芽"的意思。

541 πηδῶσα οἷον τὰ σφύζοντα[像血管一样在跳动]。σφύζοντα 是动词 σφύζω 的现在时分词主动态中性复数,σφύζω 的本义是"震颤",尤其指心脏或脉搏的"跳动",而 τὰ σφύζοντα 的意思就是"血管""动脉";《牛津希-英词典》以柏拉图在这里的这句话为例,对 οἷον τὰ σφύζοντα 的解释是:like the veins or arteries。

542 ἑκάστη[每个],指代前面出现的 βλάστη[萌发]。

543 τῇ διεξόδῳ ἐγχρίει ἑκάστη τῇ καθ' αὑτήν[每个都在刺戳它自己所在的那个通道]。动词 ἐγχρίω[刺/戳/扎]要求与格作宾语,故这里出现的是单数与格 τῇ διεξόδῳ ... τῇ καθ' αὑτήν[它自己所在的那个通道]。

544 κύκλῳ 是由名词 κύκλος[圆/圈]的单数与格派生而来的副词,在这里的意思是"浑身""到处";《牛津希-英词典》举了柏拉图在这里的这个表达,对它的解释是:all over。

545 动词 οἰστράω 作不及物动词使用时,径直指"发狂""发怒",但其词干就是 οἶστρος[牛虻],本义指"牛虻叮咬""叮得人发狂";这里基于上下文,将之译为"被刺得发狂"。

546 μνήμην ... ἔχουσα τοῦ καλοῦ［想起〈它心爱的少年的〉美］。μνήμην ἔχειν 是词组，意思是"想起""记起"，并要求属格作宾语，所以后面出现的是单数属格 τοῦ καλοῦ［美］。

547 从 251b1 开始到这里为止，出现的一系列动词，如 ἐθερμάνθη［温暖起来］，ἐτάκη［柔软起来］，ᾤδησε［肿胀］，ἀνακηκίει［喷涌］，γαργαλίζεται［发痒］，πηδῶσα［跳动］等，它们全都在某种意义上同"性"相关。

548 μεθ' ἡμέραν［在白天］是词组，也可以译为"拂晓之后"。

549 ἔλυσε ... τὰ συμπεφραγμένα［打开那些已经阻塞的毛孔］。συμπεφραγμένα 是动词 συμφράσσω 的完成时分词被动态中性复数，συμφράσσω 的意思是"堵塞""封闭"；《牛津希-英词典》举了柏拉图在这里的这个表达，对 τὰ συμπεφραγμένα 的解释是：the obstructed pores。

550 οὐδέ τινα τοῦ καλοῦ περὶ πλείονος ποιεῖται［它不会把任何东西凌驾于那俊美的〈少年〉之上］，这是意译。περὶ πλείονος ποιεῖσθαι 是固定表达，本义是"当作一件更重要的事"，所以这句话的字面意思是："它不会把任何东西当作是比那俊美的〈少年〉更重要的"。参见《泰阿泰德》(150e6-7)：ψευδῆ καὶ εἴδωλα περὶ πλείονος ποιησάμενοι τοῦ ἀληθοῦς.［他们把各种错误和假象凌驾于真的东西之上。］

551 παρ' οὐδὲν τίθημι 是词组，意思是"不当一回事""视若无物""藐视""蔑视"。《牛津希-英词典》以柏拉图在这里的这个表达为例，对它的解释是：set at naught。

552 πρὸ τοῦ 是词组，意思是"在此之前""早先""以前"。

553 οἷς πρὸ τοῦ ἐκαλλωπίζετο［在此之前它曾为之而自豪］。ἐκαλλωπίζετο 是动词 καλλωπίζω 的未完成过去时直陈式中动态第三人称单数，καλλωπίζω 的基本意思是"美化""装饰"，但其中动态则具有"炫耀自己""自夸""为某事而自豪"等意思，并要求与格，所以这里出现的是复数与格 οἷς［为之］。《牛津希-英词典》举了柏拉图在这里的这个表达，对它的解释是：pride oneself in or on a thing。

554 Ὁμηρίδης［荷马的模仿者或崇拜者］，当然可以简单译为"荷马的崇拜者"或"荷马的模仿者"；《牛津希-英词典》对该词的解释是：imitators or admirers of Homer。参见《伊翁》(530d6-8)：Καὶ μὴν ἄξιόν γε ἀκοῦσαι, ὦ Σώκρατες, ὡς εὖ κεκόσμηκα τὸν Ὅμηρον· ὥστε οἶμαι ὑπὸ Ὁμηριδῶν ἄξιος εἶναι χρυσῷ στεφάνῳ στεφανωθῆναι.［也确实值得听听，苏格拉底啊，我已经如何美好地装饰打扮了荷马，以至于我认为，我是配得上被那些荷马的模仿者或崇拜者用一顶金冠加冕的。］

555 形容词 ποτηνός 的意思是"带翅膀的""能飞的",这里为了表现这两者,故将之译为"带翅膀能飞的"。

556 Πτέρωτα 是专有名词 Πτέρως[普忒洛斯]的宾格,而 Πτέρως 由 πτερόν[羽毛/翅膀]和 ἔρως[爱/爱欲]合成。

557 διὰ πτεροφύτορ᾽ ἀνάγκην[由于长出翅膀的需要],也可以转译为"由于他需要长出翅膀"。

558 τῶν Διὸς ὀπαδῶν[就宙斯的那些随从而言],为了避免引起歧义,也可以译为"就宙斯的那些追随者而言""就那些跟随宙斯的人而言"。

559 ἐμβριθέστερον δύναται φέρειν[能够更加沉着地承负]是一个整体,也可以译为"能够更加坚定不移地承负"。ἐμβριθέστερον 是形容词 ἐμβριθής[重的/沉重的/严肃的]的比较级中性单数,在这里作副词使用,修饰动词 φέρειν[承负/携带];《牛津希-英词典》举了柏拉图在这里的这个表达,对 ἐμβριθέστερον φέρειν 的解释是:to bear with greater constancy。

560 τὸ τοῦ πτερωνύμου ἄχθος[从其羽翼得名的〈神所施加的〉负担]。形容词 πτερώνυμος 的意思是"从其羽毛或翅膀取得名字的""得名于它的羽毛或翅膀的",即"厄洛斯"(Ἔρως),因为他的名字又叫"普忒洛斯"(Πτέρως)。

561 参见赫尔米阿斯(Hermias)《柏拉图〈斐德若〉注释》(189.26–27):οἱ κάτοχοι τοῦ Διὸς σταθεροί εἰσιν, οἱ δὲ τοῦ Ἄρεος φονικοὶ καὶ ζηλότυποί εἰσι.[那些崇拜宙斯的,是沉着冷静的;而那些崇拜阿瑞斯的,则是嗜杀的和妒忌的。]

562 χορευτής 的本义是"歌舞队的舞蹈者",在这里喻为"神的虔诚的追随者"或"神的虔诚的信徒";《牛津希-英词典》举了柏拉图在这里的这个表达,对它的解释是:the devoted follower of a god。

563 προσφέρεται 在这里是动词 προσφέρω 的现在时直陈式被动态第三人称单数,προσφέρω 的基本意思是"带去""放到……上面""送上",但其被动态则具有"对待"和"……打交道"等意思。

564 πρὸς τρόπου[依照适合他自己性情的方式]是词组;名词 τρόπος 除了具有"方位""方式"等意思之外,也有"性格""性情""风格"的意思。《牛津希-英词典》举了柏拉图在这里的这个表达,对 πρὸς τρόπου 的解释是:agreeable to one's temper。

565 τόν ... Ἔρωτα,法国布德本希腊文作 τόν ... ἔρωτα,前者为专名,后者为普通名词;从布德本。

566 δὴ οὖν 是一个整体,副词 οὖν 的意思就是"因此""那么",与小品词 δή 连用，被进一步加强；这里权且将之译为"于是乎显而易见的是"。

567 τὴν ψυχήν 在这里是宾格作副词使用，表"在灵魂方面"；下面 252e3 的 τὴν φύσιν 同样如此，意味"在本性上"。

568 δῖόν τινα［某位像宙斯一样的人］。形容词 δῖος 的本义是"神圣的""天上的""崇高的"，这里基于上下文，尤其是前面的单数属格 Διός［宙斯］，将之译为"像宙斯一样的"。

569 参见前面 246e4-6：ὁ μὲν δὴ μέγας ἡγεμὼν ἐν οὐρανῷ Ζεύς, ἐλαύνων πτηνὸν ἅρμα, πρῶτος πορεύεται, διακοσμῶν πάντα καὶ ἐπιμελούμενος.［于是乎，一方面，在天上的诸位统帅中那位最大的，即宙斯，他驾着一辆能够飞的战车，行进在最前面，安排和照料着万事万物。］

570 ὅπως 在这里是目的连接词，目的句用将来时。

571 μὴ πρότερον ἐμβεβῶσι τῷ ἐπιτηδεύματι［他们早前未曾从事过这种事业］。ἐμβεβῶσι 是动词 ἐμβαίνω 的完成时分词主动态阳性与格复数，ἐμβαίνω 的本义是"走进""踏上"，喻为"从事""开始""着手"，并要求与格作宾语，所以这里出现的是单数与格 τῷ ἐπιτηδεύματι［事业］。《牛津希-英词典》举了柏拉图在这里的这个表达，对它的解释是：enter upon, embark in。

572 συντόνως［目不转睛地］，也可以译为"一心一意地"。συντόνως 是由形容词 σύντονος 派生而来的副词，σύντονος 的本义是"拉紧的""绷紧的"，喻为"紧张的""热烈的"；《牛津希-英词典》举了柏拉图在这里的这个表达，对它的解释是：intensely, earnestly。

573 ἰχνεύοντες δὲ παρ' ἑαυτῶν ἀνευρίσκειν τὴν τοῦ σφετέρου θεοῦ φύσιν εὐποροῦσι διὰ τὸ συντόνως ἠναγκάσθαι πρὸς τὸν θεὸν βλέπειν.［而当他们通过他们他们自己进行追踪而发现他们自己〈所跟随〉的神的本性之后，他们就由于下面这点而取得了成功，即被迫目不转睛地凝视那位神。］法国布德本希腊文对这句话的断句略有不同：ἰχνεύοντες δέ, παρ' ἑαυτῶν ἀνευρίσκειν τὴν τοῦ σφετέρου θεοῦ φύσιν εὐποροῦσι, διὰ τὸ συντόνως ἠναγκάσθαι πρὸς τὸν θεὸν βλέπειν.［而通过追踪，他们在他们自己那里成功地发现了他们自己〈所跟随〉的神的本性，因为他们被迫目不转睛地凝视那位神。］从文法上看，两种断句涉及对动词不定式 ἀνευρίσκειν［发现］的不同理解。伯内特的断句，是将之同分词 ἰχνεύοντες［追踪］放到一起；而布德本的断句，则是把它同动词 εὐποροῦσι［成功］视为一体。这里的翻译从伯内特本。

574 ἐφαπτόμενοι αὐτοῦ τῇ μνήμῃ［当他们借助记忆把握住他］。ἐφαπτόμενοι 是动词 ἐφάπτω 的现在时分词中动态阳性主格复数，ἐφάπτω 的本义是"拴在……上""钉牢在……上"，但其中动态转义为"抓住""把握住""获得"，并要求属格作宾语，所以这里出现的是阳性单数属格 αὐτοῦ［他］。《牛津希-英词典》举了柏拉图在这里的这个表达，对它的解释是：lay hold of or reach with the mind, attain to。

575 ἔτι μᾶλλον 是词组，等于 πολὺ μᾶλλον，意思是"愈发""更加地"。

576 κἂν ἐκ Διὸς ἀρύτωσιν［如果他们从宙斯那儿汲取了灵感］。动词 ἀρύω 的本义是"汲水""舀水"，在这里喻为"汲取灵感"；《牛津希-英词典》以柏拉图的这句话为例，对它的解释是：if they draw inspiration from Zeus。

577 πάντα 在这里是副词，意思是"完全""整个儿地"。

578 τὰ παιδικὰ πείθοντες καὶ ῥυθμίζοντες［劝说和训练〈他们自己的那位〉心爱的少年］。ῥυθμίζοντες 是动词 ῥυθμίζω 的现在时分词主动态阳性主格复数，ῥυθμίζω 的本义是"使合节拍""安排"，用在人身上时则指"教育""训练"；《牛津希-英词典》举了柏拉图在这里的这个表达，对它的解释是：educate, train。

579 εἰς τὸ ἐκείνου ἐπιτήδευμα καὶ ἰδέαν ἄγουσιν［把他引向那位神的事业和理念］，有意按字面意思翻译，当然也可以意译为"使他在行为举止和生活方式上同那位神相似"。

580 ὅτι μάλιστα 是词组，等于 ὡς μάλιστα，意思是"尽可能地"。

581 προθυμία ... τῶν ὡς ἀληθῶς ἐρώντων καὶ τελετή［那些真正陷入爱中的人的渴望和入教秘仪］。其中的 τελετή［入教秘仪］在一些抄本中作 τελευτή［结果/结局］，似乎也成立，依之这句话则当译为"那些真正陷入爱中的人的渴望及其结果"。

582 参见前面 246a6-7。

583 ὁ ... ἐν τῇ καλλίονι στάσει ὤν［那处在更为尊贵的位置上的］是一个整体，即站在右边的。

584 τό τε εἶδος ὀρθὸς καὶ διηρθρωμένος［形体挺拔并且四肢舒展］。διηρθρωμένος 在这里是动词 διαρθρόω 的完成时分词被动态阳性主格单数，διαρθρόω 的本义是"用关节分开"或"用关节连接"；《牛津希-英词典》举了柏拉图在这里的这个表达，对 διηρθρωμένος 的解释是：well-jointed, well-knit。

585 ὑψαύχην 的本义是"脖子伸得很长"，转义为"高视阔步""趾高气扬"。

586 εἰκῆ συμπεφορημένος［〈身体的各部分〉随意地拼凑在一起］。συμπεφορημένος 是动词 συμφορέω 的完成时分词被动态阳性主格单数；συμφορέω 的本义是"聚集""堆积"，《牛津希-英词典》举了柏拉图在这里的这个表达，对 εἰκῆ συμπεφορημένος 的解释是：put together anyhow。

587 κρατεραύχην, βραχυτράχηλος［脖颈粗短而有力］。形容词 κρατεραύχην 的意

思是"有着粗壮脖子的",而形容词 βραχυτράχηλος 的意思则是"短脖子的",这里合起来将之译为"脖颈粗短而有力"。

588 γλαυκόμματος, ὕφαιμος[灰色的眼睛布满了血丝]。形容词 γλαυκόμματος 的意思是"灰色眼睛的",形容词 ὕφαιμος 的意思则是"布满了血的""充满了血的",这里基于文义将之一起译为"灰色的眼睛布满了血丝"。

589 形容词 κωφός 的本义是"聋的",这里基于上下文,尤其基于前面的"它无需鞭策,仅仅通过口令和言辞就能被驾驭",将之译为"听不进去任何话"。

590 ἰδὼν τὸ ἐρωτικὸν ὄμμα[看见那激发他爱欲的面容]。名词 ὄμμα 除了具有"眼睛"这一基本意思之外,也有"面容""面貌"的意思;鉴于这里用的是单数,故将之译为"面容"。《牛津希-英词典》举了柏拉图在这里的这个表达,对它的解释是: face or human form。当然,译为"看见那激发他爱欲的眼眸"也讲得通。

591 γαργαλισμοῦ τε καὶ πόθου κέντρων ὑποπλησθῇ[渐渐充满了痒痒和渴望的刺痛]。为了避免产生歧义,这句话也可以译为"渐渐充满了一种刺痛,即它既感到痒痒,也充满渴望"。从文法上看,ὑποπλησθῇ 是动词 ὑποπίμπλημι[充满]的一次性过去时虚拟式被动态第三人称单数,要求属格作宾语,复数属格 κέντρων[刺/刺戳]是它的宾语;而属格 γαργαλισμοῦ[痒痒]和 πόθου[渴望]是对 κέντρων[刺/刺痛]的说明。当然,如果把 γαργαλισμοῦ[痒痒]也视为动词 ὑποπλησθῇ[充满]的宾语,那么这句话也可以译为"渐渐充满了一种痒痒和一种渴望的刺痛"。

592 οὔτε κέντρων ἡνιοχικῶν οὔτε μάστιγος ἔτι ἐντρέπεται.[无论是御者的马刺,还是鞭子,它都不再将之当回事。]ἐντρέπεται 在这里是动词 ἐντρέπω 的现在时直陈式中动态第三人称单数;ἐντρέπω 的本义是"转身""改变",其中动态的意思则是"重视""尊重""畏惧",并要求属格作宾语,所以这里出现了两个属格 κέντρων ἡνιοχικῶν[御者的马刺]和 μάστιγος[鞭子]。

593 πάντα πράγματα παρέχων τῷ σύζυγί τε καὶ ἡνιόχῳ[既给它同轭的伙伴也给御者带来无尽的麻烦],也可以译为"在方方面面都给同轭的伙伴和御者带来麻烦"。

594 μνείαν ποιεῖσθαι τῆς τῶν ἀφροδισίων χάριτος[〈对他〉提及那属于阿佛洛狄忒式的快乐],也可以译为"〈向他〉暗示那属于阿佛洛狄忒式的快乐"。μνείαν ποιεῖσθαι 是词组,意思是"提及""暗示",要求属格作宾语,所以这里出现的是单数属格 τῆς τῶν ἀφροδισίων χάριτος[属于阿佛洛狄忒式的快乐]。"属于阿佛洛狄忒式的快乐"也可以简单译为"情欲方面的快乐";形容词 ἀφροδίσιος 的本义是"属于阿佛洛狄忒式的",而阿佛洛狄忒是司爱与美的女神，所以该形容词也专指"男女之乐的""情欲的"。参见：

《斐洞》（64d6）：Τί δὲ τὰς τῶν ἀφροδισίων;［但关于情欲方面的那些快乐
又如何？］

《菲勒玻斯》（65c5–d2）：ἡδονὴ μὲν γὰρ ἁπάντων ἀλαζονίστατον, ὡς δὲ
λόγος, καὶ ἐν ταῖς ἡδοναῖς ταῖς περὶ τἀφροδίσια, αἳ δὴ μέγισται δοκοῦσιν εἶναι,
καὶ τὸ ἐπιορκεῖν συγγνώμην εἴληφε παρὰ θεῶν, ὡς καθάπερ παίδων τῶν ἡδονῶν
νοῦν οὐδὲ τὸν ὀλίγιστον κεκτημένων.［快乐是一切中最厚颜无耻的，据说，甚
至在关乎属于阿佛洛狄忒式的那些事情的一些快乐那里——它们无疑看起来
是一些最大的快乐——，就连发假誓也都已经从诸神那儿获得了体谅，因
为诸快乐就像孩子们一样未曾取得理智，哪怕是最少的。］

595 κατ' ἀρχάς 是词组，意思是"起初""起先"。

596 这里的动词 ἀντιτείνετον［奋力反抗］、ἀγανακτοῦντε［非常恼怒］、ἀναγκαζομένω
［被迫］均使用的是双数，故将之译为"他们两位"，即那匹白色的马和御者。

597 ἡ μνήμη πρὸς τὴν οὗ κάλλους φύσιν ἠνέχθη［〈他的〉记忆便被带向了美之本
性］，也可以意译为"对美之本性的记忆便油然升起"。

598 ἐν ἁγνῷ βάθρῳ βεβῶσαν［稳稳地站定在一个圣洁的基座上］。βεβῶσαν 是动
词 βαίνω 的完成时分词主动态阴性单数主格；βαίνω 的基本意思是"走"，
但其完成时往往作"站稳""站定"讲，大致相当于 εἰμί，因此，οἱ ἐν τέλει
ἐόντες 和 οἱ ἐν τέλει βεβῶτες 的意思都是"在位的人""掌权的人"。

599 ἰδοῦσα［当他看到〈这些〉］，这是意译，直译当为"当记忆看到这些"。因
为从文法上看，ἰδοῦσα 是动词 εἶδον［看］的一次性过去时分词主动态阴性
单数，其主语只能是前面出现过的阴性名词 μνήμη［记忆］，这可以视为一
种拟人法。

600 ἀνέπεσεν ὑπτία［向后仰］是一个整体。ὑπτία 是形容词 ὕπτιος［向后仰的／翻
过来的］的中性复数作副词使用；这一姿势，一般形象地表现在桨手用桨
划船那里。

601 εἰς τοὐπίσω［往后］是一个整体。τοὐπίσω 是 τὸ ὀπίσω 的缩合。

602 ὥστ' ἐπὶ τὰ σχία ἄμφω καθίσαι τὼ ἵππω［以至于那两匹马双双一屁股坐到
地上］，这是意译，字面意思是"以至于那两匹马双双坐到〈自己的〉屁
股上"。

603 τὸν ὑβριστήν［难驾驭的马］。名词 ὑβριστής 的基本意思是"放纵者""侮
慢者"，但也可作形容词修饰动物，意思是"难驾驭的""不守规矩的"；
《牛津希–英词典》举了柏拉图在这里的这个表达，对它的解释是：wanton,
restive, unruly。

604 λήξας τῆς ὀδύνης［一旦它停止疼痛］。λήξας 是动词 λήγω 的一次性过去式分词主动态阳性主格单数，λήγω 作"停止""终止"讲，要求属格作宾语，所以这里出现的是单数属格 τῆς ὀδύνης［疼痛］。

605 πολλά 在这里作副词使用，除了译为"从各方面"之外，也可以译为"猛烈地"。

606 λιπόντε τὴν τάξιν［他俩擅离职守］。λιπόντε 是动词 λείπω［留下／放弃］的一次性过去时分词主动态阳性主格双数；λείπω τὴν τάξιν 是固定表达，意思是"离弃自己的岗位""擅离职守"。参见《苏格拉底的申辩》（28e4-29a1）：τοῦ δὲ θεοῦ τάττοντος, ὡς ἐγὼ ᾠήθην τε καὶ ὑπέλαβον, φιλοσοφοῦντά με δεῖν ζῆν καὶ ἐξετάζοντα ἐμαυτὸν καὶ τοὺς ἄλλους, ἐνταῦθα δὲ φοβηθεὶς ἢ θάνατον ἢ ἄλλ' ὁτιοῦν πρᾶγμα λίποιμι τὴν τάξιν.［但当神给我布置了任务——就像我所认为和接受的那样——，命令我应在热爱智慧以及盘问自己和他人中过活，而我此时却因怕死或其他的事情而要擅离职守。］

607 εἰς αὖθις ὑπερβαλέσθαι［推迟到以后］。εἰς αὖθις 即 εἰσαῦθις，做副词使用，意思是"以后""后来又"。ὑπερβαλέσθαι 是动词 ὑπερβάλλω 的一次性过去时不定式中动态，ὑπερβάλλω 的基本意思是"超过"，但其中动态则具有"推迟""拖延"的意思；《牛津希-英词典》举了柏拉图在这里的这个表达，对它的解释是：delay, linger。

608 希腊文方括号中的 οὐ，伯内特认为是窜入，法国布德本希腊文直接删除了它。

609 即 254a6-7 那里提到的 μνείαν ποιεῖσθαι τῆς τῶν ἀφροδισίων χάριτος［〈对他〉提及那属于阿佛洛狄忒的快乐］。

610 ἐγκύψας 是动词 ἐγκύπτω 的一次性过去时分词主动态阳性主格单数，ἐγκύπτω 的本义是"附身偷看"，这里基于文义将之译为"弓腰低头"。

611 μετ' ἀναιδείας［厚颜无耻地］是词组，等于副词 ἀναιδῶς。

612 见前面 254b6-7：ἰδοῦσα δὲ ἔδεισέ τε καὶ σεφθεῖσα ἀνέπεσεν ὑπτία［当他看到〈这些〉，他既感到害怕，也因敬畏而向后仰。］

613 ὕσπληξ 在这里究竟指什么，众说纷纭。名词 ὕσπληξ 一方面指为了捕鸟或狼等所设立的机关，如"套索""陷阱"等，另一方面也指在举行赛车或赛跑时于起点处所安放的绳子等，相当于起跑线。这里基于上下文，泛泛将之译为"栏杆"。

614 ὀδύνας ἔδωκεν［让它痛苦不已］，字面意思是"把它交给各种痛苦"。该表达出自荷马，参见《伊利亚特》（5.397）以及《奥德修斯》（17.567）。

615 ἕπεται ἤδη τῇ τοῦ ἡνιόχου προνοίᾳ［从此以后就〈开始〉跟从御者的先见］，

有意按字面意思翻译，当然也可以转译为"从此以后就〈开始〉听从御者的告诫"。名词 πρόνοια 的基本意思是"先见""预见"，转义为"警示""警告"。

616 φόβῳ διόλλυται［因畏惧而不能自持］，当然也可以简单译为"怕得要死"。动词 διόλλυμι 的本义是"毁灭""毁坏""失败""忘记"，这里权且将之译为"不能自持"。

617 τότ᾽ ἤδη［只有到了那时］是词组，《牛津希-英词典》对它的解释是：only then, then and not before。

618 προσεμένου［让自己靠近了］，也可以简单译为"容许了"。

619 ἐγγύθεν ἡ εὔνοια γιγνομένη τοῦ ἐρῶντος［从对之怀有爱欲的人那里款款而来的柔情蜜意］是一个整体，字面意思是"对之怀有爱欲的人的柔情蜜意在近旁生起"。εὔνοια 的字面意思是"好意"，这里基于上下文将之译为"柔情蜜意"。

620 χρονίζῃ τοῦτο δρῶν［坚持做这件事］。动词 χρονίζω 的本义是"逗留""盘桓""继续"，在这里同分词 δρῶν［做］构成一个整体，意思则是"坚持做"；《牛津希-英词典》举了柏拉图在这里的这个表达，对 χρονίζω δρῶν 的解释是：persevere in doing。τοῦτο δρῶν［做这件事］，即前面提到的 ἐγγύθεν ἡ εὔνοια γιγνομένη［款款生起柔情蜜意］。

621 伽倪墨得斯（Γανυμήδης, Ganymedes）是特洛伊国王忒洛斯（Τρώς, Tros）的儿子，以俊美著称。宙斯爱上他后，将他掳到奥林匹斯山，并使之成为了他的酒僮。

622 πολλὴ φερομένη πρὸς τὸν ἐραστήν［浩浩汤汤地奔涌向爱慕者］，也可以译为"对爱慕者泛滥开来"。

623 ἀφικόμενον καὶ ἀναπτερῶσαν［当它抵达那里并且使〈那俊美的少年〉振奋起来之后］，也可以译为"当它抵达那里并且使〈那俊美的少年〉激动起来之后"。ἀναπτερῶσαν 在法国布德本希腊文中作 ἀναπληρῶσαν；前者为动词 ἀναπτερόω［展翅／举起／振奋／激动］的一次性过去时分词主动态中性单数，后者为动词 ἀναπληρόω［使充满］的一次性过去时分词主动态中性单数。如果按布德本翻译，那么这句话就当译为"当它抵达〈灵魂〉那里并且将之灌满后"。

624 之所以使用 αὖ［复又］一词，因为"爱慕者"或"怀有爱欲的人"自己的灵魂的相同情形，在前面 251b2-252a1 那里已经描述过了。

625 ἐρᾷ μὲν οὖν, ὅτου δὲ ἀπορεῖ.［于是乎，一方面，〈被怀有爱欲的人自己〉也怀有爱欲了，另一方面，〈究竟〉对何者〈怀有爱欲〉呢，他却感到茫然失措。] 这句话希腊文非常简洁，当然也可以很简洁地译为：于是乎他也爱了，但究竟爱何者，他却感到茫然失措。

626 οὐδ' ἔχει φράσαι [不能够将之说清道明]。动词 ἔχω [有] 跟不定式，表 "能够……" "有能力……"，所以后面出现的是动词不定式 φράσαι [说明 / 解释]。动词 φράζω 尽管后来也具有 "说" 的意思，但它不同于单纯的 "说"（λέγω），而是进行 "说明" "解释"。

627 ἀπ' ἄλλου ὀφθαλμίας ἀπολελαυκώς [当他已经从他人那里感染上眼炎后]，也可以讽刺性地译为 "当他已经从他人那里享受眼炎后"。ἀπολελαυκώς 是动词 ἀπολαύω 的完成时分词主动态阳性主格单数，ἀπολαύω 有 "得到好处" "得到坏处" 两方面的意思，这里基于文义将之译为 "感染上"；此外，它要求属格作宾语，所以这里出现的是阴性名词的单数属格 ὀφθαλμίας [眼炎]。

628 ὥσπερ ... ἐν κατόπτρῳ ἐν τῷ ἐρῶντι ἑαυτὸν ὁρῶν [他就像在一面镜子那里一样，在其爱慕者那里看见他自己。] 也可以意译为：他的爱慕者就像一面镜子似的，他在那里看见他自己。

629 οἷον εἰκός 是词组，意思是 "可能" "很可能"；《牛津希-英词典》对它的解释是：likely, probable。

630 τὸ μετὰ τοῦτο ταχύ [跟着不久]，也可以译为 "此后很快"。

631 ὡς σφόδρ' εὔνουν ἀσπαζόμενος [因为它在温柔地问候一个对他非常柔情蜜意的人]，也可以译为 "因为它乐于把他接受为一个非常柔情蜜意的人"。

632 οἷός ἐστι μὴ ἂν ἀπαρνηθῆναι [它不打算拒绝] 是一个整体。οἷός ἐστι 是固定用法，意思是 "打算" "想要" "指望" 跟不定式，所以后面出现的是一次性过去时不定式 ἀπαρνηθῆναι [拒绝 / 完全否认]。

633 τὸ αὑτοῦ μέρος [在它自己那方] 是一个整体，也可以译为 "就它自己而言"。

634 τεταγμένην τε δίαιταν καὶ φιλοσοφίαν [良序的生活方式以及热爱智慧]。τεταγμένην δίαιταν [良序的生活方式]，字面意思是 "安排好的生活方式"；单就 φιλοσοφίαν，也可以译为 "哲学"。

635 τάχ' ἄν [有可能]。τάχ' 即 τάχα；τάχα 是形容词 ταχύς [快的 / 迅速的] 的副词，但 τάχ' ἄν 是固定搭配，意思是 "或许" "大概" "有可能"。

636 αὐτοῖν [他俩的]，即 "爱慕者" 和 "被爱慕者" 两人的。

637 λαβόντε τὰς ψυχὰς ἀφρούρους [打〈他俩的〉灵魂一个措手不及]，也可以译为 "使得〈他俩的〉灵魂失去警惕"。

638 τὸ λοιπόν [在剩下的时间里] 是固定表达，在这里作副词使用；其完整表达是 τὸ λοιπὸν χρόνον。参见：

《泰阿泰德》（154d8-e3）：Οὐκοῦν εἰ μὲν δεινοὶ καὶ σοφοὶ ἐγώ τε καὶ σὺ ἦμεν, πάντα τὰ τῶν φρενῶν ἐξητακότες, ἤδη ἂν τὸ λοιπὸν ἐκ περιουσίας ἀλλήλων ἀποπειρώμενοι, συνελθόντες σοφιστικῶς εἰς μάχην τοιαύτην, ἀλλήλων τοὺς λόγους τοῖς λόγοις ἐκρούομεν.［因此，我和你，如果我俩都是非常强大和智慧的，已经盘查了内心中的一切，那么，此后在剩下的时间里，我们就会出于〈各自储备的〉充裕来互相测试，以智者的方式在这样一种战斗中交锋，互相用自己的说法打击对方的说法。］

《政治家》（268d8-e2）：συχνῷ γὰρ μέρει δεῖ μεγάλου μύθου προσχρήσασθαι, καὶ τὸ λοιπὸν δή, καθάπερ ἐν τοῖς πρόσθεν, μέρος ἀεὶ μέρους ἀφαιρουμένους ἐπ' ἄκρον ἀφικνεῖσθαι τὸ ζητούμενον.［因为〈我们首先〉必须借助于一个宏大的故事的长长的部分，而在剩下的时间里，就像在前面那样，通过不断地取走一个又一个的部分而抵达被寻找的东西之极点。］

639 从文法上看，分词 διαπραξαμένω［一旦他俩实现］是双数，而动词 χρῶνται［采用／使用］是复数；在这里，动词交替使用双数和复数，乃是一种修辞法。

640 οὐ πάσῃ δεδογμένα τῇ διανοίᾳ πράττοντες［他们并非在做那些已经被〈他们〉全心全意地认可的事情］。πάσῃ ... τῇ διανοίᾳ 是一个整体，在这里做副词使用，意思是"全心全意"。也即是说，他们的所作所为，只是被他俩各自那匹顽劣的马所赞同，而各自的御者和那匹温驯的马并不同意，只不过由于措手不及而没能抵制住。

641 即 256b7-c1 那里提到的"享受一种庸俗的、不热爱智慧而热爱名声的生活方式"的爱慕者以及被爱慕者。

642 即前面 256a7 那里说的过一种"良序的生活方式以及热爱智慧"的爱慕者以及被爱慕者。

643 διά τε τοῦ ἔρωτος καὶ ἔξω γενομένω［无论他俩是停留在爱欲中，还是已经从爱欲中走了出来。］介词 διά 在这里表达一种"绵延""持续"的时间关系，而副词 ἔξω［在……之外］后面省略了 τοῦ ἔρωτος［爱欲］一词。

644 ὡρμηκότες πτεροῦσθαι［促使自己长出翅膀］，也可以译为"开始长出翅膀"。

645 参见前面 249a6-7。

646 ἔρωτος χάριν［由于爱欲的缘故］。χάριν 是名词 χάρις［感谢／愉悦］派生而来的副词，作介词使用，意思是"为了……的缘故""由于……的缘故"，要求属格，所以这里出现了单数属格 ἔρωτος［爱欲］。

647 ὅταν γένωνται［他们迟早会变得那样］，也可以转译为"每当时间来临的时候"。

648 与这篇讲辞开始的 243e9 相呼应。

649 σωφροσύνη θνητῇ κεκραμένη［已经混杂了有死者的节制］，也可以译为"已经混杂了尘世的节制""已经混杂了人的节制"，或者"已经被有死者的节制稀释了"。

650 θνητά τε καὶ φειδωλὰ οἰκονομοῦσα［汲汲追求那些尘世中的东西和小家子气的东西］，这是意译，字面意思是"分派那些尘世中的东西和小家子气的东西"；οἰκονομοῦσα 是动词 οἰκονομέω 的现在时分词主动态阴性主格单数，οἰκονομέω 的基本意思是"管理家务""安排"，但也有"分派""分配"的意思。《牛津希-英词典》以柏拉图在这里的这句话为例，对它的解释是：pursuing earthly and niggardly practices。

651 ἀνελευθερίαν［不自由］，有意按词源翻译，当然也可以译为"奴性""小气"。

652 参见前面 234c7。

653 συγγνώμην ἔχειν 和 χάριν ἔχειν 都是词组，前者的意思是"原谅""宽恕"，后者的意思是"赞同""喜爱"。

654 ἀπηχὲς 在法国布德本希腊文中作 ἀπηνὲς，前者的意思是"不和谐的""刺耳的"，后者的意思是"不友善的""粗鲁的""无礼的"；这里的翻译从布德本。

655 ὁ ἐραστὴς ὅδε αὐτοῦ［在这儿的他的这位爱慕者］。ὅδε 除了是指示代词之外，还常作表地点或时间的副词使用，但与所修饰的名词同样变格。"这位爱慕者"即斐德若，因吕西阿斯是其心爱的少年；参见前面 236b5-8："你是不是已经过于认真了些啊，斐德若，就因为我为了取笑你而攻击了你心爱的少年，并且你也竟然认为，我真的将尝试超出那人的智慧而说出其他某种更加五彩缤纷的东西来？"

656 动词 ἐπαμφοτερίζω 的基本意思是"模棱两可""踌躇于两种意见之间"；《牛津希-英词典》举了柏拉图在这里的这个表达，对它的解释是：halt between two opinions。这里的意思是指斐德若踌躇于吕西阿斯和苏格拉底两人的讲辞之间。

657 ἁπλῶς πρὸς Ἔρωτα μετὰ φιλοσόφων λόγων τὸν βίον ποιῆται.［单纯凭借热爱智慧的言语而向着爱塑造他自己的生活。］其中的 Ἔρωτα［厄洛斯］在法国布德本希腊文中不作专名，而作 ἔρωτα［爱／爱欲］，从布德本。这句话也可以译为："单纯凭借热爱智慧的言语把自己的生活奉献给爱。"

658 ἡμῖν［对我们］，即"对吕西阿斯和斐德若两人"。

659 τὸν λόγον δέ σου πάλαι θαυμάσας ἔχω［而我也早已对你的这篇讲辞惊叹不

已］，基于上下文，也可以译为"而我也差不多从一开始就已经对你的这篇讲辞惊叹不已"。θαυμάσας ἔχω 是固定用法，θαυμάσας 在这里是动词 θαυμάζω［惊异］的一次性过去时分词主动态阳性主格单数，同动词 ἔχω 连用，等于 θαυμάζω 的完成时。

660 λογογράφος［一位代人写演说辞的专业写手］，也可以译为"一位职业的演讲稿撰写人"。λογογράφος 既泛指"散文作家""历史学家"，也专指"职业的演讲稿撰写人"；《牛津希–英词典》举了柏拉图在这里的这个表达，对它的解释是：professional speech-writer。

661 ἐπίσχοι ἡμῖν ἂν τοῦ γράφειν［停止为我们〈再〉写〈一篇〉］。ἐπίσχοι 是动词 ἐπίσχω 的现在时祈愿式主动态第三人称单数，ἐπίσχω 的基本意思是"抑制""阻止"，但作为不及物动词的意思则是"停下""停止"，并要求属格作宾语，所以这里出现的是动词不定式属格 τοῦ γράφειν［写］。《牛津希–英词典》举了柏拉图在这里的这个表达，对 ἐπίσχω 的解释是：cease from。

662 τοῦ ἑταίρου συχνὸν διαμαρτάνεις［你完全把〈你的〉那位伙伴认错得太多了］。διαμαρτάνω［完全出错 / 完全认错］是动词 ἁμαρτάνω 的增强体，ἁμαρτάνω 的本义是"未中的""未射中"，喻为"犯错""失误"；该动词要求属格，所以这里出现的是单数属格 τοῦ ἑταίρου［伙伴 / 朋友］。συχνόν 在这里是形容词 συχνός［长 / 久］的中性作副词使用，意思是"经常""更"，这里基于文义将之译为"太多"；《牛津希–英词典》举了柏拉图在这里的这个表达，对它的解释是：often, much。

663 τὸν λοιδορούμενον αὐτῷ［那个谩骂他的人］是一个整体。λοιδορούμενον 在这里是动词 λοιδορέω［谩骂 / 斥责］的现在时分词中动态阳性宾格单数，跟与格，所以这里出现的是单数与格 αὐτῷ［他］。

664 ὀνειδίζοντα λέγειν ἃ ἔλεγεν［当他在进行斥责时只不过说出了他所说的那些事情］，也可以译为"他作为一个斥责者在说他所说的那些事情"。

665 γλυκὺς ἀγκών［甜蜜的弯道］，是当时的一句谚语，《牛津希–英词典》对它的解释是：κατ' ἀντίφρασιν［用反语法］；即不能仅仅停留在字面的意思上，而是要理解其背后的真正意思，或者故意说与自己本义相反的话。类似于德语中的谚语：Die Trauben sind ihm zu sauer.（葡萄对他来说,太酸），也即是说，由于对某物或某事可望不可即，只得故作不感兴趣。

666 ὅτι ἀπὸ τοῦ μακροῦ ἀγκῶνος τοῦ κατὰ Νεῖλον ἐκλήθη［由在尼罗河那里的大弯而来的一种说法］，法国布德本希腊文删掉了这句话，不从。

667 οἱ μέγιστον φρονοῦντες［那些最为心高志大的］是短语 μέγα φρονεῖν 的最高级表达形式。φρονοῦντες 是动词 φρονεῖν 的现在时分词主动态阳性主格复数，

μέγα φρονεῖν 的意思是"心高志大",《牛津希-英词典》对它的解释是：to be high-minded, have high thoughts, to be high-spirited。

668 ἀνδρὸς πολιτικοῦ［一个从事城邦事务的人］，也可以简单译为"一位政治家"。在一些对话中，柏拉图会交替使用 ὁ πολιτικός 和 ὁ πολιτικὸς ἀνήρ 这两种表达，意思都一样。

669 希腊文方括号中的中性名词单数与格 συγγράμματι［文章］，伯内特认为是窜入；法国布德本希腊文作单数属格 συγγράμματος，从之。

670 βουλή 除了具有"建议""决议"等意思之外，也指"议事会"，尤其指雅典的 500 人议事会。在当时的雅典，议事会由五百人构成，十个部族，每个部族五十人，每年通过抽签从三十岁以上的公民中产生，其主要工作是为 ἐκκλησία［公民大会］准备待议事项；议事会成员被称作"议员"（βουλευτής）。

　　参见《苏格拉底的申辩》（32a9-b1）：ἐγὼ γάρ, ὦ ἄνδρες Ἀθηναῖοι, ἄλλην μὲν ἀρχὴν οὐδεμίαν πώποτε ἦρξα ἐν τῇ πόλει, ἐβούλευσα δέ.［诸位雅典人啊，我从未曾在城邦中担任过任何别的职务，但当过议事会成员。］

671 ὃς <καὶ ὃς> εἶπεν［某某人曾说］。希腊文尖括号中的 καὶ ὃς 是编辑校勘者根据文义补充的，但法国布德本希腊文没这样做，从伯内特本。ὃς καὶ ὃς 是固定表达，《牛津希-英词典》对它的解释是：such and such a person。

672 形容词 ἄμοιρος［没份的 / 无份的］要求属格，所以后面出现的是单数属格 λογογραφίας［讲辞写作 / 写演讲稿］。参见《斐洞》（83e1-3）：καὶ ἐκ τούτων ἄμοιρος εἶναι τῆς τοῦ θείου τε καὶ καθαροῦ καὶ μονοειδοῦς συνουσίας.［由于这些，它就无份同神性的东西、纯粹的东西和单一形相的东西交往。］

673 καὶ μάλα 是固定表达。καί 在这里不是并列连词，而是加强语气；副词 μάλα 的意思就是"很""极其"，这里整体地把 καὶ μάλα 译为"完全如此"。

674 ῥήτωρ［演说家］，单就这一表达也可以译为"修辞学家"。

675 吕寇耳戈斯（Λυκοῦργος, Lykourgos），传说中斯巴达的立法者。梭伦（Σόλων, Solon）是希腊七贤之一，雅典的立法者。大流士（Δαρεῖος, Dareios）是著名的波斯国王。

676 τῶν τοιούτων［这样一些人］，即前面提到的"政治家们"。

677 τῇ ἑαυτοῦ ἐπιθυμίᾳ ... ὀνειδίζοι［斥责他自己的欲望］。动词 ὀνειδίζω［斥责］一般要求与格作宾语，所以这里出现的是单数与格 τῇ ἑαυτοῦ ἐπιθυμίᾳ［他自己的欲望］。

678 ὡς εἰπεῖν 等于 ὡς ἔπος εἰπεῖν，是固定表达，意思是"一言以蔽之""总之一句话""几乎可以说"；该表达相当于德语的 sozusagen。

679 ἀλλ᾽ ἤ 是固定表达，意思是"除了……"。

680 形容词 ὀλίγος 本义是"少""小"的意思，其属格 ὀλίγου 单独使用，表"几乎""差不多""差一点"；但之所以使用属格，是省掉了无人称动词 δεῖν，其完整表达是 ὀλίγου δεῖ[差一点点/差得不多/几乎]。

681 κηλουμένους ὑφ᾽ αὐτῶν[被它们所诱惑]，也可以转译为"被它们催眠"。

682 塞壬（Σειρήν, Seiren），以歌声诱惑水手的女妖，河神阿刻罗俄斯（Ἀχελῷος, Acheloos）的女儿。

683 φιλόμουσον ἄνδρα[一个热爱缪斯的人]，有意按词源翻译，当然也可以译为"一个热爱文艺的人"。

684 缪斯是宙斯和记忆女神谟涅摩绪涅（Μνημοσύνη, Mvemosyne）所生的女儿，一共有九位，分别是：历史女神克雷俄（Κλειώ, Kleio），抒情诗女神欧忒耳珀（Εὐτέρπη, Euterpe），喜剧女神塔利亚（Θάλεια, Thaleia），悲剧女神墨尔波墨涅（Μελπομένη, Melpomene），歌舞女神忒耳普西科拉（Τερψιχόρη, Terpsichore），爱情诗女神厄剌托（Ἐρατώ, Erato），颂神歌女神波吕谟尼亚（Πολύμνια, Polymnia），天文女神乌剌尼亚（Οὐρανία, Ourania），以及史诗女神卡利俄珀（Καλλιόπη, Kalliope）。

685 参见《斐洞》（61a3）：ὡς φιλοσοφίας μὲν οὔσης μεγίστης μουσικῆς[因为热爱智慧就是最高的文艺/因为哲学就是最高的文艺]。

686 见前面 258d7-11。

687 οὐχ ὑπάρχειν δεῖ[岂不应当包含着下面这点]，也可以译为"岂不必定已经存在着下面这点"。

688 πλήθει οἵπερ δικάσουσιν[对于那些将做出裁决的大众来说]是一个整体。πλήθει 是中性名词 πλῆθος[大众]的单数与格；πλῆθος 作为集合名词，它自身虽然是单数，但其谓语能够是复数，也能够被复数形式的关系从句修饰和限定。

689 参见荷马《伊利亚特》（2.361），这句话出自参加攻打特洛伊的希腊著名的老将涅斯托耳（Νέστωρ, Nestor），只不过在那里的完整表达是：οὔ τοι ἀπόβλητον ἔπος ἔσσεται ὅττί κεν εἴπω.[真的一定不要把我所说的任何话抛到一边。]

690 ἀλλὰ σκοπεῖν μή τι λέγωσι[而是必须检查他们是否说出了某种东西]，在这里也可以意译为"而是必须检查他们是否说得在理"。

691 καὶ δὴ καί 是固定表达，可以译为"当然""而"。

692 σπουδῇ 是名词 σπουδή[急忙/热切]的单数与格作副词使用，意味"热切地""认真地""真诚地"。

693 παντὸς ἄξιον τὸ θρέμμα ... κεκτῆσθαι［拥有了该牲畜抵得上一切］是一个整体。短语 παντὸς ἄξιον［抵得上一切］、πολλοῦ ἄξιον［所值甚多］往往同不定式连用，所以这里出现的是完成时不定式 κεκτῆσθαι［拥有了］。

694 ἐπὶ στρατιᾶς［在远征上］，也可以译为"用于远征"。名词 στρατία 的基本意思是"军队"，但在这里的意思是"远征"，等于 στρατεία；《牛津希-英词典》举了柏拉图在这里的这个表达，对 στρατία 的解释是：expedition。

695 καὶ πρός γ' 是一个整体，即 καὶ πρός γε。πρός 在这里不是介词，而是副词，意思是"另外""此外""还有""而且"。

696 希腊文方括号中的 εἶναι ἢ φίλον，伯内特认为是窜入，法国布德本希腊文删除了 ἢ φίλον，但保留了 εἶναι；如果按布德本翻译，那么这句话就当译为："是可笑而友好的，岂不强于是聪明却满怀敌意的？"

697 περὶ ὄνου σκιᾶς［对驴的影子］。ὄνου σκιά［驴的影子］是谚语，译为"不值钱的东西""无价值的事情"；《牛津希-英词典》举了柏拉图在这里的这个表达，对它的解释是：of worthless things。参见阿里斯托芬《马蜂》（191）：περὶ τοῦ μαχεῖ νῷν δῆτα; περὶ ὄνου σκιᾶς.［你到底为何事要起诉我俩？为驴的影子。］

698 希腊文尖括号中的字母 ν，是编辑校勘者根据文义补充的，法国布德本希腊文直接补充上了它。

699 动词 θερίζειν 与名词 θέρος［夏天 / 夏季］是同源词，本义是"做夏天的事情"，喻为"夏收""收割""收获"。

700 εἴ τι ἐμὴ συμβουλή［如果我的建议终究还有点什么〈价值〉的话］，也可以简单意译为"如果我终究还有所建议的话"。

701 ἐκεῖνο［那东西］，即前面提到的"真相"（τἀληθές）。

702 μέγα λέγω 是词组，意思是"说大话""夸海口""吹牛"；μέγα 在这里是中性作副词使用。

703 οὐδέν τι μᾶλλον 是固定搭配，意思是"一点也不""丝毫不""根本不"。

704 ἀκούειν δοκῶ τινων προσιόντων καὶ διαμαρτυρομένων λόγων［听见了一些走上前去进行攻击和严重抗议的说法］。ἀκούειν 是动词 ἀκούω［听］的现在时不定式，该动词要求属格作宾语，所以这里出现的是复数属格 τινων προσιόντων καὶ διαμαρτυρομένων λόγων［一些走上前去进行攻击和严重抗议的说法］。

705 名词 τριβή 派生自动词 τρίβω［磨 / 搓］，除了具有"磨损""消磨"等基本意思之外，同 τέχνη［技艺］和 μέθοδος［方法 / 研究］相对照，指"单纯的练习""磨练""磨砺"，接近于 ἐμπειρία［经验］。参见：

《高尔吉亚》(463b3-4): οὐκ ἔστιν τέχνη ἀλλ᾽ ἐμπειρία καὶ τριβή.［不是一种技艺，而是一种经验和历练。］

《菲勒玻斯》(55e5-56a1): Tὸ γοῦν μετὰ ταῦτ᾽ εἰκάζειν λείποιτ᾽ ἂν καὶ τὰς αἰσθήσεις καταμελετᾶν ἐμπειρίᾳ καί τινι τριβῇ, ταῖς τῆς στοχαστικῆς προσχρωμένους δυνάμεσιν ἃς πολλοὶ τέχνας ἐπονομάζουσι, μελέτῃ καὶ πόνῳ τὴν ῥώμην ἀπειργασμένας.［在这之后，无论如何都只会剩下猜想以及通过经验和某种磨砺而来的对诸感觉的训练，当一些人进一步使用那善于猜中的技艺之各种能力时——许多人将这些能力称作技艺，但它们其实是通过练习和苦工才实现〈其〉力量的。］

706 拉孔人（Λάκων, Lakon），即拉栖岱蒙人（Λακεδαιμόνιος, Lakedaimonios），也即斯巴达人（Σπαρτιάτης）。

707 θρέμματα γενναῖα［高贵的孩子们］。名词 θρέμμα 派生自动词 τρέφω［抚养 / 培育］，本义指"被精心培育的东西"，转义为"生物""动物"；这里基于上下文将之译为"孩子们"。

708 καλλίπαιδα Φαῖδρον［这位有着美丽的儿女的斐德若］。καλλίπαιδα 在这里是形容词 καλλίπαις 的阳性单数宾格，καλλίπαις 的意思是"有美丽的儿女的"；《牛津希-英词典》举了柏拉图在这里的这个表达，对它的解释是：with beautiful children, blessed with fair children。说斐德若"有着美丽的儿女"，即说他是"讲辞之父"，参见前面 242a7-b5。

709 ἱκανῶς φιλοσοφήσῃ［充分地热爱智慧］，在这里也可以径直译为"充分地从事哲学"。

710 τὸ ὅλον［整体地讲］在这里作为副词使用，也可以译为"作为一个整体""总体说来"。

711 τέχνη ψυχαγωγία τις διὰ λόγων［一种通过言说来赢得人们的灵魂的技艺］。名词 ψυχαγωγία 的本义是"对亡灵的召唤"，这里喻为"赢得人们的灵魂"；《牛津希-英词典》举了柏拉图在这里的这个表达，对它的解释是：winning of men's souls。

712 ἐπὶ πλέον 是固定搭配，作副词使用，意思是"更多""进一步"；《牛津希-英词典》对它的解释是：more, further。

713 ἀλλ᾽ ἦ 是固定用法，用于疑问句，表达一种吃惊或抗议。

714 伊利翁城（Ἴλιον, Ilion），即"特洛伊"（Τροία, Troia）。

715 帕拉墨得斯（Παλαμήδης, Palamedes），是特洛伊战争中的英雄，因遭到奥德修斯的陷害而被用石头砸死；柏拉图在其他一些对话中也曾提到过此人。参见：

《苏格拉底的申辩》（41b1–7）：ἐπεὶ ἔμοιγε καὶ αὐτῷ θαυμαστὴ ἂν εἴη ἡ διατριβὴ αὐτόθι, ὁπότε ἐντύχοιμι Παλαμήδει καὶ Αἴαντι τῷ Τελαμῶνος καὶ εἴ τις ἄλλος τῶν παλαιῶν διὰ κρίσιν ἄδικον τέθνηκεν, ἀντιπαραβάλλοντι τὰ ἐμαυτοῦ πάθη πρὸς τὰ ἐκείνων – ὡς ἐγὼ οἶμαι, οὐκ ἂν ἀηδὲς εἴη – καὶ δὴ τὸ μέγιστον, τοὺς ἐκεῖ ἐξετάζοντα καὶ ἐρευνῶντα ὥσπερ τοὺς ἐνταῦθα διάγειν, τίς αὐτῶν σοφός ἐστιν καὶ τίς οἴεται μέν, ἔστιν δ’ οὔ. [因为，当我遇见帕拉墨得斯和忒拉蒙的儿子埃阿斯，以及如果还有古人中任何其他由于某种不义的判决而死去的人的话，恰恰对于我本人来说在那里的消磨时间会是奇妙的；我把自己的遭遇同那些人的遭遇比较一番——我认为这不会是不愉快的——，尤其最重要的事情是，就像〈通过盘问和审查〉这儿的人一样我会通过盘问和追查那儿的人来度日，看他们中谁是智慧的，谁虽然认为〈自己是智慧的〉，但其实不是。]

《政制》（522d1–2）：Παγγέλοιον γοῦν, ἔφην, στρατηγὸν Ἀγαμέμνονα ἐν ταῖς τραγῳδίαις Παλαμήδης ἑκάστοτε ἀποφαίνει. [我说，至少在那些悲剧中帕拉墨得斯每回都使得阿伽门农显得是一位非常可笑的统帅。]

716 高尔吉亚（Γοργίας, Gorgias），即勒昂提诺伊的高尔吉亚（Γοργίας ὁ Λεοντῖνος），第一代智者；在柏拉图的对话中，有一篇以高尔吉亚命名。勒昂提诺伊是位于南意大利西西里岛东南部的一个希腊殖民城市。

717 特剌绪马科斯（Θρασύμαχος, Thrasymachos），来自希腊城市卡尔刻东（Χαλκηδών, Chalkedon）的一位修辞学家和智者，在《政制》第一卷中，曾同苏格拉底就"正义"展开过论辩。

718 这里提到的这位忒俄多洛斯（Θεόδωρος, Theodoros），是当时来自拜占庭的一位修辞学家，与《泰阿泰德》中的那位几何学家忒俄多洛斯不是同一个人。

719 语气小词 μεντοι，在法国布德本希腊文中作 μέντοι，从之。

720 一般认为这儿讽喻的爱利亚人帕拉墨得斯（Ἐλεατικὸς Παλαμήδης），指的就是爱利亚的芝诺。

721 ὅμοια καὶ ἀνόμοια [既是同又是异]，单就这句话也可以完全按字面译为"既是相似的又是不相似的"。

722 ἤ τις οἷός τ’ ἔσται πᾶν παντὶ ὁμοιοῦν τῶν δυνατῶν καὶ οἷς δυνατόν. [凭借它，一个人将可以使得那些能够〈变得相似于某种东西〉以及〈某个东西〉也能够〈变得相似于〉它们的东西中的每个与每个相似。] 之所以这样补充翻译，因为这里的希腊文省略了不少词，将之补全当为：ἤ τις οἷός τ’ ἔσται πᾶν παντὶ τῶν δυνατῶν <ὁμοιοῦσθαί τινι> καὶ οἷς δυνατόν <ὁμοιοῦσθαί τι>.

723 之所以这么翻译，因为 ζητοῦσιν 在这里是动词 ζητέω［探究 / 寻找］的现在时分词主动态阳性与格复数，暗含复数与格 ἡμῖν［我们］一词。

724 ἐν πολὺ διαφέρουσι ... ἢ ὀλίγον［在那些差异大还是差异小的事物中］。διαφέρουσι 在这里是动词 διαφέρω［不同 / 不一致］的现在时分词主动态中性与格复数。

725 κατὰ μικρόν 是词组，意思是"逐渐地"，这里基于上下文将之译为"小步地"；《牛津希-英词典》对它的解释是：little by little。

726 τοῖς παρὰ τὰ ὄντα δοξάζουσι καὶ ἀπατωμένοις［对于那些形成同诸是者相违背的意见并且受到欺骗的人来说］，也可以译为"对于那些形成同诸是者相左的意见并且受到欺骗的人来说"。介词 παρά / πάρ 跟宾格，具有"和……相反"的意思，如 παρὰ καιρόν［违反时机］，πὰρ μέλος［走调］。

727 εἰσερρύη 是动词 εἰσρέω 的一次性过去时直陈式被动态第三人称单数，εἰσρέω 的本义是"流进""流入"，这里喻为"悄悄溜进""偷偷溜进去"；《牛津希-英词典》举了柏拉图在这里的这个表达，对它的解释是：slipped in。

728 παρέξεται［他将展示出］，也可以译为"他将提供给他自己"。παρέξεται 在这里是动词 παρέχω［提供 / 给予］的将来时直陈式中动态第三人称单数。

729 κινδυνεύει 在这里作无人称动词使用。κινδυνεύω 本义是"冒险"，作无人称动词使用时，作为回答语意思是"有可能""也许是""或许是"。

730 之所以这么讲，因为苏格拉底认为他所说的那两篇讲辞中的第一篇，其实是斐德若本人假他之口说的。参见前面 242d11-e1：但他无论如何都既不被吕西阿斯的讲辞，也不被你的那篇讲辞——它通过我的那张被你下了药的嘴说了出来——，承认为是那样。

731 ψιλῶς λέγομεν［干巴巴地谈］，也可以转译为"空洞地谈""抽象地谈"。ψιλῶς 是形容词 ψιλός 派生而来的副词，ψιλός 的本义是"光秃秃的""裸露的""没有遮盖的"。该词的使用非常广泛，例如，作为军事术语，指"没有重甲的士兵"；与 ἡ γεωμετρία［几何学］相对的 ἀριθμητικὴ ψιλή，则指"纯数学"。《牛津希-英词典》举了柏拉图在这里的这个表达，对 ψιλῶς λέγειν 的解释是：speak nakedly, without alleging proofs。

732 παράδειγμα［例子 / 范型 / 范例］来自动词 παραδείκνυμι［并排展示 / 相比较 / 相对照］，本义是拿来做比较的东西；现代西方哲学中，库恩提出的 paradigm（范式）就来自这个词。此外，这个词还具有"教训""警醒"的意思。

733 προσπαίζων ἐν λόγοις［通过玩弄言辞］，字面意思是"通过在言辞中戏谑"。

734 即 230b7-8 那里提到的一些仙女和阿刻罗俄斯。

735 即 259c-d 那里提到的 "蝉"。

736 τοῦτο τὸ γέρας [这奖品 / 这礼物]，即 "修辞术"。

737 ἐπιπεπνευκότες ἂν ... εἶεν [已经吹拂] 是一个整体。ἐπιπεπνευκότες 是动词 ἐπιπνέω [吹拂] 的完成时分词主动态阳性主格复数，εἶεν 则是 εἰμί 的现在时祈愿式主动态第三人称复数；εἰμί 的各种形式与动词的完成时分词连用，构成一种委婉或迂回的表达。参见：

《政制》(492a5-7)：ἢ καὶ σὺ ἡγῇ, ὥσπερ οἱ πολλοί, διαφθειρομένους τινὰς εἶναι ὑπὸ σοφιστῶν νέους. [或者就像众人一样，你也认为一些年轻人已经被智者们给败坏了。]

《政治家》(257a6-8)：οὕτω τοῦτο, ὦ φίλε Θεόδωρε, φήσομεν ἀκηκοότες εἶναι τοῦ περὶ λογισμοὺς καὶ τὰ γεωμετρικὰ κρατίστου; [那么，亲爱的忒俄多洛斯，我们会说我们已经如此这般地从在各种计算方面和在几何学的各种事情方面最卓越的人那儿听说了这点吗？]

《菲勒玻斯》(66c9-10)：ἀτὰρ κινδυνεύει καὶ ὁ ἡμέτερος λόγος ἐν ἕκτῃ καταπεπαυμένος εἶναι κρίσει. [然而，这点也是有可能的，即我们的谈话已经结束在了第六个剖判那里。]

738 τέχνης τινὸς τοῦ λέγειν μέτοχος [分享关于言说的任何技艺]。形容词 μέτοχος [分享的 / 分担的] 要求属格，所以这里出现的是单数属格 τέχνης τινὸς τοῦ λέγειν [关于言说的任何技艺 / 一种关于说话的技艺]。

739 Ἴθι δή 是词组，意思是 "好吧！" "来呀！"；而 ἴθι 是动词 εἶμι [来 / 去] 的现在时命令式第二人称单数。

740 ὄνομα ... σιδήρου ἢ ἀργύρου [语词铁或银]，也可以译为 "铁或银这两个语词" 或 "铁或银这两个名称"。这里的属格当理解为同位语属格，故不能译为 "铁或银的名字" 等。

741 ἄλλος ἄλλη φέρεται [各奔东西]，也可以转译为 "各说各的"；字面意思是 "不同的人前往不同的地方"。ἄλλη 是形容词 ἄλλος [别的 / 另外的 / 不同的] 的单数阴性与格作副词，意思是 "在别处" "到别处" "到另外的地方"。

742 ἐν οἷς πλανώμεθα [在我们对之感到困惑的那些事情上]，也可以译为 "在我们游移不定的那些事情上"。πλανώμεθα 在这里是动词 πλανάω 的现在时直陈式被动态第一人称复数；πλανάω 本义是 "使飘荡" "引入歧途"，但其被动态的意思则是 "漫游" "飘荡"，喻为 "感到困惑" "不知所措"。

743 ὁδῷ [在方法上]，也可以译为 "系统地"。ὁδῷ 是名词 ὁδός [道路] 的单数与格作副词，意思是 "有方法地" "系统地"；《牛津希–英词典》对它的解释是：methodically, systematically。

744 τινὰ χαρακτῆρα ἑκατέρου τοῦ εἴδους［两个种类各自的某种特征］。基于这里
的上下文，不把 εἶδος 译为"形式"，而是把它视为后面 263c5 那里 γένος 的
同义词，泛泛地将之译为"种类"或"类"；当然，单就这句话，这里将之
译为"两种形式各自的某种特征"，也是可以理解的。另外，名词 χαρακτήρ
的本义是"印纹"，喻为"特征"；《牛津希-英词典》举了柏拉图在这里的
这个表达，对它的解释是：feature。

745 καλὸν ... εἶδος εἴη κατανενοηκώς［已经洞悉了某一美的种类］，也可以译为
"已经洞悉了一种美的形式"，甚或泛泛译为"已经洞悉了某种美的事物"。

746 σοι ἐγχωρῆσαι εἰπεῖν［能容许你说］，也可以简单译为"你能够说"。
ἐγχωρῆσαι 是动词 ἐγχωρέω 的一次性过去时不定式主动态，在这里作无人称
动词使用。ἐγχωρέω 的本义是"让路""腾出位置"，转义为"容许"；作无
人称动词使用时，表"可能……"，往往同与格和不定式连用，所以这里出
现的是单数与格 σοι［你］和不定式 εἰπεῖν［说］。

747 希腊文尖括号中的 ὃν，是伯内特根据希腊文文法补充的，法国布德本希腊
文没有这样做；从伯内特本。

748 διὰ τὸ ἐνθουσιαστικόν［由于被神附体］，也可以译为"由于狂喜"或"由于
兴奋"。形容词 ἐνθουσιαστικός 的本义是"为神所凭附的""入迷的"，《牛
津希-英词典》举了柏拉图在这里的这个表达，对它的解释是：excitement。

749 ἀρχόμενος τοῦ λόγου［当我开始〈我的〉讲辞时］。ἀρχόμενος 是动词 ἄρχω 的
现在时分词中动态阳性主格单数；ἄρχω 作"开始"讲时，要求属格，所以
这里出现的是单数属格 τοῦ λόγου［讲辞］。

750 赫尔墨斯（Ἑρμῆς, Hermes）是宙斯的儿子，既是神使，也掌管道路、财喜
等。潘（Πάν, Pan）是在山林中保护羊群和牧人的小神，但因其父亲赫尔
墨斯的缘故，也同言说发生关联；参见《克拉底鲁》（408d2-4）：καὶ ἔστιν
ἤτοι λόγος ἢ λόγου ἀδελφὸς ὁ Πάν, εἴπερ Ἑρμοῦ υἱός ἐστιν.［并且潘，他要么是
言说，要么是言说的兄弟，假如他是赫尔墨斯的儿子的话。］

751 ἦ 在这里是副词，意思是"毫无疑问""确实地"。

752 ἐξ ὑπτίας ἀνάπαλιν διανεῖν ἐπιχειρεῖ τὸν λόγον［尝试反过来逆向地游过讲辞］，
有意按字面翻译，当然也可以译为"尝试反过来回溯讲辞"。

753 φίλη κεφαλή［可爱的脑袋瓜］，有意按字面意思翻译，当然可以简单译为
"亲爱的人"。φίλη κεφαλή［亲爱的人］是固定表达，等于拉丁文的 carum
caput；κεφαλή 本义是头，鉴于头是身体最重要的部分，故常用来代指整
个人。

754 ὡς μηδὲν εἰδότι［作为一个对之一无所知的人］。这是苏格拉底惯用的表达，

也参见前面 262d5-6：无论如何我都肯定不分享关于言说的任何技艺。

755　τὸ ἐπιόν［对他所发生的事情］，也可以译为"他所碰到的事情"；ἐπιόν 在这里是动词 ἔπειμι［走向 / 来临］的现在时分词主动态中性宾格单数，《牛津希-英词典》举了柏拉图在这里的这个表达，对它的解释是：what occurs to one。

756　ἔχεις［你知道］。动词 ἔχω 的基本意思是"有""拥有"，但也转义为"理解""意味着"，这里根据上下文将之译为"知道"；参见前面 241b1。

757　τινὰ ἀνάγκην λογογραφικήν［讲辞写作的某种必然规则］是一个整体，《牛津希-英词典》举了柏拉图在这里的这个表达，对 ἀνάγκη λογογραφική 的解释是：inevitable rules for composition。

758　χρηστός εἶ, ὅτι με ἡγῆ ... 是一个整体，意思是"你够好了，认为我……"，但暗含讽刺。χρηστός 的本义是"有用的""有益的""正直的""诚实的"，但作为反语，即"够好的"，指"太天真的""够愚蠢的"；《牛津希-英词典》举了柏拉图在该对话中这里的这个表达，对 χρηστὸς εἶ ὅτι ἡγῆ ... 的解释是：you're a nice fellow, to think that ...

　　　　参见《泰阿泰德》（161a7-b1）：Φιλόλογός γ᾽ εἶ ἀτεχνῶς καὶ χρηστός, ὦ Θεόδωρε, ὅτι με οἴει λόγων τινὰ εἶναι θύλακον καὶ ῥαδίως ἐξελόντα ἐρεῖν ὡς οὐκ αὖ ἔχει οὕτω ταῦτα.［你完完全全就是一个热爱讨论的人，忒俄多洛斯啊，并且你够好了，认为我就是某一〈装满〉各种说法的口袋，很容易就取出〈一个说法〉而宣布，这些事情复又不是这样。］（166a2-6）：Οὗτος δὴ ὁ Σωκράτης ὁ χρηστός, ἐπειδὴ αὐτῷ παιδίον τι ἐρωτηθὲν ἔδεισεν εἰ οἷόν τε τὸν αὐτὸν τὸ αὐτὸ μεμνῆσθαι ἅμα καὶ μὴ εἰδέναι, καὶ δεῖσαν ἀπέφησεν διὰ τὸ μὴ δύνασθαι προορᾶν, γέλωτα δὴ τὸν ἐμὲ ἐν τοῖς λόγοις ἀπέδειξεν.［这位苏格拉底，够好的一个人了！因为他让某个小孩受到惊吓，通过问是否同一个人能够记得，同时又不知道同一个东西；当小孩受到惊吓，由于不能够预见〈后果〉而否认时，他于是就在讨论中把我这种人显明为是一个笑料。］

759　弥达斯（Μίδας, Midas）是弗里基亚（Φρυγία, Phrygia）的国王，据说他曾获得过点石成金的本事，但该本事却带给了他无数的麻烦和灾难。弗里基亚位于小亚细亚中西部。

760　τί πεπονθός［它的情况是怎样］，这是意译，字面意思是"它已经遭受了什么"。

761　αὑτοῦ τῇδε［就在这儿］是一个整体，αὑτοῦ 在这里作副词，意思与 τῇδε 一样，都是"在这儿"，只不过起进一步的强调作用。

762　形容词 πολύκλαυστος 的本义是"非常悲哀的"，这里将之译为"长泪汪汪"。

763 第欧根尼·拉尔修在其《名哲言行录》（1.89.11–90.4）中，完整地引用过该碑文（与这里重复的诗句几乎完全一样），并将之归在希腊早期七贤之一克勒俄布罗斯（Κλεόβουλος, Kleopoulos）的名下：

χαλκῆ παρθένος εἰμί, Μίδα δ' ἐπὶ σήματι κεῖμαι. 我是一位铜铸的少女，守卧在弥达斯的坟旁。

ἔστ' ἂν ὕδωρ τε νάῃ καὶ δένδρεα μακρὰ τεθήλῃ, 只要泉水还在流淌，大树还在抽芽，

ἠέλιός τ' ἀνιὼν λάμπῃ, λαμπρά τε σελήνη, 太阳仍在升起照耀，月亮依旧发光，

καὶ ποταμοί γε ῥέωσιν, ἀνακλύζῃ δὲ θάλασσα, 江河还在奔涌，大海还在翻腾，

αὐτοῦ τῇδε μένουσα πολυκλαύτῳ ἐπὶ τύμβῳ, 我就会留在这长泪汪汪的墓边，

ἀγγελέω παριοῦσι, Μίδας ὅτι τῇδε τέθαπται. 我将向路人们宣告，弥达斯已埋骨于此。

764 οὐδὲν διαφέρει αὐτοῦ πρῶτον ἢ ὕστατόν τι λέγεσθαι［它的任何部分无论是首先被说，还是最后被说，这都并无任何不同。］动词 διαφέρει［不同］的主语是不定式 αὐτοῦ πρῶτον ἢ ὕστατόν τι λέγεσθαι［它的任何部分无论是首先被说，还是最后被说。］

765 μὴ πάνυ τι［无论如何都绝不］是固定搭配，中性不定代词 τι 在这里表程度，意思是"根本""在任何程度上"等。

766 τοὺς ἑτέρους λόγους［另外两篇讲辞］，即苏格拉底说出的那两篇讲辞。

767 μαντικὴν μὲν ἐπίπνοιαν Ἀπόλλωνος θέντες, Διονύσου δὲ τελεστικήν, Μουσῶν δ' αὖ ποιητικήν, τετάρτην δὲ Ἀφροδίτης καὶ Ἔρωτος.［把预言的迷狂确定为来自阿波罗的灵感，把秘仪中的迷狂确定为来自狄俄尼索斯的灵感，此外把诗艺的迷狂确定为来自缪斯们的灵感，而把第四种迷狂确定为来自阿佛洛狄忒和厄洛斯的灵感。］如果把 μαντικὴν ἐπίπνοιαν［预言中的灵感］视为一个整体，那么整个这句话也可以译为：把预言中的灵感确定为来自阿波罗的迷狂，把秘仪中的灵感确定为来自狄俄尼索斯的迷狂，此外把诗艺中的灵感确定为来自缪斯们的迷狂，而把第四种灵感确定为来自阿佛洛狄忒和厄洛斯的迷狂。

768 ἐρωτικὴν μανίαν［由爱欲所引起的迷狂］，也可以简单译为"爱的迷狂"。

769 μετρίως τε καὶ εὐφήμως［适度且虔诚地］，也可以译为"以适度的方式和说好听的话的方式"。εὐφήμως 是由形容词 εὔφημος 派生而来的副词，εὔφημος 除了具有"说好听的话的""说吉利话的"这一基本意思之外，也有"虔诚的""神圣的"等意思。

770 动词 προσπαίζω 的本义是"玩耍""戏谑",但在褒义上指"歌颂""礼赞"。

771 Καὶ μάλα ἔμοιγε οὐκ ἀηδῶς ἀκοῦσαι.[至少我能够听得非常愉快。]也可以意译为"至少听到它我感到非常愉快",当然也可以完全按字面译为"至少对我而言,能够听起来完全不是不愉快的。"ἀκοῦσαι 是动词 ἀκούω 的一次性过去时不定式主动态,之所以使用不定式,是省略了无人称动词 εἶχε。

772 副词 αὐτόθεν 有两方面的意思,就地点而言指"就地""从当地",就时间而言指"立刻""立即";这里取第二种意思。

773 οὐκ ἄχαρι[不会是不美妙的],也可以译为"不会是不受欢迎的"。

774 περὶ Ἔρωτος,法国布德本希腊文作 περὶ ἔρωτος,即不作专名;从布德本。

775 ὃ ἔστιν ὁρισθέν[当其所是被定义之后],也可以译为"当它是什么被界定之后"。

776 τὸ γοῦν σαφὲς καὶ τὸ αὐτὸ αὑτῷ ὁμολογούμενον διὰ ταῦτα ἔσχεν εἰπεῖν ὁ λόγος. [〈我们的〉讲辞由此才能够说出那无论如何都一清二楚的东西以及那自身与自身相一致的东西。]如果把两个中性冠词 τὸ 所引导的部分整体作副词理解,那么,这句话也可以译为:〈我们的〉讲辞由此才能够说得无论如何都一清二楚,以及自身与自身相一致。

777 κατ' ἄρθρα ᾗ πέφυκεν[根据自然而来的诸关节],字面意思是"根据于那儿已经自然生长出来的那些关节"。

778 ἕν τι κοινῇ εἶδος ἐλαβέτην[共同地把握为某种单一的形式],也可以译为"把握为某种单一的共同形式"。

779 τὸ τῆς παρανοίας[这疯狂]。这是意译,字面意思是"疯狂之事情""疯狂这种事情"。

780 希腊文尖括号中的 ἓν[一]是编辑校勘者根据文义补充的,法国布德本希腊文直接加上了该词。

781 ὀνομαζόμενον σκαιόν τινα ἔρωτα[被称作左边的某种爱欲],也可以译为"某种所谓左边的爱欲"。

782 ἐλοιδόρησεν μάλ' ἐν δίκῃ[极其正当地将之指责一番]。ἐν δίκῃ 是固定表达,等于 ἐνδίκως,意思是"正当地""公正地"。如果把副词 μάλα 同动词 ἐλοιδόρησεν[指责]放在一起看,那么这句话也可以译为"正当地将之狠狠指责一番"。

783 ἵνα οἷός τε ὦ λέγειν τε καὶ φρονεῖν[为了我能够进行言说和思考],也可以译为"以便我能够进行言说和思考"。ὦ 在这里是 εἶναι 的现在时虚拟式主动态第一人称单数;οἷός τ' εἶναι 是固定用法,意思是"能够""有能力""是可能的",接不定式,所以出现的是不定式 λέγειν τε καὶ φρονεῖν[进行言说和思考]。

784 ἐάν τέ τιν' ἄλλον ἡγήσωμαι δυνατὸν εἰς ἓν καὶ ἐπὶ πολλὰ πεφυκόθ' ὁρᾶν [如果我认为某一其他的人也有能力既着眼于一又看向那自然而然的多]。πεφυκόθ' 即 πεφυκότα，从文法上看，在这里要么是动词 φύω 的完成时分词主动态中性宾格复数，修饰和限定 πολλὰ [多]，要么是其完成时分词主动态阳性宾格单数，修饰和限定 τιν' ἄλλον [某一其他的人]；这里的翻译持前一种理解。此外，如果将之视为同时限定 ἓν [一] 和 πολλὰ [多]，那么，这句话要么译为"如果我认为某一其他的人也有能力看向那些生来就作为一和作为多的东西"，要么译为"如果我认为某一其他的人也有能力看见那些生来就已经向着一和向着多生成的东西"。但如果将之理解为 φύω 的完成时分词主动态阳性宾格单数，那么，这句话就当译为"如果我认为某一其他的人生来也有能力既着眼于一又看向多"。这句话中的 πεφυκόθ'，在法国布德本希腊文作 πεφυκὸς（φύω 的完成时分词主动态中性单数），不从。

785 θεοῖο 是名词 θεός [神] 的单数属格（该形式主要出现在诗歌中）。参见荷马《奥德修斯》（2.406; 3. 30; 5. 193）：ὁ δ' ἔπειτα μετ' ἴχνια βαῖνε θεοῖο. [而他在后面跟随神的足迹。]

786 μέχρι τοῦδε [到目前为] 是一个整体，也可以译为"当此时为止"。μέχρι 要求属格，所以后面出现的是单数属格 τοῦδε。

787 καλῶ δὲ οὖν μέχρι τοῦδε διαλεκτικούς [但至少到目前为止我都称这些人为善于对话的人]。διαλεκτικός [善于对话的人]，也可以译为"善于谈话的人"，还可以将之进一步扩展译为"善于以问答方式进行讨论的人"；当然，如果联系整个哲学史，也可以直接将之译为"辩证法家"。

788 τὰ δὲ νῦν [但现在] 是一个整体，副词 νῦν 经常同冠词连用，如 τὸ νῦν, τὰ νῦν，比单独使用 νῦν，意思更强。

789 τὰ δὲ νῦν παρὰ σοῦ τε καὶ Λυσίου μαθόντας εἰπὲ τί χρὴ καλεῖν. [但现在请告诉〈我们〉，当我们从你和吕西阿斯那儿进行学习后，〈我们〉应当将他们称作什么。] μαθόντας 是动词 μανθάνω [学习] 的一次性过去时分词主动态阳性宾格复数，仅从文法上看，可以把它当作动词 καλεῖν [称 / 叫] 的宾语，于是这句话也可以译为："但现在请说说，应当把从你和吕西阿斯那里学习的那些人称作什么。"但从整个上下文的文义来看，这样翻译缺乏说服力。

790 τούτων [这些事情]，即 266b4 那里提到的 διαιρέσεων καὶ συναγωγῶν [各种划分和结合]。

791 希腊文方括号中的 Καὶ，伯内特认为是窜入，而法国布德本希腊文保留了它；从伯内特本。

792 μαρτυρίας τ' ἐπ' αὐτῇ [以及支撑它的各种证据]，也可以译为"除此之外还有各种证据"。

793 λογοδαίδαλος［言说大师］，也可以按字面意思径直译为"擅长言说的代达罗斯"；《牛津希-英词典》举了柏拉图在这里的这一表达，对它的解释是：skilled in tricking out a speech。

代达罗斯（Δαίδαλος, Daidalos），古希腊传说中著名的雕塑家和建筑师，技艺精湛，传说他的作品会走路；由于苏格拉底的父亲是位雕刻匠，而苏格拉底本人年轻时也曾当过雕刻匠，因此他曾说代达罗斯是他祖先。参见《欧悌弗戎》（11b9–c1）：Τοῦ ἡμετέρου προγόνου, ὦ Εὐθύφρων, ἔοικεν εἶναι Δαιδάλου τὰ ὑπὸ σοῦ λεγόμενα.［欧悌弗戎，你所说的东西似乎是我祖先代达罗斯的作品。］

794 帕洛斯（Πάρος, Paros）是爱琴海南部的一个岛，以产白色大理石闻名。欧埃诺斯（Εὔηνος, Euenos）在《苏格拉底的申辩》（20a2–c1）中曾作为智者出现过，在苏格拉底受审期间，他刚好定居在雅典；据说他是一位"精通这种既属于人也属于公民的德性的人"（τῆς τοιαύτης ἀρετῆς, τῆς ἀνθρωπίνης τε καὶ πολιτικῆς, ἐπιστήμων），并且要五个米那才肯教人。

在《斐洞》中，则说他是一位诗人；参见《斐洞》（60c8–e3）：Ὁ οὖν Κέβης ὑπολαβών, Νὴ τὸν Δία, ὦ Σώκρατες, ἔφη, εὖ γ᾽ ἐποίησας ἀναμνήσας με. περὶ γάρ τοι τῶν ποιημάτων ὧν πεποίηκας ἐντείνας τοὺς τοῦ Αἰσώπου λόγους καὶ τὸ εἰς τὸν Ἀπόλλω προοίμιον καὶ ἄλλοι τινές με ἤδη ἤροντο, ἀτὰρ καὶ Εὔηνος πρῴην, ὅτι ποτὲ διανοηθείς, ἐπειδὴ δεῦρο ἦλθες, ἐποίησας αὐτά, πρότερον οὐδὲν πώποτε ποιήσας. εἰ οὖν τί σοι μέλει τοῦ ἔχειν ἐμὲ Εὐήνῳ ἀποκρίνασθαι ὅταν με αὖθις ἐρωτᾷ – εὖ οἶδα γὰρ ὅτι ἐρήσεται – εἰπὲ τί χρὴ λέγειν. Λέγε τοίνυν, ἔφη, αὐτῷ, ὦ Κέβης, τἀληθῆ, ὅτι οὐκ ἐκείνῳ βουλόμενος οὐδὲ τοῖς ποιήμασιν αὐτοῦ ἀντίτεχνος εἶναι ἐποίησα ταῦτα – ᾔδη γὰρ ὡς οὐ ῥᾴδιον εἴη – ἀλλ᾽ ἐνυπνίων τινῶν ἀποπειρώμενος τί λέγοι, καὶ ἀφοσιούμενος εἰ ἄρα πολλάκις ταύτην τὴν μουσικήν μοι ἐπιτάττοι ποιεῖν.［刻贝斯这时接过来说道：宙斯在上，苏格拉底啊，谢谢你提醒了我。因为就你所创作的那些诗作——你通过把伊索的一些故事改写成韵文并创作了对阿波罗的颂诗——，其他一些人已经问过我，而且欧埃诺斯前天又问起过，说你究竟在想些什么，因为你以前从未作诗，当来这儿之后却创作了它们。因此，如果你对下面这点有所关心，即当欧埃诺斯再问我时——因为我很清楚他会问的——，我能够回答他，那么就请你说说我应该说什么。苏格拉底说：刻贝斯啊，那就请你对他如实相告，即我创作这些不是想同他或他的那些诗作比技艺——因为我知道那会是不容易的——，而是为了测试〈我的〉一些梦，看它们究竟在说什么，以及洁

净自己，万一它们是在命令我创作这类文艺。]

795 ἐν μέτρῳ［以韵文的方式］，也可以译为"用韵文""用诗行"。μέτρον 的本义是"尺度""标准"，但也有"韵律"的意思，从而指"韵文""诗行"等。

796 忒西阿斯（Τεισίας, Teisias）是南意大利西西里岛的叙拉古人，最早教授修辞学的人之一；据传他也是高尔吉亚和吕西阿斯两人的老师。

797 副词 ἀρχαίως［用古老的风格］和 καινῶς［用新奇的风格］，《牛津希-英词典》举了柏拉图在这里的这两个表达，对它们的解释分别是：in olden style 和 in new, strange style。

798 普洛狄科斯（Πρόδικος, Prodikos），约公元前 465–前 415，刻俄斯（Κέως, keos）人，第一代智者；在《苏格拉底的申辩》（19e3）中曾提到过此人，在《普罗塔戈拉》中也曾作为参与谈话的人出场。刻俄斯（Κέως）是位于爱琴海南部的一个岛屿，岛民以诚实著称。而发音与之相近的一个岛叫开俄斯（Xῖος, Chios），该岛的居民则以狡猾著称。参见阿里斯托芬《蛙》（970）：οὐ χεῖος, ἀλλὰ Κεῖος.［不是〈狡猾的〉开俄斯人，而是〈诚实的〉刻俄斯人。]

799 Σοφώτατά γε［无疑〈说出了〉一些非常智慧的事情］。如果把形容词最高级中性复数 σοφώτατα 作副词理解，也可以译为"无疑〈说得〉非常智慧"。

800 埃利斯人（Ἠλεῖος, Eleios）希庇阿斯（Ἱππίας, Hippias），生卒年不详，第一代智者；在柏拉图的对话中，有两篇以希庇阿斯命名，分别叫《大希庇阿斯》和《小希庇阿斯》。埃利斯（Ἦλις, Elis）是位于伯罗奔尼撒半岛西北部的一个地方。

801 αὐτῷ［他］，即普洛狄科斯。

802 波洛斯（Πῶλος, Polos），智者高尔吉亚的学生。在柏拉图的《高尔吉亚》（448c4–8）中，波罗斯说道：πολλαὶ τέχναι ἐν ἀνθρώποις εἰσὶν ἐκ τῶν ἐμπειριῶν ἐμπείρως ηὑρημέναι· ἐμπειρία μὲν γὰρ ποιεῖ τὸν αἰῶνα ἡμῶν πορεύεσθαι κατὰ τέχνην, ἀπειρία δὲ κατὰ τύχην. ἑκάστων δὲ τούτων μεταλαμβάνουσιν ἄλλοι ἄλλων ἄλλως, τῶν δὲ ἀρίστων οἱ ἄριστοι.［在人那儿有着许多从各种经验中经验性地加以发现的技艺。因为经验使得我们的一生凭借技艺前行，而无经验所凭借的则是运气。不同的人以不同的方式拥有不同的技艺，最好的人拥有着最好的技艺。]

   另外，还可参见亚里士多德《形而上学》（981a3–5）：ἡ μὲν γὰρ ἐμπειρία τέχνην ἐποίησεν, ὡς φησὶ Πῶλος ὀρθῶς λέγων, ἡ δ' ἀπειρία τύχην.［经验导致技艺，正如波罗斯所说，而且还说得正确，无经验则导致巧合。]

803 τὰ ... μουσεῖα λόγων［那间〈收集〉各种言辞的图书室］。μουσεῖα 是中性名词

μουσεῖον 的复数，派生自 Μοῦσα［缪斯］；μουσεῖον 的本义是"人们从事文艺活动的地方"，转义为"学校""图书馆"等，大致等于广义的 musuem / Museum。

804 利库谟尼俄斯（Λικύμνιος, Likymnios）是一位酒神颂诗人和修辞学家，波罗斯的老师。

805 ὀρθοέπεια［正确的措辞］，也可以译为"恰当的措辞"。

806 ἐπὶ γῆρας καὶ πενίαν ἑλκομένων［牵扯到年老和贫穷］是一个整体，也可以进一步意译为"使人想到年老和贫穷"，其字面意思是"被拽向年老和贫穷"。

807 τὸ τοῦ Χαλκηδονίου σθένος［那位卡尔刻东人的力量］。那位卡尔刻东人，即前面 261c2 和 266c3 那里提到的特刺绪马科斯。

808 κεκρατηκέναι 是动词 κρατέω［统治／掌控／做主宰］的完成时不定式主动态，该动词要求属格，所以前面出现的是指示代词的阳性复数属格 τῶν ... λόγων［讲辞］。

809 ὠργισμένοις ἐπάδων κηλεῖν［当他们已经愤怒起来后，他又通过对他们唱歌来平复他们。］尽管动词 ἐπαείδω 也转义为"念咒语"，但这里还是简单译为"唱歌"；当然也可以两者兼顾，将之译为"唱咒语"。参见：

《泰阿泰德》（149c9-d2）：Καὶ μὴν καὶ διδοῦσαί γε αἱ μαῖαι φαρμάκια καὶ ἐπᾴδουσαι δύνανται ἐγείρειν τε τὰς ὠδῖνας καὶ μαλθακωτέρας ἂν βούλωνται ποιεῖν.［而且产婆们也的确通过给药和唱咒语，能够激发分娩的阵痛，如果她们愿意，也能够使之缓和。］

《斐洞》（77e8-9）：Ἀλλὰ χρή, ἔφη ὁ Σωκράτης, ἐπᾴδειν αὐτῷ ἑκάστης ἡμέρας ἕως ἂν ἐξεπᾴσητε.［苏格拉底说，那你们就必须得每天给他唱歌，直到你们迷惑住〈他〉为止。］

810 ἐπάνοδος［概括］，也可以译为"重述要点""总结"。

811 ἐν κεφαλαίῳ［摘其要点］是词组，也可以译为"概括性地"。

812 φαίνεται διεστηκός［显得是有破绽的］。διεστηκός 是动词 διίστημι 的完成时分词主动态中性单数，διίστημι 的本义是"分开""分裂"；这里基于文义把 διεστηκός 译为"有破绽的"。

813 厄儒克西马科斯（Ἐρυξίμαχος, Eryximachos）和阿库墨诺斯（Ἀκουμενός, Akoumenos），父子俩都是医生，见前面 227a5。

814 κάτω διαχωρεῖν［腹泻］是短语。动词 διαχωρέω 的基本意思是"走过"，但作无人称动词与副词 κάτω［向下］连用，意思则是"腹泻"。

815 希腊文方括号中的动词不定式 ποιεῖν［做］，伯内特认为是窜入，而法国布德本希腊文保留了它；从布德本。

816 εἰπεῖν ἂν οἴμαι［我认为他们会说］。其中的 εἰπεῖν，在法国布德本希腊文中作 εἴποιεν；从文法上看，前者为动词 εἶπον［说］的一次性过去时不定式主动态，后者为其一次性过去时祈愿式主动态第三人称复数，从不布德本。当然，按伯内特本翻译也成立，只不过得补充译为"我认为〈他们〉会说"。

817 περιτυχὼν φαρμακίοις［碰巧遇到了那么点救治办法］。φαρμακίοις 是名词中性 φαρμάκιον 的与格复数，而 φαρμάκιον 是名词 φάρμακον［药物／救治办法］的小词，在这里表达一种轻蔑。此外，之所以使用与格复数性 φαρμακίοις，因为动词 περιτυγχάνω［碰巧遇见／碰到］要求与格。

818 以上关于"医术"的探讨，对观亚里士多德《形而上学》第一卷第一章（980b25-981a12）：τὰ μὲν οὖν ἄλλα ταῖς φαντασίαις ζῇ καὶ ταῖς μνήμαις, ἐμπειρίας δὲ μετέχει μικρόν · τὸ δὲ τῶν ἀνθρώπων γένος καὶ τέχνῃ καὶ λογισμοῖς. γίγνεται δ' ἐκ τῆς μνήμης ἐμπειρία τοῖς ἀνθρώποις · αἱ γὰρ πολλαὶ μνῆμαι τοῦ αὐτοῦ πράγματος μιᾶς ἐμπειρίας δύναμιν ἀποτελοῦσιν. καὶ δοκεῖ σχεδὸν ἐπιστήμῃ καὶ τέχνῃ ὅμοιον εἶναι ἡ ἐμπειρία, ἀποβαίνει δ' ἐπιστήμη καὶ τέχνη διὰ τῆς ἐμπειρίας τοῖς ἀνθρώποις · ἡ μὲν γὰρ ἐμπειρία τέχνην ἐποίησεν, ὡς φησὶ Πῶλος ὀρθῶς λέγων, ἡ δ' ἀπειρία τύχην. γίγνεται δὲ τέχνη ὅταν ἐκ πολλῶν τῆς ἐμπειρίας ἐννοημάτων μία καθόλου γένηται περὶ τῶν ὁμοίων ὑπόληψις. τὸ μὲν γὰρ ἔχειν ὑπόληψιν ὅτι Καλλίᾳ κάμνοντι τηνδὶ τὴν νόσον τοδὶ συνήνεγκε καὶ Σωκράτει καὶ καθ' ἕκαστον οὕτω πολλοῖς, ἐμπειρίας ἐστίν · τὸ δ' ὅτι πᾶσι τοῖς τοιοῖσδε κατ' εἶδος ἓν ἀφορισθεῖσι, κάμνουσι τηνδὶ τὴν νόσον, συνήνεγκεν, οἷον τοῖς φλεγματώδεσιν ἢ χολώδεσι［ἢ］πυρέττουσι καύσῳ, τέχνης.［因此，其他一些动物虽凭借各种想象和记忆生活，但还是少量地分享经验，而人类则凭借技艺和各种算计生活。在人那儿，从记忆中生起经验；因为对同一事情的多次记忆形成单一经验之能力。经验看起来几乎同知识和技艺类似，但实际上知识和技艺乃是通过经验才对人产生出来；正如波洛斯所说——而且还说得正确，经验导致技艺，无经验则导致巧合。当关于相似事物的一种普遍信念从经验中的许多观察那儿生起时，技艺就产生了。因为，对下面这点持有信念，当某种东西对患了某种疾病的卡利亚斯有益，于是它对苏格拉底以及许多个体也同样有益，这种信念就属于经验；但对下面这点持有信念，即该东西对于依单一的种而划分出来的所有患了该疾病的这样的人都有益，如那些患了发烧症状的粘液质的人、胆汁质的人，该信念就属于技艺。］

819 τὴν τούτων σύστασιν［对这些事情的组织］。τούτων［这些事情］，即前面268c6-d1 那里提到的事情。

820 参见前面 264c2-5："每一篇讲辞都应当像一个活物那样构成，由于它有着它自己的某种身体，从而既不是无头的，也不是无脚的，而是既有中间，又有两头，在彼此之间以及在整体上都写得恰如其分。"

821 动词 μελαγχολάω 的本义是"有黑胆汁"，喻为"忧郁""发疯"等；古希腊人认为胆汁有各种颜色，分别表示一种性情。

822 ἄτε μουσικὸς ὢν [鉴于他是一位音乐家]，这里将之转译为"鉴于他是一个有教养的人"似乎会更好。

823 τὰ ἁρμονικά [音乐理论]。ἁρμονικά 是形容词 ἁρμονικός [精通音乐的 / 和谐的] 的中性复数，字面意思是"那些同音乐相关的事情"；不过 τὰ ἁρμονικά 在这里是短语，《牛津希-英词典》举了柏拉图在这里的这个表达，对它的解释是：theory of music。

824 σφισιν [向他俩]，即向索福克勒斯和欧里庇得斯两人。

825 阿德剌斯托斯（Ἄδραστος, Adrastos），传说中阿耳戈斯（Ἄργος, Argos）城邦的国王。

826 伯里克利（Περικλέης, Perikles），雅典最为著名的政治家和演说家。

827 见前面 266d7-267d6。

828 见前面 268a1-2。

829 见前面 268c2-4, 268d3-5。

830 希腊文尖括号中的 ὄν，是编辑校勘者根据文义补充的，法国布德本希腊文直接加上了该词。

831 ἀλλὰ μήν 是词组，相当于拉丁文的 verum enimvero [真的]。μήν 作为小品词，起加强语气的作用，意思是"真的""无疑"，它可以同其他小词一起构成各种固定表达；例如，ἦ μήν [实实在在]，καὶ μήν [确实]，τὶ μήν [当然]。这里根据上下文把 ἀλλὰ μήν 译为"的确如此"。

832 εἰ μέν σοι ὑπάρχει φύσει ῥητορικῷ εἶναι [如果你具有成为一位精通修辞学的人的天赋]，这是意译，字面意思是"如果你有可能生来就是一位精通修辞学的人"或者"如果是一位精通修辞学的人这生来就属于你"。ὑπάρχω 作无人称动词使用时，加与格和不定式，意思是"……有可能……"。

833 ὅτου δ' ἂν ἐλλείπῃς τούτων [但如果你欠缺这些中的任何一个]，基于文艺，也可以补充译为"但如果你欠缺这三者中的任何一个"。ἐλλείπῃς 是动词 ἐλλείπω 的现在时虚拟式主动态第二人称单数；ἐλλείπω 除了具有"留下""丢下"的基本意思之外，还有"缺乏""短少"等意思，并要求属格作宾语，所以这里出现的是属格单数 ὅτου ... τούτων [这〈三者〉中的任何一个 / 这些中的任何一个]。

834　这里有意不把 μέθοδος 译为"方法"，而按照其词源将之意译为"路径"或
　　　"路线"。德语的 Methode 和英语 method 均来自希腊文的 μέθοδος，一般译
　　　为"方法"；但 μέθοδος 由 μετά［依赖 / 凭借 / 跟随］和 ὁδός［道路］构成。

835　προσδέονται ἀδολεσχίας καὶ μετεωρολογίας φύσεως πέρι［都进一步需要对自然
　　　的闲谈和玄谈］，也可以简单译为"都进一步需要闲谈和玄谈自然"或"此
　　　外都需要闲谈和玄谈自然"。μετεωρολογία 的本义是"讨论天上的事情""对
　　　空中事情的讨论"，这里将之译为"玄谈"。

　　　　　苏格拉底被指控的一桩罪状，就与此相关；参见《苏格拉底申辩》
　　　（18b6–c1）：κατηγόρουν ἐμοῦ μᾶλλον οὐδὲν ἀληθές, ὡς ἔστιν τις Σωκράτης
　　　σοφὸς ἀνήρ, τά τε μετέωρα φροντιστὴς καὶ τὰ ὑπὸ γῆς πάντα ἀνεζητηκὼς καὶ τὸν
　　　ἥττω λόγον κρείττω ποιῶν.［他们指控我，但更没有说真话，〈说〉有一个
　　　苏格拉底，是个智慧的人，他是一位〈冥思苦想〉各种空中的东西的思想
　　　者，并探究了地下的所有东西，还把较弱的说法变得较强。]（19b4–c1）：
　　　Σωκράτης ἀδικεῖ καὶ περιεργάζεται ζητῶν τά τε ὑπὸ γῆς καὶ οὐράνια καὶ τὸν ἥττω
　　　λόγον κρείττω ποιῶν καὶ ἄλλους ταὐτὰ ταῦτα διδάσκων.［苏格拉底在行不义，
　　　整天瞎忙活，因为他寻求地下和天上的东西，让较弱的说法变得较强，并
　　　且把同样的这些东西传授给其他人。]

836　ὑψηλόνους［高傲的理智］，当然也可以译为"高贵的理智"。

837　φύσιν νοῦ τε καὶ διανοίας［理智的本性和思想的本性］，在法国布德本希腊文
　　　中作 φύσιν νοῦ τε καὶ ἀνοίας［理智的本性和无理智的本性］，从布德本。

838　τὸ πρόσφορον αὐτῇ［对它有用的东西］，即"对言说之技艺有用的东西"。

839　据记载，苏格拉底本人也曾从阿那克萨戈拉那里学习过自然哲学；参
　　　见《斐洞》（97b8–98a6）：Ἀλλ' ἀκούσας μέν ποτε ἐκ βιβλίου τινός, ὡς ἔφη,
　　　Ἀναξαγόρου ἀναγιγνώσκοντος, καὶ λέγοντος ὡς ἄρα νοῦς ἐστιν ὁ διακοσμῶν τε
　　　καὶ πάντων αἴτιος, ταύτῃ δὴ τῇ αἰτίᾳ ἥσθην τε καὶ ἔδοξέ μοι τρόπον τινὰ εὖ ἔχειν
　　　τὸ τὸν νοῦν εἶναι πάντων αἴτιον, καὶ ἡγησάμην, εἰ τοῦθ' οὕτως ἔχει, τόν γε νοῦν
　　　κοσμοῦντα πάντα κοσμεῖν καὶ ἕκαστον τιθέναι ταύτῃ ὅπῃ ἂν βέλτιστα ἔχῃ. ...
　　　ταῦτα δὴ λογιζόμενος ἅσμενος ηὑρηκέναι ᾤμην διδάσκαλον τῆς αἰτίας περὶ τῶν
　　　ὄντων κατὰ νοῦν ἐμαυτῷ, τὸν Ἀναξαγόραν, καί μοι φράσειν πρῶτον μὲν πότερον
　　　ἡ γῆ πλατεῖά ἐστιν ἢ στρογγύλη, ἐπειδὴ δὲ φράσειεν, ἐπεκδιηγήσεσθαι τὴν αἰτίαν
　　　καὶ τὴν ἀνάγκην, λέγοντα τὸ ἄμεινον καὶ ὅτι αὐτὴν ἄμεινον ἦν τοιαύτην εἶναι·
　　　καὶ εἰ ἐν μέσῳ φαίη εἶναι αὐτήν, ἐπεκδιηγήσεσθαι ὡς ἄμεινον ἦν αὐτὴν ἐν μέσῳ
　　　εἶναι· καί εἴ μοι ταῦτα ἀποφαίνοι, παρεσκευάσμην ὡς οὐκέτι ποθεσόμενος αἰτίας
　　　ἄλλο εἶδος. καὶ δὴ καὶ περὶ ἡλίου οὕτω παρεσκευάσμην ὡσαύτως πευσόμενος,

καὶ σελήνης καὶ τῶν ἄλλων ἄστρων, τάχους τε πέρι πρὸς ἄλληλα καὶ τροπῶν καὶ τῶν ἄλλων παθημάτων, πῇ ποτε ταῦτ' ἄμεινόν ἐστιν ἕκαστον καὶ ποιεῖν καὶ πάσχειν ἃ πάσχει.［然而，当我有次听到某个人在读一本书——据他说，是阿那克萨戈拉的——，并且说其实理智才是进行安排的和对万物负责的，我的确对这一原因感到满意，并且在我看来理智是对万物负责的，这无论如何都是恰当的。……当我计算到这些时我变得很高兴，我认为关于诸是者的原因我已经如愿以偿地找到了一位老师，即阿那克萨戈拉；并且〈认为〉他首先会向我揭示大地究竟是平的还是圆的，而在做出揭示之后，还将通过说〈何者是〉更好的以及是那个样子对它来说就是更好的来进一步解释〈其〉原因和必然性。并且如果他说它是在〈宇宙的〉中心，那他也将进一步解释在〈宇宙的〉中心对它来说就是更好的。如果他能够向我显明这些，那我就已经准备不再渴求其他类型的原因了。而且关于太阳我也准备以同样的方式去了解，还有月亮和其它的星辰，了解它们的相对速度、回归以及其他的各种情状，为何各自做〈其所做的〉和遭受其所遭受的，这对它们每个来说会是更好的。

840 διελέσθαι φύσιν［分解自然］，当然也可以直接译为"分析自然""解释自然"；单就这一表达，也可以译为"分析本性""解释本性"。διελέσθαι 是动词 διαιρέω 的一次性过去时不定式中动态，διαιρέω 的本义是"分开""分配"，但其中动态则具有"解释"的意思，《牛津希-英词典》对它的翻译是：interpret。

841 ἄνευ τῆς τοῦ ὅλου φύσεως［在没有〈理解〉整全之自然的情况下］，单就这句话可以直接译为"在没有〈理解〉整全之本性的情况下""在没有〈理解〉宇宙之自然的情况下""在没有〈理解〉宇宙之本性的情况下"。

参见《菲勒玻斯》（28d5–9）：Πότερον, ὦ Πρώταρχε, τὰ σύμπαντα καὶ τόδε τὸ καλούμενον ὅλον ἐπιτροπεύειν φῶμεν τὴν τοῦ ἀλόγου καὶ εἰκῇ δύναμιν καὶ τὸ ὅπη ἔτυχεν, ἢ τἀναντία, καθάπερ οἱ πρόσθεν ἡμῶν ἔλεγον, νοῦν καὶ φρόνησίν τινα θαυμαστὴν συντάττουσαν διακυβερνᾶν;［普洛塔尔科斯啊，监管万有和这个所谓的整全的，我们说，是一种无理性的和随意的力量，并且无论怎样都仅仅是碰巧呢，还是反过来，就像我们的前人们曾说过的那样，理智和某种令人惊异的明智通过进行安排而自始至终地掌着舵？　］

842 ἀξίως λόγου［以一种配得上言说的方式］，也可以译为"以一种配得上理性的方式"；该表达的本义是："值得一提的方式"。短语 λόγου ἄξιος 等于形容词 ἀξιόλογος，而 ἀξιόλογος 的基本意思是"值得一提的""值得注意的"。

843 希波克拉底（Ἱπποκράτης, Hippokrates），古代希腊最著名的医生，今天在医学领域还流传着著名的"希波克拉底誓言"。

844 Ἀσκληπιαδῶν 是 Ἀσκληπιάδης 的阳性复数属格，Ἀσκληπιάδης 是固定表达，意思是"阿斯克勒庇俄斯的儿子""阿斯克勒庇俄斯的后代"。阿斯克勒庇俄斯（Ἀσκληπιός, Asklepios）是医药之祖，死后被尊为医神。参见《斐洞》（118a7-8）：Ὦ Κρίτων, ἔφη, τῷ Ἀσκληπιῷ ὀφείλομεν ἀλεκτρυόνα· ἀλλὰ ἀπόδοτε καὶ μὴ ἀμελήσητε.[克里同啊，他说，我们欠阿斯克勒庇俄斯一只公鸡，那你们得还上，可别忘记了！]

845 ἄνευ τῆς μεθόδου ταύτης[离开了这条路径]，当然也可以译为"没有该方法"，即前面提到的 ἄνευ τῆς τοῦ ὅλου φύσεως[在没有〈理解〉整全之自然的情况下]。

846 φημί 的一般意思是"说"，但也具有"承认""同意""相信"的意思。

847 τῷ[凭借什么]，即"凭借何种能力"。

848 ἐοίκοι ἂν ὥσπερ τυφλοῦ πορείᾳ[看起来就恰是一位瞎子的旅行]，当然可以简单译为"看起来就像是盲人走路"。

849 τόν ... τέχνῃ μετιόντα ὁτιοῦν[通过技艺来追寻任何事情的人]。μετιόντα 是动词 μέτειμι 的现在时分词主动态阳性宾格单数；μέτειμι 由于词源的区别，有两方面的意思：（1）"在……当中""参与""分有"（词干为 εἰμί[是]），要求与格作宾语。（2）"从……中间走过""跟随""追求""寻找"（词干为 εἶμι[来/去]），要求宾格作宾语。

850 τὴν οὐσίαν τῆς φύσεως τούτου[那种东西的本性之所是]，当然可以译为"那种东西的自然之所是"。

851 ὅτῳ[究竟凭借什么]，即"究竟凭借何种能力"。

852 τί[什么]在这里是两个动词不定式 ποιεῖν[做]和 παθεῖν[遭受]的宾语。

853 τὰ λόγων τε καὶ ψυχῆς γένη[言辞之族类和灵魂之族类]，也可以译为"言辞之家族和灵魂之家族"。

854 δίεισι πάσας αἰτίας[他要穿过所有的原因]，也可以转译为"他要详述每一原因"。

855 προσαρμόττων ἕκαστον ἑκάστῳ[使〈言辞的〉每个族类同〈灵魂的〉每个族类相适合]，也可以译为"使每种类型〈的言辞〉同每种类型〈的灵魂〉相适合"。之所以这样补充翻译，因为 ἕκαστον 在这里是中性单数宾格，当指代前面出现的中性名词 γένος[族类/家族/属]。

856 εἰδότες ψυχῆς πέρι παγκάλως[关于灵魂他们有着极好的了解]，也可以径直译为"关于灵魂他们知道得一清二楚"。

857 μὴ πειθώμεθα αὐτοῖς τέχνῃ γράφειν[让我们不要被他们说服，〈相信〉他们

在凭借技艺写作]，当然可以简单译为"让我们不要相信他们在凭借技艺写作"。

858　αὐτὰ μὲν τὰ ῥήματα[恰恰那些〈关于它的〉言辞]，αὐτὰ 在这里表强调，故不能译为"本身"。

859　καθ' ὅσον ἐνδέχεται[尽可能地]。ἐνδέχεται 在这里作无人称动词使用；ἐνδέχομαι 的本义是"接受""认可"，作无人称动词使用则表"是可能……的"，《牛津希-英词典》举了柏拉图在这里的这个表达，对 ἐνδέχεται 的解释是：it is possible that ... 。

860　ψυχὴ ὅσα εἴδη ἔχει[灵魂具有多少种类]，单就这句话，也可以译为"灵魂具有多少种形相"。

861　ὀξέως τῇ αἰσθήσει δύνασθαι ἐπακολουθεῖν[能够敏锐地紧跟〈对它们的〉感觉]。动词 ἐπακολουθέω[紧跟/跟随/听从]要求与格作宾语，所以前面出现的是单数与格 τῇ αἰσθήσει[〈对它们的〉感觉]。

　　　参见《智者》（243a6-b1）：Ὅτι λίαν τῶν πολλῶν ἡμῶν ὑπεριδόντες ὠλιγώρησαν· οὐδὲν γὰρ φροντίσαντες εἴτ' ἐπακολουθοῦμεν αὐτοῖς λέγουσιν εἴτε ἀπολειπόμεθα, περαίνουσι τὸ σφέτερον αὐτῶν ἕκαστοι.[他们因极其藐视我们这些大众而忽略我们；因为当他们说时，他们不关心我们是跟上了他们呢，还是被甩在了后面；他们每个人都只顾完成他们自己的事。]（259c7-8）：τοῖς λεγομένοις ... ἐπακολουθεῖν[紧跟那些被说出来的东西]。

862　συνών[一位门徒]。συνών 是动词 σύνειμι 的现在时分词主动态阳性主格单数，σύνειμι 的本义是"和某人在一起""共处"，但其现在时分词则具有"门徒""弟子""伙伴"等意思；《牛津希-英词典》对它的解释是：associate, disciple, comrade。

863　ἢ μηδὲν εἶναί πω πλέον αὐτῷ ὧν τότε ἤκουεν λόγων συνών.[否则，他必定依然还没有从他曾作为门徒所听到的那些教诲那里取得任何进展。]也可以译为："否则，他必定依然未从他曾作为门徒所听到的那些教诲中获益。"形容词 πλείων 的基本意思是"更多的"，但其中性 πλέον 往往同一些动词形成固定搭配，如 πλέον ἔχειν[占上风/得势]，πλέον ποιεῖν[有益于]；μηδὲν εἶναί πλέον αὐτῷ 是一个整体，字面意思是"对他来说没有任何更多的"，转义为"他没有取得任何进展""他没有获益"。

　　　参见《会饮》（217c3-4）：καὶ τί δεῖ λέγειν; οὐδὲν γάρ μοι πλέον ἦν.[该怎么说呢？其实我未曾取得任何进展。]

864　αὕτη ἡ φύσις περὶ ἧς τότε ἦσαν οἱ λόγοι[这就是曾经讨论过的那种天性]，这是意译；字面意思是"这就是言辞曾经涉及过的那种天性"。

865 νῦν ἔργῳ παροῦσά οἱ［它现在实际地就在他自己面前］，也可以意译为"它现在亲自出现在他面前"。这里的 οἱ 不是阳性定冠词主格复数，而是第三人称代词的单数与格，也作 οἷ，等于 αὐτῷ 和 αὐτῇ，意思是"对他 / 她 / 它"或"对他自己 / 她自己 / 它自己"；参见前面 228a8。

866 δοκεῖ οὕτως; μὴ ἄλλως πως ἀποδεκτέον λεγομένης λόγων τέχνης; 这句话在法国布德本希腊文中作 δοκεῖ οὕτως; ἢ ἄλλως πως ἀποδεκτέον λεγομένης λόγων τέχνης; 这里的翻译从布德本；如果依照伯内特本，则当译为：在你看来，一个人必须接受一门关于言说的技艺以这种方式被说，莫非还以其他某种方式？

867 ἐπ᾽ αὐτὴν［对它］，即对"关于言说的技艺"。

868 ἕνεκα μὲν πείρας［单单就尝试而言］。介词 ἕνεκα 在这里的意思不是"由于……的缘故""为了"，而是"就……来说""就……而言"；《牛津希-英词典》对这种用法的解释是：as far as regards, as far as depends on。

869 δίκαιον εἶναι καὶ τὸ τοῦ λύκου εἰπεῖν.［甚至说一下狼的事情，这也是正当的。］也可以意译为：甚至狼的事情，也有权得到辩护。一般认为这暗指一则伊索寓言，后来普鲁塔克（Πλούταρχος, Plutarch，约公元 50-公元 120 年）将之记载在其《七位智者的会饮》（Septem sapientium convivium）一文中。

　　参见普鲁塔克《七位智者的会饮》（156a6-9）：ὁ Αἴσωπος λόγον εἶπε τοιοῦτον· "λύκος ἰδὼν ποιμένας ἐσθίοντας ἐν σκηνῇ πρόβατον ἐγγὺς προσελθών, 'ἡλίκος ἂν ἦν,' ἔφη, 'θόρυβος ὑμῖν, εἰ ἐγὼ τοῦτ᾽ ἐποίουν.'"［伊索讲了这样一则故事："一头狼，当它看见一些牧人在帐篷里吃一只羊时，它走到他们附近说道：'你们的喧嚷声会是何等的大啊，如果是我在做这件事的话。'"］

870 μακρὰν περιβαλλομένους［拐弯抹角地说那么长］，这是意译，也可以意译为"采用婉转曲折的说法"；该表达的字面意思是"绕一圈长长的路"。περιβαλλομένους 是动词 περιβάλλω 的现在时分词中动态阳性复数宾格，περιβάλλω 的本义是"围上""拥抱"，但其中动态则具有"围绕""环绕着行驶"等意思；《牛津希-英词典》举了柏拉图在这里的这个表达，对该词的解释是：use circumlocution。

871 参见前面 259e7-260a4："对此我曾听到过这样的说法，亲爱的苏格拉底啊：对于那打算是一位修辞学家的人而言，无需懂得那些在是着的意义上是正义的东西，而是要懂得对于那些将做出裁决的大众来说显得如此的东西；无需懂得那些以是的方式是善的东西或美的东西，而是要懂得所有那些将看起来如此的东西。因为说服取决于这些，而不是取决于真。"

872 τοιούτων ... ὄντων［是如此这般的］，即"是公正的或良善的"。

873 τὸ παράπαν 是一个整体，意思是"完全""总共"，这里基于上下文将之译为"压根儿"。

874 δεῖν προσέχειν［必须注意］。这里的 προσέχειν 后面省略了 τὸν νοῦν，而 προσέχειν τὸν νοῦν 的意思是"留意""注意""当心"。

875 οὐδὲ γὰρ αὐτὰ <τὰ> πραχθέντα δεῖν λέγειν ἐνίοτε.［因为〈他们说〉，甚至一个人有时候根本就不必说那些曾被做过的事情。］希腊文尖括号中的 τὰ，是伯内特根据文义增补的；这句话中的 αὐτὰ <τὰ> 在法国布德本希腊文中作 αὖ τὰ，如果照布德本翻译，则当译为：因为〈他们说〉，此外，一个人有时候甚至不必说那些曾被做过的事情。

876 ἐν τῷ πρόσθεν［在前面］，即 259e-261c。

877 τοῖς περὶ ταῦτα［对那些关乎这些事情的人来说］，即"对那些曾伪称自己关于言辞是有技艺的人来说"。

878 πεπάτηκας ἀκριβῶς［你已经仔细地研究过他］，也可以译为"你已经仔细地琢磨过他"。πεπάτηκας 是动词 πατέω 的完成时直陈式主动态第二人称单数，πατέω 的本义是"踩""踏"，转义为"研究"；《牛津希-英词典》举了柏拉图在这里的这个表达，对这句话的解释是：you have studied him carefully。

879 τὸ τῷ πλήθει δοκοῦν［在大众看来如此的那种东西］，也可以译为"大众所以为的那种东西"。

880 ἔλεγχόν... παραδοίη τῷ ἀντιδίκῳ［给对手提供了一个反驳的机会］，这是一个整体。παραδοίη 是动词 παραδίδωμι［提供/给］的一次性过去时祈愿式主动态第三人称单数。《牛津希-英词典》举了柏拉图在这里的这个表达，并指出固定表达 ἔλεγχον παραδοῦναί τινι 的意思是 to give him an opportunity of refuting。

881 ὁπόθεν χαίρει ὀνομαζόμενος［无论他从何处感到高兴那样来被命名］。这显然是一种讽刺；参见《克拉底鲁》（400d6-401a5）：{ΣΩ.} Ναὶ μὰ Δία ἡμεῖς γε, ὦ Ἑρμόγενες, εἴπερ γε νοῦν ἔχοιμεν, ἕνα μὲν τὸν κάλλιστον τρόπον, ὅτι περὶ θεῶν οὐδὲν ἴσμεν, οὔτε περὶ αὐτῶν οὔτε περὶ τῶν ὀνομάτων, ἅττα ποτὲ ἑαυτοὺς καλοῦσιν· δῆλον γὰρ ὅτι ἐκεῖνοί γε τἀληθῆ καλοῦσι. δεύτερος δ' αὖ τρόπος ὀρθότητος, ὥσπερ ἐν ταῖς εὐχαῖς νόμος ἐστὶν ἡμῖν εὔχεσθαι, οἵτινές τε καὶ ὁπόθεν χαίρουσιν ὀνομαζόμενοι, ταῦτα καὶ ἡμᾶς αὐτοὺς καλεῖν, ὡς ἄλλο μηδὲν εἰδότας· καλῶς γὰρ δὴ ἔμοιγε δοκεῖ νενομίσθαι. εἰ οὖν βούλει, σκοπῶμεν ὥσπερ προειπόντες τοῖς θεοῖς ὅτι περὶ αὐτῶν οὐδὲν ἡμεῖς σκεψόμεθα – οὐ γὰρ ἀξιοῦμεν οἷοί τ' ἂν εἶναι σκοπεῖν – ἀλλὰ περὶ τῶν ἀνθρώπων, ἥν ποτέ τινα δόξαν ἔχοντες ἐτίθεντο αὐτοῖς τὰ ὀνόματα· τοῦτο γὰρ ἀνεμέσητον.［苏格拉底：宙斯在上，我

们的确，赫尔摩革涅斯啊，如果我们真有头脑的话，能够按照一种方式，而且是最好的方式〈来进行考察〉，那就是：关于诸神，我们一无所知，无论是关于他们自身，还是关于他们称呼他们自己的那些名字——即使显然他们在用一些真的〈名字〉来称呼他们自己——。此外，就正确性来说，还有第二种方式，就像在各种祈祷中我们按照习惯来进行祈祷那样，他们被按照他们怎样以及从何处感到高兴那样来被命名，我们也如此来称呼他们，既然我们不知道任何其他的；因为这在我看来很好地保持了习惯。因此，如果你愿意，那就让我们这样来进行考察，好像对于诸神我们预先宣布，关于他们我们将不考察任何东西——因为我们根本不配能够考察他们——，而是在就那些人进行考察，即他们究竟因持有何种意见而为他们确定了各种名字；因为这样做是不会引起神的愤怒的。]

882 见前面262a5-7：因此，一个人，如果他一方面打算欺骗他人，另一方面自己又不想被人欺骗，那么，他就必须已经准确地识别出了诸是者之间的相似和不相似。

883 ἐὰν μή τις τῶν τε ἀκουσομένων τὰς φύσεις διαριθμήσηται［除非一个人把听众们的本性计算清楚并进行分类］，也可以简单译为"除非一个人计算清楚了听众们的本性"。διαριθμήσηται是动词διαριθμέω的一次性过去式虚拟式中动态第三人称单数，διαριθμέω的基本意思是"计算""计数"，但其中动态则兼具"计算"和"分类"两层意思；《牛津希-英词典》举了柏拉图在这里的这个表达，对它的解释是：count and classify。

884 即人都是神的奴隶。参见《斐洞》(62b7-9)：τὸ θεοὺς εἶναι ἡμῶν τοὺς ἐπιμελουμένους καὶ ἡμᾶς τοὺς ἀνθρώπους ἓν τῶν κτημάτων τοῖς θεοῖς εἶναι.［诸神都是我们的关心者，而我们人是诸神的各种所有物中的一件。]

885 ὅτι μὴ πάρεργον［除了作为一件附带的事情］，也可以译为"除了作为附带的考虑"。

886 μεγάλων ἕνεκα［为了那些重大的事情］，即"说和做讨诸神喜欢的事情"。

887 κάλλιστα在这里是副词，故译为"最美好地"。

888 ὅτι ἄν τῳ συμβῇ παθεῖν［任何他恰好遭受的东西］。动词συμβαίνω跟不定式，意思是"恰好……"。

889 ἱκανῶς ἐχέτω［已经说得够充分了，让它就此打住。]这是意译，字面意思是"让这是足够的了"。ἐχέτω是动词ἔχω的现在时命令式主动态第三人称单数，ἔχω［有］加副词，表"处于某种状态""是某种样子"；《牛津希-英词典》对ἱκανῶς ἐχέτω的解释是：let this be enough。

890 πράττων ἢ λέγων［无论你作为一个实践者，还是作为一个谈论者。]这句话也可以补充译为：无论当你在操练它们时，还是在谈论它们时。

891 瑙克剌提斯（Ναύκρατις, Naukratis），位于埃及尼罗河三角洲。

892 οὗ καὶ τὸ ὄρνεον ἱερὸν ὃ δὴ καλοῦσιν Ἶβιν.［他们将之称作朱鹭的那种鸟是献给他的。］形容词 ἱερός 作"献给神的"讲时，要求属格，所以前面出现的是单数属格 οὗ［他］；参见《斐洞》（85b4-5）：ἐγὼ δὲ καὶ αὐτὸς ἡγοῦμαι ὁμόδουλός τε εἶναι τῶν κύκνων καὶ ἱερὸς τοῦ αὐτοῦ θεοῦ.［我认为自己是同天鹅们一样的仆从和献身给了同一位神的。］此外，这句话在法国布德本希腊文中作 οὗ καὶ τὸ ὄρνεον τὸ ἱερὸν ὃ δὴ καλοῦσιν Ἶβιν. 也即是说，在 ἱερὸν 前面有定冠词 τὸ，从而 τὸ ὄρνεον τὸ ἱερὸν 成为一个整体。如果按布德本翻译，那么这句话就当译为：他的神鸟，他们将之称作朱鹭。

893 δαίμων［精灵］在这里当理解为是 θεός［神］的替代表达，不过处在比较低的等级。

894 埃及神话中的透特（Θεύθ, Theuth）相当于希腊神话的赫尔墨斯。柏拉图在《菲勒玻斯》（18b6-9）中也曾提到过透特：Ἐπειδὴ φωνὴν ἄπειρον κατενόησεν εἴτε τις θεὸς εἴτε καὶ θεῖος ἄνθρωπος – ὡς λόγος ἐν Αἰγύπτῳ Θεῦθ τινα τοῦτον γενέσθαι λέγων, ὃς πρῶτος τὰ φωνήεντα ἐν τῷ ἀπείρῳ κατενόησεν οὐχ ἓν ὄντα ἀλλὰ πλείω.［自从某位神，甚或某位神一样的人，注意到语音是无限的以后——就像在埃及那儿，有一个传说就把某位透特说成是这样一位——，他首先注意到在无限〈的语音〉中的元音〈字母〉不是一，而是几个。］

895 阿蒙（Ἄμμων, Ammon）是古代埃及的一位主神，大致相当于希腊神话中的宙斯。在《政治家》（257b5-6）中也曾提到过这位神：Εὖ γε νὴ τὸν ἡμέτερον θεόν, ὦ Σώκρατες, τὸν Ἄμμωνα, καὶ δικαίως.［〈你〉的确〈说得〉很好，也很正当，以我们的神，苏格拉底啊，阿蒙起誓！］

896 ὡς ἐπὶ τὸ πλῆθος［通常］是短语，也可以译为"多半""在很大程度上"；大致等于固定表达 ὡς ἐπὶ τὸ πολύ。《牛津希-英词典》举了柏拉图在这里的这个表达，对它的解释是：usually, mostly。

897 形容词 δοξόσοφος［自以为智慧的］，单就这一表达，也可以译为"貌似智慧的"或"表面上看起来智慧的"。

898 ἀπέχρη δρυὸς καὶ πέτρας ἀκούειν［满足于倾听一棵橡树和一块岩石］，单就这句话，也可以译为"满足于倾听树木和岩石"。"橡树和岩石"是当时流行的一句谚语；参见：

荷马《奥德修斯》（19. 163）：οὐ γὰρ ἀπὸ δρυός ἐσσι παλαιφάτου οὐδ' ἀπὸ πέτρης.［你既不是来自传说中的一棵橡树，也不是来自一块岩石。］

赫西俄德的《神谱》(35)：ἀλλὰ τίη μοι ταῦτα περὶ δρῦν ἢ περὶ πέτρην;［但我为何〈还要说〉这些关于橡树或关于岩石的话呢？］

此外，还可参见《苏格拉底的申辩》(34d3-7)：Ἐμοί, ὦ ἄριστε, εἰσὶν μέν πού τινες καὶ οἰκεῖοι· καὶ γὰρ τοῦτο αὐτὸ τὸ τοῦ Ὁμήρου, οὐδ᾽ ἐγὼ ἀπὸ δρυὸς οὐδ᾽ ἀπὸ πέτρης· πέφυκα ἀλλ᾽ ἐξ ἀνθρώπων, ὥστε καὶ οἰκεῖοί μοί εἰσι καὶ ὑεῖς γε, ὦ ἄνδρες Ἀθηναῖοι, τρεῖς, εἷς μὲν μειράκιον ἤδη, δύο δὲ παιδία·［最好的人啊，我肯定也有一些亲属；而这就是荷马所说的，我不是"由树木和岩石"所生，而是由人所生，因此我也有一些亲属和儿子，诸位雅典人啊，而且还是三个，一个已经是年青人，而另外两个还是孩童。］

899 οὐ γὰρ ἐκεῖνο μόνον σκοπεῖς, εἴτε οὕτως εἴτε ἄλλως ἔχει;［因为你不单单考虑那件事，即：是这种情形呢，还是那种情形？］有意完全按字面意思翻译，当然也可以意译为：因为你不单单考虑那件事，即：他所说的是真的呢，还是假的？法国布德本希腊文对这句话的短句和标点略有不同，并且不作问句，而作陈述句：οὐ γὰρ ἐκεῖνο μόνον σκοπεῖς εἴτε οὕτως, εἴτε ἄλλως ἔχει.［因为你不单单考虑那件事，即是这种情形，还是那种情形。／因为你不单单考虑那件事，即他所说的是真的，还是假的。］

900 ὁ Θηβαῖος［〈你的〉那位忒拜人］，即"塔穆斯"。

901 πολλὴ εὐήθεια［极大的头脑简单］。形容词 πολλή 在这里不指"多"，而表强度，指"大"，类似的情况如：πολὺς βοή［大喊］，πολλὴ ἀλογία［巨大的荒谬］。参见《卡尔米德斯》(155b9-c1)：καὶ ἐποίησε γέλωτα πολύν.［并且他还引起了一场大笑。］

902 τὰ ἐκείνης ἔκγονα［那东西的各种产物］，即"绘画〈技艺〉的产物"；也可以拟人地译为"那东西的诸后代"。

903 κυλινδεῖται πανταχοῦ［到处流传］，也可以译为"四处传来传去"，或者直接贬义地译为"四处乱窜""到处打滚"。κυλινδεῖται 是动词 κυλίνδω 的现在时直陈式被动态第三人称单数，κυλίνδω 的本义是"滚动""向前滚"，但其被动态则具有"在人们口中传来传去"的意思；《牛津希-英词典》举了柏拉图在这里的这个表达，对它的解释是：to be tossed from mouth to mouth.

904 πλημμελούμενος［当它被冤枉］，也可以译为"当它受陷害"。πλημμελούμενος 是动词 πλημμελέω 的现在时分词被动态阳性主格单数，πλημμελέω 的本义是"弹错调子"，喻为"犯错误""做错事"，但其被动态的意思则是"被冤枉""受陷害"；《牛津希-英词典》举了柏拉图在这里的这个表达，对它的解释是：to be wronged or sinned against.

905 βοηθῆσαι ... αὑτῷ［救助自己］。βοηθῆσαι 是动词 βοηθέω［帮助／搭救］的一

次性过去时不定式主动态，该动词要求与格做宾语，所以后面出现的是单数与格 αὐτῷ[自己]。

906 μετ' ἐπιστήμης[同知识一起]，似乎也可以译为"靠知识的帮助"或"凭借知识"。

907 λόγον ... ζῶντα καὶ ἔμψυχον[活着的和有灵魂的言辞]，也可以译为"有生命的和有灵魂的言辞"或者"活泼泼的和有灵魂的言辞"。

908 ὧν σπερμάτων κήδοιτο[假如他珍爱一些种子]，也可以译为"假如一些种子是他所珍爱的"。κήδοιτο 是动词 κήδω 的现在时祈愿式被动态第三人称单数，κήδω 的本义是"使忧心""使苦恼"，但其被动态则具有"关心""在意"等意思，并要求属格作宾语，所以这里出现的是复数 ὧν σπερμάτων[一些种子]。

909 阿多尼斯（Ἄδωνις, Adonis），爱神阿佛洛狄忒所钟爱的美少年，后来被野猪咬死。在阿佛洛狄忒的请求下，每年可复活六个月，然后回归冥府。因此后来他又被视为每年死而复生、容颜永驻的植物神。每年的阿多尼斯节在仲夏举行，为此要培植一些容易生长又容易凋谢的花。

910 ἐν ὀγδόῳ μηνὶ ὅσα ἔσπειρεν τέλος λαβόντα[当在第八个月他所播下的那些东西达到成熟时]。τέλος λαβεῖν 是词组，意思是"达到成熟""取得成熟"；《牛津希-英词典》举了柏拉图在这里的这个表达，对它的解释是：to attain maturity。

911 τὰ μὲν ... τὰ δέ 是固定表达，意思是"一些……一些""在一些方面……在另一些方面""要么……要么"

912 ἐν ὕδατι γράψει[在水上写]。这是当时的一句谚语，即做徒劳无功的事情。

913 τοὺς ἐν γράμμασι κήπους[就那些用文字构成的园子]。ἐν γράμμασι[由文字构成]，介词 ἐν 在这里表"方式""方法"或"手段"，意思是"靠""用"，如 δῆσαι ἐνὶ δεσμῷ[用锁链拴住]，ἐν πυρὶ πιμπράναι[用火焚烧]。

914 希腊文方括号中的小词 δέ，伯内特认为是窜入，法国布德本希腊文却保留了它。从伯内特本。

915 αὐτοὺς θεωρῶν φυομένους ἁπαλούς[当他看到那些由文字构成的园子长得精美时]。指示代词 αὐτοὺς 和形容词 ἁπαλούς 均为阳性宾格复数，故都指代和修饰前面出现过的阳性名词 τοὺς ἐν γράμμασικήπους[由文字构成的园子]。

916 希腊文尖括号中表转折的小词 δέ，是编辑校勘者根据文义补充的，法国布德本希腊文直接加上了该词。

917 σπουδὴ περὶ αὐτά[对这些事情的认真]，字面意思是"对它们的认真"，αὐτά[它们]即前面提到的"正义以及你所说的其他那些事情"。

918 ὅπως 在这里当理解为目的连接词，故译为"为了"。

919 ποικίλη μὲν ποικίλους ψυχῇ καὶ παναρμονίους διδοὺς λόγους [给复杂的灵魂提供各种复杂而详尽的言辞]。形容词 παναρμόνιος 的本义是"包含所有音节的"，喻为"极和谐的"，但在这里的意思则是"复杂的""详尽的"；《牛津希-英词典》举了柏拉图在这里的这个表达，对它的解释是：complex, elaborate。

920 μεγάλην τινὰ ἐν αὐτῷ βεβαιότητα ἡγούμενος καὶ σαφήνειαν [认为在其里面有着某种巨大的可靠性和清晰性]，也可以译为"认为在其里面某种可靠性和清晰性是巨大的"。

921 ὕπαρ τε καὶ ὄναρ [无论是醒着时还是在睡梦中]。ὕπαρ 和 ὄναρ 均是中性名词，分别指"醒时看见的真实的景象"和"梦中的景象"；但在这里，从文法上看都当理解为是宾格作副词使用，意思是"在清醒的状态"和"在梦里"。参见：

《泰阿泰德》(208b11-12)：Ὄναρ δή, ὡς ἔοικεν, ἐπλουτήσαμεν οἰηθέντες ἔχειν τὸν ἀληθέστατον ἐπιστήμης λόγον. [那么，我们似乎只是在梦里变得富有了，当我们认为有了关于知识的最真的理据时。]

《政治家》(277d2-4)：κινδυνεύει γὰρ ἡμῶν ἕκαστος οἷον ὄναρ εἰδὼς ἅπαντα πάντ' αὖ πάλιν ὥσπερ ὕπαρ ἀγνοεῖν. [有可能我们中的每个人就像在梦里一样知道每件事，然后如醒来时那样复又不知道每件事。]

《菲勒玻斯》(65e4-7)：Ἀλλ' οὖν φρόνησιν μὲν καὶ νοῦν, ὦ Σώκρατες, οὐδεὶς πώποτε οὔθ' ὕπαρ οὔτ' ὄναρ αἰσχρὸν οὔτε εἶδεν οὔτε ἐπενόησεν οὐδαμῇ οὐδαμῶς οὔτε γιγνόμενον οὔτε ὄντα οὔτε ἐσόμενον. [无论如何，一方面就明智和理智，苏格拉底啊，从来就没有任何一个人——无论他是在醒着的时候，还是在睡梦中——看到过〈它们〉或设想过〈它们〉在任何地方以任何方式变得、是或将是丑陋的。]

922 αὐτό [它]，即前面提到的"关于各种正义的东西和不正义的东西、邪恶的东西和良善的东西是无知的"。

923 ὡς οἱ ῥαψῳδούμενοι ἄνευ ἀνακρίσεως καὶ διδαχῆς [就像那些被死记硬背出来的言辞那样，既无检查也无教导]。ῥαψῳδούμενοι 是动词 ῥαψῳδέω 的现在时分词被动态阳性主格复数，后面省略了阳性名词复数 λόγοι [言辞/话语]。ῥαψῳδέω 的本义是"朗诵诗歌"，尤其是朗诵荷马史诗，但其被动态在贬义的意义上则指"死记硬背""反复诵读"；《牛津希-英词典》举了柏拉图在这里的这个表达，对它的解释是：repeat by heart or rote。

924 希腊文方括号中的介词 ἐν，伯内特认为是窜入，法国布德本希腊文直接删掉了该词。

925　ἤδη πεπαίσθω μετρίως ἡμῖν τὰ περὶ λόγων.［我们在关于言辞的消遣上已经盘桓得足够长了！］这是意译，也可以译为"我们关于言辞的消遣已经持续得够长了！"πεπαίσθω 是动词 παίζω 的完成时命令式被动态第三人称单数，因此，这句话的字面意思是"那就让关于言辞的这些事情适度地对我们成为消遣吧！"副词 μετρίως 除了具有"恰当地""适度地"等意思之外，也表"足够地"；πεπαίσθω μετρίως ἡμῖν 这一表达也见于阿里斯托芬《地母节妇女》（ Thesmophoriazusae, 1227-1229 ）：Ἀλλὰ πέπαισται μετρίως ἡμῖν· ὥσθ᾽ ὥρα δή ’στι βαδίζειν οἴκαδ᾽ ἑκάστῃ.［而我们也已经玩够了；因而对我们每个人来说也是时候回家了。］

926　ποίησιν ψιλὴν ἢ ἐν ᾠδῇ［无论是单纯的诗歌，还是吟唱的诗歌。］ποίησις ψιλός［单纯的诗歌］，也可以译为"不带音乐的诗歌"，即"史诗"或"叙事诗"；而 ποίησις ἐν ᾠδῇ［吟唱的诗歌］，即"抒情诗"。《牛津希-英词典》举了柏拉图在这里的这一表达，对 ποίησις ψιλός 的解释是：mere poetry, without music, i. e. Epic poetry, opp. Lyric (ἡ ἐν ᾠδῇ)。

927　ᾗ τὸ ἀληθὲς ἔχει［真相是在哪儿］，也可以译为"真相是如何"。

928　οὔ τι，即 οὔτι，意思是"决不""决非"。

929　ἀπὸ τρόπου［不合理的 / 不恰当的］是固定表达，其反义词是 πρὸς τρόπου［合理的 / 恰当的］；《牛津希-英词典》对它的解释是：unreasonable, absurd。

930　ἐν χρόνῳ［在时间中］，也可以译为"随着时间的推移"。

931　παρελθεῖν 是动词 παρέρχομαι 的一次性过去式不定式主动态，παρέρχομαι 的基本意思是"从旁边走过""流逝"，但也具有"忽略""忽视"等意思。《牛津希-英词典》举了柏拉图在这里的这一表达，对它的解释是：pass over, omit。

932　伊索克拉底（ Ἰσοκράτης, Isokrates ），公元前 436-前 338 年，古希腊著名演说家、修辞学家和教育家。他是智者高尔吉亚的学生，也同苏格拉底相熟。

933　τὰ τῆς φύσεως［在那些属于天资的事情方面］是一个整体，定冠词 τά 在这里是中性复数宾格表"在……方面"。

934　τοὺς περὶ Λυσίαν ... λόγους［吕西阿斯的那些讲辞］是一个整体。介词 περὶ 除了具有"在……周围"这一基本意思之外，还有"关于""有关"等意思；《牛津希-英词典》举了柏拉图在这里的这一表达，对 οἱ περὶ Λυσίαν λόγοι 它的解释是：the speeches of Lysias。当然，将之译为"在吕西阿斯圈子那里的讲辞"也讲得通。

935　διενέγκοι 是动词 διαφέρω 的一次性过去式祈愿式主动态第三人称单数，

διαφέρω 除了具有"不同"的意思之外，也有"胜过"的意思，并要求属格，所以这里分别出现了复数属格 παίδων［孩子们］和 τῶν πώποτε ἁψαμένων λόγων［那些在任何时候曾接触过言辞的人］。

936 ταῦτ᾽ ἔσται，即 ἔσται ταῦτα；它是固定用法，也写作 ἔστι ταῦτα 或 ταῦτα。指示代词 οὗτος 的中性复数 ταῦτα 在这里作副词使用；ἔσται ταῦτα / ἔστι ταῦτα / ταῦτα 作为答复语，意思是"好的""是的""遵命""照办"，例如：ταῦτ᾽, ὦ δέσποτα.［好的，主人！］

937 πλούσιον δὲ νομίζοιμι τὸν σοφόν［但愿我会把智慧的人视作富足的］，也可以译为"但愿我会把智慧的人尊重为一个富人"。

术语索引

259b3

ἄγαμος 未婚的，单身的

　　[拉]caelebs

　　[德]unverheiratet

　　[英]unmarried, single

240a6

ἀγανακτέω 气愤，恼怒

　　[拉]doloris sensu afficior

　　[德]verdrießen, ärgerlich sein

　　[英]feel a violent irritation, to be angry at

241b6, 251c5, 254b1

ἀγανάκτησις 气愤，愤怒

　　[拉]dolor haud ferendus

　　[德]Unwille

　　[英]physical pain and irritation, vexation, wrath

251c3

ἀγαπάω 欢迎，爱

　　[拉]amice et hilariter excipio, amo

　　[德]willkommen heißen, lieben

　　[英]greet with affection, love

233e3, 241d1, 247d3, 253a6, 257e5, 276b7

ἀγαπητός 可爱的，满意的，令人向往的

　　[拉]aestimatione vel amore dignus, carus, dilectus

　　[德]erwünscht, willkommen, lieb, geliebt

　　[英]one must be content, desirable

230c1

ἀγγεῖον 盛器，容器，桶，盆

　　[拉]vas

　　[德]Behältnis

　　[英]vessel

235d1

ἀγγέλλω 送信，传递消息，宣告

　　[拉]nuncio

　　[德]Botschaft sagen, berichten

　　[英]bear a message, announce

242b6, 259d5, 264d6

ἀγένητος 非生出来的，无始的

　　[拉]originem non habens

　　[德]ungeschehen, ungeboren

　　[英]uncreated, unoriginated

245d1, 245d3, 246a1

ἀγεννής (adv. ἀγεννῶς) 微不足道的，卑微的

　　[拉]ignobilis

　　[德]gemein, unedel

　　[英]ignoble

264b6

ἀγκών 弯，角

　　[拉]cubitus, brachium

　　[德]Bug, Krümmung

　　[英]bend, angle

257d9, 257e1, 257e2

ἀγνοέω 不知道

　　[拉]ignoro

　　[德]nicht wissen, verkennen

　　[英]to be ignorant of, fail to understand

228a5, 230a1, 236c5, 239b6, 241b6, 243a6, 250a7, 260b2, 260c6, 260d5, 262a9, 262a10, 275c8, 277d10

ἄγνος 贞树

　　[拉]vitex

　　[德]Keuschbaum

　　[英]chaste-tree

230b3

ἁγνός 圣洁的，纯净的，神圣的
[拉] sanctus, augustus
[德] heilig, rein
[英] pure, chaste, holy
254b7

ἀγνώμων 无知的，愚昧的
[拉] ignarus, imperitus
[德] unverständig
[英] ill-judging, senseless, unknowing,
in ignorance
275b1

ἄγριος (adv. ἀγρίως) 野蛮的，残忍的
[拉] rigidus, agrestis
[德] wild, grausam
[英] wild, savage
268e1

ἀγροικία 乡土气，粗野
[拉] rusticitas, inhumanitas
[德] bäurisches Wesen, Plumpheit
[英] rusticity, boorishness
269b1

ἄγροικος 粗野的，土气的，乡下的
[拉] imperitus, illepidus, inurbanus
[德] bäurisch, ländlich, geschmacklos
[英] boorish, rude, rustic
229e3, 260d3, 268d6

ἀγχίνοος 思想敏锐的，机灵的
[拉] sagax
[德] scharfsinnig
[英] ready of wit, shrewd
239a4

ἄγω 引领，带走
[拉] duco

[德] führen, bringen
[英] lead, carry, bring
230a7, 230a8, 237a7, 237d7, 237e3,
238b3, 238c1, 240c2, 240d2, 246d6,
253b7, 253c2, 254b2, 255a7, 256a8,
261e4, 266a6, 267a3, 273b6, 279a8,
279c2

ἀγωγή 带领，引领
[拉] ductus
[德] Führung
[英] leading, guidance
238c3

ἀγών (ἀγωνία) 官司，诉讼，竞赛
[拉] certamen
[德] Prozeß, Wettkampf
[英] trial, contest
247b5

ἀγωνιστής 竞赛者，争论者，斗争者
[拉] certator
[德] Wettkämpfer
[英] combatant
269d2

ἀδελφός 兄弟
[拉] frater
[德] Bruder
[英] brother
238b4, 252a3, 257b3, 276a1, 276d7,
278b1

ἄδηλος 不清楚的，不可测知的
[拉] incertus, obscurus
[德] unklar, unbekannt
[英] unseen, invisible, unknown
232e5

ἀδημονέω 苦恼

[拉] gravissime angor, terreor

[德] angstvoll, verlegen sein

[英] to be sorely troubled, be in anguish, to be puzzled

251d7

ἀδιάφθορος 未被败坏的，不被腐蚀的

[拉] incorruptus, integer

[德] unverdorben

[英] uncorrupted, incorruptible

245d4, 252d3

ἀδικέω 行不义，犯错误

[拉] injuste seu inique ago

[德] Unrecht tun, verletzen

[英] do wrong, harm, injure

252c6

ἄδικος (adv. ἀδίκως) 不正当的，不公正的，非正义的

[拉] injustus, iniquus

[德] ungerecht

[英] unjust, unrighteous

248e5, 250a4, 261c8, 261d1, 277e1

ἀδολεσχία 闲谈，瞎说，饶舌

[拉] nugatio, garrulitas

[德] Geschwätzigkeit

[英] prating, garrulity

270a1

ἄδολος (adv. ἀδόλως) 不狡猾的，真诚的

[拉] dolo carens, sincerus, candidus

[德] Ohne Trug, echt

[英] guileless, honest

249a2

ἀδυνατέω 没能力

[拉] impotens sum

[德] kraftlos oder unvermögend sein

[英] to be unable, to be impossible

246a7, 248c5, 249d7

ἀδύνατος 不可能的，无能力的

[拉] impotens, inops

[德] unmöglich, unvermögend

[英] impossible, unable

239a3, 262b1, 269b6, 272b5, 276c8, 276c9

ἀείδω 歌唱

[拉] cano

[德] singen

[英] sing

258e7, 259c1, 259c4

ἀεικίνητος 永远在动的，永恒运动的

[拉] qui semper movetur

[德] immer bewegt, in beständiger Bewegung

[英] in perpetual motion

245c5

ἀεκούσιος (ἀκούσιος) 不情愿的，勉强的

[拉] involuntarius

[德] ungern, unfreiwillig

[英] against the will, involuntary

233c4

ἀηδής (adv. ἀηδῶς) 令人生厌的，不愉快的

[拉] molestus

[德] unangenehm, widrig

[英] unpleasant, disagreeable

229a5, 240c1, 240e8, 241c3, 265c4

ἀηδία 不愉快，厌恶

[拉] molestia, taedium

[德] Unannehmlichkeit, Widerwille

［英］unpleasantness, disgust, dislike
240d6

ἀήθης 不寻常的，奇异的
　　［拉］insolitus
　　［德］ungewohnt
　　［英］unwonted, strange
　　251b1

ἀθάνατος 不朽的，不死的
　　［拉］immortalis
　　［德］unsterblich
　　［英］undying, immortal
　　245c5, 245e2, 246a1, 246a3, 246b5,
　　246c6, 246d1, 247b6, 252b9, 258c1,
　　277a2

ἆθλον 奖品，奖励
　　［拉］praemium
　　［德］Preis
　　［英］prize
　　256d5

αἰδέομαι 敬畏
　　［拉］revereor, veneror
　　［德］sich scheuen
　　［英］stand in awe of
　　254e9

αἰδώς 敬畏，敬意，羞耻
　　［拉］reverentia, pudor
　　［德］Ehrfurcht, Achtung, Scham
　　［英］reverence, awe, shame
　　253d6, 254a2, 256a7

αἱμύλος 会哄骗人的，狡诈的
　　［拉］decipiens, blanditiis
　　［德］klug, listig
　　［英］wheedling, wily
　　237b4

αἵρεσις 选择
　　［拉］optio
　　［德］Wahl
　　［英］choice
　　249b2, 256c4

αἱρέω 拿，抓，捕获，判罪，选举
　　［拉］capio, convinco, eligo
　　［德］nehmen, fangen, zu Fall brin-
　　gen, wählen
　　［英］grasp, seize, convict, elect
　　230e4, 231d7, 232a6, 249a3, 249b3,
　　253c6, 256c4

αἴρω 举起，提起
　　［拉］tollo, attollo
　　［德］heben, erheben
　　［英］lift, raise up
　　248a5

αἰσθάνομαι 感觉到，注意到
　　［拉］sentio
　　［德］mit den Sinnen wahrnehmen,
　　merken
　　［英］perceive, apprehend by the senses
　　235c5, 240d3, 241e1, 242d2, 243a4,
　　263c4

αἴσθησις 感觉，感知
　　［拉］sensus
　　［德］Empfindung
　　［英］sensation
　　240d2, 249b7, 250d2, 250d4, 253e6,
　　271e1

αἰσχρός (comp. αἰσχίων) 丑陋的，可
耻的
　　［拉］turpis
　　［德］häßlich, schändlich

［德］Spitze

［英］highest or culminating point, zenith

230b4

ἀκοή 聆听，传闻，听觉

［拉］auditus

［德］das Hören, Gerücht

［英］hearing, hearsay

227c3, 228b7, 235d1, 243d5, 274c1

ἀκόλαστος 放纵的，无节制的

［拉］petulans, intemperans

［德］hemmungslos, ausgelassen

［英］undisciplined, unbridled

255e5, 256c2

ἀκολουθέω 追随，跟着走，听某人引导，服从

［拉］sequor

［德］folgen

［英］follow, go after

232a7, 233e3

ἄκοπος 不疲倦的，恢复精神的

［拉］non defatigans vel laboriosus, reficiens, recreans

［德］unermüdlich, nicht ermüdend

［英］unwearied, removing weariness, refreshing

227a6

ἀκούω 听

［拉］audio

［德］hören

［英］hear

227b8, 227b11, 227d3, 228a7, 228c3, 230e5, 230e7, 235c1, 235c3, 235d3, 235d5, 238c9, 238d5, 240d2,

240e1, 240e4, 241d2, 242c2, 243c3, 243c7, 243e5, 252b3, 259e7, 260e3, 261b2, 261b5, 261b7, 261d7, 262e2, 263e5, 263e7, 265c4, 267b2, 267d6, 268b5, 268c3, 269a6, 271c1, 271e2, 272c8, 273d7, 273d8, 274c4, 274c5, 275b8, 278b9

ἀκρίβεια 准确，精确，严格

［拉］accuratio

［德］Genauigkeit

［英］exactness, precision

271a5

ἀκριβής (adv. ἀκριβῶς) 准确的，严格的

［拉］accuratus, certus

［德］genau, streng

［英］exact, accurate, precise

234e7, 262a7, 264c1, 270e3, 273a6

ἄκρος 在最高处的，极端的

［拉］summus

［德］oberster, äußerster

［英］highest or farthest point

247a8, 247b7, 264c5

ἄκων (ἀέκων) 不情愿的，勉强的，无意的

［拉］invitus

［德］unfreiwillig, widerwillig

［英］involuntary, constrained

254c3

ἀλαζονεία 自夸，吹牛

［拉］iactantia, insolentia

［德］Prahlerei, Aufschneiderei

［英］false pretension, boastfulness

253e3

ἀλήθεια 真，真相，真理

［拉］veritas
［德］Wahrheit
［英］truth
241c5, 247c5, 248b6, 249b6, 260a4,
260e6, 262a9, 262c1, 272d4, 272d8,
273d5, 275a6, 277e2

ἀληθής (adv. ἀληθῶς) 真的
　［拉］verus, rectus
　［德］wahr, wirklich, echt
　［英］true, real
　228c6, 228c9, 229c5, 231c4, 234e1,
　235e2, 236b6, 238d4, 242d8, 243a1,
　245c4, 247c5, 247c8, 247d4, 248c3,
　249d5, 253c3, 255a2, 256b5, 259e5,
　260d6, 262d1, 265a5, 265b7, 266b2,
　267a6, 269c8, 270c10, 272b7,
　272e5, 273b6, 273d4, 274c1, 275c1,
　275d5, 276c9, 277b5, 278c5

ἀληθινός 真实的，真正的
　［拉］verus, verax
　［德］wahrhaft, wirklich
　［英］true, genuine
　253d7

ἁλίσκομαι 被捉住，被查获，被判罪
　［拉］prehendor, occupor
　［德］gefangen werden, ertappt werden
　［英］to be caught, seized
　240a3, 252c6, 253c6

ἅλλομαι 跳，跃
　［拉］salio
　［德］springen, hüpfen
　［英］spring, leap
　255c5

ἄλλοσε 到别处，到其他地方
　［拉］alio, aliorsum
　［德］anderswohin
　［英］to another place
　230e1, 265b7

ἄλλοτε 别的时候，其他时候
　［拉］alio tempore
　［德］zu andrer Zeit
　［英］at another time
　237e2

ἀλλότριος 属于别人的，别人的，外方
人的
　［拉］extraneus
　［德］fremd, ausländisch
　［英］foreign, strange
　230a1, 235c8, 239d1, 275a4

ἁλμυρός 咸的
　［拉］salsus
　［德］salzig
　［英］salt
　243d4

ἄλογος 没有道理的，荒谬的
　［拉］a ratione alienus, absurdus
　［德］unvernünftig, grundlos
　［英］not according to reason, irrational
　238a1

ἀμαθής 无知的
　［拉］inscitius
　［德］unwissend
　［英］ignorant, stupid
　239a3

ἀμαθία 无知，愚蠢
　［拉］inscitia
　［德］Unwissenheit, Torheit
　［英］ignorance, stupidity

235c8

ἁμαρτάνω 犯错，犯罪
[拉] pecco
[德] verfehlen, sündigen
[英] do wrong, err, sin
235e3, 237c2, 242c3, 243a3, 262e5

ἁμάρτημα 过错，错误
[拉] peccatum, erratum
[德] Fehler, Vergehen
[英] failure, fault
242c6, 242d2

ἀμβροσία 神的食物，长生不老的食物
[拉] ambrosia
[德] Ambrosia
[英] ambrosia
247e6

ἀμείβω 改变，变化，轮换
[拉] permuto
[德] umtauschen, abwechseln
[英] change, exchange
242d1

ἀμέλεια 漠不关心
[拉] incuria
[德] Gleichgültigkeit, Vernachlässi-
gung
[英] indifference, negligence
231b2, 252a4, 256c2

ἀμελετησία 疏忽，懈怠
[拉] negligentia
[德] Vernachlässigung, Gedanken-
losigkeit
[英] want of practice, negligence
275a3

ἀμελέω 不关心，轻视

[拉] non curo, neglego
[德] vernachlässigen
[英] have no care for, be neglectful
of
249d8, 259c1

ἀμήχανος (adv. ἀμηχάνως) 不同寻常的，
极大的；没办法的，无依靠的，
无能为力的
[拉] immensus, artificio carens ad
rem aliquam efficiendam
[德] unbeschreiblich, unwidersteh-
lich, ratlos, unfähig
[英] extraordinary, enormous, with-
out means, helpless
229e1, 263d4

ἅμιλλα 比赛，竞赛
[拉] certamen, contentio
[德] Wettkampf, Wettstreit
[英] contest for superiority, conflict
248b2, 271a1

ἀμνημονέω 不注意，不记得，忘记
[拉] immemor sum, obliviscor
[德] vergessen
[英] to be unmindful, forget
254d3

ἄμοιρος 没份的
[拉] expers, exsors
[德] ohne Anteil
[英] without lot or share
258b3

ἄμουσος 非文艺的，无音乐修养的
[拉] immusicus
[德] unmusikalisch
[英] unmusical

240b3

ἀμπλακεῖν 犯错，错过

　[拉] peccare

　[德] verfehlen, irren

　[英] sin, err

242d1

ἀμυδρός 模糊不清的，朦胧的

　[拉] obscurus

　[德] dunkel, undeutlich

　[英] dim, faint, obscure

250b3

ἀμύνω 防守，保卫自己，复仇

　[拉] defendo, propugno

　[德] abwehren, sich wehren, vergelten

　[英] ward off, defend oneself against, revenge

260b1, 275e5, 276a6

ἀμφιλαφής 枝繁叶茂的，茂密的

　[拉] extensus, amplus

　[德] ausgedehnt, umfangreich

　[英] wide-spreading, thick

230b3

ἀμφισβητέω 持异议，争论

　[拉] controversor, discepto

　[德] nicht übereinstimmen, widersprechen

　[英] disagree with, stand apart

263a10

ἀμφισβητήσιμος 可争论的

　[拉] controversus, ambiguous

　[德] streitig, zweifelhaft

　[英] disputable

263c8, 263c9

ἀμφότερος (adv. ἀμφοτέρως) 双方的，两边的

　[拉] ambo, uterque

　[德] beidseitig, beide

　[英] both together, both of two

232b7, 235a8, 249b1, 251d7, 258a5, 270b4, 274e2

ἀναβλέπω 仰视，张开眼睛

　[拉] oculos attollo, intueor

　[德] hinaufschauen, die Augen öffnen

　[英] look up at, open one's eyes

243b3

ἀναγιγνώσκω 确知，阅读，重识，识别

　[拉] accurate cognosco, lego, recognosco

　[德] genau erkennen, verlesen, wieder erkennen

　[英] know well, read, know again, recognize

228e5, 230e4, 234d4, 262d8, 263e2

ἀναγκάζω (διά-ἀναγκάζω) 逼迫，迫使

　[拉] cogo, compello

　[德] nötigen, zwingen

　[英] force, compel

233b4, 236c3, 236c4, 236d7, 237a9, 239c5, 241b5, 242a2, 242d5, 243e1, 253a2, 254a5, 254b1, 254b8, 254d1, 254d5, 257a5, 260d6, 263d8

ἀναγκαῖος (adv. ἀναγκαίως) 必然的

　[拉] necessarius

　[德] notwendig

　[英] necessary

232b4, 236a1, 236a4, 240c4, 241c2, 268e6, 269b8, 269d3, 277e6

ἀνάγκη 必然（性），强迫

［拉］necessitas

［德］Notwendigkeit

［英］necessity

229d5, 231a4, 232a7, 236e4, 237c2,
238e3, 239a5, 239a7, 239b5, 240a4,
240d1, 240e1, 241b4, 241b7, 243a3,
243d9, 245d1, 245d4, 246a1, 246b4,
252b9, 260a1, 262a8, 263b8, 264b4,
264b7, 268e3, 271b4, 271d1

ἀνάγω 抬，领

［拉］tollo, educo

［德］hinauftragen, hinaufbringen,
hochheben

［英］lead up, conduct

272d3

ἀνάθημα 奉献物，供品

［拉］donarium,. dedicata

［德］das Aufgestellte, Weihgechenk

［英］that which is set up, votive offering set up

236b3

ἀναίδεια 无耻

［拉］impudentia

［德］Unverschämtheit

［英］shamelessness

254d7

ἀναιδής (adv. ἀναιδῶς) 无耻的

［拉］impudens

［德］unverschämt

［英］shameless

243c1

ἀναιρέω 举起，拾起

［拉］aufero, tollo

［德］aufheben

［英］take up, raise

233c2, 243c5

ἀνακηκίω 冒出，涌出

［拉］salio

［德］emporströmen, hervorquellen

［英］spout up, gush forth

251c1

ἀνάκρισις 检查，询问

［拉］quaestio, perscrutatio

［德］Befragung, Voruntersuchung

［英］inquiry, examination

277e9

ἀνακύπτω 探头，把头伸出水面

［拉］caput erigo, emergo

［德］aufducken, emportauchen

［英］lift up the head, come up out of
the water

249c3

ἀναμιμνήσκω 记起，忆及，提醒

［拉］recordor

［德］erinnern, denken an

［英］remember, recall to mind

249d6, 250a1, 254d4, 272c4, 273a3,
275a4

ἀνάμνησις 回忆

［拉］reminiscentia

［德］Wiedererinnerung

［英］recollection, reminiscence

249c2

ἀνανδρία 怯懦

［拉］ignavia

［德］Feigheit

［英］cowardice

254c8

ἄνανδρος 怯懦的，没有男子气概的
　　［拉］ignavus
　　［德］feig, unmännlich
　　［英］wanting in manhood, cowardly
　　239c8

ἀνάντης 陡峭的，上坡的
　　［拉］acclivis
　　［德］steil
　　［英］steep
　　247b1

ἀνάπαλιν 回去，再一次
　　［拉］e contrario, in vicem
　　［德］wieder zurück, von neuem
　　［英］back again
　　264a5

ἀναπετάννυμι 张开，摊开
　　［拉］expando, aperio
　　［德］ausbreiten, spannen
　　［英］spread out, unfold
　　240e6

ἀναπέτομαι 飞起来，飞走
　　［拉］in altum evolo
　　［德］auffliegen
　　［英］fly up, fly away
　　249d7

ἀναπίπτω 后退，向后倒下
　　［拉］recido, procumbo
　　［德］zurückfallen
　　［英］fall back, lay oneself back
　　254b8, 254e2

ἀναπνοή 重新呼吸
　　［拉］respiratio
　　［德］das Wiederaufatmen
　　［英］recovery of breath
251e4

ἀναπτερόω 展翅，举起，振奋
　　［拉］plumis rursus induo, attollo
　　［德］beschwingen, aufregen
　　［英］raise its feathers, raise, excite
　　249d6, 255c7

ἀνάρπαστος 被抢走的，被掳走的
　　［拉］sublatus, raptus
　　［德］weggezogen, geschleppt
　　［英］snatched up, carried off
　　229c9

ἀνατίθημι 加在……身上，归咎于；收
　　回，改变
　　［拉］sursumpono, retraho
　　［德］aufstellen, zurücknehmen
　　［英］lay upon, impart, retract
　　235d9

ἀναφέρω 携往，带回
　　［拉］refero
　　［德］zurückführen
　　［英］carry up, carry back
　　237d2

ἀναφής 不可触摸的，触摸不到的
　　［拉］tactione vacuus
　　［德］unberührbar
　　［英］impalpable
　　247c7

ἀνδράποδον 奴隶（尤其指战争中被俘
　　后被卖为奴的人）
　　［拉］mancipium, qui bello captus et
　　in servitutem redactus est
　　［德］Sklave, bes. kriesgefangener
　　Sklave
　　［英］one taken in war and sold as a

slave

259a4

ἀνδραποδώδης 奴隶般的，像奴隶一样
的，有奴性的

[拉] servilis

[德] knechtisch

[英] slavish, servile

258e5

ἀνδρεῖος (adv. ἀνδρείως) 勇敢的

[拉] fortis

[德] tapfer

[英] manly, courageous

239a3, 239c7

ἀνδρικός (adv. ἀνδρικῶς) 勇敢的，有男
子气概的

[拉] virilis

[德] mannhaft

[英] masculine, manly

265a4, 273b4, 273b7

ἀνεκτός 可容忍的，可忍受的

[拉] tolerandus

[德] erträglich

[英] tolerable

240e5, 240e6

ἀνελευθερία 不自由，吝啬，奴性

[拉] illiberalitas

[德] niedrige Gesinnung, unfreie
Beschäftigung, Knauserei

[英] illiberality of mind, servility

256e6

ἀνελεύθερος 不自由的，卑鄙的

[拉] non liber, illiberalis

[德] unfrei, niedrig, gemein

[英] not free, servile, mean

253b7

ἀνέρομαι 询问，问

[拉] interrogo, quaero

[德] fragen

[英] enquire of, question

275d6

ἀνευρίσκω (ἀνευρετέον) 发现，找到

[拉] invenio

[德] auffinden

[英] find out, discover

236e4, 252e7, 267b2, 273c7, 277c1

ἀνέχω 忍受，容许

[拉] persevero, tolero

[德] ertragen, aushalten

[英] put up with, tolerate

239a2

ἀνήκοος 没有听的

[拉] qui non audit

[德] nicht hörend

[英] without hearing

243e5, 259b3, 259b6, 261b8

ἀνήρ 男人

[拉] vir

[德] Mann

[英] man

229d4, 235b7, 236e4, 239b2, 244a2,
248d2, 249c6, 258a1, 259b5, 266c6,
266e5, 267a5, 267c9, 268d7, 269c7,
278b3, 279b1

ἄνθος (ἄνθη) 花，花朵

[拉] flos

[德] Blume

[英] blossom, flower

230b5

ἀνθρώπινος (ἀνθρωπικός) 属于人的，人的
[拉] humanus, ad homines pertinens
[德] den Menschen betreffend, menschlich
[英] belonging to man, human
243a1, 244c7, 245c3, 246a5, 249b4, 249d1, 256b6, 259d6, 265a10, 274c3

ἄνθρωπος 人
[拉] homo
[德] Mensch
[英] man, mankind
230d5, 231e4, 232a6, 241c5, 242d1, 244d5, 249b1, 249b5, 249b6, 249e5, 252b2, 253a4, 256b7, 259b2, 259b6, 268c2, 272d6, 273e4, 273e6, 277a4

ἀνιαρός 悲伤的，令人不快的
[拉] tristis, molestus, acerbus
[德] betrübend, unangenehm
[英] grievous, troublesome, annoying
233b3

ἀνόητος (adv. ἀνοήτως) 无理智的，愚蠢的
[拉] mente carens, stultus
[德] unvernünftig
[英] unintelligent, senseless, silly
241a8, 241b7

ἀνόμοιος 不相像的，不相似的，不相同的
[拉] dissimilis
[德] unähnlich
[英] unlike, dissimilar
261d8

ἀνομοιότης 不相似（性）
[拉] dissimilitudo
[德] Unähnlichkeit
[英] unlikeness, dissimilarity
240c5, 262a6

ἄνοος 无理智的，无理解力的，愚蠢的
[拉] rationis expers, demens
[德] sinnlso, unverständig
[英] without understanding, silly
257a2

ἀνταποδίδωμι (ἀνταποδοτέον) 反过来给出，还给，使相均衡，相对应
[拉] vicissim reddo, retribuo
[德] wieder zurückgeben, gegenseitig entsprechen
[英] give back, repay, assign as a balance
236c3

ἀντέρως 互爱
[拉] amor alterius amori respondens
[德] Gegenliebe
[英] return-love, love-for-love
255e1

ἀντίδικος 对手
[拉] adversaries
[德] Gegner
[英] opponent
261c5, 273c4

ἀντιλαμβάνω 抓住，捕获
[拉] recipio, prehendo
[德] ergreifen, fest angreifen
[英] seize, hold on
246c3

ἀντιλέγω 反驳，反对

［拉］redarguo

［德］widerlegen

［英］speak against, contradict

261c5

ἀντιλογικός (adv. ἀντιλογικῶς) 可争辩
的，善于争辩的，好争辩的

［拉］disputandi et refutandi peritus

［德］zum Widersprechen, Bestreiten
geschickt

［英］given to contradiction, disputa-
tious

261d10

ἀντιπαρατείνω 摆在一起以便比较

［拉］oppono ut cum altero contendam

［德］gegenüber ausdehnen, als Ge-
genstück ausführen

［英］stretch side by side so as to
compare or contrast

257c4

ἀντιτείνω 抵抗，抵制

［拉］repugno, refragor

［德］widerstreben, sich widersetzen

［英］strive against, resist

238e5, 254a7, 254c3, 256a7

ἀνυπόδητος 未穿鞋的，赤脚的

［拉］non calceatus, nudis pedibus
incedens

［德］unbeschuhnt, barfuß

［英］unshod, barefoot

229a3

ἀξία 应得之份，价值

［拉］meritum, dignitas

［德］Wert, Preis, Verdienst

［英］worth, value, due, merit

247c4, 278b1

ἄξιος (adv. ἀξίως) 有价值的，值⋯⋯
的，配得上的

［拉］dignus, aestimabilis

［德］wertvoll, würdig

［英］worthy, estimables, worthy of

228a3, 231b1, 231b7, 231e1, 233b4,
233e1, 234a1, 234c1, 235b2, 235b5,
239d3, 244b6, 249a8, 255e6, 258b4,
260b8, 267d9, 270c1, 277e7, 278a5

ἀξιόω 认为适合，指望，要求

［拉］existimo, opto

［德］wert erachten, fordern

［英］think fit, deem worthy, expect,
require that

230e7, 262e2, 263e7, 268b3, 268b9

ἀοιδή (ᾠδή) 歌，歌曲

［拉］cantus

［德］Gesang

［英］song

237a7, 245a3, 259b8, 278c2

ἄοικος 无家的，无房屋的，无家可归的

［拉］domicilium non habens

［德］heimatlos, unbehaust

［英］houseless, homeless

240a6

ἀπαγγέλλω 报告，宣告

［拉］nuncio

［德］verkündigen, berichten

［英］bring tidings, report

259c6, 259c7, 278e8

ἀπάγω 带走，拘捕

［拉］abduco

［德］wegführen, fangen

［英］lead away, arrest

262b7

ἀπαθής 不受影响的，无感的

　　［拉］perturbatione carens, immunis

　　［德］nicht empfunden habend, un-
　　empfindlich

　　［英］not suffering or having suffered

　　250c2

ἀπαίδευτος 未受过教育的，愚蠢的

　　［拉］ineruditus

　　［德］ungebildet

　　［英］uneducated

　　269b2

ἄπαις 无子女的，没孩子的

　　［拉］liberis carens

　　［德］kinderlos

　　［英］childless

　　240a6

ἀπαιτέω 要求，索回

　　［拉］ineruditus

　　［德］fordern, einfordernreposco, repeto

　　［英］demand, inquire

　　241a5

ἀπαλλαγή 解脱，逃避

　　［拉］liberatio

　　［德］Befreiung, Flucht

　　［英］release, escape

　　244e1

ἀπαλλάσσω (ἀπαλλακτέον) 和解，复
原，摆脱，避免，离开

　　［拉］reconcilio, libero, abeo

　　［德］sich wegbegeben, sich losmachen,
　　weichen

　　［英］to be reconciled, settle a dispute,

escape

233d7

ἀπαλός 柔软的，温和的

　　［拉］mollis

　　［德］zart

　　［英］soft, tender

　　239c8, 245a2, 276d5

ἀπαντάω 遇见，碰到

　　［拉］pervenio, invernio

　　［德］begegnen

　　［英］meet, encounter

　　228b6

ἅπαξ 一次，只一次

　　［拉］semel

　　［德］einmal

　　［英］once, once only

　　228a7, 275d9

ἀπαρνέομαι 坚决拒绝，否认

　　［拉］nego

　　［德］verneinen

　　［英］deny utterly, refuse

　　256a4

ἀπατάω 欺骗

　　［拉］decipio

　　［德］verleiten, betrügen

　　［英］cheat, deceive

　　262a5, 262a6, 262b2

ἀπάτη 欺骗

　　［拉］deceptio, fraus

　　［德］Betrug, Täuschung

　　［英］trick, fraud, deceit

　　261e6

ἀπειθέω 不服从，不听从

　　［拉］non obedio, non credo

［德］ungehorsam oder unfolgsam sein

［英］disobey

271b5

ἀπεικάζω (ἀπεικαστέον) 比较，比照

［拉］adsimulo

［德］vergleichen

［英］compare with

265b6, 270e1

ἀπειλητικός (ἀπειλητήριος) 威胁的

［拉］minax

［德］drohend

［英］of or for threatening

268c8

ἄπειμι 离开，离去；不在场，缺席

［拉］abeo, ibo, absum

［德］weggehen, fortgehen, abwesend sein

［英］go away, depart, to be away or absent

227d4, 236c7, 242c2, 255d8, 272c2

ἀπεῖπον (ἀπερῶ, ἀπερέω) 拒绝，放弃

［拉］nego, abnuo

［德］entsagen, aufgeben

［英］refuse, renounce, give up

228b3

ἀπείργω 阻止，禁止，妨碍

［拉］prohibeo, impedio

［德］absperren, abhalten

［英］keep from doing, prevent

239b1

ἀπειρόκαλος (adv. ἀπειροκάλως) 庸俗的，没有鉴赏力的

［拉］honesti ignarus, inconditus

［德］des Schönen unkundig, geschma-cklos

［英］ignorant of the beautiful, tasteless, vulgar

244c4

ἄπειρος 无经验的，不懂的；无限的

［拉］ignarus, imperitus, infinitus

［德］unerfahren, unkundig, unendlich

［英］inexperienced, ignorant, boundless, infinite

239c8, 267b2

ἀπεργάζομαι 完成，实现，使成为

［拉］facio, efficio

［德］machen, bilden ·

［英］complete, cause, produce

239a2, 257c2, 272a8

ἀπέρχομαι 走开，离开

［拉］abeo

［德］weggehen

［英］go away, depart from

242a1, 248b5, 249a4, 254c3, 258b2

ἀπεχθάνομαι 被仇恨

［拉］invisus sum, odio sum

［德］feind werden, verhaßt werden

［英］to be hated, incur hatred

231c3, 232d2, 233a7

ἀπέχω 挡住，离开，放手，放开

［拉］abstineo, impedio

［德］fernhalten, weghaben, ausschließen

［英］keep off or away from, abstain

235d7, 236e8

ἀπήμων 不受伤害的，未受损害的

［拉］incolumis

［德］nicht schadend, heilsam

［英］unharmed, unhurt

248c4

ἀπηνής 不友善的，粗鲁的，无礼的

［拉］iniucundus, acerbus

［德］unfreundlich, unsanft, hart

［英］ungentle, rough, hard

257b1

ἀπιστέω 不相信，不听从

［拉］diffido, non pareo, non obtempero

［德］nicht glauben, ungehorsam sein

［英］disbelieve, distrust, disobey

229c6, 229e2

ἄπιστος 不可信的，不值得信的

［拉］incredibilis

［德］unglaubwürdig

［英］incredible, unbelievable

240e9, 241c2, 245c2

ἄπληκτος 不用鞭策的

［拉］verberibus vel stimulis non egens

［德］ungeschlagen, keines Schlages
bedürftig

［英］unstricken, of a horse needing
no whip or spur

253d7

ἀπλόος (adv. ἀπλῶς) 简单的

［拉］simplex

［德］einfach

［英］simple

230a5, 244a6, 250c3, 257b5, 270d1,
270d3, 277c3

ἀποβάλλω (ἀπόβλητον) 丧失，失去，
抛弃

［拉］amitto, abjicio

［德］verlieren, abwerfen

［英］lose, throw off

260a5

ἀποβλέπω (ἀποβλεπτέον) 盯住，注视

［拉］respicio, intueor

［德］hinschauen, hinblicken

［英］gaze steadfastly, look at

234d2, 237d1, 239b7

ἀποβολή 丧失，失去

［拉］jactura

［德］Verlust

［英］loss

246d4

ἀποδείκνυμι (ἀποδεικτέον) 指出，表明，
证明

［拉］ostendo, demonstro

［德］zeigen, beweisen

［英］point out, show by argument,
prove, demonstrate

245b7, 278c7

ἀπόδειξις 证明，证据，揭示

［拉］demonstratio, expositio

［德］Beweis, darlegung

［英］proof, exhibiting

245c1, 245c4

ἀποδεκτέος 必须接受的，应当接受的

［拉］admittendus

［德］man muß annehmen

［英］one must accept, allow, admit

272b4

ἀποδημέω 离家远行，到外地去

［拉］absum domo, peregrinor

［德］sich in die Fremde begeben,
verreisen

［英］go abroad

230d1

ἀποδίδωμι 归还，偿还，送出，出卖
　　［拉］reddo
　　［德］zurückgeben, ausliefern
　　［英］give back, return, render
　　231b1, 233e7, 237c4, 243b5

ἀπόθετος 隐秘的，神秘的
　　［拉］secretus, arcamus
　　［德］verborgen, geheimnisvoll
　　［英］hidden, secret, mysterious
　　252b5

ἀποκλείω 关闭，阻止
　　［拉］excludo, occludo
　　［德］abschließen, versperren
　　［英］shut out or exclude from
　　251d3

ἀποκλύζω 洗去，洗干净
　　［拉］abluo
　　［德］wegspülen
　　［英］wash off, wash clean
　　243d5

ἀποκρίνω 分开，选出，回答
　　［拉］separo, secerno, respondeo
　　［德］sondern, wählen, beantworten
　　［英］set apart, choose, give answer
　　to, reply to
　　261a5

ἀποκρύπτω 隐瞒，藏起来，使模糊不
清，使黯然失色
　　［拉］celo, abscondo
　　［德］verbergen, verdecken
　　［英］hide from, conceal, overshadow
　　261e4, 271c2, 273c7

ἀπολαύω 得到利益，得到好处
　　［拉］capio commodum
　　［德］genießen, sich zunutze machen
　　［英］profit, have a benefit
　　234a2, 255d5, 256a1

ἀπολείπω 放弃，离开
　　［拉］relinquo
　　［德］aufgeben
　　［英］desert, abandon
　　227d5, 240c7, 245c8, 252a1, 266d1

ἀπόλλυμι 毁灭，丧命，丧失
　　［拉］perdo, amitto
　　［德］zerstören, ruinieren, verlieren
　　［英］destroy utterly, ruin, lose
　　240a5, 245d5, 245d8, 252a4

ἀπολογία 申辩，辩护
　　［拉］defensio
　　［德］Verteidigung
　　［英］speech in defence, defence
　　267a2, 272e4

ἀπολύω 解开，解放
　　［拉］solvo, exsolvo
　　［德］ablösen, befreien
　　［英］set free from, release or relieve
　　from
　　267d2

ἀπομεστόομαι 充满
　　［拉］impleo
　　［德］ganz voll werden
　　［英］become filled to the brim
　　255c3

ἀπομνημονεύω 记住，记忆
　　［拉］recordor, reminiscor
　　［德］in Gedächtnis behalten
　　［英］remember

228a2

ἀποπαύω 使停止，阻止

　[拉] inhibeo, desino

　[德] hindern, hemmen

　[英] stop or hinder from, make to cease from

　241d7

ἀποπολεμέω 从……那里作战

　[拉] pugno ex

　[德] herab kämpfen

　[英] fight off or from

　260b9

ἀπορέω 困惑，不知所措

　[拉] dubito, aestuo, consilii inops sum

　[德] ratlos sein, ohne Mittel und Wege

　[英] to be at a loss, be in doubt, be puzzled

　251d8, 255d3, 256a2

ἄπορος 难对付的，没办法的，走不通的

　[拉] inexplicabilis, invius

　[德] ratlos, unwegsam

　[英] hard to deal with, unmanageable, impassable

　233d7

ἀπορρέω 流走，流出，跌落，落下

　[拉] effluo, decido

　[德] herausfließen, herabfallen

　[英] flow off, fall off

　246d4, 255c4

ἀπορροή 流，流出，发射

　[拉] interdictum

　[德] Ausfluß, Ausströmung

　[英] flowing off, stream, effluence, emanation

　251b2

ἀποστερέω 抢劫，剥夺，骗取

　[拉] privo, fraudo

　[德] berauben, vorenthalten

　[英] rob, despoil, defraud

　241b3

ἄποτος 不可喝的，不能饮用的

　[拉] potu non utens

　[德] untrinkbar

　[英] not drinkable

　259c4

ἀποτρέπω 避开，回避，转身而去，阻止

　[拉] averto, deflecto, prohibeo

　[德] abwenden, umwenden, abweichen, vereiteln

　[英] turn away, avert, deter

　231d2, 232c5, 233c5, 238d6

ἄπους 无脚的，无足的

　[拉] pedibus carens

　[德] ohne Fuß

　[英] without foot or feet

　264c4

ἀποφαίνω (πρός-ἀποφαίνω) 显示，展示，宣称

　[拉] ostendo

　[德] aufzeigen, darlegen

　[英] show forth, display, declare

　274e3

ἀποχράω 足够

　[拉] sufficio

　[德] hinreichen, genügen

　[英] suffice, be sufficient, be enough

275b8, 279a8

ἀποψύχω 变冷，转凉
　[拉] refrigero
　[德] abkühlen, sich abkühlen
　[英] cool, chill, grow cold
242a6

ἀπρέπεια 不恰当，不得体
　[拉] discrepantia
　[德] Unziemlichkeit
　[英] impropriety
274b6

ἀπρεπής 不恰当的，不得体的
　[拉] indecorus, discrepans
　[德] unziemlich
　[英] unseemly, unbecoming
274b7

ἄπτερος 无翅膀的
　[拉] implumis
　[德] unbeflügelt, unbefiedert
　[英] without wings, unwinged
256d4

ἅπτω 拴，固定，接触
　[拉] necto
　[德] heften
　[英] fasten
240d2, 255b8, 255e3, 260e6, 279a7

ἀπωθέω 推开，赶走
　[拉] repello, abjicio
　[德] wegstoßen, von sich abwehren
　[英] thrust away, drive away
255a6

ἀπωτέρω 更远
　[拉] remotius, longius
　[德] entfernter
　[英] farther off
254c4

ἀραρότως 紧紧地，紧密地
　[拉] firme, tenaciter
　[德] fest angefügt, passend
　[英] compactly, closely, strongly
240d3

ἀργία 懒散，闲暇
　[拉] otium, socordia
　[德] Untätigkeit, Ruhe
　[英] idleness, laziness, leisure
259a3

ἄργυρος 白银
　[拉] argentum
　[德] Silber
　[英] silver
263a6

ἄρδω 浇水，灌溉
　[拉] irrigo
　[德] begießen, benetzen
　[英] water, irrigate
251b3, 251c8, 255d1, 276d6

ἀρετή 德性
　[拉] virtus
　[德] Tugend, Tüchtigkeit
　[英] virtue, goodness, excellence
232d5, 234b1, 253d2, 256e6, 270b8

ἄρθρον 肢体，关节
　[拉] membrum, articulus
　[德] Glied, Gelenk
　[英] joint, limbs
265e1

ἀριθμέω 数，算
　[拉] numero

［德］zählen, aufzählen

［英］number, count

270d6

ἀριθμός 数

　　［拉］numerus

　　［德］Zahl

　　［英］number

　　247a2, 274c8

ἀριστερός 左边的

　　［拉］sinister

　　［德］link

　　［英］left

　　228d6, 266a3

ἅρμα 双轮马车，战车

　　［拉］iugum

　　［德］Wagen

　　［英］chariot

　　246e5

ἁρμόζω 联结，安排，绷紧，使适合

　　［拉］vincio, moderor, adapto

　　［德］zusammenfügen, ordnen, stimmen

　　［英］join, accommodate, bind fast

　　248e2, 278d5

ἁρμονία 和谐，协调

　　［拉］harmonia

　　［德］harmonie

　　［英］harmony

　　268e4, 268e5

ἁρμονικός 精通音乐的，和谐的

　　［拉］harmoniae musicae peritus

　　［德］harmonisch, musikverständig

　　［英］skilled in music, harmonic

　　268d7, 268e4, 268e6

ἀρνός 羊羔，小羊

［拉］agnus

［德］Lamm

［英］lamb, sheep

241d1

ἀρόω 耕作，犁地，播种

　　［拉］aro, insero

　　［德］pflügen, säen

　　［英］plough, till, sow

　　276b4

ἁρπάζω 抢劫，掠夺

　　［拉］rapio, arripio

　　［德］rauben, raffen

　　［英］seize hastily, snatch up

　　229b5, 229d2

ἄρτι 刚才

　　［拉］modo

　　［德］eben

　　［英］just

　　251c2

ἀρτιτελής 新近入教的，刚刚入教的

　　［拉］recens initiatus

　　［德］eben eingeweiht

　　［英］newly initiated

　　251a2

ἀρύω (ἀρύτω) 汲水，舀水

　　［拉］haurio

　　［德］schöpfen

　　［英］draw water

　　253a6

ἀρχαῖος 自古以来的，从前的

　　［拉］pristinus, antiquus

　　［德］anfänglich, früher

　　［英］from the beginning, ancient,

　　former

243a4, 267b1

ἀρχή 开始，开头，统治，公职
　[拉] principium, imperium, magis-
　tratus
　[德] Anfang, Herrschaft, Amt
　[英] beginning, sovereignty, office
　237b7, 237c4, 238a2, 241a8, 241b6,
　245c4, 245c9, 245d1, 245d2, 245d3,
　245d4, 245d6, 245d7, 253c7, 254a7,
　258a1, 262d8, 263e3, 264a5, 266d8,
　272d4

ἀρχικός 适合进行统治的，善于统治的
　[拉] ad imperandum idoneus
　[德] zum Herrschen befähigt
　[英] of or for rule, fit for rule
　248d5

ἄρχω 开始，从……开始，统帅，统治
　[拉] incipio, guberno
　[德] anfangen, herrschen, befehlen
　[英] begin, rule, command
　228d5, 237d7, 238a1, 238e3, 241a3,
　241e3, 251c4, 263d3, 263d7, 264a6

ἄρχων 首领，统帅，领袖
　[拉] praefectus, princeps
　[德] Herrscher, Gebieter
　[英] ruler, commander
　235d8, 246b1, 247a3

ἀσεβής 不敬神的，不虔诚的
　[拉] impius
　[德] gottlos, ruchlos
　[英] ungodly, unholy, profane
　242d7

ἀσήμαντος 未作记号的，没打封印的
　[拉] non signatus

　[德] ohne Abzeichen
　[英] unsealed, unmarked
　250c5

ἀσθενής 弱小的，虚弱的，生病的
　[拉] debilis, aeger
　[德] schwach, krank
　[英] weak, feeble, sickly
　255e3, 273b4

ἄσιτος 不吃东西的，禁食的
　[拉] cibo abstinens
　[德] ohne Speise
　[英] without food
　259c4

ἀσπάζομαι 致意，尊敬
　[拉] diligo
　[德] liebhaben, bewillkommen
　[英] greet, salute
　256a3

ἀστεῖος 城里的，文雅的，优美的
　[拉] urbanus, elegans
　[德] städtisch, fein, elegant
　[英] of the town, refined, elegant
　227d1, 242e5

ἀστράπτω 闪光
　[拉] splendeo
　[德] blitzen
　[英] lighten
　254b5

ἄστυ 城，城市
　[拉] urbs
　[德] Stadt
　[英] town
　227b3, 230d1, 230d5

ἀσχημάτιστος 无形的

[拉] forma vel figura carens

[德] ungeformt

[英] without form or figure

247c6

ἀσχολία 忙碌，没有闲暇，事务

[拉] occupatio, negotium

[德] Beschäftigung, Geschäft, Tätigkeit

[英] business, want of time or leisure

227b9

ἀτελής 无尽头的，未完成的

[拉] imperfectus

[德] unvolllendet, endlos

[英] without end, unaccomplished

245a7, 248b4, 269d6

ἀτεχνία 缺乏技艺

[拉] imperitia, nulla ars

[德] Kunstlosigkeit

[英] want of art or skill

274b3

ἄτεχνος (adv. ἀτέχνως) 无技艺的

[拉] sine arte, imperitus

[德] nicht kunstverständig, ungeschickt

[英] without art, unskilful

260e5, 262c3, 262c6, 262e5

ἀτεχνῶς 完完全全，真正地

[拉] prorsus

[德] geradezu, ganz

[英] absolutely, simply, completely

230c7, 242a7

ἀτιμαστέος 轻视的，蔑视的

[拉] contemnendus

[德] zu verachten, verächtlich

[英] to be despised

266d2

ἄτμητος 不可分的

[拉] individuus

[德] unteilbar

[英] indivisible

277b7

ἀτοπία 荒诞，稀奇古怪

[拉] admirabilitas, insolentia

[德] Ungewöhnlichkeit, Seltsamkeit

[英] absurdity, extraordinary nature

229e1, 251d8

ἄτοπος 荒诞不经的，荒谬的，奇特的

[拉] absurdus

[德] ungewöhnlich, widersinnig

[英] strange, paradoxical

229c6, 230c6

ἀτρεμής 不动的，安静的

[拉] placidus, quietus

[德] ruhig, unbewegt

[英] unmoved, calm

250c3

ἄτυφος 不傲慢的，谦虚的

[拉] a fastu vel tumore alienus

[德] nicht aufgeblasen, bescheiden

[英] not puffed up

230a6

ἀτυχέω 不走运，落空

[拉] miser sum, non adsequor

[德] das Ziel verfehlen, unglücklich sein

[英] to be unfortunate, fail

231a1, 262e3, 264a1

αὐγή 光线，光芒

[拉] lumen, radius

[德] Licht, Strahl

［英］light, ray

250c4, 268a1, 269a8

αὐξάνω 增加，增长

［拉］incresco

［德］wachsen

［英］increase

246e2

αὐτίκα 立即，马上，此刻，例如

［拉］statim, continuo, mox, exempli

caussa

［德］sogleich, augenblicklich, zum

Beispiel

［英］forthwith, at once, in a moment,

for example

235e5

αὐτόθεν 从当地，就地，立即，立刻

［拉］hinc, inde, ex eo loco

［德］von selbiger Stelle, gleich von

da an

［英］from the very spot, at once, im-

mediately

242c2, 265c5

αὐτόθι 在那里

［拉］ibi

［德］dort

［英］there

229c3, 263e4

αὐτοσχεδιάζω 信口雌黄，信口开河，

不假思索地说

［拉］temere, inconsulte loquor

［德］unüberlegt reden, handeln

［英］act, speak, or think unadvisedly

236d5

αὐχμέω 变干燥

［拉］aresco

［德］trocken sein

［英］to be parched

251d1

ἀφαιρέω (ἀφαιρετέον) 取走，减去，

削减

［拉］eximo, detraho

［德］wegnehmen

［英］take away from

257a8, 273b5, 278e1

ἀφανίζω (ἐκ-ἀφανίζω) 使不见，隐藏，

夷平，抹去

［拉］ab adspectu removeo, celo

［德］unsichtbar machen, verstecken,

verschwinden

［英］make unseen, hide, remove

245a8

ἀφετέος 应放弃的，必须放弃的，必须

允许的

［拉］dimittendus

［德］zu entlassen

［英］one must dismiss, to be let go

260a7

ἀφίημι 放弃，赦免，宣告无罪

［拉］dimitto, absolve

［德］loslassen, freisprechen

［英］give up, acquit

228c7

ἀφικνέομαι 到达，返回

［拉］advenio, redeo

［德］ankommen, zurückkehren

［英］arrive at, return

230e2, 245a6, 248e6, 249b2, 249b4,

255c7, 270a5, 277a9

ἀφιλόσοφος 非哲学的

　　[拉] a philosophia alienus

　　[德] unphilosophisch

　　[英] unphilosophic

　　256c1

ἀφοσιόω 洁净，成为圣洁的

　　[拉] expio, sacro

　　[德] entsühnen, reinigen

　　[英] purify from guilt or pollution

　　242c3

ἀφροδίσιος 属于阿佛洛狄忒的，属于男女之乐的，情欲的

　　[拉] venereus

　　[德] die sinnliche Liebe btreffend

　　[英] belonging to the goddess of love

　　254a7

ἄφρουρος 没有防备的，没有守卫的

　　[拉] non custoditus

　　[德] unbewacht

　　[英] off one's guard

　　256c3

ἄφρων 愚蠢的，没头脑的

　　[拉] imprudens

　　[德] unvernuenftig

　　[英] silly, foolish, senseless

　　236a1, 265e4

ἄχαρις 不美的，不愉快的，不令人感谢的

　　[拉] ingratus, molestus

　　[德] undankbar, unangenehm

　　[英] unpleasant, disagreeable, ungracious, thankless

　　265d1

ἄχθομαι 不快，烦恼，憎恶

　　[拉] aegre et moleste fero

　　[德] betrüben, sich gedrücktfühlen

　　[英] to be vexed, grieved

　　264e4

ἄχθος 负担，烦恼

　　[拉] pondus

　　[德] Last

　　[英] burden, load

　　252c4

ἀχρώματος 无色的

　　[拉] colore carens

　　[德] ohne Farbe

　　[英] colourless

　　247c6

ἀψίς 拱顶，穹顶

　　[拉] arcus, fornix

　　[德] Wölbung

　　[英] arch or vault

　　247b1

ἄψυχος 无灵魂的，无生命的

　　[拉] inanimus, anima carens

　　[德] leblos, unbeseelt

　　[英] lifeless, inanimate

　　245e5, 246b6

βαδίζω 漫游，踱步，前进

　　[拉] vagor

　　[德] wandeln, marschieren

　　[英] go about, walk, march

　　227d3

βάθρον 底座，基础

　　[拉] fundamentum

　　[德] Basis

　　[英] base, pedestal

　　254b7

βαίνω 走

　[拉] vado, incedo

　[德] gehen

　[英] walk

　243a9, 250e4, 254b7

βάλλω 扔

　[拉] iacio

　[德] werfen

　[英] throw

　264b3

βαρύνω 使负重，使苦恼，受压迫

　[拉] gravo

　[德] beschweren, niederdrücken

　[英] weigh down, oppress

　247b4, 247c7

βαρύς 重的

　[拉] gravis

　[德] schwer

　[英] heavy in weight, weighty

　240c4, 268d8

βασιλεύς 国王，国王执政官

　[拉] rex

　[德] König

　[英] king

　248d4, 258b10, 266c5, 274d2,

　274e4

βασιλικός 王家的，王者的，高贵的

　[拉] regius, regalis

　[德] königlich

　[英] royal, kingly

　253b2, 266c6

βέβαιος (adv. βεβαίως) 牢固的，可靠的

　[拉] firmus, stabilis

　[德] fest, sicher

　[英] firm, steady

　275c6

βεβαιότης 稳固，可靠

　[拉] stabilitas, firmitas

　[德] Festigkeit, Sicherheit

　[英] steadfastness, stability, assurance,

　certainty

　277d8

βία 暴力

　[拉] vis

　[德] Gewalt

　[英] force, act of violence

　228c3, 236d2, 254a4, 254e3

βιάζω (βιάω) 强迫，迫使，使用暴力

　[拉] urgeo, opprimo

　[德] bedrängen, erzwingen

　[英] constrain, act with violence, use

　force

　248a5, 254a2, 254d4

βιβλίον (βίβλος) 书，著作

　[拉] liber

　[德] Buch

　[英] book

　228b2, 230d8, 235d6, 243c2, 266d6,

　268c3

βίος 生命，一生，生活

　[拉] vita

　[德] Leben, Lebenszeit

　[英] life, lifetime

　234a6, 242a8, 248a1, 248d7, 249a4,

　249a5, 249b1, 249b3, 249b4, 256b1,

　256d8, 257b6

βιοτεύω 维持生活

　[拉] vivo

［德］das Leben erhalten od. führen

［英］live

252d3

βιόω (βιωτέον) 生活，过活

　　［拉］vivo, vitam ago

　　［德］leben

　　［英］live, pass one's life

249b1

βλάβη 伤害，害处，破坏

　　［拉］damnum, noxa

　　［德］Schaden, Nachteil

　　［英］harm, damage

232c2, 232c4, 234c3, 237d3, 238e1,

239b3, 239e1, 240b2, 263c10,

274e9

βλαβερός (adv. βλαβερῶς) 有害的

　　［拉］noxius, perniciosus

　　［德］schädlich

　　［英］harmful

239b8, 240b3, 240b6, 240e8, 241c3,

241c4, 243c6

βλαστάνω 发芽，生长

　　［拉］pullulo, cresco

　　［德］keimen, aufwachsen

　　［英］bud, sprout, grow

251b5

βλάστη 幼苗，苗子

　　［拉］germen

　　［德］Tricb, junger Zweig

　　［英］shoot, bud, sprout

251d3

βλέπω 看，瞧

　　［拉］intuor

　　［德］blicken, ansehen

［英］see, look

237a5, 238d9, 249d7, 251c6, 253a2,

264e6

βοήθεια 帮助

　　［拉］auxilium

　　［德］Hilfe, Hilfeleistung

　　［英］help, aid

272c3

βοηθέω 帮助，搭救

　　［拉］succurro

　　［德］helfen, zu Helfe kommen

　　［英］assist, aid

275e5, 276c9, 277a1, 278c5

βοηθός 助手，帮手

　　［拉］auxiliator

　　［德］Helfer

　　［英］helper

275e4

βουλεύω (βουλευτέον) 任议事员，提意

见，建议，决定

　　［拉］consulto

　　［德］beraten, Mitglied des Rats sein

　　［英］give counsel, act as member of

council

231a5, 231d6, 234b5, 237c1, 238d8

βουλή 决定，建议

　　［拉］decretum, consilium

　　［德］Beschluß, Rat

　　［英］determination, advice

237c1, 258a4

βούλομαι 愿意，想

　　［拉］volo

　　［德］wollen, wünschen

　　［英］will

228a3, 228e4, 229b2, 230c1, 230e1,
232e6, 234c2, 236c4, 236d2,
236d10, 237a6, 243e8, 261d1,
262c5, 263e1, 263e2, 264e8, 268b1,
268c7, 270b8, 270d2, 272c7, 275d8,
276b2, 277a9, 278b5

βραδύς 慢的，迟钝的
[拉]tardus
[德]langsam
[英]slow, sluggish
233c3, 239a4

βραχυλογία 发言简练，风格简练
[拉]breviloquentia
[德]Kürze im Reden
[英]brevity in speech or writing
269a7, 272a5

βραχύς (adv. βραχέως) 短的，简短的
[拉]brevis, paucus
[德]kurz, klein
[英]short, brief
244b2, 250a2, 267b4, 272c1, 273a4

βραχυτράχηλος 短脖子的
[拉]qui brevi est collo
[德]kurzhalsig
[英]short-necked
253e2

βρέχω 打湿
[拉]irrigo, madefacio
[德]benetzen, befeuchten
[英]wet
229a4, 254c5

βρίθω 变称重，压得很重，载满
[拉]incline, deprimo
[德]schwer sein, niederdrücken,
beladen
[英]to be heavy or weighed down
with, laden
247b3

βωμός 祭坛
[拉]ara
[德]Altar
[英]altar
228c2

γάνυμαι 非常高兴，发亮
[拉]laetitia efferor
[德]sich freuen, sich ergötzen
[英]brighten up, be glad or happy
234d3

γαργαλίζω 使发痒
[拉]titillo
[德]kitzeln
[英]tickle, titillate
251c5

γαργαλισμός 痒，瘙痒
[拉]titillatio
[德]Kitzel
[英]tickling
253e6

γαστριμαργία 贪吃
[拉]ingluvies
[德]Völlerei, Schlemmerei
[英]gluttony
238b1

γελάω 嘲笑，笑
[拉]rideo
[德]lachen
[英]laugh at
252b4, 267b3

γέλοιος 可笑的、荒诞的

[拉] ridiculus

[德] lächerlich, witzig

[英] amusing, absurd

229e6, 236d4, 257c8, 260b5, 260c3, 262c2, 274c4

γέμω 充满

[拉] plenus sum

[德] voll sein

[英] to be full of

275c7

γένεσις 生成，产生，起源

[拉] generatio, creatio, ortus

[德] Entstehung, Zeugung, Ursprung

[英] generation, coming into being, origin

247d7, 248d2, 252d3

γεννάδας 出身高贵的，高尚的

[拉] generosus, ingenuus

[德] adlig, edel

[英] noble, generous

243c3

γενναῖος (adv. γενναίως) 高贵的，优良的

[拉] generosus, nobilis

[德] von vornehmer Abstammung, edel

[英] high-born, noble

227c9, 235d4, 261a3

γεννικός 高贵的

[拉] generosus

[德] wohlgeboren

[英] noble

279a4

γένος (γέννα) 种族，种类，属，民族，家族

[拉] genus

[德] Geschlecht, Abstammung

[英] race, family

237a8, 244d7, 246d7, 247a5, 247c8, 250b5, 259c2, 263c5, 271b2, 277c5

γέρας 礼赞，礼遇，礼物

[拉] munus

[德] Ehrengabe, Ehrengeschenk

[英] gift of honour, gift, present

259b2, 259c3, 262d5

γεωμετρία 几何学

[拉] geometria

[德] Geometrie

[英] geometry

274d1

γεωργικός 有关耕作的，善于耕作的，精通农业的

[拉] ad agriculturam pertinens, agriculturae peritus

[德] zum Landbau gehörig

[英] agricultural, occupied or skilled in farming

248e2, 276b6

γεωργός 农夫，农民

[拉] agricola

[德] Landwirt, Landbauer

[英] farmer

276b2, 276c4

γῆ (γαῖα) 地，土地，泥土

[拉] terra, tellus

[德] Erde, Boden

[英] land, earth

246e1, 247b4, 247c8, 249a6, 254e5,
256d6, 257a1, 257a2

γηθέω 高兴，欢喜
［拉］gaudeo, laetor
［德］sich freuen
［英］rejoice
251d1, 251d7, 258b2

γήινος 由泥土做成的，泥土做的，凡
人的，有死的
［拉］terrenus
［德］von Erde gemacht, irden, irdisch
［英］of earth
246c3

γῆρας 老年
［拉］senectus
［德］Alter
［英］old age
267c7, 276d3

γίγνομαι 发生，产生，生成，成为，变
得，出现
［拉］accido, evenio
［德］werden, geschehen, sich ereignen
［英］happen, come to be
228a4, 229d1, 230e7, 231e4, 232b1,
232b7, 232c2, 232c4, 232c8, 232e2,
232e5, 233a5, 233b1, 233c7, 233d3,
234a2, 234c4, 238a4, 238d2, 239a5,
239b2, 239c4, 240a7, 241a4, 241a7,
241b3, 241c8, 242a8, 242b1, 242b4,
242b9, 243b3, 244a7, 244c3, 244d5,
245b1, 245d1, 245d2, 245d3, 245d6,
245d8, 245e2, 246b7, 247b7, 248b1,
248b2, 248c3, 248d3, 249c8, 249d1,
249e3, 250a7, 251c2, 251d1, 253c5,
254b4, 255b4, 256b4, 256d1, 256e2,
257c1, 258b4, 258b10, 258c2,
258c3, 259b7, 259c4, 260e7, 261b2,
261b8, 261e7, 262b4, 262e2, 263c3,
263e7, 265a11, 266c4, 267b8,
267d1, 268c4, 269b6, 269d3, 269e2,
271d3, 273a1, 274a5, 274b7, 274c5,
275a7, 275b2, 275b6, 276a2, 276a4,
276b3, 276b4, 276e5, 277b6, 277d2,
278a1, 278b4, 279a5, 279b5, 279b9

γιγνώσκω 认识
［拉］nosco, percipio
［德］erkennen, kennen
［英 know, recognize
229e6, 231c4, 232e4, 243a7

γλαυκόμματος 灰色眼睛的
［拉］oculos caesios habens
［德］helläugig
［英］grey-eyed
253e3

γλίχομαι 竭力争取，拼命想得到
［拉］cupido
［德］verlangen
［英］cling to, strive after, long for
248a6

γλυκύς 甜的
［拉］dulcis
［德］süß
［英］sweet
240a7, 251e5, 257d9

γλῶσσα (γλῶττα) 舌头
［拉］lingua
［德］Zunge
［英］tongue

254e4

γνάθος 颌，下颌

　　[拉] maxilla

　　[德] Wange, Kinnbacke

　　[英] jaw

254e4

γνήσιος (adv. γνησίως) 真正的，亲生的，合法的

　　[拉] ingenuus

　　[德] ehrlich, rechtmäßig

　　[英] genuine, legitimate

276a1, 278a6

γνωμολογία 格言警句体

　　[拉] sententiarum prolatio

　　[德] Spruchrederei

　　[英] sententious style

267c1

γνωρίζω 使人知道，认识，了解，熟悉

　　[拉] nosco, cognosco

　　[德] bekannt machen, erkennen

　　[英] make known, become acquainted with

262b7

γονή 后代，种子，出生

　　[拉] genitura, semen

　　[德] Erzeugung, Geburt, Keim

　　[英] offspring, birth, seed

248d2

γράμμα 文字，学问

　　[拉] littera

　　[德] Schrift, Wissenschaft

　　[英] letters, learning

229e6, 242c5, 274d2, 274e4, 275a1, 275c3, 275c5, 275c6, 276d1

γραφή 公诉，书写，图像

　　[拉] accusatio, scriptura, pictura

　　[德] Staatsklage, Kriminalklage, Geschriebenes, Schrift, Zeichnung

　　[英] indictment, writing, drawing, picture

274b6, 275a3, 275d4, 277b1

γράφω 公诉，起诉，书写，画

　　[拉] accuso, scribo

　　[德] eine schriftliche Klage einbringen, schreiben

　　[英] indict, write, paint

227c5, 227c9, 228a2, 235b8, 243d6, 243e1, 257c7, 257d6, 257e4, 258a2, 258d2, 258d5, 258d7, 258d9, 259e2, 261b4, 264b7, 264c5, 266d6, 269b2, 269c8, 271a5, 271b8, 271c1, 271c4, 271c7, 272b1, 273b4, 275d1, 275d2, 275e1, 276a5, 276a9, 276c7, 276d2, 277b2, 277b6, 277d2, 277d6, 277d7, 277d8, 277d9, 277e5, 277e8, 278a3, 278c4, 278c6, 278d9

γυμνάσιον 体育锻炼

　　[拉] exercitatio

　　[德] Leibesübung

　　[英] bodily exercises

255b8

γυμναστικός 体育的

　　[拉] gymnasticus

　　[德] Leibesübung zugeneigt

　　[英] gymnastic

248d6

γυμνός 裸体的

　　[拉] nudus

［德］nackt

［英］naked

243b6

γυνή 妇女

　［拉］mulier

　［德］Frau

　［英］woman

　235b7

δαιμόνιος (adv. δαιμονίως) 精灵的，属
　于精灵的

　［拉］daemonicus

　［德］dämonisch

　［英］of or belonging to a daemon

　234d1, 235c5, 242b9, 268a5

δαίμων 精灵

　［拉］daemon

　［德］Dämon

　［英］demon, spirit

　240a9, 246e6, 274c7

δαίς 筵席

　［拉］epula

　［德］Schmaus

　［英］feast

　247a8

δαπάνη 开销，费用，花费

　［拉］sumtus, impensa

　［德］Aufwand, Kosten

　［英］cost, expenditure

　233e1

δέησις 恳求，祈求，需要

　［拉］indigentia

　［德］Bedürfnis

　［英］entreaty, petition, want, need

　240e10

δειδίσσομαι 恐吓，使惊恐，畏惧

　［拉］timeo, vereor

　［德］fürchten, schrecken

　［英］frighten, alarm

　245b3

δείδω 恐惧，害怕

　［拉］timeo, vereor

　［德］fürchten, scheuen

　［英］fear, dread

　231e3, 233a7, 243d4, 250e5, 251a5,
　254b7, 254e9

δείκνυμι 指出，显示

　［拉］ostendo

　［德］zeigen, nachweisen

　［英］show, point out

　228d6, 228e2, 245b5, 268a7, 270e3,
　271a8

δειλία 懦弱，胆小

　［拉］timiditas

　［德］Furchtsamkeit, Feigheit

　［英］timidity, cowardice

　254c8

δειλός 懦弱的，胆小的

　［拉］timidus

　［德］feig

　［英］cowardly

　239a3, 273b5, 273b7

δεῖμα 害怕，恐惧

　［拉］timor, terror

　［德］Furcht, Schrecken

　［英］object, terror

　251a4

δεινός 聪明的，强有力的，可怕的

　［拉］fortis, potens, peritus, terribilis,

dirus

[德] tüchtig, geschickt, gewaltig, furchtbar

[英] clever, powerful, terrible

228a1, 229d4, 240b1, 242d4, 242d7, 245c2, 250d4, 254b1, 260c3, 267c9, 273c7, 275d4

δείνωσις 夸张，夸大

[拉] gravitas ac sublimitas (orationis)

[德] Übertreibung

[英] exaggeration or exacerbation

272a5

δένδρον 树

[拉] arbor

[德] Baum

[英] tree

230a7, 230d4, 264d4

δεξιά 右边

[拉] dextra

[德] rechte Hand

[英] right hand

266a6

δεξιός 右的，右边的

[拉] dexter

[德] recht

[英] right, on the right hand

266a2

δέος 恐惧

[拉] metus

[德] Furcht, Angst

[英] fear, alarm, reverence

232b5

δεσμεύω 捆住，禁锢

[拉] vincio

[德] fesseln, binden

[英] fetter, put in chains

250c6

δεσπότης 主人

[拉] dominus

[德] Herr, Besitzer

[英] master, lord

265c2, 274a1

δεύτερος 第二位的，次要的

[拉] secundus

[德] zweiter

[英] second

248d4, 249b2, 264b4, 264b5, 266e2, 271a10

δέχομαι 接受，赞同，选择

[拉] accipio, eligo

[德] annehmen, gutheißen

[英] accept, choose, prefer

239e6, 247d3, 251b1, 251c7, 255b3, 256d2

δέω (δεῖ, δέομαι) 捆绑；缺乏，需要，恳求，必须，应当

[拉] vincio, indigeo

[德] binden, fesseln, bedürfen, brauchen

[英] bind, lack, want

228a3, 228c1, 228c4, 229e4, 231a1, 232d5, 233e2, 233e6, 234e5, 234e6, 234e8, 237b6, 237c1, 237d6, 239c5, 241a2, 241b7, 241d5, 241e7, 244a4, 244d7, 245b4, 245c2, 245d6, 249b6, 254d2, 256a5, 258d8, 258e1, 258e3, 259c4, 260d3, 261a1, 262a5, 262e3, 263b7, 264a1, 264c2, 265a3, 266d8,

267b4, 268b7, 269c4, 270b4, 270c4,
270c10, 271c6, 271d7, 272d2,
272d5, 272e1, 272e2, 273b6, 273e6,
273e9, 274d6, 275e3, 275e4, 278a5,
278c7, 279c4

δῆλος 清楚的，显而易见的
　　[拉] manifestus
　　[德] klar, offenbar
　　[英] clear
　　227b6, 231c6, 235c2, 237d4, 238b3,
　　239d3, 239d8, 244b5, 258b7, 258d1,
　　258d6, 259e3, 262b3, 263a2, 263b5,
　　265d4, 270e2, 271a4

δηλόω 指出，显示，表明，阐明
　　[拉] manifesto, declaro, ostendo
　　[德] zeigen, offenbaren
　　[英] show, exhibit, reveal
　　262d7, 277b3, 277d3

δημηγορία 公民大会上发表的演说
　　[拉] oratio ad populum
　　[德] Rede vor dem Volk
　　[英] speech in the public assembly
　　268b5, 261d3, 261e1

δημιουργικός 手艺人的，工匠的
　　[拉] opifices pertinens, fabrilis
　　[德] zum einem Handwerk gehörig
　　[英] of a craftsman
　　248e2

δημοκοπικός 适合于煽动家的
　　[拉] ad popularem gratiam captandam aptus, popularis
　　[德] volksschmeichelnd
　　[英] of or suited to a demagogue
　　248e3

δῆμος 区，乡，公民，平民
　　[拉] region, populus
　　[德] Gebiet, Land, Volk, Gemeinde
　　[英] district, country, land, common
　　people
　　258a4

δημόσιος 公共的，非私人的
　　[拉] publicus
　　[德] gemeinschaftlich, öffentlich
　　[英] public
　　244b2, 261a9, 277d7

δημωφελής 有益于公众的
　　[拉] populo, omnibus salutaris
　　[德] gemeinnützig
　　[英] of public use
　　227d2

διαβαίνω 迈步，跨过
　　[拉] transeo
　　[德] ausschreiten, überschreiten
　　[英] stride, step across, pass over
　　229c2, 242a1, 242b8

διαβάλλω 诽谤，指控
　　[拉] calumnior
　　[德] entzweien, verleumden, verklagen
　　[英] misrepresent, accuse
　　255a5, 267d2

διαβολή 诽谤，不实的指控，偏见
　　[拉] calumnia, obtrectatio
　　[德] Verleumdung
　　[英] false accusation, slander
　　267d2

διαγιγνώσκω 分辨，区别
　　[拉] discerno
　　[德] unterscheiden

[英]know one from the other, distinguish

262a11, 272a7

διάγω 度日，管理，引导

[拉]versor, traduco

[德]hinbringen, durchführen

[英]pass, spend, manage

248e4, 249a8, 256b1, 256d1, 256d8, 259d4, 276d8

διαδίδωμι 分发，传递

[拉]trado

[德]mitteilen, austeilen

[英]pass on, hand over

274d6

διαείδω 显出，使人看出

[拉]perspici facio, clare ostendo

[德]deutlich erweisen

[英]discern, distinguish

262a7

διαθερμαίνω 使完全暖和起来

[拉]calefacio, incendo

[德]durchwärmen

[英]warm through, to be overheated

253e6

διάθεσις 安排，布局，状况

[拉]dispositio, constitutio

[德]Ordnung, Verhältnis, Zustand

[英]disposition, composition, arrangement

236a4, 236a5

διαίρεσις 可分性，分开

[拉]divisio

[德]Trennung, Sonderung

[英]divisibility, division, separation

266b4

διαιρέω (διαιρετέον) 分开，分解

[拉]divido

[德]teilen, auseinandernehmen

[英]take apart, divide

253c7, 263b7, 265b2, 270b4, 271d4, 273e1

διαισθάνομαι 辨别，清楚地觉察到

[拉]persentisco, perspicue percipio

[德]deutlich merken, unterscheiden

[英]perceive distinctly, distinguish

250b1, 255b5, 271e4

δίαιτα 生活方式，生活习惯，生活

[拉]vitae ratio, vitae institutum

[德]Lebensweise

[英]way of living, mode of life

239d1, 256a7, 256b7

διάκειμαι 被置于某种境况

[拉]dispositus sum

[德]in eine Lage versetzt sein

[英]to be in a certain state

231d5, 249d8

διακοσμέω 安排，调整

[拉]ordino

[德]ordnen

[英]order, regulate

246e5, 277c2

διακωλυτής 阻碍者

[拉]qui impedit

[德]Verhinderer

[英]hinderer

240a1

διαλέγω 谈论，交谈

[拉]colloquor

［德］reden, diskutieren

［英］hold converse with, discuss

232a8, 232b4, 241a6, 242a6, 259a1,

259a2, 259a7, 269b6

διαλεκτικός (adv. διαλεκτικῶς) 谈话的，善于论辩的

［拉］dialecticus

［德］dialektisch, zum Disputieren geschickt

［英］dialectical, conversational

266c1, 266c8, 276e5

διαμαρτάνω 走错，失败

［拉］aberro

［德］ganz verfehlen, begehen

［英］miss entirely, go quite astray from, fail

257d1

διαμαρτύρομαι 庄严地宣称，严重抗议，呼吁神和人做证

［拉］testificor, valde obtestor

［德］Gott und Menschen zu Zeugen anrufen, versichern

［英］call gods and men to witness, protest solemnly

260e4

διανέω 游过去

［拉］enato

［德］durchschwimmen

［英］swim across, swim through

264a5

διανοέομαι (διανοέω, διανοητέον) 思考，打算

［拉］cogito

［德］denken

［英］think

228d8, 236c7, 263a7, 270c10

διάνοια 意图，打算，思想

［拉］consilium, mentis agitatio

［德］Gesinnung, Absicht, Gedanke

［英］thought, intention, purpose

228d3, 234c1, 239a5, 239c1, 244c7,

247d1, 249c5, 256a8, 256c6, 259a4,

259e5, 265e4, 270a5, 279b1

διαπεραίνω 结束，详细叙述

［拉］perficio, expono

［德］vollenden, zu Ende bringen

［英］bring to a conclusion, describe thoroughly

263e2

διαπονέω 苦心经营

［拉］elaboro

［德］mit Mühe arbeiten

［英］work out with labour, elaborate

273e6

διαπορέω 困惑，不知所措

［拉］dubito, aestuo, consilii inops sum

［德］in Verlegenheit sein

［英］to be quite at a loss, to be in doubt

237a5

διαπράσσω 完成，做完，导致，引起

［拉］perficio, conficio

［德］vollführen, erlangen, bewirken

［英］bring about, accomplish

234a3, 253c3, 256c4, 256c5

διαρθρόω 用关节连接，用关节分开

［拉］articulo, articulis distinguo, formo

［德］etw. durch Glieder zusammen-fügen, gliedern, gestalten

［英］divide by joints, articulate
253d5

διαριθμέω 计数，计算，分类

［拉］dinumero, numero, distinguo

［德］durchzählen, berechnen, unter-
scheiden

［英］reckon up one by one, enumer-
ate, count and classify
273e1

διασπείρω 分散，散布，分配

［拉］dispergo, dissipo

［德］ausstreuen, verbreiten, sich zer-
streuen

［英］scatter or spread about, dispersed
265d4

διατάσσω 安排

［拉］dispono

［德］ordnen

［英］dispose, make arrangements
271b1

διατέμνω 割断

［拉］incido

［德］zerschneiden

［英］cut through, dissever
265e1

διατίθημι 安排，处置

［拉］dispono, ordino

［德］anordnen, versetzen

［英］arrange, manage
231a7

διατρέχω 跑过，穿过，流逝

［拉］percurro, transigo

［德］durchlaufen, durchfahren

［英］run across or over, run through
237a4

διατριβή 消磨时间，消遣，研讨

［拉］contritio, conversatio

［德］Zeitverlust, Aufenthalt, Unter-
haltung

［英］wearing away, haunt
227b6, 227b11

διατρίβω 消磨时间，揉碎

［拉］contero, versor

［德］zerreiben, aufhalten, weilen

［英］spend, waste time, delay
227a4, 227c4

διαφανής 透明的，清澈的

［拉］pellucidus

［德］durchscheinend

［英］translucent, transparent
229b8

διαφέρω 不同，不一致，有分歧，胜过

［拉］differo, vinco, supero

［德］verschieden sein, sich auszeich-
nen

［英］differ, excel
228d3, 261e7, 264c9, 275c1, 279a7

διαφεύγω 逃走，逃脱

［拉］effugio, evito

［德］entfliehen, vermeiden

［英］get away from, escape
262b7, 266c8

διαφθείρω 败坏，毁灭

［拉］corrumpo

［德］verderben, vernichten

［英］corrupt, ruin
250e1

διαφορά 不同，区别，分歧，不和

［拉］dissensio, differentia

［德］Verschiedenheit, Uneinigkeit

［英］difference, disagreement

231b5, 232b6, 232d4, 264e1

διαχωρέω 走过，潜逃

［拉］pervado

［德］durchgehen

［英］pass through

268b2

διδάσκω 教，传授

［拉］doceo

［德］lehren

［英］teach, instruct

230d4, 265d5, 268d1, 269b3, 269c1,

269c2, 269c8, 271b3, 272b1, 276c9,

277c5, 278a2

διδαχή 教导，学说

［拉］doctrina, disciplina

［德］Lehre, Unterricht

［英］teaching, discipline

275a7, 277e9

δίδωμι (δοτέον) 给，交出，赠送，赠
与，认可

［拉］do, dono, concedo, permitto

［德］geben, schenken, zugeben, ges-
tatten

［英］give, offer, grant

236b1, 240d2, 240d5, 244a8, 245c1,

254e5, 256d2, 257a4, 257a8, 257a9,

259b2, 259b3, 270e3, 271a5, 277c3,

279b8

διεῖδον 看清楚，辨明

［拉］pernovi, perspexi

［德］durchschauen, deutlich erkennen

［英］see thoroughly, discern

264c1, 277b8

δίειμι (διέρχομαι) 经过，讨论，述说

［拉］percurro, narro

［德］hindurchgehen, erzählen

［英］go through, enumerate, discuss

228d4, 269a6, 271b2

διεῖπον 细说，解释

［拉］diserte dico, explico

［德］durchsprechen, deutlich und
bestimmt sagen

［英］tell fully or distinctly, interpret

253d3

διέξειμι 出去，详细叙述，仔细检查

［拉］exeo, narro

［德］hinausgehen, vollständig vor-
tragen

［英］go through, go through in detail,
relate circumstantially

274d7

διέξοδος 孔道，出口，详细叙述，详细
描述

［拉］foramen, explicatio verbosa et
enarratio rei

［德］Ausgang, Durchgang, ausführlich
Darstellung

［英］outlet, passage, detailed narrative
or description

247a4, 251d2, 251d4

διέρχομαι 经过，细说，叙述

［拉］transeo, narro

［德］durchgehen, erzählen

［英］pass through, recount

269a8, 273a2, 273d5, 273d8, 274e3

διήγησις 叙述，陈述
　[拉] narratio
　[德] Erzählung
　[英] narration
　246a5, 266e2

διθύραμβος 酒神颂
　[拉] dithyrambus
　[德] Dithyrambe
　[英] dithyramb
　238d3, 241e2

διίστημι 分开，使分裂
　[拉] divido, distinguo
　[德] trennen, spalten
　[英] set apart, separate
　268a6

δικάζω 判决，公断
　[拉] judico, decerno
　[德] richten, entscheiden
　[英] give judgement on, decide
　260a2

δίκαιος (adv. δικαίως) 正当的，公正的，
　正义的
　[拉] justus
　[德] gerecht, richtig
　[英] just, right
　248e4, 249c4, 258e5, 259a4, 260a1,
　260e1, 261c8, 261d1, 263a9,
　272c10, 272d5, 276a9, 276c3,
　277d10, 278a3

δικαιοσύνη 正义，公正
　[拉] justitia
　[德] Gerechtigkeit
　[英] righteousness, justice
　247d6, 250b1, 276e2

δικαιωτήριον 惩罚场所，监狱
　[拉] locus supplicio destinatus
　[德] Strafort, Zuchthaus
　[英] place of punishment
　249a6

δικαστήριον 法庭
　[拉] judicium
　[德] Gerichtshof
　[英] court
　261a8, 261c5, 261d10, 272d8,
　273b5

δίκη 官司，惩罚，审判，判决
　[拉] judicium, causa, poena
　[德] Rechtsstreit, Prozess, Strafe, Urteil
　[英] lawsuit, penalty, judgement
　235d1, 249a7, 249a8, 268b4, 266a6,
　275e4, 277d2, 278e1

δίοδος 通道
　[拉] transitus, exitus
　[德] Durchzug, Weg, Durchgang
　[英] way through, passage, pass
　255d1

διοικέω 管理，治理
　[拉] rego
　[德] verwalten
　[英] control, administer
　246c2

διόλλυμι 完全毁坏，完全毁灭
　[拉] funditus perdo
　[德] ganz vernichten
　[英] destroy utterly, perish utterly
　246e3, 254e8

διομολογέω (διομολογητέον) 商定，达
　成协议，承认

［拉］convenio

［德］ugestehen, sich verständigen

［英］make an agreement, agree, concede

237c3

δῖος 天上的，神圣的

［拉］divinus

［德］himmlisch, göttlich

［英］heavenly, divine

252e1

διπλασιολογία 语词重复

［拉］verborum repetitio

［德］Doppelrederei, das Zweimalsagen

［英］repetition of words

267c1

διπλόος (δισσός, διττός, adv. διπλῇ) 双重的

［拉］duplex, duplus

［德］zweifach, doppelt

［英］twofold, double

266a1

διώκω (διωκτέος) 控告，追

［拉］persequor

［德］jagen, anklagen

［英］prosecute, pursue

239c5, 239c6, 241b5, 251a1, 266b6, 272e4

δόγμα 见解，信念，意见

［拉］dogma, sententia

［德］Meinung

［英］opinion, belief

257c8

δοκέω 设想，看来，认为

［拉］puto, opinor, videor

［德］glauben, scheinen

［英］imagine, seem

228c7, 228c9, 228e2, 229a2, 230d2, 230d5, 230e3, 231c6, 234d3, 234d7, 234d8, 235a3, 236a7, 237b1, 238c5, 242b4, 242c2, 246c4, 256c6, 258a4, 258e6, 260a2, 260a3, 260e3, 261d3, 261e6, 263a5, 263e4, 264b3, 264b6, 264e5, 264e8, 266c7, 266c8, 268b1, 269c8, 269d7, 272b3, 273a5, 273b1, 274a3, 274a6, 275b1, 275c3, 275d7, 277b2, 277b4, 278d4, 279a3

δόξα 名声，意见，期望，荣誉，判断

［拉］opinio, exspectatio, fama, gloria

［德］Meinung, Erwartung, Ruhm, Vorstellung

［英］opinion, expectation, repute, judgement

232a5, 237d8, 237e2, 238b8, 251a6, 253d7, 257d7, 260c9, 262c2, 275a6

δοξάζω 认为，相信，猜想，判断

［拉］opinor, suspicor

［德］meinen, glauben, vermuten

［英］think, imagine, suppose

262b2

δόξασμα 意见，看法

［拉］opinio

［德］Meinung

［英］opinion

274c3

δοξαστός 可判断的，可形成意见的

［拉］opinabilis

［德］vorstellbar

［英］judgeable, openable

248b5

δοξόσοφος 自以为智慧的，表面上看起来智慧的，貌似智慧的

［拉］sapiens opinatus

［德］wer sich weise dünkt

［英］wise in one's own conceit, pretending to wisdom

275b2

δόσις 给予，赠送，赐予，馈赠

［拉］donatio

［德］Schenkung

［英］giving

244a8

δουλεύω 做奴隶

［拉］servio

［德］Sklave werden

［英］to be a slave

238e3, 252a6

δουλόω 奴役，使为奴

［拉］servitude opprimo

［德］knechten

［英］enslave

256b2

δράω (δραστέος) 做

［拉］facio, ago

［德］tun

［英］do

228b3, 253b2, 255b7, 261c5, 261c10, 266b8, 270d4, 276b5

δρόμος 跑道，跑场；赛跑，奔跑

［拉］curriculum, cursus

［德］Lauf, Rennbahn, Rennen

［英］course, race, runnig

227b1

δρῦς 橡树，树木

［拉］quercus, robur

［德］Eiche, Baum

［英］oak, wood

275b6, 275b8

δύναμαι 能够，有能力

［拉］possum, valeo

［德］können, imstande sein

［英］to be able

228c7, 229e5, 231d4, 233e7, 235b4, 247a7, 248c5, 251e1, 252c4, 252e6, 257d5, 258c1, 263b4, 265d1, 265e1, 266b7, 269d1, 269d2, 271e1, 273e7, 275a2, 276e2, 277a6, 279c2

δύναμις 能力，力量

［拉］potentia

［德］Macht, Vermögen

［英］power, might

231a6, 232d1, 237c8, 246a7, 246c4, 246d6, 249c5, 253b7, 257a3, 265d1, 268a2, 270d4, 271c10, 273e8

δυναστεύω 掌权，当权

［拉］dominor, potens sum

［德］Machthaber sein, herrschen

［英］hold power or lordship, be powerful or influential, prevail

238b5

δυνατός 有可能的，能办到的，有能力的

［拉］potens, possibilis

［德］imstande, fähig

［英］possible, powerful

234c2, 245d8, 252d2, 253a4, 253a7,

256b6, 260b9, 261e3, 266b5, 270c2,
270d3, 271e4, 273e2, 273e4, 274e8,
275e5, 276a2, 276a6, 277a4, 277b6,
277c4, 278c6

δύσκολος 不满意的，烦恼的
　　［拉］morosus
　　［德］unfreundlich, mürrisch
　　［英］hardtoplease, discontented, troublesome
　　241c2, 246b4

δυσμένεια 敌意，憎恨，敌视
　　［拉］inimicus
　　［德］feindselig
　　［英］ill-will, enmity
　　253b8

δύσνοος (δύσνους) 仇视的，不友好的，怀敌意的
　　［拉］malevolus
　　［德］feindlich, widerwillig
　　［英］ill-affected, disaffected
　　258c8

δυσπειθής 难以说服的，不听从的
　　［拉］difficilis adductu, non obediens
　　［德］schwer zu überreden
　　［英］hard to persuade, not easily talked over
　　271d7

δυστυχέω 不幸，倒霉
　　［拉］adversa fortuna utor
　　［德］unglücklich sein
　　［英］to be unlucky, unfortunate
　　233b2, 250a3

δυσωπέω 使人感到羞愧
　　［拉］pudore afficio
　　［德］beschämen
　　［英］abash, shame
　　242c8

δύω 使沉入，沉没
　　［拉］subeo
　　［德］tauchen
　　［英］cause to sink, sink
　　247e3, 248a5, 255c3

δωρέω 给予，赠送
　　［拉］dono, offero
　　［德］schenken
　　［英］give, present
　　256e3, 267c2

δωροφορέω 送上礼物
　　［拉］donum fero
　　［德］Geschenke darbringen
　　［英］bring presents
　　266c5

ἐάω (ἐατέος) 允许，同意，不理会，放弃
　　［拉］dimitto, omitto
　　［德］zulassen, unterlassen
　　［英］concede, permit, let alone, let be
　　230a2, 236a2, 239d8, 242c2, 252a6,
　　261c4, 264e4, 267a6, 268a1, 278b2

ἐγγίγνομαι 出生在……，发生在……，产生于
　　［拉］insum, innascor
　　［德］darin geboren werden, darin entstehen
　　［英］to be born in, take place
　　244d7, 256b2, 273d4

ἐγγύθεν 在身边，在近旁
　　［拉］prope, e propinquo

［德］aus der Nähe, nahe

［英］from nigh at hand

255b3

ἐγγυμνάζω 练习

［拉］exerceor

［德］üben

［英］exercise in

228e4

ἐγγύς (comp. ἐγγύτερος; sup. ἐγγύτατος)
近，附近

［拉］prope

［德］nahe

［英］near, nigh, at hand

252a7, 254d6

ἐγείρω 唤醒，激起

［拉］excito

［德］erwecken, anregen

［英］awaken, rouse

245a3

ἐγκαλύπτω 蒙住脸，遮掩

［拉］velo

［德］einhüllen, sich verhüllen

［英］hide one's face, veil

237a4, 243b7

ἔγκαρπος 结果实的，多产的

［拉］frugifer

［德］fruchtbar

［英］fruitful

276b2

ἐγκρατής 控制的，当权的

［拉］qui in potestate habet aliquid

［德］in seiner Gewalt haltend

［英］master of oneself, self-controlled

256b1

ἐγκύπτω 俯身偷看

［拉］caput inclino vel demitto

［德］hineinducken, hineinsehen

［英］stoop down and peep in

254d6

ἐγκωμιάζω 颂扬，称赞

［拉］laudo

［德］preisen, loben

［英］praise, laud, extol

235e7, 258a6

ἐγχρίω 刺，扎

［拉］pungo

［德］stechen

［英］sting, prick

251d5

ἐγχωρέω 让路，让位，容许

［拉］concedo, do locum

［德］Raum geben, gestatten

［英］give room, allow

263c9

ἐδωδή 食物

［拉］cibus

［德］Speise

［英］food

238a6

ἐθέλω 愿意，乐于

［拉］volo

［德］wollen, wünschen

［英］to be willing, wish

230d4, 232d6, 247a6, 249b3, 254d1,
257c3, 265d5, 266c5, 271c8, 274a4,
275b4, 279a1

ἔθος 习惯，习俗

［拉］mos, consuetudo

［德］Gewohnheit, Sitte

［英］custom, habit

253a3

ἔθω 习惯于

［拉］soleo

［德］gewohnt sein, pflegen

［英］to be accustomed

238c7, 242b9, 265a10

εἶδος 形式，样式，形状，外貌，形相

［拉］forma, species, modus

［德］Form, Aussehen, Gestalt

［英］form, appearance, shape

229d6, 237a7, 246b7, 249b1, 249b7,
251b7, 253c8, 234d4, 259d2, 263b8,
263c1, 265a9, 265c9, 265d8, 265e1,
265e4, 266a3, 266c7, 270d5, 271d2,
271d4, 272a6, 273e1, 277b7, 277c1

εἴδω (οἶδα, ἀπό-εῖδον) 看，知道，熟悉

［拉］video, scio, peritus sum

［德］sehen, wissen, verstehen

［英］see, know, be acquainted with

227c4, 228a6, 228b7, 231d3, 232a7,
232b3, 233d8, 233e5, 235c7, 236d6,
237a2, 237c1, 237c3, 237d5, 239c5,
241c7, 241e3, 243d8, 245c3, 246c7,
247d3, 248a6, 248b6, 248c6, 248d2,
249b6, 249c2, 250a2, 250a4, 250a6,
250b5, 250b8, 251a3, 251a7, 251e3,
253d5, 253e5, 254b4, 254b5, 254b6,
254b7, 254e8, 255d4, 259a1, 259e5,
260b3, 260d8, 261d6, 262c2, 262c6,
262d1, 264b6, 264e8, 265b6, 266b8,
267a7, 268a2, 268a5, 270d6, 271a6,
271c2, 271d1, 273d6, 274b9, 274c2,

275d1, 276a8, 277a9, 277b5, 278a1,
278c4

εἴδωλον 幻象，幻想，图像

［拉］imago, figura

［德］Phantasie, Abbild

［英］phantom, fantasy, image

250d5, 255d8, 276a9

εἰκάζω 使相像，比作，写照，猜想

［拉］similem facio, confero, comparo,
conjicio

［德］ähnlich machen, nachbilden,
mutmaßen, vermuten

［英］represent by an image, liken,
compare, conjecture

248a2, 250b5

εἰκῇ 没有准备地，没有计划地，即兴
地，随意地

［拉］sine consilio, frustra, temere

［德］planlos, unüberlegt, aufs Ger-
atewohl

［英］without plan or purpose, at ran-
dom

253e1

εἰκονολογία 形象比喻

［拉］similitudinum usus in dicendo

［德］Bildrederei

［英］figurative speaking

267c1, 269a7

εἰκός (adv. εἰκότως) 很可能的，合理的，
当然的

［拉］probabilis, decens

［德］wahrscheinlich, folgerichtig,
natürlich

［英］probable, reasonable

229e2, 231c7, 231e4, 232c2, 233a2,
237c4, 238e2, 252b3, 255e4, 258c9,
266e3, 267a7, 269d3, 269e1,
270b10, 272e1, 272e3, 272e4,
273b1, 273d3, 276c10

εἴκω 退让，屈服
[拉] cedo
[德] weichen, nachgeben
[英] yield, give up
254b3

εἰκών 影像，比喻
[拉] imago
[德] Bild
[英] likeness, image, simile
235d9, 250b4

εἶμι (ἰτέον) 去，来
[拉] ibo
[德] gehen, kommen
[英] go, come
228b4, 228e2, 229a1, 229a5, 237c8,
238d7, 239d4, 240e5, 242a6, 247a8,
249b7, 250b4, 250d6, 253b4, 254a6,
255c7, 262d8, 264e7, 278c6, 279b4,
279c8

εἶπον 说
[拉] dico
[德] sagen
[英] say, speak
228c8, 229b4, 234e1, 234e2, 235a8,
235b4, 235c2, 235c6, 235d5, 235d7,
235e4, 236b2, 236b7, 236c7, 236d7,
236d8, 236e1, 239a3, 241a7, 242d5,
242e3, 243b8, 243d8, 246b6,
247c5, 250c8, 255d5, 256a1, 257b1,

258a5, 258e2, 260a6, 260d4, 261c4,
262c6, 263a5, 263a6, 263c10,
263d1, 264a7, 265d7, 266c2, 267d7,
268a8, 268a9, 268b5, 268b9, 268c2,
268e1, 269b2, 269b4, 271c6, 271e3,
272c11, 272d4, 272e5, 273a7,
274e7, 275a1, 276b1

εἴσειμι 走入，进入，出场
[拉] intro, ingredior
[德] hineingehen, auftreten
[英] enter, go into
270a3

εἰσρέω 流进，流入
[拉] influo
[德] hineinfließen
[英] stream in or into
262b3

ἑκασταχοῦ 到处，处处
[拉] suo quisque loco vel tempore
[德] überall
[英] everywhere
257e6

ἕκαστος 每，每一个，各自
[拉] singulus, quisque
[德] jeder
[英] each, every one
228d4, 229e2, 232d1, 234e8, 237c3,
237d6, 247a3, 247a6, 248e6, 249b3,
251d5, 252d1, 252d6, 253b3, 253b7,
253c8, 259d2, 262a9, 262b8, 263c3,
265d4, 267d5, 268b7, 269c2, 270d6,
271b3, 271d5, 272a5, 273e2, 274d7,
274e2, 277b5, 277c1, 277e5

ἑκάστοτε 每回，每次，任何时候

［拉］semper

［德］jedesmal, jemals

［英］each time, on each occasion

262b6

ἑκάτερος 两者中的每一个

［拉］alteruter

［德］jeder von beiden

［英］each of two

263b8

ἐκβαίνω 离开，外出

［拉］egredior ˙

［德］ausgehen, verlassen

［英］leave, go out of

256d4

ἐκβακχεύω 发酒神信徒的癫狂，发狂

［拉］divino afflatu concito

［德］in bakchische Begeisterung versetzen

［英］excite to Bacchic frenzy

245a3

ἔκγονος 后裔，子孙

［拉］proles

［德］Abkömmling

［英］offspring

275d5, 278a7

ἐκεῖθεν 从那里，从那时起，因此

［拉］illinc, inde

［德］von dort, von damals, daraus

［英］from that place, thenceforward, thence

229d2, 251c6

ἐκεῖσε 到那里

［拉］illuc

［德］dorthin, dahin

［英］thither, to that place

250e2

ἐκκρούω 打破，挫败

［拉］excutio, deturbo

［德］vertreiben, herausschlagen

［英］knock out, frustrate

228e3

ἐκλέγω 选择，选取，从中选出

［拉］eligo, detraho

［德］auswählen

［英］select, pick out

252d6

ἔκλεξις 选择

［拉］optio

［德］Auswahl

［英］selection, choice

231d7

ἐκμανθάνω 熟悉，通晓，记住，背诵

［拉］edisco, cognosco

［德］vernehmen, auswendig lernen

［英］learn thoroughly, learn by heart

228d2

ἑκούσιος 自愿的，心甘情愿的

［拉］voluntarius

［德］freiwillig

［英］voluntary, willing

233c4

ἐκπλήσσω 使惊慌失措，吓呆

［拉］stupefacio, obstupesco

［德］erstaunen, erschrecken

［英］amaze, astound

234d1, 250a6, 255b4, 259b8

ἐκπρεπής 出众的，出类拔萃的

［拉］eminens

［德］hervorleuchtend, ausgezeichnet

［英］distinguished out of all, preeminent, remarkable

238a4

ἐκτείνω 延长，展开

　［拉］extendo, protendo

　［德］ausdehnen, sich ausbreiten

　［英］stretch out, extend, prolong

　254d6

ἐκτίνω 付清，偿付

　［拉］exsolvo

　［德］abzahlen

　［英］pay off

　241a2, 249a7, 257a4

ἐκτός 远离，除去

　［拉］extra

　［德］fern von, ohne

　［英］out of, far from

　228b5

ἐκτρέπω 使转向旁边，使转弯

　［拉］deflecto, averto

　［德］wegwenden

　［英］turn out of the course, turn aside

　229a1

ἐκφανής 显而易见的，显露出来的

　［拉］manifestus, apertus

　［德］sichtbar, deutlich

　［英］showing itself, plain, manifest

　250d7

ἐκφεύγω 逃脱，避免

　［拉］vito

　［德］entgehen

　［英］escape

　277e1

ἔκφυσις 生长，长出

　［拉］germinatio, procreatio

　［德］Aufwachsen, Emporwachsen

　［英］germination, outgrowth,

　251b4

ἑκών 自愿的，心甘情愿的，故意的

　［拉］voluntarius

　［德］freiwillig, gern

　［英］willing

　228c3, 231a5, 236d3, 239a1, 240c7,

　252a1, 254c2

ἐλαύνω 挺进，前行

　［拉］proveho

　［德］vorschreiten, fortschreiten

　［英］march, go on

　240d1, 246e4

ἐλαφρός 轻的

　［拉］levis

　［德］leicht

　［英］light

　256b4

ἐλαχύς (comp. ἐλάσσων; sup. ἐλάχιστος)
少的，小的

　［拉］parvus

　［德］klein, gering

　［英］small, little

　233a2, 233e4, 235d7, 246a6

ἔλεγχος 盘问，检查，反驳

　［拉］argumentum, indicium, refutatio

　［德］Rechenschaft, Prüfung, Widerlegung

　［英］cross-examining, testing, refutation

　267a1, 273c3, 278c5

ἐλέγχω 质问，反驳，谴责
[拉] redarguo
[德] ausfragen, beschimpfen
[英] cross-examine, question, accuse
273b8

ἐλεέω 怜悯，同情
[拉] misereor
[德] bemitleiden, sich erbarmen
[英] to have pity on, show mercy to
233b5

ἐλεινολογία (ἐλεεινολογία) 悲情的发言，
风格悲情
[拉] oratio miserabilis
[德] Mitleid bezweckende Rede
[英] piteous appeal
272a5

ἐλεύθερος 自由的
[拉] liber
[德] frei
[英] free
243c8

ἐλευθερόω 解放，解除，获释
[拉] libero
[德] befreien, erlassen
[英] setfree, acquit
256b3

ἕλκω 拖，拉，扯
[拉] traho
[德] ziehen
[英] draw, drag
238a1, 254c1, 254d4, 254d7, 267c8,
270a7

ἐλλείπω 短少，不足，比不上
[拉] deficio, inferior sum
[德] zurückbleiben
[英] fall short, fail
269d6, 272b1

ἐλλόγιμος 著名的
[拉] praestans
[德] berühmt
[英] in high repute
269d4

ἐλπίς 希望
[拉] spes
[德] Hoffnung
[英] hope, expectation
228e3, 231e1, 232e1, 241a2

ἐμβαίνω 走进，踏上
[拉] ingredior, ineo
[德] hineinsteigen, einschreiten
[英] enter upon, embark
252e5

ἐμβριθής 重的，沉重的
[拉] ponderosus
[德] schwer
[英] weighty
246d6, 252c3

ἐμέω 呕吐
[拉] vomo
[德] erbrechen
[英] vomit
268b1

ἐμμανής：疯狂的，狂怒的
[拉] furore percitus, furiosus
[德] rasend
[英] frantic, raving
251d8

ἐμμελετάω 练习

［拉］exerceor
［德］üben
［英］exercise
228e2

ἐμμελής (adv. ἐμμελῶς) 和谐的，适宜的
　［拉］canorus, aptus
　［德］harmonisch, angemessen
　［英］harmonious, suitable, fit, proper
　278d5

ἐμμένω 继续下去，保持，遵守
　［拉］permaneo, persevero
　［德］anhalten, fortbestehen
　［英］abide by, stand by, remain fixed
　258b2

ἔμμετρος (adv. ἐμμέτρως) 合尺度的，合比例的，适中的
　［拉］metro compositus
　［德］angemessen
　［英］proportioned, fitting, suitable
　252b6

ἐμπεδόω 批准，认可，使有效
　［拉］firme servo vel observo
　［德］bewahren, unverbrüchlich halten
　［英］confirm, ratify
　241b1

ἐμπειρία 经验
　［拉］experientia
　［德］Erfahrung
　［英］experience
　270b6

ἔμπειρος 有经验的，有见识的，老练的，熟悉的
　［拉］peritus

［德］erfahren, kundig
［英］experienced, acquainted
231d2, 232e5, 239c8

ἐμπίπλημι 充满，满足
　［拉］impleo
　［德］anfüllen, vollfüllen
　［英］fill
　255d3, 270a5

ἐμπλέκω 编织在一起，交织在一起
　［拉］implico, insero
　［德］hineinflechten, verwickeln
　［英］plait or weave in, entwine
　244c2

ἐμποιέω 引起，产生
　［拉］indo, efficio
　［德］verursachen, beibringen
　［英］make in, produce, cause
　270b7

ἔμπροσθεν (ἔμπροσθε) 从前，以前，在前面
　［拉］olim, antehac
　［德］zuvor, vorher, früher, vorn
　［英］before, of old, in front
　277c6, 277d4

ἔμφρων 头脑清醒的，有理性的
　［拉］sobrius, prudens, intelligens
　［德］besonnen, vernünftig
　［英］rational, intelligent
　244c5

ἔμφυτος 天生的
　［拉］naturalis, insitus
　［德］angeboren
　［英］inborn, natural
　237d7

ἐμφύω 在……里面长出
　[拉] ingenero
　[德] einwurzeln, einpflanzen
　[英] implant, grow in
　278b2

ἔμψυχος 有灵魂的，有生命的
　[拉] animatus, spirans
　[德] beseelt
　[英] having life, animate
　245e6, 276a8

ἔναγχος 刚刚，刚才，不久前
　[拉] nuper
　[德] neulich
　[英] just now, lately
　257c5

ἐναντίος 相反的，对立的
　[拉] contra
　[德] gegenüberstehend, widrig
　[英] opposite
　236e2, 241e6, 245b7, 246b3, 246e3,
　261d4, 262a3, 262b7, 265a2, 267b1,
　268c8, 275a1

ἐναργής (adv. ἐναργῶς) 可见的，清楚明
　白的
　[拉] manifestus
　[德] deutlich, sichtbar
　[英] visible, palpable, clear
　250d2, 250d3, 250d5, 278a4

ἐνδάκνω 用牙咬住
　[拉] mordeo
　[德] hineinbeißen
　[英] bite into, seize with the teeth
　254d7

ἐνδείκνυμι 证明，指出，检举
　[拉] demonstro, ostendo
　[德] beweisen, erweisen, aufzeigen
　[英] prove, demonstrate, exhibit,
　point out
　271b7, 271e4

ἐνδέχομαι 接受，认可
　[拉] accipio, admitto
　[德] annehmen, zulassen
　[英] accept, admit, approve
　271c7

ἐνδίδωμι 交给，交到某人手里，提供，
　允许
　[拉] trado, dedo
　[德] an die Hand geben, zugeben
　[英] give into one's hands, give up
　to, allow, permit
　241c2

ἔνδοθεν 从里面，在里面
　[拉] ex interiore loco, intus, intrinse-
　cus
　[德] von innen her, innerhalb, drinnen
　[英] from within, within
　275a4, 279b9

ἔνειμι 在里面，在其中
　[拉] intus sum
　[德] darin sein, innewohnen
　[英] to be inside
　235b2, 239a6, 250b2, 278a7, 279a9

ἕνεκα 为了，由于
　[拉] gratia, propter
　[德] um ... willen, angesichts
　[英] on account of, for the sake of,
　as far as regards
　238b6, 258e1, 259d7, 272b7, 273e5,

274a3, 277e8, 248b6, 258e1, 258e2,
259d7, 272b7, 272c5, 273e5, 274a3,
277e9

ἐνθάδε 这儿，在这儿，那儿，
[拉] hic, huc, illuc
[德] hier, hierher, dort, dorthin
[英] here, hither, there
256b1, 259c6

ἐνθένδε (ἔνθεν) 从这里
[拉] hinc
[德] von hier aus
[英] from here
229b4, 229b7, 229d2, 250e2

ἔνθεος 为神所凭附的，被神所感召的，
从神那里得到灵感的
[拉] divino instinctu concitatus
[德] gotterfüllt, gottbegeistert
[英] full of the god, inspired by the
god
244b4, 255b6

ἐνθουσιάζω (ἐνθουσιάω) 从神那里得到
灵感，被神附体
[拉] fanatico, seu divino furore agor
[德] inspirieren
[英] to be inspired or possessed by
a god
241e5, 249d2, 253a3

ἐνθουσίασις 狂喜，入迷，从神那里得
到的灵感
[拉] concitatio animi, divinus afflatus
[德] Verzückung, Begeisterung
[英] inspiration, ecstasy
249e1

ἐνθουσιαστικός 从神那里得到的灵感，

狂喜的
[拉] divino afflatu concitatus
[德] begeistert
[英] inspired
263d2

ἐνθυμέομαι 考虑，推断，寻思
[拉] cogito, considero
[德] überlegen, erwägen
[英] ponder, consider
233d6, 234b2

ἔνιοι 一些，有些
[拉] quidam, nonnulli
[德] einige
[英] some
263a3

ἐνίοτε 有时
[拉] interdum, aliquando
[德] manchmal
[英] at times, sometimes
258a8, 272e2

ἐννοέω 想起，思考，注意到，理解，
明白
[拉] recordor, animadverto, intelligo
[德] entsinnen, besinnen, merken, ver-
stehen
[英] think of, reflect upon, notice,
understand
235c7, 243c1, 243e9, 264e2

ἔννομος 合法的，依法的
[拉] legitmus vel legibus conveniens
[德] unter einem Gesetze, gesetzlich,
gesetzmäßig
[英] ordained by law, lawful, legal
248d4

ἐντεῦθεν 从这里，从那里，从此以后
　[拉] hinc
　[德] von hier aus, von da
　[英] hence, thence, henceforth
　236c7, 270a2, 270a7

ἔντεχνος 在技艺范围内的，有技艺的
　[拉] artificiosus
　[德] kunstmäßig, kunstgerecht
　[英] within the range of art, artificial
　262c6, 277b2

ἐντίκτω 产生，引起，造成
　[拉] ingenero, infero
　[德] hervorbringen, erzeugen
　[英] bear or produce in, cause in
　257a1

ἔντιμος 重视的，尊重的
　[拉] honorabilis, honestus
　[德] geehrt, angesehen
　[英] in honour, honoured
　244d2, 261b1

ἐντόπιος 本地的，当地的
　[拉] loci incola, inquilinus
　[德] einheimisch
　[英] local
　262d3

ἐντρέπω 重视，畏惧
　[拉] revereor, vereor
　[德] achten, scheuen
　[英] respect, fear
　254a4

ἐντυγχάνω 路遇，碰见
　[拉] incido in aliquem
　[德] treffen
　[英] light upon, fall in with, meet with

268d7

ἐξαγγέλλω 宣告，通报
　[拉] renuntio, indico
　[德] verkündigen, melden
　[英] tell out, proclaim, make known
　236e3, 279b2

ἐξαιρέω 取出，取走，消灭
　[拉] eximo
　[德] herausnehmen, befreien
　[英] take out, remove, get rid of
　242b3

ἐξαλείφω 抹去，擦掉
　[拉] deleo
　[德] auslöschen
　[英] wipe out, obliterate
　258b3

ἐξαλλαγή 彻底的改变，变化
　[拉] immutatio, varietas
　[德] Wechsel, Veränderung
　[英] complete change, alteration
　265a10

ἐξαναπνέω 恢复呼吸，喘口气
　[拉] respiro, me recreo
　[德] aufatmen
　[英] recover breath
　254c6

ἐξάντης 未受伤害的，健康的
　[拉] incolumis
　[德] unversehrt, gesund
　[英] harmless, healthy
　244e2

ἐξαπατάω 欺骗，引诱
　[拉] decipio
　[德] täuschen, gänzlichbetrügen

［英］deceivethoroughly, beguile

243a2

ἔξειμι 从……走出去，从……走出来，

离开

［拉］exeo

［德］herausgehen

［英］leave

230d2

ἐξελέγχω 驳斥，反驳，揭发

［拉］redarguo, convinco

［德］widerlegen, als falsch darstellen

［英］confute, refute

235b8

ἐξεπίσταμαι 非常熟悉，背得，记得

［拉］memoriter teneo

［德］genau kennen

［英］know thoroughly, know by heart

228b4

ἔξεστι 可以，能够，容许

［拉］licet

［德］es steht frei, es ist erlaubt

［英］it is allowed, is possible

252c1, 272c2

ἐξετάζω 盘问，调查

［拉］examino, inquiro

［德］nachforschen, prüfen

［英］examine well or closely

258d8, 261a2, 270c7, 277a10

ἕξις 情状，状况，拥有

［拉］habitus

［德］Beschaffenheit, Zustand, Haltung

［英］state , habit, possession, having

239c3, 241c4, 268e5

ἐξίστημι 摆脱，失去

［拉］de statu dimoveo, excedo, decedo

［德］sich entfernen, abtreten

［英］cease from, abandon

249c8

ἔξοδος 外出，退场，结束

［拉］exitus

［德］Ausgang, Ablauf

［英］going out, departure, end

230d6

ἔξωθεν 从外面

［拉］ab externo

［德］von außen her

［英］from without or abroad

245e5, 275a3, 279b9

ἔοικα 看来，似乎

［拉］ut videtur

［德］es scheint

［英］seem, look like

227b3, 229a3, 230b8, 230d1, 238c9,

246a5, 246a6, 258c10, 258e6,

259b3, 261e1, 262c2, 262c10,

264a4, 267d3, 270a2, 270d9, 271b6,

273b3, 273c7, 276d2, 276d7

ἑορτή 节日，节庆

［拉］festum

［德］Fest

［英］feast, festival, holiday

276b5

ἐπαείδω 唱歌，念咒语

［拉］accino, incanto

［德］vorsingen, bezaubern

［英］sing, use charms or incantations

267d1

ἐπαινέτης 赞美者，表扬者

［拉］laudator, probator

［德］Lobredner, Lobpreiser

［英］praiser

257e5, 258a2, 258a7

ἐπαινέω (ἐπαινετέον) 赞许，赞美

　　［拉］laudo

　　［德］loben

　　［英］approval, praise

　　233a7, 234e6, 236a4, 241e2, 256e6,

　　257e6, 265c6, 266b1, 274e1, 277e3

ἔπαινος 赞许，赞美

　　［拉］laus

　　［德］Lob

　　［英］approval, praise

　　233b4, 240e4, 243d9, 260b7, 260c8

ἐπαίρω 抬高，鼓动，激励

　　［拉］effero, incito, impello

　　［德］emporheben, aufregen, ermuntern

　　［英］lift, raise, exalt, magnify

　　232a2

ἐπαισχής 羞愧的，可耻的

　　［拉］deformis, turpis

　　［德］schämend

　　［英］shameful

　　240e6

ἐπαίω 精通，懂得

　　［拉］intelligo, percipio

　　［德］verstehen

　　［英］understand, to be an expert in

　　234d4, 268c4, 268e5, 275e2

ἐπακολουθέω 追随，听从

　　［拉］sequor, obedio

　　［德］folgen

　　［英］follow after, obey

271e1

ἐπακούω 听，倾听

　　［拉］audio

　　［德］zuhören, anhören

　　［英］hear

　　272c3

ἐπαμφοτερίζω 模棱两可，踌躇于两种
意见之间

　　［拉］ambiguous sum, fluctuo

　　［德］sich auf beide Seiten neigen,
schwanken, zweideutig sein

　　［英］halt between two opinions, to
be ambiguous

　　257b5

ἐπαναλαμβάνω 重新拿起，重复

　　［拉］repeto

　　［德］wiederholen

　　［英］take up again, repeat

　　228a8

ἐπανίημι 放松，方可，免除，放松，
停止

　　［拉］remitto, desino

　　［德］loslassen, nachlassen, aufhören

　　［英］let go, give up, relax, leave off

　　266a4

ἐπάνοδος 概括，重述要点

　　［拉］reditus, repetitio

　　［德］Übersicht, Zusammenfassung

　　［英］recapitulation

　　267d4

ἐπανορθόω 修改，纠正，重建

　　［拉］corrigo, emendo

　　［德］wieder aufrichten, richtigstellen

　　［英］correct, amend, set up again

229d6

ἐπαντλέω 抽水，灌溉

　　［拉］haustam aquam infundo

　　［德］hinzuschöpfen, einschöpfen

　　［英］pump over, pour over

253a7

ἐπάξιος 值得的，值得一提的

　　［拉］dignus

　　［德］wert, würdig

　　［英］worthy, deserving of

238a6

ἔπειμι 来到，来临

　　［拉］insto, succedo

　　［德］hinzukommen, anbrechen

　　［英］come upon, approach

238d6, 251c6, 260e2, 264b6

ἐπεμβάλλω 放上，加进去，插入

　　［拉］adjicio, addo

　　［德］noch dazu daraufwerfen od.
hineinwerfen, einschieben

　　［英］put on, intercalate, insert

244c4

ἐπεξέλεγχος 进一步反驳

　　［拉］refutatio alteri adiuncta

　　［德］Nebenwiderlegung

　　［英］additional refutation, cross-examining

267a3

ἐπέχω (ἐπίσχω, ἐπισχετέον) 阻止，堵住，放到

　　［拉］impedio, retineo, inhibeo, admoveo

　　［德］abhalten, zurückhalten, ansetzen

　　［英］hinder, restrain, present, offer

242c1, 257c7, 272a4

ἐπιβάλλω 扔到……上，加上，强加

　　［拉］impono, injicio

　　［德］daraufwerfen, verhängen

　　［英］throw or cast upon, add

248a8

ἐπιγίγνομαι 随后发生，后来产生

　　［拉］post nascor, subsequor

　　［德］nach geboren werden

　　［英］to be born after, come into being after

245a5

ἐπίγραμμα 碑文，铭文

　　［拉］inscriptio

　　［德］Inschrift, Aufschrift

　　［英］inscription

264c8

ἐπιγράφω 刻字，写上

　　［拉］inscribo

　　［德］aufschreiben

　　［英］inscribe, write upon

264c9

ἐπίγρυπος 略微弯曲的，鼻子有点钩的

　　［拉］qui nasum habet aduncum, aquilinum

　　［德］etw. eingebogen, krummschnäbelig

　　［英］somewhat hooked, somewhat hook-nosed

253d5

ἐπιδείκνυμι 指出，显示

　　［拉］ostendo, declare

　　［德］aufzeigen, vorstellen

　　［英］exhibit as a specimen, display,

exhibit
232a3, 233b2, 234b1, 235a6, 236e3,
258a7, 269a1, 274d5

ἐπιεικής (adv. ἐπιεικῶς) 能干的，合适
的，正直的
［拉］praestans, decens, aequus
［德］tüchtig, angemessen, rechtlich
［英］capable, fitting, fair
260d2

ἐπιθεάζω (ἐπιθειάζω) 向神呼吁，祈求，
诅咒，发狂
［拉］exsecror
［德］den Zorn der Götter auf jem.
Herabwünschen, verwünschen
［英］invoke the gods against, with
imprecations
241b6

ἐπιθυμέω 渴望，愿意
［拉］cupio
［德］begehren, wünschen
［英］long for, desire
227d2, 228b2, 228c2, 232e4, 236c6,
237d4, 240a8, 243d4, 255e2

ἐπιθυμία 渴望，意愿，欲望
［拉］cupiditas
［德］Begehren, Wünsch
［英］desire, yearning
231a3, 232b2, 232e6, 233b1, 233d3,
234a7, 237d3, 237d8, 238a1, 238a7,
238b4, 238b8, 238c2, 238c3, 238e3,
258c10, 264a3

ἐπίκτητος 进一步获得的，新获得的
［拉］praeterea acquisitus
［德］noch dazu, neu erworben
［英］gained besides or in addition,
newly acquired
237d8

ἐπιλαμβάνω 获得，把握
［拉］occupo, prehendo
［德］umfassen, ergreifen
［英］lay hold of, take
236b6

ἐπιλανθάνομαι 忘记
［拉］obliviscor
［德］vergessen
［英］forget, lose thought of
228a6, 235d2, 236c5

ἐπιμαρτύρομαι 请求……做见证
［拉］testimonium profero, testor
［德］zu Zeugen dabei anrufen
［英］call to witness, adduce as evi-
dence, appeal to fact
244b6

ἐπιμελέομαι 关心，照料
［拉］curo
［德］sorgen
［英］take care of
246b6, 246e5

ἐπιμίγνυμι (ἐπιμείγνυμι) 混合进去，掺和
［拉］admisceo
［德］beimischen
［英］add by mixing
240b2

ἐπιπέμπω 派，派遣
［拉］mitto
［德］schicken
［英］send to
245b6

ἐπιπηδάω 跳上，扑向，冲向

　[拉] insilio

　[德] daraufzuspringen, anfahren

　[英] leap upon, rush at

　254a2

ἐπιπίστωσις 进一步确认，保证

　[拉] probatio alteri adiecta

　[德] Nebenbestätigung

　[英] further assurance, confirmation

　266e4

ἐπιπλήσσω 斥责，责骂

　[拉] castigo, objurgo

　[德] schelten

　[英] chastise, rebuke. Reprove

　269b4, 275c3

ἐπιπνέω 吹拂

　[拉] inspire, adspiro

　[德] anwehen

　[英] breathe upon, inspire into

　262d4

ἐπίπνοια 吹气，灵感

　[拉] afflatus, mentis incitatio

　[德] das Anwehen, Begeisterung

　[英] breathing upon, inspiration

　265b3

ἐπίπονος 艰苦的，辛勤的

　[拉] laboriosus

　[德] mühsam

　[英] laborious

　229d4, 241a1

ἐπιρρέω 流，流向

　[拉] influo, confluo

　[德] zufliessen, zuströmen

　[英] flow

229d7, 251b5

ἐπισκοπέω (ἐπισκέπτομαι) 检查，考虑

　[拉] considero, inspicio, observo

　[德] prüfen, betrachten

　[英] inspect, observe, examine, consider

　228b2, 272b8

ἐπίσταμαι 知道

　[拉] scio

　[德] wissen

　[英] know

　230e6, 262e1, 263e6, 268a10, 268b3, 268c6, 268d8, 268e3, 268e6, 269b6, 273d6, 275e3, 277b8

ἐπιστέλλω 吩咐，嘱托，命令

　[拉] mando, jubeo

　[德] befehlen, auftragen

　[英] enjoin, command

　278b9

ἐπιστήμη 知识

　[拉] scientia

　[德] Wissen, Wissenschaft

　[英] knowledge

　247c8, 247d1, 247d7, 247e2, 268b4, 269d5, 276a5, 276c3, 276e7

ἐπιστήμων 精通……的，对……有学识的，对……有知识的

　[拉] scientia praeditus, sciens, peritus

　[德] sich auf etw. verstehend, kundig, geschickt

　[英] knowing, wise, prudent

　266c6, 276a6

ἐπιστρέφω 转身，旋转，走来走去

　[拉] vertor, obeo

[德] hinwenden, umwenden

[英] turn about, turn round, go back and forwards

247a5

ἐπιτερπής 舒服的，愉快的，讨人喜欢的

[拉] laetabilis

[德] angenehm, ergötzlich

[英] pleasing, delightful

240e1

ἐπιτήδειος 合适的，有用的，忠实的，怀好意的

[拉] idoneus, commodus, amicus

[德] passend, erforderlich, befreundet

[英] suitable, useful, friendly

229b8, 231d8

ἐπιτήδευμα 一生从事的事情，事业

[拉] studium

[德] Beschäftigung, Bestrebung

[英] pursuit, business

233d4, 234b3, 240b4, 252e5, 253a4, 253b6, 258b7

ἐπιτήδευσις 事业心，苦心经营，习惯的养成

[拉] studium, institutum

[德] Beschäftigung, Bestrebung

[英] devotion or attention to a pursuit or business, cultivation of a habit or character

270b8

ἐπιτηδεύω 一心从事，致力于

[拉] studeo, curo

[德] beschäftigen, betreiben

[英] pursue, practise

239d2

ἐπιτιμάω 指责，责备

[拉] reprehendo, exprobro

[德] tadeln

[英] censure

237c6

ἐπιτιμητής 惩罚者，责备者

[拉] reprehensor

[德] Tadler

[英] punisher, chastiser

240a1

ἐπιτροπεία 监护

[拉] tutela

[德] Vormundschaft

[英] charge, guardianship

239e2

ἐπίτροπος 监护人

[拉] tutor

[德] Vormund

[英] trustee

239c1

ἐπιτύφομαι 点燃，燃烧

[拉] inflo

[德] entflammt werden

[英] to be burnt up

230a4

ἐπιχειρέω (ἐγχειρέω, ἐπιχειρητέον) 尝试，企图，着手

[拉] manum admoveo, conor

[德] versuchen, unternehmen

[英] put one's hand to, attempt

231d1, 232b3, 236b6, 250e5, 252e6, 264a6, 264e6, 265e2, 271a2, 273c1, 273c3, 274a8, 279a6

ἐπιχώριος 本地的，属于当地的
　[拉] indigenus
　[德] einheimisch
　[英] local
　230c7

ἕπομαι 跟随，听从
　[拉] sequor, assequor
　[德] folgen, mitgehen
　[英] follow
　234d5, 237d7, 239d2, 240d7, 247a6,
　248a2, 248a7, 250b7, 253b1, 254e7,
　255a1

ἐπονείδιστος 应受谴责的，可耻的，丢
　脸的
　[拉] probrosus, turpis
　[德] tadelnswert, schimpflich, schma-
　chvoll
　[英] to be reproached, disgraceful,
　shameful
　277e2

ἐπονομάζω 叫……名字，取名称，起
　绰号
　[拉] cognomino
　[德] benennen, nennen
　[英] name, call
　238a2, 244c8, 260b7

ἐποπτεύω 监视，视察，被接纳进最高
　等级的秘仪中
　[拉] specto, ponitur in rerum sacra-
　rum spectatione
　[德] daraufsehen, genau betrachten,
　Geweihter des höchsten Grades
　werden
　[英] overlook, watch, be admitted to
the highest mysteries
　250c4

ἔπος 言辞，字句
　[拉] verbum, sermo, narratio
　[德] Wort
　[英] word, speech
　241e1, 252b5, 260a5

ἐποχετεύω 引水，灌溉
　[拉] irrigo, haurio
　[德] hineinleiten, einströmen
　[英] irrigate
　251e3

ἐπωνυμία 别名，外号
　[拉] cognomentum, cognomen
　[德] Beiname, Zuname
　[英] nickname, surname
　237a8, 238a4, 238c3, 246c6, 250e3,
　278c7, 278d2

ἐράσμιος 可爱的
　[拉] amabilis
　[德] geliebt, liebenswert
　[英] lovely, pleasant
　250e1

ἐραστής 热爱者，爱慕者
　[拉] amator, amans
　[德] Liebhaber, Verehrer
　[英] lover, admirer
　227c6, 228c2, 231a1, 233a5, 233b5,
　237b3, 239a1, 239a5, 239b4, 239b7,
　239d6, 239e3, 240a4, 240a7, 240b6,
　240c6, 241b4, 241c7, 241d1, 243c5,
　243d6, 243d9, 244a4, 249e4, 253d6,
　254e9, 255c3, 255e5, 256a2, 256e4,
　257b4, 262e3, 264a1, 264a7, 266b3

ἐραστός 被爱的，可爱的
[拉] amabilis
[德] geliebt, lieblich, liebenswert
[英] beloved, lovely
250d6

ἐράω (ἔραμαι) 爱恋，渴望
[拉] amo, cupio
[德] lieben, begehren
[英] love, desire
227c7, 227c8, 228d4, 231a6, 231b1,
231b2, 231c1, 231c2, 231c3, 231c5,
231d6, 232a1, 232a4, 232a6, 232a7,
232b2, 232c2, 232c5, 232d4, 232e3,
233a1, 233b5, 233c7, 234b2, 234b4,
234b7, 234b8, 235e6, 235e7, 236a8,
236b1, 237b5, 237b6, 237d4, 237d5,
238e1, 238e4, 239a5, 239e2, 239e5,
240d3, 240d4, 240e8, 241b7, 241c1,
241d5, 243c4, 243d6, 243e6, 244a4,
245b6, 249e3, 252c2, 252c6, 252d4,
252e2, 252e4, 253a5, 253a7, 253c3,
254a3, 255a1, 255a5, 255a6, 255b4,
255c2, 255d2, 255d3, 255d6, 256a5,
256e4, 263c11, 265a2

ἐργάζομαι 工作，做，制造
[拉] laboro, infero
[德] arbeiten, tun
[英] work at, labour, make
244b2

ἔργον 事情，行动，行为，结果，任务
[拉] res, opus
[德] Sache, Ding, Tat, Werk
[英] thing, matter, deed, action
231c3, 232a8, 240e1, 244d3, 245a4,
245b2, 245c4, 269c3, 272a2, 272b6

ἔργω 关进去，围起来，排除在外面
[拉] arceo, prohibeo
[德] einsperren, einschließen, ausschließen
[英] shut in, enclose, keep away from
239b5, 251b4

ἐρείδω 支撑，安放，压低
[拉] fulcio, infigo, defigo, illido
[德] feststützen, andrängen, sich anstemmen
[英] prop, fix firmly, press down
254e5

ἐρεσχηλέω 取笑，戏弄
[拉] ludo
[德] necken
[英] quiz, banter
236b6

ἐρημία 孤寂，孤单
[拉] solitude, inopia
[德] Einsamkeit, das Alleinsein
[英] solitude, loneliness
232d2, 236c8

ἔρομαι 问，询问，请教
[拉] interrogo, inquiro, quaero
[德] fragen, befragen
[英] ask, question, inquire
234b6, 268b6, 274c4, 274d6, 275d8

ἐρρωμένος (adv. ἐρρωμένως) 强壮的，有力的
[拉] robustus, fortis, validus
[德] stark, kräftig
[英] powerful, strong
238c2, 268a3

ἔρχομαι 动身，去

　　［拉］venio, progredior

　　［德］schreiten, gehen

　　［英］go, start

　　236c1, 240d6, 247e4, 249a7, 249e5,
　　250d1, 250d4, 254d2, 256d3, 256d7,
　　259a5, 259c5, 262a3, 274d5, 278b8

ἐρῶ 将要说，将要宣布

　　［拉］dicam, dico, loquor, nuncio

　　［德］reden, sagen

　　［英］will tell, proclaim

　　228c3, 234b1, 234c4, 234c7, 234e6,
　　235a4, 235b2, 235b4, 235b8, 235d4,
　　236a7, 237a4, 237c7, 238b6, 238d9,
　　241d4, 241e7, 242a5, 242b5, 243c1,
　　243c2, 249e4, 250c8, 257a6, 259e5,
　　259e6, 260e1, 262c10, 263c4,
　　264b4, 264b5, 264b6, 265a5, 265c9,
　　267d6, 269c8, 272e2, 273c2, 275e6

ἔρως 爱，爱欲

　　［拉］amor

　　［德］Liebe

　　［英］love

　　231a7, 233b2, 233c1, 237c8, 237d3,
　　238c4, 239c2, 240e9, 241a4, 243c8,
　　245b6, 250d5, 252b3, 253c5, 255d2,
　　255e1, 256d1, 256e1, 263c7, 263d2,
　　265a7, 266a5, 266a7

ἐρωτάω 问，询问

　　［拉］interrogo, rogo

　　［德］fragen, erfragen, befragen

　　［英］ask, question

　　234c5, 258e1, 261a4, 266c7, 268c1

ἐρωτικός 有关爱情的，有关爱欲的

　　［拉］amatorius

　　［德］zur Liebe gehörig

　　［英］of or caused by love

　　227c5, 248d4, 253e5, 256d5, 257a7,
　　259d2, 263d7, 265b5, 265b6

ἑστιάω 设宴

　　［拉］convivio excipio, convivia agito

　　［德］bewirten, ein Mahl bereiten

　　［英］entertain, feast

　　227b7, 247e3

ἔσχατος 最严重的，极度的

　　［拉］ultimus, summus

　　［德］äußerst, letzt

　　［英］ultimate, utmost

　　240d6, 247b5, 248b2

ἑταῖρος (ἑταίρα) 朋友，同伴

　　［拉］amicus, socius

　　［德］Kamerad, Freund

　　［英］comrade, companion

　　227a5, 227b2, 230a6, 237a10,
　　240b3, 242c6, 252a3, 253d7, 253e3,
　　257d1, 258b5, 262c1, 264c7, 268a8,
　　270c6, 273c9, 278e4, 278e6

ἕτερος (ἅτερος, adv. ἑτέρως) 另一个，两
者中的一个，不相同的

　　［拉］alter, alius

　　［德］ein andrer, der eine von zweien,
　　verschieden

　　［英］one or the other of two, another,
　　different

　　233d4, 234e3, 235a7, 235c6, 235d7,
　　236b2, 236b7, 236e2, 237e1, 237e2,
　　241e3, 241e5, 241e6, 243c3, 247d7,
　　247e1, 248a8, 248b1, 248c4, 252b5,

264e7, 265d8, 270b5, 276c2, 276d7

ἑτοῖμος 预备好的，已经在手边的，现
实的

   [拉] paratus, certus

   [德] wirklich, bereit, vorhanden

   [英] at hand, prepared, realized

231c2, 252a6, 252c7

ἔτος 年

   [拉] annus

   [德] Jahr

   [英] year

229a6, 248e6, 249a4, 257a1

ἔτυμος 真的，真正的

   [拉] verus

   [德] wahr

   [英] true

243a8, 244a3, 260e5

εὐάλωτος 容易弄到手的，容易猎获的

   [拉] facilis captu

   [德] leicht zu fangen, zu fassen, zu
gewinnen

   [英] easy to be taken or caught

240a3

εὐαπάτητος 容易欺骗的

   [拉] facilis deceptu

   [德] leicht zu täuschen

   [英] easy to cheat

263b3

εὐδαιμονέω 走运，昌盛

   [拉] felix vel beatus sum

   [德] glücklich sein, Glück haben

   [英] to be prosperous, well off

256d8, 277a3

εὐδαιμονικός 幸运的，使人幸福的

   [拉] beatus

   [德] glücklich, beglückend

   [英] blissful

253c4

εὐδαίμων 幸福的，好运的

   [拉] felix

   [德] glücklich

   [英] happy, fortunate

247a5, 250b6, 250c3

εὐδοκιμέω 有名声，受到重视

   [拉] opinione hominum probor

   [德] in gutem Rufe stehen, geachtet
sein

   [英] be of good repute, highly es-
teemed

243a2

εὕδω 睡觉，休息

   [拉] dormio

   [德] schlafen, ruhen

   [英] sleep, rest

259a6, 267a6

εὐέπεια 语言的优美，说得好的话

   [拉] elocutionis suavitas

   [德] Wohlredenheit, Wohlklang

   [英] beauty of language, eloquence

267c3

εὐήθεια 单纯，朴实，头脑简单，愚蠢

   [拉] simplicitas, fatuitas

   [德] Gutmütigkeit, Einfalt, Torheit,
Naivität

   [英] goodness of heart, guileless-
ness, simplicity, silliness

242e5, 275b8, 275c7

εὐήθης 心地单纯的，头脑简单的，愚

蠢的

　　[拉] simplex, stultus

　　[德] einfältig, albern

　　[英] simple-minded, simple, silly

　　242d7

εὐήνιος (adv. εὐηνίως) 驯服的，容易约

　　束的

　　[拉] tractabilis, obsequens

　　[德] leicht zu zügeln, folgsam

　　[英] obedient to the rein, tractable,

　　docile

　　247b2

εὐθύς (adv. εὐθέως) 直的，立即

　　[拉] rectus, statim

　　[德] gerade, gleich

　　[英] straight, right away

　　243a7, 259c4

εὐκαιρία 好时机，好机会

　　[拉] opportunitas, tempus opportu-

　　num

　　[德] passende Zeit

　　[英] good season, opportunity

　　272a6

εὐμενής (adv. εὐμενῶς) 友好的，仁慈的

　　[拉] benignus

　　[德] gutgesinnt, freundlich

　　[英] well-disposed, kindly

　　257a7

εὐμεταχείριστος 容易掌控的，容易管

　　理的

　　[拉] facilis tractatu

　　[德] leicht zu behandeln

　　[英] manageable

　　240a3

εὔνοια 好意

　　[拉] benevolentia

　　[德] Wohlwollen

　　[英] goodwill

　　241c8, 255b4, 275a1

εὔνοος (εὔνους) 好心的，好意的

　　[拉] benevolus

　　[德] von guter Gesinnung, wohlge-

　　sinnt

　　[英] well-disposed, kindly, friendly

　　239e4, 256a3

εὐπαθέω 享乐，逍遥快活

　　[拉] voluptate fruor

　　[德] es sich wohl sein lassen, sich

　　gütlich tun

　　[英] enjoy oneself, indulge oneself,

　　live comfortably

　　247d4

εὐπειθής 很听话的，顺从的，好控制的

　　[拉] facilis adductu, facile obediens

　　[德] leicht zu überreden, folgsam

　　[英] ready to obey, obedient, under

　　control

　　254a1, 271d6

εὐπετής 幸运的，容易的，毫无困难的

　　[拉] facilis, commodus

　　[德] wohl fallend, leicht, bequem

　　[英] favourable, fortunate, easy

　　271c6

εὔπνους 呼吸通畅的，空气流通的

　　[拉] perflabilis

　　[德] wohlduftend, gut durchweht

　　[英] breathing well or freely, open

　　to the winds, airy

230c1

εὐπορέω 富有，有能力，有办法

　　[拉] abunde possum, est mihi faculats

　　[德] vermögend sein, Mittel finden, Wege finden

　　[英] to be able to do, find a way, find means

235a4, 253a1

εὐπρέπεια 好看的外表，貌似合理

　　[拉] decora forma, praetextus speciosus

　　[德] Wohlanständigkeit, Beschönigung

　　[英] goodly appearance, plausibility

274b6

εὕρεσις 发现，找到

　　[拉] inventio

　　[德] das Auffinden

　　[英] a finding, discovery

236a4, 236a6

εὑρίσκω 发现，找到

　　[拉] invenio, exquiro

　　[德] finden, entdecken

　　[英] find, discovery

230d6, 236a5, 244e1, 245a1, 252b1, 252e4, 253b2, 264c8, 267a4, 267b3, 269c1, 273b3, 273d6, 274c2, 274c8, 274e7, 275a6, 278a7

εὔροια 顺畅的水流，流畅，顺利

　　[拉] facilis fluxio, secundus cursus

　　[德] guter Fluß, Redefluß

　　[英] good flow, flow of words, fluency

238c7

εὔσελμος 有好长凳的，有好甲板的

　　[拉] transtris bene instructus

　　[德] mit gutem Verdeck, wohlverdeckt

　　[英] well-benched or -decked

243a9

εὐσχήμων 有好姿态的，优雅的，高雅的

　　[拉] decorus, speciosus

　　[德] wohlgestaltet, wohlanständig, vornehm

　　[英] elegant in figure, mien and bearing, graceful

252a5

εὐτυχέω 运气好，顺利

　　[拉] prospera fortuna utor

　　[德] glücklich sein

　　[英] to be prosperous, fortunate

233b3

εὐτυχής 幸运的，顺利的，成功的

　　[拉] felix, secunda fortuna utens

　　[德] glücklich

　　[英] successful, fortunate

229d4

εὐτυχία 幸运，成功

　　[拉] prospera fortuna, felicitas

　　[德] Glück, Erfolg

　　[英] good luck, success

245b7

εὔφημος 吉祥的，说吉利话的

　　[拉] faustus, lenis

　　[德] glückverheissend, heilig

　　[英] fair-sounding, auspicious, mild

265c1

εὐφυής 生得好的，很有天赋的

236d6, 236d7, 236e6, 237a8, 237c8,
238a5, 238b1, 240a2, 240c4, 240c6,
241b1, 241c1, 241d3, 241d6, 243c6,
243d8, 244e3, 245b1, 245c6, 245c7,
245e2, 245e7, 246c6, 246d1, 246d3,
247c4, 247c8, 248b4, 248e1, 249d8,
249e2, 250a4, 250d7, 251d6, 251e2,
252b1, 254c6, 255d4, 255d5, 255e1,
255e5, 256a1, 257a7, 257c2, 258e4,
259b2, 259b3, 259e2, 260b4, 260c7,
262c9, 262d1, 263a3, 264b7, 264c3,
264c8, 264e5, 265c6, 265d7, 267d7,
268a2, 268a5, 268e5, 269b8, 269d3,
270d4, 270d5, 271b6, 271c7, 271d2,
271e3, 272a3, 272c3, 272c5, 272c6,
274a1, 274b4, 274b7, 274c1, 274d7,
274e8, 275c2, 275c4, 275d4, 276b1,
276c4, 277a1, 277a3, 278c5, 278c7,
278d6, 278d8, 279b9

ἑωθινός 早晨的，清晨的
　［拉］matutinus
　［德］morgendlich
　［英］in the morning, early
　227a4, 228b3

ζάω 活，活着
　［拉］vivo
　［德］leben
　［英］live
　252d2, 258c3, 275d6, 276a8

ζεῦγος（同轭的）一对牛或马，一对牲
　口拉的车
　［拉］iugum
　［德］Joch, Gespann
　［英］yoke

246a7

ζέω 沸腾
　［拉］fervo
　［德］kochen, sieden
　［英］boil, seethe
　251c1, 251c4

ζηλόω 竞争，嫉妒
　［拉］aemulor, invideo
　［德］nacheifern, beneiden
　［英］vie with, emulate, to be jealous
　of, envy
　232a2, 233b6

ζητέω（ζητητέος）想要，追寻
　［拉］requiro, studeo, volo
　［德］forschen, wünschen
　［英］require, demand
　234a8, 252e2, 253b2, 253b4, 261e6,
　263e4, 264a4, 265a6

ζήτησις（ζήτημα）探寻，探究
　［拉］investigatio
　［德］Untersuchung
　［英］inquiry, investigation
　244c6

ζωγραφία 绘画，写生
　［拉］pictura
　［德］Malerei
　［英］art of painting
　275d5

ζωή 活着，生命
　［拉］vita
　［德］Leben
　［英］living, life
　245c7, 258e2

ζῷον 动物，生物，活物

［拉］animal, animans

［德］Tier

［英］living being, animal

230a5, 246b5, 246c5, 246d1, 250a1, 260b4, 264c3

ἡγέομαι (ἡγητέον) 带领，引领，认为，相信

［拉］duco, puto, existimo, opinor

［德］anführen, meinen, glauben

［英］go before, lead the way, believe, hold

229d3, 231b1, 231d5, 232b5, 232d6, 234c5, 234d4, 240a1, 240a4, 242d9, 243c7, 244b7, 247a3, 256d2, 257d1, 258c3, 259a4, 260b3, 264b9, 266a3, 266b5, 269c1, 277d8, 277e6, 278a4

ἡγεμονικός 适合当领导的，统治性的

［拉］principatum tenens, imperatorius

［德］zum Führer geeignet

［英］of or for a leader, authoritative

252e3

ἡγεμών 向导，带路人，统帅

［拉］dux

［德］Führer

［英］guide, leader

246e4

ἥδομαι 感到高兴，感到满意

［拉］delector

［德］sich freuen, erfreuen

［英］enjoy oneself, to delight in

228b7, 233e4, 239a6, 258e3, 276d4

ἡδονή 快乐，愉悦

［拉］laetitia

［德］Lust, Vergnügen

［英］enjoyment, pleasure

232b5, 233b4, 233b7, 237d8, 238a1, 238c1, 238e3, 240b1, 240b2, 240c2, 240d1, 240d3, 240d5, 250e4, 251a1, 251e5, 258e2, 258e4, 259b8

ἡδύς (adv. ἡδέως) 满意的，喜悦的

［拉］dulcis, laetus

［德］angenehm, lieb

［英］pleasant, well-pleased, glad

230c2, 238e4, 238e5, 239a7, 239b8, 239c4, 240a1, 240b5, 243b9

ἦθος 习惯，习气，品质

［拉］mos

［德］Gewohnheit, Sinnesart

［英］custom, disposition, character

243c3, 277a2, 279a4

ἥκω 已来到

［拉］veni

［德］ich bin gekommen, angelangt

［英］to have come

232d3, 233e4, 248e6, 249b6, 249d4

ἡλικία 年纪，年龄

［拉］aetas

［德］Lebensalter

［英］time of life, age

255a7, 279a5

ἧλιξ 同龄的，同岁的

［拉］qui vel quae eiusdem est aetatis

［德］gleichaltrig

［英］of the same age

240c1, 240c2

ἥλιος 太阳

［拉］sol

［德］Sonne

［英］sun

239c6

ἡμέρα 一天，一日

　［拉］dies

　［德］Tag

　［英］day

229a6, 240b5, 240c7, 251e1, 276b4

ἥμερος 驯服了的，驯化了的

　［拉］mitis, cicur

　［德］zahm

　［英］tame

230a5, 260b3

ἡνία 缰绳

　［拉］habena

　［德］Zügel

　［英］bridle, reins

254c1

ἡνίκα 在……时，当

　［拉］quum, quando

　［德］als, wenn

　［英］at the time when, when

247b6

ἡνιοχέω 驾驭，掌管

　［拉］aurigo, rego, habens teneo

　［德］lenken, zügeln

　［英］hold the reins, drive

246b2, 253e1

ἡνιόχησις 驾驭

　［拉］aurigatio

　［德］das Fahren, Lenken

　［英］chariot-driving

246b4

ἡνιοχικός 属于御者的

　［拉］ad aurigationem pertinens, au-

rigae proprius

　［德］dem Lenker od. Zum Lenken

gehörig

　［英］of or for drivin

253c8, 254a3

ἡνίοχος 御者，掌握缰绳的人

　［拉］auriga

　［德］Wagenlenker, Zügelhalter

　［英］one who holds the reins, driver

246a7, 246a8, 247b5, 247e5, 248a3,

248b2, 253e5, 254a1, 254a5, 254b5,

254c7, 254e1, 254e7, 255e6, 256a7

ἤπιος 温和的，和善的，轻柔的

　［拉］lenis, mitis

　［德］mild, günstig

　［英］gentle, kind, mild

279b5

ἠρέμα 轻轻地，温和地，微微地

　［拉］sensim, lente

　［德］sanft, leise

　［英］gently, softly

230c3

ἡσσάομαι (ἡττάομαι) 被打败，屈服

　［拉］superor, vincor

　［德］unterliegen, überwältigt werden

　［英］to be defeated, yield

233c1

ἥσσων (ἥττων, super. ἥκιστος) 较弱的，

较差的

　［拉］minor, inferior

　［德］schwächer, geringer

　［英］inferior, weaker

237b4, 239a2, 256c7, 276c6

ἡσυχία 安静，宁静

[拉] quies, silentium, tranquillitas

[德] Ruhe, Stille

[英] rest, quiet, silence

229a2

ἤτριον 织物

[拉] textum

[德] Gewebe

[英] warp

268a6

ἠχώ 回声

[拉] echo

[德] Echo

[英] echo

255c4

θαλλός 嫩枝

[拉] frutex

[德] Schössling

[英] young shoot, young branch

230d7

θάλλω 发芽，开花

[拉] vireo, pullulo

[德] grünen, blühen

[英] sprout, bloom

264d4

θάμβος 惊愕

[拉] horror

[德] das Erstaunen, Schrecken

[英] amazement

254c4

θάπτω 安葬，埋葬

[拉] sepelio

[德] bestatten

[英] bury

264d6

θαρσέω 有勇气，有信心

[拉] confido, bonum animum habeo

[德] mutig sein, getrost sein

[英] to be of good courage, have confidence in

239d6, 243e3

θαυμάζω (θαυμαστέος) 惊异，钦佩

[拉] miror, admiror

[德] wundern, hochschätzen

[英] wonder, admire

238d2, 257c2, 258b8, 274a3

θαυμάσιος (adv. θαυμασίως) 令人惊异的，令人钦佩的

[拉] mirificus

[德] wunderbar, bewundernswert

[英] wonderful, admirable

230c6, 242a8, 257c5, 260d5

θαυμαστός (adv. θαυμαστῶς) 奇怪的，离奇的，好奇的

[拉] mirus

[德] wunderbar, erstaunlich

[英] wonderful, marvellous

279a5

θέα 观看，景象

[拉] spectaculum

[德] das Anschauen, Anblick

[英] seeing, looking at, spectacle

247a4, 248b4, 250b7

θεάομαι (θεατέον) 看，注视

[拉] specto, contemplor

[德] schauen, sehen

[英] see clearly, contemplate

247e3, 249e5, 250b5, 250e3, 258c4, 271d8

θεατός 可以看的，可见的
　[拉] spectabilis
　[德] zu sehen, sichtbar
　[英] to be seen
　247c7

θέατρον 剧场，舞台
　[拉] theatrum
　[德] Bühne, Schaubühne
　[英] theatre
　258b3

θεῖος 神圣的，属于神的
　[拉] divinus
　[德] göttlich, heilig
　[英] of or from the gods, divine
　230a5, 234d6, 238c6, 238c9, 239b4,
　239e4, 242a7, 242c3, 242e2, 244a7,
　244c3, 245c3, 246a4, 246d8, 247a7,
　249c6, 249d1, 256b6, 256e3, 259d6,
　265a10, 265b2, 266a7, 279a9

θέμις 神法，天理，习惯，法
　[拉] fas, jus
　[德] Sitte, Recht, Gesetz
　[英] right, custom
　250b8

θεμιτός 合乎天理的，合乎法律的
　[拉] justus, licitus
　[德] gesetzmäßig, gerecht
　[英] allowed by the laws of God and
　men, righteous
　256d3

θεοειδής 仪表似神的，容貌像神的，
　有神的形相的
　[拉] deo similis, dei formam habens
　[德] gottähnlich, göttergleich

　[英] godlike
　251a2

θεός 神
　[拉] Deus
　[德] Gott
　[英] God
　236d10, 238d6, 241c5, 242c9,
　242d9, 242e2, 244d4, 244e1, 245b2,
　245b6, 245c1, 246a7, 246d1, 246d3,
　246d7, 246e6, 247a3, 247a5, 247b1,
　247d1, 248a1, 248a2, 248c3, 249c3,
　249c6, 250b8, 251a5, 251a6, 252b3,
　252d1, 252d6, 253a1, 253a2, 253a4,
　253b1, 253b3, 253b4, 253c1, 259b2,
　262d3, 265b2, 266b7, 266b8, 273e7,
　274b9, 274c6, 274d4, 278d4, 279b2,
　279b8

θεραπεία 侍奉，照料
　[拉] famulatus, ministerium, cultus
　[德] Dienst, Bedienung
　[英] service, care
　239c3, 255a1

θεραπευτής 伺候者，崇拜者
　[拉] curator, cultor
　[德] Diener
　[英] one who serves the gods, wor-
　shipper
　252c5

θεραπεύω 侍奉，照料
　[拉] famulor, servio, colo
　[德] bedienen
　[英] do service, take care of
　233b7, 239c4, 255a1, 255a3

θερίζω 收割，收获

[拉] meto

[德] ernten

[英] reap, harvest

260d1

θερινός 夏天的

[拉] aestivus

[德] sommerlich

[英] summer-like

230c2

θερμαίνω 变热，变暖

[拉] incalesco

[德] erhitzen

[英] warm, heat

251b2, 251b3, 251c8, 268a10

θερμότης 热（性）

[拉] calor

[德] Wärme

[英] heat

251b1

θέρος 夏季，夏天

[拉] aestas

[德] Sommer

[英] summer

276b3

θεσμός 法律，法令

[拉] praescriptio, lex

[德] Gesetz

[英] law, order

248c2

θέω 跑

[拉] curro

[德] laufen

[英] run

251e2

θεωρέω 看，观看

[拉] specto, contemplor

[德] ausschauen, betrachten

[英] look at, behold

247c1, 247d4, 276b4, 276d5

θήρειος 属于野兽的

[拉] ferinus

[德] tierisch

[英] of wild beasts

248d1

θηρεύω 捕捉，追求

[拉] sector, quaero

[德] jagen, suchen

[英] hunt, seek after

262c2

θηρίον 野兽，畜牲

[拉] brutum

[德] Tier

[英] wild animal, beast

230a3, 240b1, 249b3, 249b4

θησαυρίζω 收集，储存，保存

[拉] repono, congero

[德] einsammeln, aufbewahren, aufspeichern

[英] store, treasure up

276d3

θνητός 有死的，必死的

[拉] mortalis

[德] sterblich

[英] liable to death, mortal

246b5, 246c5, 252b8, 256e5

θοίνη 筵席，宴会

[拉] epulum, convivium

[德] Gestmahl, Bewirtung

［英］meal, feast

236e8, 247a8

θορυβέω 喧哗，起哄

　　［拉］tumultuor, turbo

　　［德］lärmen

　　［英］make a noise, uproar or distur-

　　bance

　　245b3, 248a4

θόρυβος 喧嚣，骚动

　　［拉］tumultus

　　［德］Lärm, Tumult

　　［英］noise, tumult, confusion

　　248b1

θράσσω (θράττω) 扰乱，使不安

　　［拉］turbo

　　［德］beunruhigen

　　［英］trouble

　　242c7

θραύω 打碎

　　［拉］confringo

　　［德］zerbrechen

　　［英］break in pieces, shatter

　　248b3

θρέμμα 动物，生物，牲畜

　　［拉］animal

　　［德］Tier, Kreatur

　　［英］animals, creature, nursling

　　230d7, 240b4, 260b8, 261a3

θρύπτω 打碎，故意装作，装大

　　［拉］tero, comminuo, delicatus sum

　　［德］zerreiben, sich nachgiebig be-

　　weisen, sich brüsten

　　［英］break in pieces, break small, to

　　be coy and prudish, bridle up

228c2, 236c6

θύρα 门

　　［拉］ianua

　　［德］Tür

　　［英］door

　　233e3, 245a6

θύω 献祭

　　［拉］sacrifico

　　［德］opfern

　　［英］sacrifice

　　251a6

ἴασις 治疗

　　［拉］sanatio, remedium

　　［德］heilung

　　［英］healing, mode of healing, remedy

　　248d7

ἰατρικός 有关医疗的

　　［拉］medicinus

　　［德］den Arzt betreffend, ärztlich

　　［英］medical

　　268b3, 269a3, 270b1

ἰατρός 医生

　　［拉］medicus

　　［德］Arzt

　　［英］physician

　　252b1, 268c3

ἴβις 朱鹭，红鹳

　　［拉］ibis

　　［德］Ibis

　　［英］ibis

　　274c7

ἰδέα 理念，形状，形相，形式

　　［拉］idea, forma

　　［德］Idee, Form, Urbild

［英］idea, form

237d6, 238a3, 246a3, 251a3, 253b7,

265d3, 273e2

ἴδιος 自己的，个人的

　［拉］privatus

　［德］eigen, privat

　［英］one's own, private, personal

237e1, 244b1, 261a9, 277d7

ἰδιώτης 平民，普通人，一无所长的人

　［拉］plebeius

　［德］ein gewöhnlicher Mann

　［英］common man, plebeian

228a2, 236d5, 258d11

ἰδιωτικός 个人的，私人的，普通的，外

行的

　［拉］ad privatos pertinens, privatus

　［德］einem Privatmann zugehörig,

gemein, ungebildet

　［英］private, unprofessional, amateur-

ish

258d10

ἰδρώς 汗水

　［拉］sudor

　［德］Schweiß

　［英］sweat

239c8, 248b2, 251b1, 254c4

ἱερεύς (ἱέρεια) 祭司

　［拉］sacerdos

　［德］Priester

　［英］priest

244b1

ἱερόν 庙宇，神殿

　［拉］templum

　［德］Tempel

　［英］temple

230b8, 275b6

ἱερός 属于神的，献给神的

　［拉］sacer, sacrosanctus

　［德］heilig, göttlich

　［英］holy, under divine protection,

dedicated

250a4, 274c6

ἵημι 射出，放射，投掷

　［拉］jacio

　［德］werfen, schleudern

　［英］throw, shoot

241b5, 259d7

ἱκανός (adv. ἱκανῶς) 充分的，足够的

　［拉］sufficiens, satis

　［德］zureichend, genügend, hinlänglich

　［英］sufficient, adequate

228b1, 230c4, 234c4, 235a2, 241e7,

242c5, 245a6, 246a3, 246c7, 250a5,

250b1, 258b10, 261a4, 262c9,

264b9, 271d7, 271e3, 272d7, 274b4,

276c9, 277a1, 277a3

ἱκνέομαι 来到，到达

　［拉］pervenio

　［德］gelangen

　［英］reach, arrive at

243b1, 276d4

ἵλαος (ἵλεως) 和蔼的，慈祥的，愉快的

　［拉］pacatus, propitius, benignus

　［德］gnädig, freundlich

　［英］propitious, gracious

257a7

ἱμάτιον 外衣，衣服

　［拉］vestis

［德］Kleider
［英］an outer garment, cloth
228d7, 273b5

ἵμερος 渴望，欲望
［拉］desiderium, cupiditas
［德］Sehnsucht, Verlangen
［英］longing, yearning, desire
251c7, 251e3, 255c1

ἱππόμορφος 马形的，像马一样的
［拉］speciem equinam habens
［德］wie ein Pferd gestaltet
［英］horse-shaped, horse-like
253c8

ἵππος 马
［拉］equus
［德］Pferd
［英］horse
246a8, 246b2, 247e5, 248a4, 248a6,
253d1, 254a1, 254c2, 254e2, 255e5,
260b2, 260b3, 260b7, 260c8

ἱσόθεος 神一样的
［拉］deo aequalis
［德］göttergleich
［英］equal to the gods, godlike
255a1, 258c2

ἱσομέτρητος 等量的
［拉］par magnitudinem vel staturam
habens
［德］gleichgemessen, gleich an Größe,
Gewicht, Maß
［英］of equal measure or weight
235d9

ἱσόρροπος (adv. ἱσορρόπως) 平衡的，均
衡的

［拉］aequilibriis
［德］im Gleichgewicht
［英］in equipoise
247b2

ἵσος 同等的，相等的
［拉］aequus
［德］gleich
［英］equal
234c1, 238e5, 240c2, 240d5

ἱσότης 相等（性）
［拉］aequalitas
［德］Gleichheit
［英］equality
240c2

ἱσόω 使相等，使相同
［拉］aequalis vel similis sum
［德］gleichmachen
［英］make equal
239a1

ἵστημι 称，在天平上衡量；停下来不
动，站住
［拉］pondero, libro, desino
［德］wiegen, abwägen, stehen machen
［英］place in the balance, weigh, bring
to a standstill
236b4, 242a4, 245e1, 247a7, 247b7,
247c1, 247e5, 275d6

ἱστορία 探究，研究
［拉］historia
［德］Forschung
［英］inquiry
244c8

ἱσχίον 屁股，臀部
［拉］coxa

［德］Hüfte

［英］haunches

254c2, 254e5

ἰσχυρός (adv. ἰσχυρῶς) 强有力的，严
厉的

［拉］potens, robustus, severus

［德］kräftig, gewaltig, gewalttätig

［英］strong, powerful, severe

233c2, 233c7, 236d1, 273b4

ἰχνεύω 追踪（足迹）

［拉］investigo, indago

［德］nachspüren, aufspüren

［英］track out, hunt after

252e7

ἴχνος (ἴχνιον) 足迹，脚印

［拉］vestigium

［德］Fußspur

［英］track, footstep

266b7, 276d4

καθαιμάσσω 使染上血污

［拉］cruento

［德］mit Blut besudeln

［英］make bloody

254e4

καθαίρω 洁净，弄干净

［拉］purgo

［德］reinigen

［英］cleanse, purify

243a3

καθαρμός 洁净，净化

［拉］purgatio, purification

［德］Reinigung

［英］cleansing, purification

243a4, 244e2

καθαρός (adv. καθαρῶς) 纯粹的，洁
净的

［拉］purus

［德］rein, sauber

［英］clear, pure

229b7, 239c6, 250c4

καθεύδω (καθευδητέον) 睡

［拉］dormio

［德］schlafen

［英］lie down to sleep, sleep

251e1, 259d8

κάθημαι 坐下，就坐

［拉］sedeo, desideo

［德］sitzen, dasitzen

［英］sit, sit down

227a4, 228b3

καθιερεύω 奉献，供奉，献祭

［拉］macto

［德］opfern

［英］sacrifice, offer

252c7

καθίζω (καθιζάνω) 设立，设置；就坐，
坐下

［拉］constituo, sedeo

［德］ansetzen, veranstalten, sich setzen

［英］set, place, sit down

228e5, 229a2, 229a7, 229b2, 254c2

καθίστημι 带往，置于，制定

［拉］traho, depono

［德］bringen, stellen, einsetzen

［英］bring down, place

231e3, 232b7, 232d2

καθοράω (κατεῖδον, κατοπτέον) 观看，
俯视

［拉］perspicio

［德］einsehen, betrachten

［英］look down, observe

247d5, 247d6, 248a4, 259a1

καινός (adv. καινῶς) 新的

［拉］novus

［德］neu

［英］new, fresh

267b1

καιρός 适时，时机

［拉］opportunus

［德］der rechte Zeitpunkt

［英］exact or critical time, opportunity

229a3, 272a4

κάκη 恶，坏

［拉］pravitas

［德］Schlechtheit, Schlechtigkeit

［英］wickedness, vice

247b3, 273c2

κακηγορία 诽谤，诬蔑

［拉］maledictum

［德］Schmähung

［英］evil-speaking, abuse, slander

243a6, 243b5

κακηγόρος 诽谤的，中伤的

［拉］maledicus

［德］verleumdend

［英］evil-speaking, abusive, slander-

ous

254e3

κακία 恶

［拉］malitia, vitium

［德］Schlechtigkeit, Böse

［英］badness, vice

248b2, 248c7, 253d3, 256b2

κακίζω 责备，斥责

［拉］convicium facio

［德］tadeln, schlecht machen

［英］abuse, reproach

254c7

κακός (adv. κακῶς) 坏的，有害的

［拉］malus, vitiosus

［德］schlecht, böse

［英］bad, evil

231a7, 231b5, 231c6, 231d3, 233d7,

234b3, 234b5, 239a4, 240a9, 242e3,

244a6, 245a1, 246e3, 250c2, 253d3,

254b2, 255b2, 258d5, 260c6, 260c8,

265d6, 265e2, 277e1

κάλαμος 芦苇

［拉］calamus

［德］Schilf

［英］reed

276c8

καλέω (κλητέος) 呼唤，叫名字，称作

［拉］voco, nomino

［德］rufen, nennen

［英］call, name

238b1, 238b5, 238c4, 242a4, 243b2,

244c2, 244c5, 244d1, 246b5, 246c5,

247b6, 247e1, 249e4, 251c7, 252b3,

252b8, 255e1, 257c6, 257d8, 257e1,

258e5, 266a2, 266b8, 266c2, 266c7,

266c8, 274c7, 278d3

καλλίπαις 有美丽的儿女的

［拉］pulchros liberos habens

［德］schöne, gute Kinder habend

［英］with beautiful children, blessed

with fair children

261a3

κάλλος 美，美丽

　[拉] pulchritudo

　[德] Schönheit

　[英] beauty

238c1, 238c2, 249d5, 250b5, 250c8,

250d7, 250e2, 251a3, 251b2, 251c6,

251e3, 252a7, 254b6, 255c6

καλλωπίζω 美化，修饰

　[拉] decoro, orno

　[德] schön machen, schmücken

　[英] beautify, embellish

236d6, 252a5

καλός (adv. καλῶς, comp.καλλίων, sup. κάλλιστα) 美的，好的

　[拉] pulcher

　[德] schön

　[英] beautiful

227b2, 227c6, 230b2, 231d5, 235c3,

235d4, 237b2, 237b7, 237d5, 238a5,

243e9, 244a6, 244b1, 244c1, 244c3,

244d3, 246b2, 246e1, 247b4, 249e4,

251d7, 252a2, 252b2, 252d5, 253c4,

253d4, 254e8, 255c6, 257a3, 257a9,

257c2, 258d4, 258d7, 259d7, 259e2,

259e4, 260a3, 263c1, 265c2, 266d1,

266d7, 267a2, 267c7, 270c6, 271b6,

272a7, 273d6, 274a5, 274a8, 274b7,

274d7, 274e1, 276b4, 276c3, 276e5,

277a5, 277d1, 278a3, 278e8, 279b9

καρπός 果实

　[拉] fructus

　[德] Frucht

　[英] fruit

230d7, 260d1

καρπόω 结果实，享受果实

　[拉] fruges colligo, fructum percipio. fruor

　[德] Frucht tragen, Frucht ziehen

　[英] bear fruit or bear as fruit, reap

240a8, 252a1

καταβαίνω 下去，下到

　[拉] descendo

　[德] hinuntergehen

　[英] go down

278b8

καταγελάω 嘲笑，讥讽

　[拉] rideo

　[德] verlachen

　[英] laugh scornfully, deride

259a4, 268d3

κατάγνυμι 打碎

　[拉] frango

　[德] zerschlagen

　[英] smash

265e2

καταγωγή (καταγώγιον) 着陆，落脚处，旅舍

　[拉] deversorium

　[德] Landung, Ort zum Einkehren, Herberge

　[英] landing, lodging, residence

230b2, 259a5

κατάκειμαι 躺下

　[拉] decumbo

　[德] sich hinlegen, sich niederlegen

　[英] lie down

230e3

κατακλίνω 使躺下
　[拉] depono
　[德] niederlegen
　[英] lay down
229b2, 230c4

κατακορής 吃饱的，充分满足的，无节制的
　[拉] saturatus
　[德] maßlos
　[英] satiated, glutted, immoderate
240e6

κατακοσμέω 安排，布置好
　[拉] dispono, in ordinem adduco
　[德] in Ordnung bringen, ordnen
　[英] set in order, arrange
252d7

καταλαμβάνω 抓住，控制，发现
　[拉] deprehendo
　[德] ergreifen, einnehmen
　[英] seize, lay hold of
250d1

κατάλειψις 留下
　[拉] relictio
　[德] das Verlassen, Zurückbleiben
　[英] leaving behind
257e3

καταλιμπάνω 放弃，抛下，留下
　[拉] relinquo
　[德] entsagen, aufgeben, verlassen
　[英] abandon, bequeath
233a3, 257d6, 275c5

κατανοέω (κατανοητέον) 理解，注意
　[拉] specto, contemplor, intelligo
　[德] verstehen, bemerken
　[英] understand, observe well, apprehend
263c1, 270c1

κατάρχω 开始
　[拉] incipio, instituo
　[德] anfangen
　[英] begin
256d7

κατασκευάζω 修建，建筑，准备
　[拉] instruo, exstruo, praeparo
　[德] zubereiten, anschaffen, ausstatten
　[英] construct, build, prepare, arrange
261c2

καταφαρμακεύω 下药，迷惑，蛊惑
　[拉] incanto
　[德] mit Zaubermitteln bestreichen, bezaubern
　[英] dose with drugs, enchant, bewitch
242e1

καταφεύγω 求助于，逃到……求庇护
　[拉] confugio, effugio
　[德] hinfliehen
　[英] have recourse, flee for refuge
244e1

καταφρονέω 藐视，轻视，小看
　[拉] contemno
　[德] verachten, gering achten
　[英] despise, think slightly of
239b5, 252a5

καταχράομαι 利用，应用，滥用
　[拉] utor, abutor
　[德] gebrauchen, verbrauchen, mißbrauchen

［英］to make full use of, apply, misuse, abuse

273b8

κατεῖδω (κάτοιδα) 注意到，发现，俯瞰，确知

［拉］conspicor, bene scio

［德］einsehen, bemerken, wissen, verstehen

［英］see, behold, know well, understand

248c3

κατέχω 拦住，阻止，占据，掌控

［拉］detineo, compesco, possideo, habeo

［德］zurückhalten, hemmen, innehaben

［英］hold back, withhold, detain, possess, occupy

241a1, 244e4, 254a2

κατηγορία 控告

［拉］accusatio

［德］Anklage

［英］accusation, charge

267a2, 272e3

κατοικίζω 迁居，定居

［拉］colloco, constituo, habito

［德］ansiedeln

［英］settle

246c3

κατοκωχή 着魔，感召，灵感

［拉］mentis permotio, instinctus afflatusque divinus

［德］Begeisterung, göttlich Eingebung

［英］possession, inspiration

245a2

κατόπισθεν 在后面，在后头

［拉］post

［德］hinten

［英］behind, after

266b6

κάτοπτρον 镜子

［拉］speculum

［德］Spiegel

［英］mirror

255d6

κάτωθεν 从下边，从低处

［拉］ab imo, ex inferiore loco

［德］von unter her

［英］from below, up from below

229c1

καυλός 干，茎，管

［拉］caulis

［德］Stengel, Stiel

［英］stem, quill

251b6

καῦμα 热，灼热

［拉］aestus

［德］Hitze

［英］burningheat, feverheat

242a3

καχυπότοπος (καχύποπτος) 多疑的，猜疑的

［拉］suspiciosus

［德］misstrauisch

［英］suspicious

240e2

κεῖμαι (κείω, κέω) 躺，躺下，弃置，制定

［拉］jaceo, positus sum

［德］liegen, gelegen sein

［英］lie, to be laid down
264d3

κέλευσμα (κέλευμα) 命令，口令
　［拉］hortatio
　［德］Befehl
　［英］command
　253d7

κελεύω 命令，敦促，要求
　［拉］jubeo
　［德］befehlen
　［英］order, request
　228a8, 228c1, 234b8, 235d5, 236e5,
　254b3

κεντέω 刺，扎
　［拉］pungo, stimulo
　［德］stechen
　［英］prick, stab
　251d5

κέντρον 刺
　［拉］aculeus
　［德］Stachel
　［英］sting
　251e4, 253e4, 254a1, 254a3

κεράννυμι 混合
　［拉］misceo
　［德］mischen
　［英］mix
　256e5, 265b8, 279a4

κέρκος 尾巴，尾
　［拉］cauda
　［德］Schwanz
　［英］tail
　254d7

κεφάλαιον 要点，要旨，主要方面，主
要的东西
　［拉］caput, quod summum et prae-
cipuum est
　［德］Hauptsache, Hauptpunkt
　［英］chief or main point
　228d4, 239d4, 267d5

κεφαλή 头
　［拉］caput
　［德］Kopf
　［英］head
　230c4, 234d6, 243b6, 248a3, 258e7,
　262d4, 264a8

κήδω 忧心，关心，烦恼
　［拉］curam injicio, ango
　［德］besorgt machen, betrüben
　［英］distress, to be concerned, care
for
　276b2

κηλέω 迷惑，诱惑
　［拉］mulceo, decipio
　［德］bezaubern
　［英］charm, bewitch, beguile
　259a3, 267d1

κῆπος 花园，园子
　［拉］hortus
　［德］Garten
　［英］garden, orchard, plantation
　276b3, 276d1

κινδυνεύω 有可能，似乎是，也许是，
冒险
　［拉］videor, periclitor
　［德］scheinen, wagen
　［英］seems likely to be, it may be,
possibly, venture

262c4, 269c6, 269e1, 270d8, 278b3

κινέω 移动，推动

[拉] moveo

[德] bewegen

[英] move, remove

245b4, 245c6, 245c8, 245c9, 245e2,
245e3, 246a1, 246c4

κίνησις 运动

[拉] motus

[德] Bewegung

[英] motion

245c7, 245c9, 245d7

κλήρωσις 抽签选定

[拉] sortitio

[德] Wählen durchs Los

[英] choosing by lot

249b2

κνῆσις 擦，挠痒

[拉] scabendi actio

[德] das Kratzen

[英] scratching

251c3

κοιμάω 使入睡，使平静下来

[拉] sopio, dormio

[德] einschläfern, zu Bette bringen,
zur Ruhe legen

[英] lull, put to sleep

252a6

κοινός 公共的，共同的

[拉] communis, publicus

[德] gemeinsam, gemeinschaftlich

[英] common, public

232b7, 265e4, 267d3, 279c6

κοινωνέω 共同做，共同参与，结合

[拉] in commune venio, commune
aliquid habeo cum aliquo

[德] Anteil haben, teilnehmen

[英] do in common with, share

246d7, 249e2

κοινωνός 伙伴，同伴

[拉] socius, particeps

[德] Partner, Gesellschafter

[英] companion, partner

239c1

κόλαξ 奉承者，谄媚者

[拉] adulator

[德] Schmeichler

[英] flatterer, fawner

240b1

κολλάω 黏合，粘在一起

[拉] agglutino, necto

[德] leimen

[英] glue, cement

278e1

κομίζω 照料，供给，带

[拉] curo, porto, affero

[德] pflegen, bewirten, bringen

[英] take care of, provide for, bring

242d4

κομψεύω 使变精巧，精心构思

[拉] argute fingo

[德] herausputzen

[英] refine upon

227c7

κομψός 精巧的，巧妙的，优美的

[拉] venustus, elegans, bellus

[德] raffiniert, fein, schlau

[英] smart, clever, ingenious

230c3, 266d9

κόρη 女孩，姑娘
　　[拉] peulla
　　[德] Mädchen
　　[英] girl
229b8, 230b8

κόρος 饱足，过饱
　　[拉] satietas, taedium
　　[德] Sattsein, Sättigung, Überdruß
　　[英] satiety, surfeit
240c3

κοσμέω 安排，整理，装扮，修饰
　　[拉] ordino, adorno
　　[德] ordnen, schmücken
　　[英] order, arrange, adorn
239d2, 245a4, 247a1

κόσμιος (adv. κοσμίως) 守秩序的，规规
矩矩的
　　[拉] moderatus
　　[德] ordentlich, gehorsam
　　[英] orderly, well-behaved
256b2

κόσμος 秩序，规矩，装饰，宇宙
　　[拉] ordo, ornatus, mundus
　　[德] Ordnung, Schmuck, Welt
　　[英] order, ornament, decoration,
　　universe
239d1, 246c2

κουφίζω 使升起，举起
　　[拉] sublime fero, tollo
　　[德] aufheben
　　[英] lift up, raise
248c2, 249a8

κρατεραύχην 有着粗壮脖子的
　　[拉] duram habens cervicem
　　[德] starknackig
　　[英] strong-necked
253e2

κρατέω 统治，主宰，控制
　　[拉] impero, prehendo
　　[德] herrschen, ergreifen
　　[英] rule, conquer
231d4, 233c2, 237e2, 237e3, 238a6,
238b8, 242b4, 267c8, 272b2

κράτιστος 最好的
　　[拉] optimus
　　[德] best, vornehmst
　　[英] best, most excellent
228c6, 267d2

κράτος 力量，权力，统治
　　[拉] potestas, imperium
　　[德] Kraft, Macht, Herrschaft
　　[英] strength, might, power
237e3

κρείσσων (κρείττων) 较强的
　　[拉] melior
　　[德] stärker
　　[英] stronger, superior
232a4, 232c8, 238e5, 239a1, 260c3

κρήνη 泉
　　[拉] fons
　　[德] Quelle
　　[英] spring
259a6

κρίνω 判决，审判，判断
　　[拉] judico
　　[德] aburteilen, verurteilen
　　[英] adjudge, give judgement

237d5, 244c1, 249a6, 274e8, 277a6

κρίσις 决定，判决，判断

　[拉] judicium

　[德] Entscheidung, Urteil

　[英] decision, judgement

　249a6

κτάομαι (κτέομαι) 取得，占有，拥有

　[拉] possideo

　[德] erwerben，haben, besitzen

　[英] get, acquire, possess

　232c6, 232c8, 233d3, 238a6, 238b2,

　240a5, 253b5, 260b1, 260b8, 260d7,

　270a3, 273e4

κτῆμα 所有物

　[拉] possessio

　[德] Erwerbung, Habe, Besitz

　[英] property, possession

　239e4

κτῆσις 拥有，获得，占有

　[拉] possessio

　[德] Eigentum, Habe, Besitz

　[英] acquisition, possession

　239e1, 240a3

κυβεία 掷骰子的游戏

　[拉] tesserarum lusus

　[德] Würfelspiel

　[英] dice-playing

　274d1

κυβερνήτης 舵手

　[拉] gubernator

　[德] Steuermann

　[英] steersman

　247c7

κύκλος 圆圈

　[拉] circulus

　[德] Kreis

　[英] circle

　247d4, 251d5

κυλινδέω (κυλίνδω) 打滚，打转

　[拉] verso

　[德] rollen, wälzen

　[英] wander to and fro, roll

　257a2, 275e1

κύριος 有权力的，决定性的

　[拉] auctoritatem habens

　[德] gebietend, gewaltig

　[英] having power or authority over,

　decisive

　239c4

κύων 狗

　[拉] canis

　[德] Hund

　[英] dog

　228b4

κωλύω 阻止，妨碍

　[拉] prohibeo, impedio

　[德] hindern, abhalten, zurückhalten

　[英] hinder, prevent

　268e4

κωμῳδός 喜剧诗人，喜剧演员

　[拉] comicus

　[德] Komödiendichter, Schauspieler

　in der Komödie

　[英] comic poet, comic actor

　236c2

κωφός 聋的

　[拉] surdus

　[德] taub

[英]deaf

253e4, 270e2

λαβή 抓住，拿到，提手，把柄

  [拉]ansa ad prehendendum

  [德]das Nehmen, Ergreifen, Griff, Henkel

  [英]handle, haft, grip, hold

236b9

λαμβάνω (ληπτέον) 获得，拥有，抓住

  [拉]accipio

  [德]bekommen, empfangen, fassen

  [英]take, possess, seize

234c1, 237a9, 238c3, 238c8, 245a2, 246c4, 264d5, 251b1, 251e4, 252c3, 253a3, 256c2, 258c1, 259c3, 260c7, 260d7, 263b7, 263c2, 265c5, 265d1, 265e4, 266d2, 276b8, 276e6

λαμπρός 光辉的，明亮的

  [拉]splendidus, luculentus, nitidus

  [德]leuchtend, glänzend

  [英]bright, radiant

250b6

λάμπω 发光，发亮

  [拉]splendeo

  [德]glänzen, leuchten

  [英]give light, shine

250d1

λανθάνω 不被注意到，没觉察到

  [拉]lateo, delitesco

  [德]verborgen, unbekannt sein

  [英]escape notice, unawares, without being observed

234c2, 234e9, 237c2, 241a4, 249d3, 252a3, 255d6, 257d9, 257e2, 259c1,

262a3, 263c4

λάσιος 毛发茂密的，灌木丛生的，表面粗糙的

  [拉]hirsutus

  [德]rauh, zottig

  [英]shaggy

253e4

λατρεία 侍奉，服侍

  [拉]status et conditio mercenarii, cultus

  [德]Dienst

  [英]service

244e2

λέγω (λεκτέος) 说

  [拉]dico

  [德]sagen

  [英]say, speak

227b2, 227c2, 227c7, 227d6, 228a8, 228c1, 228c2, 228c7, 229b5, 229b6, 229c9, 230a3, 230c7, 231c4, 232a2, 233a6, 235a4, 235a5, 235a7, 235b1, 235c5, 235d6, 235e3, 235e6, 236a2, 236a3, 236a7, 236c4, 236c6, 236d2, 236d3, 236d7, 236d9, 237a1, 237a6, 237a10, 237b6, 238b7, 238d4, 238e1, 240c5, 241a6, 241d3, 241d6, 241e5, 242b2, 242c8, 242d3, 242d8, 242d10, 242e1, 242e5, 243c4, 243e3, 243e4, 244a2, 244a3, 244a6, 244b3, 244b5, 245b2, 245e4, 246a3, 246a6, 246d3, 247c6, 249b7, 250b8, 252b4, 253c4, 253d3, 255a5, 255e6, 257c8, 257d3, 257e7, 258a5, 258a6, 258c9, 258d4, 259b6,

259d7, 259d9, 259e2, 259e5, 260a6,
260a7, 260a8, 260b7, 260d6, 260d8,
260e1, 260e5, 261a2, 261a5, 261b4,
261b5, 261d6, 261e1, 261e5, 262c9,
262d6, 262d7, 262e6, 263a5, 263d1,
263d5, 263d7, 263e5, 264a7, 264e1,
265a1, 265a3, 265c7, 265d6, 265d8,
266b2, 266b4, 266c4, 266d3, 266d8,
266e4, 266e6, 267a5, 267b7, 267d5,
267d7, 267d9, 268c6, 269c3, 270a9,
270c6, 270c9, 271b8, 271c4, 271c8,
271c9, 272a4, 272b1, 272b4, 272b7,
272c4, 272c10, 272e2, 272e4,
273a7, 273b6, 273c5, 273c10,
273d3, 273d7, 273e5, 273e7, 274a6,
274b10, 274c1, 274c4, 274e1,
274e3, 275c1, 275c4, 275d8, 275e3,
276a4, 276a6, 276a8, 276a9, 276c2,
276d8, 276e1, 276e3, 277a5, 277b6,
277d2, 277d3, 277e8, 277e9, 278a2,
278a6, 278b6, 278c1, 278c6, 278d1,
279a1

λειμών 草地，草场
　　[拉]pratus
　　[德]Wiese
　　[英]meadow
　　248c1

λεῖος (adv. λείως) 光滑的
　　[拉]laevis
　　[德]glatt
　　[英]smooth
　　255c4, 272c2

λείπω 留下，放弃，背离
　　[拉]relinquo, desero

　　[德]verlassen
　　[英]leave, quit
　　235c8, 250a5, 254c8, 266d4

λευκός 白的，白色的
　　[拉]candidus
　　[德]weiß
　　[英]white
　　253d5

λήγω 终止，停止
　　[拉]cesso, finem facio
　　[德]aufhören, ablassen
　　[英]comes to an end, cease
　　240e8, 245c8, 251e5, 254c5, 254e6,
　　255d7

λήθη 遗忘，忘记
　　[拉]oblivio
　　[德]das Vergessen, Vergessenheit
　　[英]forgetting, forgetfulness
　　248c7, 250a4, 275a2, 276d3

ληρέω 胡说，说傻话，做傻事
　　[拉]nugor
　　[德]dumm schwatzen
　　[英]speak or act foolishly
　　260d5

λίαν 非常，十分
　　[拉]nimis
　　[德]gar sehr
　　[英]very much, overmuch
　　229d3

λιγυρός (λιγύς) 清脆的
　　[拉]stridulus, argutus
　　[德]schrill, hell
　　[英]clear, shrill
　　230c2, 237a7

λογίζομαι 计算，考虑
　　[拉] computo, reputo
　　[德] rechnen, berechnen, erwägen
　　[英] count, reckon, consider
　　246c6

λογισμός 计算，算数
　　[拉] computatio
　　[德] Rechnung
　　[英] counting, calculation
　　249c1, 274c8

λογογραφία 讲辞写作，散文写作
　　[拉] orationum scriptio
　　[德] das Redenschreiben
　　[英] writing of speeches, writing of
　　prose
　　257e3, 258b4

λογογραφικός 讲辞写作的，散文写作的
　　[拉] oratorius
　　[德] Reden od. Prosa zu schreiben
　　[英] of or for writing speeches or
　　prose
　　264b7

λογογράφος 代人写演说辞的职业作家，
　　专业写手
　　[拉] orationum scriptor
　　[德] Redenschreiber
　　[英] professional speech-writer
　　257c6, 258c2

λογοδαίδαλος 言说大师，精通言说的人
　　[拉] dicendi artifex
　　[德] Redekünstler
　　[英] skilled in tricking out a speech
　　266e4

λόγος 话，说法，言辞，理由，道理，

讨论
　　[拉] verbum, dictum, oratio
　　[德] Wort, Rede
　　[英] words, arguments
　　227b6, 227c4, 227d2, 228a7, 228b5,
　　228b6, 228c1, 228d7, 229d2, 230a7,
　　230d8, 231c2, 234c6, 234d3, 234e6,
　　235b2, 235e6, 236d9, 236e2, 237a5,
　　237c7, 237e3, 238a7, 238b8, 238d2,
　　238d7, 240c1, 240d7, 241d3, 241e5,
　　241e7, 242a7, 242b1, 242b3, 242b4,
　　242c8, 242d4, 242d11, 242e3,
　　243a8, 243c2, 243d4, 243e1, 244a1,
　　244a3, 245b3, 245e3, 246c6, 249d4,
　　252b2, 253e1, 254d6, 255b3, 256a7,
　　257b1, 257b2, 257b3, 257b6,
　　257c1, 257d6, 257e4, 258a9, 258d2,
　　259d6, 259e1, 260b7, 260d4, 260e2,
　　260e4, 261a1, 261a8, 261a8, 261b7,
　　262c1, 262c5, 262d1, 262d2, 262d8,
　　263d3, 263d6, 263e2, 264a6, 264b2,
　　264b4, 264c2, 264c7, 264e3, 264e7,
　　264e8, 265b8, 265c6, 265d7, 265e3,
　　266a3, 266c3, 266d6, 266d8, 267a8,
　　267b1, 267b4, 267b10, 267c8,
　　267d3, 267d7, 269c5, 270a6, 270a7,
　　270b7, 270c1, 270c7, 270c10,
　　270e3, 270e4, 271b1, 271b4, 271c2,
　　271c10, 271d4, 271d5, 271e2,
　　272a1, 272a3, 272a6, 272b4, 272b8,
　　272c7, 272d4, 273a1, 273a3, 273d7,
　　273e3, 274a4, 274b3, 274b9, 274e3,
　　275b4, 275b6, 275c8, 275d7, 275e1,
　　276a1, 276a8, 276c8, 276c9, 276e2,

276e7, 277a10, 277b1, 277c2,
277c3, 277c5, 277c6, 277d1, 277e5,
277e7, 278a5, 278b7, 278b9, 278c3,
278e1, 279a4, 279a6, 279a7

λοιδορέω 指责，辱骂，亵渎
　[拉] vitupero
　[德] schelten, beschimpfen
　[英] abuse, revile
　241e5, 254c7, 257c5, 257d2, 260d3,
　266a5, 268d6, 275e4

λοιδορία 辱骂，诽谤
　[拉] maledictio, maledictum
　[德] Schmähung
　[英] abuse, reproach
　257c6

λοιπός 剩下的，其余的
　[拉] reliquus
　[德] übrig
　[英] rest
　236b2, 238d5, 238e1, 256c5, 274b7

λύκος 狼
　[拉] lupus
　[德] Wolf
　[英] wolf
　241d1, 272c11

λυπέω 使人痛苦，使人苦恼
　[拉] dolore adficio, contristo
　[德] betrüben
　[英] grieve, vex
　232c3

λύπη 痛苦
　[拉] dolor
　[德] Betrübnis, Schmerz
　[英] pain, grief

233b2

λύσις 解脱，释放
　[拉] solutio
　[德] Lösung, Befreiung
　[英] loosing, releasing
　244e4

λυσιτελής 有益的，有好处的
　[拉] utilis
　[德] nützlich
　[英] useful, profitable, advantageous
　239c1

λυσσάω 发狂，发疯，暴怒
　[拉] furo
　[德] wüten, rasen
　[英] rave, be mad
　251d8

λύω 解开，松开，解放
　[拉] solvo
　[德] lösen
　[英] loosen, unbind, unfasten
　251e3, 256d3

λωφάω 停止，减少，减轻，恢复
　[拉] liber sum, requiesco, respiro
　[德] sich erholen, nachlassen, rasten
　[英] rest, recover from, lighten, relieve
　251c8

μάγειρος 屠户，厨子
　[拉] coquus
　[德] Koch, Schlächter
　[英] butcher, cook
　265e3

μάθημα 学问，课业
　[拉] doctrina, disciplina
　[德] Lehre, Unterricht

［英］that which is learnt, lesson
268e6, 269b8, 274e5

μάθησις 学习，教育，教导
　［拉］ipsa discendi actio, perceptio
　［德］Erlernen, Belehrung
　［英］learning, education, instruction
278a2

μαθητής 学生
　［拉］discipulus
　［德］Schüler
　［英］learner, pupil, student
269c4, 275a6

μαίνομαι 发疯
　［拉］insanio
　［德］wahnsinnig werden
　［英］madden
244a5, 244b1, 244e4, 245a8, 253c5,
268c2

μακάριος 有福的，幸福的，幸运的
　［拉］beatus, felix
　［德］glückselig, glücklich
　［英］blessed, happy
236d4, 241e1, 247a4, 250b6, 250c1,
256a8

μακαριστός 被认为是幸福的
　［拉］qui felix praedicatur
　［德］glücklich gepriesen
　［英］deemed or to be deemed happy
256c4

μακρός 长的，高的，深的
　［拉］longus, altus
　［德］lang, tief
　［英］long, tall
228b5, 241e7, 246a5, 250c8, 257e1,

258a8, 264d4, 267b4, 272d3, 274a2

μάλα (comp. μᾶλλον, sup. μάλιστα) 很，
非常
　［拉］valde, vehementer
　［德］sehr, recht, ganz
　［英］very, exceedingly
227c9, 228a4, 228d2, 230a4, 230b3,
230b6, 231c1, 231d3, 232c2, 233b5,
233d5, 233e4, 233e7, 234d4, 235b2,
235e6, 236b1, 236c1, 236d3, 237b1,
237b2, 237c7, 239b2, 239e3, 240c5,
241c1, 241d5, 243d6, 243e7, 244a4,
246d8, 246e2, 253a5, 253c1, 254c3,
254e1, 254e2, 257a9, 257e3, 258a6,
258b6, 258c6, 259d5, 260d9, 268b3,
261d9, 261e7, 262a2, 262c8, 263a8,
265a4, 265c4, 266a6, 266d5, 267a7,
268a1, 268a3, 274b2, 274b9, 277a4,
278d5

μαλθακός 温和的，柔软的
　［拉］mollis
　［德］sanftmütig
　［英］soft
239c6

μανθάνω 学习，理解，弄明白，懂
　［拉］disco, intelligo
　［德］lernen, verstehen
　［英］learn, understand
242c6, 252e6, 257e7, 258a1, 260a2,
260d6, 263a5, 266c2, 268c1, 272a6,
275a2, 275d9, 276a5

μανία 疯狂，迷狂
　［拉］insania
　［德］Wahnsinn

[英] madness

241a4, 244a6, 244a7, 244b7, 244d4,
244d7, 245a2, 245a5, 245b1, 249d5,
249e3, 251a6, 256b6, 256d6, 265a6,
265a9, 265b5, 266a6

μανικός (adv. μανικῶς) 疯狂的，狂热的

[拉] insanus, furiosus

[德] wahnsinnig

[英] mad

244c2, 249d8, 265a5

μαντεῖον (μαντεία) 神谕，预言

[拉] oraculum

[德] Orakel

[英] oracle

275c8

μαντεύομαι (μαντεύω, μαντευτέον) 求神
谕，预示

[拉] oraculum peto, vaticinor

[德] das Orakel befragen, weissagen

[英] seek divinations, presage, fore-
bode

278e10

μαντικός (μαντικῶς) 预言的，神示的

[拉] vatem efficiens

[德] prophetisch, weissagerisch

[英] prophetic, oracular

242c7, 244b4, 244c5, 244d2, 248d7,
265b3, 275b6

μάντις 预言家

[拉] vates

[德] Seher, Wahrsager

[英] seer, prophet

242c4

μαρτυρέω (μαρτύρομαι) 做证

[拉] testor

[德] bezeugen

[英] bear witness, give evidence

244d4, 260e2

μαρτυρία 证据，证词

[拉] testimonium

[德] Zeugnis

[英] testimony, evidence

266e2

μάστιξ 鞭子

[拉] flagellum

[德] Peitsche

[英] whip

253e4, 254a4

μάτην 枉然，无谓地

[拉] frustra

[德] vergeblich

[英] in vain

272c1

μέγας (comp. μείζων; sup. μέγιστος) 强
有力的，大的

[拉] validus, magnus

[德] gewaltig, groß

[英] mighty, great, big

232c1, 233c3, 233d7, 234e2, 239b2,
239b3, 239d5, 240b2, 242a2, 243c5,
244a7, 244d6, 245b7, 246e4, 252b1,
256b5, 256d2, 257d5, 257e2, 260b4,
260d8, 261b1, 262a3, 262a10,
263b4, 263c11, 266b1, 267a7,
267a8, 268c7, 269e4, 274a3, 274d3,
277d8, 277e7, 278d3, 279a8

μέθη 大醉，醉酒

[拉] potatio, potus immoderatus

［德］das Zechen, Trunkenheit
［英］strong drink, drunkenness
238b2, 240e5, 256c1

μέθοδος 方法
［拉］via
［德］Methode
［英］method
269d8, 270c4, 270d9

μειράκιον (μειρακίσκος) 年青人，青少年
［拉］adolescens, juvenculus
［德］Knabe, Jüngling
［英］lad, stripling
237b2

μείρομαι 得到应得的份额
［拉］sortior
［德］als Anteil erhalten
［英］receive as one's portion
255b1

μείς 一个月
［拉］mensis
［德］Monat
［英］month
276b7

μελαγχολάω 忧郁，发疯
［拉］insanio, deliro
［德］verrückt sein
［英］to be atrabilious, melancholy-mad
268e2

μελάγχρως (μελάγχροος) 黑皮肤的
［拉］qui nigra cute est, corpus atrum habens
［德］schwarz von Haut
［英］black-skinned

253e2

μελανόμματος 黑眼睛的
［拉］nigros habens oculos
［德］schwarzäugig
［英］black-eyed
253d5

μέλας 黑的，黑色的
［拉］niger
［德］schwarz
［英］black, dark
276c7

μελετάω 练习，从事，钻研，关心
［拉］exerceo, meditor, curo
［德］üben, Sorge tragen
［英］practise, exercise, care for
228b6, 260c9, 274a1

μελέτη 练习，从事，关心
［拉］meditatio, cura
［德］Übung, Studium, Sorge
［英］practice, exercise, care
269d5

μελίγηρυς 语音甜蜜的
［拉］suaviloquens
［德］süßredend
［英］sweet-voiced, melodious
269a5

μέλλω 打算，注定要，必定，应当
［拉］futurus sum, debeo, fatali necessiate cogor
［德］wollen, gedenken, sollen, bestimmt sein
［英］to be about to, to be destined
228c3, 232b1, 233a4, 233c1, 237b7, 242b8, 242c1, 244b5, 244c1, 244c6,

259e6, 260a1, 262a5, 263b6, 263c4,
268e3, 270b5, 271c7, 271d1, 272d6,
272e1, 274e9

μέλω 关心，操心
　　[拉] curo
　　[德] besorgen
　　[英] carefor, takeaninterestin
235a5, 238d7, 247d2, 272d8, 274c3

μέμφομαι 谴责，责怪
　　[拉] reprehendo
　　[德] tadeln, vorwerfen
　　[英] blame, censure
234b4

μένω 停留，固定，坚持
　　[拉] maneo, consisto
　　[德] bleiben, verweilen, feststehen
　　[英] stay, remain, wait
247a1, 251e2, 253d1, 261d8, 264d5

μέρος (μερίς) 部分
　　[拉] pars
　　[德] Teil
　　[英] portion, part
247a1, 251c6, 256a4, 265b2, 265e2,
266a4

μεσημβρία 中午，正午
　　[拉] meridies
　　[德] Mittag
　　[英] midday
242a4, 259a2, 259d8

μεσημβριάζω 度过中午，午睡
　　[拉] meridior
　　[德] Mittagsruhe halten
　　[英] pass the noon
259a6

μέσος (adv. μέσως) 中间的
　　[拉] medius
　　[德] inderMitte
　　[英] middle
264c4, 267a3

μεσόω 在……中间，居中
　　[拉] in medio sum, ad medium per-
veni
　　[德] in der Mitte sein
　　[英] to be in or at the middle
241d4

μεταβαίνω 转移，改变
　　[拉] transeo, convertor
　　[德] übergehen
　　[英] pass over, change
262a2, 265c6

μεταβάλλω 使翻转，使改变方向，转
变，交换
　　[拉] inverto, muto
　　[德] umwerfen, umwenden, verän-
dern
　　[英] throw into a different position,
change, alter
241a2, 241b5

μεταβιβάζω 带进，送进，引向他处
　　[拉] transfero, traduco
　　[德] anderswohin bringen, verändern
　　[英] carry over, transfer
262b5

μεταβολή 变化，改变
　　[拉] mutatio, translatio
　　[德] Veränderung, Wandel
　　[英] change, transition
251a7

μεταγιγνώσκω 改变主意，后悔，追悔
　　[拉] me poenitet
　　[德] Ansicht, Eentschluß ändern,
　　bereuen
　　[英] change one's mind, repent
　　231a4

μεταδίδωμι 给予，分给一份
　　[拉] impertior, tribuo
　　[德] mitteilen, einen Teil von etwas
　　geben
　　[英] give part of, distribute
　　234a3

μεταλαμβάνω 取得，占有，分有
　　[拉] participo, percipio
　　[德] erlangen, erhalten, Anteil nehmen
　　[英] receive, gain, partake of
　　248e5

μεταμέλομαι (μεταμέλει) 后悔，改变
　　想法
　　[拉] poenitentia ducor
　　[德] gereuen
　　[英] feel repentance, regret
　　231a2, 262e4, 264a2

μεταξύ 中间，之间
　　[拉] inter, in medio
　　[德] in der Mitte, dazwischen
　　[英] in the midst, in the middle of,
　　between
　　230a6, 234d3

μεταπίπτω 以另一种方式落下，改变，
　　改投另一方的票
　　[拉] recido, devolvor, degenero ab
　　una specie ad aliam
　　[德] umfallen, umschlagen, sich verä-
ndern
　　[英] fall differently, undergo a change
　　241b4

μεταστρέφω 转身，转变
　　[拉] converto, muto
　　[德] umkehren, umwenden, ändern
　　[英] turn about, turn round, alter
　　272b8

μεταχειρίζω 从事，处理
　　[拉] contrecto, administro
　　[德] behandeln
　　[英] take in hand, handle
　　240e2, 277c4

μέτειμι 在……当中；走近，靠近，寻求
　　[拉] intersum, persequor, quaero
　　[德] darunter, dazwischen sein, na-
chgehen, nachfolgen
　　[英] to be among, go after, follow,
　　pursue
　　263b6, 270e2, 276d4

μετέρχομαι 来到……当中，前往……
　　当中
　　[拉] proficiscor, transeo
　　[德] dazwischengehen
　　[英] come or go among
　　252e7

μετέχω (μετίσχω) 分担，分享，分有
　　[拉] particeps sum, partem habeo
　　[德] Anteil haben
　　[英] partake of, share in
　　230a6, 247b3, 249e3, 253a4, 272d5

μετεωρίζω 提升，使升高
　　[拉] tollo, attollo
　　[德] in die Höhe heben, erheben

［英］raise to a height, elevate

246d6

μετεωρολογία 讨论天上的事情

［拉］rerum sublimium abstrusarum-

que indagatio

［德］Lehr von den Erscheinungen

am Himmel

［英］discussion of the heavenly bodies

270a1, 270a4

μετεωροπορέω 在空中翱翔，展翅高飞

［拉］sublime versor

［德］in der Höhe, in der Luft wandeln

［英］travel through air

246c1

μέτοχος 分享的，分担的，参与的

［拉］particeps

［德］teilhaftig

［英］sharing in, partaking of

262d6

μέτριος (adv.μετρίως) 合理的，适中的，

合尺度的

［拉］moderatus

［德］angemessen

［英］moderate

229b1, 236a7, 265c1, 267b5, 277b3,

278b7, 279c4

μέτρον 尺度，标准

［拉］mensura

［德］Maßstab

［英］measure, rule

258d10, 258d11, 267a5, 277e7

μέχρι 直到，直到……为止

［拉］usque

［德］bis, so lang als

［英］as far as, until

248c4, 266c1, 268b7, 277b7

μῆκος 长度

［拉］longitudo

［德］Länge

［英］length

267b2

μηκύνω 加长，延长，拖延

［拉］longum facio, moror

［德］verlängern, ausdehnen

［英］lengthen, prolong, delay

244b5

μήνιμα 愤怒的原因，愤怒，罪

［拉］noxa, piaculum

［德］Zorn, Groll

［英］cause of wrath, wrath, guilt

244d6

μηνύω 告诉，揭露

［拉］indico, nuncio

［德］anzeigen, verraten

［英］inform, reveal

277c6

μήτηρ 母亲

［拉］mater

［德］Mutter

［英］mother

233d2, 239e6, 252a2

μηχανάομαι 搞诡计，设法对付

［拉］machinor, artificiose facio

［德］ausdenken, vorhaben

［英］contrive, devise

239b6

μιαρός 邪恶的，可恶的

［拉］scelestus, dirus

［德］ruchlos, verrucht

［英］abominable, foul

236e4

μίγνυμι 混合

［拉］misceo

［德］mischen

［英］mix

240a9, 246b1, 251d7

μικρός (σμικρός) 小的

［拉］parvus

［德］klein

［英］small, little

233c2, 243c5, 256a1, 256d5, 261a9,
262a2, 262a10, 262b6, 267a7,
267a8, 267d9, 268a1, 268c6, 268c7,
268e4, 272b6

μιμέομαι 模仿，仿效

［拉］imitor

［德］nachtun, nachahmen

［英］imitate

251a3, 252d2, 253b5, 264e6

μίμησις 模仿

［拉］imitatio

［德］Nachbildung

［英］imitation

248e2

μιμνήσκω (μιμνήσκομαι) 想起，记起

［拉］recordor, memini

［德］erinnern

［英］remember, remind oneself of

234b2, 263d2

μισέω 仇恨，憎恶

［拉］odio prosequor, odio sum

［德］hassen

［英］hate

232d6

μνῆμα (μνημεῖον) 纪念（物），记忆，
记录，坟墓

［拉］monumentum, sepulcrum

［德］Erinnerung, Andenken, Grabmal

［英］memorial, remembrance, tomb

233a3

μνήμη (μνεία) 记忆，提醒

［拉］memoria

［德］Gedächtnis, Erinnerung

［英］remembrance, memory, reminder

249c5, 250a5, 250c7, 251d6, 253a3,
254a6, 254b5, 267a5, 274e6, 275a3,
275a5

μνημονικός (adv. μνημονικῶς) 有关记忆
力的，记忆力好的，记性好的

［拉］memoria valens, memor

［德］ein gutes Gedächtnis besitzend

［英］of or for remembrance or memory,
having a good memory

274e5

μόγις 艰难地，吃力地

［拉］vix, aegre

［德］mit Mühe, schwer

［英］with toil and pain

240e10, 247b3, 248a4, 250b4,
253e4, 254c6, 254d2

μοῖρα 应得的份额，定命，命运

［拉］sors

［德］Los, Schicksal

［英］portion in life, lot, destiny

230a6, 244c3, 248e4, 250d7, 255b6,
274e8

μόνος 唯一的，仅仅的
　　［拉］solus, singularis, unus
　　［德］allein, alleinig, bloß
　　［英］alone, solitary, only
　　228a7, 234a1, 234e7, 235a1, 235e1,
　　236c8, 237a6, 242c5, 245c7, 247a2,
　　247c7, 249c4, 249c8, 250d7, 252b1,
　　253d7, 261a8, 261b6, 261d10,
　　267b3, 268a7, 270b6, 273b7, 273b8,
　　275b8, 275c2, 275d9, 278a4, 278d4
μορφή 形象，形状
　　［拉］forma, figura
　　［德］Form, Gestalt
　　［英］form, shape
　　271a7
μουσεῖον 缪斯庙
　　［拉］museum
　　［德］den Musen geweihter Ort
　　［英］shrine of the Muses
　　267b10, 278b9
μουσικός 文艺的，音乐的
　　［拉］musicus
　　［德］musisch
　　［英］musical
　　237a8, 243a6, 248d3, 259d5, 268d7,
　　268e2
μοχθηρός 邪恶的，糟糕的
　　［拉］malus, improbus
　　［德］schlecht, mühevoll
　　［英］wicked, wretched
　　268e1
μυέω 入秘教，参加宗教秘仪
　　［拉］in sacris instituo, initio
　　［德］einweihen in die Mysterien

　　［英］initiate into the mysteries
　　250c4
μυθικός 神话的，传说中的
　　［拉］mythicus
　　［德］zur Sage gehörig, sagenhaft
　　［英］mythic, legendary
　　265c1
μυθολογέω 讲故事，讲神话
　　［拉］fabulor, fabulam narro
　　［德］fabulieren, erdichten
　　［英］tell stories, tell mythic tales
　　276e3
μυθολόγημα 神话故事
　　［拉］fabula
　　［德］fabelhafte Erzählung
　　［英］mythical narrative or description
　　229c5
μυθολογία 讲故事
　　［拉］fabularum narratio
　　［德］Sagengeschichte
　　［英］story-telling
　　243a4
μῦθος 故事
　　［拉］fabula
　　［德］Fabel
　　［英］tale, story
　　237a9, 241e8, 253c7
μυρίος (adv. μυριάκις) 巨大的，无限的，
　　　成千上万的
　　［拉］infinitus, extremus, maximus
　　［德］unendlich, unzählig
　　［英］infinite, immense
　　245a4, 248e6
μύω 闭上

［拉］claudo
［德］schließen
［英］close, shut
251d2

νᾶμα 流水，流泉
［拉］liquor, aqua, fons
［德］Fluß, Quell
［英］anything flowing, running water, stream, spring
235d1, 278b9

ναῦς 船
［拉］navis
［德］Schiff
［英］ship
243a9

ναύτης 船员，水手
［拉］nauta
［德］Schiffer, Seemann
［英］seaman, sailor
243c7

νάω 流，流淌
［拉］fluo
［德］fließen
［英］flow
264d4

νεανίας (νεανίης) 年轻人，青年
［拉］adolescens, juvenis
［德］Jüngling, junger Mann
［英］a young man, youth
257c8

νεανιεύομαι 像年轻人那样行事，狂妄自大
［拉］me jacto vel effero
［德］sich jugendlich betragen, prahlen
［英］act like a hot-headed youth, make youthful, swagger
235a6

νέκταρ 神饮的酒，琼浆玉液
［拉］nectar
［德］Nektar
［英］nectar
247e6

νέμω 分配，分发，占有，放牧
［拉］attribuo, tribuo, distribuo, pasco
［德］Leichnam, Leiche, weiden
［英］deal out, dispense, distribute, allot, pasture, graze
278d2

νέος (comp. νεώτερος) 新奇的，年轻的
［拉］novus, juvenis
［德］neu, jung
［英］new, young
227c10, 236d1, 240c6, 244d1, 275b7, 278e10

νεοτελής 新入教的，刚刚才入教的
［拉］recens initiatus
［德］eben erst eingeweiht
［英］newly initiated
250e1

νεότης 年轻，青年，年轻人的精神
［拉］juventus, adolescentia
［德］Jugend
［英］youth
252b4

νήφω 不喝酒的，未醉的，清醒的
［拉］sobrius sum
［德］nüchtern sein
［英］to be sober, drink no wine

240e5

νικάω 得胜，战胜，征服

　　[拉] vinco

　　[德] siegen

　　[英] win, conquer

　　238c3, 256a8, 256b5

νικητήριος 胜利的，胜利者的

　　[拉] victrix

　　[德] den Sieg betreffend

　　[英] belonging to a conqueror or to

　　victory

　　245b5

νοέω 想，理解

　　[拉] intelligo, cogito

　　[德] denken, einsehen

　　[英] perceive by the mind, think, con-

　　sider

　　229c4, 237d6, 245c4, 246c7, 271d7

νομή 牧场，牧草

　　[拉] pastus

　　[德] Weide

　　[英] pasturage

　　248b7

νομίζω (νομιστέος) 承认，信奉

　　[拉] existimo, reor

　　[德] anerkennen, glauben

　　[英] acknowledge, believe in

　　230a2, 230e6, 232c4, 233b3, 234c4,

　　244c3, 258c4, 262e2, 263e7, 279c1

νόμιμος 法定的，按照惯例的

　　[拉] legitimus, idoneus

　　[德] gebräuchlich, gesetzmäßig

　　[英] conformable to custom, usage,

　　or law

252a4, 265a11, 270b8

νομογράφος 法律起草者，立法者

　　[拉] legum scriptor

　　[德] Gesetzverfasser

　　[英] one who drafts laws

　　278e2

νόμος 法律，习俗

　　[拉] jus, lex, mos

　　[德] Gesetz, Gewohnheit, Sitte

　　[英] law, custom

　　231e3, 247c8, 250e4, 256d7, 277d7,

　　278c4

νόος (νοῦς) 理智，努斯

　　[拉] mens, intellectus

　　[德] Verstand, Vernunft

　　[英] mind, intellect

　　235a1, 241a3, 241b1, 241c1, 244c8,

　　247c8, 270a5, 274a1, 276b1, 276c4

νοσέω 生病

　　[拉] aeger sum

　　[德] krank sein

　　[英] to be sick

　　228b6, 231d2, 236b1, 238e4

νόσημα 病，疾病

　　[拉] morbus

　　[德] Krankheit

　　[英] disease

　　265a9

νόσος 疾病

　　[拉] morbus

　　[德] Krankheit

　　[英] sickness, disease

　　244d5

νουθετέω 斥责，警告

[拉] corrigor, castigo, admoneo

[德] zurechtweisen, ermahnen

[英] rebuke, warn

234b3, 249d2

νύμφη 仙女

[拉] nympha

[德] Nymph

[英] nymph

230b7, 241e4, 263d5, 278b9

νυμφόληπτος 被山林水泽的仙女们迷住的，狂喜的，疯狂的

[拉] lymphatus, divino afflatus concitatus

[德] von den Nymphen benommen, verrückt

[英] caught by nymphs, raptured, frenzied

238d1

νύξ 夜晚

[拉] nox

[德] Nacht

[英] night

240c7, 251e1

νυστάζω 打盹儿，昏昏欲睡

[拉] dormito

[德] schlummern

[英] to be half asleep, doze

259a3

νώθεια 迟钝，懒惰

[拉] pigritia, tarditas

[德] Langsamkeit, Faulheit

[英] slowness, sluggishness

235d2

νῶτον 背，背脊，背部

[拉] dorsum

[德] Rücken

[英] back

247c1

ξεναγέω 做向导，带领客人参观

[拉] peregrinum duco

[德] Fremde herumführen

[英] guide strangers

230c5, 230c7

ξένος (adv. ξένως) 陌生的，不熟悉的，异乡的

[拉] alienus, peregrinus

[德] fremd

[英] unacquainted with, ignorant of

267b8

ξηρός 干的

[拉] siccus

[德] trocken

[英] dry

239c8

ὀδοντοφυέω 长牙

[拉] dentio

[德] zahnen

[英] cut teeth

251c1

ὁδός 道路，路

[拉] via

[德] Weg, Pfad

[英] way, road

227a5, 263b7, 272c1

ὀδούς 牙，牙齿

[拉] dens

[德] Zahn

[英] tooth

251c2, 254e3

ὀδυνάω 引起痛苦，感到痛苦

　　［拉］dolorem capio, dolore afficior

　　［德］Schmerz verursachen, Schmerz
　　empfinden

　　［英］cause one pain or suffering, feel
　　pain, suffer pain

251d6

ὀδύνη 痛苦，苦恼

　　［拉］dolor, cruciatus, moeror

　　［德］Schmerz, Qual

　　［英］pain, grief, distress

251c8, 254c5, 254e5, 255d7

οἰδέω (οἰδάω) 膨胀，肿胀

　　［拉］intumesco

　　［德］schwellen

　　［英］swell, become swollen

251b5

οἴησις 意见，看法

　　［拉］opinio

　　［德］Meinung

　　［英］opinion, notion

244c8

οἴκαδε 向家中去

　　［拉］domum

　　［德］nach Hause

　　［英］to one's house, home, homewards

247e4

οἰκεῖος 家中的，有亲戚关系的，自己
的

　　［拉］domesticus, privatus

　　［德］häuslich, verwandt, eigen

　　［英］of the same household, kin, one's
　　own

231a5, 231b2, 232e5, 234b4, 239d1,
255b6

οἰκειότης 亲戚关系，近亲

　　［拉］familiaritas, cognatio

　　［德］Verwandtschaft, Angehörigkeit

　　［英］kindred, relationship

256e4

οἰκέω 居住，生活

　　［拉］habito, vivo

　　［德］wohnen, leben

　　［英］inhabit, dwell, live

246d7

οἰκία 房子

　　［拉］domus

　　［德］Haus

　　［英］building, house, dwelling

227b5

οἴκοι 在家里

　　［拉］domi

　　［德］zu Hause

　　［英］at home

260b8

οἰκονομέω 管理家务，安排，分配

　　［拉］administro, dispenso

　　［德］das Hauswesen leiten, anordnen

　　［英］manage as a house-steward, order,
　　regulate, dispense

256e5

οἰκονομικός 精通家庭管理的

　　［拉］rei familiaris administrandae
　　peritus

　　［德］zur Verwaltung des Hauswes-
　　ens geschickt

　　［英］practised in the management of

a household or family

248d5

οἶκος 家，家庭，房子

　　[拉] domus

　　[德] Familie, Haus

　　[英] home, house

247a2

οἰκτρόγοος 催人泪下的，悲哀地哭泣的

　　[拉] misericordiam concitans

　　[德] jämmerlich klagend

　　[英] wailing piteously, piteous

267c7

οἰκτρός 可怜的，可悲的

　　[拉] miserabilis

　　[德] kläglich, bejammernswert

　　[英] pitiable, lamentable

268c8

οἴομαι 料想，猜，认为，相信

　　[拉] puto

　　[德] vermuten, denken

　　[英] guess, think, believe

227b9, 227d6, 228b4, 230e3, 231b7,
232a1, 232b1, 234b7, 235a2, 235c8,
235e3, 235e4, 235e6, 236a2, 236b6,
240c2, 241d4, 241e3, 242a8, 243c7,
251e2, 252b4, 252c6, 255e1, 257d2,
258c7, 258d4, 260c10, 263c3,
263c9, 264c2, 264e2, 265a5, 266d7,
266e4, 267b7, 268b5, 268c2, 268d1,
268d3, 268d4, 268d6, 268d7, 269a5,
269b8, 270c1, 275c5, 275c8 276e4

οἰονοϊστική 占卜术

　　[拉] vox iocose ex οἴησις, νοῦς et
ἱστορία

　　[德] scherzhafte Bildung zur Erklär-
ung, Oionoistik

　　[英] of or for an omen

244c8

οἰστράω (牛虻) 叮，叮得人发狂，发狂

　　[拉] oestro seu asilo agitor

　　[德] anstacheln, zerstechen, toben

　　[英] sting, sting to madness, go mad

251d6

οἶστρος 牛虻，刺棍，强烈的欲望

　　[拉] stimulus, vehemens cupiditas

　　[德] Bremse, heftige Leidenschaft

　　[英] gadfly, sting, vehement desire

240d1

οἰωνιστικός 鸟占的，用鸟的迹象预示
吉凶的

　　[拉] auguralis

　　[德] den Vogelschauer betreffend

　　[英] augural

244d1, 244d2

ὀκνέω 迟疑，怕

　　[拉] vereor, dubito, timeo

　　[德] zögern, fürchten

　　[英] hesitate, fear

257c3

ὀλίγος (sup. ὀλίγιστος) 小的，少的

　　[拉] paucus, parvus

　　[德] gering, klein

　　[英] little, small

231d7, 233c3, 234a5, 250a5, 250b4,
258e4, 261e7, 262a1, 272c2, 277d3

ὁλόκληρος 各部分都完整，完美的

　　[拉] integer

　　[德] in allen Teilen unversehrt, vollkommen

[英] complete, entire, perfect

250c1, 250c2

ὅλος (adv.ὅλως) 整个的，全部的

[拉] totus

[德] ganz, völlig

[英] whole, entire

251c1, 261a7, 264c5, 268d5, 269c3, 270c2, 274d3

ὁμιλέω 交往，结交

[拉] in coetu aliquorum versor

[德] zusammen sein, Umgang haben

[英] to be in company with

252d5

ὁμιλία 来往，交往

[拉] consuetudo, colloquium

[德] das Zusammensein, Verkehr, Umgang

[英] intercourse, company

239e2, 240a2, 250a3, 255b1, 255b3, 255b8

ὄμμα 眼睛

[拉] oculus

[德] Auge

[英] eye

243a5, 251b2, 253e5, 255c6

ὄμνυμι 发誓

[拉] jurejurando affirmo

[德] schwören

[英] swear

236d10, 236e7

ὁμόδουλος 一起给别人当奴隶的人

[拉] conservus

[德] Mitsklave

[英] fellow-slave

273e9

ὁμόζυξ 同轭的伙伴

[拉] iugi socius

[德] Mitgespann, Beipferd

[英] yoked together

254c8, 256a5

ὅμοιος (adv.ὁμοίως) 一致的，相似的，相像的

[拉] par, aequalis, similis

[德] einig, gleich

[英] same, like, resembling

234a6, 234c2, 236b9, 240a3, 241b2, 243d6, 253b1, 261d7, 271a6, 275d5, 275e1

ὁμοιότης 相似（性）

[拉] similitudo

[德] Ähnlichkeit

[英] likeness, similarity

240c3, 253b8, 262a6, 262a10, 262b3, 262b6, 273d4, 273d5

ὁμοιόω 使相似，使相同

[拉] adsimilo

[德] gleichmachen

[英] make like

261e3, 261e4

ὁμοίωμα 相像的东西，肖像

[拉] similitudo, simulacrum

[德] Abbild, Gleichnis

[英] likeness, image

250a6, 250b3

ὁμολογέω (ὁμολογητέον) 同意，赞同，认可，达成一致

[拉] consentio, assentior

［德］zugestehen, bestimmen

［英］agree with, concede

231d2, 237c5, 243d1, 254b3, 265d7, 277a7

όμολογία 同意，承认，条约

［拉］consensio, consensus

［德］Übereinstimmung, Zugeständnis

［英］agreement, admission, concession

237d1, 254d1

όμονοέω 一条心，同意

［拉］consen tio, concors sum

［德］einig sein, übereinstimmen

［英］to be of one mind, agree

237d9

όμονοητικός 和谐的，导致一致的

［拉］concors

［德］einträchtig

［英］conducing to agreement, in harmony

256b1, 263a3

όμόπτερος 有同样羽毛的

［拉］una pennatus

［德］gleichgefiedert

［英］of or with the same plumage

256e1

όμώνυμος 同名的

［拉］idem nomen habens

［德］gleichnamig

［英］having the same name

266a1, 266a7

ὄναρ 梦，梦中的景象

［拉］somnium

［德］Traum, Traumbild

［英］dream, vision in sleep

277d10

όνειδίζω 训斥，责骂

［拉］objurgo

［德］vorwerfen, verweisen

［英］reproach, upbraid

257c6, 257d2, 258c8, 258c10

ὄνειδος 责骂，辱骂

［拉］opprobrium

［德］Vorwurf

［英］reproach, rebuke

231e4, 244b7, 277a10, 277d3, 277d9

όνίνημι 帮助，使满意

［拉］juvo

［德］nützen, helfen

［英］profit, benefit, help, gratify

264e6

ὄνομα 语词，名字，名声

［拉］nomen

［德］Name, Nomen

［英］name, word, fame

234c7, 234e8, 237e3, 238b4, 244b7, 244c2, 244d3, 257a5, 263a6, 267c2, 267d4, 274c7

όνομάζω 命名，称呼

［拉］nomino, appello

［德］nennen

［英］name, call or address by name

238a4, 250c6, 252b3, 255c2, 266a5, 273c9, 278c4

ὄνος 驴

［拉］asinus

［德］Esel

[英] ass

260b7, 260c7

ὀξύς (adv. ὀξέως) 敏锐的，尖锐的，迅
速的

   [拉] acutus, acer

   [德] scharf, spitz, schnell

   [英] sharp, keen, quick

   250d3, 250e2, 263c4, 268d8, 271e1

ὀπηδός (ὀπαδός) 侍从，随从

   [拉] comes

   [德] Begleiter

   [英] attendant

   252c3

ὀπίσω 向后，朝后

   [拉] retro

   [德] rückwärts

   [英] backwards

   254c1, 254e3

ὁποδαπός 从哪里来的，从哪国来的

   [拉] cuiatis

   [德] was für ein Landsman

   [英] of what country, what country-
man

   275b3

ὁράω 看，注意

   [拉] video, animadverto, intelligo

   [德] schauen, einsehen, merken

   [英] see, look, pay heed to

   229a8, 232a8, 239c5, 240d2, 240d6,
242a4, 243c8, 249d5, 250d4, 251e2,
255d6, 255e3, 259a6, 266b6, 276a1

ὄργανον 工具，装备，器官

   [拉] instrumentum

   [德] Werkzeug, Organ

   [英] instrument, tool, organ

   250b4

ὀργή 冲动，愤怒

   [拉] ingenium, ira

   [德] Trieb, Erzürnung, Zorn

   [英] natural impulse, anger, wrath

   233c3, 254c7, 257a8

ὀργιάζω 举行宗教仪式，举行祭神的秘
密仪式

   [拉] rem divinam facio, operor sacris

   [德] ein Fest orgiastisch begehen

   [英] celebrate, pay ritual service to
a god

   250c1, 252e1

ὀργίζω 发怒，生气

   [拉] irascor

   [德] zornig machen, erzürnen

   [英] make angry, irritate

   267c9, 267d1

ὀρθοέπεια 正确的措辞，恰当的措辞

   [拉] recta dictio

   [德] Geradesprechen, Richtigreden

   [英] correctness of diction

   267c6

ὀρθός (adv. ὀρθῶς) 正确的，直的

   [拉] rectus

   [德] recht, gerade

   [英] right, straight

   238b8, 244e4, 234d4, 260a8, 261b1,
266b8, 266c7, 268e7, 275c3, 275d3,
275e6

ὀρθόω 弄直，树立，引向正路

   [拉] erigo, attollo

   [德] gerademachen, aufrichten

[英] set straight, make straight, set upright
244b5

ὁρίζω (διά-ὁρίζω) 定义，规定，分开
[拉] termino, finio
[德] definieren, bestimmen, trennen
[英] define, determine, divide
238d9, 239d4, 263d2, 265d4, 265d6, 269b6, 277b6, 277b7

ὅρκος 誓言
[拉] iusiurandum
[德] Schwur
[英] swear, oath
236d9, 240e10

ὀρκωμόσια 誓言
[拉] iusiurandum
[德] Schwur
[英] asseverations on oath
241a8

ὁρμάω 急于要做，打算做，开始，动身
[拉] incito, prorumpo, initium facio
[德] erregen, sich anschicken, beginnen
[英] hasten, be eager, start
238b8, 251b6, 251d2, 255c5, 255d1, 256d4

ὁρμή 进攻，冲力，冲动，劲头，出发，动身，渴望
[拉] impetus, aggressio, appetitio
[德] Anlauf, Andrang, Trieb, Eifer
[英] onrush, onset, assault, impulse, effort, desire
279a9

ὄρνεον (ὄρνις) 鸟
[拉] avis

[德] Vogel
[英] bird
244c6, 249d7, 274c6

ὅρος 界线，边界，限度，标准
[拉] terminus, finis, norma
[德] Grenze, Kriterium
[英] boundary, limit, standard
237d1

ὀρφανός 孤儿的，失去父亲的
[拉] orbus, orphanus
[德] verwaist, vaterlos
[英] orphan, fatherless
239e4

ὄστρακον 陶片
[拉] testa
[德] Scherbe
[英] potsherd
241b4

ὄστρεον 牡蛎
[拉] ostreum
[德] Auster
[英] oyster
250c6

οὐδενία 毫无价值
[拉] vanitas
[德] Nichtigkeit
[英] nothingness, worthlessness
235a1

οὖλον 牙龈
[拉] gingiva
[德] Zahnfleisch
[英] gums
251c3

οὐράνιος 天上的

［拉］coelestis

［德］himmlisch

［英］heavenly, dwelling in heaven

259d6

οὐρανός 天

［拉］coelum

［德］Himmel

［英］heaven

245d8, 246b7, 246e4, 247a5, 247b7,

247e4, 249a7

οὖς 耳朵

［拉］auris

［德］Ohr

［英］ear

253e4, 260b4

οὐσία 所是，产业

［拉］essentia, facultas

［德］Wesen, Vermögen

［英］substance, essence, stable being,

immutable reality, property

232c6, 237c3, 240a2, 240a5, 241c3,

245e3, 247c7, 252a3, 270e3

ὀφθαλμία 眼炎

［拉］ophthalmia

［德］Augenentzündung

［英］ophthalmia

255d5

ὄφρα 以便，只要

［拉］ut, dum

［德］damit, solang

［英］in order that, so long as, while

264d4

ὄχημα 支撑物，运输工具，船

［拉］vehiculum

［德］Fahrzeug, Schiff

［英］anything that bears, ship

247b2

ὄχλος 人群，群氓；混乱，骚乱

［拉］turba, molestia, perturbatio

［德］bewegte Menge, Belästigung

［英］crowd, throng, annoyance, trouble

229d7, 277e2

ὄψις 形象，外貌，视力，视觉

［拉］visus, facies, oculus

［德］das Aussehen, Sehkraft

［英］aspect, appearance, sight

240d6, 250b6, 250d3, 250d6, 254b4

πάγκαλος (adv. παγκάλως) 极美的，极

好的

［拉］rectissimus, pulcerrimus

［德］wunderschön

［英］very beautiful, good, or right

230b4, 230c4, 269a6, 271c3, 274a6,

276e1

παγγέλοιος 非常可笑的，极其可笑的

［拉］perridiculus

［德］ganz lächerlich

［英］thoroughly ridiculous

260c2

πάγος 山，山岗

［拉］collis

［德］Hügel

［英］rocky hill

229d1

πάθος (πάθη, πάθημα) 属性，情状，遭

遇，情感，经验

［拉］passio, affectum

［德］Eigenschaft, Attribut, Leiden

［英］state, condition, property, quality, experience

238c6, 245c3, 250a7, 251c2, 251d8, 252b2, 252c2, 254e1, 262b3, 265b6, 269b7, 271b2

παιδεραστέω 爱少年，爱男孩

［拉］pueros

［德］Knaben liben

［英］to be a lover of boys

249a2

παίδευσις 教育，教化

［拉］institutio, disciplina, doctorina

［德］Erziehung, Unterricht

［英］process education, education

241c5

παιδεύω 教育

［拉］doceo

［德］erziehen

［英］educate

232c7, 245a5

παιδιά 儿戏，玩笑，消遣

［拉］jocus

［德］Spiel, Scherz

［英］childishplay, pastime

265c8, 276b5, 276d2, 276d6, 276e1, 277e6

παιδικός 儿童的，给儿童的，给心爱的少年的

［拉］puerilis, ad amorem masculum pertinens

［德］kindlich, die Knaben liebe betreffend

［英］of a child, of or for a beloved youth

236b5, 239a1, 239b4, 240a4, 240a7, 240b5, 240c6, 241a4, 243c6, 251a6, 252c7, 253b5, 253b8, 254a6, 254b4, 254d5, 254e9, 256a1, 264a7, 279b2

παιδοσπορέω 生孩子

［拉］genero

［德］Kinder erzeugen

［英］beget children

250e5

παίζω 戏谑，开玩笑

［拉］jocor

［德］scherzen

［英］make fun of

229b8, 229c8, 234d7, 234d8, 265c9, 276d8, 276e2, 278b7

παῖς (παιδίον) 孩童，孩子，小孩

［拉］pueritia

［德］Kind

［英］child, childhood

237b2, 237b4, 237b7, 238d7, 241c7, 241d1, 243e4, 243e9, 251c6, 252b2, 253b4, 256e3, 265c3, 267c6, 279a7

πάλαι 很久以前，过去

［拉］olim, pridem

［德］vor alters, ehedem, schon lange

［英］long ago

231b1, 242c9, 251b4, 251b7, 257c1, 273d2

παλαιός 古老的，古旧的

［拉］vetus

［德］alt

［英］ancient, old

235b7, 240c1, 244b6, 244d4, 244d6, 245a4, 274c6

πάλαισμα 摔跤比赛的一个回合，摔跤

  ［拉］luctatio, certamen

  ［德］Ringkampf

  ［英］bout or fall in wrestling

  256b4

παλινῳδία 翻案诗

  ［拉］carmen priori contrarium

  ［德］Widerruf, Palinodie

  ［英］palinode, recantation

  243b2, 243b5, 257a4

πάμμεγας 非常大

  ［拉］valde magnus

  ［德］sehr groß

  ［英］very great, immense

  273a5

παμμήκης 极长的，非常长的

  ［拉］valde longus, prolixus

  ［德］ganz lang

  ［英］very long, prolonged

  268c6

πάμπολυς (παμπληθής) 极多的，极大的

  ［拉］permultus, varius

  ［德］sehr viel, sehr groß

  ［英］very great, large, or numerous

  242b3, 268b2

παναρμόνιος 复杂的，极其和谐的

  ［拉］omnibus harmoniis constans, ad

  omnes harmonias concinnus

  ［德］ganz passend, ganz harmonisch

  ［英］complex, elaborate, harmonious,

  277c3

πανοῦργος (adv. πανούργως) 为非作歹
的，干坏事的

  ［拉］insidiosus, malitiosus

  ［德］verschlagen, boshaft, skrupellos

  ［英］wicked, knavish

  271c2

παντάπασι 完全，绝对

  ［拉］omnino

  ［德］ganz, völlig

  ［英］altogether

  261b3, 265b8, 269a4, 271a9, 272d3,

  276b1, 277c7, 278b5

πανταχοῦ 一切地方，全然

  ［拉］ubique

  ［德］überall

  ［英］everywhere, altogether, abso-

  lutely

  273d5, 275e1

πάντῃ 处处，在各方面，完全

  ［拉］ubique, omnino

  ［德］überall

  ［英］in every way, on every side, al-

  together

  246a4, 270a2

παραβάλλω 弯曲，转动，扔在旁边，
互相比较

  ［拉］flecto, compono, comparo

  ［德］hinneigen, hindrehen, nebene-

  inander aufschichten, vergleichen

  ［英］throw, turn, bend sideways, throw

  beside, compare one with another

  247e5

παραγίγνομαι 在旁，在附近，在场

  ［拉］advenio, intersum

  ［德］zum jem. stehen, dabeisein

  ［英］to be beside, stand by

  271e3

παράγω 领着经过，引向一边
　[拉] adduco, induco, profero
　[德] daneben führen, herbeiführen
　[英] lead by, lead aside
　261a2, 262d2

παράδειγμα 范型，范式，例子
　[拉] exemplar, exemplum
　[德] Urbild, Vorbild, Muster, Beispiel
　[英] pattern, model, paradigm, example
　262c9, 262d1, 264e5

παραδέχομαι 同意，接受
　[拉] admitto
　[德] annehmen, billigen
　[英] receive, accept, admit
　275c6

παραδίδωμι 交出去，交给，出卖，背叛
　[拉] trado, dedo
　[德] hingeben, verraten
　[英] give, hand over to another, betray
　250e4, 268b4, 268d2, 270b9, 273c3

παραινέω 规劝，建议
　[拉] admoneo, suadeo
　[德] zureden, ermahnen
　[英] exhort, recommend, advise
　234b6

παρακαλέω 呼唤，召唤
　[拉] advoco
　[德] herbeirufen
　[英] call in, summon
　233e1

παρακινέω 扰乱，狂乱，发疯
　[拉] permoveo, turbo
　[德] daneben bewegen, verrücken
　[英] disturb, excite violently, madden
　249d2

παραλαμβάνω 控制，占有，邀请
　[拉] occupo, accipio, adhibeo
　[德] erobern, besetzen, einladen
　[英] take over, seize, invite
　228b2

παραλείπω 留下，留给，放过
　[拉] praetermitto, omitto
　[德] vorbeilassen, auslassen
　[英] leave remaining, leave to, pass over
　234c5, 235b3

παραμυθία 劝告，鼓励
　[拉] exhortatio, persuasio
　[德] Überredung, Zureden
　[英] persuasion, exhortation
　240d4

παράνοια 精神错乱，疯狂
　[拉] dementia
　[德] Verrücktheit, Unverstand
　[英] derangement, madness
　266a2

παράνομος (adv. παρανόμως) 违法的，不法的
　[拉] iniquus, improbus, illicitus
　[德] gesetzwidrig, ungesetzlich
　[英] lawless, violent
　254b1

παράπαν 完全，绝对
　[拉] omnino
　[德] ganz, völlig
　[英] altogether, absolutely
　230d2, 272d7

παραπλέω 在旁边航行，沿……航行，
    驶过
    [拉] preatervehor
    [德] vorbeifahen
    [英] sail by
    259a7

παραπλήσιος (adv. παραπλησίως) 接近
    的，近似于，几乎相等的
    [拉] similis, adfinis
    [德] ähnlich, beinahe gleich
    [英] coming near, nearly equal
    255e2

παρασκευάζω 准备，提供
    [拉] praeparo
    [德] vorbereiten
    [英] prepare
    238e4, 239a6

παραυτίκα (πάραυτα) 片刻，立时，即刻
    [拉] illico
    [德] momentan, augenblicklich
    [英] momentary, immediately, present
    239a7, 240b1

παραφέρω 带给，递给，引向歧路，领
    上错路；走错路
    [拉] affero, abripior, aberro
    [德] herbeibringen, vorbeigehen,
    verfehlen, abirren
    [英] bring to, hand over, mislead,
    lead astray, err, go wrong
    265b8

παραχρῆμα 当场，立即
    [拉] statim, confestim, e vestigio
    [德] augenblicklich, auf der Stelle
    [英] on the spot, forthwith, immedi-
    ate
    243b2

παράψογος 拐弯抹角的指责，附带指责
    [拉] reprehensio subseciva
    [德] Nebenschimpf
    [英] incidental censure
    267a4

πάρειμι 在场，在旁边；走上前来
    [拉] adsum, procedo
    [德] dabei od. anwesend sein, ge-
    genwärtig sein, herbeikommen
    [英] to be present in or at, to be by
    or near, go by, come forward
    228e1, 230e2, 233b7, 243e7, 244a4,
    244e3, 245a1, 250a5, 252a1, 255d7,
    261a3, 264d6, 272a2

παρέπαινος 附带表扬，拐弯抹角的表扬
    [拉] laudation subseciva
    [德] Nebenlob
    [英] by-praise, subordinate or inci-
    dental praise
    267a4

πάρεργος 附带的
    [拉] extra propositum
    [德] beiläufig
    [英] subordinate
    274a1

παρέρχομαι 经过，过去，流逝
    [拉] praetereo, transeo
    [德] vorübergehen, vergehen
    [英] go by, pass by
    231b3, 242a3, 273d2, 278e6

παρέχω 提请，提供，让
    [拉] adduco, praebeo

［德］darbieten, aufbieten, veranlassen
［英］hand over, yield, allow, grant
228e2, 230b5, 233b3, 237d3, 238a5,
238b2, 239e2, 240c3, 250d5, 250d6,
254a5, 255b6, 257a2, 262c3, 274e6,
275a3, 277a2

παρθένος 少女，女孩
　［拉］virgo
　［德］Mädchen
　［英］girl
　264d3

παρίημι 请求，容许，让
　［拉］deprecor, admitto
　［德］sich ausbitten, einlassen
　［英］ask, admit
　235e7

παρίστημι 来临，临头，发生，站到某
人旁边
　［拉］accedo, adsto
　［德］überfallen, beistehen
　［英］come into one's head, happen,
　stand by
　232b5, 233c6

παρρησία 直言不讳，言论自由
　［拉］licentia, libertas
　［德］Redefreiheit, Freimütigkeit
　［英］outspokenness, frankness, free-
　dom of speech
　240e6

πάσχω 遭遇，发生，经历
　［拉］accido
　［德］empfangen, erfahren, erleiden
　［英］suffer, happen to one
　233a2, 234d2, 235e5, 237c6, 238c6,

241e8, 242a1, 243b4, 251c4, 254e1,
254e6, 255a3, 255d4, 264d1, 270d5,
270d7, 271a10, 274b1

πατέω 踩，踏
　［拉］calco
　［德］treten, betreten
　［英］tread
　248a8, 273a6

πατήρ 父亲
　［拉］pater
　［德］Vater
　［英］father
　233d2, 239e5, 257b2, 268a9, 275a1,
　275e4

παῦλα 停止，结束
　［拉］requies, finis
　［德］Ruhe, Ende, Rast
　［英］rest, pause, cessation
　245c6, 245c7

παύω 终止，停止
　［拉］desinere facio, finio
　［德］beenden, aufhören machen
　［英］cease, end
　228e3, 231a3, 232e6, 234a7, 234a8,
　236d6, 257b2, 262e5, 264a3, 264a6

πεδίον 平地，平原
　［拉］campus
　［德］Ebene
　［英］plain
　248b6

πείθω (πειστέον) 劝，听从
　［拉］persuadeo, obedio
　［德］überreden, gehorchen
　［英］persuade, obey

227a5, 228a8, 229c5, 230a2, 232d1,
233a5, 233b6, 237b4, 235b6, 253b6,
237b5, 245a6, 252c1, 260a4, 260b1,
260b6, 260b6, 260c7, 260c9, 260d9,
261a4, 270c4, 271b4, 271c4, 271e3,
272b2, 273d8, 277c6

πειθώ 说服，说服力
　　[拉]persuasio, persuadendi vis
　　[德]Überredung
　　[英]persuasion, persuasiveness
　　270b8, 271a2, 272a3, 277e9

πεινάω 饥饿
　　[拉]esurio
　　[德]hungrig sein
　　[英]to be hungry
　　230d7

πεῖρα 尝试，经验
　　[拉]conatus, periculum, exploratio
　　[德]Versuch, Erfahrung
　　[英]trial, attempt, experience
　　272c5

πειράω (πειρατέον) 弄清楚，考察，试
　　验，尝试
　　[拉]experior, conor, nitor
　　[德]erproben, versuchen, unterneh-
　　men
　　[英]attempt, endeavour, try, make
　　proof
　　227c5, 233c5, 243b5, 246b5, 248b1,
　　253c2, 272c4

πένης 贫穷的
　　[拉]pauper
　　[德]arm
　　[英]poor

227c9

πενθέω 悲恸，哀悼
　　[拉]maereo, lugeo
　　[德]trauern
　　[英]bewail, lament, mourn
　　258b5

πενία 贫穷
　　[拉]paupertas
　　[德]Armut
　　[英]poverty
　　267c7

περαίτερος 更往前的
　　[拉]ulterior, ulterius
　　[德]weiter, weiter hinreichend
　　[英]leading farther, further
　　239d3

πέρας 结局，极限，终点
　　[拉]finis, terminus
　　[德]Ende, Grenze
　　[英]end, limit, boundary
　　254b2

πέργαμον 城堡，卫城
　　[拉]pergama
　　[德]Burg
　　[英]citadel, acropolis
　　243b1

περιάγω 引领……环绕，环行
　　[拉]circumduco
　　[德]herumführen
　　[英]lead or draw round
　　230e1, 247c1

περιαιρέω 拿走，剥去
　　[拉]aufero, abrogo
　　[德]wegnehmen, abschaffen

［英］take away, strip off, remove

231b5

περιβάλλω 围上，围绕

　　［拉］annecto, impono

　　［德］umwerfen, umlegen

　　［英］encompass, surround

　　256a2, 272d3

περίειμι (περιιτέον) 四处打转，环绕，
循环

　　［拉］circumeo, circumvenio, oberro

　　［德］herumgehen, umlaufen

　　［英］goround, comeround

　　274a3

περιλαμβάνω 包围，围住

　　［拉］complector, contineo

　　［德］umfassen, einfassen

　　［英］encompass, surround

　　273e2

περιμένω 等待，期待

　　［拉］exspecto, maneo

　　［德］warten, erwarten

　　［英］waitfor, await

　　242a5

περίοδος 循环，周期

　　［拉］circuitus

　　［德］Umkreis, Kreislauf

　　［英］cycle

　　247d5, 248c4, 249a3, 274a2

περίπατος 散步

　　［拉］ambulatio

　　［德］das Spazierengehen

　　［英］walking about, walk

　　227a3, 227a6, 227d3, 228b3

περιπολέω 漫游

［拉］circumeo

［德］umherziehen

［英］wander about

246b7, 252c5

περιτυγχάνω 遇上，碰上

　　［拉］incido, occurro

　　［德］zufällig begegnen, dazukommen

　　［英］happen to be about

　　268c3

περιφέρω 转来转去

　　［拉］circumago, revolvo

　　［德］sich herumtreiben

　　［英］carry round, move round, go
round

　　247d5, 250c5

περίφοβος 极其恐惧的，非常害怕的

　　［拉］pertimescens

　　［德］sehr erschrocken, furchtsam

　　［英］in great fear

　　239b5

περιφορά 旋转，转圈

　　［拉］circuitus

　　［德］das Herumtragen, Umlauf,
Umkreis

　　［英］carrying round, circular or ro-
tatory motion

　　247c1, 247d5, 248a4

πεσσεία 跳棋，棋盘游戏

　　［拉］calculorum lusus

　　［德］Brettspiel

　　［英］game resembling draughts

　　274d1

　　［拉］petra

　　［德］Fels, Stein

［英］rock, stone

229c8, 275b8

πηγή 泉，泉源，水流

［拉］fons

［德］Quelle

［英］stream, fount

230b6, 245c9, 255c1

πήγνυμι 凝固，变硬，装配，建造

［拉］rigeo, pango, figo

［德］festmachen, erstarren, zusam-

menfügen

［英］become solid, stiffen, establish

246c5

πηδάω 跳，跳跃

［拉］salio

［德］springen, hüpfen

［英］leap, spring

251d4

πηρόω 使残废，废掉，毁坏

［拉］debilito

［德］verstümmeln

［英］maim, mutilate

257a8

πιθανός (adv. πιθανῶς) 有说服力的，使

人信服的，可信的

［拉］persuasorius, probabilis, accom-

modatus

［德］überzeugend, überredend

［英］persuasive, plausible

269c2, 269c9, 272d8

πίμπλημι 装满，填满

［拉］impleo

［德］füllen

［英］fill

247c7

πίπτω 落，坠落

［拉］cado

［德］fallen

［英］fall, fall down

247c8, 250a3

πιστεύω 相信

［拉］credo, confido

［德］glauben

［英］trust, believe

243e2

πίστις 相信，信任，论证，论据

［拉］fidus, argumentum

［德］Glaube, Treue, Beweis

［英］trust, faith, argument, proof

256d1, 275a3

πιστός 可信的，值得信赖的

［拉］fidus

［德］glaubwürdig

［英］to be trusted or believed, trust-

worthy

233d2, 245c2

πίστωσις 确认，保证

［拉］confirmatio

［德］Versicherung, Bestätigung

［英］assurance, confirmation

266e3

πλανάω 飘荡，漫游

［拉］erro

［德］umherirren, verirren

［英］wander

263b5, 263b8

πλάσσω (πλάττω) 塑造

［拉］fingo, formo

［德］formen, bilden
［英］form, mould
246c7

πλάτανος 梧桐
［拉］platanus
［德］Platane
［英］Platanus orientalis
229a8, 230b3, 230b6, 236e1

πλῆθος 大众，大群，数量
［拉］multitudo, copia
［德］Menge, Masse
［英］great number, multitude, the majority
229e1, 256e6, 260a2, 260c9, 263b8, 268a4, 273b1, 275b1, 279c2

πλημμελέω 弹错调子，做错事
［拉］extra legem cano, pecco
［德］einen Fehler machen, sich vergehen
［英］make a false note in music, err
275e3

πλήρης 充满……的，满是……的
［拉］plenus
［德］voll
［英］full of
235c5

πληρόω 装满，充满
［拉］impleo
［德］vollmachen, voll sein
［英］make full, fill full of
235d1

πλησιάζω 靠近，结交
［拉］accedo, appropinquo
［德］sich nähern

［英］come near, approach, consort
255a6, 255b7

πλησίος 近的，邻近的
［拉］propinquus
［德］nahe
［英］near
227b4, 229c8, 243e7

πλησμονή 满足，饱足，充足
［拉］expletio, satietas
［德］Fülle, Sättigung
［英］a being filled, satiety
233e2, 241c8

πλούσιος 富足的，丰富的
［拉］dives, opulentus
［德］reich
［英］wealthy, rich
227c10, 279c1

πνεῦμα 风，气息
［拉］ventus, spiritus
［德］Wind, Hauch
［英］blast, wind, breath
229b1, 229c7, 255c4

πνῖγος 闷热，闷人，窒息
［拉］aestus, calor
［德］die erstickende Hitze
［英］choking, stifling, stifling heat
258e7, 279b4

πόα 草，草地
［拉］gramen
［德］Gras
［英］grass
229b1, 230c3

ποδαπός 从何处来
［拉］cuias

［德］von woher
［英］from what country, whence
275c1

ποθέω 渴望
［拉］desidero
［德］begehren
［英］long for, yearn after
234c5, 251e2, 255d8

πόθος 渴望，想望
［拉］desiderium
［德］Verlangen, Sehnsucht
［英］longing, yearning
250c7, 252a7, 253e6

ποιέω 做，当作
［拉］facio, efficio
［德］machen, tun, annehmen
［英］make, do
227a5, 227b10, 227d3, 228c4,
228c5, 228d1, 231a2, 231a6, 231a8,
231b6, 231c1, 231c5, 231c6, 232a8,
232c1, 233a3, 233b3, 233c3, 233d1,
233d7, 235d6, 236a8, 236c3, 236e5,
237a2, 237a6, 237d2, 240d5, 241e3,
242b1, 243a7, 243b2, 244c6, 244e3,
248c5, 252a2, 252e4, 253a7, 253c2,
254a6, 254b3, 255e4, 257b6, 258a8,
259d1, 260c8, 261c10, 262e6,
264a3, 264a4, 264b2, 265d4, 266c4,
267a8, 268b2, 268b4, 268b7, 268c1,
268c7, 268e1, 270a6, 270d3, 270d7,
271a2, 271a6, 271a10, 272d1,
275b4, 276b6, 276c2, 277a3, 278e5

ποίησις 诗，作品，制作，创作
［拉］poesis, poema

［德］Machen, Schöpfung, Dichtung
［英］creation, production, poem
245a4, 245a7, 267c2, 268d1, 278c1

ποιητέος 应当做的，必须做的
［拉］faciendus
［德］zu tun
［英］to be made, one must do
267a2

ποιητής 创造者，制造者，诗人
［拉］confictor, factor, auctor
［德］Schöpfer, Verfertiger, Dichter
［英］maker, poet
234e6, 236d5, 245a7, 247c4, 258b3,
258d10, 278e1

ποιητικός 能创造的，有创造力的
［拉］faciendi vim habens, poeticus
［德］schaffend
［英］capable of making, creative,
productive
245a6, 248e1, 257a5, 265b4

ποικίλος 多花色的，五彩斑斓的
［拉］varius
［德］bunt
［英］many-coloured
236b7, 277c2

πολέμιος (πολεμικός) 有关战争的，敌
对的
［拉］militaris, hostilis, inimicus
［德］denKriegbetreffend, feindlich
［英］of or belonging to war, hostile
248d4, 260b1

πόλεμος 战争，战斗
［拉］bellum, pugna
［德］Krieg, Kampf

［英］battle, fight, war

239d5, 242b6

πόλις 城邦，城市

　［拉］civitas

　［德］Staat

　［英］city

　257d6, 258c2, 260c7, 261d3, 274d3

πολιτικός 城邦的，公共的，属于公民的

　［拉］politicus

　［德］politisch, öffentlich

　［英］civil, public

　248d5, 257c5, 257e2, 258a1, 258d9,

　277d7, 278c3

πολλάκις 经常，多次

　［拉］saepe

　［德］oft

　［英］many times, often

　228a8, 238d1, 254e6

πολλαχοῦ (πολλαχῇ) 在许多地方

　［拉］in multis locis

　［德］an vielen Orten

　［英］in many places

　265d3

πολυγνώμων 知道许多的，非常睿智的

　［拉］admodum intelligens

　［德］vielwissend

　［英］very sagacious

　275a7

πολυειδής 多样的，各种各样的，多样

　形相的

　［拉］multiformis

　［德］vielgestaltig

　［英］of many kinds, multiform

　270d1, 271a7

πολυήκοος 听见许多的

　［拉］qui multa audivit vel legit

　［德］viel hörend

　［英］having heard much, much-

　learned

　275a7

πολυθεάμων 看到许多东西的

　［拉］qui multa spectavit

　［德］viel gesehen habend

　［英］having seen much

　251a2

πολύκλαυστος 非常可悲的，极其悲哀的

　［拉］multum defletus

　［德］viel beweint

　［英］much lamented

　264d5

πολυμελής 有许多肢的，有许多手足的

　［拉］multa habens membra

　［德］vielgliedrig

　［英］with many members

　238a3

πολυμερής 有许多部分的，多种多样的

　［拉］multis constans partibus

　［德］vielfältig

　［英］consisting of many parts, man-

　ifold

　238a3

πολύπλοκος 紧密交织的，复杂的，纠

　缠的

　［拉］admodum contextus

　［德］vielgewunden, verwickelt

　［英］tangled, complex

　230a4

πολύς (comp. πλείων, sup. πλεῖστος, adv.

πλειστάκις) 多，许多

［拉］multus

［德］viel

［英］many, much

227d1, 228a1, 228a3, 228a4, 228c6,
229e3, 231c1, 231c5, 231d8, 231e1,
232a6, 232c1, 232c3, 232d7, 232e1,
232e3, 233b5, 233c5, 233d1, 233e5,
234e2, 235a5, 235b4, 235b5,
236b2, 237b3, 237c2, 239a4, 239b1,
240a6, 240a7, 240b1, 240b4, 240e9,
240e10, 241c1, 241c4, 242b1,
243c8, 244b1, 244b4, 245b1, 247a4,
248b3, 248b4, 248b6, 248d2, 249b7,
249d2, 249d3, 252a2, 253e1, 254c7,
255c2, 255e6, 256c4, 259a2, 259d7,
260c1, 261b5, 261d8, 261e7, 264a4,
266b6, 267c6, 267c9, 270a6, 270d5,
271e2, 272c2, 272e5, 273d3, 273e5,
274e1, 274e3, 275c7, 275c8 276e4,
277e6, 279a6

πολυώνυμος 有许多名字的

［拉］multa habens nomina

［德］vielnamig, viele Name tragend

［英］having many names

238a2

πονέω 苦干，劳苦，辛苦

［拉］laboribus succumbo, lassesco

［德］sich abmühen, arbeiten

［英］work hard at, toil

232a4

πονηρός 邪恶的，坏的

［拉］malus, improbus

［德］schlecht, böse

［英］evil, wicked, malicious

254e6

πόνος 苦工，艰辛

［拉］labor, difficultas

［德］Arbeit, Mühe

［英］hard work, toil

231a8, 231b4, 239c7, 244d5, 247b5,
248b4, 252b1, 255e6

πορεία 旅行，旅程

［拉］profectio, migratio

［德］Reise

［英］journey

256d6, 256d8, 270e1

πορεύω 前进，旅行

［拉］eo, proficiscor

［德］gehen, reisen

［英］go, walk, march

227a2, 228b5, 246e5, 247b1, 247b2,
247b7, 254b2, 256e1, 269d7, 279b6

πορίζω 带来，提供，弄到

［拉］suppedito, praebeo, procreo

［德］bringen, darbieten, sich verschaffen

［英］bring about, furnish, provide, procure

244c7, 256b7, 269c4, 269d1, 273a1,
275a6

πόρρω (πρόσω) 远远地，往前，向前

［拉］porro, procul

［德］ferner, vorwärts

［英］forwards, far off

238d2

ποταμός 河，溪

［拉］flumen

［德］Fluß, Strom

［英］river, stream

242a1, 242b8

ποτέρωθι 在两方的哪一方

　　［拉］utra in parte

　　［德］auf welcher von bieden Seiten

　　［英］on whether of the two sides? on which side

　　263b3

ποτηνός 带翅膀的，飞的

　　［拉］alatus, volatilis

　　［德］beflügelt

　　［英］winged, flying

　　252b8

ποτίζω 使饮，给水喝

　　［拉］do bibere

　　［德］trinken lassen

　　［英］give to drink

　　247e6

πότιμος 可以喝的，新鲜的，可口的，讨人喜欢的

　　［拉］potabilis, dulcis

　　［德］trinkbar, süß

　　［英］drinkable, fresh, sweet, pleasant

　　243d4

ποτόν 饮料

　　［拉］potus

　　［德］Getränk

　　［英］drink

　　259c1

πούς 脚

　　［拉］pes

　　［德］Fuß

　　［英］foot

229a5, 230b7

πρᾶγμα 事情，重大的事情，麻烦事

　　［拉］res

　　［德］Sache

　　［英］thing

　　227b10, 230e6, 231c7, 232e1, 234a1, 234e4, 235b3, 236c2, 254a5, 262e1, 263e6, 268c6, 272d5

πραγματεία 勤奋，努力，事业

　　［拉］studium, officium

　　［德］Eifer, Geschäft

　　［英］diligence, business

　　273e5

πρᾶξις 行事，行为，实践，情况，事情的结局

　　［拉］actio, successus rerum

　　［德］Handlung, Lage, Ende der Geschichte

　　［英］doing, action, practice, result

　　271d8

πρᾶος (adv.πράως) 温和的，心平气和的

　　［拉］mansuetus, placidus

　　［德］zahm, sanft

　　［英］mild, soft, gentle

　　243c3, 268e2

πράσσω (πράττω) 做

　　［拉］ago

　　［德］tun, handeln, machen

　　［英］do, act

　　231b7, 232d5, 233a2, 233a6, 241a6, 241b2, 242c1, 247a6, 256c6, 260c9, 271d8, 272e2, 272e3, 273e5, 273e8, 274b10

πρέπω 相适合，相配，合适

［拉］decet, convenio

［德］passen, ziemen

［英］fit, suit

259b5, 264c5, 268d5, 278d4, 279b6

πρέσβυς (πρεσβύτης) 老人

　　［拉］senex

　　［德］Alter

　　［英］oldman

　　227c10, 234a2, 240c6, 240d6,
　　259d3

προάγω 引出，带路，在前面引导

　　［拉］perduco, profero

　　［德］vorbringen, vorwärtsgehen

　　［英］lead forward, bring forward

　　227c1, 228c1, 229a7, 229b3

προαιρέω 有意选择，首先选择

　　［拉］praefero

　　［德］vorziehen, sich auswählen

　　［英］prefer, choose

　　245b4

προβαίνω 向前走，前进

　　［拉］progredior, procedo

　　［德］vorschreiten, vorrücken

　　［英］step forward, advance

　　239d3

προβάλλω 扔向前面，抛给

　　［拉］projicio, propono

　　［德］vorwerfen, vorschieben

　　［英］throw or lay before, put forward

　　241e4

προβάτιον 羊羔，小羊

　　［拉］ovicula

　　［德］Schäfchen

　　［英］little sheep

259a5

πρόδηλος 明摆在面前的，明显的

　　［拉］manifestus

　　［德］ganz deutlich, recht offenbar

　　［英］clear or manifest in front or be-
　　forehand, foreseen, evident

　　238b5

πρόειμι 向前走，前进，开始

　　［拉］anteeo, procedo

　　［德］vorgehen, fortschreiten

　　［英］go forward, advance, begin

　　227b8, 238d1, 255a6, 279a5

προέρχομαι 前进，走在前面

　　［拉］progredior, procedo

　　［德］vorgehen, vorrücken

　　［英］go forward, advance

　　237c4

προθυμέομαι 一心要做，极其想做，热
　　衷于

　　［拉］studeo

　　［德］bereit, geneigt sein, erstreben

　　［英］to be ready, willing, eager to do

　　249d6, 253c3

προθυμία 渴望，热心，好意，善意

　　［拉］studium

　　［德］Eifer, Bereitwilligkeit

　　［英］eagerness, goodwill

　　253c2

πρόθυμος (adv. προθύμως) 热心的

　　［拉］promptus, studiosus

　　［德］eifrig, willig, bereitwillig

　　［英］zealous, eager

　　228b1, 231b6

προίημι 派去，交出，托付

［拉］praemitto, emitto, projicio

［德］hingeben, verleihen

［英］send forth, send forward, deliver

231c7, 232c1

πρόκειμαι 置于……前面，躺在……前面，被摆出来

［拉］positus sum ante, praejaceo

［德］vorliegen, ausgesetzt sein

［英］to be set before, lie before, to be proposed

237c7, 247b6

προλέγω (προεῖπον) 预言

［拉］praenuncio

［德］vorhersagen

［英］foretell

244b4

προλυπέομαι 预先感到痛苦

［拉］ante dolore afficior

［德］sich vorher betrüben

［英］to feel pain before

258e3

πρόνοια 先见，预谋

［拉］providentia, prudentia

［德］Voraussicht, Vorsicht

［英］foresight, forethought

241e4, 254e7

προοίμιον 序曲，导言，颂诗

［拉］exordium, praefatio

［德］Vorspiel, Einleitung, Lobgesang

［英］introduction, prelude, hymn

266d7

προσαγορεύω 称呼，打招呼

［拉］voco, saluto

［德］anreden, nennen, begrüßen

［英］address, greet

266b8

προσαιτέω 再要求，乞讨

［拉］peto, mendico

［德］dazuverlangen, anbetteln

［英］ask besides, beg for

233e2, 233e7

προσαναγκάζω (προσαναγκαστέον) 强迫

［拉］insuper cogo

［德］dazu nötigen, zwingen

［英］force, compel

242b2

προσάντης 陡峭的，上坡的

［拉］acclivis

［德］schroff, steil hinaufgehend, abschüssig

［英］uphill, steep

230c4

προσαρμόζω 使切合，使适应

［拉］adapto, accommodo

［德］anfügen, passen

［英］fit to, suit or agree with

271b2, 277c1

προσβαίνω 走向，登上

［拉］accedo

［德］hinzuschreiten

［英］approach

227d4

προσβιβάζω 使走近……，使接近……，增加

［拉］admoveo, dajungo

［德］dazu hinführen

［英］cause to approach, bring near, add

229e2

προσδέομαι (προσδέω) 还缺少……，还
需要……
[拉] indigeo, requiro
[德] noch dazu bedürfen, noch dazu
begehren
[英] to be in want of, stand in need
of besides
269e4

πρόσειμι 走向，走近；加上……，属于
[拉] adeo, adsum
[德] hinzugehen, dabei sein
[英] come or go to, approach, to be
added to
227d1, 241e6, 247d7, 254d1, 260e3

προσείω 挥动
[拉] quatio
[德] hinschütteln
[英] hold out and shake
230d7

προσεπίσταμαι 此外还知道
[拉] praeterea scio
[德] noch dazu wissen
[英] understand or know besides
268b6

προσερέω (προσερῶ) 说话，攀谈
[拉] alloquar
[德] anreden, ansprechen
[英] speak to, address
278e2

προσέρχομαι 来，去，结交，拜访
[拉] adeo, incido
[德] hinzugehen, sich anschließen
[英] come or go to, visit

254d5, 268a8, 268c5

προσέχω 带给，献上
[拉] applico
[德] herführen
[英] apply, bring
235a1, 272e1

προσήκω 来到，抵达，关系到，适合
于，属于
[拉] pertineo aliquo, attineo
[德] herzugekommen sein, in Verbin-
dung stehen
[英] to have come, reach, belong to,
be related to
227c3, 231a4, 231b4, 233a5, 233b6,
233d6, 233e6, 238b5, 241e8, 247d3,
248b7, 264e8, 275e2, 276b7, 276e6

πρόσθεν 在……前，以前，从前
[拉] ante, olim, prius
[德] vorn, früher
[英] before, in front of
238b6, 241b2, 255a4, 257b1, 273a4

προσίημι 接受，采纳，同意，赞成
[拉] admitto, permitto
[德] erlauben, zulassen
[英] admit, allow
255b1, 255b3

πρόσκειμαι 派给，献身于，参加
[拉] appono
[德] beigeben, anliegen
[英] to be assigned to, to be attached
or devoted to
240e2

προσλαμβάνω 此外还取得
[拉] accipio praeterea

［德］mitanfassen, dazunehmen
［英］take or receive besides or in addition
269d5, 272a4

προσομιλέω 交往，交谈
［拉］versor cum aliquo, colloquor
［德］verkehren, sich unterhalten
［英］hold intercourse with, associate with
250e5

προσοράω 看，瞧
［拉］adspicio
［德］ansehen, anblicken
［英］look at, behold
250e3, 251a5

προσπαίζω 玩耍，戏谑
［拉］ludo, ludum facio
［德］verspotten, spielen
［英］sport, jest
262d2, 265c1

προσπαραγράφω 此外还写上，另外加上
［拉］adscribo
［德］noch dazu schreiben, daneben schreiben
［英］write besides, add
257e6

προσπίτνω 扑向，进攻
［拉］accido
［德］angreifen, überfallen
［英］fall upon, attack
270a4

προσποιέω 假装，佯装
［拉］affecto, simulo

［德］vorgeben
［英］pretend
254d3, 273a3

πρόσρησις (πρόσρημα) 名称，称呼
［拉］appellatio
［德］Benennung
［英］addressing, naming
238b3

προστάτης 站在前头的人，领袖，头目
［拉］praefectus, curator
［德］Vordermann, Vorsteher
［英］one who stands before, leader, chief
241a3

προστίθημι 补充，加
［拉］addo, adaugeo
［德］dazugeben, hinzufügen
［英］add, makeadditions
231a8

προσφέρω (προσοιστέος) 送上，献上，走向，接近
［拉］affero, offero, admoveo
［德］hintragen, vorbringen, herankommen
［英］bring to, present, approach
252d5, 268a10, 270b7, 270e4, 272a2

προσφιλής 令人喜爱的，可爱的
［拉］dilectus, gratus, carus, amabilis
［德］lieb, angenehm
［英］beloved, pleasing, agreeable
259d1

πρόσφορος 有用的，适宜的，合适的
［拉］utilis, accommodatus

［德］nützlich, angemessen

［英］useful, suitable, fitting

270a7

πρόσωθεν (πόρρωθεν) 从远处，遥远地，从很久以前

［拉］e longinquo

［德］von fern her, fern

［英］from afar, distantly, from long ago

239b5

πρόσωπον 脸，面容

［拉］vultus

［德］Angesicht, Gesichtszüge

［英］face, countenance

251a2

προτείνω 提出，拿给，递给，建议

［拉］protendo, propono

［德］vorhalten, darbieten

［英］hold out, offer, propose

230d8, 266b1

πρότερος (προτεραῖος) 更早的，在先的

［拉］prior

［德］früher, vorhergehend

［英］before, former, earlier

237a10, 241a8, 243c4, 244a1, 252e5, 257a6, 257c2, 272a8, 274c1, 277c3

προτίθημι 提出，提供，设置

［拉］propono, objicio

［德］vorsetzen, voranstellen

［英］set before, set out, propose

259e1

προφασίζομαι 提出借口，诡称……

［拉］praetendo

［德］vorgeben, sich entschuldigen

［英］allege by way of excuse, make excuses

231b3

πρόφασις 借口，托词

［拉］praetextus

［德］Vorwand

［英］pretext, pretence, excuse

234a8, 255d5

προφητεύω 预言，解释神意

［拉］vaticinor

［德］weissagen, Prophet sein

［英］to be interpreter of the gods

244d7

προφήτης (προφῆτις) 代言人，解释者

［拉］interpres, vates

［德］Wortführer, Wahrsager

［英］spokesman, interpreter, expounder

244a8, 262d4

πρῶτος 最前面的，为首的，最初的

［拉］primus

［德］vorderster, frühester

［英］foremost, primary

246e5

πτερόν 羽毛，羽翼

［拉］penna, ala

［德］Gefieder

［英］feathers, wing

246d4, 246d6, 248b3, 248c1, 251b3, 251b6, 251c5, 251d2, 251d3, 255d1

πτερορρυέω 失去翅膀，脱毛，换毛

［拉］pennas amitto

［德］die Federn verlieren

［英］shed the feathers, moult

246c2, 247c8

πτεροφυέω 长出羽毛，生出翅膀

［拉］pennas gigno

［德］Federn od. Flügel bekommen

［英］grow feathers or wings

251c4, 255d2

πτεροφύτωρ 翅膀长出的，长出翅膀的

［拉］pinnatus

［德］Federn od. Flügel bekommend

［英］feather-producing

252b9

πτερόω 加上羽毛，长出羽毛

［拉］pennis induo, alatum reddo

［德］mit Flügeln versehen, flügge
werden

［英］furnish with feathers or wings,
to be or become feathered

246c1, 249a1, 249a4, 249c4, 249d6,
256d4

πτέρωμα 羽毛

［拉］penna

［德］Gefieder

［英］plumage

246e2

πτερώνυμος 得名于它的羽毛或翅膀的，
从其羽毛或翅膀取得名字的

［拉］a pennis denominatus

［德］nach den Federn od. Flügeln
benannt

［英］named from its feathers or wings

252c4

πτερωτός 有羽毛的，有翅膀的

［拉］pinnatus

［德］befiedert

［英］feathered, winged

251b7

πτηνός 能够飞的

［拉］volucer

［德］geflügelt

［英］able to fly

246e5

πτῶμα 跌倒，绊倒

［拉］casus, lapsus

［德］Fall, Sturz

［英］fall

254c6

πυνθάνομαι 询问，打听，听到，了解到

［拉］interrogo, quaero, audio

［德］fragen, sich erkundigen

［英］inquire about, hear, learn

227b8, 231e4, 232a7

ῥᾴδιος (adv. ῥᾳδίως) 容易的，漫不经
心的

［拉］facilis, expeditus

［德］leicht, mühelos

［英］easy, ready

229a4, 230e3, 231c4, 247b2, 250a2,
272c1, 275b3

ῥαψῳδέω 朗诵诗歌

［拉］carmina continua pronuntio vel
recito

［德］Rhapsode sein, Gedichte her-
sagen

［英］recite poems

277e8

ῥέπω 沉下去，倾向于

［拉］vergo, inclino

［德］herabsinken, sich neigen

［英］sink, incline

247b4

ῥεῦμα 河流，水流

　［拉］fluentum, fluvius

　［德］Strom

　［英］river, stream

　255c1, 255c6

ῥέω 流逝，崩溃

　［拉］fluo, decido

　［德］fließen, sich stürzen

　［英］flow, fall

　230b6, 251c7

ῥῆμα 言辞，说出的话语，动词

　［拉］verbum, dictum

　［德］Wort, Ausspruch

　［英］that which is said or spoken, word, saying, phrase

　228d2, 269b2, 271c6

ῥῆσις 言辞，谈话

　［拉］oratio, verba

　［德］das Redeb, Wort

　［英］saying, speech

　268c6

ῥητέον 必须说

　［拉］dicendus

　［德］zu sagen, muß sagen

　［英］one must say, mention

　236c1, 239d8

ῥητορικός 修辞学的，演说的

　［拉］rhetoricus

　［德］die Redekunst betreffend, rednerisch

　［英］oratorical, rhetoric

235a1, 239a3, 260c6, 260c10, 261a7, 263b3, 263b6, 266c8, 266d4, 269b3, 269b7, 269b8, 269c2, 269c7, 269c9, 269d4, 269e2, 270b2, 271a5, 271d1, 272d7

ῥήτωρ 演说家，修辞学家

　［拉］orator

　［德］Redner

　［英］public speaker, orator

　258b10, 260a1, 269d4

ῥίζα 根

　［拉］radix

　［德］Wurzel

　［英］root

　251b6

ῥυθμίζω 安排，教育，训练

　［拉］tempero, compono

　［德］ordnen, leiten

　［英］order, educate, train

　253b6

ῥώμη 力量，体力

　［拉］robur, vis

　［德］Stärke, Macht

　［英］bodily strength, might

　238c3, 267a8, 270b7

ῥώννυμι 变强壮，告别

　［拉］roburo, valeo

　［德］stärken, Lebewohl sagen, verabschieden

　［英］strengthen, farewell

　238c2

σαφήνεια 清楚，明白，真实

　［拉］perspicuitas

　［德］Deutlichkeit, Bestimmtheit

［英］clearness, distinctness
277d9

σαφής (adv. σαφῶς) 清楚的，明白的
［拉］manifestus, clarus, planus
［德］deutlich, klar, sichtbar
［英］clear, plain, distinct
234e7, 238b7, 239e2, 241e4, 242c5,
263a5, 265d6, 275c6

σέβομαι 敬畏
［拉］veneror, colo
［德］sich scheuen, ehren
［英］revere, awe
250e3, 251a5, 252a7, 254b8

σεμνός 庄严的，神圣的
［拉］vererandus, sacer
［德］erhaben, heilig
［英］august, holy
257d5, 258a6, 275d6

σεμνύνω 使宏伟庄严，夸大，美化
［拉］venerandum et augustum reddo,
orno, honore et dignitate adficio
［德］ehrwürdig od. feierlich machen,
verherrlichen
［英］exalt, magnify
243a1, 244d1, 272d2

σῆμα 信号，标记，坟墓
［拉］signum, sepulcrum
［德］Zeichen, Grab, Grabmal
［英］sign, mark, grave, tomb
264d3

σημαίνω 表明，宣告，发信号
［拉］significo, impero
［德］bezeichnen, befehlen
［英］show by a sign, give a sign,

point out
275d9

σημεῖον 迹象，信号，标记
［拉］signum
［德］Zeichen
［英］mark, sign
242b9, 244c7

σθένος 力量
［拉］vis
［德］Kraft
［英］strength, might
267c9

σιγάω 保持沉默
［拉］taceo
［德］schweigen
［英］keep silence
275d6, 276a7

σιγή 安静，沉默
［拉］silentium, taciturnitas
［德］Stille
［英］silence
238c9

σίδηρος 铁
［拉］ferrum
［德］Eisen
［英］iron
263a6

σιμοπρόσωπος 扁鼻子的，塌鼻梁的
［拉］simum habens nasum
［德］mit stumpfnasigem Angesicht
［英］snub-nosed, dish-faced
253e2

σιτίον (σῖτος) 食物，粮食
［拉］cibus

［德］Essen, Getreide

［英］food, grain

241c8, 259c1

σιωπάω 缄默，沉默

［拉］taceo

［德］schweigen

［英］keep silence, keep secret

234a5

σκαιός 左的，左边的

［拉］sinister

［德］link

［英］left, on the left hand

266a1, 266a5

σκέλος 腿，脚

［拉］crus

［德］Bein

［英］leg

254e4

σκεπτέον 必须考虑，必须考察

［拉］considerandum est

［德］man muss betachten, überlegen

［英］one must reflect or consider

259e2, 269a8

σκέπτομαι 考虑，思考

［拉］considero

［德］nachdenken

［英］consider

259e1, 264c7

σκεῦος 器具，器皿

［拉］apparatus, instrumentum

［德］Zeug, Gerät

［英］vessel, implement

260c1

σκέψις 考虑，思索，观察

［拉］consideatio, speculatio

［德］Überlegung, Prüfung

［英］consideration, speculation

237c4, 237d2

σκιά 影子

［拉］umbra

［德］Schatten

［英］shadow

229b1, 239c7, 260c7

σκιρτάω 跳，跃

［拉］salio, exsulto

［德］springen, hüpfen

［英］spring, leap

254a4

σκληρότης 坚硬，硬（性）

［拉］durities

［德］Härte

［英］hardness

251b4

σκολιός 弯的，歪斜的

［拉］obliquus, tortus

［德］krumm, gebogen

［英］curved, crooked

253e1

σκοπέω 考虑，注视，查明

［拉］speculor, considero

［德］überlegen, prüfen, sich umshen

［英］behold, contemplate

229a7, 230a1, 230a3, 231a7, 232d3,
252e2, 260a6, 260a9, 264e8, 270c7,
270c9, 270d3, 270d3, 275c2

σκότος 黑暗

［拉］tenebra, caligo

［德］Dunkelheit

［英］darkness, gloom

256d6

σκώπτω 讥讽，嘲讽

［拉］cavillor, irrideo, ludo

［德］scherzen, spotten

［英］jest, joke, mock

264e3

σοφία 智慧

［拉］sapientia

［德］Weisheit

［英］wisdom

229e3, 236b7, 258a8, 274e6, 275a6

σοφίζω 使有智慧，教诲

［拉］sapientiae studeo

［德］weise machen, belehren

［英］make wise, instruct

229c7

σοφιστής 智者

［拉］sophistes, sophista

［德］Sophist

［英］sophist

257d8

σοφιστικός (adv. σοφιστικῶς) 智者派的，
智者的

［拉］sophisticus

［德］sophistisch

［英］sophistical

248e3

σοφός 智慧的

［拉］sapiens

［德］weise, klug

［英］wise

229c6, 235b7, 235c4, 237b1, 239a3,
243b3, 245c2, 246e1, 260a6, 266c3,

267a5, 267b6, 269b3, 273b3, 273e9,
274e5, 275b2, 275b7, 278d3, 279c1

σπάνιος 稀少的，少有的

［拉］rarus, paucus

［德］selten, wenig

［英］rare, scarce

256c6

σπαργάω 肿胀

［拉］tumeo

［德］schwellen

［英］swell

256a2

σπάω 抽，拉

［拉］traho

［德］ziehen

［英］draw

254e3

σπείρω 播种

［拉］sero

［德］einsäen

［英］sow

260d1, 276b7, 276c8, 276d2, 276e7

σπέρμα 种子

［拉］semen

［德］Same

［英］seed

276b2, 276c5, 277a1

σπουδάζω 认真做，热衷于

［拉］serio contendo

［德］ernsthaft sein

［英］to be serious

234a6, 234d8, 236b5, 276b6, 278d1

σπουδαῖος 急切的，认真的，杰出的

［拉］serius, gravis, praestans

［德］eilig, ernsthaft, trefflich

［英］in haste, quick, earnest, serious, good, excellent

242c4, 261b2

σπούδασμα 热心从事的事情

［拉］studium

［德］Beschäftigung, Bestrebung

［英］thing or work done with zeal

249d1

σπουδή 急忙，热切，认真

［拉］festinatio, studium

［德］Eile, Eifer, Ernst

［英］haste, zeal, earnestness

248b6, 260b6, 271a5, 276b3, 276c1, 276c7, 276e5, 277e8, 278a5

στάδιον 600 希腊尺

［拉］stadium

［德］Stadion

［英］stade

229c1

σταθερός 站稳的，稳定的

［拉］consistens, subsistens

［德］feststehend, beständig

［英］standing fast, firm, fixed

242a5

στασιάζω 争吵，反目

［拉］dissideo

［德］sich streiten, sich empören, entzweien

［英］quarrel, to be in a state of discord, disagree

237e1

στάσις 帮派，纷争；静止；位置

［拉］factio, discordia, status

［德］Parteikampf, Streit, Ruhe, Stelle

［英］party, discord, rest, position

253d4

στασιωτικός (adv. στασιωτικῶς) 不和谐的，起纷争的，叛乱的

［拉］factiosus, seditiosus

［德］uneinig, aufrührerisch

［英］inclined to faction, seditious

263a4

στερεός 坚固的，硬的，固定的，立体的

［拉］solidus, durus, cubicus

［德］hart, fest, körperlich

［英］firm, solid, cubic

239c6, 246c3, 255c5

στερέω (στέρομαι) 剥夺，夺走，丧失，缺少

［拉］orbo, privo

［德］berauben, entbehren

［英］deprive, bereave, rob, lack, lose

239a7, 239e6, 243a5

στῆθος 胸膛

［拉］pectus

［德］Brust

［英］breast

235c5, 236c8

στίλβω 闪耀

［拉］splendeo, luceo

［德］glänzcn, leuchten

［英］glitter, gleam

250d2

στόμα 嘴

［拉］os

［德］Mund

［英］mouth

242e1, 251d2

στρατία 军队

　［拉］exercitus

　［德］Heer

　［英］army

246e6, 260b8

στρέφω 旋转，翻滚

　［拉］verto, volvo

　［德］drehen, wenden

　［英］turn about, turn round

236e6, 278d9

στρογγύλος 圆形的，球形的

　［拉］rotundus

　［德］rund

　［英］round, spherical

234e7

συγγενής 同类的，同家族的，同属的

　［拉］cognatus

　［德］verwandt, mitgeboren

　［英］akin to, of like kind

238c1, 239e6

συγγιγνώσκω (συγγνωστέος) 原谅，同意

　［拉］consentio, ignosco

　［德］eingestehen, verzeihen

　［英］consent, agree, excuse, pardon

230d3, 236a3, 269b5

συγγνώμη 同情，体谅

　［拉］venia

　［德］Verzeihung

　［英］fellow-feeling

233c4, 257a6

σύγγραμμα 文章，书籍

　［拉］scriptum

　［德］Schrift

　［英］writing, book, work

257d7, 257e4, 258a8, 258c4,
258d10, 277d7, 278c4

συγγραφεύς 散文作家，作者

　［拉］scriptor, prosae auctor

　［德］Schriftsteller

　［英］prose-writer, writer, author

235c4, 235e5, 258a6, 272b2, 278e2

συγγράφω 写下，记述

　［拉］scribo, conscribo

　［德］zusammenschreiben

　［英］write, describe

258a9, 258b4, 258c8, 261b7

συγκατάκειμαι 躺在一起

　［拉］cubo cum aliquo

　［德］zusammen liegen

　［英］lie with

255e3, 256a3

συγκοίμησις 同床，同睡

　［拉］condubitus

　［德］Beischlaf

　［英］a sleeping together, lying with

255e5

συγκόπτω 打碎，揍

　［拉］concido, contundo

　［德］zusammenschlagen, zerschlagen

　［英］chop up, thrash

273b5, 273b7

συγκορυβαντιάω 一起狂欢

　［拉］una bacchor

　［德］mit verzückt, begeistert sein, mit
schwärmen (wie Korybanten)

　［英］join in Corybantic revels, share

in inspiration or frenzy
228b7

συγχωρέω (συγχωρητέον) 让步，同意

[拉] concedo, indulgeo

[德] nachgeben, zulassen

[英] concede, give up

234e9, 235b9, 236a7, 254d2

σύζυξ (σύζυγος) 同轭的，套在一个轭
下的

[拉] iugi socius

[德] zusammengejocht

[英] yoked together, paired, united

254a5

σύλλογος 集会，会议

[拉] conventus, coetus, concilium

[德] Versammlung

[英] assembly, concourse, meeting

261a9

συμβαίνω 有结果，发生

[拉] succedo

[德] sich ereignen, geschehen

[英] result, follow, happen

238e2, 254e8, 274b1

συμβακχεύω 参见酒神节的狂欢，一起
发狂

[拉] una bacchor

[德] das Bacchosfest mitfeiern

[英] join in Dionysiac revelry

234d5

συμβουλεύω 劝说，劝告，建议

[拉] consilium do, consulo

[德] raten, sich beraten

[英] advise, counsel

243d5

συμβουλή (συμβουλία) 建议，劝说，
忠告

[拉] consultatio, consilium

[德] Rat, Ratschlag

[英] advice, counsel

260d7

συμμένω 留在一起，继续保持，持续

[拉] permaneo, duro

[德] zusammenbleiben, festbleiben,
bestehen, fortdauern

[英] hold together, keep together, hold,
stand fast, continue

232b6

συμμιγής 混合在一起的

[拉] commixtus

[德] zusammengemischt, vermischt

[英] mixed up together, commingled,
promiscuous

239c7

συμμύω 合上，关闭

[拉] claudo

[德] verschließen, sich schließen

[英] shut up, close

251b4

σύμπας (συνάπας) 全部，总共，整个

[拉] omnis, totus, cunctus

[德] all, insgesamt

[英] all together, the whole, sum

246c5, 255b5

συμπεριφέρω 带着一同绕圈子，被带着
一同绕圈子

[拉] mecum circumfero, una circum-
feror

[德] mitherumtragen, sich mitherumbewegen

［英］carry round along with or together, to be carried round together

248a3, 248a8

συμπίτνω (συμπίπτω) 塌陷，收缩，一起落下，同时发生

［拉］collabor, incido, incurro

［德］verfallen, zusammenfallen

［英］fall in, fall together, concur

245e1

συμπόσιον 酒会，会饮

［拉］convivium

［德］Gastmahl, Trinkgelage

［英］drinking-party, symposium

276d6

συμπορεύομαι 一起走

［拉］una proficiscor vel commeo

［德］mitreisen, begleiten

［英］come, go, or proceed together

249c2

συμφέρω (συμφορέω) 收集，聚集

［拉］confero, congero

［德］zusammentragen, sammeln

［英］bring together, gather, collect

230e7, 253e1, 262e2, 263e7

συμφοιτητής 同学，同窗

［拉］condiscipulus

［德］Mitschüler

［英］schoolfellow

255a4

συμφορά 厄运，不幸

［拉］calamitas, infortunium

［德］Unglück, Unfall

［英］mishap, misfortune

231d1, 232c1

συμφράσσω 堵塞，封闭

［拉］obstruo

［德］verstopfen, einschließen

［英］block up, close

251e4

σύμφυτος 一同生长的，与生俱来的，长在一起的

［拉］congenitus, innatus

［德］zusammengewachsen, angeboren

［英］grown together, congenital, innate

246a6

συμφύω 长在一起，一同生长

［拉］concresco

［德］zusammenwachsen

［英］grow together, unite

246d2

συμφωνέω 发出同样的声音，相一致

［拉］consono, convenio

［德］zusammenklingen, übereinstimmen

［英］sound together, harmonize with, make an agreement

263b1, 270c7

σύμψηφος 一致的，和某人一起投票支持某人的

［拉］assentiens, adstipulator

［德］übereinstimmend

［英］voting together, of the same opinion

267b7

συνάγω 领到一起

［拉］confero

［德］zusammenführen

［英］bring together

256c3

συναγωγή 集合，结合

［拉］conjunctio

［德］Zusammenführung

［英］a bringing together, collecting

266b4

συναιρέω 把握，结合在一起，一起
抓住

［拉］comprehendo

［德］zusammenfassen

［英］grasp or seize together

249c1

συναυαίνω 使完全变干，变干枯

［拉］exaresco

［德］zusammentrocken machen, zu-
sammentrocknen

［英］dry quite up, to be dried up also

251d2

συνδοκέω 也同意，一同认为好

［拉］consentio

［德］es scheint mir auch, beipflichten

［英］seem good also, also agree

267d3

σύνειμι 在一起，共处，结交

［拉］una sum, consuetudinem habeo

［德］mit leben

［英］to be with, live with

232b2, 232d5, 232d7, 233b7, 240c7,
240d5, 275b2

σύνεσις 联合，理解，知识

［拉］coitio, intellectus, conscientia

［德］Vereinigung, Einsicht, Verstand

［英］uniting, union, perceive, appre-

hend, knowledge

232c8

συνεύχομαι 一同祈祷

［拉］una vel idem precor

［德］mitbeten, zugleich geloben

［英］join in prayer

257b7, 279c6

συνημερεύω 和……一同度日

［拉］totum diem cum aliquo transigo

［德］den ganzen Tag mit jmdm. zusa-
mmen sein

［英］pass one's days together

240b6

συνίημι 理解，明白

［拉］intelligo, sentio

［德］verstehen, einshen

［英］understand, perceive

236d2, 249b7

συνίστημι 组成，联合

［拉］constituo

［德］bestehen, zusammensetzen

［英］put together, constitute

264c3, 268d5, 269c3

συννοέω 理解，明白

［拉］intelligo

［德］verstehen

［英］comprehend, understand

241c7

σύνοδος 结合，会合

［拉］congressio

［德］Vereinigung, Zusammentreffen

［英］coming together

268a4

σύνοιδα (σύν-εἶδον) 一起看清楚，了解，

意识到

[拉] conscius

[德] zugleich wissen

[英] know well

235c7, 257d4

συνοπαδός 追随着（某人）的，陪伴着

（某人）的

[拉] comes, adsecla

[德] zugleich folgend, begleitend

[英] following along with, accompa-

nying

248c3

συνοράω 全都看见，同时看见，领会

[拉] uno conspectu comprehendo

[德] zusammen sehen

[英] to see together or at the same

time, comprehend

265d3

συνουσία 就教，交往

[拉] conversatio, colloquium

[德] das Zusammensein, Umgang,

Verkehr zwischen Lehrer und Schüler

[英] being with or together, inter-

course with a teacher

232b3, 232c5, 239b1, 240c4, 241a1

συντάσσω 安排，组织

[拉] compono, dispono, constituo

[德] zusammenordnen, einrichten

[英] put in order together, arrange,

organize

263e1

συντίθημι 编造，同意，合并

[拉] compono, convenio, conjungo

[德] aussinnen, entwerfen, verfassen,

beistimmen, verbinden

[英] compose, frame, agree, put to-

gether

228a1, 254d3, 260b6, 278c1, 278c3,

278c5, 278d8

συντομία 简明，简短

[拉] brevitas

[德] Kürze

[英] conciseness

267b1

σύντονος (adv. συντόνως) 拉紧的，强烈

的，严厉的

[拉] contentus, acer

[德] angespannt, angestrengt, streng

[英] strained tight, intense, severe

253a1

συντυχία 厄运，事故

[拉] casus

[德] Unfall

[英] mishap, mischance

248c6

συνωρίς 两匹马，双驾马车

[拉] bigae

[德] Zweigespann, Paar

[英] pair of horses

246b2

σύσκιος 完全遮住的，成荫的

[拉] opacus

[德] schattig, dicht beschattet

[英] closely shaded, thickly shaded

230b4

σύστασις 组织，结果，布局

[拉] composition, const itutio, struc-

tura

［德］Komposition, Beschaffenheit, Zustand

［英］composition, structure, constitution

268d4

συχνός 多，许多，长的

［拉］multus

［德］viel, lang

［英］many, long

227a3, 257d1, 264e5, 266d5

σφέτερος 他们的，他们自己的

［拉］suus, ipsius

［德］ihrig, ihr eigen

［英］their own, their

234a3, 253a1, 253b1, 253b4

σφοδρός (adv. σφοδρῶς, σφόδρα) 激烈的，急躁的，热烈的，猛烈地

［拉］vehemens

［德］heftig, ungestüm

［英］violent, impetuous

230c2, 233e6, 251a5, 252b6, 254c1, 256a3, 263d4

σφύζω 跳动

［拉］palpito

［德］pulsieren

［英］throb

251d4

σφυρήλατος 用锤子打制的

［拉］mallco cusus

［德］gehämmert

［英］wrought with the hammer

236b3

σχεδόν 几乎，将近，大致

［拉］paene, prope

［德］nahe, fast, ungefähr

［英］near, approximately, more or less

228d3, 236d7, 238b6, 242a4

σχῆμα 形状，形态

［拉］figura, forma

［德］Gestalt, Form

［英］form, shape, figure

230e3, 249b6

σχηματίζω 使具有某种形式，赋予某种形态，使成为某种样子

［拉］effingo, figuro, formo

［德］eine Haltung oder Gestalt geben, gestalten

［英］assume a certain form, figure, posture

255a2

σχολάζω 有闲暇，得空

［拉］otiosus sum

［德］müßig sein, sich Muße nehmen

［英］have leisure, to be at leisure

261b7

σχολή (adv. σχολῇ) 闲暇

［拉］otium

［德］Muße, freie Zeit

［英］leisure

227b8, 228a1, 229e3, 229e4, 258e6

σῶμα 身体，肉体

［拉］corpus

［德］Leib, Körper

［英］body, corpse

232e3, 238c2, 239c3, 239d5, 241c4, 245e4, 246c3, 246c5, 246d1, 246d8, 248d7, 250c5, 250d3, 251a3, 256d5, 258e4, 264c3, 266a1, 268a10,

270b4, 270c4, 271a7

σωφρονέω 清醒过来，明白过来，节制
　　[拉] prudens sum
　　[德] vernünftig, klug, besonnen sein
　　[英] come to one's senses, learn moderation, to be temperate
　　231d3, 241b1, 244a5, 244b2, 245a8

σωφροσύνη 节制，清醒
　　[拉] temperantia, modestia
　　[德] Besonnenheit, Selbstbeherrschung
　　[英] selfcontrol, temperance
　　237e3, 241a3, 244d4, 247d6, 250b2,
　　253d6, 254b7, 256b6, 256e5

σώφρων (σωφρονικός) 节制的，清醒的
　　[拉] temperans, moderatus
　　[德] besonnent
　　[英] temperate, self-controlled
　　245b4, 273e6, 279c3

τάξις 位置，岗位，布置，安排
　　[拉] ordo, officium
　　[德] Ordnung, Platz
　　[英] arrangement, post
　　247a3, 254c8

ταπεινός 低的，低下的，卑微的
　　[拉] humilis, submissus, vilis
　　[德] niedrig gelegen, gering
　　[英] low, humbled
　　257c3

ταπεινόω 看低，轻视
　　[拉] humilem reddo, deprimo
　　[德] herabsetzen, erniedrigen
　　[英] make lowly, humble
　　254e7

τάσσω (τάττω) 安排，布置
　　[拉] ordino, statuo
　　[德] ordnen, stellen
　　[英] array, post, station
　　247a3, 247a4, 256a7

ταὐτός 同一的，
　　[拉] idem
　　[德] identisch, gleich
　　[英] identical
　　235a7, 238b1, 241b2, 247d5, 251c3,
　　254e1, 254e6, 255d7, 255d8, 256c3,
　　258c4, 275d7, 275d9, 276d4, 277b8

ταχύς (adv. τάχα, comp. θάσσων) 快的，
迅速的
　　[拉] citus, celer, velox
　　[德] schnell, bald
　　[英] quick, hasty
　　228c4, 237a4, 242a6, 243d5, 255e4,
　　256c1, 257c7, 259b3, 265b7, 273c3

τείνω 对准，针对，涉及，关系到
　　[拉] tendo, referor
　　[德] zielen, richten
　　[英] tend, refer, concern
　　271a1

τεῖχος 墙，城墙
　　[拉] murus
　　[德] Mauer
　　[英] wall
　　227a3, 227d4, 228b5, 230d2

τεκμαίρομαι 推断，推测，断定
　　[拉] argumentor, conjecto
　　[德] festsetzen, vermuten
　　[英] judge, conjecture
　　230b7, 235c4

τεκμήριον 证明，证据
　[拉] argumentum
　[德] Beweis
　[英] proof
　233c6, 266e3

τεκταίνομαι 制造，建造
　[拉] fabricor, struo
　[德] verfertigen, bauen
　[英] frame, devise, contrive
　252d7

τέλειος (τέλεος, adv. τελέως) 完美的，
　完满的
　[拉] perfectus
　[德] vollkommen
　[英] perfect
　244d2, 246b7, 249c7, 249c8, 269c2,
　269d2, 269e2, 269e2, 272a7, 278a5

τελεσιουργός 完成一项工作的，有效的
　[拉] opus perficiens, efficax
　[德] das Werk vollendend, wirksam
　[英] completing a work, working out
　its end, effective
　270a2

τελεστικός 关乎秘仪的
　[拉] ad initia spectans
　[德] zu der Weihe oder den Myster-
　ien gehörig, priesterlich
　[英] connected with mystic rites
　248e1, 265b4

τελετή 入教仪式，秘密仪式
　[拉] initiatio, mysteria
　[德] Einweihung in die Mysterien
　[英] rite, mystic rites practised at
　initiation

244e2, 249c7, 250b8, 253c3

τελευτάω 死亡，完成，结束
　[拉] morior, occumbo, finio
　[德] sterben, vollenden, zu Ende
　bringen
　[英] die, finish, accomplish
　228b1, 228c2, 229c9, 249a5, 254b1,
　256b3, 259c2, 259c5

τελευτή 完成，实现，终了，死亡
　[拉] finis, exitus
　[德] Ende, Vollendung
　[英] completion, accomplishment,
　end, death
　256d4, 264a5, 264b1, 267d6

τελέω 花费，用钱，完成，实现，入教
　[拉] expendo, finio, initio
　[德] zahlen, verwirklichen, einweihen
　[英] lay out, spend, pay, fulfil, ac-
　complish, initiate
　249c7, 250b8

τέλος 完成，实现，终点
　[拉] finis, terminus
　[德] Vollendung, Ende
　[英] achievement, end
　241d3, 267d3, 276b8

τέμνω 切开，分开
　[拉] partior
　[德] aufteilen
　[英] cut
　266a4, 277b7

τερατόλογος 谈奇异的事情的
　[拉] monstrosus
　[德] Wunder tuend, wunderbar
　[英] portentous

229e1

τέρπω 高兴，喜悦

　[拉] delecto

　[德] erfreuen

　[英] delight

240c1

τετράπους 四足的，四足长的

　[拉] quadrupes

　[德] vierfüßig

　[英] four-footed, of four feet

250e4

τέττιξ 蝉

　[拉] cicada

　[德] Zikade

　[英] cicala, cicada

230c2, 258e7, 259c2

τέχνη 技艺

　[拉] ars

　[德] Kunst, Kunstfertigkeit

　[英] art, skill

244c1, 245a6, 257a8, 260d4, 260d9,

260e3, 260e4, 260e6, 261a7, 261b4,

261a7, 261b4, 261b6, 261c10,

261d7, 261e2, 262c1, 262d5, 263b6,

265d1, 266c3, 266d2, 266d6, 266d9,

267b4, 267c8, 267d8, 268a2, 268c4,

269b3, 269b8, 269c7, 269d1, 269d6,

269e4, 270a7, 270b1, 270b6, 270e1,

271a5, 271b8, 271c4, 272a7, 272b1,

272b4, 272e2, 273a1, 273c5, 273c7,

273d7, 274b3, 274d5, 274e2, 274e8,

275c5, 276b7, 276e6, 277b1, 277b2,

277c4

τέχνημα 技艺作品

　[拉] ars, inventum

　[德] Kunstwerk

　[英] work of art

269a7

τεχνικός 有技艺的，合适的

　[拉] artificialis

　[德] kunstvoll, vernünftig

　[英] skilful, artful, cunning

262b5, 263d5, 270d2, 271c7, 273a3,

273b3, 273e3, 274e7

τήκω 融化，熔化

　[拉] liquefacio, liquesco

　[德] schmelzen, auflösen

　[英] melt, dissolve

251b3

τίθημι (θετέος) 提出，设定

　[拉] pono, duco

　[德] setzen, stellen

　[英] give, put, set up

237d1, 244b7, 244c4, 252a4, 264b5,

264b8, 265b3, 267d4, 277c1, 277d7

τίκτω 生育

　[拉] pario

　[德] gebären

　[英] bring forth

274e8

τιμάω (τιμητέος) 尊重，敬重，看重；
提出应受的惩罚

　[拉] honoro, decoro, dignum judico

　[德] ehren, achten, schätzen, auf eine
Strafe antragen

　[英] worship, esteem, honour, estimate
the amount of punishment

252d2, 252e1, 253c1, 259c6, 259c7,

［德］erziehen, nähren

［英］bring up, rear

239c7, 243c7, 246e2, 247b4, 247d2,

247d4, 248c2

τριβή 摩擦，磨损，消磨，历练，实践

  ［拉］tritus, exercitatio

  ［德］Reiben, Übung

  ［英］rubbing down, wearing away,

wasting, practice

260e5, 270b5

τριχῇ (τρίχα) 成三部分

  ［拉］trifariam

  ［德］in drei Teile

  ［英］in three parts

253c7

τρόπος 方式，生活方式，性情，风格

  ［拉］modus

  ［德］Weise

  ［英］way, manner

227c5, 232b6, 232e4, 241c8, 242b2,

250c6, 252d4, 252d6, 253c6, 258d7,

265e3, 270b1, 271c3, 276a2, 278d7

τροφή 食物，抚养，生活方式

  ［拉］esca, alimentum

  ［德］Nahrung, Erziehung

  ［英］nourishment, food, nurture, rear-

ing

248b5, 251b5, 259c3, 270b6, 272d6

τυγχάνω 恰好，碰巧

  ［拉］invenio, incido

  ［德］sich treffen, sich zufällig ereignen

  ［英］happen to be

229a3, 230a4, 231a1, 231e1, 232d4,

233b5, 233c7, 238a4, 238b3, 238d8,

239b4, 243c3, 244e2, 248c1, 249a6,

252c2, 256a5, 259b4, 260b2, 262e4,

263c5, 263c12, 264a2, 268d8,

271c10, 273c8, 273d3, 273d4

τύμβος 坟墓

  ［拉］tumulus

  ［德］Grab, Grabmal

  ［英］tomb, grave

264d5

τύπος 印迹，形象，形态

  ［拉］forma, simulacrum

  ［德］Gepräge, Form

  ［英］impression, form, shape

275a4

τυραννεύω 做僭主

  ［拉］tyrannidem exerceo

  ［德］herrschen, unumschränkter He-

rrscher sein

  ［英］to be a monarch, to be of a ty-

rannical disposition

238b2

τυραννικός 僭主的

  ［拉］tyrannicus

  ［德］Tyranneibetreffend

  ［英］tyrannical

248e3

τυφλός 盲的，瞎的

  ［拉］caecus

  ［德］blind

  ［英］blind

270e1, 270e2

τύχη 命运，运气

  ［拉］fortuna, sors

  ［德］Geschick, Zufall

[英] fate, chance

262c10, 265c9

ὕβρις 侮慢，放纵

[拉] contumelia

[德] Übcrmut, Hochmut

[英] insolence, wanton violence

238a2, 250e5, 253e3, 254e6

ὑβριστής 侮慢者，放纵者

[拉] contumeliosus, protervus, lascivus

[德] Übermütiger

[英] insolent man

254c3, 254e2

ὑβριστικός 侮慢的，放纵的

[拉] insolens, lascivius

[德] übermütig

[英] insolent, outrageous

252b6

ὑγίεια 健康

[拉] sanitas

[德] Gesundheit

[英] health, soundness

270b7

ὑγιής (adv. ὑγιῶς) 健康的，强健的

[拉] saluber, sanus

[德] gesund

[英] healthy, sound

242e5

ὕδωρ (ὑδάτιον) 水

[拉] aqua

[德] Wasser

[英] water

229a4, 229b8, 230b6, 264d4, 276c7

υἱός 儿子

[拉] filius

[德] Sohn

[英] son

233d1, 278a6

ὑμνέω 歌颂，赞美

[拉] laudo

[德] besingen

[英] sing, chant

247c3, 247c4, 252b6

ὕμνος 颂歌

[拉] hymnus

[德] Gesang, Lobgesang

[英] hymn, ode

265c1

ὕπαρ 醒时看见的真实的景象

[拉] visio vera

[德] wirkliche Erscheinung

[英] real appearance seen in a state of waking, waking vision

277d10

ὑπάρχω 开始，属于，存在

[拉] initium do, adsum

[德] anfangen, beginnen, zuteil werden, vorhanden sein

[英] begin, belong to, exist

240b5, 259e4, 269d4

ὑπείκω 屈服，退却

[拉] cedo, concedo

[德] nachgeben

[英] retire, yield

253e4

ὑπεραίρω 举起来，升起来

[拉] extollo

[德] darüberheben

[英] lift or raise up over
248a2

ὑπερβάλλω 超过
[拉] supero, excello
[德] übertreffen
[英] excel, surpass
232c7, 240e4, 254d2

ὑπεροράω (ὑπερίδέω) 藐视，轻视
[拉] contemno, despicio
[德] von oben herabsehen, verachten
[英] despise
232d7, 249c3

ὑπερορία 外地，外国
[拉] terra externa
[德] Ausland
[英] foreign land
230d1

ὑπερουράνιος 超越诸天的，在天上边的
[拉] supercoelestis
[德] überhimmlisch
[英] above the heavens
247c3

ὑπέρτερος 在上面的，更高的
[拉] superior
[德] höher
[英] over, above
227b10

ὑπερφρονέω 轻视，藐视
[拉] despicio, contemno
[德] verachten, herabsehen
[英] think slightly of
258b7

ὑπερφυής (adv.ὑπερφυῶς) 非常的，奇
异的

[拉] vehemens, admirandus
[德] übermäßig, außerordentlich
[英] monstrous, extraordinary
234c7

ὑπέρχομαι 讨好，乞怜，偷偷地走进去
[拉] submitto, subeo
[德] kriechen, unter etwas gehen
[英] fawn, ingratiate, go or come
under
251a4

ὑπηρετέω 服务，侍候
[拉] ministro, servio
[德] dienen
[英] minister to, serve
240d4

ὑπηχέω 回音，回响
[拉] succino
[德] dazu tönen, erwidern
[英] echo, respond
230c2

ὑπισχνέομαι 许诺
[拉] polliceor
[德] versprechen
[英] promise
235d7, 235d8, 240e10

ὑποβρύχιος 在水下的，在下面的
[拉] submersus
[德] unter Wasser befindlich
[英] under water, below the surface
248a7

ὑποδεής 有些欠缺的，有些不足的，比
别人差的
[拉] inferior, egentior
[德] geringer, schwächer

[英]somewhat deficient, inferior
239a2

ὑποδήλωσις 影射，暗示
　　[拉]declaratio alteri subiecta
　　[德]Andeutung
　　[英]insinuation
　　267a3

ὑποζύγιον 轭下的驮畜
　　[拉]iumentum
　　[德]Jochtier, Zugtier
　　[英]beast for the yoke
　　256c2

ὑπολαμβάνω 反驳，打断；接受，认为
　　[拉]respondeo, puto
　　[德]erwidern, einwerfen, annehmen
　　[英]retort, interrupt, accept
　　263d8

ὑπολείπω 遗留，留下，缺少
　　[拉]relinquo, deficio
　　[德]zurücklassen, übriglassen
　　[英]leave remaining, fall short
　　231b6

ὑπολογίζομαι (ὑπολογιστέον) 计算，考虑
　　[拉]reputo
　　[德]in Rechnung bringen, berück-
　　sichtigen
　　[英]take into account, take account
　　of
　　231b4

ὑπομένω 忍受，忍耐，等候
　　[拉]tolero, maneo
　　[德]ertragen, hinnehmen, erwarten
　　[英]submit, bear, await
　　250c2

ὑπομιμνήσκω 提醒，启发
　　[拉]in memoriam revoco
　　[德]erinnern
　　[英]remind
　　241a5, 266d7, 267d5, 275d1, 277b4

ὑπόμνημα 记忆，纪念，备忘录
　　[拉]commentarium
　　[德]erinnerung, Andenken
　　[英]reminder, memorial
　　249c7, 276d3

ὑπόμνησις 提醒
　　[拉]recordatio
　　[德]erinnerung
　　[英]reminding
　　275a5, 278a1

ὑποπίμπλημι 充满，慢慢充满
　　[拉]sensim oppleo
　　[德]sich allmählich füllen
　　[英]fill
　　254a1

ὑπόπτερος 有翅膀的，有翼的，能飞的
　　[拉]pennatus vel alatus
　　[德]geflügelt, beschwingt
　　[英]winged
　　246a7, 256b4

ὑπόσχεσις 诺言，许诺
　　[拉]promissio vel promissum
　　[德]das Versprechen
　　[英]promise
　　241a8

ὑποτίθημι 假定，假设，置于……之下
　　[拉]suppono, propono
　　[德]voraussetzen, annehmen
　　[英]assume, suppose

236b1

ὑπουράνιος 在天的下面的
[拉] qui sub coelo est
[德] unter dem Himmel
[英] under heaven, under the sky
247b1, 256d8

ὕπτιος 向后仰的，仰卧的，朝上的
[拉] supinus, resupinus
[德] zurückgebogen, rückwärts
[英] laid on one's back
254b8, 264a5

ὕσπληξ 绳子，起点，界限
[拉] carcer
[德] Schranke
[英] snare, limit
254e1

ὕστατος 最后的
[拉] posterus
[德] letzt
[英] last
264e1

ὕστερος 较晚的，后来的
[拉] posterior, sequens
[德] später, nächst
[英] latter, next
231c5, 250c2, 260e7, 263e2

ὕφαιμος 布满了血的，充满了血的
[拉] sanguineus
[德] blutunterlaufen, blutig
[英] suffused with blood, blood-shot
253e3

ὑψαύχην 伸长脖子，高视阔步
[拉] erectam et celsam habens cervicem

[德] mit erhobenem Halse
[英] carrying the neck high
253d5

ὑψηλόνους 高远理智的，思想高尚的
[拉] animo excelso praeditus
[德] hochsinnig
[英] high-minded
270a1

ὑψηλός 高的
[拉] altus
[德] hoch
[英] high
229a8, 230b3

ὕψος 高度
[拉] altitudo
[德] Höhe
[英] height
230b4

φαίνω 显示，显得，表明，看起来
[拉] in lucem protraho, ostendo, appareo
[德] ans Licht bringen, scheinen
[英] bring to light, appear
229b8, 229e6, 230c6, 230e1, 234c6, 235a6, 245e2, 257c3, 257d4, 258a9, 259b7, 260c5, 261c10, 261d7, 261e6, 264b4, 265c8, 267a8, 267c8, 268a6, 269d8, 272b6, 272c1, 277c7

φανερός 明显的，看得见的
[拉] manifestus, evidens
[德] offenbar
[英] visible, manifest
238b6

φανός 光明的，光芒四射的

［拉］lucidus, illustris

［德］leuchtend, glänzend

［英］shining, radiant

256d8

φάος (φῶς) 光，光线

［拉］lux

［德］Licht

［英］light

261e4

φάρμακον (φαρμάκιον) 药，药物，毒药；颜料，染料

［拉］venenum, color vel pigmentum

［德］Gift, Färbemittel

［英］poison, drug, dye, paint, colour

230d6, 270b6, 274e6, 275a4

φάσμα 现象，显象，预兆

［拉］phantasma, visum, ostentum, prodigium

［德］Erscheinung, Vorzeichen

［英］appearance, phenomenon, portent, omen

250c3

φάτνη 马槽，食槽

［拉］praesepe

［德］Krippe

［英］manger, crib

247e5

φαῦλος (φλαῦρος;adv. φαύλως, φλαύρως) 容易的，微小的，低劣的，坏的

［拉］pravus, levis, malus

［德］gering, leicht, schlimm

［英］easy, slight, mean, bad

235e5, 242c5, 261b2, 276e1, 278c7

φέγγος 光，光泽，光辉

［拉］splendor, lumen

［德］Glanz, Leuchtkraft

［英］light, splendour, lustre

250b3

φειδωλός 节俭的，吝啬的

［拉］parcus

［德］sparsam, karg

［英］sparing, thrifty, niggard, miser

256e5

φέριστος (φέρτατος) 最好的，最勇敢的

［拉］optimus

［德］vorzüglichst, best

［英］bravest, best

238d8

φέρω 携带，带到，引向，搬运，忍受

［拉］fero, traho, perfero

［德］tragen, bringen, dulden, ertragen

［英］carry, lead, endure, bear

241a1, 245b5, 246c2, 250e2, 252c4, 254a4, 254b6, 255c2, 255c5, 256d6, 260b9, 261d8, 262c5, 263a10, 279c2

φημί (φατέον) 说

［拉］dico

［德］sagen

［英］say, speak

227a6, 228d3, 229c7, 231c2, 236c8, 244a4, 249c3, 253d2, 258a4, 260e2, 260e5, 261c6, 262c6, 262d7, 263c7, 264c2, 264c9, 265a6, 265b5, 266d1, 267a5, 267b3, 267d1, 269a2, 269a8, 270c8, 271a7, 272b1, 272b2, 272d2, 273b7, 273e9, 274a4, 274c4, 274d5, 274e5, 275b6, 276c4, 277d10,

278e9

φθάνω 提前，抢先，走在前面

　　[拉] praevenio, prior aliquid facio

　　[德] zuvorkommen

　　[英] to be beforehand with, overtake

243e5

φθέγγομαι 发出声音

　　[拉] sono

　　[德] ertönen

　　[英] utter a sound

238d3, 241e1

φθίω 衰减，耗损

　　[拉] decresco

　　[德] abnehmen, schrumpfen

　　[英] decay, waste away

246e3

φθονερός (adv. φθονερῶς) 嫉妒的

　　[拉] invidus

　　[德] neidisch

　　[英] envious, jealous

239a7, 241c2, 243c6

φθονέω 嫉妒

　　[拉] invideo

　　[德] beneiden, neidisch sein

　　[英] grudge, be envious or jealous

232d5, 240a5

φθόνος 嫉妒

　　[拉] invidia

　　[德] Neid

　　[英] envy, jealousy

247a7, 253b7

φιλέω 爱，喜爱，热爱

　　[拉] amo

　　[德] lieben

　　[英] love

228e1, 231c2, 241d1, 253c5, 255e3, 256a2

φιλία (φίλιος) 爱，友爱，友谊

　　[拉] amor, amicitia

　　[德] Liebe, Freundschaft

　　[英] love, friendship

231e2, 232b4, 232e1, 233a3, 233c5, 233c7, 237c8, 240c3, 241c7, 255b6, 255e2, 256e4, 279c1

φιλόκαλος 热爱美的，爱美的

　　[拉] pulchri amans

　　[德] das Schöne liebend

　　[英] loving the beautiful

248d3

φιλόλογος 热爱讨论的，热爱言辞的

　　[拉] qui disserere amat

　　[德] Freund von Reden

　　[英] fond of words, fond of philo-sophical argument

236e5

φιλομαθής 好学的，爱知识的，爱学问的

　　[拉] cupidus seu studiosus discendi

　　[德] lernbegierig

　　[英] fond of learning, eager after knowledge

230d3

φιλόμουσος 热爱缪斯的，热爱文艺的

　　[拉] Musarum (h. e. artium liberali-um s. humanitatis) studiosus

　　[德] Musenfreund

　　[英] loving the Muses, loving music and the arts

259b5

φιλόπονος 热爱工作的，勤劳的
　［拉］laborum amans
　［德］arbeitsliebend, fleißig
　［英］laborious, industrious
　248d6

φίλος (sup. φίλτατος) 亲爱的，令人喜爱的
　［拉］carus, amicus
　［德］lieb, geliebt
　［英］beloved, dear
　227a1, 229e5, 230c5, 232d2, 232e6,
　233a1, 233d3, 233e1, 234a6, 234b2,
　234e2, 235e2, 236b9, 238c5, 239d6,
　239e3, 239e6, 243a3, 245b4, 246d3,
　253c5, 255a3, 255b2, 255b5, 255b7,
　256c7, 257a1, 257a3, 259e7, 260c3,
　264a8, 271b7, 275b5 276e4, 279a9,
　279b8, 279c7

φιλοσοφέω 热爱智慧，从事哲学
　［拉］sapientiam amo
　［德］philosophieren
　［英］philosophize
　249a1, 261a4

φιλοσοφία 热爱智慧，哲学
　［拉］philosophia
　［德］Philosophie
　［英］philosophy
　239b4, 249a2, 256a7, 257b3, 259d4,
　279a9

φιλόσοφος 热爱智慧者，哲学家
　［拉］philosophus
　［德］Philosoph
　［英］philosopher

248d3, 249c5, 252e3, 257b6, 278d4

φιλότης 友谊，爱
　［拉］amicitia
　［德］Liebe, Freudschaft
　［英］friendship, love, affection
　228d6

φιλοτιμέομαι 爱荣誉，热衷于
　［拉］ambitiose appeto
　［德］Ehrliebe haben, sich ehrgeizig
　bestreben
　［英］love or seek after honour, en-
　deavour earnestly, aspire
　232a3, 234a4

φιλοτιμία 爱荣誉，爱面子
　［拉］ambitio
　［德］Ehrliebe, Ehrsucht
　［英］love of honour, ambition
　257c7

φιλότιμος 爱荣誉的，爱面子的
　［拉］ambitiosus
　［德］ehrgeizig, strebsam
　［英］loving honour, ambitious
　256c1

φοβερός 可怕的，令人畏惧的
　［拉］terribilis, formidolosus
　［德］furchtbar, schrecklich
　［英］fearful, terrible
　268c8

φοβέω 担心，害怕
　［拉］vereor
　［德］fürchten, sich scheuen
　［英］fear, be afraid of
　232c3, 232c6, 239d7, 245b2, 257d7

φόβος 恐惧，害怕

［拉］timor

［德］Furcht, Angst

［英］fear, terror

254e8

φονικός 嗜杀的，残忍的，凶残的

［拉］truculentus

［德］zur Morde gehörig, mordlustig, mordgierig

［英］inclined to slay, murderous

252c7

φορτικός 平凡的，庸俗的，俗气的

［拉］molestus

［德］vulgär, lästig

［英］vulgar, common

236c2, 256b7

φράζω 说明，解释，揭示

［拉］expono, explano, interpretor

［德］anzeigen, erklären

［英］point out, show, explain

255d4, 267b10, 278b8, 278e4

φρίκη 惊惧，战栗

［拉］horror

［德］Schauder, Entsetzen

［英］shuddering, shivering

251a7

φρίσσω (φρίττω, φρίζω) 发抖，战栗

［拉］horrore perfundor

［德］starren, schaudern, sich entsetzen

［英］chill, shiver, shudder

251a4

φρονέω 有思想，是智慧的，是明智的，理解，明白

［拉］intelligo, sapio

［德］bei Sinnen sein, Einsicht haben, vernünftig sein

［英］have understanding, be wise, prudent, comprehend

231d3, 231d4, 232d3, 257e2, 266b5, 275d7

φρόνησις 明智，审慎，真正的知识

［拉］prudentia

［德］Einsicht, Gesinnung

［英］prudence, practical wisdom

250d4

φρόνιμος 明智的，审慎的

［拉］prudens

［德］besonnen

［英］prudent

235e7, 239b3

φυγάς 逃跑者，逃亡者

［拉］profugus

［德］Ausreißer

［英］runaway, fugitive

241b3

φυγή 出逃，放逐

［拉］fuga, exsilium

［德］Flucht, Verbannung

［英］flight , exile

241b5

φυλακή 看守，守卫，防备

［拉］custodia, tutela

［德］Bewachung, das Wachen

［英］watch, guard

240e2

φυλάσσω (φυλάττω) 警惕，遵守，坚持，注意

［拉］custodio, tueor, observo

［德］bewahren, beobachten

［英］watch, guard

232d1, 240e3

φύσις 自然，本性

［拉］natura

［德］Natur

［英］nature

229e2, 230a6, 239a6, 240b2, 245c3,
245e6, 248c1, 248d1, 249e5, 251a1,
251b3, 252e3, 253a1, 254b6, 255a3,
269d4, 270a1, 270a5, 270b4, 270c1,
270c2, 270c9, 270d1, 270e4, 271a7,
272a1, 272d6, 273e1, 277b8, 277c1,
279a4, 279a9

φυτεύω 引起，造成

［拉］facio, molior, struo

［德］erzeugen, hervorbringen

［英］produce, bring about, cause

248d1, 276e6, 276e7

φύω 生，生长，产生

［拉］nascor

［德］erzeugen, wachsen, schaffen

［英］beget, bring forth, produce

230c4, 246d6, 251b6, 251c3, 251c5,
253b4, 255c7, 259c3, 265e2, 266a1,
266a3, 266b6, 270d4, 270d7, 271a6,
271a11, 276a3, 276d5, 277a2, 277c4

φωνή 方言，声音

［拉］vox, dictum

［德］Mundart, Laut

［英］dialect, sound

242c2, 259d7

χαίρω 高兴，满意，喜欢

［拉］gaudeo, laetor, delector

［德］sich freuen

［英］rejoice, be glad

230a1, 240a5, 272e5, 273c9, 276b4,
278b2

χαλεπαίνω 动怒

［拉］irrito, irascor

［德］wüten, zürnen

［英］to be angry with

269b5

χαλεπός (adv.χαλεπῶς) 困难的，艰难的，
难对付的，痛苦的

［拉］difficilis, molestus

［德］schwer, schlimm

［英］difficult, painful, grievous

232b6, 236a5, 246b4, 269b1, 275b2

χαλινός 辔，嚼铁

［拉］frenum

［德］Zaum, Gebiß

［英］bit, bridle

254c6, 254d7, 254e3

χαλκοῦς (χάλκεος) 铜的，铜制的

［拉］aeneus

［德］bronzen

［英］of copper or bronze, brazen

264d3

χαρακτήρ 印纹

［拉］nota insculpta vel impressa

［德］Stempel, Gepräge

［英］mark engraved, impress, stamp

263b8

χαρίεις (adv. χαριέντως) 受欢迎的，优
美的，令人喜欢的

［拉］venustus, elegans, venustus

［德］angenehm, anmutig, anmutig,
lieblich, angenehm

［英］graceful, beautiful, acceptable

229b7, 229d3, 230b6

χαρίζομαι (χαρίζω, χαριστέον, κεχαρισμένως) 使满意，讨……喜欢

［拉］gratificor

［德］sich freundlich zeigen

［英］gratify

227c7, 231b7, 231c4, 233d5, 233e6, 234b7, 235b8, 235e7, 237b6, 238e2, 241b7, 241d5, 243d7, 243e5, 244a4, 250c7, 256a4, 265a3, 273e7, 273e9, 274b9

χάρις 满意，感激

［拉］gratia

［德］Dank, Wohlwollen

［英］thankfulness, gratitude, gratification, delight

231b1, 233d8, 233e4, 233e7, 234c1, 234e9, 241a5, 241c8, 254a7, 256e1, 257a7, 267a5, 276b5, 276d2, 278a2

χείρων 更坏的，更差的

［拉］deterior

［德］schlechter

［英］worse, inferior

233b1, 235c6, 248e5

χῆτος 缺乏，缺少

［拉］inopia

［德］aus Mangel

［英］want, lack

239d1

χιλιάς 一千

［拉］mille

［德］Tausend

［英］a thousand

257a1

χιλιέτης 一千年的，一千年之久的

［拉］mille annos complens

［德］tausendjährig

［英］lasting a thousand years

249a3

χιλιοστός 第一千的

［拉］millesimus

［德］tausendster

［英］thousandth

249b1

χορδή 琴弦，弦

［拉］chorda

［德］Saite

［英］string

268e1

χορευτής 歌舞队的舞蹈者

［拉］qui in choro est vel chorum sequitur

［德］Chortänzer

［英］choral dancer

252d1

χορός 舞蹈，歌舞队

［拉］chorus

［德］Tanz, Chor

［英］dance, chorus

230c3, 247a7, 250b6, 259c7

χράω (χράομαι) 利用，使用，运用

［拉］utor

［德］benutzen, gebrauchen

［英］use, make use of

229e3, 240e7, 244b4, 248b5, 248c6, 249c7, 253b8, 256c1, 256c5, 265e3,

266c3, 274e9, 276b6, 276d6, 276e6

χρεία 需要，运用，使用

[拉] usus, indigentia

[德] Bedürfnis, Gebrauch, Nutzen

[英] nccd, use

239d5

χρεμετίζω 嘶叫，嘶鸣

[拉] hinnio

[德] wiehern

[英] neigh, whinny

254d4

χρῆ (χρεών) 必须……，应该……

[拉] opus est, oportet, licet

[德] es ist nötig, man muß

[英] it is necessary, one must or ought to do

227c9, 233d1, 233d5, 235e6, 241c6, 243d6, 255a7, 266c2, 269b5, 270c6, 272b7

χρῆμα 钱财，财物，必需之物

[拉] divitia, pecunia

[德] Reichtum, Geld

[英] money, treasures

232c6

χρηματιστικός 赢利的，赚钱的

[拉] ad adquirendam pecuniam pertinens

[德] Gewinn anzeigend, geldbringend

[英] of or for money-making

248d6

χρήσιμος 有用的，有益的

[拉] utilis, commodus

[德] brauchbar, nützlich

[英] useful, serviceable

260b9

χρηστός 有益的，有利的，好的

[拉] utilis, bonus

[德] nützlich, gut

[英] useful, good

264b9, 266e6

χρονίζω 逗留，继续，坚持

[拉] persevero

[德] die Zeit zubringen

[英] spend time, last, continue, persevere

255b7

χρόνος 时间

[拉] tempus

[德] Zeit

[英] time

227a4, 228a1, 231a3, 233c5, 234a5, 240a6, 240a8, 240c2, 240d5, 240e9, 244e4, 246d2, 247d3, 249a1, 250c2, 254d3, 255a7, 257d7, 278d9

χρύσεος 黄金的，金的

[拉] aureus

[德] golden

[英] golden

235d9, 235e2

χρυσός (χρυσίον) 黄金

[拉] aurum

[德] Gold

[英] gold

228a4, 240a2, 279c2

χρῶμα 颜色，肤色

[拉] color

[德] Farbe, Teint

[英]colour

239d1

χύδην 混乱地，杂乱地

[拉]sine ordine vel delectu

[德]ordnungslos, haufenweise

[英]without order or system, pro-
miscuously, indiscriminately

264b3

χωλεύω 跛行，变成瘸子，变残废

[拉]claudus fio, debilis fio

[德]lahm sein, hinken

[英]to be or become lame, to be
maimed

248b3

χώρα (χωρίον) 地点，位置

[拉]locus

[德]Ort

[英]place, position

230d4

χωρίς 除了⋯⋯，离开，分离

[拉]praeter, separatim

[德]abgesehen, abgesondert

[英]apart from, separately

251d1

ψέγω 指责，非难

[拉]vitupero

[德]tadeln

[英]blame, censure

236a1, 240b3, 241e2, 243d1, 265c5,
274e1

ψεύδω 诳骗，欺哄，说假话

[拉]fallo, decipio

[德]lügen, betrügen, dieUnwahrhe-
itreden

[英]cheat by lies, falsify, speak false

260e4, 273c3

ψιλός 光秃秃的，光的，单纯的

[拉]nudus, merus

[德]kahl, bloß

[英]bare, mere

262c8, 278c2

ψόγος 指责，责备

[拉]vituperatio

[德]Tadel

[英]blame, censure

240e4

ψοφοδεής 怕响声的，胆小的

[拉]timidus

[德]bei jedem Geräusch erschreck-
end, furchtsam

[英]frightened at every noise, shy,
timid

257d2

ψυχαγωγία 对亡灵的召唤，说服

[拉]animi ductus vel commotio

[德]Seelenführung oder Anregung

[英]evocation of souls from the
nether world, winning of men's souls,
persuasion

261a8, 271c10

ψυχή 灵魂，性命

[拉]anima, animus

[德]Seele

[英]soul

241c5, 242c7, 245a2, 245c2, 245c5,
245e3, 245e6, 246a1, 246b6, 246c5,
246d1, 246d4, 246e2, 247b5, 247c7,
247d2, 248a1, 248b7, 248c1, 248c2,

248e6, 249b4, 249c2, 249b4, 249e5,
250b2, 251b7, 251c4, 251d6, 252e2,
253a7, 253c7, 254c5, 254e9, 255c7,
255d2, 256b2, 256c3, 257a1, 270b5,
270c1, 270e5, 271a6, 271b1, 271c3,
271d1, 275a2, 276a6, 276e6, 277b8,
277c2, 278a3, 278b1

ψυχρός 冷的
　［拉］frigidus
　［德］kalt
　［英］cold
　230b6

ψύχω 使变冷，使变凉
　［拉］frigesco
　［德］abkühlen
　［英］make cool or cold
　268b1

ὠδίς 分娩的阵痛
　［拉］dolor parturientis
　［德］Geburtsschmerzen
　［英］pangs or throes of childbirth
　251e5

ᾠδός 歌手
　［拉］cantor
　［德］Sänger
　［英］singer
　262d4

ὠθέω 推，推开
　［拉］pello, trudo
　［德］drängen, zurückstoßen

　［英］thrust, push
　229c8

ὥρα 时候，季节
　［拉］hora
　［德］Zeit
　［英］any time or period
　229a6, 234a2, 234a8, 240d7

ὡσαύτως 同样地
　［拉］similiter, eodem modo
　［德］ebenso, auf dieselbe Art
　［英］in like manner, just so
　247e2, 260c7

ὠφέλεια 益处，好处，帮助
　［拉］utilitas
　［德］Hilfe, Nutzen
　［英］help, profit, advantage, utility
　233c1, 234c3, 237d2, 238e1, 239e1,
　245b6, 274d7, 274e9

ὠφελέω 帮助，有益
　［拉］juvo, utilitatem capio
　［德］helfen, nützen
　［英］help, benefit
　232d7

ὠφέλιμος 有好处的，有益的，有帮
　助的
　［拉］utilis
　［德］nützlich
　［英］useful, beneficial
　239b2, 260c1

专 名 索 引

参 考 文 献

（仅限于文本、翻译与评注）

1. *Platon: Platonis Philosophi Quae Extant, Graece ad Editionem Henrici Stephani Accurate Expressa, cum Marsilii Ficini Interpreatione*, 12Voll. Biponti (1781–1787).

2. L. F. Heindorf, *Platonis Dialogi Quatuor Lysis, Charmides, Hippias maior, Phaedrus*. Berlin (1802).

3. F. Ast, *Platonis Phaedrus*. Lipsiae (1810).

4. F. Ast, *Platonis quae exstant opera, Graece et Laine*, 11 Bände. Lipsiae (1819–1832).

5. I. Bekker, *Platonis Scripta Graece Opera*, 11Voll. Londini (1826).

6. G. Stallbaum, *Platonis Dialogos Selectos, Recensuit et Commentariis Instruxit, Vol. IV. Sect. 1. Continens Phaedrum*. Gothae (1832).

7. H. Cary, G. Burges, *The Works of Plato, a new and literal version, chiefly from the text of Stallbaum*, 6 vols. London (1848–1854).

8. F. Schleiermacher, *Platons Werke*, Ersten Theiles Erster Band, Dritte Auflage. Berlin (1855).

9. K. Prantl, *Plato's Phädrus*. Stuttgart (1855).

10. H. Müller, *Platons Sämmtliche Werke*, 8 Bände. Leipzig (1850–1866).

11. W. William, *Platonic Dialogues for English Readers*, 3 Vols. Cambridge (1859–1861).

12. R. B. Hirschigius, *Platonis Opera, ex recensione R. B. Hirschigii, Graece et Laine*, Volumen Primum. Parisiis, Editore Ambrosio Firmin Didot (1865).

13. W. H. Thompson, *The Phaedrus of Plato, with English notes and dissertations*. London (1868).

14. K. Lehrs, *Plato's Phädrus und Gastmahl*. Leipzig (1869).

15. C. Schmelzer, *Platos Ausgewählte Dialoge, Phädrus*. Berlin (1882).

16. B. Jowett, *The Dialogues of Plato*, in Five Volumes, Third Edition. Oxford (1892).

17. J. Burnet, *Platonis Opera*, Tomus II. Oxford (1901).

18. R. Kassner, *Platons Phaidros*. Jena (1904).

19. H. N. Fowler and W. R. M. Lamb, *Plato: Euthyphro, Apology, Crito, Phaedo, Phaedrus*, Loeb Classical Library. London (1914).

20. O. Apelt, *Platon:Sämtliche Dialoge*, 7 Bände. Leipzig (1922–1923).

21. J. Wright, *The Phaedrus, Lysis, and Protagoras of Plato, A new and literal translation mainly from the text of Bekker*. London (1925).

22. G. Budé / M. Croiset, *Platon: Œuvres complètes*, Tome IV–3ᵉ partie. Texte établi et traduit par Léon Robin. Paris (1933).

23. L. Cooper, *Plato: Phaedrus, Ion, Gorgias, and symposium, with passages from the Republic and laws, translated into English, with an introduction and prefatory notes*. Oxford University Press (1938).

24. *Platon: Sämtliche Werke*, in 3 Bänden. Verlag Lambert Schneider, Berlin (1940).

25. R. Hackforth, *Plato's Phaedrus, Translated with and Introduction and Commentary*. Cambridge University Press (1952).

26. Hamilton and Huntington Cairns, *The Collected Dialogues of Plato*. Princeton (1961).

27. W. Buchwald, *Platon: Phaidros*. Tusculum- Bücherei, Ernst Heimeran Verlag, München (1964).

28. G. J. de Vries, *A Commentary on the Phaedrus of Plato*. Adolf M. Hakkert, Amsterdam (1969).

29. *Platon: Jubiläumsausgabe Sämtlicher Werke zum 2400. Geburtsage, in Achte Bänden*. Artemis Verlage Zürich und München (1974).

30. R. Burger, *Plato's Phaedrus, A Defense of A Philosophic Art of Writing*. The University of Alabam Press (1980).

31. C. J. Rowe, *Plato: Phaedrus, with translation and commentary*. Aris & Phillips (1986).

32. Ch. Griswold, *Self-Knowledge in Plato's Phaedrus*. Yale University Press (1986).

33. G. R. F. Ferrari, *Listening to The Cicadas, A Study of Plato's Phaedrus*. Cambridge university Press (1987).

34. A. Hübscher, *Platon: Phaidros oder Vom Schönen*. 2. Auflage, Piper, München / Zürich (1989).

35. W. S. Cobb, *The Symposium and the Phaedrus: Plato's Erotic Dialogues, Translated with Introduction and Commentary*. State University of New York

Press (1993).

36. E. Heitsch, *Platon: Phaidros, Übersetzung und Kommentar*, 2., erweiterte Auflage, Vandenhoeck & Ruprecht, Göttingen (1997).

37. J. M. Cooper, *Plato Complete Works, Edited, with Introduction and Notes, by John M. Cooper*. Indianapolis/Cambridge (1997).

38. H. Bernard, *Hermeias von Alexandrien Kommentar von Platons Phaidros*. Mohr Siebeck (1997).

39. J. H. Nichols, *Plato: Phaedrus, Translated with Introduction, Notes, and an Interpretative essay*. Cornell University Press (1998).

40. P. Gardeya, *Platons Phaidros: Interpretation und Bibliographie*. Königshausen & Neumann (1998).

41. G. Nicholson, *Plato's Phaedrus: the philosophy of love*. Purdue University Press (1999).

42. R. Waterfield, *Plato: Phaedrus*. Oxford World's Classics. Oxford University Press (2002).

43. S. Scully, *Plato's Phaedrus: A Translation with Notes, Glossary, Appendices, Interpretive Essay and Introduction*. Focus Philosophical Library (2003).

44. Ch. Rowe, *Plato: Phaedrus, Translated with an Introduction and Notes*. Penguin Books (2005).

45. H. Yunis, *Plato: Phaedrus*. Cambridge University Press (2011).

46. P. Ryan, *Plato's Phaedrus, A Commentary for Greek Readers*. University of Oklahoma Press (2012).

47. K. Hildebrandt, *Platon: Phaidros oder Vom Schönen*. Reclam, Stuttgart (2012).

48. G. Eigler, *Platon: Werke in acht Bänden, Griechisch und deutsch, Der griechische Text stammt aus der Sammlung Budé, Übersetzungen von Friedrich Schleiermacher und Hieronymus Müller*. Darmstadt: Wissenschaftliche Buchgesellschaft (7. Auflage 2016).

49. D. Baltzly and M. Schare, *Hermias On Plato: Phaedrus 227A–245E*. Ancient Commentators on Aristotle. Bloomsbury Academic (2018).

50. R. Rehn, *Platon: Phaidros*. Felix Meiner Verlag, Hamburg (2019).

51. K. Quandt, *The Phaedrus of Plato: A Translation with Notes and Analysis*. Academica Press (2020).

52. J. F. Finamore, *Studies in Hermias' Commentary on Plato's Phaedrus*. Brill (2020).

53.《柏拉图文艺对话集》，朱光潜译，北京：商务印书馆，2017 年。

54.《柏拉图四书》，刘小枫译，北京：生活・读书・新知三联书店，2015 年。

图书在版编目(CIP)数据

斐德若:希汉对照/(古希腊)柏拉图著;溥林译.—
北京:商务印书馆,2023
（希汉对照柏拉图全集）
ISBN 978-7-100-21186-4

Ⅰ.①斐… Ⅱ.①柏… ②溥… Ⅲ.①唯心主义—
哲学学派—古希腊—希、汉 ②修辞学—研究—希、汉
Ⅳ.①B502.23 ②H05

中国版本图书馆 CIP 数据核字(2022)第 083895 号

希汉对照
柏拉图全集
Ⅲ.4
斐德若
溥林 译

商 务 印 书 馆 出 版
(北京王府井大街 36 号　邮政编码 100710)
商 务 印 书 馆 发 行
北京通州皇家印刷厂印刷
ISBN 978　7　100　21186-4

2023 年 3 月第 1 版　　　　开本 710×1000　1/16
2023 年 3 月北京第 1 次印刷　印张 26¾
定价:198.00 元